·中国物流与采购联合会系列报告·

中国物流发展报告

中国物流与采购联合会
China Federation of Logistics & Purchasing
中国物流学会
China Society of Logistics

China Logistics Development Report（2021—2022）

中国财富出版社有限公司
China Fortune Press Co.,Ltd.

图书在版编目（CIP）数据

中国物流发展报告. 2021—2022 / 中国物流与采购联合会，中国物流学会编. —北京：中国财富出版社有限公司，2022. 7

（国家物流与供应链系列报告）

ISBN 978 - 7 - 5047 - 7736 - 2

Ⅰ. ①中…　Ⅱ. ①中…　②中…　Ⅲ. ①物流—经济发展—研究报告—中国—2021—2022　Ⅳ. ①F259. 22

中国版本图书馆 CIP 数据核字（2022）第 118445 号

策划编辑	赵雅馨	**责任编辑**	白　昕　王新月	**版权编辑**	李　洋
责任印制	尚立业	**责任校对**	杨小静	**责任发行**	敬　东

出版发行	中国财富出版社有限公司		
社　　址	北京市丰台区南四环西路 188 号 5 区 20 楼	**邮政编码**	100070
电　　话	010 - 52227588 转 2098（发行部）		010 - 52227588 转 321（总编室）
	010 - 52227566（24 小时读者服务）		010 - 52227588 转 305（质检部）
网　　址	http：//www. cfpress. com. cn	**排　　版**	宝蕾元
经　　销	新华书店	**印　　刷**	宝蕾元仁浩（天津）印刷有限公司
书　　号	ISBN 978 - 7 - 5047 - 7736 - 2/F · 3448		
开　　本	787mm × 1092mm　1/16	**版　　次**	2022 年 8 月第 1 版
印　　张	32	**印　　次**	2022 年 8 月第 1 次印刷
字　　数	644 千字	**定　　价**	198. 00 元

《中国物流发展报告》（2021—2022）

编 委 会

《中国物流发展报告》（2021—2022）

特约撰稿人

（按姓氏拼音排序）

曹允春　中国民航大学临空经济研究中心主任、教授、博士生导师
陈　凯　中国物流与采购联合会物流园区专业委员会秘书长助理
陈悠超　上海国际航运研究中心航运发展研究所市场分析师
范学兵　中国物流与采购联合会应急物流专业委员会秘书长
冯耕中　西安交通大学管理学院院长、教授、博士生导师
龚建伟　上海国际航运研究中心国际航运研究所助理研究员
郭　威　中国物流与采购联合会医药物流分会常务副秘书长
郭肇明　中国物流与采购联合会副秘书长、中国物流与采购联合会教育培训部主任、人力资源专委会秘书长、中国物流学会副秘书长
韩永生　天津科技大学物流工程系教授
侯海云　鞍山钢铁集团股份有限公司副总工程师
李红梅　中国物流与采购联合会标准化工作部主任
李倩雯　上海国际航运研究中心航运发展研究所所长助理
李　弢　交通运输部规划研究院城市交通与现代物流研究所副所长
李艳东　中国物流与采购联合会物流装备专业委员会副主任
李勇昭　中国物资储运协会会长
刘伟华　天津大学管理与经济学部教授、博导
刘宇航　中国物流信息中心主任、中国物流与采购联合会智慧物流分会、危化品物流分会秘书长
吕　忠　中国物流与采购联合会物联网技术与应用分会执行副会长兼秘书长
马增荣　中国物流与采购联合会会长助理、物流装备专业委员会主任
潘海洪　中国物流与采购联合会区块链应用分会执行秘书长
秦玉鸣　中国物流与采购联合会冷链物流专委会、医药物流分会、医疗器械供应链分会秘书长

上官士霞　中国物流与采购联合会教育培训部主任助理
邵　斐　上海国际航运研究中心航运研究所市场分析师
施　伟　中国物流与采购联合会服装物流分会副秘书长
孙熙军　中国物流与采购联合会托盘专业委员会秘书长
田　征　大连理工大学商学院副教授
万　莹　中国物流与采购联合会电商物流与快递分会、同城即时物流分会、航空物流分会秘书长
吴志华　南京财经大学营销与物流管理学院教授、博导
谢文卿　上海国际航运研究中心港口发展研究所经济师
徐　东　中国物流与采购联合会应急物流专业委员会主任
徐　勇　快递物流咨询网首席顾问
闫　丹　中国物流与采购联合会大数据分会副秘书长
晏庆华　中国物流与采购联合会物流信息服务平台分会秘书长、网络事业部主任
杨达卿　中国物流与采购联合会研究室副主任
张　炜　中国物流与采购联合会物流与供应链金融分会、投融资分会秘书长
张晓东　北京交通大学教授、中国物流学会兼职副会长
张永锋　上海国际航运研究中心国际航运研究所所长
赵洁玉　中国物流与采购联合会绿色物流分会副秘书长、物资节能中心绿色发展部副主任
郑静文　上海国际航运研究中心国际航运研究所高级市场分析师
周志成　中国物流与采购联合会研究室主任、公路货运分会秘书长，中国物流学会副秘书长
左新宇　中国物流与采购联合会服装物流分会、汽车物流分会秘书长

《中国物流发展报告》（2021—2022）

编 辑 人 员

主　　编：贺登才
副 主 编：周志成　杨达卿

联系方式：
中国物流与采购联合会研究室：010－83775690
网　　址：中国物流与采购网
电子邮箱：yanjiushibj@vip.163.com

围绕“十四五”规划　谋定高质量发展
开启现代物流体系建设新征程

——2021年我国物流业发展回顾与展望

（代前言）

2021年，是“十四五”规划开局之年，也是党和国家历史上具有里程碑意义的一年。我们隆重庆祝中国共产党建党一百周年，实现第一个百年奋斗目标，开启第二个百年奋斗目标新征程，全方位推进高质量发展。我国物流业总体保持复苏态势，实现了“十四五”规划良好开局。2022年将召开中国共产党第二十次全国代表大会，这是党和国家的一件大事。我国物流业将顺势而为，围绕“十四五”规划，谋定高质量发展，维护产业链供应链安全稳定，以优异成绩迎接党的二十大胜利召开，开启现代物流体系建设新征程。

一、2021年我国物流业发展回顾

2021年，我国物流业总体实现稳步复苏，现代物流体系高质量发展取得新成效，为畅通国内大循环、促进国内国际双循环提供了有力支撑。

一是社会物流需求实现较好恢复。2021年，中国制造业采购经理指数（PMI）均值为50.5%，高于前两年水平，经济复苏带动物流需求增长。全国社会物流总额335.2万亿元，同比增长9.2%，高于GDP增速1.1个百分点。社会物流需求恢复到基本水平。其中，工业品物流总额、单位与居民物品物流总额、农产品物流总额同比增长分别为9.6%、10.2%、7.1%，均实现恢复性增长。2021年，中国物流业景气指数平均为53.4%，维持在景气水平。得益于制造业较强的韧性，我国出口保持较高增速，工业生产持续增长，工业物流需求旺盛，制造业中出口物流以及装备制造业、高新制造业物流需求均高于平均水平，成为工业物流恢复的重要动力。消费物流增速趋缓，新冠肺炎疫情推动网络购物成为居民消费重要渠道，实物商品网上零售额占社会消费品零售总额的比重达24.5%，带动电商快递业务量扩张，全年快递业务量首次突破1千亿件，持续领跑其他细分市场。

二是物流市场主体活力显著增强。2021年，物流企业和个体工商户等物流市场主体超过600万家，就业人数超过5000万人。其中，A级物流企业接近8千家，规模型5A级企业超过400家。全国物流业总收入11.9万亿元，同比增长15.1%，持续保持较快增长速度。中国物流50强企业收入合计1.4万亿元，占总收入的比重为13%左右。疫情下规模型龙头企业抗风险能力显现，市场份额有所扩大，快递快运、冷链物流、航空物流、合同物流等细分市场集中度提升。物流资源重组整合步伐加快。经国务院批准，中国物流集团正式成立，物流国家队重组整合拉开序幕。京东物流、东航物流、中铁特货、满帮集团、安能物流等各细分领域的一批龙头企业纷纷上市。资本市场助力打造具有国际竞争力的现代物流企业。

三是物流设施网络布局力度加大。2021年，全国物流相关固定资产投资有望超过3.5万亿元，一批重大物流基础设施建设得到有力支持。国家发展改革委发布“十四五”首批国家物流枢纽建设名单，共25家，目前全国已经布局建设国家物流枢纽70个。以承载城市为战略支点，健全国家物流枢纽网络，重在整合存量物流设施、补齐设施短板、联动交通基础设施、促进枢纽互联成网，加快编织“通道+枢纽+网络”的物流运行体系，打造区域物流产业集聚区，为区域经济转型升级创造低物流成本的投资环境。国家发展改革委印发《国家骨干冷链物流基地建设实施方案》，提出到2025年，布局建设100个左右国家骨干冷链物流基地，推动建成三级冷链物流节点设施网络。第三批示范物流园区名单发布，加强园区互联互通、联动发展。第二批多式联运示范工程项目验收通过，加快货运枢纽布局建设。

四是国际物流呈现供需两旺。2021年，中国出口集装箱运价综合指数迈入3300点大关，“一舱难求”现象好转，持续影响国际供应链稳定。国际物流增长较快，全年中欧班列开行约1.5万列，同比增长22%，国际货运航班开行7.4万班，同比增长25.8%，完成国际航线货邮运输量241.5万吨、国际及港澳台快递19.3亿件，同比增长分别为20.2%、17.4%。西部陆海新通道班列突破6000列，中老铁路国际货物列车开行，区域物流条件改善，彰显开放新优势。受内需转变影响，进口物流下行压力趋升。2021年进口物流量由上年的增长8.9%转为-1.0%。特别是下半年以来由增转降，主要是大宗商品进口量趋缓。高新技术产品进口量仍然保持较快增长，有力支撑了产业结构调整。

五是科技创新引领作用不断增强。2021年，习近平总书记提出要大力发展智慧交通和智慧物流，物流行业数字化转型提速。截至2021年年底，全国共有1968家网络货运企业，整合社会零散运力360万辆，全年完成运单量近7000万单，平台经济焕发新动力。物联网、云计算、大数据、人工智能、区块链等新一代信息技术与传统物流融合。无接触配送机器人投入疫区，提供生活物资保障，自动驾驶卡车在港口、矿山等物流场景加快商业化落地，全国第一条常态化大型货运无人机专用航线开通，数字物流仓库大幅提升周转效率，海运行业“全球航运商业网络（GSBN）”区块链联盟正式运营，科技创新对物流产业升级的引领带动作用持续增强。

六是绿色低碳物流影响程度加深。2021年，我国新能源物流车累计销量超过11万辆，较上年增长一倍。国家出台《新能源汽车产业发展规划（2021—2035年）》，要求重点区域新增或更新物流配送等车辆中新能源比例不低于80%。首批的16个绿色货运配送示范城市名单发布后，各地大力出台新能源和清洁能源物流车便利通行政策，带动新能源物流车购销两旺。国务院印发《2030年前碳达峰行动方案》，交通运输绿色低碳行动纳入“碳达峰十大行动”之一。重型柴油货车国六排放标准正式实施，新能源汽车换电模式应用试点启动，氢能产业示范区带动燃料电池车辆商业场景打造，光伏产业推广利用仓库屋顶太阳能发电获得支持，绿色低碳倒逼产业转型升级。

七是物流营商环境持续优化改善。2021年，中国物流与采购联合会发布《2021年物流企业营商环境调查报告》，超七成企业肯定物流领域审批许可等政务环境有所改善。《“十四五”现代流通体系建设规划》正式发布，现代物流体系成为两大支撑之一，助力构建现代流通网络，更好服务双循环新发展格局。《“十四五”冷链物流发展规划》以及商贸物流、数字经济等多项“十四五”专项规划从各自领域对现代物流进行战略部署，使现代物流产业地位再上新台阶。国家出台的减税降费、规范执法、便利通行、金融信贷、纾困帮扶等多项政策措施惠及物流业，持续激发和保护市场主体活力。多部门出台文件，多措并举，切实维护快递员、货车司机等物流从业人员的合法权益。

八是行业基础工作支撑高质量发展。2021年，中共中央、国务院印发了《国家标准化发展纲要》，重点提到要加强现代物流等服务领域标准化。自2003年9月全国物流标准化技术委员会建立以来，已制定并发布国家标准90项、行业标准72项、团体标准27项。由中物联组织起草的我国首个食品冷链物流领域强制性国家标准《食品安全国家标准 食品冷链物流卫生规范》正式实施，对于规范冷链物流服务质量具有重要作用。中物联推动国家“1+X证书”制度试点工作，全年共完成“1+X证书”考核近3万人，累计考核人数超过9万人，参与试点的院校705所。教育部开展高校一流物流专业建设、物流专业新文科建设试点。目前，全国已有700个本科物流类专业点、1300多个高职物流类专业点和560多个中职物流类专业点。中物联科学技术奖自2002年科技部批准以来，获奖成果有上千项。中物联设立课题研究计划，通过重大重点课题引导行业研究方向。物流领域产学研结合工作大力推进，产学研基地发挥重要作用，在科技攻关、专利转化、人员培养等方面取得积极成效。

二、当前我国物流业发展面临的形势

当前，我国物流运行面临的国内国际形势较为严峻，给现代物流体系建设带来一定挑战，但也存在重大机遇。需要我们从战略层面积极谋划、妥善应对，开辟一条现代物流高质量发展的道路。

（一）全球产业链供应链调整风险加剧

新冠肺炎疫情对全球产业链供应链的影响持续分化。我国凭借有效的疫情防控措施，较快恢复生产，产业链供应链韧性增强，货物进出口总额再创历史新高。但是国际航运运力紧张、电力能源供应不足等问题加剧了产业链供应链的不确定性。随着国外疫情态势逐步转变，全球产业链供应链呈现区域化、本土化、多元化趋势，部分生产需求将加快回流和转移，这对未来一段时间适应全球产业链供应链调整风险、提升现代物流韧性和灵活性提出了挑战。同时，随着中欧班列常态化开行，陆海新通道、中老铁路等国际大通道陆续开辟，“一带一路”国际经贸走廊承接产能转移，有助于维护区域供应链稳定；《区域全面经济伙伴关系协定》（RCEP）正式生效，带来供应链区域合作机会，这些都给现代物流跟随产业链“走出去”带来新的机遇。

（二）要素成本价格上涨，压力持续加大

2020 年下半年以来，国际大宗商品价格持续上涨。到 2021 年下半年，国内电力、煤炭、成品油等领域出现了阶段性供应紧张。全年成品油价调整出现“15 次上涨、6 次下跌、4 次搁浅”的局面，柴油累计每吨上涨超过 1400 元。国家大力推动中小企业普惠金融，但是企业获得感不足，主要原因是物流企业存在大量保证金和运费账期，账期普遍在 3 个月以上，由于缺乏征信数据和确权手段，无法获得信贷支持。此外，物流“用人难用人贵、用地难用地贵”问题日益突出。《2021 年货车司机从业状况调查报告》显示，35 岁及以下司机占比为 25.5%，较 2016 年调查明显减少，司机“招聘难”成为普遍现象。部分城市规定市区内不再新批物流用地，城市配送中心远离城市，大幅推高配送成本。2021 年社会物流总费用 16.7 万亿元，同比增长 12.5%，运输费用、仓储费用、配送费用等上涨幅度较大。

（三）产业迈向价值链中高端存在瓶颈

随着外部形势变化和经营成本上涨，倒逼企业向价值链中高端迈进。产业升级提速对产业链供应链现代化提出更高要求。商务部、中物联等8部门确定了第一批10个全国供应链创新与应用示范城市和94家示范企业，各地积极制订并实施“链长制”方案，优质企业牵头制造业强链补链，重在推动经济循环流转和产业关联畅通，维护产业链供应链安全稳定。但是，我国物流配套能力低端成为主要制约瓶颈。物流业作为重要的生产性服务业，长期处于微利经营，主要由于服务功能单一、专业化水平低。物流业与制造业之间更多是简单的供需关系，产业融合成熟度不够。国家发展改革委等部门推进物流业制造业深度融合创新发展，激发制造业释放服务需求带动物流业效率提升、效益增加，促进物流业以专业服务助力制造业价值链攀升，有望实现产业链供应链整体跃迁。

（四）实施扩大内需战略，物流短板凸显

我国具有超大规模市场的优势，扩大内需战略正在成为战略基点。2021年，内需对经济增长的贡献率达79.1%，是我国经济增长的第一拉动力。我国人均GDP超过1.2万美元，与高收入国家差距进一步缩小。我国城镇化率超过60%，对内需有很大的拉动力。城乡居民收入差距继续缩小，乡村振兴带动城乡区域协调发展。新一轮扩大内需战略重在围绕做大做强国内市场，把满足国内需求作为出发点，加快构建完整的内需体系，着力打通生产、分配、流通、消费各个环节，增强经济内生动力，这对与内需相适应的物流基础设施和服务能力都提出了更高要求。当前，城市物流普遍面临限行限地问题，特别是城市末端网点短缺，无法适应高时效高频次的消费物流需求。区域物流枢纽承载条件不足，无法适应标准化大批量的中转物流需求。物流服务交付能力不足，无法适应一体化集成式产业物流需求。多层级物流基础设施布局、高标准物流交付能力仍是制约内需扩大的短板。

（五）数字经济成为经济发展的新动能

习近平总书记提出，数字经济正在成为重组全球要素资源、重塑全球经济结构、改变全球竞争格局的关键力量，发展数字经济是把握新一轮科技革命和产业变革新机遇的战略选择。数字经济是继农业经济、工业经济之后的主要经济形态，随着新一代信息技术与传统产业融合程度加深，产业边界正在消融，新兴业态的场景革命正在兴起，开放、共享、协同、去中心等特征使得资源配置效率更高、市场响应速度更短，将从根本上改变整个产业生态体系，为企业转型升级带来更多机遇。《“十四五”数字经济发展规划》明确提出大力发展智慧物流，涉及物流新基建、新技术、新模式、新业态等。但是，在转型过程中也出现了资本无序扩张、不正当竞争、行业垄断和权益保障等问题。中小企业仍然面临数字化转型鸿沟，存在“不敢转”“不会转”“不能转”等问题。数字化政务等公共服务还存在短板，数据治理、平台治理能力还有待提升，制约了智慧物流健康发展。

（六）碳达峰、碳中和带来绿色转型机遇

习近平总书记强调，实现碳达峰、碳中和是一场广泛而深刻的经济社会系统性变革，要把碳达峰、碳中和纳入生态文明建设整体布局。目前，全球有 140 多个国家以各种形式提出了碳中和承诺，这意味着未来发展范式将发生深刻转变。过去传统的“先发展、后治理模式”被低碳发展模式取代。但是，这也是一项复杂且长期的任务，不可能毕其功于一役。目前，一些地方出现了“碳冲锋”“一刀切”、运动式“减碳”等问题，特别是国四、国五排放车辆限行区域越来越大，甚至限制柴油货车进入工矿厂区，将长期目标短期化，影响了地区经济运转和民生保障。对于传统物流业来说，绿色转型是否会增加物流成本，需要统筹考虑外部成本、隐性成本、机会成本等“算总账”，这也将带动物流相关领域碳排放核算监测和评价体系发育。全国碳排放交易市场上线、交通运输绿色低碳行动开展，给物流企业绿色转型的自主变革带来重大机遇。

三、我国物流业高质量发展趋势展望

2022 年是全面实施“十四五”规划的关键期，也是现代物流体系建设的攻坚期。新冠肺炎疫情反复，给供应链带来长期挑战，全球经济将面临较大复苏压力。我国经济发展面临需求收缩、供给冲击、预期转弱的三重压力，经济下行压力有所累积。但是我国经济韧性较强，长期向好的局面不会改变。国家“十四五”规划多处提到物流和供应链，涉及国民经济的方方面面，全方位、多角度勾画出现代物流体系建设蓝图，现代物流日益成为支撑实体经济发展的先导性、基础性、战略性产业。在稳中求进工作总基调下，我国物流业有望延续稳中有升态势，社会物流的物流总额增速全年预计将保持在6%左右。

面临新的形势，现代物流高质量发展是必由之路。当前，现代物流高质量发展将重点体现在以下五个新变化。

新阶段：从粗放式规模扩张向精益化提质增效转变。我国物流业规模连续多年位居世界第一，物流业收入增速也保持了相对较高的水平，但是企业盈利能力总体不高。随着我国产业加快迈向价值链中高端，对物流交付、时效、品质都提出更高的要求，倒逼物流业转型升级，进入追求高品质、高效率、高效益的精益化新发展阶段。产业升级、结构优化、创新驱动助力提质增效，将成为现代物流高质量发展的重要特征。

新任务：从单纯降低物流企业成本向降低供应链全流程物流成本转变。当前，我国社会物流总费用与GDP的比率维持在14.6%左右已经有较长一段时期，下一步单纯依靠降低运输、仓储、配送等单环节费用达到成本下降目的的空间较小。未来，国家间的竞争就是供应链之间的竞争，现代物流贯穿第一、第二、第三产业，随着物流与制造业、商贸业、农业等深度融合，通过资源整合、流程优化、组织协同、生态共建，来降低供应链全流程物流成本，进一步推进物流运行水平提升。

新模式：从传统物流模式向数字经济、枢纽经济、低碳经济转变。随着新一代信息技术与物流业深度融合，推动传统物流模式向以数字化、智能化、网联化为特点的智慧物流模式转变。随着区域重大战略和区域协调发展战略的实施，畅通国内大循环，带动原来以沿海布局为主的物流设施向全国延伸，将加快形成内外联通、安全高效的物流网络，助力产业升级和梯度转移，构建区域经济新增长极。随着碳达峰、碳中和任务推进，传统高碳经济向低碳经济转变，产业绿色转型预期更加明确。

新动力：从劳动力、土地等要素驱动向创新驱动转变。我国传统物流业靠投入劳动力、土地等要素，以提供单环节基础性服务为主，同质化程度高、附加价值偏低，存在“低端锁定”问题。随着产业链供应链升级，现代物流一体化、集成化、高端化要求日益迫切，物流业进入以创新和人力资本为主要驱动的时代，技术创新、流程创新、模式创新日益活跃。物流业将由原来的同质化低成本竞争向差异化的质量竞争、效率竞争、效益竞争转变。

新机制：营商环境优化和体制机制改革是重要保障。现代物流作为以人为本的产业，与政府监管等营商环境息息相关。可以说，没有高质量的营商环境就没有高质量的物流产业。随着改革逐步进入“深水区”，更需要通过深层次的体制机制改革，破除阻碍高质量发展的政策瓶颈，逐步由监管缺位、越位、错位向综合监管、协同监管、数字监管转变，形成有利于现代物流高质量发展的公平竞争、规范有序、开放稳定的营商环境，充分激发起市场主体的活力，为推动现代物流供需适配、经济高效、开放协同、安全可靠和可持续发展奠定制度基础。

下一步，紧扣发展变化趋势，依托自身资源禀赋，坚持守正创新，为推进现代物流高质量发展主要有以下五个战略路径。

一是以深度融合为主线的价值链升级路径。适应产业链升级趋势，物流业与制造业、商贸业、农业等产业将深度融合。企业主体之间、业务流程之间、信息数据之间、设施资产之间、标准规范之间融合的程度将逐步加深，逐步从简单外包向战略合作伙伴关系转变，加强客户黏性和供应链稳定性。从提供基础性服务向增值服务再到供应链一体化服务转变，提升附加价值和企业效益。从基础服务商向物流服务商再向物流整合商转变，增强价值创造能力，推动产业迈向价值链中高端。

二是以智慧物流为方向的数字化、智能化、绿色化发展方式变革路径。抓住新一轮科技革命和产业变革的机遇，智慧物流发展方式将成为物流业演进的重要方向。传统线下物流将全面触网，“上云用数赋智”行动加快向业务在线化、数据业务化和流程可视化转型，提升资源配置效率和物流运行质量。物流企业边界将全面打开，产业链上下游相互赋能，加快向共享化、绿色化和平台化转型，培育协同共生的物流生态圈。新一代信息技术与基础设施深化融合，新基建将带动新一代智能物流“弯道超车”，开辟物流竞争“新赛道”，万物互联的物流互联网有望形成。

三是以做大做强和专精特新为重点的能力提升路径。现代物流高质量发展最终需要企业来推进。营商环境的逐步改善将充分激发大中小型物流市场主体的活力。一方面，物流龙头企业通过兼并重组、联盟合作等多种方式推高市场集中度，着力向标准化、品牌化、高端化转型，构建物流资源集聚平台，优化资源配置效率、发挥规模效应，将涌现一批具有国际竞争力的现代物流企业。另一方面，中小企业聚焦专业领域和细分市场，充分利用社会化平台赋能，深化专业分工合作，坚持走专精特新发展道路，加快向专业化、利基化、定制化转型，提升附加价值和经营效益。

四是以网络优化为着眼点的“通道＋枢纽＋网络”的布局规划路径。一体化运作、网络化经营是物流业的基本运作规律。畅通国内大循环需要内外联通、安全高效的物流网络支撑。随着区域重大战略和区域协调战略实施，将带动物流资源向城市群、都市圈和中西部等地区集中和转移，形成以国家物流枢纽为核心、多种运输方式为通道，国家骨干冷链物流基地、示范物流园区、多式联运场站、城市配送中心、物流末端网点等为支撑的“通道＋枢纽＋网络”的物流运行体系。物流资源集聚，逐步形成枢纽战略支点，枢纽经济将推动区域经济转型升级，打造区域新增长极。

五是以高水平开放为支撑的全球市场拓展路径。后疫情时代随着全球产业链供应链加快重组，国内物流网络将进一步融入全球物流网，促进国内国际双循环。我国企业在全球物流网竞争的短板是一体化全球物流交付能力不足，优势是区域化产业链供应链市场规模和组织能力。通过国内需求带动全球供给，开辟物流大通道和经济大走廊，将改变原有国际市场格局。通过与供应链上下游强强合作，搭建全球供应链物流集成平台，提供一站式、多通道、稳定性的全球物流交付服务，推动构建自主可控、安全稳定的产业链、供应链，进一步增强产业链韧性，助力“中国制造”扬帆出海。

2022 年，物流业面临的机遇大于危机、机会大于风险，需要我们顺应发展趋势，保持战略定力和耐心，围绕“十四五”规划，斟酌谋定高质量发展，开启新时代的现代物流体系建设新征程。让我们更加紧密地团结在以习近平同志为核心的党中央周围，坚定不移走中国特色现代物流发展道路，以物流业的高质量发展迎接党的二十大胜利召开！

何黎明

（作者：何黎明　中国物流与采购联合会会长）

目　录

第一篇　综合报告

第二篇　专题报告

第三篇　资料汇编

第一篇

综 合 报 告

第一章

2021 年中国物流业发展环境

2021 年是党和国家历史上具有里程碑意义的一年。世界经济实现快速复苏，我国经济保持恢复增长，行业相关规划出台，国家政策利好不断，“六稳”“六保”工作深入落实，物流业营商环境持续改善。

一、国内经济环境

（一）经济运行保持恢复发展

2021 年，全年国内生产总值（GDP）超过 114 万亿元，连续两年突破 100 万亿元，稳居世界第二大经济体（见图 1）。国内生产总值比上年增长 8.1%，两年平均增长 5.1%，仍然高于绝大部分主体经济体。第一、第二、第三、第四季度同比分别增长 18.3%、7.9%、4.9%、4.0%，增长速度有所放缓。我国人均国内生产总值超过 8 万元人民币，按年均汇率折算超过 1.2 万美元。国民经济呈现较好复苏态势，为推进物流业发展提供了良好基础。2017—2021 年三次产业增加值占国内生产总值比重如图 2 所示。

中国物流与采购联合会、国家统计局服务业调查中心发布数据显示，2021 年 12 月中国制造业采购经理指数为 50.3%，较上月上升 0.2 个百分点，连续 2 个月上升，经济趋稳并回升的势头有所巩固。从中国制造业采购经理指数全年走势来看，2021 年，我国经济整体继续回升，1—12 月制造业采购经理人均值为 50.5%，高于 2019 年和 2020 年全年均值。2021 年我国经济整体回升，年内经济增速虽持续下行，但年底时有所趋稳，后期有回升迹象（见图 3）。

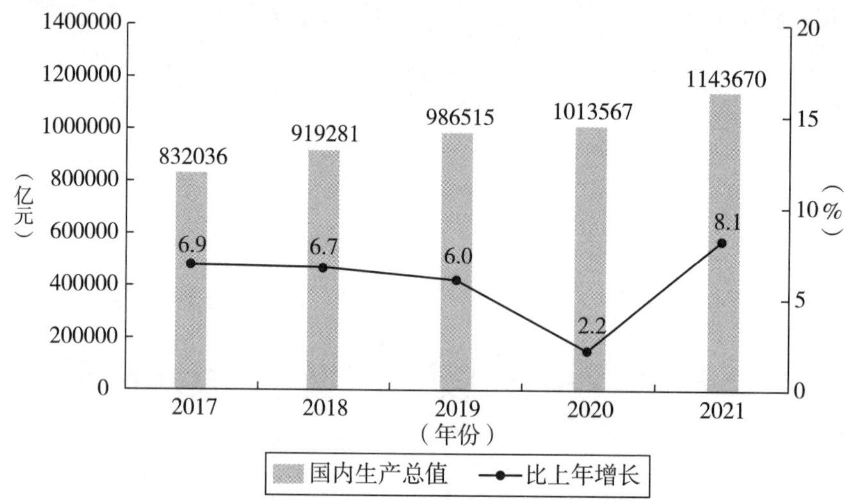

图1　2017—2021 年国内生产总值及其增长速度

注：［1］本公报中数据均为初步统计数。各项统计数据均未包括港澳台地区。部分数据因四舍五入的原因，存在总计与分项合计不等的情况。

［2］国内生产总值、三次产业及相关行业增加值、地区生产总值、人均国内生产总值和国民总收入绝对数按现价计算，增长速度按不变价格计算。

［3］两年平均增速是指以 2019 年同期数为基数，采用几何平均方法计算的增速。

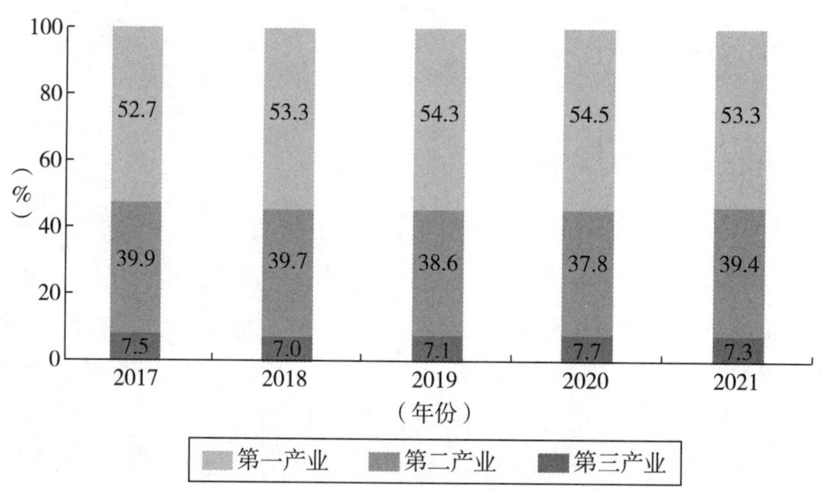

图2　2017—2021 年三次产业增加值占国内生产总值比重

资料来源：国家统计局。

（二）工业生产形势保持良好

2021 年，全年全部工业增加值 37.3 万亿元，比上年增长 9.6%（见图 4）。规模以上工业增加值增长 9.6%，比 2020 年提高 6.8 个百分点，两年平均增长 6.1%。其中，制造业增加值增长 9.8%，两年平均增长 6.6%。制造业增加值占 GDP 比重达到了 27.4%，总量达到 31.4 万亿元，连续 12 年居世界首位。全

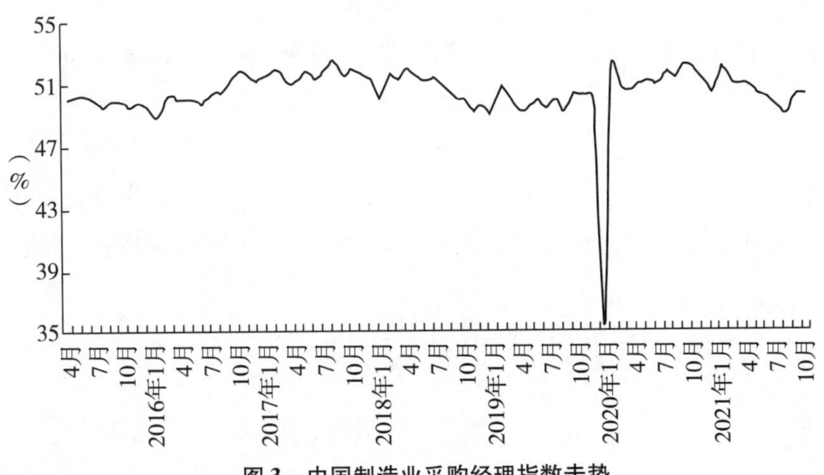

图 3　中国制造业采购经理指数走势

资料来源：中国物流与采购联合会。

年规模以上工业企业利润 8.7 万亿元，比上年增长 34.3%，比上年提高 30.2 个百分点，两年平均增长 18.2%。此外，全国工业产能利用率达到 77.5%，是近几年来比较高的水平。产业结构进一步优化升级，高技术制造业增加值比上年增长 18.2%，占规模以上工业增加值的比重为 15.1%；装备制造业增加值增长 12.9%，占规模以上工业增加值的比重为 32.4%。工业生产恢复增长带动工业品物流需求总体稳定。

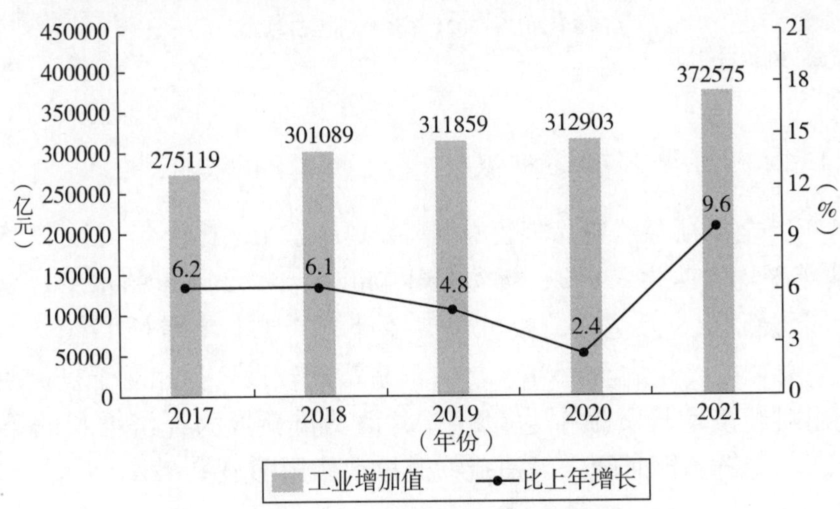

图 4　2017—2021 年全部工业增加值及其增长速度

资料来源：国家统计局。

（三）对外贸易再创历史新高

2021 年，全年货物进出口总值 39.1 万亿元（见图 5），比上年增长

21.4%，两年平均增长11.3%，再创历史新高。其中，出口21.7万亿元，增长21.2%；进口17.4万亿元，增长21.5%。货物进出口顺差4.4万亿元，比上年增加7344亿元。全年服务进出口总额5.3万亿元，比上年增长16.1%。货物和服务净出口对经济增长的贡献率达到了20.9%，超过投资的贡献率。以美元计，我国贸易规模达6.05万亿美元。前三季度，我国外贸国际市场份额达到15%，为世界经济复苏和发展注入了新动力，也对我国国际物流发展提出了更高要求。

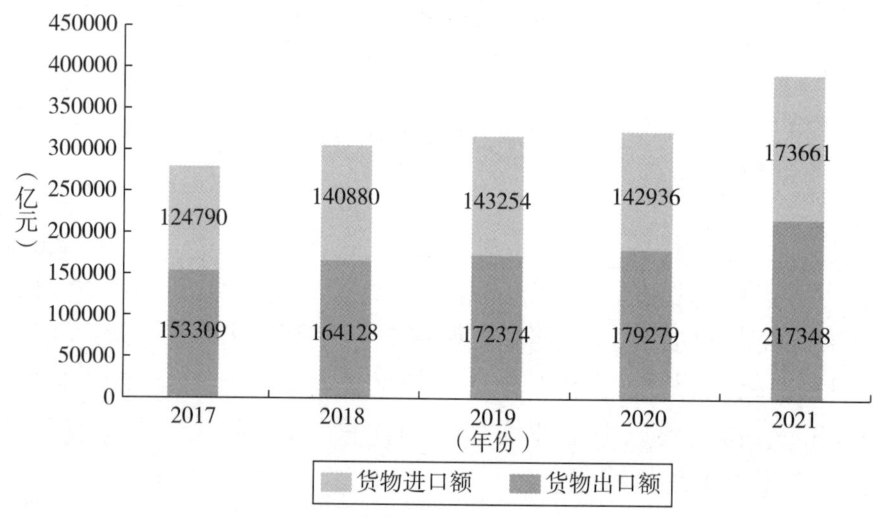

图5　2017—2021年货物进出口总额

资料来源：国家统计局。

（四）国内消费需求逐步恢复

2021年，全年社会消费品零售总额44.1万亿元，比上年增长12.5%（见图6），两年平均增速为3.9%，远远低于前几年年均约8%的水平。全年实物商品网上零售额10.8万亿元，按可比口径计算，比上年增长12.0%，占社会消费品零售总额的比重为24.5%。尽管消费增速较慢，但相对于投资而言，最终消费支出对经济增长贡献率达65.4%，消费重新成为经济增长的第一拉动力，对快递、冷链、即时配送等消费物流拉动作用明显。

（五）固定资产投资增速放缓

2021年，全年全社会固定资产投资55.3万亿元，比上年增长4.9%。固定资产投资（不含农户）54.5万亿元，增长4.9%（见表1），两年平均增长3.9%。资本形成总额对经济增长贡献率为13.7%。在固定资产投资（不含农户）中，分区域看，东部地区投资增长6.4%，中部地区投资增长10.2%，西

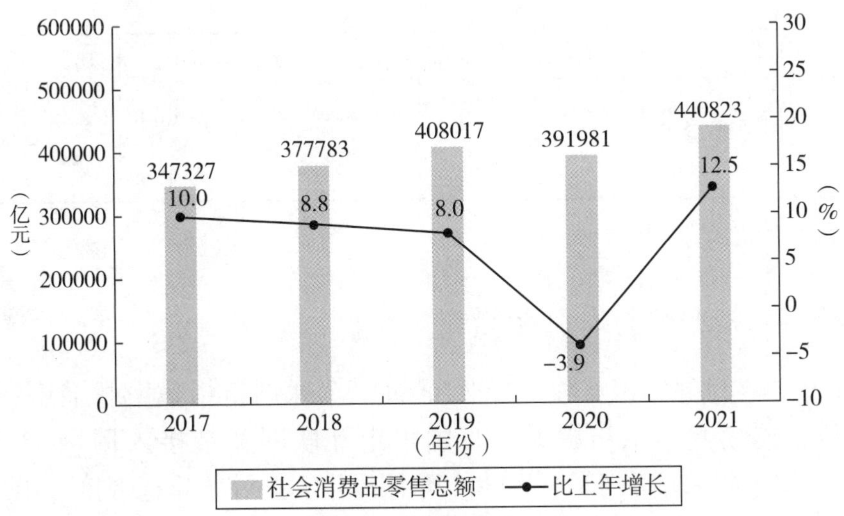

图 6 2017—2021 年社会消费品零售总额及其增长速度

资料来源：国家统计局。

部地区投资增长 3.9%，东北地区投资增长 5.7%。投资带动基建物流需求平稳增长。

交通固定资产投资规模高位运行。全年完成交通固定资产投资 3.6 万亿元，同比增长约 4%，总体运行在合理区间。川藏铁路及其配套公路等一大批重大工程有序推进，全年铁路新开通线路超过 4000 公里，新增高速公路超过 8000 公里，新增及改善高等级航道约 1000 公里，新颁证的民用运输机场共 7 个，新增城市轨道交通运营里程超过 1000 公里。

表 1 2021 年分行业固定资产投资（不含农户）增长速度

行业	比上年增长（%）	行业	比上年增长（%）
总计	4.9	金融业	1.9
农、林、牧、渔业	9.3	房地产业	5
采矿业	10.9	租赁和商务服务业	13.6
制造业	13.5	科学研究和技术服务业	14.5
电力、热力、燃气及水生产和供应业	1.1	水利、环境和公共设施管理业	−1.2
建筑业	1.6	居民服务、修理和其他服务业	−10.3
批发和零售业	−5.9	教育	11.7
交通运输、仓储和邮政业	1.6	卫生和社会工作	19.5
住宿和餐饮业	6.6	文化、体育和娱乐业	1.6

续 表

行业	比上年增长（%）	行业	比上年增长（%）
信息传输、软件和信息技术服务业	-12.1	公共管理、社会保障和社会组织	-38.2

资料来源：国家统计局。

（六）科技创新支撑引领增强

2021 年，在世界知识产权组织发布的“全球创新指数”排名中，我国排名第 12 位，连续九年稳步提升。我国固定互联网宽带接入用户 53579 万户（见图 7），比上年末增加 5224 万户，其中固定互联网光纤宽带接入用户 50551 万户，增加 5136 万户。我国互联网上网人数 10.32 亿人，其中手机上网人数 10.29 亿人。我国互联网普及率为 73.0%，其中农村地区互联网普及率为 57.6%。全年移动互联网用户接入流量 2216 亿 GB，比上年增长 33.9%。研发投入持续加大。全国研究与试验发展经费支出 2.8 万亿元，比上年增长 14.2%，与国内生产总值之比为 2.44%，企业研发经费增长 15.5%。创新投资持续增长，2021 年高技术产业投资增长 17.1%，高于全社会固定资产投资 12.2 个百分点。智能仓储机器人、无人驾驶卡车等智能物流领域获得资本青睐。数字技术与实体经济加速融合，科技创新带动数字化、网络化、智能化的物流需求持续攀升。

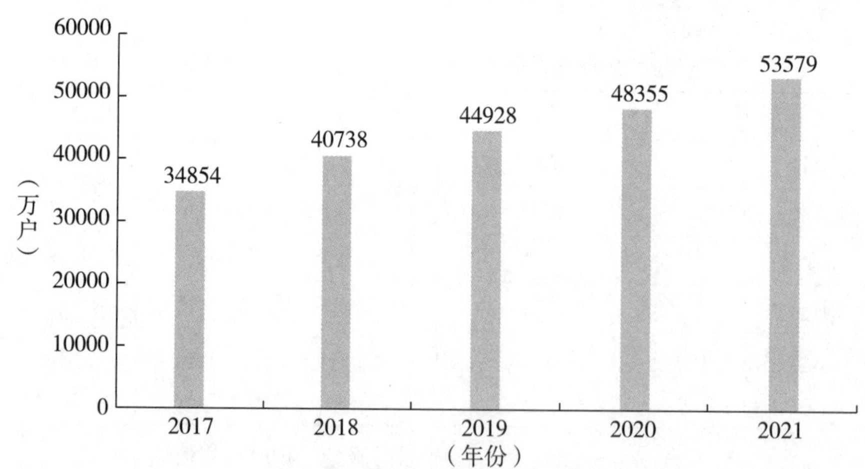

图 7　2017—2021 年年末固定互联网宽带接入用户数

资料来源：国家统计局。

（七）生态文明建设持续推进

2021 年，污染防治攻坚战深入开展，主要污染物排放量继续下降，在监测的 339 个地级及以上城市中，细颗粒物（PM2.5）年平均浓度下降 9.1%。生态环境质量明显改善。全国命名 100 个国家生态文明建设示范区。清洁能源消费量稳步提升。初步核算，全年能源消费总量 52.4 亿吨标准煤，比上年增长 5.2%。煤炭消费量增长 4.6%，原油消费量增长 4.1%，天然气消费量增长 12.5%，电力消费量增长 10.3%。煤炭消费量占能源消费总量的 56.0%，比上年下降 0.9 个百分点；天然气、水电、核电、风电、太阳能发电等清洁能源消费量占能源消费总量的 25.5%，比上年上升 1.2 个百分点（见图 8）。全国万元国内生产总值二氧化碳排放下降 3.8%。

交通运输绿色低碳行动纳入“碳达峰十大行动”之一，新能源和清洁能源运输装备加快应用，46 个绿色货运配送示范城市累计新增城市物流配送新能源车 8.6 万余辆。交通运输部实施绿色出行续航工程，大力推进长江经济带、渤海湾船舶使用岸电。目前，推进快递物流包装绿色转型取得进展，顺丰、京东、菜鸟等已经开始尝试使用循环快递箱。

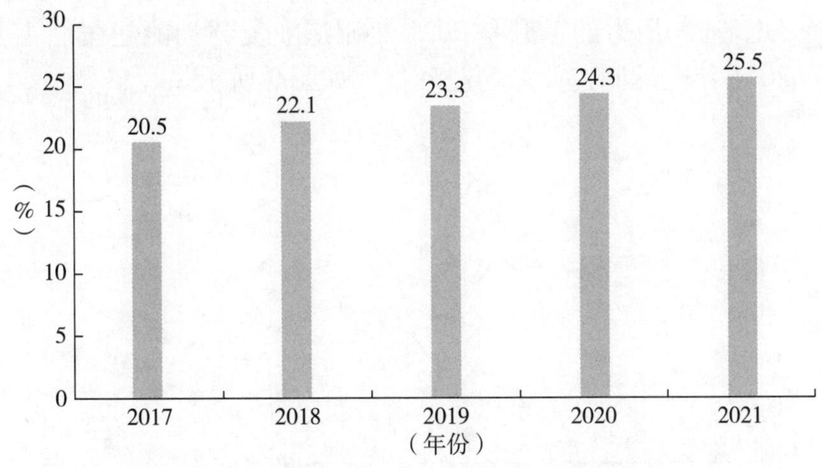

图 8　2017—2021 年清洁能源消费量占能源消费总量的比重

资料来源：国家统计局。

二、国际经济环境

（一）国际经济进入快速复苏期

2021 年，国际经济进入快速复苏的一年。国际货币基金组织（IMF）预测，随着疫苗接种范围的扩大、疫情防控措施的加强，以及持续的财政刺激和货币宽松政策，2021 年国际经济增长 5.9%，较 2020 年回升近 10 个百分点。其中，发达经济体经济增长 5.2%，新兴市场和发展中经济体经济增长 6.4%。虽然 2021 年下半年“德尔塔”变异毒株在世界多地暴发，经济增长势头有所减弱，但全球经济持续复苏的趋势未变，带来较为旺盛的国际物流需求。2017—2021 年国际经济增长情况如表 2 所示。

表 2　2017—2021 年国际经济增长情况

	2017 年	2018 年	2019 年	2020 年	2021 年
国际经济增速（%）	3.7	3.6	2.8	-3.3	5.9

据中国物流与采购联合会发布的数据显示，2021 年 12 月全球制造业采购经理指数为 55.3%，较上月回落 0.8 个百分点，表明全球制造业增速较上月有所放缓。从 2021 年全年走势看，全球制造业保持较快复苏趋势，整体增速走势前高后低。2021 年，全球制造业采购经理指数均值为 56.1%，高于 2020 年和 2019 年同期水平。2021 年下半年全球制造业采购经理指数呈现波动下行走势，下半年均值为 55.8%，较上半年下降 0.8 个百分点。新冠肺炎疫情的持续、供应短缺、通胀压力的上升是 2021 年制造业复苏动能趋缓的主要影响因素。2019—2021 年全球制造业采购经理指数如图 9 所示。

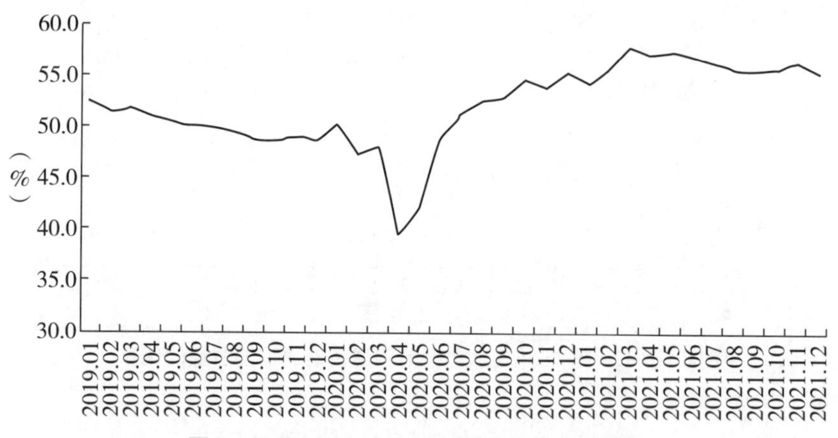

图 9　2019—2021 年全球制造业采购经理指数

资料来源：中国物流与采购联合会。

（二）国际商品贸易保持较快增长

2021 年，国际商品贸易再创新高。据世界贸易组织（WTO）预测，2021 年，全球商品贸易量增长 9.8%，较上年回升超过 15 个百分点。联合国贸易和发展会议（UNCTAD）表示，2021 年世界货物贸易保持强劲，服务贸易最终恢复到疫情前的水平。2021 年全球贸易总额 28.5 万亿美元，同比增加 25%，比 2019 年疫情暴发前高出 13%。其中，货物贸易增加了近 2000 亿美元，创下 5.8 万亿美元的历史新纪录。全球服务贸易也增加了 500 亿美元，达到 1.6 万亿美元，略高于疫情前水平。发展中国家的贸易增长加快，在 2021 年第四季度，发展中国家的出口同比增长约 30%，而发达国家的同期出口增长 15%。大量国际货物贸易带动国际航运、航空、铁路市场保持较快发展。2017—2021 年国际贸易增长情况如表 3 所示。

表 3　　2017—2021 年国际贸易增长情况

	2017 年	2018 年	2019 年	2020 年	2021 年
世界贸易量增速（%）	4.9	3.2	0.2	-5.3	9.8

资料来源：中国贸促会。

世界贸易摩擦有所加大。据中国贸促会《2021 年度全球经贸摩擦指数报告》显示，美国发布的措施最多，占全球 20 个国家（地区）发布措施总数的 25%；其次是欧盟占比 21.5%。作为全球最大贸易国的中国仅占比 4.9%，中国对全球经贸摩擦的影响相对较小，经贸措施的运用也相对较少。据美中贸易全国委员会数据显示，2021 年美国对华货物贸易出口额达 1492 亿美元，较 2020 年增长 21%。中国仍是美国重要的出口国，位居美国第三大商品出口市场，美国对华主要出口商品包括油籽、谷物、猪肉和其他农产品，以及石油和天然气、半导体、医药等。

（三）服务贸易逆差创历史新低

2021 年，服务贸易逆差持续下降，全年为 2112.8 亿元，下降 69.5%。全年服务进出口总额达 5.3 万亿元，同比增长 16.1%；其中，服务出口 2.5 万亿元，增长 31.4%；进口 2.8 万亿元，增长 4.8%。运输服务伴随货物贸易的高速增长而大幅增长。2021 年，运输服务进出口 1.7 万亿元，增长 61.2%。其中，受货物贸易和价格因素的影响，运输服务出口 8205.5 亿元，增长 110.2%，成为服务贸易十二大领域中出口增长最快的领域。2017—2021 年运输服务进出口及逆差情况如表 4 所示。

表 4　　2017—2021 年运输服务进出口及逆差情况

	2017 年	2018 年	2019 年	2020 年	2021 年
运输服务进口（亿元）	929.5	1082.9	1048.7	6530.7	8616

续 表

	2017 年	2018 年	2019 年	2020 年	2021 年
运输服务出口（亿元）	371.0	423.0	460.3	3904.1	8205.5
运输服务逆差（亿元）	558.2	659.9	588.4	2626.6	410.5

资料来源：商务部。

国际航运价格持续高位运行，不断刷新历史新高。2021 年，中国出口集装箱运价综合指数（CCFI）整体呈现快速上涨趋势，截至 2021 年 12 月 31 日，CCFI 达到 3344.24 点，为该指数发布以来最高点。2021 年国际集装箱班轮运输市场平均运价较 2020 年大幅增长，全年 CCFI 均值达到 2615.54 点，同比增长 165.69%，均值及增速均创历史新高。2005—2021 年中国出口集装箱运价综合指数（CCFI）走势如图 10 所示。

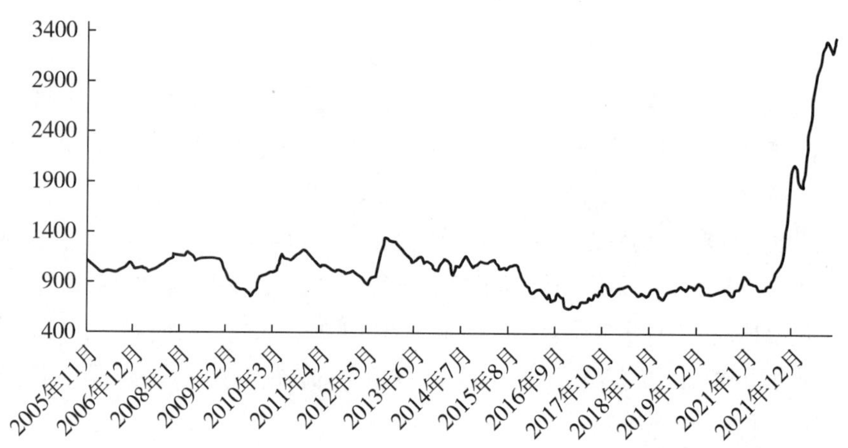

图 10　2005—2021 年中国出口集装箱运价综合指数（CCFI）走势

资料来源：上海航运交易所，上海国际航运研究中心整理。

（四）国际供应链存在受阻风险

2021 年，新冠肺炎疫情的反复加剧了产业链供应链风险。芯片短缺、能源供应不足、大宗商品价格高涨、港口拥堵、航运不畅成为全球供应链的主要痛点。美国等国家陆续出台或计划出台一系列旨在提高自给率的政策，鼓励制造业回流或使供应链多样化。美国政府对美国关键供应链进行全面审查，以识别风险并制定战略，提高恢复力。其中涉及的关键产品包括半导体制造和先进包装、大容量电池、关键矿物和材料、药品和原料药等。国际大宗商品价格持续上涨，国内电力、煤炭等领域甚至出现阶段性供应紧张，对下游行业带来冲击。随着一系列保供稳价政策措施的落实，部分大宗商品价格回落。

全球港口拥堵程度波动上升，严重影响国际供应链稳定。2021 年，美国进口需求持续高位，叠加苏伊士运河堵塞、中国港口关停等突发事件，导致港口拥堵情况延续并进一步恶化。根据克拉克森统计，12 月在港运力（7 天内移动平均）达到 853 万标准箱（TEU），同比增长 13.1%。其中，美国港口能力不足是拥堵的主要原因，下半年受美国商品消费需求激增、圣诞节等西方传统节日及疫情反复的影响，美国进口需求处于高位，而受制于内陆集疏运体系不畅、码头工人短缺和仓储空间有限等因素，港口作业效率低下，导致塞港问题不断恶化，增加了国际供应链“断链”风险。2019 年 7 月—2022 年 3 月克拉克森全球港口拥堵指数走势如图 11 所示。

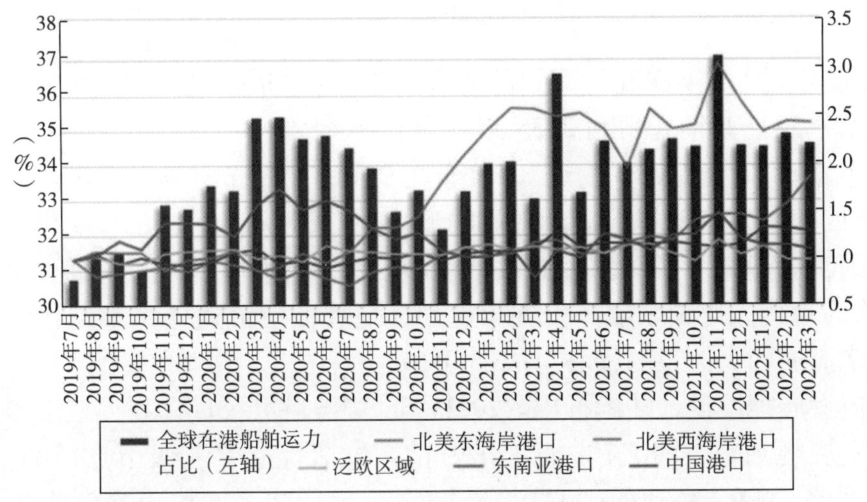

图 11 2019 年 7 月—2022 年 3 月克拉克森全球港口拥堵指数走势

资料来源：上海国际航运研究中心。

（五）“一带一路”夯实国际合作

2021 年，我国“一带一路”建设再创佳绩。截至 2022 年 1 月，我国累计与 147 个国家、32 个国际组织签署 200 多份共建“一带一路”合作文件。我国与沿线国家货物贸易额达 11.6 万亿元，创八年来新高，同比增长 23.6%。对“一带一路”沿线国家非金融类直接投资额达 203 亿美元，同比增长 14.1%。中欧班列全年开行 1.5 万列，运送 146 万标箱，同比分别增长 22%、29%。西部陆海新通道班列突破 6000 列，中老铁路国际货运列车开行，区域物流条件改善彰显开放新优势。自贸区提升战略取得重大进展。推动《区域全面经济伙伴关系协定》（RCEP）如期生效实施，标志着当前世界上人口最多、经贸规模最大、最具发展潜力的自由贸易区正式启航。同时，我国正式申请加入《全面与进步跨太平洋伙伴关系协定》（CPTPP）和《数字经济伙伴关系协定》（DEPA）。2016—2021 年中欧班列开行情况如表 5 所示。

表 5　　2016—2021 年中欧班列开行情况

	2016 年	2017 年	2018 年	2019 年	2020 年	2021 年
开行数量（列）	1702	3673	6300	8225	12406	15183
同比增长（%）	109	116	72	29	50	22

资料来源：交通运输部。

三、行业政策环境

（一）规划频出推进顶层设计

2021 年，是“十四五”规划的起步之年。《中华人民共和国国民经济和社会发展第十四个五年规划和 2035 年远景目标纲要》（简称“十四五”规划）正式公布，有 21 处提到“物流”，分布在全文多个章节，涉及国民经济各个领域。“十四五”规划明提出建设现代物流体系，成为“十四五”现代物流发展的重要纲领。2022 年，国家发展改革委印发《“十四五”现代流通体系建设规划》，作为现代流通领域第一份五年规划，现代商贸流通体系和现代物流体系成为现代流通两大体系的核心组成部分。

物流发展顶层设计陆续推出。2021 年，国务院办公厅印发《“十四五”冷链物流发展规划》，作出五方面工作安排，包括打造“三级节点、两大系统、一体化网络”融合联动的“321”冷链物流运行体系、构建冷链物流骨干通道、健全冷链物流服务体系、完善冷链物流监管体系、强化冷链物流支撑体系。商务部等九部门联合发布《商贸物流高质量发展专项行动计划（2021—2025 年）》，提出了优化商贸物流网络布局、建设城乡高效配送体系、促进区域商贸物流一体化、提升商贸物流标准化水平、发展商贸物流新业态新模式、加快推进冷链物流发展、培育商贸物流骨干企业等 12 项重点任务。2021 年我国物流相关重大规划、计划如表 6 所示。

表 6　　2021 年我国物流相关重大规划、计划

发文单位	发文/政策题目	主要内容（摘要）
中共中央、国务院	《国家综合立体交通网规划纲要》	到 2035 年，基本建成便捷顺畅、经济高效、绿色集约、智能先进、安全可靠的现代化高质量国家综合立体交通网，实现国际国内互联互通、全国主要城市立体畅达、县级节点有效覆盖，有力支撑“全国 123 出行交通圈”（都市区 1 小时通勤、城市群 2 小时通达、全国主要城市 3 小时覆盖）和“全球 123 快货物流圈”（国内 1 天送达、周边国家 2 天送达、全球主要城市 3 天送达）

续　表

发文单位	发文/政策题目	主要内容（摘要）
国务院办公厅	《国务院办公厅关于印发“十四五”冷链物流发展规划的通知》	到2025年，初步形成衔接产地销地、覆盖城市乡村、联通国内国际的冷链物流网络，基本建成符合我国国情和产业结构特点、适应经济社会发展需要的冷链物流体系，调节农产品跨季节供需、支撑冷链产品跨区域流通的能力和效率显著提高，对国民经济和社会发展的支撑保障作用显著增强
商务部等九部门	《商贸物流高质量发展专项行动计划（2021—2025年）》	到2025年，初步建立畅通高效、协同共享、标准规范、智能绿色、融合开放的现代商贸物流体系，培育一批有品牌影响力和国际竞争力的商贸物流企业，商贸物流标准化、数字化、智能化、绿色化水平显著提高，商贸物流网络更加健全，区域物流一体化加快推进，新模式新业态加快发展，商贸物流服务质量和效率进一步提升，商贸服务业和国际贸易物流成本进一步下降
商务部等七部门	《商品市场优化升级专项行动计划（2021—2025）》	将商品市场打造成为商品流通的重要平台、扩大内需的重要载体、优化供给的重要引擎，基本建成适应经济高质量发展、服务新发展格局的现代商品市场体系。到2025年，培育一批商品经营特色突出、产业链供应链服务功能强大、线上线下融合发展的全国商品市场示范基地
商务部、中央网信办、国家发展改革委	《“十四五”电子商务发展规划》	推动供应链数字化转型。支持B2B电子商务平台加速金融、物流、仓储、加工及设计等供应链资源的数字化整合，培育产业互联网新模式新业态。鼓励工业电子商务平台向数字供应链综合服务平台转型，提供线上线下一站式服务，解决采购、营销、配送、客户服务等业务痛点。鼓励企业依托电子商务平台发展可视化、弹性化供应链业务体系，提升供应链快速响应能力
商务部等24部门	《“十四五”服务贸易发展规划》	增强国际运输服务能力。支持国内航运企业开辟新航线，完善国际海运服务网络，推进基于区块链的全球航运服务网络建设，推广进口集装箱区块链电子放货平台应用。更好发挥中欧班列和西部陆海新通道作用，完善国际铁路运输服务网络。完善国际空运布局，扩大国际航线网络覆盖度，提升国际航空货运网络对产业链供应链的支撑作用。完善国际道路运输服务网络，畅通中欧国际道路运输走廊，加快推动双边国际道路运输协定商签实施。推进邮政快递业国际化发展，提升跨境寄递服务水平和国际供应链一体化服务能力。推进现代国际物流供应链发展，加快构建开放共享、覆盖全球、安全可靠、保障有力的现代国际物流供应链体系

续 表

发文单位	发文/政策题目	主要内容（摘要）
交通运输部	《综合运输服务“十四五”发展规划》	到2025年，“全国123出行交通圈”（都市区1小时通勤、城市群2小时通达、主要城市3小时覆盖）和“全球123快货物流圈”（国内1天送达、周边国家2天送达、全球主要城市3天送达）加快构建，多层次、高品质的旅客出行服务系统和全链条、一体化的货运物流服务系统初步建立，现代国际物流供应链体系不断完善，运输结构进一步优化，运输装备水平大幅提高，绿色化、数字化发展水平明显提高，安全应急保障体系更加健全，治理能力显著提升，服务支撑经济社会发展能力进一步增强
交通运输部等五部门	《交通运输标准化“十四五”发展规划》	该规划定位为综合交通运输专项规划，覆盖铁路、公路、水路、民航和邮政五大领域，涵盖国家、行业、地方、团体、企业标准五个层级，包括政策制度、技术标准、国际化、实施监督、支撑保障五个方面，指导全行业“十四五”时期的标准化工作。以建设适应高质量发展的标准体系为主线，着力加强重点领域标准有效供给、着力提升标准实施效能、着力推动标准国际化发展、着力提升标准化治理能力，遵循统筹协调、创新引领、系统推进、开放兼容的基本原则
商务部	《“十四五”对外贸易高质量发展规划》	加快海外仓发展。推动监管创新，鼓励引导多元主体建设海外仓。培育一批在信息化建设、智能化发展、多元化服务、本地化经营方面特色鲜明的代表性海外仓。鼓励海外仓企业整合国内外资源，向供应链上下游延伸服务。加快推进海外仓标准建设，推出一批具有国际影响力的国家或行业标准。推进海外仓数字化发展，探索建立海外智慧物流平台。依托海外仓建立并完善覆盖全球、协同发展的新型外贸物流网络，打造优化国际供应链布局的智慧载体
民航局、国家发展改革委、交通运输部	《“十四五”民用航空发展规划》	“十四五”期间，着力构建六大体系，加快实施六大工程，实现航空运行更加安全高效，保障能力更加坚实可靠，航空服务更加优质公平，行业与产业融合更加紧密，治理体系和治理能力更加完善，民航数字化水平显著提升，科技创新体系基本成型，民航发展动能明显转换，确保量的稳步增长和质的快速提升
交通运输部	《数字交通“十四五”发展规划》	到2025年，“交通设施数字感知，信息网络广泛覆盖，运输服务便捷智能，行业治理在线协同，技术应用创新活跃，网络安全保障有力”的数字交通体系深入推进，“一脑、五网、两体系”的发展格局基本建成，交通新基建取得重要进展，行业数字化、网络化、智能化水平显著提升，有力支撑交通运输行业高质量发展和交通强国建设

（二）大力推动物流数字经济

2021 年，数字经济发展政策不断完善。国务院印发《“十四五”数字经济发展规划》，提出协同推进数字产业化和产业数字化，赋能传统产业转型升级，培育新产业、新业态、新模式。在重点行业数字化转型提升工程中，明确提出要大力发展智慧物流。为推进平台经济规范健康持续发展，交通运输部、国家税务总局发布公告，延长《网络平台道路货物运输经营管理暂行办法》有效期至 2023 年 12 月 31 日。交通运输部印发的《交通运输领域新型基础设施建设行动方案（2021—2025 年）》中提出，到 2025 年，打造一批交通新基建重点工程，形成一批可复制推广的应用场景，制修订一批技术标准规范。该行动方案提出了智慧公路建设行动、智慧枢纽建设行动、交通信息基础设施建设行动等七大建设行动。交通运输部印发的《数字交通“十四五”发展规划》中提出，到 2025 年，数字交通体系深入推进，“一脑、五网、两体系”的发展格局基本建成。工业和信息化部陆续推出工业互联网、物联网、区块链等技术创新与应用的指导意见，对于物流领域的数字化转型提出了具体任务要求。9 月 1 日，我国第一部有关数据安全的专门法律《中华人民共和国数据安全法》正式实施，为物流领域数据安全提供监管依据。国家市场监督管理总局发布《互联网平台落实主体责任指南（征求意见稿）》，旨在推动数字物流平台落实主体责任，保障各类物流平台的用户权益。国务院反垄断委员会印发《国务院反垄断委员会关于平台经济领域的反垄断指南》，旨在预防和制止平台经济领域垄断行为，促进平台经济规范有序发展。

（三）支持物流设施网络建设

2021 年，物流设施网络建设进一步强化。国家发展改革委印发的《国家物流枢纽网络建设实施方案（2021—2025 年）》中提出，聚焦打造“通道 + 枢纽 + 网络”现代物流运行体系，按照“成熟一个、落地一个”原则，稳步推进 120 个左右国家物流枢纽布局建设。国家发展改革委印发的《“十四五”推进西部陆海新通道高质量建设实施方案》中提出，到 2025 年，将实现东中西三条通路持续强化，通道、港口和物流枢纽运营更加高效，对沿线经济和产业发展带动作用明显增强。交通运输部办公厅与国家发展改革委办公厅联合发布《交通运输部办公厅 国家发展改革委办公厅关于组织开展第四批多式联运示范工程申报工作的通知》，重点支持服务支撑国家重大战略的项目、运输结构调整效果显著的项目、促进干线支线高效衔接的项目等 7 个方向。

专业化物流基础设施建设得到强化。《“十四五”冷链物流发展规划》中提出，打造“三级节点、两大系统、一体化网络”融合联动的“321”冷链物流运行体系，将布局建设100个左右国家骨干冷链物流基地，建设一批产销冷链集配中心。此外，《关于进一步做好铁路规划建设工作的意见》中明确提出，促进铁路客运与货运协调发展。加快推动铁路进港口、物流园区和大型工矿企业。国家发展改革委、国家粮食和储备局印发了《粮食等重要农产品仓储设施中央预算内投资专项管理办法》，旨在推动重要农产品仓储设施建设。商务部等七部门发布了《商品市场优化升级专项行动计划（2021—2025）》，在优化物流基础方面，提出聚焦仓储、分拣、加工、配送、冷链、节能等基础设施，升级市场流通环境。

（四）深入推进两业融合发展

2021年，两业融合加快示范引领发展。按照《国家发展改革委办公厅关于征集物流业制造业深度融合创新发展典型案例的通知》安排，国家发展改革委经济贸易司委托中国物流与采购联合会组织专家，对相关省级发展改革委和行业协会推荐的案例进行了评审。结合评审结果，公示物流业制造业深度融合创新发展案例名单，其中包括典型案例50个、入围案例60个。国家发展改革委等部门发布《关于加快推动制造服务业高质量发展的意见》，是我国第一次专门出台关于制造服务业的政策文件。该政策明确提出必须加快发展工业软件、工业互联网，推动制造业实现资源高效利用和价值共享。

工业和信息化部等六部门联合发布的《工业和信息化部 科技部 财政部 商务部 国务院国有资产监督管理委员会 中国证券监督管理委员会关于加快培育发展制造业优质企业的指导意见》中明确提出，鼓励领航企业对上下游企业共享资源，开展供应链配套对接，与中小企业建立稳定合作关系，构建创新协同、产能共享、供应链互通的新型产业发展生态。国家发展改革委、工业和信息化部联合发布《关于振作工业经济运行 推动工业高质量发展的实施方案的通知》，针对制造业与物流业协同融合，明确提出依托国家物流枢纽拓展海运、空运、铁路国际运输线路，推动构建支撑“全球采购、全球生产、全球销售”的国际物流服务网络，实现国际物流降本增效。同时，要保持重点产业链供应链顺畅，实施重点领域“1+N”产业链供应链贯通工程。

（五）供应链创新与应用示范

2021年，供应链创新与应用深入推进。商务部、工业和信息化部、中国物流与采购联合会等八部门联合发布《商务部等8单位关于开展全国供应链创新与应用示范创建工作的通知》，示范城市的主要任务是完善供应链治理体系建设、健全产业供应链生态、推动区域供应链一体化、推动提升全球供应链地位、提高供应链安全发展水平。示范企业的主要任务是提高供应链管理水平、强化供应链创新引领、拓展供应链专业服务、积极布局全球供应链、推动供应链绿色发展、加强供应链风险防范。商务部等八部门联合发出《商务部等8单位关于公布第一批全国供应链创新与应用示范城市和示范企业名单的通知》，公布了首批全国供应链创新与应用的10个示范城市和94家示范企业，引领提升供应链弹性韧性和自我修复能力，维护产业链供应链安全稳定。

工业和信息化部等六部门联合发布的《工业和信息化部 科技部 财政部 商务部 国务院国有资产监督管理委员会 中国证券监督管理委员会关于加快培育发展制造业优质企业的指导意见》中明确提出，支持参与全国供应链创新与应用示范创建，培育一批制造业现代供应链示范企业。国资委大力支持重点产业"链长制"建设，提升产业链竞争力，维护产业链供应链安全稳定。2021年，日日顺等供应链企业先后获评供应链服务A级企业，全国5A级供应链服务企业已达10家。

（六）持续推动物流降本增效

2021年，物流降本增效工作深入推进。国家发展改革委等四部门发布《关于做好2021年降成本重点工作的通知》，部署推进物流降本增效，包括取消或降低部分公路民航港口收费。取消港口建设费，将航空公司关于民航发展基金征收标准降低20%。延续机场收费、空管收费和航空煤油进销差价优惠政策。持续降低铁路货运成本。严格落实铁路各项降成本政策措施，持续规范铁路货运相关收费。

交通运输部、国家发展改革委、财政部三部门发布关于印发《全面推广高速公路差异化收费实施方案》的通知，选择适合的差异化收费方式，分路段、分车型（类）、分时段、分出入口、分方向、分支付方式差异化收费，持续提升高速公路网通行效率，降低高速公路出行成本。

交通运输部办公厅印发《互联网道路运输便民政务服务系统业务办理工作指南》《互联网道路运输便民政务服务系统建设应用技术要求》《交通运输部办公厅关于加快推广应用道路运输电子证照提升数字化服务与监管能力的通知》等，推进政务"网上办、在线办、电子办"，进一步方便广大企业和司机。公安部推出公安交管12项便民利民措施，便利货车在城市道路通行。进一步简化申请手续，在南京、南昌、海口、乌鲁木齐4个城市进行试点，驾驶人通过"交管12123"App或本地交管App、公众服务号等渠道申请电子通行码。

（七）乡村振兴带动农村物流

2021年乡村振兴战略全面推进。中央一号文件《中共中央 国务院关于全面推进乡村振兴加快农业农村现代化的意见》中明确提出，加快实施农产品仓储保鲜冷链物流设施建设工程，推进田头小型仓储保鲜冷链设施、产地低温直销配送中心、国家骨干冷链物流基地建设。我国第一部直接以乡村振兴命名的法律《中华人民共和国乡村振兴促进法》正式出台，明确提出建设国家粮食安全产业带，完善粮食加工、流通、储备体系。要求统筹农产品生产地、集散地、销售地市场建设，加强农产品流通骨干网络和冷链物流体系建设。

各部门强化联动推进农村物流发展。农业农村部、财政部发布了《农业农村部办公厅 财政部办公厅关于全面推进农产品产地冷藏保鲜设施建设的通知》，农业农村部、财政部发布了《2021 年农产品产地冷藏保鲜整县推进试点名单公布》，商务部等 17 部门联合发布《商务部等 17 部门关于加强县域商业体系建设促进农村消费的意见》，财政部、商务部联合发布了《关于进一步加强农产品供应链体系建设的通知》，推进农村物流基础设施建设。交通运输部发布《关于拟公布农村物流服务品牌（第二批）名单的公示的通知》，推进农村物流品牌化发展。

（八）持续推进绿色低碳发展

2021 年，绿色低碳要求提速发展。中共中央、国务院发布的《中共中央 国务院关于完整准确全面贯彻新发展理念做好碳达峰碳中和工作的意见》，是“1 + N”政策体系中的“1”，为“碳达峰、碳中和”这项重大工作进行系统谋划和总体部署。其中，明确提出打造智能绿色物流。国务院发布的《国务院关于印发 2030 年前碳达峰行动方案的通知》，是“1 + N”政策体系“N”中的首个政策文件，聚焦 2030 年前碳达峰目标，提出交通运输绿色低碳行动，推进绿色低碳物流发展。国务院发布的《国务院关于加快建立健全绿色低碳循环发展经济体系的指导意见》中提出，要健全绿色低碳循环发展的生产和流通体系，打造绿色物流，构建绿色供应链。中共中央、国务院联合发布《中共中央 国务院关于深入打好污染防治攻坚战的意见》，明确提出持续打好柴油货车污染治理攻坚战。

交通运输部、公安部、商务部联合发布《交通运输部 公安部 商务部关于命名天津市等 16 个城市“绿色货运配送示范城市”的通报》，推进绿色城市货运物流发展。国家发展改革委发布《“十四五”循环经济发展规划》，提出开展快递包装绿色转型推进行动，开展可循环快递包装规模化应用试点。国家发展改革委等三部门发布《关于组织开展可循环快递包装规模化应用试点的通知》，推进快递包装的可循环利用。此外，重型柴油货车国六排放标准正式实施，国家在新能源汽车推广、电动重卡换电模式、氢能产业示范区带动燃料电池汽车发展、光伏产业推广利用等方面也得到了具体政策支持。

（九）切实维护从业人员权益

2021年，物流从业人员权益得到关注。包括外卖、即时配送等相关物流领域灵活就业群体权益得到高度重视。人力资源和社会保障部等八部门发布《关于维护新就业形态劳动者劳动保障权益的指导意见》，特别提出强化职业伤害保障，以出行、外卖、即时配送、同城货运等行业的平台企业为重点，组织开展平台灵活就业人员职业伤害保障试点，平台企业应当按规定参加。交通运输部、国家邮政局等七部门发布《关于做好快递员群体合法权益保障工作的意见》，从形成合理收益分配机制、保障快递员合理劳动报酬、规范企业加盟和用工管理等八个方面切实保障物流从业人员权益。

货车司机权益保障工作进一步强化。交通运输部等16部门联合发布《关于加强货车司机权益保障工作的意见》，坚持远近结合、标本兼治、协同联动、综合治理，研究提出了9个方面的重点任务。其中，明确提出推进货车司机参加社会保险；研究完善货车司机社会保障政策，支持同城货运平台企业纳入职业伤害保障试点。交通运输部等8部门联合发布《关于加强交通运输新业态从业人员权益保障工作的意见》，提出10项主要任务和3大保障措施。其中，要求完善社会保险经办服务，提高交通运输新业态从业人员参保和享受待遇的服务便捷性。交通运输部办公厅、中华全国总工会办公厅发布《关于深入推进“司机之家”建设提升运营服务质量的通知》，深入推进司机之家服务提升。

加强提升物流从业人员职业技能。2021年，人力资源和社会保障部、教育部、国家发展改革委、财政部四部门联合发布《“十四五”职业技能培训规划》。作为我国首个国家级职业技能培训五年专项规划，该规划提出培养现代服务业等产业高技能人才。教育部组织对职业教育专业目录进行了全面修（制）订，对接邮政快递业高质量发展需要，新设了邮政类高职本科专业，高职专科邮政类专业新增“邮政快递智能技术”专业。

第二章

2021 年中国物流业发展回顾

2021 年，我国物流业总体实现稳步复苏。社会物流需求保持较快增长，物流市场主体不断壮大，物流基础设施投资力度加大，现代物流体系进一步完善，有效助力供应链提升韧性，促进国民经济提质增效降本，全行业实现“十四五”规划良好开局。

一、总体运行情况

（一）社会物流需求保持较快恢复

2021 年，物流需求规模再创新高。全年社会物流总额 335.2 万亿元，按可比价格计算，同比增长 9.2%，高于 GDP 增速 1.1 个百分点，两年年均增长 6.2%。社会物流总额增速恢复至正常年份平均水平。从年内走势看，由于受下半年新冠肺炎疫情和上年同期基数较高等因素影响，走势前高后低。第一季度同比增长 24.2%，上半年同比增长 15.7%，前三季度同比增长 10.5%。

从社会物流总额结构看，物流需求结构顺应经济结构调整同步变化。工业物流总体稳中有进，工业品物流总额达 299.6 万亿元，按可比价格计算，同比增长 9.6%。全年装备制造业、高技术制造业物流需求分别同比增长 12.9%、18.2%，增速高于全部工业平均水平 3.3、8.6 个百分点，是工业物流恢复的主要拉动力。民生消费物流保持平稳增长，单位与居民物品物流总额 10.8 万亿元，同比增长 10.2%。国际进口物流下行压力较大，进口货物物流总额 17.4 万亿元，同比下降 1.0%。主要大宗商品进口量有所趋缓，其中，铁矿砂及其精矿、原油需求延续下跌趋势，分别同比下降 3.9%、5.4%。高技术制造业进口物流需求发展趋势向好，全年机电产品类、集成电路进口量分别同比增长38%、16.9%。农产品物流总额5.0万亿元，同比增长7.1%；再生资源物流总额2.5万亿元，同比增长40.2%。2011—2021年社会物流总额如图1所示。

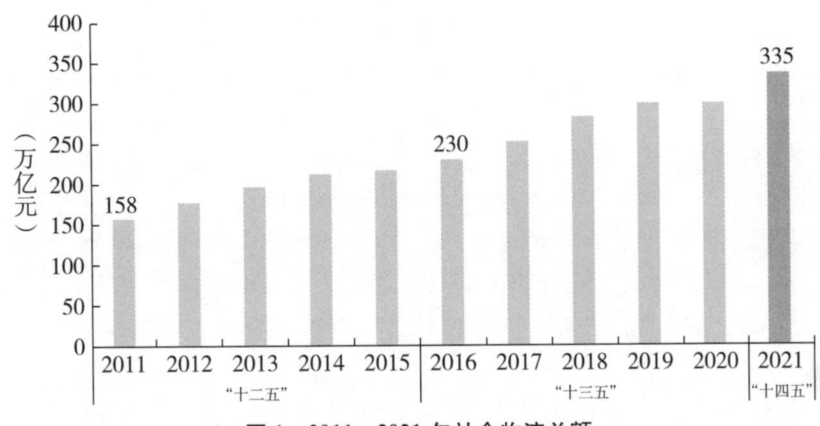

图1　2011—2021年社会物流总额

资料来源：中国物流信息中心。

（二）社会物流成本总体稳中有降

2021年，我国社会物流费用稳步增长。全年社会物流总费用为16.7万亿元，同比增长12.5%。从结构看，运输费用9.0万亿元，同比增长15.8%；保管费用5.6万亿元，同比增长8.8%；管理费用2.2万亿元，同比增长9.2%。我国社会物流总体需求持续增长，带动社会物流费用规模不断扩大。

2021年中国社会物流总费用与GDP的比率为14.6%，比上年下降0.1个百分点，在连续三年持平后首次回落，回落幅度有限。2011—2021年社会物流总费用比上年增长情况及其与GDP的比率如图2所示。

（三）物流业总收入实现较快增长

2021年物流市场规模稳步扩大。全年物流业总收入11.9万亿元，按可比价格计算，同比增长15.1%。从年内走势看，各季度物流业总收入均保持15%以上的增速，两年年均增速在8.5%以上，物流行业保持较快发展，市场活力进一步增强。2017—2021年物流业总收入情况如表1所示。

表1　2017—2021年物流业总收入情况

	2017年	2018年	2019年	2020年	2021年
总收入（万亿元）	8.8	10.1	10.3	10.5	11.9

续　表

	2017 年	2018 年	2019 年	2020 年	2021 年
同比增长（%）	11.5	14.5	9.0	2.2	15.1

资料来源：中国物流信息中心。

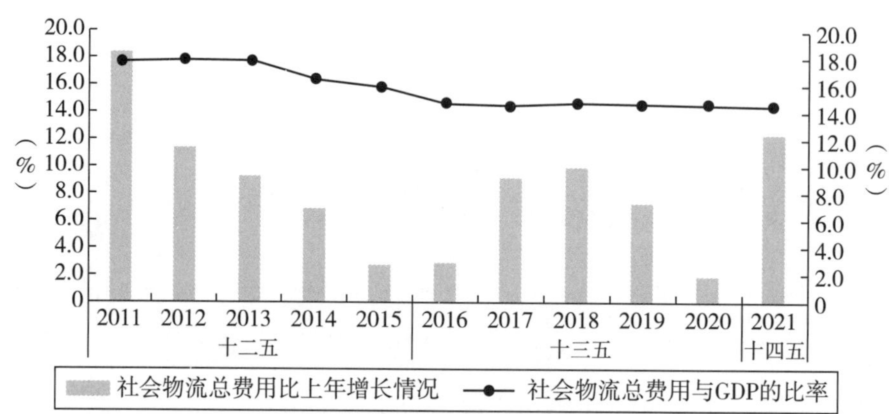

图 2　2011—2021 年社会物流总费用比上年增长情况及其与 GDP 的比率

资料来源：中国物流信息中心。

（四）物流行业总体保持景气增长

2021 年物流市场总体保持景气增长。全年物流业景气指数平均为 53.4%，较上年提高 1.7 个百分点。从年内走势看，第一季度景气指数平均为 53%，实现良好开局，第二季度回升至 55.9% 的高点，下半年指数出现一定波动，第三季度回落至 51.3%，第四季度缓中趋稳回升到 53.2%，物流市场保持景气增长，显示出物流行业适应变化的韧性不断提升。2018 年—2021 年中国物流业景气指数情况如图 3 所示。

二、企业发展情况

（一）物流企业效益总体有所好转

2021 年，物流企业效益保持恢复增长。在物流需求及服务价格的带动下，企业效益有所反弹。中国物流与采购联合会重点物流企业调查显示，1—11 月重点物流企业业务利润增长 32%，总体保持较快恢复态势。收入利润率为 4.3%，比上年同期提高 0.5 个百分点。与上游工业企业相比，盈利水平、回升力度依然偏低。分类型看，小微物流企业经营情况较年内前期有所改善，物

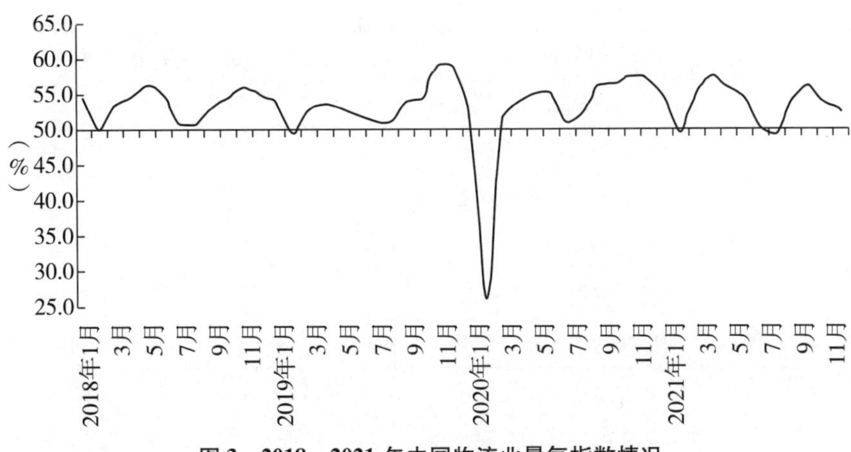

图 3　2018—2021 年中国物流业景气指数情况

资料来源：中国物流信息中心。

流业务利润增长近 10%，收入利润率回升至 3.9%。在减税降费、融资支持等一系列助企纾困政策措施作用下，小微物流企业经营状况有所改善，但仍低于所调查企业的平均水平。

企业普遍反映经营成本高企。1—11 月，重点物流企业物流业务成本增长 33.0%，连续多月保持高位增长。原材料成本、常态化疫情防控成本、劳动力成本等共同推高物流企业经营成本。此外，资金成本上涨依然明显，资金回款压力较大。据统计，有超过 7 成的物流企业平均账期超过 1 个月，11 月末应收账款回收期比上年延长 5% 左右，周转效率连续两年有所下降。

（二）培育具有竞争力的市场主体

2021 年，规模物流企业持续增长。A 级物流企业接近 8 千家，规模型 5A 级企业超过 400 家。根据《国家发展改革委关于进一步加强社会物流统计工作的通知》（发改运行〔2019〕758 号）的要求，中国物流与采购联合会组织实施了重点物流企业统计调查，根据调查结果提出了 2021 年度中国物流企业 50 强排名。50 强物流企业在 2020 年物流业务收入合计 13589 亿元，按可比口径计算，同比增长 16.6%。2021 年，50 强物流企业门槛提高到 40.6 亿元，比上年增加 3.5 亿元，有 6 家企业新进入围。从行业来看，新增企业数量最多的为供应链一体化物流企业，仓储服务、货运代理企业紧随其后。2021 年中国物流企业 50 强名单如表 2 所示。2021 年中国民营物流企业 50 强名单如表 3 所示。

表 2　　2021 年中国物流企业 50 强名单

排名	企业名称	物流业务收入（万元）
1	中国远洋海运集团有限公司	26286247

续 表

排名	企业名称	物流业务收入（万元）
2	厦门象屿股份有限公司	21612887
3	顺丰控股股份有限公司	15174316
4	中国外运股份有限公司	8453684
5	京东物流股份有限公司	7337472
6	中国物资储运集团有限公司	4954200
7	中铁物资集团有限公司	3670160
8	圆通速递股份有限公司	3490704
9	上海韵达货运有限公司	3350043
10	百世物流科技（中国）有限公司	3000000
11	德邦物流股份有限公司	2750345
12	中通快递股份有限公司	2521429
13	建发物流集团有限公司	2484059
14	上汽安吉物流股份有限公司	2296199
15	申通快递有限公司	2156605
16	全球国际货运代理（中国）有限公司	1539786
17	嘉里物流（中国）投资有限公司	1516138
18	日日顺供应链科技股份有限公司	1403623
19	中铁铁龙集装箱物流股份有限公司	1396654
20	准时达国际供应链管理有限公司	1347909
21	一汽物流有限公司	1209000
22	上海天地汇供应链科技有限公司	1049088
23	上海中谷物流股份有限公司	1041918
24	物产中大物流投资集团有限公司	867306
25	湖南和立东升实业集团有限公司	801196
26	四川安吉物流集团有限公司	752319
27	湖北交投物流集团有限公司	741475
28	云南能投物流有限责任公司	739639
29	日通国际物流（中国）有限公司	739125
30	江苏苏宁物流有限公司	720000
31	全球捷运物流有限公司	693221
32	包头钢铁（集团）铁捷物流有限公司	659068

续　表

排名	企业名称	物流业务收入（万元）
33	深圳越海全球供应链股份有限公司	595495
34	中都物流有限公司	587921
35	林森物流集团有限公司	583762
36	云南省物流投资集团有限公司	556046
37	九州通医药集团物流有限公司	543620
38	建华物流有限公司	536421
39	湖南一力股份有限公司	516685
40	中创物流股份有限公司	515389
41	广州发展能源物流集团有限公司	514317
42	四川省港航投资集团有限责任公司	495495
43	湖南星沙物流投资有限公司	492278
44	利丰供应链管理（中国）有限公司	489079
45	上海则一供应链管理有限公司	483737
46	安通控股股份有限公司	483471
47	重庆长安民生物流股份有限公司	473858
48	中通服供应链管理有限公司	441526
49	河南能源化工集团国龙物流有限公司	415812
50	北京长久物流股份有限公司	406441

资料来源：中国物流信息中心。

表3　　2021年中国民营物流企业50强名单

排名	企业名称	物流业务收入（万元）
1	顺丰控股股份有限公司	15174316
2	京东物流股份有限公司	7337472
3	圆通速递股份有限公司	3490704
4	上海韵达货运有限公司	3350043
5	百世物流科技（中国）有限公司	3000000
6	德邦物流股份有限公司	2750345
7	中通快递股份有限公司	2521429
8	申通快递有限公司	2156605
9	日日顺供应链科技股份有限公司	1403623
10	准时达国际供应链管理有限公司	1347909

续 表

排名	企业名称	物流业务收入（万元）
11	上海天地汇供应链科技有限公司	1049088
12	上海中谷物流股份有限公司	1041918
13	湖南和立东升实业集团有限公司	801196
14	江苏苏宁物流有限公司	720000
15	全球捷运物流有限公司	693221
16	深圳越海全球供应链股份有限公司	595495
17	林森物流集团有限公司	583762
18	九州通医药集团物流有限公司	543620
19	建华物流有限公司	536421
20	湖南一力股份有限公司	516685
21	中创物流股份有限公司	515389
22	湖南星沙物流投资有限公司	492278
23	上海则一供应链管理有限公司	483737
24	安通控股股份有限公司	483471
25	北京长久物流股份有限公司	406441
26	江苏飞力达国际物流股份有限公司	370851
27	山东永昌物流集团有限公司	354629
28	中通供应链管理有限公司	335170
29	密尔克卫化工供应链服务股份有限公司	342695
30	天津大田集团有限公司	329283
31	盛丰物流集团有限公司	312993
32	山东京博物流股份有限公司	278115
33	镇海石化物流有限责任公司	258717
34	盛辉物流集团有限公司	252000
35	陕西卡一车物流科技有限公司	250363
36	保定市长城蚂蚁物流有限公司	248447
37	湖南湾田供应链管理有限公司	240642
38	新疆九洲恒昌供应链管理股份有限公司	224037
39	湖南金煌物流股份有限公司	223561
40	广东高捷航运物流有限公司	202016
41	万和通物流集团有限公司	201612

续　表

排名	企业名称	物流业务收入（万元）
42	万科物流发展有限公司	187000
43	浙江汤氏供应链管理有限公司	181078
44	山东佳怡智慧供应链管理服务有限公司	180058
45	道臣物流集团有限公司	140973
46	四川通宇物流有限公司	138916
47	江苏澳洋医药物流有限公司	121028
48	新疆振坤物流股份有限公司	114902
49	振石集团浙江宇石国际物流有限公司	110237
50	江苏海晨物流股份有限公司	107400

资料来源：中国物流信息中心。

（三）物流企业竞争格局趋于集中

2021 年物流企业竞争力进一步增强，物流央企引领发展。截至 2022 年 2 月 1 日，中国远洋海运集团经营船队综合运力排名世界第一。旗下中远海控在 2021 年实现营业收入 3336. 9 亿元，同比增长 94. 85%；实现归属于上市公司股东的净利润 892. 96 亿元，同比增长 799. 52%。息税前利润逼近国际航运业巨头马士基。中国外运股份有限公司（以下简称“中国外运”）是招商局集团物流业务统一运营平台和统一品牌。根据物流咨询公司 A&A 发布的 2020 年榜单，中国外运货运代理服务居全球第三位，全球第三方物流居全球第七位。2021 年，中国外运实现营业收入 1243. 46 亿元，首次突破千亿元，同比增长 47. 09%；归母净利润 37. 13 亿元，同比增长 34. 82%。快递物流企业规模提升。京东物流 2021 年总收入达 1047 亿元，首次突破千亿元，同比增长 42. 7%，其中，来自外部客户收入占总收入比例达 56. 5%。顺丰全年业务量达 105. 34 亿票，营收突破 2000 亿元，跃居全球第四大快递企业。中通成为全球首家年业务量突破 200 亿件的快递企业，在国内市场份额升至 20. 6%。

物流行业企业兼并重组动作加大。经国务院批准，中国物流集团正式成立，整合了原中国铁路物资集团有限公司与中国诚通控股集团有限公司的物流板块，吸引了招商局集团、东航集团、中远海运集团战略投资，目标是打造具有全球竞争力的世界一流综合性现代物流企业集团。顺丰控股成功收购嘉里物流，增强在东盟等新兴物流市场网络布局。极兔以 68 亿元收购了百世集团国内快递业务，快递市场集约化进一步增强。物流“混改”提速。东航物流作为航空物流第一股成功在上交所上市。中铁特货成功在深交所上市，依托现代化的铁路网，大力发展特种货物运输，在商品汽车、冷链和大件货物物流三大主营业务上提升竞争力。中国邮政集团旗下速递物流、中邮科技等公司制定相应层级董事会授权管理办法，建立经理层对董事会负责、向董事会报告的工作机制，开展对标世界一流企业管理提升行动。

（四）物流行业融资势头总体平稳

2021 年，物流行业投融资情况好于上年。14 家物流与供应链行业的企业实现上市。包括京东物流、满帮集团、顺丰同城、东航物流、安能物流等一些各自领域头部企业实现上市交易。此外，旷视科技、主线科技等一批智慧物流设备、自动驾驶技术领域的 201 家企业完成了融资，相较于 2020 年的 144 家，增加了 57 家。2021 年实现上市的相关物流与供应链企业如表 4 所示。

表 4　2021 年实现上市的相关物流与供应链企业

上市时间	企业	上市地点
4 月 9 日	联易融科技	香港
5 月 17 日	顺丰房托	
5 月 28 日	京东物流	
11 月 11 日	安能物流	
12 月 14 日	顺丰同城	
4 月 15 日	图森未来	美国
6 月 22 日	满帮集团	
5 月 13 日	盛航海运	上海、深圳
5 月 26 日	海程邦达	
6 月 9 日	东航物流	
9 月 8 日	中铁特货	
10 月 26 日	中科微至	
11 月 30 日	三羊马	
12 月 2 日	喜悦智行	

资料来源：中国物流与采购联合会投融资分会。

（五）物流企业数字化转型提速

2021 年，物流企业数字化转型提速。在公路货运方面，超过 700 万辆营运货车安装北斗导航系统。货运互联网平台蓬勃发展，截至 2021 年年底，全国已有 1968 家网络货运企业（含分公司），整合社会零散运力 360 万辆、驾驶员

390 万人，全年完成运单量 6912 万单，是 2020 年的 3.9 倍。在航运领域，全球航运商业网络（GSBN）区块链联盟正式运营。GSBN 是由中远海运集运、中远海运港口、赫伯罗特、和记港口集团、东方海外、山东港口青岛港、PSA 国际港务集团和上海国际港务集团合资组建的全球性区块链平台。无纸化放货是 GSBN 的区块链应用，到 2022 年 3 月已服务超过 1 万名客户。在无人技术领域，自动驾驶卡车在港口、矿山等物流场景加快商业化落地，全国第一条常态化大型货运无人机专用航线开通。

三、物流子行业情况

（一）货运业

2021 年，货运行业总体保持恢复性增长。全年货物运输总量 529.7 亿吨（见表 5），货物运输周转量 22.4 万亿吨公里，分别同比增长 12.3% 和 13.7%。全年港口完成货物吞吐量 155 亿吨，同比增长 6.8%，其中，外贸货物吞吐量 47 亿吨，同比增长 4.5%。港口集装箱吞吐量 2.8 亿标准箱，同比增长 7.0%。

表 5　　2021 年各种运输方式完成货物运输量及其增长速度

指标	单位	绝对数	比上年增长（%）
货物运输总量	亿吨	529.7	12.3
铁路	亿吨	47.2	5.9
公路	亿吨	391.4	14.2
水路	亿吨	82.4	8.2
民航	万吨	731.8	8.2
管道	亿吨	8.7	5.7
货物运输周转量	亿吨公里	223574.4	13.7
铁路	亿吨公里	33190.7	9.3
公路	亿吨公里	69087.7	14.8
水路	亿吨公里	115577.5	9.2
民航	亿吨公里	278.2	15.8
管道	亿吨公里	5440.3	4.9

注：增速按可比口径计算。数据为初步统计数。

1. 公路货运市场

2021 年，公路货运市场增长乏力。全年公路货运量 391.4 亿吨，公路货运周转量6.9万亿吨公里，分别同比增长14.2%和14.8%。两年平均增长6.7%和7.6%。公路货运量占社会货运总量的73.9%，与上年基本持平。2017—2021年全国公路货运量及其增长速度如表6所示。

表6　　2017—2021年全国公路货运量及其增长速度

	2017年	2018年	2019年	2020年	2021年
货运总量（亿吨）	368.0	395.9	344.5	342.6	391.4
同比增长（%）	10.1	7.4	-13.2	-0.3	14.2

资料来源：国家统计局。

注：增速按可比口径计算。

行业运行景气度不足。从公路货运效率指数看，2月、11月、12月受疫情影响指数较低，3—10月基本持平。总体来看，全年仅1月指数高于基准数（100）；其余月份均低于基准数，可以看出2021年我国物流业和公路货运市场运行整体平稳，部分月份表现不佳。2021年与2020年公路货运效率月指数对比如图4所示。

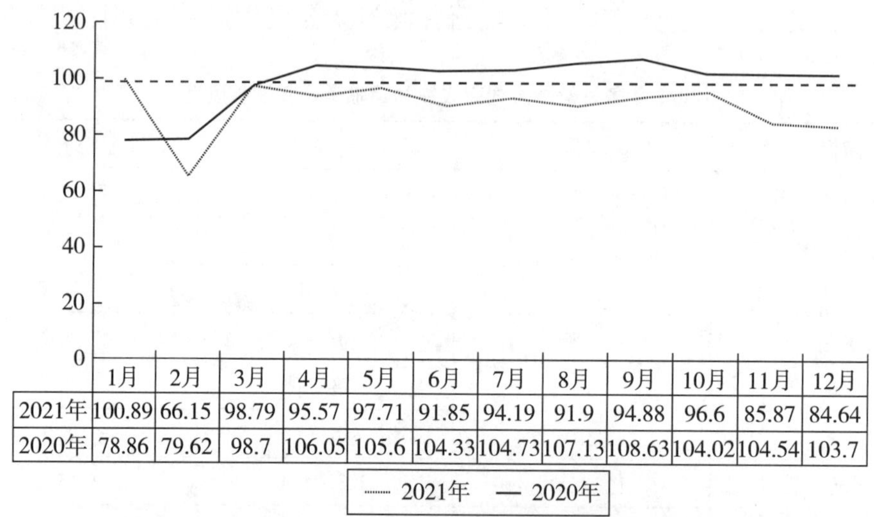

	1月	2月	3月	4月	5月	6月	7月	8月	9月	10月	11月	12月
2021年	100.89	66.15	98.79	95.57	97.71	91.85	94.19	91.9	94.88	96.6	85.87	84.64
2020年	78.86	79.62	98.7	106.05	105.6	104.33	104.73	107.13	108.63	104.02	104.54	103.7

图4　2021年与2020年公路货运效率月指数对比

资料来源：中国物流与采购联合会。

公路运价略有改善。受油价上涨、需求恢复影响，全年中国公路物流运价指数平均为100.3%，同比增长1.9%。随着市场供需关系有所改善，第四季度的指数连续三个月回升，12月升至102.5%，是年内最高水平。从中物联公路货运分会监测的长途运输厢式货车即期市场运价变化看，即期市场价格总体平稳，在每年的春节、“6·18”“双十一”期间价格出现较大涨幅，其他时间总体稳定在平均值左右。2016—2021年各月中国公路物流运价指数如图5所示。

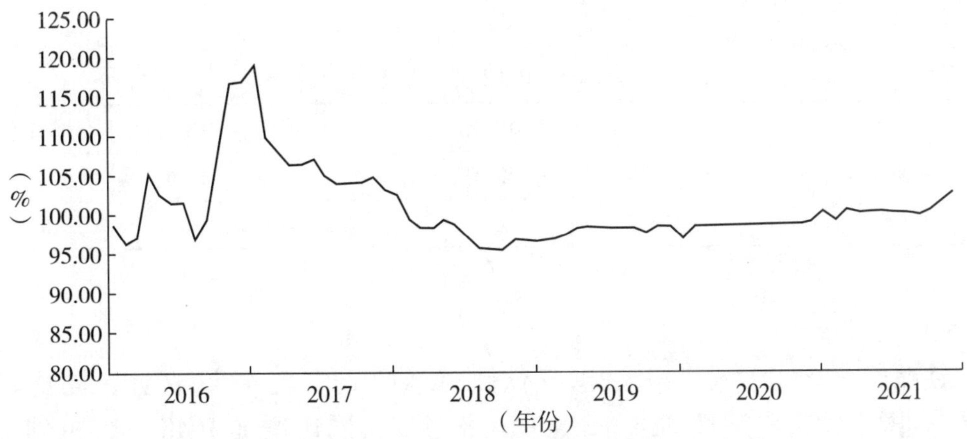

图5　2016—2021年各月中国公路物流运价指数

资料来源：中国物流信息中心。

货运车辆过剩局面依旧。2021年，卡车全年产销分别为416.6万辆和428.8万辆，分别同比下降12.8%和8.5%，但是仍超过400万辆。据行业数据显示，目前货车平均车龄已不足2.68年，车辆过剩局面进一步加剧。车辆过剩导致车辆利用率存在两极分化。据中物联公路货运分会发布的《2021中国公路货运星级车队发展报告》显示，规模型车队车辆月均行驶里程为10118公里，高于行业平均行驶里程2倍多。规模型车队月均上线率保持较高水平，平均超过80%，远高于行业平均水平。大量车辆进入市场，且大部分为司机个人持有，车辆利用率低导致个体司机平均收入下降。

企业规模效益更加分化。据《2021年度中国公路货运景气度CEO调查报告》显示，被调查CEO反映2021年收入规模总体有所增长的占被调查样本的60.4%。从细分领域看，网络货运企业反映收入增长的占比最多，达到82.4%。从反映收入下滑的细分领域看，整车运输、零担快运、零担专线、合同物流企业反映收入下滑的均超过20%，其中，零担专线反映下滑的占比最多，达到三分之一。从收入规模看，不同规模的公路货运企业"苦乐不均"。规模企业收入和货量总体双增长，中小规模企业收入和货量下行压力加大。20亿元以上的规模企业反映收入增加的占84.2%，3000万元以下的中小企业反映收入下滑的占到75%。

2. 铁路货运市场

2021年，铁路生产经营形势良好。全年铁路货运量47.2亿吨，铁路周转量3.3万亿吨公里，分别同比增长5.9%和9.3%，两年平均增长率分别为1.8%和4.9%。其中，国家铁路货物发送量连续三年保持增长，总发送量完成37.26亿吨，比上年增加1.45亿吨，增长4.0%。其中，集装箱发送量比上年增长23.5%。铁路在中长途运输中的比较优势进一步显现。2017—2021年全国铁路货运量及其增长速度如表 7 所示。

表 7　　2017—2021 年全国铁路货运量及其增长速度

	2017 年	2018 年	2019 年	2020 年	2021 年
货运总量（亿吨）	36.89	40.3	43.2	44.6	47.2
同比增长（%）	10.7	9.2	7.2	3.2	5.9

资料来源：国家统计局。

注：增速按可比口径计算。

铁路经济效益稳步回升。国家铁路货运收入实现 4359 亿元，同比增长 8.4%。国家铁路全路日均装车达到 16.8 万车，同比增加 7048 车，再创历史新高，单日最大装车数也屡破纪录，最高达到 186616 车。全路集装箱日均装车 3.61 万车，同比增加 5512 车；集装箱平均运距、净载重、单箱收入分别同比提升了 1%、5%、5.3%。

大宗物资“公转铁”持续推进，国家铁路充分利用铁路干线运力，积极推动大宗物资“公转铁”运输。2021 年上半年，国家铁路煤炭运量为 9.61 亿吨，同比增长 12.4%。其中，浩吉、唐包、瓦日、大秦铁路煤炭运量分别同比增长 163%、54%、43%、11.5%；国家铁路煤炭、电煤日均装车 7.6 万车和 4.9 万车，分别同比增长 12.9%、19.4%。2021 年下半年，为保障电力和煤炭等能源供应，国家铁路积极开展电煤保供专项行动，坚守电煤保供底线。截至 2021 年年底，363 家铁路直供电厂存煤 7099 万吨，较 9 月底增加 4117 万吨，可耗天数 23 天。全年国家铁路煤炭发送量超过 19 亿吨，铁路充分发挥了在综合交通运输体系中的骨干作用，有力保障能源供应。

铁路货运市场化改革加快推进。国铁集团的资本布局进一步优化。2021 年中铁特货成功股改上市，有效助力了铁路扩大市场份额，完善运输网络整体布局，进一步提高经营质量和效益。国铁集团还积极推动国铁资本和社会资本融合发展，组建了中铁京东等混合所有制企业，促进了产业链新业态加快发展。中铁国际多式联运有限公司积极对接中储集团、中铝集团、一汽物流、招商港口集团、山东港口物流集团等，探索合资合作的可行性。国铁下属公司通过与社会物流企业进行战略合作、定制服务产品、创新营销模式、应用先进技术装备等手段，积极拓展白货市场。

3. 水路货运市场

2021 年，水路货运市场总体向好。水路货运量达 82.4 亿吨，水路货运周转量 11.6 万亿吨公里，同比分别增长 8.2% 和 9.2%，两年平均增长率分别为 5% 和 5.4%。总体来看，国际航运市场供需两旺，价格保持高位运行，国内沿海和内河水运市场总体平稳，市场价格稳定上扬。

（1）集装箱运输市场。

2021 年，国际集装箱运输市场供需持续旺盛，运价大幅上扬。据第三方机构统计，全球全集装箱船舶达到 5515 艘，运输量达 2497 万 TEU，运力规模同比增长 4.1%。由于境外新冠肺炎疫情反复，美欧等地区港口拥堵加剧，导致物流供应链梗阻和船舶运力严重损耗，运力供需严重失衡、全球运价普遍上涨。2021 年，中国出口集装箱运价综合指数均值为 2615.54 点，同比增长 165.69%，创历史新高。中国出口集装箱运价综合指数走势如图 6 所示。

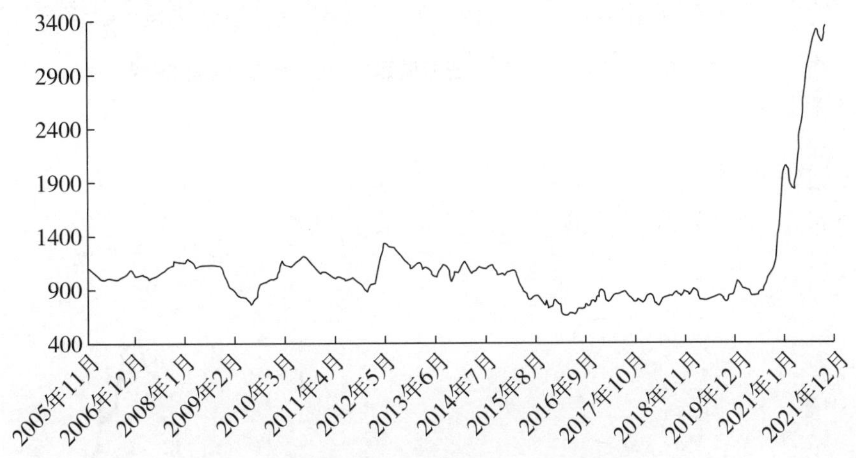

图 6　中国出口集装箱运价综合指数走势

资料来源：上海航运交易所，上海国际航运研究中心整理。

国内沿海集装箱运输市场运力小幅缩减，运价上涨明显。2021 年，沿海集装箱运输量同比增长约 3%。沿海省际运输 700TEU 以上集装箱船共计 322 艘、78.8 万 TEU，箱位数同比减少 1.2%，船舶大型化的趋势仍然明显。受国际集装箱海运市场影响，较多国内船舶转移至国际市场，全年内贸集装箱运价指数虽有所波动，但整体呈持续走高态势。2021 年，新华・泛亚航运中国内贸集装箱运价指数平均值为 1470 点，同比增长 22.3%。2019—2021 年新华・泛亚航运中国内贸集装箱运价指数如图 7 示。

（2）干散货运输市场。

2021 年，国际干散货运输市场需求强劲回升。第三方机构数据显示，2021 年全球干散货海运量增长 4.0%，增速高于前三年，与 2017 年基本持平，其中煤炭海运量回升明显。运力方面，截至 2021 年年底，全球干散货船舶运力 9.44 亿载重吨，较 2020 年增长 3.5%；在疫情防控措施趋严、船员换班、恶劣天气等因素影响下，境外船舶周转效率降低，运力供给阶段性偏紧，运价水平大幅回升。2021 年，远东干散货指数（FDI）平均值为 1939 点，同比上涨 138.2%；波罗的

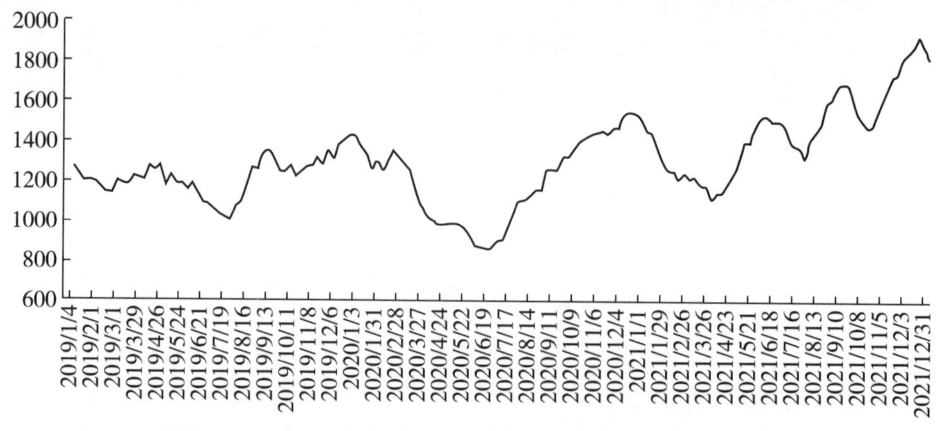

图7　2019—2021 年新华·泛亚航运中国内贸集装箱运价指数

资料来源：新华指数。

海干散货运价指数（BDI）平均值为 2943 点，同比上涨 176. 1%。2016—2021 年波罗的海干散货运价指数波动如图 8 所示。

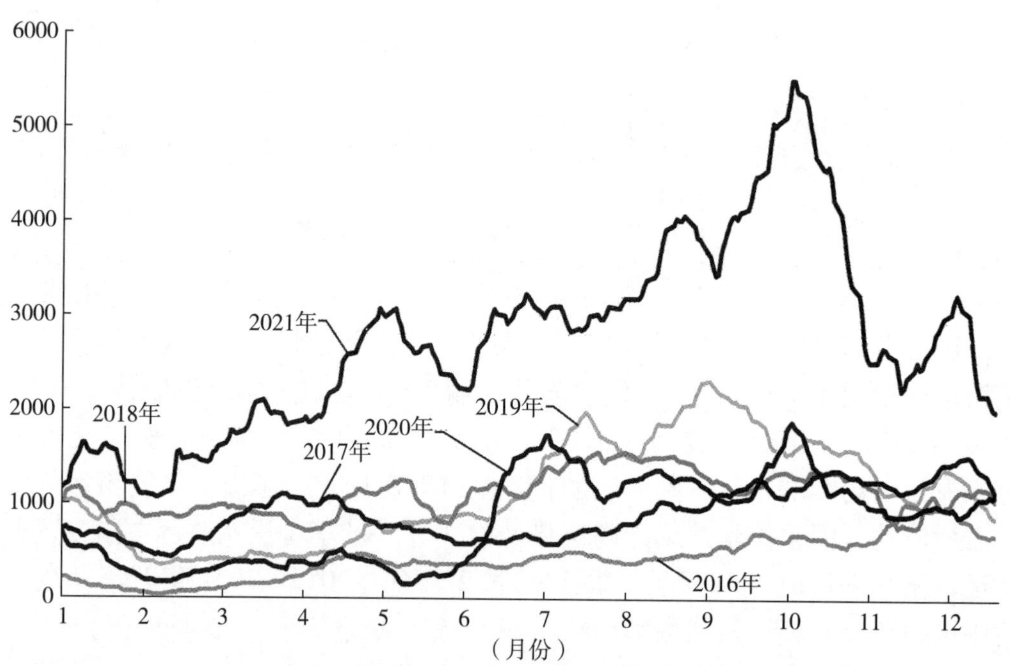

图8　2016—2021 年波罗的海干散货运价指数波动

资料来源：波罗的海航运交易所，上海国际航运研究中心整理。

国内沿海干散货运输市场运输需求增长。2021 年，北方主要港口煤炭下水量为 7. 47 亿吨，同比增长 3. 0%。截至 2021 年年底，全国共拥有沿海省际万吨以上干散货船 2235 艘、运力为 7494. 0 万载重吨，吨位同比增加 10. 3%。全年，中国沿海散货运价指数波动剧烈，全年平均值为 1299 点，同比上涨

25.0%。2020—2021 年中国沿海散货运价指数及分货种指数走势如图 9 所示。

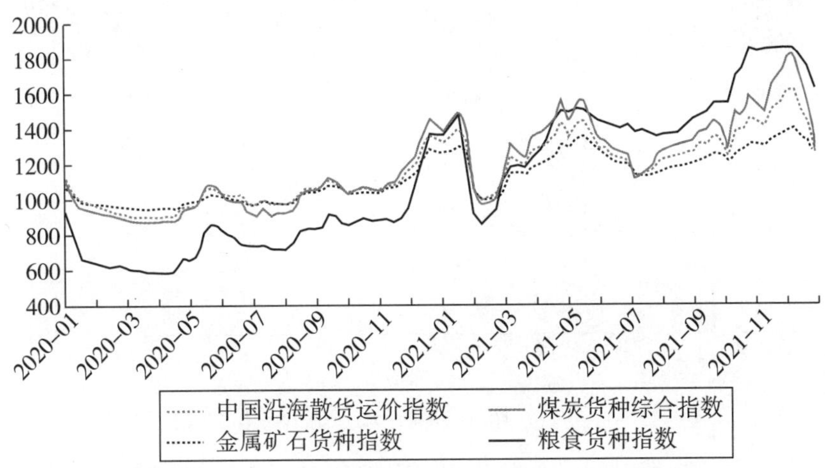

图 9　2020—2021 年中国沿海散货运价指数及分货种指数走势

资料来源：上海航运交易所。

（3）内河航运市场。

2021 年，内河航运市场需求总体较为稳定。从细分市场看，干散货运输市场平稳增长，船舶运力仍供大于求，全年运价前高后低；集装箱运输市场呈现大幅增长态势，集装箱铁水联运量同比增长超过 30%；散装液体危险货物运输市场相对稳定。2021 年，长江干线货物通过量 32.6 亿吨，同比增长 6.5%；珠江水系完成水路货运量 14.6 亿吨，同比增长 5.8%。

4. 航空货运市场

2021 年，我国航空货运量（即航空货邮运输量）731.8 万吨，航空货运周转量 278.2 亿吨公里，分别同比增长 8.2% 和 15.8%，已经基本恢复到疫情前水平，国际航线货邮运输量占比达 36%，创历史新高。2016—2021 年中国航空货邮运输量及其增长率如图 10 所示。

国际航线货运市场强势复苏。截至 2021 年 11 月，我国国际货运航班开行 7.4 万班，同比增长 25.8%，国际航线货邮运输量达 241.5 万吨，同比增长 20.2%。随着 2021 年上半年新冠肺炎疫情得到较好控制，企业复工复产、航空货运需求激增，以及新冠病毒疫苗的研制成功，国际航空货运对医疗设备、救援物资和跨境电商运输需求明显增加，并呈现出爆发式增长，尤其是 3 月、4 月，国际航线货邮运输增长率超过 40%。下半年，由于德尔塔病毒和奥密克戎变异株的传播造成全球范围内的疫情反复，我国客机腹舱运力下降，并对“客改货”进行严格管理。航空货运运力不足，导致航空货邮运输量大幅下降甚至出现负增长。

航空货运优势区域相对集中。上海浦东机场年货邮吞吐量达到 398.3 万

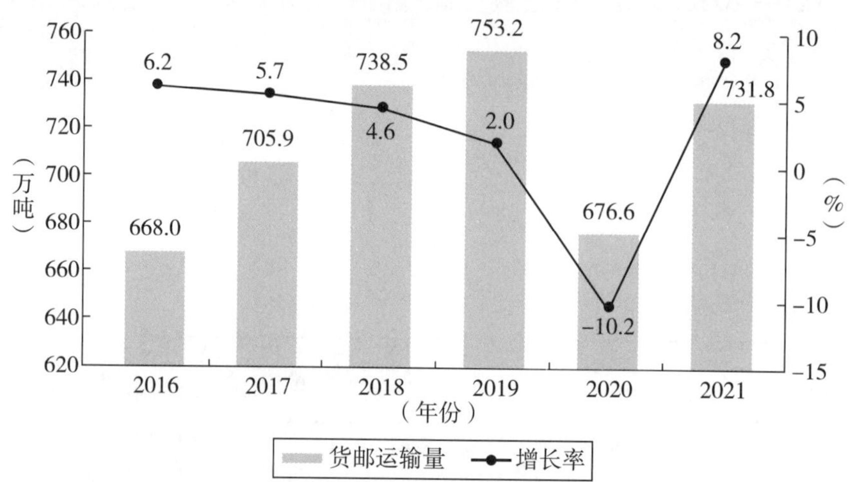

图 10　2016—2021 年中国航空货邮运输量及其增长率

资料来源：中国民航局。

吨，同比增长 8%，超过 2017 年 382.4 万吨的历史高点，刷新上海航空货运枢纽保障能级新纪录。2021 年，北京、上海和广州三大城市运输机场货邮吞吐量占全部境内运输机场货邮吞吐量的 44.9%。年货邮吞吐量 1 万吨以下的运输机场有 187 个，较上年净增 5 个，完成货邮吞吐量占全部境内运输机场货邮吞吐量的 1.3%。2021 年中国机场货邮吞吐量前 10 名如表 8 所示。

表 8　　2021 年中国机场货邮吞吐量前 10 名

机场	货邮吞吐量（万吨）	增长率（%）
上海浦东	398.3	8.0
广州白云	204.5	16.2
深圳宝安	156.8	12.1
北京首都	140.1	15.8
杭州萧山	91.4	14.0
郑州新郑	70.5	10.2
成都双流	62.8	1.5
重庆江北	47.7	15.9
西安咸阳	39.6	5.1
上海虹桥	38.3	11.7

资料来源：新闻资料整理。

航空公司货机运力稳步增长。2021 年，我国全货机数量为 195 架，同比增长 4.1%。顺丰航空依旧是国内运营全货机数量最多的航空公司，2021 年共投用7架全货机，机队规模达到68架，占中国内地运营货机数量的34.87%。作为河南首家本土货航，中州航空在2021年新引进了2架波音737－300F货机，机队规模已达到5架。中货航现拥有10架全货机，借助天合联盟网络，构建了遍布全国、辐射全球的航线网络，航空货运运力在同类物流企业中竞争力较强。航空货运收入稳步增长，成为综合型航空公司应对客运收入大幅下滑的重要支点。2021年中国内地运营货机航空公司及货机数量统计如表9所示。

表9　　2021年中国内地运营货机航空公司及货机数量统计

航空公司	总计（架数）	占比（%）	航空公司	总计（架数）	占比（%）
顺丰航空	68	34.87	中原龙浩	6	3.08
邮政航空	31	15.90	中州航空	5	2.56
国货航	15	7.69	天津航空	4	2.05
南货航	14	7.18	四川航空	3	1.54
友和道通	13	6.67	中航货运	2	1.03
圆通航空	12	6.15	长龙航空	3	1.54
中货航	10	5.13	西北货航	1	0.51
金鹏航空	8	4.10			
			合计	195	100.00

资料来源：新闻资料整理。

（二）仓储业

2021年，仓储物流市场需求总体旺盛。中国物流与采购联合会数据显示，2021年中国仓储指数平均水平为52%，较2020年上升2.2个百分点，显示仓储行业需求保持旺盛，行业运行稳定。2021年中国仓储指数走势如图11所示。

仓储空置率下降，租金保持高位运行。根据物联云仓数据显示，与2020年相比，2021年高标仓全国平均租金整体上涨，空置率整体下降。总体来看，除了第四季度受新冠肺炎疫情反弹影响导致空置率有所上升以外，2021年其他三个季度的空置率均显著低于2020年。根据世邦魏理仕的数据显示，2021年中国16个主要城市高标仓净吸纳量达到660万平方米，相比2017年的最高历史纪录提升近40%。一线都市圈（北京都市圈、上海都市圈、广州都市圈、深圳都市圈）高标仓的整体空置率为8.7%，均低于全国平均水平。2021年全国高标仓平均月租金及平均空置率如图12所示。

高标仓供给总体供不应求。受我国制造业仓储物流需求提升和国内电商及第三方物流发展需求带动，国内高标仓需求有望保持快速增长。超大型租户、

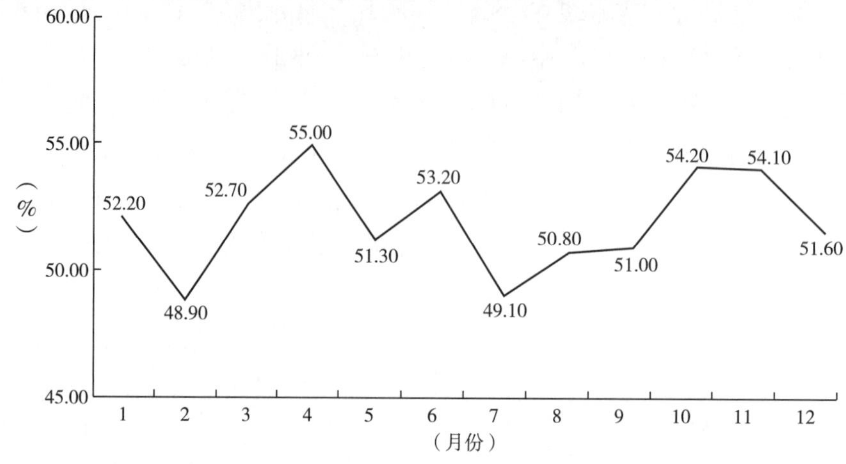

图 11　2021 年中国仓储指数走势

资料来源：中国物流信息中心。

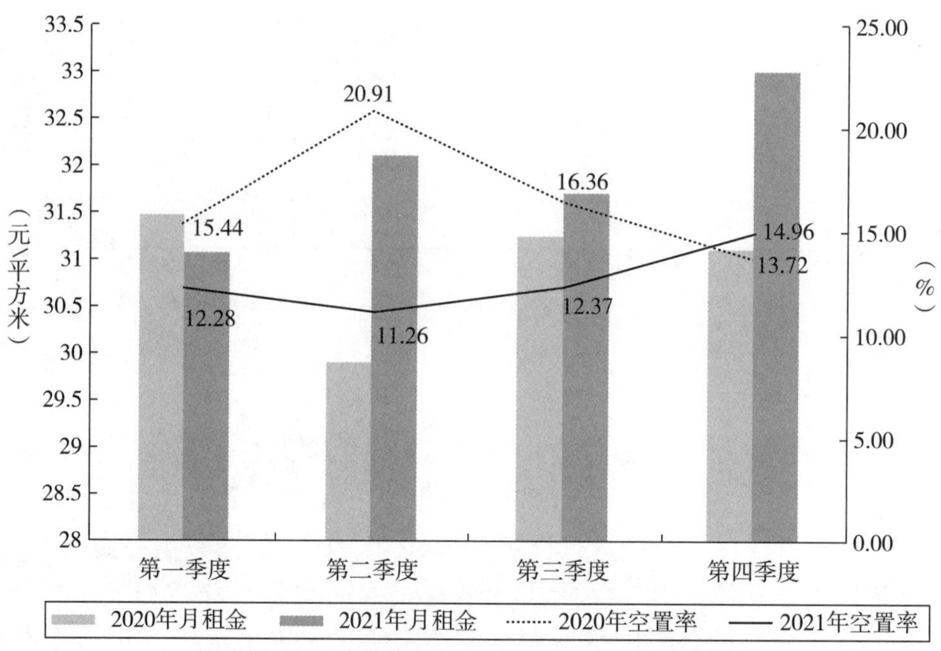

图 12　2021 年全国高标仓平均月租金及平均空置率

资料来源：物联云仓。

电商和第三方物流均有较强的扩张意愿。根据易观分析和物联云仓数据，2020 年全国经营性高标仓存量面积约 7198 万平方米，2021 年新增高标仓面积 1470. 17 万平方米，其中多数为东部地区新增。

物流地产资产证券化稳步推进。自基础设施领域不动产投资信托基金（REITs）试点启动后，远洋资本、新宜中国等地产企业加速布局，我国首个“仓储物流类”基础设施公募 REITs 在上交所上市。普洛斯 REITs 的基础设施资产由位于京津冀、长三角、粤港澳大湾区三大城市群核心物流枢纽地区的7处普洛斯仓储物流园组成，总建筑面积达70.50万平方米。截至2021年9月30日，其资产总体出租率为96.64%。

仓储物流数字化转型加速。2021年，中国智能仓储市场规模约为1126亿元，同比增长16.5%。数字经济热潮涌动，配送机器人、数字化仓库、数字供应链等新一代技术装备加快仓储行业实现商业化应用。

（三）快递业

2021年，快递物流市场仍保持稳健增长。国家邮政局数据显示，2021年，全国快递服务企业业务量累计完成1083.0亿件，同比增长29.9%；业务收入累计完成10332.3亿元，同比增长17.5%。快递业务量继续保持全球排名第一。2021年，快递与包裹服务品牌集中度指数CR8为80.5，快递市场相对集中。2020—2021年全国快递业务量情况如图13所示。

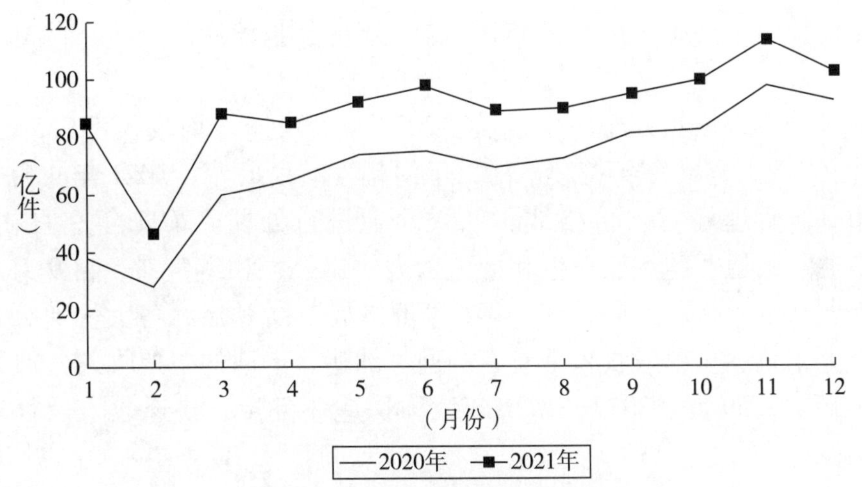

图13　2020—2021年全国快递业务量情况

资料来源：国家邮政局。

其中，同城快递业务量累计完成141.1亿件，同比增长16.0%；异地快递业务量累计完成920.8亿件，同比增长32.8%；国际/港澳台快递业务量累计完成21.0亿件，同比增长14.6%。[①] 2021年，同城、异地、国际/港澳台快递业务量分别占全部快递业务量的13.0%、85.0%、2.0%；业务收入分别占全部快递业务收入的7.9%、50.6%、11.3%。2020—2021年分专业快递业务量发展情况如图14所示。

与2020年同期相比，同城快递业务量的比重下降1.6个百分点，异地快

① 增速按可比口径计算。

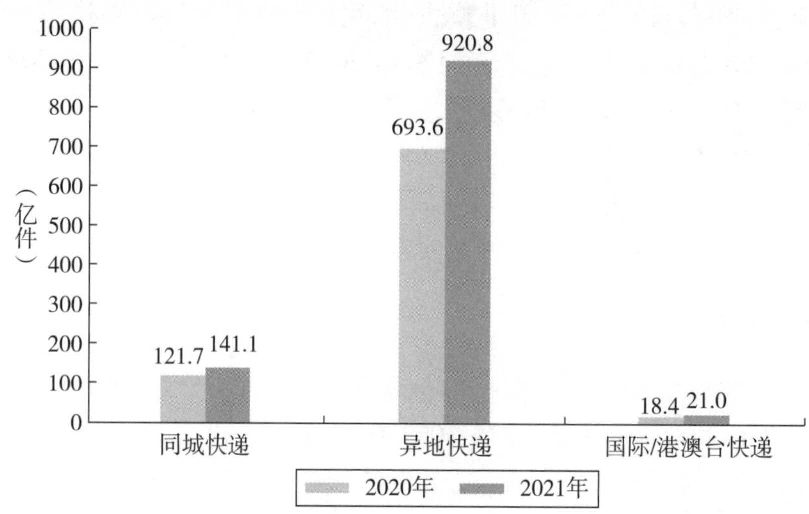

图 14　2020—2021 年分专业快递业务量发展情况

注：数据存在四舍五入，未进行机械调整。全书同。

递业务量的比重上升 1.8 个百分点，国际/港澳台业务量的比重下降 0.2 个百分点。

快递件均收入依然处于下滑趋势。2021 年，快递件均收入为 9.54 元，较上年下降 9.6%，连续多年持续下滑，下滑幅度有所收窄。2021 年 4 月，浙江省义乌市邮政管理局对“价格战”相关企业进行处罚。2021 年 9 月初开始，中通、申通、圆通、韵达、百世和极兔六大快递公司相继宣布，自 9 月起，全网派费上调 0.1 元/票。进入 2022 年，“价格战”缓和后，各大快递公司的价格修复走上正轨。从单票收入来看，圆通、韵达、申通的单票收入分别为 2.66 元、2.34 元、2.59 元。2017—2021 年我国快递业务量、快递收入及件均收入如表 10 所示。

表 10　　2017—2021 年我国快递业务量、快递收入及件均收入

	2017 年	2018 年	2019 年	2020 年	2021 年
快递业务量（亿件）	400.6	507.1	635.2	833.6	1083
快递收入（亿元）	4957.1	6038.4	7497.8	8795.4	10332.3
件均收入（元）	12.37	11.9	11.8	10.55	9.54

资料来源：国家邮政局。

快递国际化持续推进。全年国际、港澳台寄递业务量突破 21 亿件，支撑跨境商品流动额超过 4400 亿元。快递国际网络加快建设。顺丰航空开通“西安—新西伯利亚”国际全货运航线，顺丰航空国内外通航站点由此增长至 80 个。菜鸟网络与香港货运航空合作开通了从香港到东南亚首个通过菜鸟香港

eHub 处理包裹的货运航班。韵达国际开通“中国—尼泊尔”直飞包机，韵达国际服务网络已开通韩国、加拿大、澳大利亚等超过 30 条国际专线，在全球 35 个国家和地区拥有超过 60 个加盟商。百世集团宣布启动泰国至全球 34 国航空小包寄递业务，一站式运营泰中、泰马、泰新、泰欧美等线路，形成“物流—仓储—清关—配送”一站式服务。部分企业加速海外仓建设布局，累计建成海外仓 240 个，总面积近 200 万平方米。

“快递进村”持续深化落实。全国“快递进村”比例超过 80%，苏、浙、沪等地基本实现“村村通快递”。交快、邮快、快快等合作模式进一步深化，共同配送、客货邮融合等新模式不断涌现，新增 15. 5 万个建制村实现邮快合作。县乡村共配网络加快构建，智能快件箱规模稳中有升，公共服务站达到 16. 1 万个。邮政企业加大对县乡处理中心、村级站点及冷链设施、车辆设备等建设投入力度。全年农村地区收投快递包裹总量为 370 亿件，带动农产品出村进城和工业品下乡进村金额超过 1. 85 万亿元。

（四）货代业

2021 年，中国国际货运代理协会发布了“2020 年度中国货代物流行业数据”，榜单以各大企业 2020 年营业收入为依据进行排序。在货代物流企业百强中，100 家企业 2020 年营业收入共计 5352. 94 亿元，较上年百强企业累计营收增长 19. 92%，入围门槛也由上年的 2. 97 亿元提升至 4. 48 亿元，其中中国外运、中远海运、中国物资储运集团位列前三。2020 年度中国货代物流企业综合数据 TOP 100 中前 30 家企业如表 11 所示。

表 11　　2020 年度中国货代物流企业综合数据 TOP 100 中前 30 家企业　（单位：万元）

行业排名	企业名称	综合数据
1	中国外运股份有限公司	8520472. 98
2	中远海运国际货运有限公司	5244059
3	中国物资储运集团有限公司	4954199
4	厦门象屿速传供应链发展股份有限公司	4522497. 97
5	中铁国际多式联运有限公司	2687099
6	敦豪全球货运（中国）有限公司	2029081
7	爱派克斯国际物流（中国）有限公司	1709037. 9
8	港中旅华贸国际物流股份有限公司	1409454
9	嘉里物流（中国）投资有限公司	1342137

续 表

行业排名	企业名称	综合数据
10	中集现代物流发展有限公司	1059365
11	深圳市九立供应链股份有限公司	859623.12
12	全球捷运物流有限公司	693221
13	日通国际物流（中国）有限公司	682145
14	唯凯国际物流股份有限公司	591636.85
15	深圳市华运国际物流有限公司	590538
16	海程邦达供应链管理股份有限公司	542792.93
17	宁波雅戈尔国际贸易运输有限公司	527867
18	中创物流股份有限公司	515389.42
19	振华物流集团有限公司	505386.57
20	近铁国际物流（中国）有限公司	455731.08
21	宁波港东南物流集团有限公司	454737.51
22	日邮物流（中国）有限公司	433213
23	嘉宏国际运输代理有限公司	422601.01
24	深圳市递四方速递有限公司	415113.6
25	上海亚东国际货运有限公司	395419.14
26	广州欧华国际货运代理有限公司	382979.41
27	东方国际物流（集团）有限公司	381121.91
28	硕达（上海）国际货运有限公司	372993
29	江苏飞力达国际物流股份有限公司	370850.96
30	上海环世物流（集团）有限公司	360838

资料来源：中国国际货运代理协会。

四、行业物流市场

（一）电商物流市场

2021年，我国网络零售市场保持稳步增长。国家统计局数据显示，2021年，全国网上零售额达13.1万亿元，同比增长14.1%，增速比上年加快3.2个百分点。其中，实物商品网上零售额10.8万亿元，首次突破10万亿元，同比增长12.0%，占社会消费品零售总额的比重为24.5%，对社会消费品零售总额增长的贡献率为23.6%。电商物流持续保持较快增长。根据中国电商物流指数显示，2021 年总指数平均值为 110.3 点，较 2020 年回升 2.4 个点，需求端总业务量和农村业务量增速超过 20%；供给端恢复较快，库存周转指数、人员指数、实载率指数、成本指数均值均超过 2019 年疫情前水平。2017—2021 年实物商品网上零售额及其增长率如表 12 所示。

表 12　　2017—2021 年实物商品网上零售额及其增长率

	2017 年	2018 年	2019 年	2020 年	2021 年
全年实物商品网上零售额（万亿元）	5.48	7.02	8.52	9.76	10.8
同比增长（%）	28	25.4	19.5	14.8	12.0
占社会消费品零售总额的比重（%）	15	18.4	20.7	24.9	24.5

资料来源：商务部。

注：增速按可比口径计算。

即时配送行业进入成熟发展阶段。近年来，即时配送行业消费者规模和订单量增速均明显放缓，行业整体态势由早期的快速增长模式逐步进入成熟发展阶段。截至 2020 年，即时配送行业消费者规模达到 5.06 亿人次，同比增速则稳定在 20% 左右；年订单量超过 200 亿单，增速保持在 25% 左右。餐饮外卖仍占主体，非餐即时配送业务需求继续上升，尤其是生鲜和零售两大业务。

跨境电商物流保持较快发展。海关数据显示，跨境电商进出口额达 1.98 万亿元，增长 15%，其中出口 1.44 万亿元，增长 24.5%。跨境电商综试区带动作用明显，有力推动跨境电商平稳较快发展。多家跨境电商平台企业获得融资支持。跨境电商物流作为跨境电商全产业链的重要组成部分，扮演着跨境电商“最后一公里”的重要角色。跨境电商物流分为直邮和海外仓两种模式。其中，直邮包括国际快递服务、跨境专线、邮政小包。跨境电商物流领域行业集中度较低，一批领先的跨境电商物流服务商向综合型、一体化物流服务方向发展，但是物流成本仍然相对偏高。

农村电商物流助力乡村振兴。2021 年全国农村网络零售额 2.05 万亿元，比上年增长 11.3%，增速加快 2.4 个百分点。全国农产品网络零售额 4221 亿元，同比增长 2.8%。“数商兴农”深入推进，农村电商物流蓬勃发展。国家邮政局持续深挖农村市场潜力，2021 年，培育山西吕梁杂粮、山东日照海鲜、河南信阳毛尖、湖南怀化冰糖橙、重庆粉条、陕西咸阳猕猴桃、宁夏银川枸杞等业务量超过千万件的快递服务现代农业金牌项目 40 个，累计达到 100 个。

（二）冷链物流市场

2021 年，冷链市场需求持续旺盛。经初步测算，2021 年我国食品冷链物流需求总量将达到 3.02 亿吨，同比增长 14.06%。十年间，我国食品冷链物流需求总量增幅超过了300%。预计2021年冷链物流市场规模突破4586亿元，同比增长19.66%。2016—2021年我国食品冷链物流总需求及增速如图15所示。

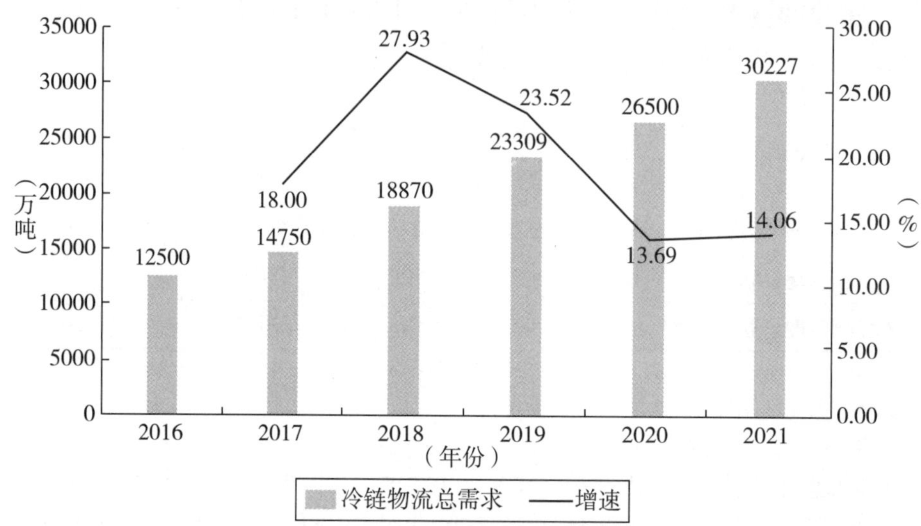

图15　2016—2021年我国食品冷链物流总需求及增速

资料来源：中国物流与采购联合会冷链物流专委会。

冷链物流投资热度不减。预计2021年国内冷库总容量突破1.96亿立方米，冷链车保有量超过34万辆。冷链物流两端及流通环节的各类基础设施与服务体系进一步饱和，未来冷链基建的投资建设还需谨慎考虑，避免出现建设过热现象，造成资源浪费。

冷链物流持续遭遇新冠肺炎疫情冲击。在新冠肺炎疫情防控常态化背景下，冷链信息溯源、冷链消杀、进口集中监管等问题热度持续，储运成本上升、管理复杂度提高等因素正在影响冷链物流行业的发展路径，这也意味着在未来较长一段时期内，更加严格的标准规范、符合新冠肺炎疫情防控要求的技术装备和精细化的管理手段会成为冷链物流行业转型升级的必然要求。

冷链物流场景细分化。生鲜电商、社区团购等2C新消费场景出现，对高品质、精细化、个性化的冷链物流服务需求日益增长。目前，围绕冷链物流正在形成“冷链+”产业集聚新格局。依托“冷链+智能装备”“冷链+大数据”“冷链+智慧生活”，推进冷链物流产业走廊建设。

（三）汽车物流市场

2021年，我国汽车市场运行总体稳定。据中国汽车工业协会统计，2021年我国汽车产销分别完成2608.2万辆和2627.5万辆，同比分别增长3.4%和3.8%，基本恢复至疫情前期水平。根据国家统计局数据，2021年，我国汽车制造业规模以上工业增加值同比增长5.5%。汽车制造业规模以上工业企业营业收入 8.67 万亿元，同比增长 6.7%；利润总额 5305.7 亿元，同比增长 1.7%。汽车类消费品零售总额 4.38 万亿元，同比增长 7.6%，占社会消费品零售总额的 9.93%。汽车市场稳步复苏带动汽车物流蓬勃发展。2016—2021 年我国乘用汽车产销情况及其增长率如表 13 所示。

表 13　　2016—2021 年我国乘用汽车产销情况及其增长率

	2016 年	2017 年	2018 年	2019 年	2020 年	2021 年
乘用车产量（万辆）	2442.1	2480.67	2352.9	2136	1999.4	2140.8
同比增长（%）	15.5	1.58	-5.2	-9.2	-6.4	7.07
乘用车销量（万辆）	2437.7	2471.83	2371	2144.4	2017.8	2148.2
同比增长（%）	14.9	1.40	-4.1	-9.6	-5.9	6.46

资料来源：中国汽车工业协会。

整车物流结构优化服务升级。2021 年，汽车整车铁路发运共计 628 万辆，占乘用车市场运量的 30% 左右。汽车整车滚装运输量达 322 万辆，占乘用车市场运量的 15% 左右。其中，沿海滚装 219 万辆，长江滚装 103 万辆。公路运输主要集中在短途支线运输，其在干线运输的份额逐渐缩减，逐步形成高效节能的汽车整车综合运输网络。随着客户交付要求不断升级，需要平衡干线物流效率和末端客户体验。部分新兴汽车企业采取线下体验和网上直营模式，对运输效率、仓配协同、用户体验等综合服务能力提出了更高要求。

零部件物流应对断链风险。2021 年，我国共有 12 家零部件供应商进入全球零部件百强企业名单，产业规模的扩大带动了我国汽车零部件物流市场持续增长。但受全球新冠肺炎疫情影响，汽车供应链面临断链风险。我国零部件物流企业顶住压力，努力保障汽车行业有序生产，通过提前预判风险、调整安全库存、优化物流模式等多重手段，运用新技术、新模式提升自身服务能力，有效地避免了供应链中断，维护汽车供应链的安全与稳定。

助力拓展海外汽车市场。据统计，2021 年我国汽车出口 201.5 万辆，同比增长 101.1%，占汽车销售总量的 7.7%，比 2020 年提升 3.7 个百分点。我国汽车出口首次超过 200 万辆。以“中欧班列”为代表的铁路运输凭借稳定班期、高效运输、少人操作、较低成本等特点在国际物流中发挥了重要作用，多家汽车企业搭上“中欧班列”的快车。随着中国车企逐渐打开海外市场，汽车物流企业加快脚步，积极打造国际物流服务网络，提升自身国际物流服务能力。

（四）钢铁物流市场

2021 年钢铁行业完成压减任务。随着国家调控政策的落实，钢铁产量过快增长得到有效遏制。全年累计钢材产量13.37亿吨，同比增长0.6%。生铁产量8.7亿吨，同比下降4.3%。粗钢产量10.3亿吨，同比下降3.0%。累计粗钢表观消费量约9.92亿吨，同比下降5.3%。2016—2021年我国钢材、生铁、粗钢产量变化趋势如表14所示。

表14　　2016—2021年我国钢材、生铁、粗钢产量变化趋势

	2016年	2017年	2018年	2019年	2020年	2021年
钢材产量（亿吨）	10.4	10.48	11.06	12.05	13.25	13.37
同比增长（%）	-7.39	0.77	5.53	8.95	9.96	0.6
生铁产量（亿吨）	7.01	7.11	7.7	8.09	8.88	8.7
同比增长（%）	1.45	1.43	8.30	5.06	9.77	-4.3
粗钢产量（亿吨）	8.07	8.32	9.28	9.96	10.53	10.3
同比增长（%）	0.37	3.10	11.54	29.35	5.72	-3

资料来源：国家统计局。

铁矿石运价总体冲高回落。国际干散货市场运价大幅反弹，2021年波罗的海干散货运价指数均值为2943点。随着钢铁产量下降带动铁矿石需求减少，运价指数有所回调。全年累计进口铁矿石11.2亿吨，同比下降3.9%。全年累计出口钢材6690万吨，同比增长24.6%；累计进口钢材1427万吨，同比下降29.5%。

钢铁物流“两业融合”积极推进。多家企业入围国家发展改革委物流业制造业深度融合创新发展案例名单，“两业融合”受到重视。钢铁企业聚焦降低吨钢物流费用，从产业链供应链角度出发，在企业主体、设施设备、业务流程、标准规范和信息资源等方面实施物流业制造业深度融合，为深化降本增效、构筑服务新格局起到了基础保障作用。

钢铁物流加快数字化转型。钢铁物流体系围绕着数字产品制造业、数字产品服务业、数字技术应用业、数字要素驱动业、数字化效率提升业5大业态继续持续创新，以数字化创新推动钢铁物流的高质量发展。物流互联网平台加快推广，德邻陆港等平台公司顺利孵化。

（五）医药物流市场

2021年，医药生产和流通市场两旺，带动医药物流较快增长。国家统计局数据显示，2021年，医药制造业规模以上工业企业实现营业收入29288.5亿元，同比增长20.1%，利润总额同比大幅增长77.9%。前三季度医药流通行业增速保持恢复态势，全国医药商品销售总额达1.89万亿元，同比增长

10.60%。预计2021年全国药品流通市场销售总额达到2.65万亿元，同比增长11%。受生产流通需求带动，医药物流总额持续增长。预计2021年我国医药物流费用总额超过850亿元，较2020年增长超过15%。2016—2021年我国医药物流费用总额及其增长率如图16所示。

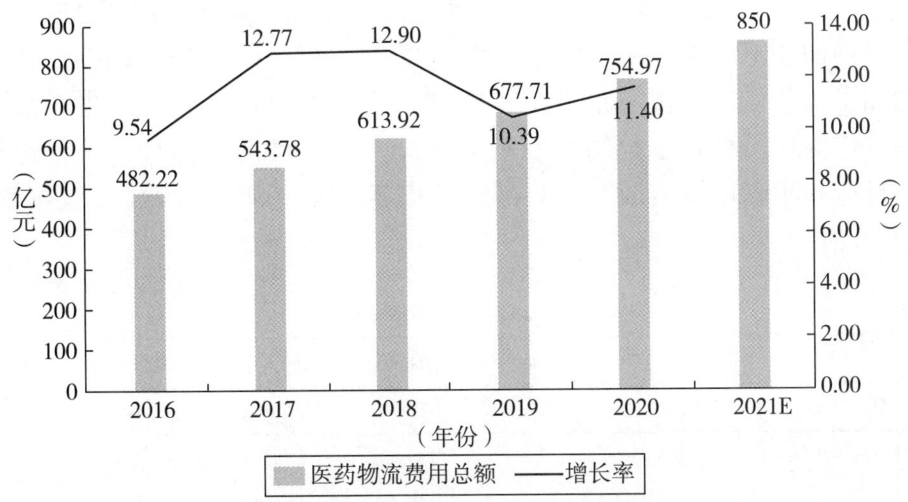

图16　2016—2021年我国医药物流费用总额及其增长率

资料来源：中国物流与采购联合会医药物流分会。

药品第三方物流行业快速发展。2016年，国务院出台《国务院关于第二批取消152项中央指定地方实施行政审批事项的决定》，取消了“从事药品第三方物流业务批准”的行政审批事项，此后，药品第三方物流行业快速发展。根据全国各省市发布相关公告的不完全统计，我国药品第三方物流企业已达到377家。为了规范行业有序发展，全国已有19个省份陆续出台了适用于本省的药品第三方物流相关政策。

公立医院仍是药品终端市场的绝对主导。受新冠肺炎疫情、集中带量采购持续推进等影响，2020年药品终端市场规模近5年来首次呈现负增长。三大药品终端销售额为16437亿元。2021年上半年，公立医院药品终端市场份额占比为63.8%，零售药店占比为26.4%，公立基层医疗终端占比为9.8%。院内物流市场受系列医改政策影响，“4+7”带量采购、分级诊疗制度、新药品管理法、疫苗管理单独立法等政策叠加，对医药生产企业的供应链管理能力、流通环节成本的进一步压缩提出更高要求。

医药电商物流快速增长。随着“健康中国”战略推进，以医药电商为代表的“互联网+医疗健康”模式成为新的趋势。在疫情防控期间，医药电商显示了线上服务的独到价值，加入大型电商平台的药店大幅增加。预计2021年医药电商规模突破2000亿元。受医药新零售影响，拆零比例进一步上升，订单碎片化对物流操作提出更高要求。配送终端进一步下沉，C端送药需求快速增长，要求构建响应迅速、履约更快、覆盖更广、成本更低的医药物流服务网络。

（六）粮食物流市场

2021 年，粮食市场再创新高，保障国家粮食安全的基础巩固向好。2021 年粮食播种面积 17.64 亿亩、比上年增加 1295 万亩，产量 13657 亿斤，在高基数上增加了 267 亿斤。优质粮食工程得到了中共中央、国务院的进一步重视。粮食物流作为优质粮食工程的重要组成部分，伴随产业链延伸、价值链提升、供应链打造和粮食市场流通发展等得到了稳定发展。2016—2021 年我国粮食产量如表 15 所示。

表 15　　2016—2021 年我国粮食产量

	2016 年	2017 年	2018 年	2019 年	2020 年	2021 年
粮食产量（万吨）	61624	66161	65789	66384	66949	68285

资料来源：国家统计局。

粮食产后服务中心加快建设。截至 2021 年年底，我国建立起了粮食产后服务中心 5400 多个，覆盖了 1000 多个产粮区。全国粮食产后服务中心投资超过百亿元，形成了“五代”式系统服务，提供储粮场地、质检、保管、装卸、清理服务，依托日益健全的粮食产后服务体系，快捷地确保了粮食安全、节粮减损和地区增产增收。企业也积极参与粮食产后服务中心的建设，中粮集团协同 18 家合作社也组建了粮食产业联合体。

粮食应急物流体系加快完善。我国现已形成了以加工、储备、配送、供应为重要节点的粮食应急物流保障体系。2021 年，国家粮食和物资储备局公布包括中粮集团在内的 68 家企业成为我国第一批国家级粮食应急保障企业。截至 2021 年年末，我国建立起应急加工企业约 5500 家，粮食应急供应网点 45000 多个，应急加工企业日加工能力在 141 万吨左右。粮食仓储设施作为粮食应急物流保供体系的初始节点受到重视。2021 年，全国各省份纷纷出台粮食应急预案，加强粮食应急仓储设施建设。

防范国际粮食物流供应链风险。全球粮食供需双旺，带动粮食物流成本上升。针对国际粮价频繁震荡的情况，有效防止风险滋生、增强供应链韧性是粮食物流供应链的发展重点。我国在 2021 年年初，就着重完善粮食水路、铁路和公路等物流条件，创建并完善粮食需求与运力供给的对接机制，较好地促进了粮食收购、进口的成本降低。多地出台粮食安全管理政策。各大粮食企业依托“国际粮食现代供应链联盟”开展国际粮食供应链合作，培育粮食物流新发展模式，如中粮集团粮食供应链辐射至全世界 100 多个国家，并且建立了稳定的贸易流通道路。

（七）危化品物流市场

2021 年，石化行业效益超出预期。石油和化工行业规模以上企业 2. 7 万家，全行业营业收入达 14. 45 万亿元，同比增长 30%；实现利润总额为 1. 16 万亿元，同比增长 126. 8%；进出口总额 8600. 8 亿美元，同比增长 38. 7%。危化品物流市场保持较快增长。2015—2025 年我国危化品物流行业市场规模及预测如图 17 所示。

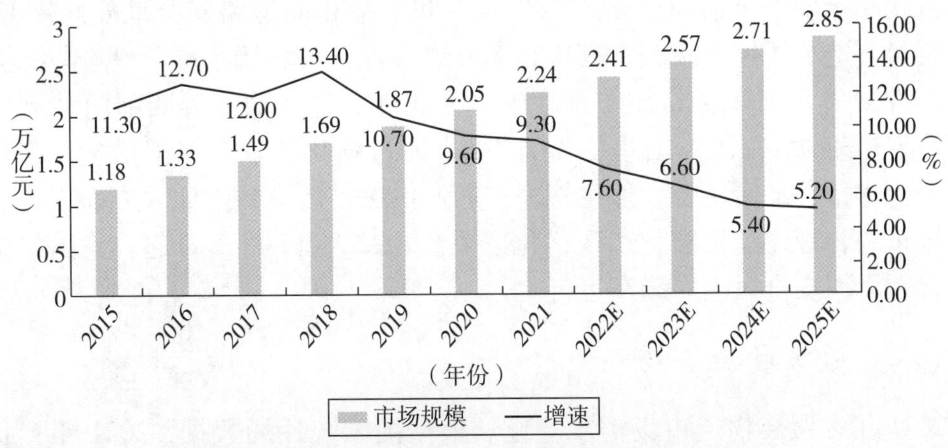

图 17 2015—2025 年我国危化品物流行业市场规模及预测

资料来源：中国物流与采购联合会危化品物流分会。

注：增速按可比口径计算。

油品国内外水路运输需求不振。据第三方机构统计，2021 年全球原油海运量约 18. 35 亿吨，同比减少 1. 3%。新冠肺炎疫情导致全球经济复苏步伐减缓，欧佩克主要产油国持续控制产能，美国等原油消费大国联合释放原油战略储备等多因素影响，原油现货市场货盘稀少，运力持续过剩。2021 年，中国进口原油运价指数（CTFI）平均值为 585 点，同比下跌 49. 5%。沙特拉斯坦努拉至中国宁波（CT1）航线运价年均 6. 44 美元/吨，同比下跌 52. 1%。受原油进口量和国内中转需求下降影响，2021 年国内原油和成品油运输量下降。全年沿海省际原油运价指数平均值为 1542 点，同比下降 0. 6%；沿海成品油运价指数平均值为 1054 点，同比下跌 7. 4%。

化工品水路运输需求稳健增长。受我国化工品生产和消费增长带动，沿海散装液体化学品水运市场需求持续增长，全年沿海省际化学品运输量约 3650 万吨，同比增长 10. 6%。截至 2021 年年底，沿海省际化学品船（含油品、化学品两用船）共 284 艘、128. 9 万载重吨，吨位同比增长 6. 0%。沿海省际化学品船运价整体稳定，部分航线运价略有上涨。液化气船运输需求稳定增长，供需关系总体平衡。全年完成沿海液化气运量525万吨，同比增长29.9%。截至2021年年底，沿海省际液化气船共77艘、26.7万载重吨，吨位同比增长5.1%。沿海省际液化气船运输价格回升。

第三方化工物流企业得到培育。公路运输是国内危化品物流的主要运输方式。截至2021年年底，全国危险货物道路运输企业达1.3万户，车辆在50辆以下的企业占比超过60%。我国危化品物流企业大多是大型国有化工企业下属子公司或小型民营企业。近年来第三方化工物流市场快速发展，服务大型化工企业的危化品运输企业保持较快增长。

危化品运输安全治理启动。2021年，我国危化品道路安全事故共411起，给社会经济造成了巨大损失，其中，部分罐车存在“大罐小标”、壁厚不达标、安全附件缺失、跑冒滴漏等安全隐患。为此，交通运输部等四部门共同制定《常压液体危险货物罐车治理工作方案》。通过强化治理，严把增量；综合施策，消化存量；疏堵结合，优化管理；加强执法，促进共治四大方面工作加快推进罐车的合规化、标准化、现代化发展。2022年11月1日起，我国将全面禁止存在重大安全风险的罐车运行。

（八）服装物流市场

2021年，服装物流市场需求稳定。根据国家统计局数据，2021年，我国服装行业规模以上企业工业增加值同比增长8.5%，增速比上年同期提高17.5个百分点，规模以上企业完成服装产量235.41亿件，同比增长8.38%，增速比上年同期提高16.03个百分点。[①] 我国服装行业生产增速逐步趋于稳定，产量基本恢复至疫情前规模。随着外需恢复和部分订单回流等利好因素，中国服装出口再次突破1700亿美元大关。根据中国海关数据，2021年，我国累计完成服装及衣着附件出口1702.63亿美元，同比增长24%。带动服装物流保持稳定增长态势。2015—2021年我国规模以上企业服装产量如图18所示。

物流全渠道销售加剧波动性。受新冠肺炎疫情影响，服装企业不断创新销售模式，通过电商平台、微信商城、社群营销、全员直播等多种方式，开展线上线下全渠道营销。这使得本身季节周期性强的服装订单波次越来越难预测，销量暴增与销量大跌互相伴随，导致服装物流订单愈加碎片，销售与仓库备货配比的难度增大，这对精益物流管理提出更高要求。

服装逆向物流受到重视。目前服装电商平台除了传统电商平台，新兴的直播带货平台也快速发展。在电商大促期间，部分电商平台的退货率高达60%。提高逆向物流的管理水平正成为众多服装品牌和电商平台物流系统建设的发力

① 增速按可比口径计算。

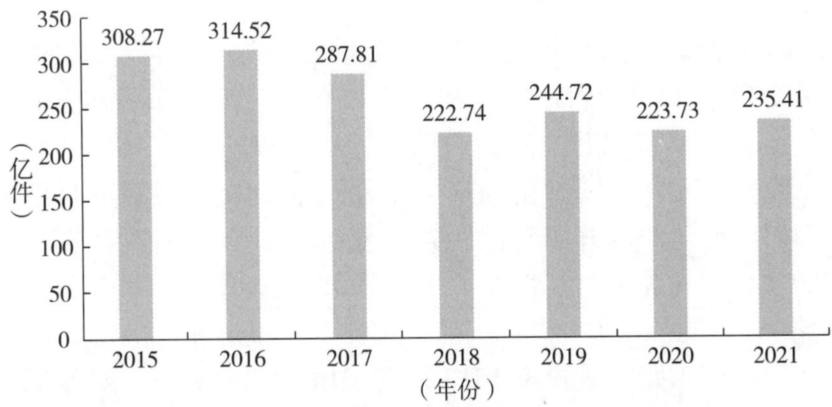

图 18　2015—2021 年我国规模以上企业服装产量

点。众多服装品牌越来越重视逆向物流的管理和运营效率。众多快递公司也将目光投放在电商平台的退货订单上，与之签订逆向物流方向的战略合作协议，形成新的增长点。

物流智能化改造渐成趋势。随着服务销售渠道增多，订单更加碎片化，使拆零拣选环节成为服装物流仓库的一大难点。服装企业越来越重视对物流技术与装备的投入与应用，仓储系统的柔性化、智能化升级成为关注的重点。服装企业纷纷采购自动化、智能化、智慧化设备，进行局部或全面集成方案改造，不仅提高了拣选效率和准确率，也大大提升了上架和理货的效率，持续推进物流降本增效提质。

五、物流基础设施建设

（一）交通物流设施

1. 铁路

2021 年，全国铁路完成固定资产投资 7489 亿元，其中，国家铁路完成 6616 亿元。路网规模实现大幅扩增，投产新线 4208 公里，其中，高铁 2168 公里。全国铁路营业里程已突破 15 万公里，其中，高铁营业里程超过 4 万公里。铁路线网布局不断延伸，重点推进建设了老少边及脱贫地区铁路，全年完成投资 3728. 8 亿元，新增 25 个县开通铁路。2021 年，多个铁路线路建设项目也取得重要成果，拓展了铁路网络覆盖范围。建成西藏第一条电气化铁路——拉林铁路，实现川藏铁路全线开工建设。为服务“一带一路”倡议，我国着力推进国际国内铁路联通，稳步推进雅万高铁、匈塞铁路、中泰铁路等境外项目。

2. 公路

2021 年年末全国公路总里程 528.07 万公里，比上年年末增加 8.26 万公里。公路密度 55.01 公里/百平方公里，增加 0.86 公里/百平方公里。2021 年新增高速公路超过 8000 公里，高速公路的运行里程超过了 16.8 万公里。2021 年全年完成脱贫地区公路投资超过 8000 亿元，推动交通建设项目更多向“进村入户”倾斜，推动“四好农村路”高质量发展，全年新改建农村公路超过 16 万公里，实施农村公路修复性养护工程 19.1 万公里。

3. 水路

2021 年，我国水路完成投资 1513 亿元，增长 11.4%。三级及以上航道通航里程 1.45 万公里、增加 140 公里，占航道总里程比重为 11.4%。全国港口万吨级及以上泊位 2659 个、增加 67 个，占全国港口泊位比重为 12.7%、提高 1 个百分点。

4. 机场

2021 年，我国境内运输机场共有 248 个，均为定期航班通航运输机场，定期航班通航城市（或地区）共 244 个。全国可兼顾通用航空服务的运输机场超过 200 个，在册通用机场数量达到 370 个，全年新增 37 个，航油保障覆盖率超过 90%。首批 13 个民用无人驾驶航空试验基地有效运行，现有飞行服务站 27 个、固定运营基地 14 家，具备 CCAR - 145 部资质的企业共 493 家，联合应急部在 36 个通用机场建设应急救援基地。通用航空服务基础设施建设持续完善。

（二）物流基础设施

1. 国家物流枢纽

为贯彻落实“十四五”规划关于“推进 120 个左右国家物流枢纽建设”的工作部署，2021 年 11 月，国家发展改革委印发《关于做好“十四五”首批国家物流枢纽建设工作的通知》（发改经贸〔2021〕1697 号），将 25 个枢纽纳入“十四五”首批国家物流枢纽建设名单（见表 16）。其中，东部地区 8 个，中部地区 6 个，西部地区 8 个，东北地区 3 个。目前，国家发展改革委已牵头布局建设了 70 个国家物流枢纽，覆盖全国 29 个省（区、市）和新疆生产建设兵团，为加快建设“通道 + 枢纽 + 网络”的现代物流运行体系奠定了坚实基础。

表 16　“十四五”首批国家物流枢纽建设名单（25 个）　（排名不分先后）

所在地	国家物流枢纽名称
天津市	天津空港型国家物流枢纽
河北省	石家庄陆港型国家物流枢纽

续　表

所在地	国家物流枢纽名称
内蒙古自治区	呼和浩特商贸服务型国家物流枢纽
辽宁省	沈阳生产服务型国家物流枢纽
吉林省	珲春陆上边境口岸型国家物流枢纽
黑龙江省	黑河陆上边境口岸型国家物流枢纽
江苏省	连云港港口型国家物流枢纽
浙江省	温州商贸服务型国家物流枢纽
	金华生产服务型国家物流枢纽
安徽省	合肥陆港型国家物流枢纽
福建省	福州商贸服务型国家物流枢纽
江西省	南昌陆港型国家物流枢纽
山东省	日照港口型国家物流枢纽
河南省	安阳陆港型国家物流枢纽
	商丘商贸服务型国家物流枢纽
湖北省	武汉陆港型国家物流枢纽
湖南省	衡阳陆港型国家物流枢纽
广西壮族自治区	柳州生产服务型国家物流枢纽
重庆市	重庆空港型国家物流枢纽
四川省	达州商贸服务型国家物流枢纽
西藏自治区	拉萨陆港型国家物流枢纽
陕西省	西安空港型国家物流枢纽
新疆维吾尔自治区	霍尔果斯陆上边境口岸型国家物流枢纽
新疆生产建设兵团	石河子生产服务型国家物流枢纽
深圳市	深圳港口型国家物流枢纽

2. 示范物流园区

2021 年 9 月，国家发展改革委、自然资源部联合印发《关于做好第三批示范物流园区工作的通知》（发改经贸〔2021〕1325 号），确定第三批示范物流园区名单（见表 17），取消 2 家示范物流园区称号，并要求有关省（区、市）政府部门将示范物流园区新增物流仓储用地优先列入本地区建设用地供应计划并给予重点保障，支持示范物流园区符合条件的重大物流基础设施建设。自 2015 年示范物流园区建设工作开展以来，已确定 78 家示范物流园区，覆盖全国 28 个省（区、市）。以点带面提升物流园区整体发展水平，加快构建布局合理、规模适度、功能齐全、绿色高效的全国物流园区网络体系。

表 17　　　　第三批示范物流园区名单（24 个）

所在地	示范物流园区名称
北京市	平谷区马坊物流基地
天津市	天津东疆保税港区
河北省	河北新发地农副产品物流园
	唐山海港物流产业聚集区
内蒙古自治区	通辽经济开发区综合物流园区
辽宁省	东北快递（电商）物流产业园
黑龙江省	哈尔滨龙运物流园区
江苏省	苏州工业园区现代物流园
	南京空港江宁快递产业园
浙江省	浙江德清临杭物流园
	浙中多式联运枢纽港
安徽省	宝特芜湖现代物流产业园
	宝湾（合肥）国际物流中心
江西省	上饶市新华龙现代物流园
山东省	金乡县鲁西南商贸物流园
	黄河三角洲滨南物流园
河南省	鹤壁现代煤炭物流园区
	驻马店恒兴仓储物流及电子商务产业园
湖北省	黄石新港（物流）工业园
湖南省	湖南一力物流园
广西壮族自治区	柳州市鹧鸪江钢铁深加工及物流产业园
四川省	成都国际铁路港
贵州省	贵州快递物流集聚区
新疆维吾尔自治区	中疆物流昌吉物流货运周转基地

3. 冷链物流基地

2021 年 12 月 12 日，国务院办公厅印发了《“十四五”冷链物流发展规划》（以下简称《规划》）。《规划》中提出，到 2025 年要建设 100 个左右国家骨干冷链物流基地。国家骨干冷链物流基地的建设工作从 2020 年已经开始推进，并将于 2025 年之前选择 100 个左右城市建设国家骨干冷链物流基地，推动形成国家层面的骨干冷链物流基础设施网络，支撑构建以国家骨干冷链物流基地为核心的三级冷链物流节点，助力打造“321”冷链物流运行体系。2020年7月，结合地方自主申报情况，首批17个国家骨干冷链物流基地名单已经形成，基地建设正在稳步推进。按照《规划》要求，新一批冷链物流基地申报工作加快进行。

4. 多式联运枢纽

2021年，交通运输部会同国家发展改革委组织专家组，对第二批30个多式联运示范工程项目实施情况开展了验收，其中20个项目被正式授予“国家多式联运示范工程”。第四批多式联运示范工程申报工作启动。此次申报明确将重点支持7个方向的项目，具体为服务支撑国家重大战略的项目、运输结构调整效果显著的项目、促进干线支线高效衔接的项目、推动运输组织模式创新的项目、研发重大技术装备的项目、推动多式联运信息互联共享的项目、应用多式联运“一单制”的项目。全国被授予“国家多式联运示范工程”称号的项目（20个）如表18所示。

表18　　全国被授予“国家多式联运示范工程”称号的项目（20个）

省区市	名称	牵头及联合企业
天津	天津港中蒙俄经济走廊集装箱多式联运示范工程	天津港（集团）有限公司、中国铁路北京局集团有限公司、天津中远海运集装箱运输有限公司、天津中铁联合国际集装箱有限公司
山西	太原铁路局“一核两网三联四通”铁海公集装箱多式联运示范工程	中国铁路太原局集团有限公司、山西中鼎物流（集团）公司、山西晋云现代物流有限公司
山西	山西方略保税口岸型国际内陆港“一园双网两级多维”大宗货物集装箱多式联运示范工程	山西方略保税物流中心有限公司
内蒙古	“西北地区—京津冀”多功能车智慧公铁水多式联运示范工程	牵头企业：神华铁路货车运输有限责任公司。联合企业：贵阳货车帮科技有限公司、朔黄铁路发展有限责任公司、神华包神铁路集团有限责任公司、中车齐齐哈尔车辆有限公司、中车山东机车车辆有限公司、中物华商集团股份有限公司
浙江	顺丰航空集装器空陆联运示范工程	浙江顺路物流有限公司、顺丰速运有限公司、顺丰航空有限公司、深圳市丰泰电商产业园管理资产有限公司
福建	联通“一带一路”的厦门国际航运中心海铁多式联运示范工程	牵头企业：厦门港务控股集团有限公司。联合企业：中国铁路南昌局集团有限公司、厦门港务发展股份有限公司、厦门集装箱码头集团有限公司、厦门自贸试验区电子口岸有限公司

续 表

省区市	名称	牵头及联合企业
江西	赣州港“一带一路”多式联运示范工程	赣州市南康区口岸发展有限责任公司、中国铁路南昌局集团有限公司货运部
河南	河南省机场集团打造“空中丝绸之路”空陆联运示范工程	河南省机场集团有限公司、中国铁路郑州局集团有限公司、河南航空货运发展有限公司
湖北	长江中游黄石新港“打造一体化铁路港前站 服务港产协同发展”铁水公联运示范工程	中国铁路武汉局集团有限公司、黄石新港港口股份有限公司
湖南	湖南城陵矶新港水公铁集装箱多式联运示范工程	湖南城陵矶临港新区开发投资有限公司、岳阳城陵矶新港有限公司、湖南弘元新港实业发展有限公司、湖南龙骧联运物流有限责任公司
广东	广东省盐田港亚太—泛珠三角—欧洲国际集装箱多式联运示范工程	牵头企业：深圳市盐田港集团有限公司、深圳平盐海铁联运有限公司。联合企业：中国铁路广州局集团有限公司、盐田国际集装箱码头有限公司
广东	中外运（广东）“东盟—广东—欧洲”公铁海河多式联运示范工程	中国外运华南有限公司、东莞中外运物流有限公司
广西	广西实践“一带一路”倡议“西南—北部湾—东盟/中国沿海”点线并举、境外布局多式联运示范工程	广西北部湾国际港务集团有限公司、中外运广西有限公司、广西沿海铁路股份有限公司
广西	贯彻欧亚大陆的公铁联运冷链物流通道示范工程	牵头企业：中铁铁龙集装箱物流股份有限公司。联合企业：中国铁路南宁局集团有限公司、南宁鑫金航物资有限公司、广西百色一号农业发展有限公司
重庆	重庆果园港打造“一带一路”与长江经济带战略连接点铁水联运示范工程	重庆港务物流集团有限公司
云南	云南省面向南亚东南亚的“一核，三轴，多节点”国际多式联运示范工程	云南宝象物流集团有限公司
陕西	西安港建设“一带一路”内陆中转枢纽陆海空多式联运示范工程	牵头企业：西安国际陆港投资发展集团有限公司、中国铁路西安局集团有限公司。联合企业：西安国际陆港保税物流投资建设有限公司、西安国际陆港多式联运有限公司、中铁联合国际集装箱有限公司西安分公司
甘肃	“一带一路”国际物流大通道保障基地兰州新区空铁海公多式联运示范工程	兰州新区路港物流有限责任公司、甘肃省民航空物流有限责任公司

续　表

省区市	名称	牵头及联合企业
新疆	新疆生产建设兵团大宗物资国际多式联运示范工程	牵头企业：新疆天业（集团）有限公司。联合企业：中国铁路乌鲁木齐局集团有限公司，天津博大国际货运代理有限公司、石河子鑫源公路运输有限公司、青岛港国际货运物流有限公司、中欧联合物流有限公司
新疆	新疆生产建设兵团丝绸之路国际多式联运示范工程	牵头企业：新疆联宇投资有限公司。联合企业：新疆中欧联合物流有限公司、山东临新欧国际物流有限公司、河南林德国际物流有限公司

5. 铁路物流园区

2021 年，铁路物流基地、铁路集装箱中心站、无水港等铁路节点建设逐渐完善，有力提升了铁路货运系统竞争力。2021 年，广西南宁高铁物流基地、四川广元铁路综合物流基地、安徽宣城市巷口桥铁路物流基地等开始建设，铁路物流基地覆盖范围进一步扩大，加速推动了铁路物流服务效率和质量的提升。在原有 12 个铁路集装箱中心站基础上，2019 年成功开通运营钦州铁路集装箱中心站，2021 年广州铁路集装箱中心站正式运营，有力保障了铁路集装箱运输和物流服务能力的提高。2021 年，中铁集装箱公司无水港建设持续推进，例如，北部湾港集团武汉无水港揭牌成立、西部陆海新通道重庆（万盛）内陆无水港项目开工，共新增无水港 5 个，常态化运营无水港达到 24 个，无水港运营网络逐步优化，进一步延伸了铁路物流的服务网络。

六、物流技术与装备

2021 年，中国物流市场加速数字化转型发展，以大数据、云计算、区块链、人工智能等带动的智慧物流快速发展，物流数字化、智能化成为中国物流发展亮点。2021 年，中国智慧物流市场规模达 6477 亿元，同比增长 10.9%。2017—2021 年中国智慧物流市场规模统计如图 19 所示。

仓储技术装备、运输技术装备等保持科技创新引领发展，为推进物流高质量发展和数字化转型提供了基础支撑。

（一）仓储技术装备

1. 仓储系统集成

2021 年，仓储系统集成发展迅速。自动货架系统、输送系统、自动识别和分拣系统等先进物流自动化系统助力物流实现柔性化发展，自动化立体仓库与

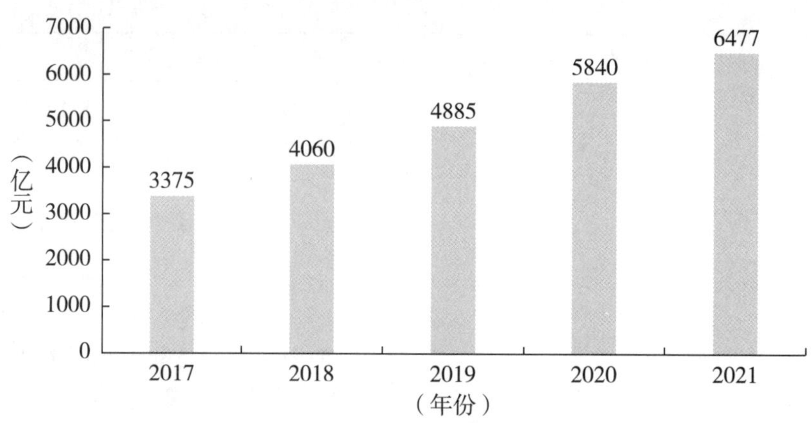

图 19　2017—2021 年中国智慧物流市场规模统计

资料来源：中商情报网。

企业生产系统一体化发展逐步成熟，自动化物流仓储系统 WMS（仓储管理系统）、WCS（仓库控制系统）不断创新研发，云计算和大数据等先进技术走向整合应用；物流中心向全面自动化、无人化方向发展。据行业数据显示，2021 年中国智能仓储系统市场规模为 1126 亿元，同比增长 16.5%。垂直领域特色日益明显，电商、医药等部分领域进入智能仓储的应用实施阶段。越来越多的专业物流仓储系统集成商登陆资本市场。

2. AGV/AMR

2021 年，“增长”是 AGV/AMR 行业的主旋律，市场需求持续向好，整体市场规模比上年有很大提升。得益于我国机器人市场规模不断增长，2021 年，我国 AGV 市场规模达到 87.7 亿元，同比增长 19.3%。

企业业绩总体靓丽。2021 年，AGV/AMR 领域共发生 29 起融资事件，总计金额超过 40 亿元。行业数据显现，2021 年，我国自动导向车商场规划达 58.82 亿元，同比增长 200.7%。新能源行业对 AGV/AMR 的需求暴增，带来较大市场订单。2017—2021 年我国 AGV 市场规模统计如图 20 所示。

随着市场需求转变，AGV 向小型化、重载化发展。AMR 凭借其高灵活性及自主导航技术，使机器人属性更加凸显，通过使用来自摄像头、内置传感器、激光扫描仪的数据以及复杂的算法，能够探测周围环境，使得人机混行场景运行更加安全可靠。

3. 输送分拣设备

2021 年，自动化分拣设备市场继续保持高速增长态势。电商和快递高速发展，对应用于大型分拨中心的自动分拣系统的运行效率、准确率、稳定性、柔性分拣等能力提出了更高要求。机器人分拣技术凭借其系统可拓展性强、人工成本低、分拣差错小、系统可靠性高以及节能环保等特点得到了广泛发展。

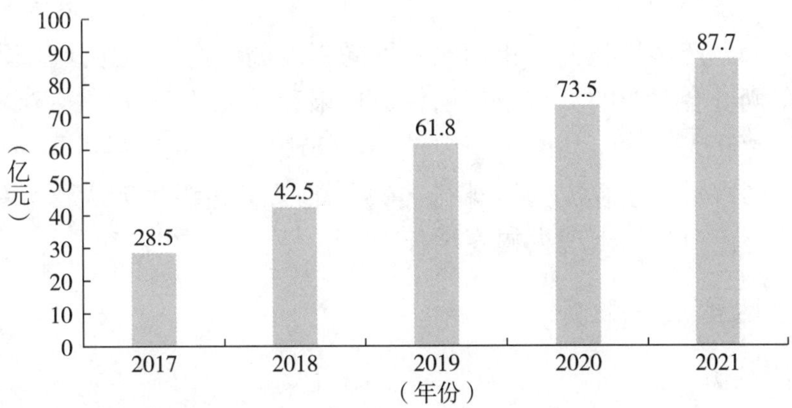

图 20 2017—2021 年我国 AGV 市场规模统计

资料来源：中商情报网。

4. 托盘市场

2021 年，我国托盘市场规模持续扩大，托盘年产量、保有量和循环共用托盘池规模均以较高速度增长。2021 年，我国托盘年产量约为 3.9 亿片，同比增长 14.71%；托盘市场保有量达到 16.6 亿片，同比增长 7.10%；托盘循环共用企业加速扩大各自托盘池规模，推广带托运输和供应链一体化发展，2021 年我国托盘池总规模超过 3400 万片，比 2020 年增加了 550 多万片，同比增长 19.30%，占托盘保有量的 2.05%。木托盘占有率逐年降低，塑料托盘占有率逐年提升，木托盘和塑料托盘总占有率在 80% 以上。2003—2021 年中国托盘保有量如图 21 所示。

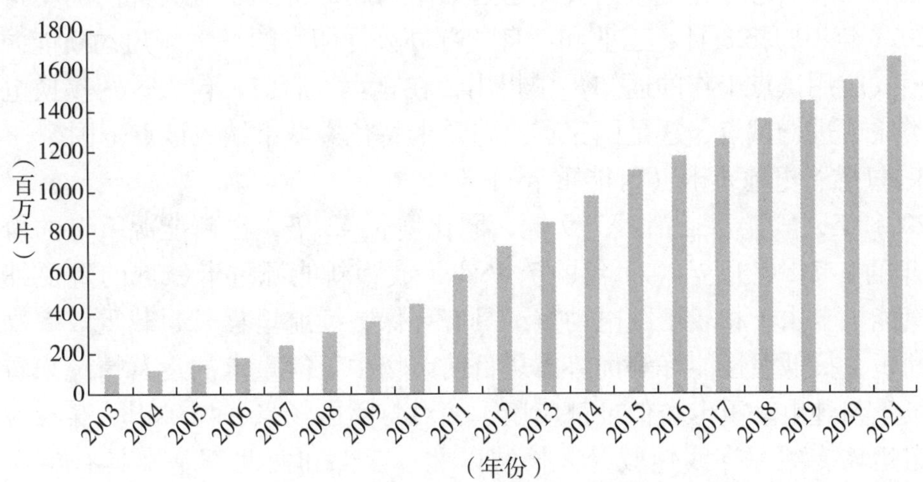

图 21 2003—2021 年中国托盘保有量

5. 叉车

2021 年，叉车市场呈现“先扬后抑”的态势，即上半年继续延续了 2020

年比较强劲的发展势头，一路高歌猛进，但到了下半年，市场明显出现后劲不足的疲态之势，产销量与上半年相比有不同程度的下滑。从中国工程机械工业协会工业车辆分会发布的叉车全年销售数据来看，2021 年，中国叉车的全年总销售量高达 1099382 台，其中，国内销售 783619 台，几乎接近了 2020 年全行业叉车的总销售量，连续成为全球排名第一的叉车超级生产大国和销售大国，国内销售量与出口量均出现大幅度增长。

（二）运输技术装备

1. 货运车辆

2021 年，我国货运车辆产销下滑。2021 年货车产销量分别为 416.6 万辆和 428.8 万辆，分别同比下降 12.8% 和 8.5% 。重型货车、轻型货车以及微型货车都出现较大减量，其中，重型货车减量最大。重型货车销量为 139.5 万辆，同比下降 13.8% ，占总销量的 32.5% ；中型货车销量为 17.9 万辆，同比增长 12.3% ，占总销量的 4.2% ；轻型货车销量为 211 万辆，同比下降 4% ，占总销量的 49.2% ；微型货车销量为 60.5 万辆，同比下降 14.7% ，占总销量的 14.1% 。此外，半挂牵引车产量为 64.5 万辆，同比下降 24.2% ，销量为 67.7 万辆，同比下降 18.9% 。

2. 电动重卡

2021 年，电动重卡总产量达到 12599 辆，同比增长 394% ，其中，换电重卡销售 3228 辆，重卡换电站超过 100 座。换电重卡模式能够有效解决充电慢、充电难、续航焦虑等充电重卡模式运营效率问题，得到了有关部门的支持和鼓励。2021 年 10 月 28 日，工业和信息化部办公厅印发的《关于启动新能源汽车换电模式应用试点工作的通知》中提出，在宜宾、唐山、包头这几座换电重卡特色类城市进行试点，这是国家首次将重卡特色类城市纳入试点范围。

3. 氢燃料电池重卡（氢能重卡）

2021 年，氢能重卡销量 779 辆，同比增长 42 倍，占新能源重卡的份额从 2020 年的 0.7% 上升至 2021 年的 7.46% ，成为新能源重卡领域的重要细分市场。氢能重卡由于相较于纯电动重卡具有环保、续航里程长、载重效率高、补能时间短、抗低温性能好等优势。从目前市场中氢能重卡的运营情况来看，其应用场景与纯电动重卡类似，都应用于相对封闭的场景，如矿山、煤炭、港口等固定运输专线、支线短驳等。长城以北、西部和西北部基本具有冬季温度低、能源基地多的特点，同时对于可再生能源的集中度高，非常适合氢能全产业链发展。不过目前氢燃料电池的生产成本较高，尚未达到规模效应。

4. 天然气重卡

2021 年，国内天然气重卡销售 5 万辆，市场需求大跌 60.5% ，创近 5 年来最高降幅，是重卡行业中跌幅最大的细分市场，主要原因是车用 LNG 价格大涨。自 2021 年 3 月以来，中国 LNG 出厂价格一路上涨，从 3000 元/吨提高到近 8000 元/吨，最高价格达往年同期价格的两倍以上。山西等地区的车用 LNG 价格，从原先的 3 ~ 4 元/升涨至 7 ~ 8 元/升，天然气重卡丧失燃料经济性优势，难以拉动需求增长。

5. 自动驾驶卡车

2021 年我国自动驾驶行业投资热度较高，自动驾驶解决方案、芯片和雷达等核心硬件成为热点。行业二八效应明显，头部企业持续获得资本支持。在政策、技术、市场需求以及资本等多方因素推动下，我国自动驾驶行业发展快速，场景应用和商业化落地成为自动驾驶供应商关键发力点。货运领域迎来了发展春天，自动驾驶物流企业图森未来和智加科技先后完成了美股上市。百度 Apollo、主线科技、小马智行、文远知行也开始加入战场，布局自动驾驶卡车。港口、矿山等场景加快落地，主线科技助力天津港港口自动驾驶示范区（二期）启动运行。此外，聚焦城市无人驾驶货运场景的应用也开始出现。

第三章

2022 年中国物流业发展展望

2022 年是全面实施“十四五”规划的关键期，也是构建现代流通体系、支撑双循环新发展格局的攻坚期。在稳中求进工作总基调下，我国物流业有望延续稳中有升态势。

一、形势需求

（一）全球产业链供应链调整风险加剧

新冠肺炎疫情对全球产业链供应链的影响持续分化。我国凭借有效的疫情防控措施，较快恢复生产，产业链供应链韧性增强，货物进出口总额再创历史新高。但是，国际航运运力紧张、电力能源供应不足等问题加剧了供应链的不确定性。随着国外疫情态势逐步转变，全球供应链呈现区域化、本土化、多元化趋势，部分生产需求将加快回流和转移，这对未来一段时间适应全球供应链调整风险，提升现代物流韧性和灵活性提出了挑战。同时，随着“中欧班列”常态化开行，陆海新通道、中老铁路等国际大通道陆续开辟，“一带一路”国际经贸走廊承接产能转移，有助于维护区域供应链稳定。《区域全面经济伙伴关系协定》（RCEP）正式生效，带来供应链区域合作机会，对现代物流跟随产业链“走出去”带来新的机遇。

（二）要素成本价格上涨压力持续加大

2020 年下半年以来，国际大宗商品价格持续上涨。到 2021 年下半年，国内电力、煤炭、成品油等领域出现了阶段性供应紧张。全年成品油价调整出现 15 次上涨、6 次下跌、4 次搁浅的局面，柴油累计每吨上涨超过 1400 元，物流企业不堪重负。国家大力推动中小企业普惠金融，但是企业获得感不足。主要原因是物流企业存在大量保证金和运费账期，账期普遍在 3 个月以上，由于缺乏征信数据和确权手段，无法获得信贷支持导致资金成本高企。此外，物流“用人难用人贵、用地难用地贵”问题日益突出。据《2021 年货车司机从业状况调查报告》显示，35 岁及以下司机占比为 25.5%，较 2016 年调查明显减少，司机“招聘难”成为普遍现象。部分城市规定市区内不再新批物流用地，城市配送中心远离市区大幅推高了配送成本。2021 年，社会物流总费用 16.7 万亿元，同比增长 12.5%，运输费用、仓储费用、配送费用等上涨幅度较大，单纯依靠要素降本空间日益收窄。

（三）我国产业迈向价值链中高端存在瓶颈

外部形势变化和经营成本上涨，倒逼企业向价值链中高端迈进。产业升级提速对产业链供应链现代化提出更高要求。商务部、中物联等 8 部门确定了第一批 10 个全国供应链创新与应用示范城市和 94 家示范企业，各地积极制订并实施“链长制”方案，优质企业牵头制造业强链补链行动，重在推动经济循环流转和产业关联畅通，维护产业链供应链安全稳定。但是，我国物流配套能力低端化成为重要制约瓶颈。物流业作为重要的生产性服务业，长期处于微利经营，主要是服务功能单一、专业化水平低。物流业与制造业之间更多是简单的供需关系，产业融合成熟度不够。国家发展改革委等部门推进物流业制造业深度融合创新发展，激发制造业释放服务需求带动物流业效率提升、效益增加，促进物流业以专业服务助力制造业价值链攀升，有望实现产业链供应链整体跃迁。

（四）实施扩大内需战略物流短板凸显

我国具有超大规模市场的优势，扩大内需战略正在成为战略基点。2021 年，内需对经济增长的贡献率达 79.1%，是我国经济增长的第一拉动力。我国人均 GDP 超过 1.2 万美元，与高收入国家差距进一步缩小。我国城镇化率超过 60%，对内需有很大的拉动力。城乡居民收入差距继续缩小，乡村振兴带动城乡区域协调发展。新一轮扩大内需战略重在围绕做大做强国内市场，把满足国内需求作为出发点，加快构建完整的内需体系，着力打通生产、分配、流通、消费各个环节，增强经济内生动力，这对与内需相适应的物流基础设施和服务能力都提出了更高要求。当前，城市物流普遍面临限行、限地问题，特别是城市末端网点短缺，无法适应高时效、高频次的消费物流需求。区域物流枢纽承载条件不够，无法适应标准化、大批量的中转物流需求。物流服务交付能力不足，无法适应一体化、集成式产业物流需求。多层级物流基础设施布局、高标准物流交付能力仍是制约内需扩大的主要短板。

（五）数字经济成为经济发展的新动能

习近平总书记提出，数字经济正在成为重组全球要素资源、重塑全球经济结构、改变全球竞争格局的关键力量，发展数字经济是把握新一轮科技革命和产业变革新机遇的战略选择。数字经济是继农业经济、工业经济之后的主要经济形态，随着新一代信息技术与传统产业融合程度加深，产业边界正在消融，新兴业态的场景革命正在兴起。开放、共享、协同、去中心等特征使得资源配置效率更高、市场响应速度更短，从根本上改变整个产业生态体系，对企业转型升级带来更多机遇。《国务院关于印发“十四五”数字经济发展规划的通知》明确提出，大力发展智慧物流，涉及物流新基建、新技术、新模式、新业态等。但是，在转型过程中也出现了资本无序扩张、不正当竞争、行业垄断和权益保障等问题。中小企业仍然面临数字化鸿沟，存在“不敢转”“不会转”“不能转”等问题。数字化政务等公共服务还存在短板，数据治理、平台治理能力还有待提升，制约了智慧物流健康发展。

（六）碳达峰、碳中和带来绿色转型机遇

习近平总书记强调，实现碳达峰、碳中和是一场广泛而深刻的经济社会系统性变革，要把碳达峰、碳中和纳入生态文明建设整体布局。目前，全球有140多个国家以各种形式提出了碳中和承诺，这意味着未来发展范式将发生深刻转变。过去传统的“先发展、后治理”模式被低碳发展模式取代。但是，这也是一项复杂工程和长期任务。目前，一些地方出现了“碳冲锋”“一刀切”运动式“减碳”等问题，特别是对于国四、国五排放车辆限行区域越来越大，甚至限制柴油货车进入工矿厂区，将长期目标短期化，影响了地区经济运转和民生保障。对于传统物流业来说，绿色转型是否会增加物流成本，需要统筹考虑外部成本、隐性成本、机会成本等。随着全国碳排放交易市场上线，交通运输绿色低碳行动开展，对物流企业绿色转型的自主变革带来重大机遇。

二、发展趋势

2022年，全球经济将面临较大复苏压力。我国经济发展面临需求收缩、供给冲击、预期转弱的三重压力，经济下行压力有所累积。但是我国经济韧性较强，长期向好的局面不会改变。“十四五”规划多处提到物流和供应链，涉及国民经济的方方面面，全方位、多角度勾画出现代物流体系建设蓝图，现代物流日益成为支撑实体经济发展的先导性、基础性、战略性产业。在稳中求进工

作总基调下，我国物流业有望延续稳中有升态势，社会物流总额的增速全年预计将保持在6%左右。

（1）融合化。当前，我国社会物流总费用与GDP的比率维持在14.6%左右，下一步单纯依靠降低运输、仓储、配送等单环节下降成本的空间较小。未来，国家间的竞争就是供应链之间的竞争，随着物流与制造业、商贸业、农业等深度融合，应通过资源整合、流程优化、组织协同、生态共建，来降低供应链全流程物流成本，进一步推进物流运行水平提升。

（2）精益化。随着我国产业加快迈向价值链中高端，对物流交付、时效、品质都提出更高的要求，倒逼物流业转型升级，进入追求高品质、高效率、高效益的精益化新发展阶段。产业升级、结构优化、创新驱动助力提质增效，将成为现代物流高质量发展的重要特征。

（3）数字化。新一代信息技术与物流业深度融合，推动传统物流模式向数字化、智能化、网联化为特点的智慧物流模式转变。随着区域重大战略和区域协调发展战略的实施，畅通国内大循环可带动原来以沿海布局为主的物流设施向全国延伸，将加快形成内外联通、安全高效的物流网络，助力产业升级和梯度转移，构建区域经济新增长极。随着碳达峰、碳中和任务推进，传统高碳经济向低碳经济转变，产业绿色转型预期更加明确。

（4）集成化。随着产业链供应链升级，现代物流一体化、集成化、高端化要求日益迫切，物流业进入以创新和人力资本为主要驱动的时代，技术创新、流程创新、模式创新日益活跃。物流业将由原来的同质化低成本竞争向差异化的质量竞争、效率竞争、效益竞争转变，并逐步向微笑曲线两端延伸。

（5）协同化。随着改革逐步进入深水区，更需要通过深层次的体制机制改革来破除阻碍高质量发展的政策瓶颈，逐步由监管缺位、越位、错位向综合监管、协同监管、数字监管转变，形成有利于现代物流高质量发展的公平竞争、规范有序、开放稳定的营商环境，充分激发起市场主体的活力，为推动现代物流供需适配、经济高效、开放协同、安全可靠和可持续发展奠定制度基础。

三、细分市场展望

（一）公路货运市场

2022年，受新冠肺炎疫情、油价、环保等多种因素叠加影响，公路货运市场面临上行压力。据《2021年度中国公路货运景气度CEO调查报告》显示，公路货运CEO对行业景气度保持谨慎乐观态度。62.4%的CEO预计所在企业2022年业务规模出现增长，认为持平和下滑的分别占20.8%和16.8%，均在两成左右。从细分领域看，城市配送预期规模增长的较多，其次为零担快运，其他领域也超过半数，零担专线预期增长偏弱。65.3%的CEO认为预计所在企业业务收入出现增长，认为下滑和持平的分别占17.8%和16.8%。

（二）铁路货运市场

2022年，铁路货运市场运输结构调整带来利好。国务院办公厅印发的《推进多式联运发展优化调整运输结构工作方案（2021—2025年）》中提出，到2025年基本形成大宗货物及集装箱中长距离运输以铁路和水路为主的发展格局、晋陕蒙煤炭主产区大型工矿企业中长距离运输（运距500公里以上）的煤炭和焦炭中，铁路运输比例力争达到90%。由此可见，未来运输结构调整将持续优化，铁路在综合交通运输体系中将发挥更大作用。国铁集团在货运物流领域也将迈上新台阶，国铁集团2022年货运工作目标任务为货物发送量38.04亿吨。

（三）水路货运市场

在国际集装箱航运市场中，预计2022年全球集装箱海运贸易需求增速有所放缓，克拉克森数据显示2022年海运贸易量将达到2.15亿标箱（标准箱），同比增长3.8%。2022年全球集装箱船队运力增速保持低位。在国内集装箱运输市场中，预计2022年中国国内集装箱运输市场需求增加6%左右，运力供给增加4%左右。在国际干散货运输市场中，预计2022年国际干散货航运市场将受益于运力低速增长，需求仍将小幅增长，供需增速基本均衡，BDI均值小幅回落至2500点左右，但市场波动中枢仍将保持高位。在沿海干散货市场中，预计2022年沿海干散货运价均值将较2021年小幅下滑，总体呈现出前高后低的走势。

（四）航空货运市场

2022年，航空货运市场将加速向专业化、国际化、综合化发展。《“十四五”民用航空发展规划》《“十四五”航空物流发展专项规划》等行业规划的落实是航空货运发展的政策支点。航空货运的细分领域发展将迈上新台阶，《“十四五”冷链物流发展规划》明确指出要大力发展面向高端生鲜食品的航空冷链物流，生鲜冷链等高附加值物流将给航空货运利润带来增长空间。国际航空货运市场发展潜力凸显，我国跨境电商进出口规模持续走高，海外仓建设投入力度加大，航空货运运力结构日益完善，为航空货运在国际贸易市场下发展提供强大支撑力。信息技术将推动航空货运智能化、数字化、绿色化转型，无人货机将得到更为广泛的应用。

（五）仓储服务市场

2022年，仓储服务市场继续保持较快增长。在基础建设投资发力的推动作用下，预计2022年物流行业固定资产投资将进一步扩大。根据世邦魏理仕发布的《2022年中国房地产市场展望》，预计2022年仓储物流市场全年净吸纳量有望连续两年突破600万平方米。仓储智能化发展速度加快，仓储行业相关的创业公司和传统大公司的智能化改造将是2022年市场关注的重点。随着京津冀协同发展、长三角一体化发展、粤港澳大湾区、成渝一体化发展等国家战略的实施，相关区域必然是仓储行业发展的重点和主要消费市场。

四、行业市场展望

（一）快递服务市场

2022年，快递业务量同比继续保持两位数的增长，预计在27%以上，快递业务收入同比增长预计在19%左右。受新冠肺炎疫情因素影响，网上购物消费增多，为快递渠道带来更多增量空间。高质量发展快递业成为快递转型升级的方向，2022年在质量变革、效率变革、动力变革推进下，大型邮政、快递企业有可能加速从单一寄递企业向综合型物流集团转变。2022年，中央一号文件提出要加快农村物流快递网点布局，实施“快递进村”工程，农村物流市场将进一步发展。

（二）粮食物流市场

2022年，中央一号文件提出稳定粮食物流补贴政策，加快发展农业社会化服务。2022年，政府部门将积极探索粮食物流社会化服务新方式，进一步强化优质粮食物流监管工作，打造优质粮食物流服务体系。专注于可持续发展的绿色与应急粮食物流继续成为发展重点。

（三）冷链物流市场

2022年是落实《“十四五”冷链物流发展规划》的关键之年。伴随着国家相关政策、标准的相继出台，行业发展标准及监管要求日益提升，将进一步推动冷链物流行业的正规化发展，“劣币驱除良币”的情况也将逐步得到改善。技术赋能继续深化延展。科技创新的力量正在推动冷链物流摆脱传统的运行方式，向智能化、科技化、自动化方向转型升级。冷链物流全链条进一步实现科技赋能，将强力推动行业驶入高质量发展快车道。冷链物流进入细分场景化发展新阶段，专业化企业在未来将更加具备创新及可持续性发展的能力。由于新冠肺炎疫情在全球仍未得到有效遏制，冷链防疫安全仍将是工作重点，应强化冷链食品（进口和国内）全链路追溯和监管，建立全链抽检监察机制，确保全链可控，并针对重点品类及环节实施重点监控。

（四）医药物流市场

2022 年，医药物流集约化水平将不断提升，行业结构进一步优化升级。行业竞合进一步升级，跨区域、跨所有制的兼并重组节奏加快，医药供应链行业结构进一步优化。物流新技术迭代升级，满足消费升级需求。服务模式多元化、企业类型多元化的医药供应链格局逐渐形成，满足终端用户持续多样化、个性化的消费需求。物流设施设备创新发展，智慧医药物流体系逐渐形成。5G 网络、大数据等技术的广泛应用，驱动医药物流数字化改造与升级，促进行业企业“上线上云上平台”。自动化仓储设施设备集成发展，将有效节省人力、降低劳动强度、提高工作效率。数智化将推动医药物流行业运营管理标准化、经营决策科学化、预警防范精确化。

（五）汽车物流市场

2022 年是我国汽车物流业发展的机遇期。越来越多的企业已经开始探索未来发展新方向，从新车物流市场逐步向存量市场物流需求转移。在存量市场中，汽车后市场、二手车、汽车租赁等物流需求逐渐引起关注，汽车物流服务广度、深度不断升级，存量市场物流价值被进一步挖掘。在全球疫情防控常态化、国内国际双循环发展的背景下，汽车产业链供应链将加快重组。立足提升国内汽车消费的同时，应推动更高水平的对外开放，令优质产能逐渐释出，为中国车企走出去提供有力支撑，加快开拓国际物流。

（六）钢铁物流市场

2022 年，钢铁物流市场将深入贯彻《国家标准化发展纲要》，开展重点标准的研制，维护产业链供应链安全。推进标准化与科技创新互融互促，助力打造钢铁物流业创新高地。积极加强标准化交流合作，提升国际化水平。编织物流网络体系、支撑资源保障“基石计划”，配合完善细化“基石计划”，提出完整的物流计划方案。加快数字物流发展，推进钢铁物流高质量发展，2022 年钢铁物流业将在如下三方面进一步提升数字产品服务业水平。第一，推动钢铁制造商进一步向服务商转型。第二，钢铁物流业实施网络协同物流服务、大规模个性化定制服务、远程运维服务。第三，践行绿色低碳理念、推动绿色物流发展。

（七）服装物流市场

2022 年，预计服装物流市场将会继续扩大。随着消费复苏加速，服装市场长期增长的趋势不会改变，物流外包服务需求增加，服装物流市场将会是多种力量的汇聚，服装物流的市场规模将会继续扩大。服装物流服务模式持续升级。服装物流行业将从单一环节、单一模式的服务上升到全流程的解决方案，打造全方位、多功能、高质量的供应链服务体系。新技术装备引领服装物流行业变革。越来越多的企业倾向于通过物流技术的升级来赋能物流服务，提高仓库运营效率。服装物流迎来国际化发展新机遇。服装物流的国际化进程将不断加快，尤其是在“一带一路”倡议和“走出去”战略的推广下，越来越多的品牌将目光放到了国外，加快品牌企业的国际化发展进程，服装物流的国际化发展也将迎来重要的发展机遇。

（八）危化品物流市场

2022 年，全球经济恢复向前，化工品终端需求提升，供给端受到“碳中和”和能耗双控等政策影响，化工行业部分子行业新增产能受限，景气周期有望长期保持，但依然充满不确定性，对下游化工物流行业的发展也将带来较大挑战。绿色物流已成为危化品物流发展的主基调，行业将践行低碳减排政策，加快数字化转型，及时更新物流技术和设备。行业集中度进程加快，企业提升自身能力建设，行业小型、不规范的危化企业受监管及经营压力将被逐步淘汰。危化品物流人才队伍建设将进一步加强。行业企业将提升多方位运输服务能力，打造绿色供应链综合一体化企业将是未来行业整合的方向和目标。

（撰稿：周志成　杨达卿　审稿：贺登才）

参考资料：

[1] 何黎明. 2021 年我国物流业发展回顾与 2022 年展望.
[2] 张晓东，等. 2021 年铁路物流发展回顾与 2022 年展望.
[3] 周志成. 2021 年公路货运市场回顾与 2022 年展望.
[4] 曹允春，等. 2021 年航空货运发展回顾与 2022 年展望.
[5] 谢文卿. 2021 年港口市场形势回顾与 2022 年展望.
[6] 郑静文. 2021 年国际集装箱运输市场回顾与 2022 年展望.
[7] 陈悠超. 2021 年国内集装箱运输市场回顾与 2022 年展望.
[8] 邵斐. 2021 年国际干散货运输市场回顾与 2022 年展望.

［9］李倩雯，等 . 2021 年沿海干散货运输市场回顾与 2022 年展望 .
［10］张炜，等 . 2021 年物流与供应链金融发展回顾与 2022 年展望 .
［11］李弢，等 . 2021 年多式联运发展回顾与 2022 年展望 .
［12］李弢，等 . 2021 年城市配送发展回顾与 2022 年展望 .
［13］李勇昭 . 2021 年仓储行业发展回顾与 2022 年展望 .
［14］徐勇 . 2021 年快递行业发展回顾与 2022 年展望 .
［15］陈凯 . 2021 年物流园区发展回顾与 2022 年展望 .
［16］冯耕中，等 . 2021 年物流地产发展回顾与 2022 年展望 .
［17］田征 . 2021 年保税物流发展回顾与 2022 年展望 .
［18］范学兵，等 . 2021 年应急物流发展回顾与 2022 年展望 .
［19］赵洁玉，等 . 2021 年绿色物流发展回顾与 2022 年展望 .
［20］刘伟华，等 . 2021 年制造业物流发展回顾与 2022 年展望 .
［21］侯海云 . 2021 年钢铁行业物流发展回顾与 2022 年展望 .
［22］王萌 . 2021 年汽车物流行业发展回顾与 2022 年展望 .
［23］秦玉鸣，等 . 2021 年冷链物流发展回顾与 2022 年展望 .
［24］秦玉鸣 . 2021 年医药物流市场发展回顾与 2022 年展望 .
［25］左新宇，等 . 2021 年服装物流市场发展回顾与 2022 年展望 .
［26］吴志华，等 . 2021 年粮食物流发展回顾与 2022 年展望 .
［27］李艳东，等 . 2021 年物流技术与装备市场回顾与 2022 年展望 .
［28］孙熙军，等 . 2021 年托盘市场发展回顾与 2022 年展望 .
［29］闫丹，等 . 2021 年物流大数据发展回顾与 2022 年展望 .
［30］沈启星，等 . 2021 年物联网技术应用发展回顾与 2022 年展望 .
［31］晏庆华，等 . 2021 年物流信息服务平台发展回顾与 2022 年展望 .
［32］李红梅 . 2021 年物流标准化工作回顾与 2022 年展望 .
［33］郭肇明，等 . 2021 年物流教育与培训回顾与 2022 年展望 .
［34］晏庆华，等 . 2021 年物流与供应链信息化发展回顾与 2022 年展望 .

第二篇

专 题 报 告

第一章

物流服务业

2021 年铁路物流发展回顾与 2022 年展望

2021 年，铁路货运系统有效应对新冠肺炎疫情、汛情以及市场变化带来的多重挑战，持续深化货运增量行动，在奋力推动铁路物流高质量发展中取得新成效，实现了“十四五”规划良好开局。2022 年，铁路货运系统将积极应对国际国内复杂形势带来的挑战，把握“双碳”目标下的绿色转型机遇，在贯彻“十四五”多项新规划的基础上，加快推动基础设施建设，深化优化运输结构调整，不断提升铁路物流的服务质量，进一步增强铁路货运市场的竞争力。

一、2021 年铁路物流发展回顾

2021 年，铁路货运量继续保持连续增长，运输结构持续优化，基础设施建设稳步推进，运输保障能力进一步增强，在服务“一带一路”高质量发展方面发挥了重要作用，为畅通国内大循环、促进国内国际双循环提供了有力支撑。

（一）铁路货运生产经营成效良好

1. 货运增量行动持续深化

铁路货运量实现稳定增长。2021 年，全国铁路货运发送量完成 47.7 亿吨，比上年增加 2.2 亿吨，增长 4.9%。其中，国家铁路货运发送量完成 37.26 亿吨，比上年增加 1.45 亿吨，增长 4.0%，集装箱发送量完成 2639 万标准箱、5.66 亿吨，分别同比增长 18%、23.5%；国家铁路货运总周转量完成 29950.01 亿吨公里，比上年增加 2552.18 亿吨公里，增长 9.3%。铁路在中长

途运输中的优势进一步显现。

铁路货运系统持续深化货运增量行动。2021 年，国家铁路凭借铁路运量大、全天候、长距离、运价低等优势，充分利用铁路干线运力，积极推动大宗物资“公转铁”运输，有力保障了大宗物资铁路运量的稳定增长。仅 2021 年上半年，国家铁路煤炭运量完成 9.61 亿吨，同比增长 12.4%。其中，浩吉、唐包、瓦日、大秦铁路煤炭运量分别同比增长 163%、54%、43%、11.5%；国家铁路煤炭、电煤日均装车 7.6 万车和 4.9 万车，分别同比增长 12.9%、19.4%。

2. 经济社会效益显著提升

铁路经济效益稳步回升。2021 年，国家铁路货运收入达 4359 亿元，同比增长 8.4%。国家铁路全路日均装车达到 16.8 万车，增加 7048 车，同比增长 4.4%，再创历史新高，单日最大装车数也屡破纪录，最高达到 186616 车；货物平均运程 804 公里，同比提高了 39 公里。全路集装箱日均装车 3.61 万车，同比增加 5512 车；集装箱平均运距、净载重、单箱收入同比分别提升了 1%、5%、5.3%。

铁路绿色低碳发展迈出新步伐。2021 年，国家铁路单位运输工作量综合能耗 4.07 吨标准煤/百万换算吨公里，比上年减少 0.16 吨标准煤/百万换算吨公里，下降 3.8%；单位运输工作量主营综合能耗 4.02 吨标准煤/百万换算吨公里，比上年减少 0.15 吨标准煤/百万换算吨公里，下降 3.6%。在主要污染物排放方面，国家铁路化学需氧量排放量 1611 吨，比上年降低 0.7%；二氧化硫排放量 0.2 万吨，比上年降低 29.0%。铁路货运系统通过“散改集、整改集”等方式，有力推动大宗货物运输方式转向集装箱运输，助力铁路社会效益的提升。如：昆明局使用敞顶集装箱开展煤炭、焦炭、灰渣、石膏等货物运输，全年通过集装箱运输煤焦 654.15 万吨，较 2020 年增加 244.3 万吨；兰州局推出 35 吨敞顶集装箱、粮食专用箱、防湿专用箱等箱型，满足盘条、铝棒、粉煤灰、水渣等不同品类货物“散改集”发运需求；呼和浩特局采取集装箱与整车执行差异化价格策略，吸引企业采用集装箱运输，持续拓展集装箱办理站点，启动铁矿石、煤炭、焦炭、水渣等新项目 252 个，新增运量 878.7 万吨。

3. 铁路运输安全持续稳定

2021 年，全国铁路运输安全持续稳定。铁路货运系统通过深入推进货运站段标准化规范化建设，进一步优化评价指标体系，推动货运站段实现强基达标、提质增效。此外，保障危险货物运输安全、防止集装箱空重错装、稳定运行货运安全检测设备等方面均是铁路货运安全关注的重点，2021 年铁路货运系统通过在这些方面开展专项整治，累计消除危险货物运输各类安全隐患 288 个，集装箱空重错装问题数量同比下降 53%，新增 57 台超偏载检测装置和 56

台轨道衡联网应用，货运安全保障能力得到进一步提升。2021 年，国家铁路在货运量同比增长 4% 的情况下，实现了货运责任事故同比减少 14 件，下降 54%，杜绝了一般 B 类以上责任事故。

4. 重点物资运输得到有力保障

2021 年，铁路充分发挥路网一体、调度指挥集中统一的优势，有力保障了煤炭、涉农物资等重点物资的运输。2021 年下半年，由于国际市场能源价格上涨，个别地区对“双碳”目标操之过急，国内电力、煤炭供需持续偏紧等多重因素影响，导致一些地区出现拉闸限电，给正常经济运行和居民生活带来影响。为保障电力和煤炭等能源供应，党中央、国务院部署有关部门积极采取措施。2021 年 10 月 8 日，李克强总理主持召开国务院常务会议，提出交通运输部门要优先保障煤炭运输，确保生产的煤炭及时运到需要的地方。国家铁路积极响应国务院部署，开展电煤保供专项行动，及时调整运输结构、增加货运能力、坚守电煤保供底线，通过在国铁集团和铁路局集团公司成立两级保供运输办公室，建立三级保供对接机制，在重点地区设立调度分所，精细指挥，精准装车，有效保障了电煤和重点物资运输。截至 2021 年年底，363 家铁路直供电厂存煤 7099 万吨，较 9 月底增加 4117 万吨，可耗天数 23 天。全年国家铁路煤炭发送量超过 19 亿吨，国家能源集团朔黄铁路完成煤炭运量 3. 64 亿吨，新朔铁路煤炭运量超过 1. 5 亿吨，铁路运输充分发挥了在综合交通运输体系中的骨干作用，有力保障了能源供应。2021 年，铁路还强化了涉农物资的运输服务保障，运送货物达 7. 2 亿吨、同比增长 3. 8%，助力了农业的稳定生产。此外，铁路在防疫物资运输方面也继续发挥积极作用。2021 年 1 月 25 日，中欧班列防疫物资专列从义乌西站启程，此后，中欧班列运输防疫物资从义乌到波兰、从连云港到哈萨克斯坦、从厦门到德国……，成为各国携手抗疫的“生命通道”和“命运纽带”，为抗击疫情贡献了中国力量、铁路力量。

（二）铁路基础设施建设稳步推进

1. 运输网络日益完善

2021 年，全国铁路固定资产投资 7489 亿元，其中，国家铁路投资 6616 亿元。路网规模实现大幅扩增，全国铁路投产新线 4208 公里，其中，高铁新增 2168 公里。全国铁路营业里程已突破 15 万公里，其中，高铁营业里程超过 4 万公里。铁路线网布局不断延伸，特别是重点推进老少边及脱贫地区铁路建设，全年完成投资 3728. 8 亿元，新增 25 个县开通铁路。2021 年，多个铁路线路建设项目也取得重要成果，拓宽了铁路网络覆盖范围。建成西藏第一条电气化铁路——拉林铁路，实现川藏铁路全线开工建设。服务“一带一路”倡议，着力推进国际国内铁路联通，稳步推进雅万高铁、匈塞铁路、中泰铁路等境外项目，2021 年 12 月 3 日，实现中老铁路的高质量开通运营，为高水平对外开放提供了重要助力。

2. 运输装备持续增加

2021 年，铁路运输装备持续增加，实现全国铁路货车拥有量为 96.6 万辆，其中，国家铁路货车拥有量为 89.2 万辆，增强了货运服务能力。全年共新投入集装箱平车 3.6 万辆、40 英尺集装箱 1 万只、正面吊 100 台，新开通集装箱办理站点 490 个，有力提升了铁路集装箱作业能力，为促进集装箱多式联运发展提供了良好的装备能力保障。截至 2021 年年底，全国铁路机车拥有量为 2.17 万台，其中，内燃机车 0.78 万台，占 35.9%；电力机车 1.39 万台，占 64.1%。国家铁路机车拥有量为 2.09 万台，其中，内燃机车 0.74 万台，占 35.4%；电力机车 1.35 万台，占 64.6%。铁路机车中电力机车的占比不断提高，为进一步促进绿色低碳运输、助力“双碳”目标实现提供了重要支撑。

3. 节点建设不断推进

2021 年，铁路节点建设逐渐完善，有力支撑了铁路货运系统依托铁路节点展开物流基础服务、延伸增值服务，提升铁路物流服务的竞争力。2021 年，广西南宁高铁物流基地、四川广元铁路综合物流基地、安徽宣城市巷口桥铁路物流基地等开始建设，加速推动了铁路物流服务效率和质量的提升。在原有 12 个铁路集装箱中心站基础上，2019 年成功开通运营钦州铁路集装箱中心站，2021 年广州铁路集装箱中心站正式运营，路网枢纽节点不断完善。2021 年，中铁集装箱公司无水港建设持续推进，无水港运营网络逐步优化，进一步拓展了铁路物流的服务网络。

（三）助力“一带一路”高质量发展

1. 中欧班列实现跨越式发展

2011 年 3 月，首趟中欧班列从重庆发出开往德国杜伊斯堡，拉开了中欧班列创新发展的序幕。2021 年，中欧班列开行十周年之际，面临着全球新冠肺炎疫情持续反复、全球重要港口拥堵和“一箱难求”、亚欧大陆物流需求旺盛等挑战与机遇，中欧班列继续高质量、常态化开行，为“一带一路”建设提供了强有力的支撑。

一是开行数量强劲增长。2021 年，中欧班列开行数量再次刷新历史纪录，年度开行 15183 列、运送货物 146.4 万标箱，分别同比增长 22% 和 29%。中欧班列开通 10 年来，累计开行 48814 列、运送货物 443.2 万标箱。货物品类也从最初的 IT 产品，逐步扩大到汽车配件及整车、化工、机电、粮食、木材、食品等 5 万余种。自 2020 年 5 月以来，中欧班列已连续 20 个月实现“月行千列”，连续两年实现“年行万列”。国内主要城市中欧班列开行量也取得标志性成果，例如，2021 年中欧班列长安号全年开行突破 3800 列，运送货物总重达 284. 8 万吨以上，累计开行突破 1. 1 万列；中欧班列（成渝）全年开行突破 4800 列，占全国开行总量 30% 以上，运输箱量超过 40 万标箱，累计开行突破 1. 8 万列。

二是开行质量不断提高。从去回程综合重箱率看，2021 年中欧班列去回程综合重箱率高位企稳，全年达到 98. 1%，其中，去程重箱率 100%，回程重箱率 95. 7%，空箱问题得到有效解决。西安、武汉等国内主要城市中欧班列的去回程综合重箱率达到 100%，已经完全实现了由“重去空回”向“重去重回”的转变。随着回程货源的不断增多，去回程不平衡的问题已经得到进一步改善。

三是服务能力日益提升。国际运行网络加速拓展，2021 年，中欧班列铺画 78 条运行线路，通达欧洲 23 个国家的 180 个城市，较 2020 年增加 2 个国家和 88 个城市，通达城市数量增长 96%。国内枢纽节点布局取得成效，2021 年，国内共有 68 个城市开行中欧班列，在郑州、重庆、成都、西安、乌鲁木齐 5 个城市枢纽节点启动了中欧班列集结中心示范工程建设，建成了 7 个铁路一级物流基地，2021 年中欧班列开行量达到 8469 列，运送货物 80. 3 万标箱，分别占全国的 55. 8% 和 54. 8%。口岸通过能力全面升级，2021 年，国铁集团研发投入使用 95306 数字口岸系统，通关效率明显提升；在满洲里、霍尔果斯口岸站探索了常态化组织“三列并两列”集并运输，推动协调解决宽轨段运输组织等问题，全程运行时间从 24 天压缩至 12 天；口岸站扩能改造工程持续推进，霍尔果斯、二连浩特两个口岸站增量效果显著，2021 年 1 月至 11 月，霍尔果斯回程班列共开行 1372 列，同比增长 112%；二连浩特去程班列共开行 1862 列，同比增长 26%。

2. 西部陆海新通道班列快速增长

2021 年，为落实《西部陆海新通道总体规划》《“十四五”推进西部陆海新通道高质量建设实施方案》，国铁集团及相关海运、港口、地方平台企业积极协调联动，推动西部陆海新通道班列建设取得新进展，为助力构建新发展格局作出贡献。

一是开行列数不断增加。2021 年，西部陆海新通道班列开行 6117 列、发送货物 57 万标箱，分别同比增长 33% 和 57. 5%，呈现出强劲的增长态势。截至 2021 年年底，西部陆海新通道班列累计开行 14282 列、发运量超过 70 万标箱，开行量从 2017 年的 178 列增长到 2021 年的 6117 列，已经成为我国增速最快的国际班列。北部湾港至中西部省份的 13 条海铁联运班列线路覆盖国内 47 个城市的 91 个站点，实现了与中欧班列的无缝对接，目的地已覆盖新加坡、德国等100多个国家和地区的300多个港口，成为沿线各国、各地区提升经贸合作水平的重要载体。发运货物品类从初期的130种左右增加到600多种，涵盖IT、汽配、化工、机械、农产品等南向外贸货源和粮食，以及建材等北向内贸货物。

二是服务能力不断提高。2021年，铁路系统积极推动打破西部陆海新通道能力制约，加快铁路基础设施建设，取得了良好成效。在通道线路方面，广西沿海铁路大通道全部实现电气化，货物列车运行速度由44公里/小时提至80公里/小时；叙永至毕节铁路等项目也正在有序推进，铁路干线货物服务能力将得到明显改善。在枢纽场站方面，北部湾港口铁路专用线增至110条，实现北部湾重要港区铁路进港全覆盖，港口货物作业能力得到了有效提高。

三是服务品质不断提升。2021年，西部陆海新通道班列的全程物流服务试点初见成效，中铁集积极与海丰国际等船公司开展合作，为客户提供铁海联运全程报价，开展海运订舱业务，并于5月在成都试点，提供“城厢—钦州—越南海防”铁海联运全程物流服务，2021年累计发运集装箱超过1700 TEU。2021年10月28日，西部陆海新通道首次实现了“铁海联运 + 内外贸同船”的运输模式，完成了“重庆—钦州—洋浦—马来西亚巴生港”的联运，打通了重庆国际物流枢纽园区与海南自由贸易港的双向运输通道，提供了外贸货物出运的全新物流方案。

3. 中老铁路高质量开通运营

2021年12月3日，连接昆明和万象、全线采用中国标准的中老铁路开通，投入运营昆明、玉溪、元江、普洱、西双版纳、孟赛、琅勃拉邦、万荣、蓬洪、万象等25座车站。中老铁路作为共建“一带一路”的高质量标志性工程，实现了中老铁路互联，构建了一条中国和东盟之间的便捷物流通道。2021年，中老铁路取得良好开局、成绩斐然。

截至2022年1月3日，中老铁路累计开行货物列车380列，发送货物17万吨，其中国际货物列车70列，发送货物超过5万吨。山东、浙江、重庆、江苏、广东等10余个省市经中老铁路开行至老挝万象等城市的国际货物列车，单日开行最高达6列；运输货物品类丰富，涵盖了橡胶、化肥、百货、电子、光伏、通信、汽车、纺织、蔬菜、鲜花等产品。此外，中老铁路经过的磨憨铁路口岸配备了目前国内最先进的铁路货车检查系统、查验机器人、查验无人机、“雷达感应式”喷淋消毒、列车底盘扫描仪等设备，约半小时即可完成场所巡查、集装箱箱体及车体外观的快速检查、货物核辐射探测及抽样等多类型作业，进一步提高了货物的通关效率。中老铁路实现了昆明至万象货物列车全程最快仅需30小时，运输时间和成本较公路运输大幅压缩，有效畅通了中老之间的铁路物流通道，为中国和东盟间经济贸易合作注入了新动能，促进沿线各国经贸互通和经济融合。

（四）铁路货运与物流市场化改革持续深化

1. 铁路市场化加快推进

2021 年，铁路货运市场化改革取得一系列重要成果，铁路发展动力和经营活力不断增强。国铁优质资产证券化加快推进，金鹰重工、中铁特货相继股改上市，国铁集团的资本布局进一步优化。其中，2021 年 9 月 8 日，主营商品汽车、冷链和大件货物物流的专业物流服务供应商中铁特货成功股改上市，助力铁路扩大市场份额，完善运输网络整体布局，进一步提高经营质量和效益。上市首日，中铁特货的股价即上涨 43.94%。此外，国铁集团还积极推动国铁资本和社会资本融合发展，组建了中铁京东等混合所有制企业，促进了产业链新业态加快发展。中铁国际多式联运有限公司积极对接中储集团、中铝集团、一汽物流、招商港口集团、山东港口物流集团等，探索合资合作的可行性。

2. 铁路物流业务不断创新

2021 年，铁路不断创新拓展现代物流业务，通过与社会物流企业进行战略合作、定制服务产品、创新营销模式、应用先进技术装备等手段，积极拓展白货市场，实现铁路物流的量质齐升。2021 年，中铁集装箱公司与京东物流签署战略合作协议，共同打造国际、国内多式联运精品线路，在市场拓展、运输组织、场站建设等方面加大合作力度，取得了铁路与社会物流企业开展战略合作的积极进展。中铁快运和有关铁路局在高铁快运服务产品创新方面也进行了诸多探索，成效颇丰，拓展“冷鲜达”“定温达”“定时达”“库到库”等特色服务项目，支持电商经济新业态的发展；积极服务健康产业，与齐鲁制药、九州通、顺丰医药等企业开展合作，提供更加精准的医药健康类冷链运输服务；助力乡村振兴战略，与顺丰速运合作，高效运输丹东草莓、山西苹果、赣南脐橙、山东樱桃等农产品，提升了农产品物流效益与产品品质。此外，铁路创新营销模式，主动对接市场需求，提供优质高效的铁路物流服务。例如，2021 年 3 月 29 日，中国铁路郑州局集团有限公司主动适应市场需求，首次开行“郑州圃田站—四川城厢站”的跨局小编组白货班列，承运工业机械、日用杂品、其他杂项化工、矿建、农副产品等，吸引白货货源将运输方式转向铁路，进一步做大货运市场。

（五）铁路货运信息化水平大幅提升

1. 信息平台功能更加丰富

2021 年，铁路成功实施了货运 95306 改版升级，建立了“一数一源”的货运数据处理中心，统一了货运基础字典，实现了电子注册、电子签名、电子支付、电子领货、网上理赔、货物全程追踪和到达预测、运条管理、价格策略管理等多项功能，为客户提供更加高效便捷的全方位货运服务。一是电子注册自助化，能够在线验证企业信息，实现网上全自助注册，客户无须到营业厅提供纸质证明材料；二是电子签名全面应用，运货无须提供传统的盖章纸质运单，收货无须提供纸质领货凭证；三是精准追踪货物位置，通过整合铁路各类信息系统数据，建立了全国统一的货车在途轨迹数据库，实现货物追踪和预测到达等功能，为客户合理安排取货时间和开展生产经营提供了便利；四是拓展电子支付功能，增加网银支付功能，客户能够在线完成运输费用电子支付；五是实现移动端操作，通过 95306 App 和微信公众号，客户可实现 7 × 24 小时网上办理货运业务。

2. 信息化建设顺利推进

2021 年，铁路系统充分发挥科研力量，完成了货车篷布管理系统、货运票据电子化深化应用等降本增效信息化项目的开发建设，铁路货运信息化管理水平进一步提升。此外，铁路系统大力推进国铁通用物资采购平台建设，丰富物资采购模式，为国家铁路建设以及运营管理提供了有力支撑。自 2020 年 6 月该平台正式上线以来，国铁物资有限公司全面推进平台建设，实现交易额屡创新高，以 60 天突破 1 亿元、158 天突破 5 亿元、7 个多月突破 10 亿元的飞速增长，推动铁路物资采购迈入电商化时代。依托铁路超大市场优势和规模效应，国铁通用物资采购平台利用大数据、人工智能等技术，高效整合物流、信息流、资金流，建立健全了与物资采购相配套的服务支撑体系，促进了路内企业需求与社会资源供应的高效匹配，提升了铁路企业物流运作服务水平。

二、2022 年铁路物流发展形势

铁路是国家战略性、先导性、关键性重大基础设施，是国民经济大动脉、重大民生工程和综合交通运输体系骨干。2022 年，在规划政策要求、经济基础支撑、“双碳”目标引领、国际形势影响等多重外部环境因素叠加影响的作用下，铁路物流发展机遇与挑战并存。

（一）“十四五”规划为铁路物流发展提出新要求

2021 年以来，随着“十四五”规划的发布，现代流通、交通运输和物流领域的多项专项规划陆续发布，为铁路物流“十四五”时期的发展提出了众多新要求。一是要求铁路提升服务国家重大战略的能力。随着出疆入藏通道、沿江通道、沿海通道、沿边通道等战略骨干通道规划与建设工作的推进，铁路未来将在服务乡村振兴战略、服务区域协调发展、服务绿色低碳发展、服务共建

“一带一路”高质量发展等方面持续发力。二是要求铁路拓展物流服务新领域新模式。随着《“十四五”现代流通体系建设规划》《“十四五”现代综合交通运输体系发展规划》《“十四五”冷链物流发展规划》等规划的发布，对铁路提出了加快发展多种形式铁路快运、探索开行定制化的铁路直达货运班列、推动铁路集装箱冷链服务模式创新、大力发展铁路冷链班列等干线运输模式的要求。三是要求铁路创新推动新技术、新设备研发制造。《“十四五”现代综合交通运输体系发展规划》《“十四五”铁路科技创新规划》等多项规划对于铁路推动铁路货运列车装备技术升级，融合应用北斗卫星导航、第五代移动通信技术（5G）、人工智能、大数据等信息技术提出新要求。四是要求铁路与多种运输方式融合发展。《推进多式联运发展优化调整运输结构工作方案（2021—2025年）》提出了到2025年，集装箱铁水联运量年均增长15%的目标要求，《“十四五”冷链物流发展规划》提出依托具备条件的国家骨干冷链物流基地发展集装箱公铁水联运的要求。

（二）经济长期向好为铁路物流发展提供良好支撑

2021年，中央经济工作会议对于我国的长期经济形势进行判断，指明我国经济韧性强，长期向好的基本面不会改变。2021年，从我国经济总量、经济增速、对外贸易等方面来看，均实现了“十四五”规划良好开局，整体发展态势良好。2021年，我国国内生产总值达到114.4万亿元，稳居世界第二位，占全球经济的比重预计超过18%；国内生产总值比上年增长8.1%，高于美国、欧元区、日本官方公布的5.7%、5.2%、1.7%，经济增速在全球主要经济体中名列前茅；全年货物进出口总额达39.1万亿元，比上年增长21.4%。我国宏观经济长期向好，生产生活秩序总体稳定，为铁路物流发展提供了良好支撑。2022年，国家铁路第一季度货物发送量高速增长，共完成货物发送量为9.48亿吨，同比增长2.71%，其中3月发送量为3.33亿吨，同比增长7.42%。可以预见，在目前我国经济稳字当头、稳中求进、长期向好的趋势下，我国未来社会物流需求将持续扩大，铁路物流将迎来广阔的发展空间。

（三）“双碳”目标为铁路物流发展带来新机遇、新挑战

2020年9月，我国提出二氧化碳排放力争在2030年前达到峰值，努力争取2060年前实现碳中和的目标，此后，“双碳”成为各领域关注的热点。2022年政府工作报告提出，有序推进碳达峰、碳中和工作。“双碳”政策下，铁路未来发展面临新机遇、新挑战。新机遇方面，铁路作为绿色交通工具，在节能、环保、经济、可持续发展等方面具有明显的比较优势，铁路单位运输工作量能耗约为交通行业平均能耗的1/5，约为公路运输能耗的1/4。因此，铁路

将在绿色低碳货运方面发挥重要作用，预计到2025年，全国铁路货运量比2020年增长10%左右，集装箱铁水联运量年均增长15%以上，铁路在综合运输体系中将发挥更大优势，助力实现国家“双碳”目标。新挑战方面，在“双碳”战略下，国家将加快产业结构调整，化解煤炭、钢铁等过剩产能，煤炭、钢铁等大宗物资的铁路运输需求将面临增长速度减缓趋势。同时，随着氢能和新能源货运车的发展，铁路在节能环保等方面的比较优势逐步弱化。此外，“双碳”目标的实现也要求从运输到物流的更大层面与范围推进减排降碳工作，铁路在运输方面的节能环保优势面临扩围要求。这些变化和趋势对于铁路深化货运增量行动、加快技术装备创新、拓展现代物流服务等均提出了新的挑战。

（四）国际形势复杂多变对铁路国际联运产生多重影响

2022年，在疫情反复、局部冲突、全球动荡等多重因素影响下，国际形势更趋复杂，不确定性增加。一方面，全球疫情仍在持续、国际航运运力紧张、电力能源供应不足等问题使得全球产业链供应链风险加剧，对现代物流增强韧性和灵活性提出了挑战。同时，俄乌冲突造成全球大宗商品价格急涨急跌，对下游生产制造业带来冲击，也加剧了跨境贸易和国际货运市场的风险，使得中欧班列运行受到影响，不确定性增加。另一方面，随着“一带一路”倡议的稳步推进，局部地区贸易发展形势稳定向好，特别是《区域全面经济伙伴关系协定》（RCEP）正式生效、中老铁路开通运营、西部陆海新通道建设取得多项进展等，为南向通道发展带来新机遇，为依托铁路、构建面向东盟的对外开放新格局提供重要机遇。

三、2022年铁路物流发展展望

2022年，铁路物流将加快推动基础设施建设，持续深化货运增量行动，推进运输结构调整，深入推进货运组织改革，加大铁路物流品牌建设力度，全面提升铁路科技实力和创新能力，推动运输高质量发展取得新成效，更好服务国家重大战略。

（一）加快推动基础设施建设

“十四五”期间，全国铁路投资规模预计在4万亿元左右，新投产里程预计在2.37万公里左右。2021年中央经济工作会议中，对2022年的经济工作做出“适度超前开展基础设施投资”的具体部署。铁路将在基础设施工程建设方面取得重要进展。一是将加快铁路专用线设施建设，落实《2021—2022年秋冬季大气污染综合治理攻坚方案》等政策，推动沿海主要港口、大宗货物年货运量150万吨以上的工矿企业、物流园区铁路专用线接入，发挥大秦、唐包、瓦日、浩吉等煤运主干线作用，协同推动煤矿专用线加快建设，打通铁路“最后一公里”，全面提高装卸效率。二是将加快专业化物流设施布局，进一步推进落实《铁路物流基地发展规划及2020—2022年建设计划》，加快布局铁路集装箱无轨站、内陆无水港等铁水联运基础设施，合理布局商品汽车物流、冷链物流等专业化物流基地，扩大专业物流服务范围，促进铁路货运高质量发展。三是将加快国家重大战略设施部署，以弥补西部铁路“留白”为重点，高质量推进川藏铁路工程建设、青藏铁路升级改造、滇藏铁路重点路段前期研究等工作。

（二）深化优化运输结构调整

2022年1月，国务院办公厅印发《推进多式联运发展优化调整运输结构工作方案（2021—2025年）》，提出“到2025年，多式联运发展水平明显提升，基本形成大宗货物及集装箱中长距离运输以铁路和水路为主的发展格局”“晋陕蒙煤炭主产区大型工矿企业中长距离运输（运距500公里以上）的煤炭和焦炭中，铁路运输比例力争达到90%”的目标。由此可见，未来运输结构调整将持续优化，铁路在综合交通运输体系中将发挥更大作用。一方面，铁路将继续推动大宗货物和中长途货物运输“公转铁”，积极对接大型生产企业、港口及物流园区，制订“公转铁”运输组织方案，推进煤炭、砂石、水泥、粮食利用敞顶集装箱进行铁路运输，并大力推进疏港矿石增量，稳定大宗货物增量。另一方面，铁路将加快发展冷链物流、商品车物流等专业物流服务，通过强化物流基地功能，完善物流服务设施，补齐集配装备和仓储设施短板，推动铁路集装箱冷链服务模式创新，探索发展商品汽车国际物流业务，进一步提升铁路物流服务品质。

（三）不断提升铁路现代化经营水平

随着铁路货运组织改革不断深化，铁路的治理水平和现代物流服务能力都有了一定程度的提升。“十四五”时期，《“十四五”现代流通体系建设规划》《“十四五”现代综合交通运输体系发展规划》等新政策的出台，对于铁路运输组织和服务水平均提出了更高的要求。为充分响应铁路货运企业向现代化物流企业转型发展的新要求，铁路将多措并举，努力提升现代化经营水平，在全面开启做强做优做大国有企业新征程上持续发力。一是进一步促进铁路运输市场主体多元化，通过继续推动优质资产股改上市和上市企业再融资，加快基础设施REITs（房地产投资信托基金）试点发行等方式融合社会资本，激发铁路发展活力。二是进一步优化铁路货运市场营销，依托95306的改版升级，全面推广货运集中办理，加快完善全路货运三级营销服务体系建设。三是进一步拓展现代化物流服务，推动单一铁路运输服务向供应链上下游拓展，为客户提供一体化综合物流服务，拓展“铁路+金融”的合作模式，提升普惠服务能力，为客户提供更好的服务体验。

（四）全面加强铁路物流品牌建设

随着中欧班列、中老铁路国际班列、西部陆海新通道班列等为铁路货运发挥的重要作用日益显现，铁路物流品牌建设将不断成熟。未来铁路将进一步优化品牌服务，扩大品牌效应，推动铁路物流高质量发展。在中欧班列品牌建设方面，铁路将加快推进口岸和后方通道扩能升级，改善班列运行瓶颈；加快建设中欧班列集结中心，推广中欧班列统一运单和内外贸货物混编运输，提高货源集结与班列运行效率；扩大图定铁路货运班列开行范围，为客户提供更加稳定的班列运输时效；继续推进中欧班列信息集成平台建设、国际联运“无纸化”运输等方面工作，力争取得信息化建设的新突破、新成效。在中老铁路国际班列品牌建设方面，铁路将加强中老铁路货源组织，创新国内外协调联动的市场营销机制，精准对接运输需求；加快推进万象南站设备设施补强；加快中老泰铁路衔接建设，促进多边经贸活动高效发展。在西部陆海新通道班列品牌建设方面，充分发挥西部陆海新通道班列运输协调委员会作用，加强铁路、公路、港航等各方运输企业的运营协调，提升西部陆海新通道铁海联运全程经营能力，提高一体化运作水平；规范班列统计口径，完善高质量发展指标体系，发挥指标体系引导作用，进一步提高班列运输效率和开行质量。铁路还将加快发展高铁快运，积极推广铁海快线、多联快车等多式联运服务。

（五）加快应用智能铁路技术

《“十四五”铁路科技创新规划》对铁路提出了“技术装备更加先进适用”“运输服务技术水平显著增强”的建设要求，未来铁路将加快技术应用实现智能化升级。一是在技术装备方面，铁路将积极探索RFID、北斗导航、物联网等技术在铁路智能物流装备上的应用，开展铁路智能物流基地和场站关键技术研究。二是在运输服务方面，铁路将进一步提升货运管理信息化水平，推动货票系统、保价信息系统等优化升级，开展列车运行智能编图、铁路货检图像智能识别等技术研发，加强货运市场价格监测和大数据分析，同时积极推进国际联运信息化建设，实现铁路国际联运各方数据网上共享、快速申报查询。

总而言之，2022年将高质量推动铁路基础设施建设，巩固扩大货运增量成效，在经营水平提升、品牌效应增强、智能技术应用等方面持续发力，实现铁路物流全方位高质量发展，进一步增强服务国家重大战略、健全综合运输体系、保障货运流通顺畅、降低社会物流费用的能力，在交通强国铁路先行的历史使命中展现新作为。

（作者：北京交通大学交通运输学院物流工程系
蒋卓玲　赵启昕　张晓东）

参考资料：

[1] 交通运输部.2021 年12 月全国铁路主要指标完成情况［EB/OL］.https：//www. mot. gov. cn/tongjishuju/tielu/202201/t20220114_ 3636423. html

[2] 中国铁路. 上半年国家铁路发送货物 18.45 亿吨，同比增长 8.9%［EB/OL］. https：//mp. weixin. qq. com/s/WoeyUeCOjbS8zxcudINJuQ

[3] 庄河. 铁路货运高质量发展策略研究［J］. 铁道运输与经济，2022，44（1）：1－6.

[4] 人民铁道网. 年度回眸：2021 货运增量［EB/OL］.https：//www. peoplerail. com/rail/show－1810－477164－1. html

[5] 陆东福. 坚持稳中求进 推动高质量发展 以优异成绩迎接党的二十大胜利召开——在中国国家铁路集团有限公司工作会议上的报告（摘要）［J］. 铁路计算机应用，2022，31（1）：1－8.

[6] 河北新闻网. 朔黄铁路去年煤炭运量 3.64 亿吨，利润实现 103.39 亿元［EB/OL］.https：//baijiahao. baidu. com/s？ id = 1721587313278933291&wfr = spider&for = pc

[7] 国家能源集团. 新朔铁路煤炭年累运量突破 1.5 亿吨助力保供［EB/OL］. https：//www. ceic. com/gjnyjtww/chnjcxw/202112/df0e50f829844785b4305799f59997f8. shtml

[8] 人民铁道网. "一带一路"通道阔"两翼齐飞"展新姿［EB/OL］.https：//www. peoplerail. com/rmtd2016/content/2022－01/13/content_ 238182. htm

[9] 国家发展改革委. 国家发展改革委 1 月份新闻发布会［EB/OL］.https：//www. ndrc. gov. cn/xwdt/wszb/20221yue/wzsl/202201/t20220118_ 1312202. html？ code = &state = 123

[10] 中国日报网. 中欧班列（成渝）2021 年开行量超 4800 列［EB/OL］.https：//baijiahao. baidu. com/s？ id = 1721801111755298951&wfr = spider&for = pc

[11] 国家发展改革委. 一图读懂 丨 2021 年中欧班列开行 15183 列 共建"一带一路"朋友圈继续扩大［EB/OL］.https：//www. ndrc. gov. cn/xxgk/jd/zctj/202201/t20220119_ 1312383. html？ code = &state = 123%20c

［12］2021 年中欧班列开行再创佳绩 成为畅通亚欧供应链的一条大通道［J］. 物流科技，2022，45（3）：2－3.

［13］人民铁道网. 2021 年中欧班列开行 1. 5 万列同比增长 22%［EB/OL］. https：//www. peoplerail. com/phoneszb2016/page. php？ qh = 2022 － 01 － 10&url = content_ 238061. htm

［14］光明网. 西部陆海新通道海铁联运班列累计开行 6117 列［EB/OL］. https：//m. gmw. cn/baijia/2022－01/27/1302780772. html

［15］人民网. 2021 年西部陆海新通道海铁联运班列突破 6000 列［EB/OL］. http：//m. people. cn/n4/2021/1229/c1508－15370879. html

［16］人民铁道网. 2021 年度回眸：中欧班列 西部陆海新通道班列［EB/OL］. https：//www. peoplerail. com/rail/show－1810－477344－1. html

［17］广西壮族自治区交通运输厅. 新闻发布会 | 广西加快推进运输服务转型升级发展新闻发布会在南宁召开［EB/OL］. http：//jtt. gxzf. gov. cn/xwdt/zwxmtxx/t10808597. shtml

［18］人民铁道网. 中铁集装箱公司积极服务西部陆海新通道建设［EB/OL］. https：//www. peoplerail. com/rail/show－2020－460006－1. html

［19］洋浦经济开发区. 洋浦加强国家重大战略对接 西部陆海新通道铁海联运首航正式启运［EB/OL］. http：//yangpu. hainan. gov. cn/yangpu/zwdt/202111/6ed12bbd683a4f6ebbc42a2455791158. shtml

［20］人民铁道网. 中老铁路交出"满月"亮眼成绩单［EB/OL］. https：//www. peoplerail. com/rmtd2016/content/2022－01/04/content_ 237846. htm

［21］人民资讯. 云南以中老铁路通车为契机——拥抱集装箱运输新时代［EB/OL］. https：//baijiahao. baidu. com/s？ id = 1719168204723044374&wfr = spider&for = pc

［22］经济观察报. 中铁特货上市首日涨 43. 94%，铁路系统资本化再落一子［EB/OL］. https：//baijiahao. baidu. com/s？ id = 1710331785185955443&wfr = spider&for = pc

［23］华夏时报. 铁路市场化改革再提速：一个月内两家企业上市，下一个是谁？［EB/OL］. https：//baijiahao. baidu. com/s？ id = 17105005375563212229&wfr = spider&for = pc

［24］人民铁道网. 中铁集装箱公司与京东物流签订战略合作协议［EB/OL］. https：//www. peoplerail. com/rail/show－2020－460354－1. html

［25］人民铁道网. 护航"双 11"铁路真给力［EB/OL］. https：//www. peoplerail. com/rmtd2016/content/2021－11/15/content_ 235490. htm

［26］澎湃新闻. 中原铁路首开跨局小编组白货班列［EB/OL］. https：//

m. thepaper. cn/baijiahao_ 11942478

[27] 中华铁道网．国铁通用物资采购平台交易额突破10亿元[EB/OL]．https：//www. sohu. com/a/449274580_ 119731

[28] 国家统计局．《求是》发表宁吉喆署名文章：国民经济量增质升“十四五”实现良好开局[EB/OL]．http：//www. stats. gov. cn/tjgz/tjdt/202202/t20220201_ 1827197. html

[29] 黄鑫．铁路货运“十三五”改革成效和“十四五”发展展望[J]．中国铁路，2022（2）：1－6.

2021 年公路货运市场回顾与 2022 年展望

一、2021 年公路货运市场回顾

2021 年，公路货运行业在疫情多点散发与经济发展结构转型升级过程中度过了攻坚克难的一年。后疫情时代市场需求收缩、格局调整、增速放缓，行业总体下行压力加大。

（一）货运物流需求增速放缓

1—11 月，全国社会物流总额为 288.8 万亿元，同比增长 9.7%，两年年均增长 6.3%，增速均有所放缓。11 月社会物流总额增长在 4% 左右，处于较低增长水平，并出现逐月下滑态势。社会物流需求增速总体放缓，主要是投资和消费增速放缓。前 11 月全国社会消费品零售总额同比增长 13.7%，11 月增速仅为 3.9%，最终因消费不振导致物流需求不足。前 11 月全国固定资产投资（不含农户）增长 5.2%，11 月环比增长 0.19%，固定资产投资未达预期影响物流需求增长。公路货运市场占物流市场比重大，反映公路货运行业景气度的公路货运效率指数仅 1 月高于基准数（100），表明市场总体运行低迷。但是，无论需求如何收缩，客户对货运服务体验的要求在加快升级，也给企业在后疫情时代的生存发展带来新的机遇。

（二）货运市场结构加快分化

据中物联公路货运分会对百位公路货运经营负责人调查发布的《2021 年度中国公路货运景气度 CEO 调查报告》（以下简称公路货运 CEO 调查）显示，被调查经营人反映 2021 年收入规模总体有所增长，占被调查样本的 60.4%。不同细分领域和企业规模的企业分化明显。从细分领域看，网络货运企业反映收入增长的占比最多，达到 82.4%。截至 2021 年前三季度，全国共有 1755 家网络货运平台。第三季度完成运单 1657.6 万单，环比增长 30.0%。随着双循环新发展格局的提出，最终消费支出对国民经济的贡献持续增长，前三季度，最终消费支出对经济增长贡献率为 64.8%。从反映收入下滑的细分领域看，整车运输、零担快运、零担专线、合同物流企业反映收入下滑的均超过 20%，其中，零担专线反映下滑的占比最多，达到三分之一。从收入规模看，不同规模的公路货运企业苦乐不均。规模企业收入和货量总体双增长，中小规模企业收入和货量下行压力加大。20 亿元以上的规模企业反映收入增加的占 84.2%，3000 万元以下的中小企业反映收入下滑的占到 75%。

（三）货运企业腾挪调整应对

2021 年，公路货运企业迎来上市小高潮，集中在货运互联网平台和零担快运领域。6 月，满帮集团正式上市。福佑卡车、货拉拉、维天运通（路歌）等均加快上市步伐。11 月，安能物流上市，实现了“港股快运第一股”，货运合作商平台模式得到资本认可。12 月，中通快运完成超过 3 亿美元的 B 轮融资，打造综合型物流服务平台。公路货运企业加快兼并重组、业务开拓和转型升级，寻找适合自己的生态位。顺丰运力加大共建车队建设，构建协同共生的运力生态圈。汇森速运战略投资壹米滴答后动作频频，加大加盟招商力度。极兔物流收购百世集团的国内快递业务，百世得以把重心放回快运和国际业务。随着传统货运物流企业原有业务饱和，越来越多的企业沿着供应链向上延伸，逐步向合同物流转型。

（四）货运物流价格持续低迷

2021 年 12 月，中国公路物流运价指数为 102.5 点，比 2020 年同期增长 3.6%。10 月以后运价有所回升，主要是受能源价格上涨影响。截至 12 月 13 日最新一轮调价，柴油价格小幅下调，但是较年初累计每吨上调 1295 元。北京市柴油最高零售价格为 8295 元，较年初上涨 16.8%。由于 10 月国际油价波动剧烈，10 月 8 日和 22 日两次上调，柴油价格每吨分别上涨 330 元和 290 元，合计上涨 620 元。从行业普遍使用的地炼批发价格看，10 月大幅上涨 38.8%，合计每升上涨了 2 元。受能源价格短期内暴涨影响，实际承运企业不得不提价应对，由于议价能力不足，运价上涨不及油价上涨，企业经营压力加大。从全年看，公路货运 CEO 调查显示，45.5% 的被调查经营人反映市场运价较上年下降。特别是中小规模企业由于价格谈判能力不强，成为运输链条上受挤压大的一环。

（五）货运车辆过剩局面依旧

受重型柴油车辆自 2021 年 7 月 1 日起执行国六排放标准影响，大量企业和个体经营户超前投资，导致上半年透支了市场需求，下半年货车销量出现断崖式下滑。11 月货车销售同比下降 31.9%。其中，重卡大幅下降 62.3%，出现“七连降”。即使如此，全年货运车辆销量仍有望超过 400 万辆。据行业数据显示，目前货车平均车龄大幅减少到不足 2.68 年，车辆过剩局面进一步加剧。车辆过剩导致车辆利用率两极分化。据中物联公路货运分会《2021 中国公路货运星级车队发展报告》显示，规模型车队车辆月均行驶里程为 10118 公里，较行业平均 3205 公里高了 2 倍多。规模型车队月均上线率保持较高水平，平均超过 80%，远高于行业平均 45% 的水平。大量车辆进入市场，且大部分为司机个人持有，车辆利用率低导致个体司机平均收入下降。据中物联发布的《2021 年货车司机从业状况调查报告》（以下简称“货车司机从业调查”）显示，83.0% 的货车司机反映其驾驶车辆是自有车辆，其中 56.6% 的车辆目前还在偿还贷款中。调查显示，62.9% 的货车司机对目前的收入情况不满意，但由于车贷压力大无法退出，不得不低价竞争。

（六）货运物流数字化转型提速

2021 年，新一代信息技术与公路货运行业相结合，持续为企业降本增效赋能。货运互联网平台进入 2.0 阶段。我们通过在天津东疆保税港区调研，看到越来越多的货主和传统货运企业落户，不仅看好地方政府的优惠政策，更看好打通运输数据链条可以带来降本增效的潜力。例如，联想集团开发了灵活满足多渠道履约需求的物流货运服务平台，上海申丝与金光纸业实现运输系统对接来打通供应链，以应对多变的供应链需求。德邻陆港、天津运友、中储智运等一批企业加快发展电商、金融等线上服务，德坤物流、赤湾东方基于自身经验向中小企业提供货运数字化平台，深刻改变传统行业运行模式。经过客户需求的洗礼，技术服务商加快向综合解决方案转变，G7 深耕“黑货”运输物流一体化解决方案，易流科技在快销行业打造集采运力管理样板系统，中交兴路持续用数据赋能中小企业和个体司机。还有赢彻科技、智加科技、小马科技、DeepWay 等一批技术供应商与生态企业合作，加快场景应用和量产探索。

（七）低碳货运物流影响加大

2021 年，国务院印发《2030 年前碳达峰行动方案》，将交通运输绿色低碳行动纳入十大行动之一。随着国三排放货车淘汰进入尾声，一些地方开始以环保名义限制国四排放货车通行，部分钢厂禁止国五排放货车入厂。由于新能源电动汽车补贴加快退坡，进城通行便利逐步成为地方政府主要抓手。1—11 月，我国新能源商用车累计销量 15.2 万辆，同比增长 54.5%，保持较快增长态势。对于长途干线运输市场，电动重卡换电模式和氢能源等燃料电池模式得到政策支持，各项试点示范逐步开展，推动低碳货运市场扩容。运输结构调整力度加大，第四批多式联运示范工程申报工作启动。

（八）行业政策环境持续改善

2021 年，公路货运 CEO 调查显示，企业总体反映通行顺畅度、执法规范度、政务便利度、市场合规度、竞争公平度有所提升，市场化、法治化、国际化的营商环境持续改善。有关部门出台具体政策措施且取得实际成效，政策获得感增强。年初，公安部交管局出台了《关于优化和改进城市配送货车通行管理工作的指导意见》，提出严禁采取全城 24 小时禁止货车通行的“一刀切”式措施，完善通行证（码）管理制度。截至 10 月底，全国已有 245 个城市推行网上核发货车电子通行码。交通运输执法领域突出问题专项整治行动贯穿全年，建立公路执法长效机制。但是，企业反映车辆超载超限、低价竞争等问题依然存在，影响到公路货运企业可持续发展和货车司机权益保障。年初出现的司机事件暴露基层司机的生存状态堪忧。根据货车司机从业调查显示，货车司机年龄总体偏大，行业难以吸引年轻从业者加入。货运互联网平台已经成为个体司机寻找货源的重要渠道，但 78.8% 的司机反映平台上存在压低运价问题。为保障货车司机权益，交通运输部等 16 部门印发《关于加强货车司机权益保障工作的意见》，提出规范网络货运新业态经营行为。

二、2022 年公路货运市场展望

2022 年，公路货运行业预期总体谨慎乐观，据公路货运 CEO 调查显示，62.4% 的经营负责人预计业务规模将出现增长。2022 年，我们将迈入“十四五”规划全面实施的新阶段。《“十四五”现代物流发展规划》即将出台，道路货运行业高质量发展部际联席会议将谋划制定推动行业高质量发展的有关政策，行业营商环境将进一步得到改善。高效、优质、智慧、绿色、安全仍将是市场主题，公路货运行业将在分化调整中持续迈向高质量发展之路。

从需求侧看，随着国内外疫情逐步企稳，供应链重构和调整步伐加快，“中国制造”向“中国创造”升级，“十四五”相关规划密集实施，城市群、都市圈、大通道将加快投资发力，基础设施投资适度超前，枢纽经济稳步发展，物流布局与调整先行，将有望带动基础设施、生产制造等货运需求回升，利好整车运输、货运代理及整个公路货运行业领域；居民收入水平提升、预期企稳也将带动消费需求快速增长，对物流服务体验提出更高要求，继续利好城市配送、零担快运等领域，带动各个货运细分领域的市场企稳和增长。

从供给侧看，规模化、集约化、网络化的公路货运企业具有一定的风险抵御能力，能够主动应对市场波动，在市场低谷期，通过业务扩张、兼并重组、联盟合作等方式扩大市场份额。随着市场企稳复苏，较强的市场竞争力带动扩张速度加快，有利于公路货运市场集中度逐步提升；中小企业抗风险能力较弱，但是凭借“船小好调头”的优势调整方向、精准定位，抓住市场轮动转换的机会，适应客户体验需求升级的要求，加大专有技术和能力的建设，将在“精专特新”领域迎来良好机遇。

（作者：中国物流与采购联合会　周志成）

2021 年航空货运发展回顾与 2022 年展望

2021 年，新冠肺炎疫情对全球民航业的冲击仍在持续，但受益于部分地区疫情得到有效控制、全球经济恢复性增长以及航空货运维稳，全球航空货运市场整体表现良好，现已基本恢复至疫情前水平。这一年，全球航空货运需求量持续猛增，一扫颓势，展现出良好的发展势头；这一年，我国疫情防控形势持续向好，疫苗接种领先全球，航空货运在逆境中展现了强大韧劲，以韧克难开新局；这一年，我国航空货邮运输量达到 731.8 万吨，已经基本恢复到疫情前水平，国际航线货邮运输量占比达 36%，创历史新高；这一年，国内外多数机场货邮吞吐量再创新高，香港国际机场货邮吞吐量回升至 500 万吨，再度独占鳌头，位列全球榜首，上海浦东机场货邮吞吐量达到 398.3 万吨，刷新上海航空货运枢纽保障能级新纪录；这一年，我国各地政府先后将航空物流纳入“十四五”规划，相继出台一系列航空货运利好政策，航空货运迎来蓬勃发展的“窗口期”；这一年，我国航空货运枢纽机场建设如火如荼，亚洲首个专业性货运枢纽鄂州花湖机场成功校飞，京东南通航空货运枢纽、圆通嘉兴物流枢纽等建设已有实质性进展；这一年，我国通航物流取得阶段性进展，1 月，首个无人机快递服务行业标准《无人机快递投递服务规范》正式施行，7 月，首条常态化大型货运无人机专用航线正式开通；这一年，中国物流集团有限公司正式成立，将着力推动物流板块高质量发展，力争在统筹推进现代流通体系建设、培育并壮大具有国际竞争力的现代物流企业中发挥重要作用；这一年，海南自贸港、北京首都机场等相继开通第五航权航线，国际航空货运网络不断完善，货运枢纽布局加速推进，航空货运将为构建以国内大循环为主体、国内国际双循环相互促进的新发展格局持续作出贡献。2016—2021 年中国航空货邮运输量及增长率如图 1 所示。

一、2021 年航空货运市场回顾

（一）全球航空货运市场一扫颓势

在经历 2020 年新冠肺炎疫情给航空业带来的巨大打击后，2021 年全球经济逐步从新冠肺炎疫情的影响中恢复，上半年主要经济体的经济复苏强劲，但进入第三季度后总体放缓、增速分化，呈现“前快后慢”的特征。全球各经济

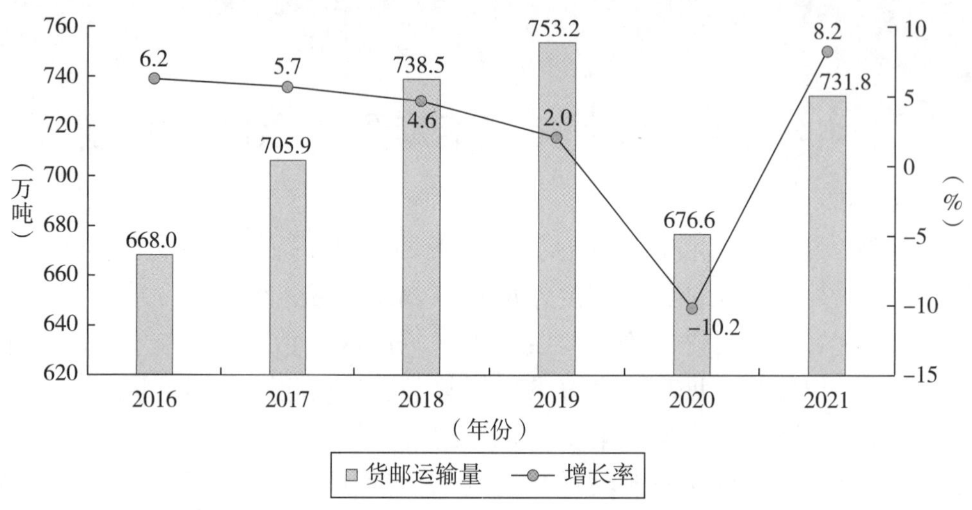

图1　2016—2021 年中国航空货邮运输量及增长率

资料来源：中国民航局。

体的复苏步伐差异较大，但随着时间推移，疫情有所缓解，全年世界经济已实现明显复苏。2021 年，全球航空货运需求较 2019 年增长了 6.9%，较 2020 年增长了 18.7%，现已恢复至疫情前水平，并呈继续上涨趋势。以 2019 年同期数据为参照，2021 年全球航空货运吨公里（CTKs）同比增长6.9%；全球可用货运吨公里（ACTKs）同比下降 10.9%。根据国际航空运输协会（IATA）统计，由于疫情反复，客机腹舱提供的运力仍然处于较低水平，影响了全球运力恢复。国际航空运输协会理事长威利·沃尔什表示航空货运需求不仅从 COVID－19 危机中复苏，而且还在增长。由于需求比危机前水平（2019 年）高出 7.9%，航空货运面临的主要挑战之一是找到足够的运力，这使得货运收益率在原本黯淡的行业形势下成为一个亮点。

纵观 2021 年各月表现，全球航空货运需求从新冠肺炎疫情危机中复苏，整体呈增长趋势。1 月全球航空货运需求较上月增长 3%，全球航空货运需求同比上升 1.1%[①]，航空货运需求首次恢复到疫情前水平（2019 年 1 月），出现反弹迹象。2 月，航空货运需求表现强劲增长，同比增长 9%，但由于全球疫情形势仍未完全好转，航空货运运力同比下降 14.9%。3 月增速低于 2 月，航空货运需求同比增长 4.4%，但货运需求达到了自 1990 年定期报告以来的最高水平。进入 4 月，随着经济活动的增加，供应商交货时间延长，跨国企业想借助航空货运的速度优势来恢复生产过程中损失的时间，这使得航空货运需求进一步增加，同比增长 12%。5 月至 10 月，全球航空货运需求增长率趋于稳定，

① 受新冠肺炎疫情影响，2021 年与 2020 年月度数据同比结果有所失真，因此本节描述的同比结果均为与 2019 年同月常态需求数据所进行的对比。

维持在9%左右。11月，航空货运需求仍然旺盛，但劳动力短缺的压力和整个物流系统的限制导致供应链中断，使得11月航空货运需求增长率下降。2021年全球各航空货运需求增长率如图2所示。

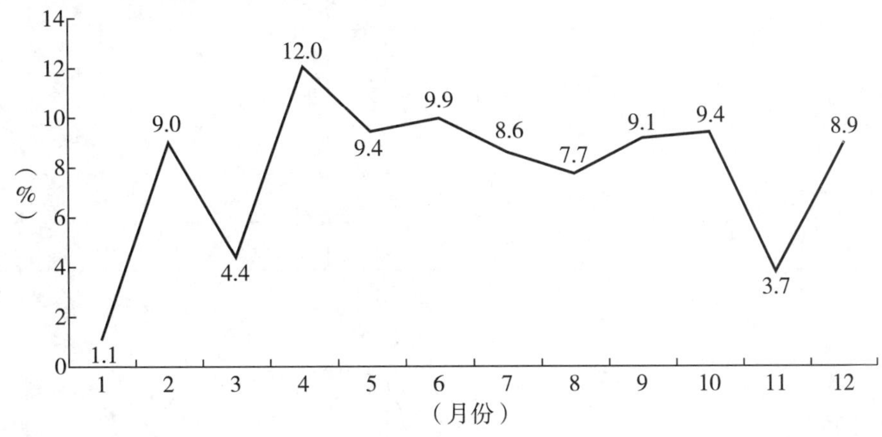

图2　2021年全球航空货运需求增长率

资料来源：IATA。

从区域来看，2021年全球范围内航空货运市场需求各区域间表现差异较大。北美地区表现最为强劲，航空货运市场需求增长率达到20.2%；中东和非洲地区航空货运市场需求实现两位数快速增长，分别达到10.6%和11.3%；亚太和欧洲地区航空货运市场需求增长较为缓慢，仅为3.6%；而拉美地区全年呈现负增长，是全球唯一未能恢复至2019年航空货运市场需求水平的地区。2021年全球航空货运市场份额较往年变化不大，亚太地区仍然是全球最大的航空货运市场，占有率达32.4%，全球各航空货运市场需求变化如表1所示。非洲地区得益于贸易航线的扩张以及亚非航线沿线的投资流动，持续推动区域需求增长，但受供应链中断等影响，11月非洲航空货运市场需求高速增长趋势中断，国际运力大幅下降。受益于美国经济的恢复以及航空货运基础设施设备的强力支撑，北美地区的航空货运市场需求保持稳定增长，运力已经基本恢复到疫情前水平，整体表现良好。中东和欧洲地区航空货运市场需求变化率保持稳定，国际运力虽然仍不及疫情前水平，但是正在逐步恢复。亚太地区业务受疫情影响较大，使得客机腹舱运力不断变化，但国际运力整体处于恢复阶段。由于地区内的航空公司财务重组，拉丁美洲在4月的运输需求较同期下降超过30%，但得益于近期部分洲际航线表现良好，拉丁美洲的货运需求降幅逐步收窄，发展走势较为乐观。2021年全球各航空货运市场需求变化情况如图3所示。

表 1　**2021 年全球各航空货运市场需求变化**

	市场份额（%）	增长率（%）
整体市场	100.0	6.9
非洲	1.9	11.3
亚太	32.4	3.6
欧洲	22.9	3.6
拉美	2.2	-15.2
中东	13.4	10.6
北美	27.2	20.2

资料来源：IATA。

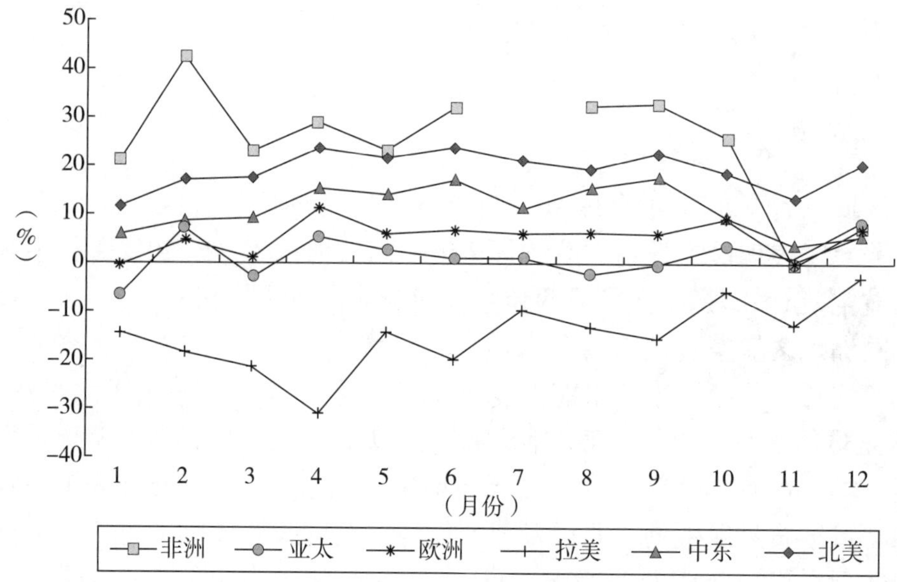

图 3　2021 年全球各航空货运市场需求变化情况

资料来源：IATA。

注：暂无 2021 年 7 月非洲地区官方统计数据。

2021 年航空货运从新冠肺炎疫情危机中复苏，但疫情影响下的运力短缺仍是阻碍航空货运发展的潜在风险，航空货运的复苏主要体现在以下几个方面。第一，制造业强劲复苏拉动航空货运量持续增长。处于全球制造业核心的亚太地区受益于经济复苏产量持续上升，全球制造业采购经理指数在 2021 年整体高于 50，制造业环比呈现增长势态。第二，供应链紧张利好航空货运。全球企业在疫情后逐渐复苏，新增订单量剧增，但企业库存水平相较于销售量仍然偏低，供应链中断产生交货延迟，供应商交货时间增加，制造商转向高效的航空运输以迅速补充库存，因此航空货运服务需求上升。第三，航空货运竞争力明显提升。海运集装箱运价相对较高，航空货运运价则一直保持稳定，新冠肺炎疫情危机前空运平均运价是海运的 12.5 倍，但 2021 年空运平均运价相较于海运已大幅下降，最低仅是海运价格的 3 倍，航空货运相对于集装箱运输成本有很高的竞争力。同时，得益于航空货运的安全性与高时效性，航空货运在分发疫苗方面起关键作用，在 PMI 中的新出口订单部分，航空货运需求领先。但是，目前航空货运运力处于瓶颈期。各国政府针对疫情再度收紧旅行限制，客机持续停飞，客机腹舱运力持续下滑。尽管航空公司使用全货机弥补客机腹舱运力不足，使全货机的国际运力大幅增长，但总体国际运力仍未到达疫情前水平，2021 年 8 月同比 2019 年 8 月国际运力下降 13.2%，是 2021 年以来最大降幅。与此同时，政府针对奥密克戎等变异毒株所采取的措施将对航空货运运力产生巨大影响，这将是航空货运发展中的未知影响因素。

（二）中国航空货运市场以韧克难

2021 年，国内航空货运市场恢复情况良好，随着航空货运的利好政策相继出台、全货机货运航线不断开拓、国内疫情逐渐得到有效控制，我国航空货运在逆境中展现了强大韧劲，以韧克难开新局。2021 年，我国航空货邮运输量 731.8 万吨，相较于 2020 年的 676.6 万吨，同比增长 8.2%，虽然仍未达到疫情前水平，但是差距在缩小。2021 年年初，我国航空货运市场延续 2020 年下半年的恢复态势，1 月航空货邮运输量达 66.9 万吨，同比增长 10.5%，呈现良好发展势头。2 月航空货运需求旺盛，货邮运输量呈爆发式增长。3—6 月货邮运输量增长率均超过 10%，整个上半年，货邮运输量较 2020 年上升 24.88%，较 2019 年上升 6.42%。进入 2021 年下半年，疫情反复导致货邮运输量增速放缓，在 9 月陷入低谷，较 2020 年同期下降 10.1%。2021 年年末，由于新冠病毒变体入侵，民航局向多个中外航班发出熔断指令，航空货运运力受限导致航空货运市场萧条，货邮运输量呈现下滑趋势。2021 年我国航空货邮运输量及增长率如图 4 所示。

1. 国际航线货运市场强势复苏

全球在经历新冠肺炎疫情危机严重的 2020 年后，国际贸易往来频繁。2021 年，制造业产量激增，我国作为全球制造业大国在国际贸易中呈积极态势，与 2019 年同期相比，我国外贸进出口、出口、进口分别增长 23.4%、24.5% 和 22%，进出口总额创历史新高。2021 年我国国际航空货运市场迅猛增长，截至 2021 年 11 月，我国国际货运航班开行 7.4 万班，同比增长 25.8%，国际航线货邮运输量达 241.5 万吨，同比增长 20.2%。随着“一带一路”倡议的持续推进，中国与世界各国间的联系将更加紧密，我国航空货运市场国际化程度将会进一步加深。2021 年上半年，疫情得到较好控制，企业复工

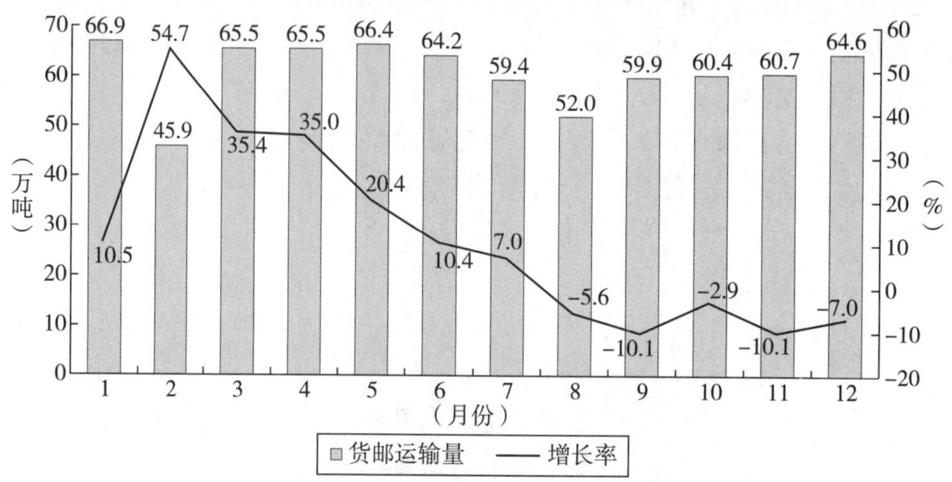

图4　2021 年我国航空货邮运输量及增长率

资料来源：中国民用航空局。

注：数据存在四舍五入，未进行机械调整。

复产、航空货运需求激增，同时随着疫苗的研制成功，国际航空货运因医疗设备、救援物资和跨境电商运输需求明显增加，呈现出爆发式增长，尤其是 3 月和 4 月，国际航线货邮运输量增长率超过 40%。2021 年下半年，由于德尔塔病毒和奥密克戎变异株的传播造成全球范围内的疫情反复，我国加大边境限制，客机腹舱运力下降以及对“客改货”进行严格管理，航空货运运力不足，导致航空货邮运输量大幅下降甚至出现负增长。2020—2021 年中国国内、国际货邮运输量增长率如图 5 所示。

2. 航空货运持续保障疫情防控

自新冠肺炎疫情暴发以来，航空货运在运输疫苗、医疗设备以及救援物资等方面发挥了其他交通方式不可替代的重要作用，为疫情防控提供了坚实保障。面对复杂严峻的形势，民航局统筹开展促进航空物流发展和疫情防控工作，航空公司与机场也积极响应，保证航空货运能力稳步提升，从而最大限度地保障防控物资运输。自新冠病毒疫苗研发投用以来，武汉机场持续关注全球疫苗运输市场，提前对保障冷链疫苗货物运输的相关资源进行了优化，以应对疫苗在货物时效性、稳定性和温度监测等方面的要求，制订了配套的保障流程及相关应急预案，为安全、高效完成疫苗运输做好了充分准备。为保证疫苗安全、高效运输，深圳机场制订了新冠病毒疫苗运输保障方案，并对冷链运输、储存场地的设施进行了升级，运用可视化温度显示器全程监控疫苗温度情况，保证新冠病毒疫苗的运输品质。根据民航局的数据显示，全行业累计保障防控物资航班 12 万余班，运输防控物资 47 万余吨；保障新冠病毒疫苗航班 2000 余班，保障疫苗货物近 1.6 万吨。与此同时，各航空公司与机场纷纷采取措施，

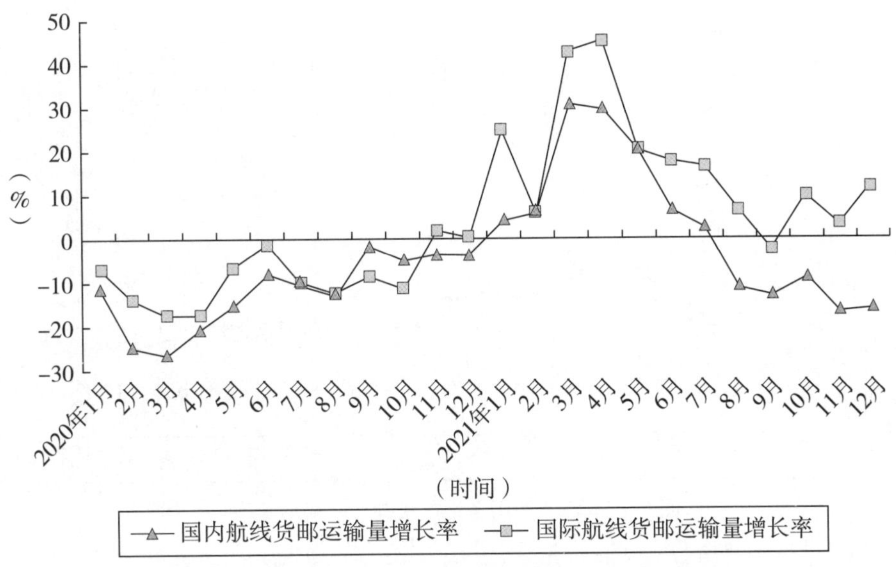

图 5　2020—2021 年中国国内、国际货邮运输量增长率

资料来源：中国民用航空局。

促进航空货运发展，广州、西安等城市纷纷开通新的货运航线，“客改货”政策不断推进，为稳定全球供应链发挥了重要作用。

3. 航空货运地区差异依旧显著

航空货运与区域经济发展具有高度相关性，航空货运的发展能够带动区域经济的增长，区域经济的实力又影响航空货运发展的水平。我国国土幅员辽阔，资源在空间上分配不均，导致航空货运市场地区差异显著。2021 年，我国机场货邮吞吐量为 1782. 5 万吨，同比增长 10. 9%，已经从疫情中初步恢复。从地区来看，我国航空货运市场份额变化不大，东部地区全年货邮吞吐量达 1298. 8 万吨，占全国的 72. 86%，仍是我国航空货运的最主要市场，其他地区市场份额占比基本维持不变。中部地区得益于产业转移持续推进、航空货运设施不断完善以及相关政策相继推出等多重因素影响，市场份额呈现增长趋势，地区全年货邮吞吐量较 2019 年增长 27. 51%，远超疫情前水平，甚至在 2 月增长率接近 170%。受疫情影响，西部地区和东北地区航空货运市场恢复情况不容乐观，地区全年货邮吞吐量较 2019 年分别下降 2. 44% 和 13. 27%，虽与 2020 年相比有所缓和，但与其他地区相比仍有较大差距。2021 年中国各地区货邮吞吐量增长率如图 6 所示。

4. 机场货邮吞吐量稳中有进

2021 年，我国机场货邮吞吐量稳中有进，国内机场排名基本保持不变。上海浦东机场凭借其强大的国内外航线网络和功能完善的航空货运枢纽，年货邮吞吐量达到 398. 3 万吨，同比增长 8%，超过 2017 年 382. 4 万吨的历史高点，刷新上海航空货运枢纽保障能级新纪录。在新冠肺炎疫情形势仍然严峻的情况下，广

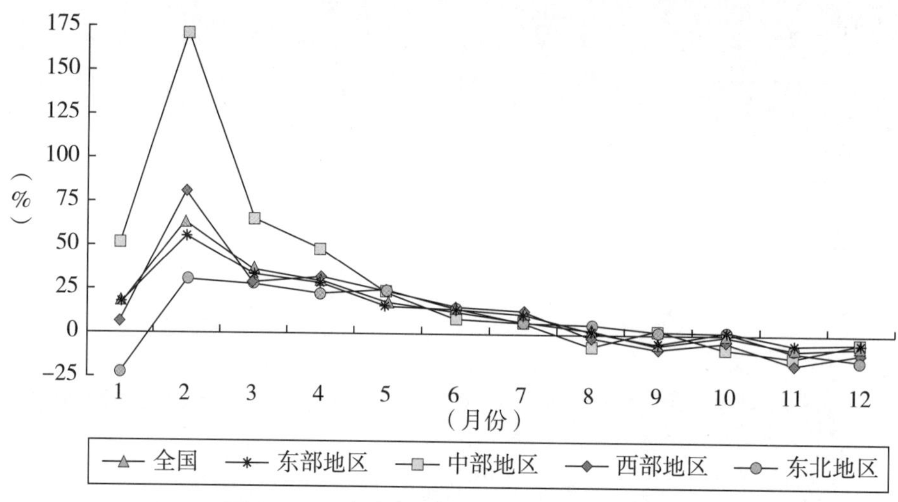

图6　2021年中国各地区货邮吞吐量增长率

资料来源：中国民用航空局。

州白云机场积极推动国际航空货运发展，实现了基础设施建设和运行保障能力的全面提升，全年货邮量增长趋势较为稳定，实现了2021年累计货邮吞吐量204.5万吨的新突破，增速位于全国百万吨级机场首位。杭州萧山机场借助杭州的区位交通和产业优势，为跨境电商和全球供应链稳定搭建顺畅的“空中通道”，2021年货邮吞吐量超过2020年80.2万吨的历史高点，首次跨入90万吨能级，在逆势中刷新纪录。尽管受到疫情等不利因素影响，郑州新郑国际机场国际货运业务仍然保持稳定增长的发展势头，2021年货邮吞吐量突破70万吨，同比增长10.2%，货运规模连续两年居全国第6位、跻身全球40强，国际地区货邮吞吐量突破54万吨，出入境货运航班首次突破1万架次，创历史新高，居中部地区各机场首位。2021年中国机场货邮吞吐量前10名如表2所示。

表2　2021年中国机场货邮吞吐量前10名

机场	货邮吞吐量（万吨）	增长率（%）
上海浦东	398.3	8.0
广州白云	204.5	16.2
深圳宝安	156.8	12.1
北京首都	140.1	15.8
杭州萧山	91.4	14.0
郑州新郑	70.5	10.2
成都双流	62.8	1.5
重庆江北	47.7	15.9
西安咸阳	39.6	5.1

续　表

机场	货邮吞吐量（万吨）	增长率（%）
上海虹桥	38.3	11.7

资料来源：新闻资料整理。

5. 航空公司货机运力瑕不掩瑜

2021 年，我国航空公司货机运力水平整体呈上升趋势，各大航空公司继续购买全货机，全货机运力水平持续提升。2021 年，我国全货机数量为 195 架，同比增长 4.1%。顺丰航空依旧是国内运营全货机数量最多的航空公司，2021 年共投用 7 架全货机，机队规模达到 68 架，占中国内地运营货机数量的 34.87%。中货航现拥有 10 架全货机，航空货运运力在同类物流企业中竞争力较强。2021 年 8 月 13 日，中国南方航空货运有限公司正式获得民航中南地区管理局颁发的航空承运人运行合格证，南货航将发挥国内最大的 B777 货机机队资源优势，执飞 19 条洲际货运航线，全力提升我国航空货运运力。疫情暴发后，已于 2019 年停飞的友和道通航空一度筹划复航，但由于启动资金无法落实等原因，友和道通航空还是在 2021 年 8 月走上了破产之路，这无疑是对国内航空货运运力的巨大打击。2021 年中国内地运营货机航空公司及货机数量统计如表 3 所示。

表 3　　2021 年中国内地运营货机航空公司及货机数量统计

航空公司	总计（架数）	占比（%）	航空公司	总计（架数）	占比（%）
顺丰航空	68	34.87	中原龙浩	6	3.08
邮政航空	31	15.90	中州航空	5	2.56
国货航	15	7.69	天津航空	4	2.05
南货航	14	7.18	四川航空	3	1.54
友和道通	13	6.67	中航货运	2	1.03
圆通航空	12	6.15	长龙航空	3	1.54
中货航	10	5.13	西北货航	1	0.51
金鹏航空	8	4.10	合计	195	100.00

资料来源：新闻资料整理。

航空货运运力虽然仍不足，但是推动了货运利润和收益的增加，这为航空公司和一些长航线客运服务提供了支持，缓解了客运收益暴跌带来的压力。疫情防控期间，中国国际航空公司、东方航空公司和南方航空公司（下简称“三大航”）收益惨淡，日均合计亏损超过 1 亿元。其中，三大航客运收入呈断崖式下降态势，国航和东航客运收入同比下降幅度超过55%，南航下降幅度接近50%（见表4）。货运方面，在航空货运价格猛增和货运需求膨胀的双重刺激下，三大航货运收入逆势增长，成为三大航“回血”的唯一希望。

表4　　2020年三大航客货运收入情况

航空公司	客运收入（亿元）	同比增长（%）	货运收入（亿元）	同比增长（%）
南方航空	705.34	-49.07	164.93	71.53
东方航空	491.27	-55.46	48.95	27.94
国航	557.27	-55.25	85.53	49.22

资料来源：新闻资料整理。

6. 航空货运政策环境持续向好

2021年，国家相继出台了一系列政策助力航空货运的发展，缓解疫情对航空货运业的冲击，并鼓励我国航空货运企业更多地参与到国际供应链、产业链中，我国航空货运业正迎来不断向好的政策环境。1月28日，交通运输部印发了《交通运输部关于服务构建新发展格局的指导意见》。该意见指出，要推进国际航空枢纽、国际邮件快件处理中心建设，打造具有国际影响力的国际性综合交通枢纽集群；鼓励发展面向高附加值制造业的航空运输服务；增强国际航空货运运力，鼓励扩大全货机规模，加快国际寄递能力建设，畅通国际寄递物流供应链。此后，国务院、国家发展改革委、民航局又制定了一系列政策，涉及机场群建设、航空枢纽航线网络、全货机航班、第五航权、推进跨境电子商务综合试验区、航班时刻资源配置、空港型国际物流枢纽、冷链海外仓等方方面面内容，支持我国航空物流业发展，航空货运迎来了重要战略机遇期。2021年我国航空货运相关政策汇总如表5所示。

表5　　2021年我国航空货运相关政策汇总

所属层级	时间	发文机关	文件名称	内容
国家级	1月28日	交通运输部	《交通运输部关于服务构建新发展格局的指导意见》	鼓励发展面向高附加值制造业的航空运输服务；增强国际航空货运运力，鼓励扩大全货机规模。加快国际寄递能力建设，畅通国际寄递物流供应链。培育壮大具有国际竞争力的现代物流企业
	2月24日	中共中央、国务院	《国家综合立体交通网规划纲要》	加快航空物流发展，加强国际航空货运能力建设，培育壮大一批具有国际竞争力的现代物流企业，鼓励企业积极参与全球供应链重构与升级。支持海南自由贸易港建设，推动西部陆海新通道国际航运枢纽和航空枢纽建设，加快构建现代综合交通运输体系

续　表

所属层级	时间	发文机关	文件名称	内容
国家级	6月21日	国家发展改革委、交通运输部	《成渝地区双城经济圈综合交通运输发展规划》	拓展航空枢纽航线网络，新开和加密国内外航线航班，扩大面向欧美、“一带一路”沿线国家的航权开放
	9月16日	海关总署国家口岸管理办公室	《国家“十四五”口岸发展规划》	建设与京津冀、长三角、珠三角、成渝城市群相适应的航空口岸群。推进河南郑州综合性货运枢纽、湖北鄂州专业性货运枢纽等航空口岸建设
	10月8日	中共中央、国务院	《黄河流域生态保护和高质量发展规划纲要》	加快西安国际航空枢纽和郑州国际航空货运枢纽建设，提升济南、呼和浩特、太原、银川、兰州、西宁等区域枢纽机场功能，完善上游高海拔地区支线机场布局
	11月18日	交通运输部	《综合运输服务“十四五”发展规划》	支持航空物流企业做大做强，鼓励传统航空货运企业与物流龙头企业战略合作、资产重组，壮大航空货运机队规模，科学有序发展全货机运输。整合客机腹舱资源，提高既有航线和运力利用效率。加大国际航权谈判力度，支持国内航空公司拓展中国至南亚、非洲、拉美等地区国际航空货运航线网络
	12月12日	国务院办公厅	《“十四五”冷链物流发展规划》	到2025年，初步形成衔接产地销地、覆盖城市乡村、联通国内国际的冷链物流网络，并推动第三方冷链物流企业专业化发展、规模化经营和数字化转型，着力培育具有较强国际竞争力的龙头企业
	12月15日	民航局飞行标准司	《客舱装载货物运输（第二版）》	不允许通过改变客舱构型（即拆除客舱内的全部或部分旅客座椅）在客舱地板上装载货物
省市级	3月15日	广州市人民政府	《广州市精准支持现代物流高质量发展的若干措施》	加快推动构建航空、航运“通关＋物流”电子货运生态圈，支持白云国际机场推进电子货运试点，进一步运用电子运单，形成航空货运标准体系，建设航空物流公共服务平台
	4月13日	中共河南省委、河南省人民政府	《中共河南省委 河南省人民政府关于推进中国（河南）自由贸易试验区深化改革创新打造新时代制度型开放高地的意见》	鼓励国内外航空运输服务企业在豫设立区域总部或营运中心，建设具有物流、分拣和监管集成功能的航空货站，打造区域性航空总部基地和航空邮件、快件国际枢纽中心。支持郑州机场建设海外货站。深化航空电子货运试点，探索对标国际航空货运标准体系

续 表

所属层级	时间	发文机关	文件名称	内容
省市级	4月18日	河南省发展改革委	《郑州都市圈交通一体化发展规划（2020—2035年）》	在郑州建成全球性国际邮政快递枢纽、全国重点航空国际邮件枢纽口岸。全面推进郑州机场航空电子货运试点建设，培育壮大航空货运，做强基地航空公司，吸引国内外大型物流集成商和航空快递企业设立分拨转运中心
	4月23日	厦门市人民政府办公厅	《厦门市人民政府办公厅关于印发加快境外航空货运高质量发展的若干措施的通知》	优化境外航空货运通关条件。支持开展口岸创新业务，实施航空快件国际中转集拼业务，将境外货物经境外航班运抵厦门机场，实现中转货物“电子申报、数据核放”
	6月23日	北京市顺义区人民政府办公厅	《促进顺义区航空货运发展的若干措施》	支持在顺义区新设立基地货运航司，同时对新增3架以上飞机进行累进奖励，对于基地货运航司扩大机队进行奖励，更注重实际运力的提升

资料来源：新闻资料整理。

二、2022年航空货运市场展望

（一）航空冷链物流市场乘“盛”起势

近年来，航空冷链物流市场需求旺盛，一方面来自消费市场对温敏物资总需求的日益壮大，另一方面来自消费者对商品品质要求的不断提高，致使航空冷链物流的市场规模扩张。2020年，我国冷链物流市场规模超过3800亿元，据中物联冷链委预测，到2025年，我国冷链物流行业的市场规模有望突破5500亿元。与不断增长的冷链物流市场规模相对应的是逐步优化的冷链物流政策环境。2021年12月12日，国务院办公厅印发了《“十四五”冷链物流发展规划》，这是我国冷链物流领域第一份五年规划，反映了国家对冷链物流发展的重视，也预示着在新发展格局下国家将以更大力度推动冷链物流发展。

1. 疫苗运输持续助力航空货运发展

航空医药冷链物流一直受到各航空公司的关注，由于新冠肺炎疫情的反复，以及世界上许多国家的疫苗接种率偏低，海外对新冠病毒疫苗的需求仍处于高位。除中、美、印三国以及欧洲市场外，国际市场需求为60亿~90亿剂，仍有巨大市场。由于疫苗对运输的温度等条件要求苛刻，因此运输过程中的复杂程度大大增加，这需要疫苗研发与生产企业、航空公司和机场通力合作，保障疫苗运输的安全性。同时，疫苗运输带来了大量航空货运需求。这对全球各大航空公司而言，都是走出困境的重要机遇。联邦快递积极拓展物流网络，以充沛运力赋能抗疫物资运输；南方航空已经为持续的疫苗运输做好了充足准备；顺丰航空与顺丰国际、供应链等业务板块联动，向医药冷链方向延伸，为疫苗运输提供定制化的空运服务。疫苗冷链运输不仅需要航空公司做好准备，机场相关冷链配套设施也需要为疫苗的运输提供设施保障。深圳机场制订了新冠病毒疫苗运输保障方案，并对冷链运输、储存场地设施进行了升级，运用可视化温度显示器全程监控疫苗温度情况，保证在运输过程中新冠病毒疫苗的品质。随着广东机场集团物流公司、泛非快递等物流公司获得 CEIV Pharma 认证，我国航空医药冷链物流运输流程逐步完善，运输能力持续提高。

2. 加码生鲜冷链航空货运大有可为

随着生活水平的提高和收入的增加，人们对生鲜食品的需求也不断上升。国家相关政策的出台也使生鲜冷链物流步入了发展的快车道。《“十四五”冷链物流发展规划》中明确指出，要进一步提高航空货运在中长距离冷链物流干线运输中的比重，大力发展面向高端生鲜食品的航空冷链物流。冷链物流市场规模的不断扩大以及发展环境的优化，使得航空公司和快递企业纷纷加码航空冷链物流。据有关资料显示，现阶段我国初级农产品冷链运输率相对发达国家而言一直偏低，发达国家已经达到80%～90%的水平，而我国果蔬、肉类、水产品冷藏运输率分别仅有15%、57%、69%。在我国，冷链断链所导致的农产品腐损率是发达国家的1～2倍。据估算，我国每年因冷链断链造成约1200万吨水果、1.3亿吨蔬菜的浪费，经济损失超过千亿元。发达国家冷链运输流通率果蔬类为95%，肉类为100%，年损失率在5%～10%。相比较而言，我国航空冷链潜在市场非常庞大。从生鲜寄递布局来看，2021年，顺丰在鲁东区投入约110条全货机运输航线，在大连区以机队编组的形式投入10余架次专机。与此同时，京东物流在深圳、无锡、天津三大经济板块全货机直发的基础上，将在华南地区新增加全货机与300条散航航线的资源保障。南航推出了全新的“南航快运”产品，实现11个自营货站互飞直达，承诺按客户指定的航班将货物当日送达，从而大大降低生鲜食品的腐损率。日益增长的需求以及不断优化的政策环境，使航空生鲜冷链市场前景广阔。

（二）国际航空货运市场发展潜力巨大

随着全球经济从新冠肺炎疫情危机中复苏，制造业贸易量增高，国际贸易市场需求旺盛，推动航空货运高速发展。当前，我国跨境电商进出口规模持续走高，海外仓建设投入力度加大，航空货运运力结构日益完善，为航空货运在国际贸易市场中的发展提供强大支撑力。新业态的快速增长、基础设施的大规模投建、政策的大力扶持都将满足航空货运在国际贸易市场中的发展需求。

1. 跨境电商稳步推动航空货运复苏

新冠肺炎疫情发生以来，传统贸易受到严重冲击，跨境电商等新业态、新模式在保订单、保市场、保份额方面发挥了重要作用。我国跨境电商发挥在线营销、在线交易、无接触交付等特点优势，积极参与国际合作和培养国际竞争优势，进出口规模持续快速增长。据海关统计数据显示，2021 年我国跨境电商进出口金额达 1.98 万亿元，同比增长 15%；其中出口 1.44 万亿元，同比增长 24.5%。为满足跨境电商的强劲需求，我国在 2021 年相继颁布了多项发展跨境电商的利好政策。2021 年 7 月，国务院办公厅出台《国务院办公厅关于加快发展外贸新业态新模式的意见》，提出要建设形成以“六体系两平台”为核心的制度框架，各地各部门量身定制了近百项支持政策，初步建立起完备的、适应跨境电商发展的政策框架。10 月，商务部、中央网信办、国家发展改革委三部门联合发布的《“十四五”电子商务发展规划》中，明确指出要支持跨境电商高水平发展，补足航空货运等跨境物流短板，强化快速反应能力和应急保障能力。

与此同时，各地市纷纷出台政策支持跨境电商发展，带动航空货运复苏。广州市出台《广州市把握 RCEP 机遇促进跨境电子商务创新发展的若干措施》。为支持广州白云机场口岸打造粤港澳大湾区跨境电商国际枢纽港，广州海关建立监管创新、通关保障、政策支持等全方位支持服务体系，推动跨境电商产业实现创新突破发展，广州白云机场口岸跨境电商进出口交易额突破 1000 亿元，同比大幅增长 1.5 倍，成为全国首个跨境电商业务迈进千亿元大关的空港口岸。未来，跨境电商的高速发展将驱动中国航空货运市场的进一步发展，航空货运的产业优化也会持续推进我国跨境电商业务的稳定增长。

2. 海外仓为航空货运业务搭建桥梁

作为跨境电商的重要境外节点、新型外贸基础设施，海外仓的建设事关外贸高质量发展，同时也为航空货运的发展带来了新机遇。随着我国贸易伙伴更加多元化，海外仓的全球布局正逐步拓展延伸，航空货运的发展也随之提速。目前，我国海外仓数量已超过 2000 个，总面积超过 1600 万平方米，业务范围辐射全球。海外仓的拓展不仅为国际贸易提供了基础设施，也是航空货运的发展着力点，各大企业纷纷加快海外仓建设。2021 年 11 月，菜鸟智慧物流枢纽项目在比利时列日机场正式启用，菜鸟在欧洲已拥有超过 10 万平方米的出口海外仓。疫情防控期间，海外仓与航空货运相互配合，以空间换时间，通过提前备货，规避突发风险，在畅通稳定全球外贸产业链供应链方面发挥了调节器、缓冲器的作用。智能海外仓相比于传统仓库，效率提升 2 ~ 3 倍，准确率达99.99%，减少一半人工投入，高效、安全又环保。未来，随着“一带一路”倡议的进一步深入、《区域全面经济伙伴关系协定》（RCEP）正式生效，我国贸易伙伴将更加多元化，区域内产业链供应链合作将更加密切，我国海外仓的布局也将逐步拓展延伸。

（三）智慧创新赋能航空货运孕育新机

科技革命和产业变革不断推进航空货运向前发展，在困难中孕育新的生机。在信息技术推动航空货运智能化、数字化、绿色化转型的浪潮中，无人机物流、中性电子运单、绿色化技术等智慧创新将持续赋能航空货运，为我国未来航空物流发展提供持续推动力。2022 年 1 月，民航局印发《智慧民航建设路线图》。以新一代信息技术融合应用为主要特征的智慧民航建设正全方位重塑民航业的形态、模式和格局，已成为全球航空业新一轮发展的主导趋势。

1. 无人货机提升航空货运运输效率

货运无人机以其载重量大、运输效率高、运营成本低、地域限制小等独特的优势，成为打通支线末端物流通道的“潜力股”。2021 年起，中国正式施行的《无人机快递投递服务规范》邮政行业标准，成为中国首个无人机快递服务行业标准，对于促进中国无人机物流发展具有重要意义。2021 年 7 月，铁门关市与阿拉尔市之间常态化大型货运无人机跨地区物流配送业务正式开通，实现区域内货物当日送达，这是全国第一条常态化大型货运无人机专用航线。

中国各大物流、电商、无人机企业正在积极布局，逐渐步入高速发展阶段。京东以“打造干线、支线、末端三级无人机 + 通航物流体系”为目标，该体系先布局末端，再逐步建立干线和支线物流，最终构建“空地一体化”的智能物流网络，以满足不同应用场景下的运输目标。京东已提出要在五年之内建造万座无人机机场，实现 100 万架无人机的配送，打造末端支线服务。4 月，顺丰在陕西榆林建设了大型的物流无人机运营基地，构建可辐射陕西、甘肃、宁夏、青海等地的支线航空物流运营网络。在四川西部、云南北部地区，顺丰飞行了超过 4 万架次，每天起降 1000 架次，已实现产业运营模式。货运无人机应用的逐渐推广，将很大程度提升物流业的效率，降低物流企业的成本，同时也将为我国航空货运业的发展提供新的思路与方向。

2. 中性电子运单助力智慧航空物流

目前，我国航空货运业的信息化程度依旧落后，未能跟上我国航空货运业的快速发展，未来我国将持续推进电子运单系统的发展。2021 年 4 月，中国航空运输协会航空物流委员会正式确定重庆和天津为我国首批中性电子运单试点城市，重庆江北国际机场和天津滨海国际机场作为中性电子运单首批试点机场同步投入运行。重庆和天津也是我国首批空港型国家物流枢纽，电子运单系统的运行将实现信息流与货物流的“双流合一”，有助于打破信息壁垒，加快航空货运信息化建设，实现航空公司、机场以及货运代理之间的信息共享、数据互通，提高机场货站货邮吞吐量与航空公司运输效率。12月6日，中国民航中性电子运单系统在华夏航空成功上线，实现了国内航空货运单与运费清结算的电子化。作为“十四五”期间民航建设的重点，民航将以智慧民航建设为工作主线，带动智能化应用，实现智慧化融合，加快提升民航发展的质量效益和发展动能。

3. 绿色低碳引领航空货运持续发展

党的十九大报告中提出“建立健全绿色低碳循环发展的经济体系”，为新时代下航空货运发展指明了方向。民航局提出将以碳达峰、碳中和目标为牵引，坚持创新、协调、绿色、开放、共享的新发展理念推进行业绿色转型，预计到2025年航空货运吨公里二氧化碳排放指标五年累计平均值降低至0.886千克标准煤。为实现这一目标，各大航空公司也纷纷响应国家号召，开展多方举措，带动航空货运可持续发展。东方航空通过航路优化等方式，累计节油超过60万吨，并加大新能源车辆投资引进力度，已引进地面新能源车超过1000辆。在北京大兴机场东航基地，新能源车占比为57%，其中通用类车辆100%为新能源汽车，保障货物绿色通行。天津航空则以创新节能技术为手段，积极投身节能减排实践工作，持续降低单位运输周转量能耗。8月25日，川航首个碳中和航班从成都飞往北京，此举是川航积极推动企业低碳转型、助力民航业环保减碳探索新实践，未来也会有越来越多的碳中和货运航班开通。11月，成都双流机场通过ACA碳排放认证，成为国内第三家通过此认证的机场。在《“十四五”民用航空发展规划》中，首次设置了绿色发展专篇，对深入推进行业绿色低碳循环发展做出总体安排，有序推进航空运输深度脱碳，加快构建更为安全、更高质量、更有效率、更可持续的现代民航体系。愈加完善的政策环境以及众多企业的不断助力都预示着绿色物流迎来广阔发展空间，不仅推动物流业态创新，也将成为航空货运发展的重要一环。

（四）航空货运系统整合重塑物流格局

面对全球供应链逐渐恢复、全球产业链深度融合的大背景，我国国际航空货运占比不断增加，依托我国强大的国内市场，亟须建设国际航空货运枢纽，持续扩大对外开放。同时，多式联运发展的脚步不断加快，成立中国物流集团引领行业，双轮驱动我国航空物流业稳步发展，积极融入全球产业链供应链布局。

1. 航空货运枢纽体系建设如火如荼

新冠肺炎疫情的蔓延凸显了航空货运在全球产业链供应链方面的重要性以

及我国航空货运枢纽建设的不足，因此航空货运枢纽体系建设是未来一段时间的发展重点。顺丰参与建设的湖北鄂州花湖机场已经于2021年年底校飞，预计将于2022年正式投运。与此同时，中国邮政在江苏南京打造全国最大的国际货邮核心枢纽，圆通在浙江嘉兴投资兴建全球航空物流枢纽项目，京东航空货运枢纽落户安徽芜湖已有实质性进展，郑州、成都、西安、重庆等城市都在做航空物流规划。作为国内市场和国际市场的战略连接点，航空货运枢纽建设也得到了民航局的大力支持，民航局在《"十四五"民用运输机场建设专项规划》中强调，要强化北京、上海、广州、深圳、西安、乌鲁木齐等国际航空枢纽货运设施能力，提升郑州、天津、合肥国际航空货运枢纽功能，并鼓励南宁等机场发挥区位优势，完善其货运功能。通过不断完善国际航空货运枢纽布局，打造有竞争力的货运枢纽。在布局上，通过综合性枢纽机场和专业性货运枢纽机场相辅相成，航空货运枢纽机场将在促进经济结构转型升级、深度参与国际合作、推动我国经济高质量发展方面发挥重要作用，同时我国也将在全球供应链与产业链中扮演更加重要的角色。

2. 多式联运助力航空货运降本增效

近年来，我国综合运输系统发展迅速，交通运输服务覆盖面和选择性大大增强，多式联运在运输结构调整和货运增量行动等方面已取得阶段性成效，但与发达国家相比，我国多式联运发展仍有较大空间。与航空货运相关的多式联运方式主要包括空陆联运、空海联运和空铁联运。卡车航班作为空陆联运的重要运输方式，解决了航空货运"最后一公里"问题，既汲取卡车的价格优势和机动优势，完成点对点配送，又能享受飞机快捷准时的高效服务，满足了企业对高端物流的需求。空海联运综合了空运速度快、时效性强与海运运量大、成本低的特点，对不同运量与不同运输时限的货物有机结合，有效提高了时效性。空铁联运有效发挥航空货运和高铁货运的不同优势，实现货物运输的高效性、可靠性、灵活性、可持续性。对于航空货运而言，多式联运不仅减少货物运输中间环节，还能提高运输质量、降低事故率、降低运输成本、节约运输费用。同时，碳达峰、碳中和也为具有高效低碳特征的多式联运创造发展空间。未来，多式联运必然会是航空货运行业的发展趋势。

3. 中国物流集团引领物流行业发展

当前，我国物流业存在企业"小散弱"、物流效率不高等短板，而建设现代物流体系是构建新发展格局的重要抓手。因此，推进中央企业物流业务专业化整合、打造综合物流国家队、优化仓储网络布局、完善现代物流体系势在必行。2021年12月6日，中国物流集团有限公司（以下简称"中国物流集团"）正式成立，将着力推动物流板块高质量发展，力争在统筹推进现代流通体系建设、培育壮大具有国际竞争力的现代物流企业中发挥重要作用。东航集团作为中国物流集团的战略投资者，将助力中国物流集团航空货运板块的发展。中国物流集团将成为我国综合物流的标杆企业，其成立具有里程碑意义，于国际来说，有利于中国企业走出去，同时也会帮助国内企业降低物流成本、提高物流效率；于国内来说，有利于解决物流节点资源浪费问题，提高整合效率，同时，对行业内公司起到引领作用，规范整个行业的发展。未来，中国物流集团有希望成为具有全球竞争力的世界一流综合性物流企业，更好地发挥航空货运在加快建设现代流通体系、构建新发展格局中的战略支撑作用。

（作者：中国民航大学临空经济研究中心
曹允春　赵柯焱　于靖波　张文杰）

参考资料：

［1］曹允春，朱俊洪，赵柯焱，等．航空货运市场回顾与展望［J］．综合运输，2021，43（12）：16－22.

［2］张宇燕．全球仍处在中低速增长轨道——世界经济形势分析与展望（下）［N］．经济日报，2022－01－05（04）.

［3］IATA. Air Cargo Up 12% in April Compared to Pre－COVID Levels［EB/OL］. https：//www. iata. org/en/pressroom/pr/2021－06－08－01/

［4］IATA. Air Cargo Demand Reaches All Time High in March，up 4. 4% vs Pre－COVID Levels［EB/OL］. https：//www. iata. org/en/pressroom/pr/2021－05－04－01/

［5］民航资源网. 2021 年开局我国航空货运强势增长 或迎来最佳发展机遇［EB/OL］. http：//news. carnoc. com/list/556/556117. html

［6］中国民航网．埃塞航在武汉机场完成首批疫苗运输［EB/OL］. http：//www. caacnews. com. cn/1/88/202112/t20211201_ 1335263. html

［7］中国民航网．深圳机场首次保障深圳康泰新冠疫苗“出海”［EB/OL］. http：//www. caacnews. com. cn/1/5/202111/t20211119_ 1334526. html

［8］中央广电总台国际在线．【年度经济成绩单】2021 年中国民航保障国际货运航班 20 万班 同比增长 22%［EB/OL］. http：//news. cri. cn/rss－yd/2022－01－12/c43dfe3a－9f9f－d18e－3520－4 fd636ef2028. html

［9］大河网．中部第一！郑州机场国际货运航班突破 1 万架次［EB/OL］. https：//baijiahao. baidu. com/s？id＝1720007988488042097&wfr＝spider& for＝pc

［10］21 世纪经济报道．冷链物流发展顶层文件出台 未来 5 年市场规模剑指 5500 亿元［EB/OL］. http：//www. 21jingji. com/article/20211214/5c56f364e1e2b90ea9c5715ee858bd06. html

[11] 21世纪经济报道．国产新冠疫苗“第二军团”崛起，全球疫苗市场需求到底有多大？［EB/OL］．http：//www. 21jingji. com/article/20211116/herald/ccb87d8ffa50c5e1b8680ec28cad27a0. html

[12] 民航资源网．南航物流全新推出“南航快运”产品［EB/OL］．http：//news. carnoc. com/list/560/560009. html.

[13] 央视网．海关总署：2021年我国跨境电商进出口规模达到1.98万亿元，增长15%［EB/OL］．https：//news. cctv. com/2022/01/14/ARTI8ldjrKsrHkJlRfJAd0SG220114. shtml

[14] 罗珊珊．布局拓展延伸，畅通外贸供应链 两千海外仓 辐射全世界[N]．人民日报，2022-01-19（03）．

[15] 兵团网．全国首条！兵团开通大型货运无人机专用航线[EB/OL]．http：//www. bingtuannet. com/szyw/202201/t20220103_ 116156. html

[16] 中国民航网．航空公司助力绿色发展大有可为［EB/OL］．http：//www. caacnews. com. cn/1/tbtj_ /202109/t20210914_ 1330749. html

[17] 东方．“十四五”时期我国多式联运发展趋势探究［J］．中国经贸导刊（中），2021（5）：48-50.

2021 年港口市场形势回顾与 2022 年展望

2021 年是疫情席卷后港口逐步恢复生产之年，随着疫苗投产，全球各国相继复工复产，经贸形势逐步稳定，贸易需求也逐渐从生活防疫物资向工业产成品转变，国际上单边主义、保护主义有所抬头，我国在疫情下率先恢复的贸易优势逐渐减弱。同时，疫情导致各国港口拥堵频发、物流效率下降，国际海运费也随之大幅上涨，进一步限制国际贸易增长。尤其下半年，随着德尔塔毒株与奥密克戎变异株在美国扩散，加之国内港口低基数加成效应消失，9—10 月全国港口货物吞吐量陷入负增长；但在上半年两位数增幅的作用下，2021 年中国港口总体保持良好生产形势。

一、2021 年中国港口生产形势回顾

2021 年，中国港口货物吞吐量增速整体先升后降，随着国内疫情防控常态化以及疫苗接种范围的扩大，疫情对国内经济的影响逐渐减弱，政策的激励持续促进消费和贸易需求回升，同时由于 2020 年年初国内疫情防控期间低基数加成效应逐渐减弱，使涨幅收窄；下半年受大宗商品价格提升及国内能耗“双控”政策的影响，国内需求下降，全年中国港口完成货物吞吐量约 155.5 亿吨，同比增速达 6.8%。从月度数据看，1—3 月，我国政府实施促内需、稳外贸等支持经济恢复措施，加上国外订单回流，尤其是 2 月受上年同期疫情暴发及当年农历春节消费需求释放，使港口货物吞吐量增速迎来峰值；4 月以后，受国际贸易通道不畅、大宗商品价格持续攀升及国内能耗“双控”政策的影响，国内进口煤矿原油的积极性减退，港口贸易增速开始逐月回落，加之国内局部地区疫情反复也导致贸易需求受挫。2018—2021 年中国大陆规模以上港口历年货物吞吐量增幅如图 1 所示。

内外贸货物吞吐量涨幅高位回落，内河港口增速优于沿海。高新技术和机电产业的快速发展，加快了国内产业转型与消费升级。疫情稳定后国内制造业逐渐恢复，并在直播带货、网络电商等新消费模式下，使国内商品贸易规模快速增长。同时，国际环境的不稳定性使得国内矿石、煤炭等大宗商品的贸易需求也逐步扩大，我国港口内贸货物吞吐量涨幅远超外贸，全年完成内贸货物吞吐量约 108.5 亿吨，同比增速由上年度的 4.2% 提升至 7.9%；相较之下，我国外贸市场增速波动则相对较小。2021 年，我国沿海与内河港口都表现出强劲增

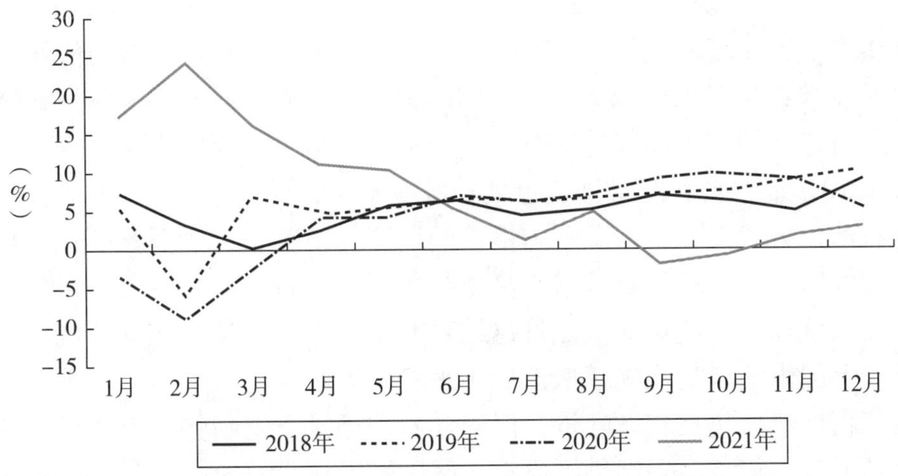

图 1　2018—2021 年中国大陆规模以上港口历年货物吞吐量增幅

资料来源：中国交通运输部，SISI 整理。

长态势，其中内河港口恢复情况更好，内河港口完成货物吞吐量 55.7 亿吨，同比增速由上年度同期的 3.7% 提升至 9.9%；而沿海港口增幅有所收窄，受外贸进出口形势放缓影响，实际完成货物吞吐量 99.7 亿吨，同比增速降至 5.2%。2019 年第一季度—2021 年第四季度中国大陆港口内外贸货物吞吐量及增速如图 2 所示。

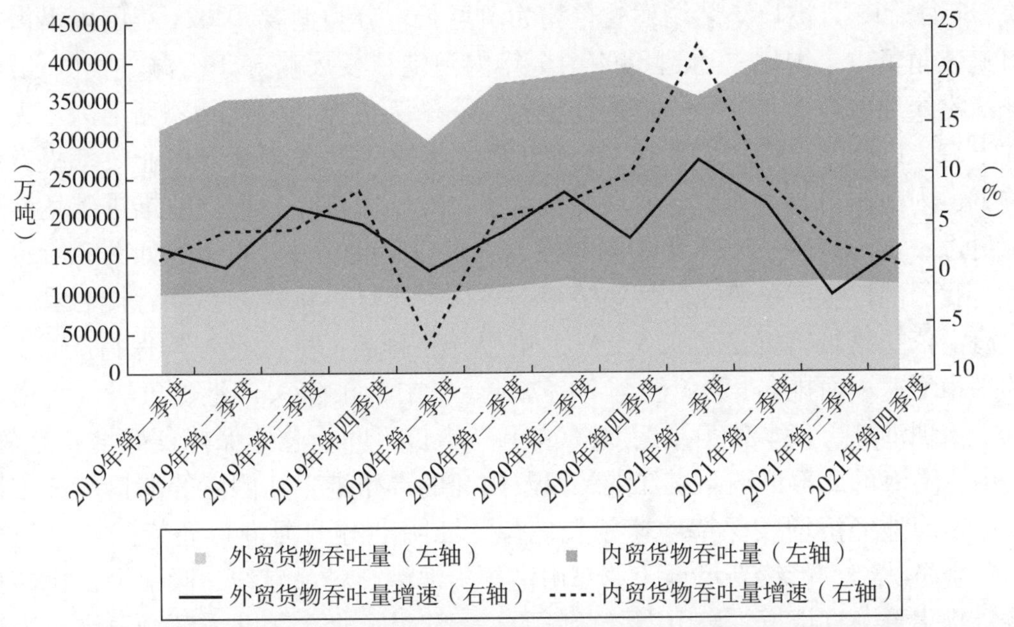

图 2　2019 年第一季度—2021 年第四季度中国大陆港口内外贸货物吞吐量及增速

资料来源：中国交通运输部，SISI 整理。

不同货种均保持增长态势，但涨幅逐季收窄。2021 年，随着国内疫情逐渐稳定，相关封锁限制措施陆续解除，上半年在多省“就地过年”号召下，节后制造业生产快速恢复、电厂耗煤量迅速反弹、基建和房地产市场继续支撑钢材、水泥需求，投资规模全面扩大、国内消费需求快速回升，机械、设备、电器以及木材等运输需求均保持15%以上的增速；钢铁、矿建材料、滚装汽车增速也超过10%；粮食吞吐量增速也处于较高水平；而下半年各货种增速虽有所放缓，石油、天然气、金属矿石和钢铁的增速由正转负，主要是受钢材限产及限电政策的影响，国际矿石价格走高也拉低了矿石进口量，使得干散货吞吐量下降。加上全球供应链短缺、油价持续攀升，进一步降低了液体货物的国际采购需求，但国内港口物流规模依然处于平稳发展水平。

集装箱增速反超货物吞吐量，但同样步入逐月下滑趋势。2021年，集装箱运输市场上运力与空箱仍然供不应求，国际贸易运费高涨、通道不畅；但中国作为全球生产制造中心之一，尤其依托国内防控措施得当，使得制造产业在疫情中率先复苏，继续确保了国际贸易中的优势地位。2021年，中国港口共完成集装箱吞吐量28272万TEU，同比上涨7.0%。分月看，1—3月国内物流企业不停工、不停产，使集装箱班轮得以正常作业，其中2月集装箱吞吐量涨幅高达35.5%；虽然年中5月和8月在盐田港和宁波舟山港都发生了“疫情封港”事件，但箱量仍然保持9%以上的增长。6月后受境外疫情反复而减少的消费需求及国内“限电”政策影响，工厂生产效率降低，集装箱贸易增速有所放缓，7月、10月港口集装箱吞吐量均为负增长。分类型看，2021年国内沿海港口集装箱量占全国比重达到88%，全年内河港口发展略好于沿海，我国长江、珠江沿线地区产业与经贸规模逐步提升，不断为内循环发展增添新活力。尤其在上海、广州等港口“联动接卸”“江海联运”等模式创新与作业效率提升影响下，内河港口与内河水运发展更具潜力，对国家港口物流产业推进碳达峰目标更进一步。2018—2021年中国规模以上港口集装箱吞吐量增速如图3所示。

我国港口生产形势强劲，集装箱运输反弹明显。从货物吞吐量排名看，除上海港依托集装箱贸易达到8%以上增幅外，排名前5大港口均保持5%以内的平稳增速；而排名第10位至20位的港口中，排除大连港、黄骅港、南通港、深圳港外，基本处于接近10%或更高增长区间，总体保持良好增长趋势。其中，沿海的北部湾港、湛江港，以及内河的泰州港、江阴港等港口依托临港产业及腹地经济增长保持增速领先地位。江阴港等内河港口还依托“江海联运”业务优势，持续新增至宁波舟山港等沿海港口精品航线，吸引沿江中转换装货物集聚。疫情下，唐山港、青岛港、天津港、烟台等北方环渤海港口表现更为稳定，普遍稳中向好，主要得益于航道、码头等基础设施改扩建以及码头物流设施自动化水平提升，使物流成本与时效得到进一步控制；但在辽港集团整合下的大连港与营口港则在疫情和汛情的夹击下难止跌势，尤其营口港直接

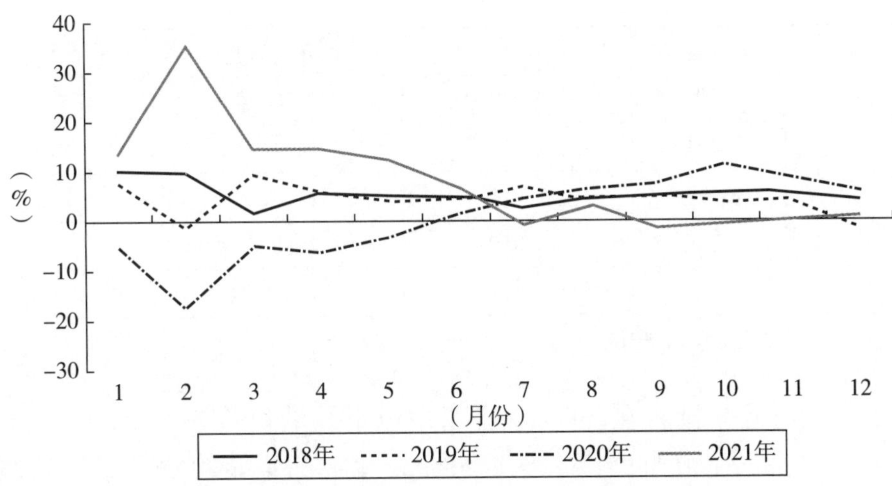

图 3 2018—2021 年中国规模以上港口集装箱吞吐量增速

资料来源：中国交通运输部，SISI 整理。

跌出前 20；而连云港港依托新亚欧陆海联运通道优势，持续深耕日本与韩国市场，大力开拓外贸出口新通道，年内涨幅超过 10%。2021 年中国前 20 港口货物吞吐量排名如表 1 所示。

表 1　　2021 年中国前 20 港口货物吞吐量排名

2021 年排名	港口名称	2021 年（万吨）	2020 年（万吨）	2021 年增速（%）
1（1）	宁波舟山	122405	117240	4.4
2（2）	上海	76970	71104	8.2
3（3）	唐山	72240	70260	2.8
4（5）	青岛	63029	60459	4.3
5（4）	广州	62367	61239	1.8
6（6）	苏州	56590	55408	2.1
7（8）	日照	54117	49615	9.1
8（7）	天津	52954	50290	5.3
9（9）	烟台	42337	39935	6.0
10（15）	北部湾	35822	29567	21.2
11（14）	泰州	35291	30111	17.2
12（19）	江阴	33757	24705	36.6
13（11）	大连	31553	33401	-5.5
14（13）	黄骅	31134	30125	3.3
15（12）	南通	30851	31014	-0.5

续 表

2021 年排名	港口名称	2021 年（万吨）	2020 年（万吨）	2021 年增速（%）
16（16）	深圳	27838	26506	5.0
17（18）	福州	27352	24897	9.9
18（20）	连云港	26918	24182	11.3
19（17）	南京	26855	25112	6.9
20（22）	湛江	25555	23391	9.3

资料来源：中国交通运输部，SISI 整理。

从集装箱吞吐量排名看，前 20 排名中虽下跌港口数多于货物贸易，但排名靠前的上海港、宁波舟山港、深圳港、天津港的集装箱吞吐量增速均接近 10%。上海港、宁波舟山港、深圳港等港口受益于自贸试验区制度创新，包括粤港澳大湾区启运港退税、沿海捎带等政策利好，使集装箱吞吐量保持持续增长，未来国际中转集拼等业务也将再添助力。山东省港口集团整合效能也逐渐显现，与招商局资本联合发起百亿元级陆海联动基金，促进青岛港、日照港等港口加快自动化码头及堆场设施改进，提升集装箱作业能力；同时，烟台港与韩国集装箱航线也实现较大突破。相较之下，受能耗“双控”政策限制，东北经济增长与工业活力下降，叠加“冷链”运输所带来的疫情传播风险，使大连港集装箱吞吐量连续大幅下滑。此外，从疫情中恢复的武汉港表现尤为突出，新开通阳逻国际港，通过铁水联运、江海联运等业务积极打造长江中游集装箱枢纽港，跻身前 20 行列。2021 年中国前 20 港口集装箱吞吐量排名如表 2 所示。

表 2　　2021 年中国前 20 港口集装箱吞吐量排名

排名	港口	2020 年（万标箱）	2019 年（万标箱）	同比增速（%）
1（1）	上海	4703	4350	8.1
2（2）	宁波舟山	3108	2872	8.2
3（3）	深圳	2877	2655	8.4
4（4）	广州	2418	2317	4.4
5（5）	青岛	2371	2201	7.7
6（6）	天津	2027	1835	10.5
7（7）	厦门	1205	1141	5.6
8（8）	苏州	811	629	28.9
9（11）	北部湾	601	505	19.0
10（9）	营口	521	565	-7.8

续　表

排名	港口	2020年（万标箱）	2019年（万标箱）	同比增速（%）
11（12）	日照	517	486	6.4
12（13）	连云港	503	480	4.8
13（14）	佛山	371	405	-8.4
14（15）	东莞	369	380	-2.9
15（10）	大连	367	511	-28.2
16（17）	烟台	365	330	10.6
17（16）	福州	345	352	-2.0
18（18）	唐山	329	312	5.4
19（19）	南京	311	302	3.0
20（23）	武汉	248	196	26.5

资料来源：各港口官方网站，SISI整理。

二、2022年中国港口生产发展展望

财政刺激政策到期使经贸推动力减弱。各国实施的财政刺激政策也即将到期并迎来拐点，全球经济增长或将面临减速风险。根据世界银行与世界贸易组织预测，2022年全球经济和商品贸易增速将分别下滑至4.1%、4.0%，低于2021年5.5%与8.0%水平；而2023年全球经济增速将进一步下滑至3.2%，同时当前通货膨胀已经处于自2008年以来最高水平，未来财政和货币政策力度将十分有限。从国内市场看，根据瑞银集团预测，2022年中国经济增速也将从2021年的8%下滑至5.4%左右。目前，我国正处于“外循环”向“双循环”转型过程中，加之国际订单从中国快速回流并非一蹴而就的事情，因此商品贸易增速下降或缓于经济。

2022年，疫情将持续影响国内港口业复苏。随着奥密克戎变异株传播性的增强，2022年年初，国内多省市感染人员增多，使疫情防控力度都不得不再次加强，对国内生产制造与消费市场复苏都带来一定影响。

突发性国际事件或将影响港口贸易增长。2022年2月24日，必将载入史册的“俄乌冲突”突然爆发。俄罗斯和乌克兰作为全球大宗商品资源国，在“俄乌冲突”影响下，能源、农产品、有色金属等贸易规模或出现明显降幅；其中，从乌克兰进口的大麦、玉米占我国大麦、玉米进口总量的28.0%和50.4%。加之，欧美等地的一些西方发达国家挑起对俄罗斯经贸制裁，不仅会对我国港口中转贸易产生冲击，在一定程度上对我国与俄罗斯的双边贸易也将

产生一定影响。大范围的通胀也将波及我国经济增长与海运贸易产业，给港口货物吞吐量的增长带来较大不确定性。

2022 年，中国港口增速或将全面放缓。鉴于当下国内外经贸和新冠肺炎疫情形势，以及业内对 2022 年美国港口持续拥堵并传导至整个海运贸易链的预期（美国疫情影响叠加劳资纠纷），并在中美、中澳国际贸易关系发展与《区域全面经济伙伴关系协定》（RCEP）正式生效等多重影响下，预计 2022 年中国港口生产形势仍将继续保持增长，但在没有低基数叠加效应下，增速会出现较大幅度回落；尤其在“低碳减排”主基调下，煤炭矿石等大宗物资贸易需求将进一步减少，而突发事件也会加大港口物流的不确定性风险。

（作者：上海国际航运研究中心　谢文卿）

2021 年国际集装箱运输市场回顾与 2022 年展望

一、2021 年市场发展情况概述

1. 集装箱海运量恢复增长，太平洋航线海运量增幅突破 10%

2021 年，全球集装箱海运量为 2.07 亿 TEU，同比增长 6.49%。分航线来看，多个航线海运量创历史新高。太平洋航线海运量同比增长 11.1%，运量达到 3051 万 TEU，为增幅最高的集装箱海运航线；大西洋航线海运量达 825 万 TEU，同比增长 8.8%，为增幅第二高的集装箱海运航线。亚欧航线全年海运量 2464 万 TEU，同比增长 3.2%，仍未恢复到 2019 年水平。2001—2021 年全球集装箱海运量如图 1 所示。部分航线集装箱海运量及增长情况如表 1 所示。

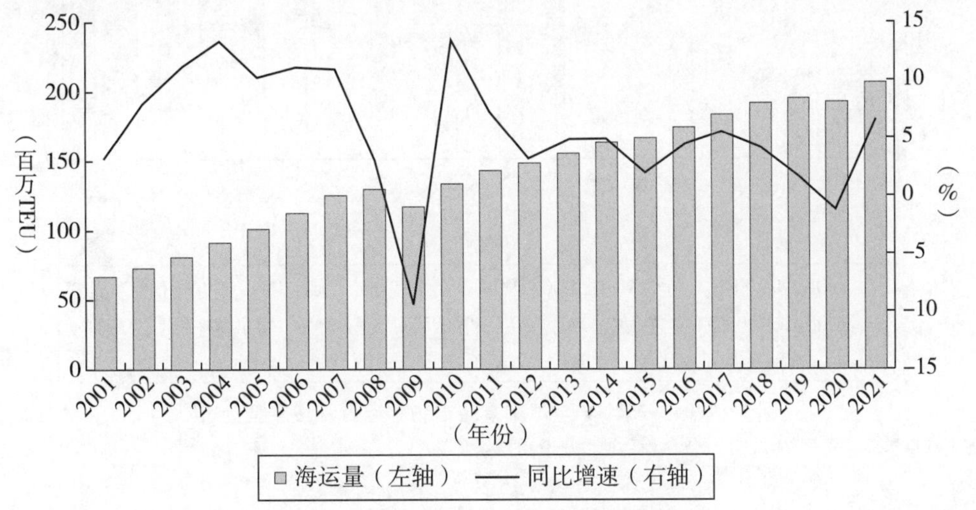

图 1　2001—2021 年全球集装箱海运量

资料来源：克拉克森，上海国际航运研究中心整理。

2. 全球集装箱运力增速有所回升，船队效能无法充分释放

2021 年，全球集装箱船队总运力规模达到 2470.3 万 TEU，同比增长 4.5%，较 2020 年的低位有所回升。由于受疫情反复、工人罢工、极端天气、港口拥堵和船员换班困难等种种因素，船舶周转效率持续处于低位，运力损失

高达17%，集装箱船队效能无法充分发挥。2004—2021 年全球集装箱市场总运力（按船型分布）如图2 所示。

表1　　部分航线集装箱海运量及增长情况

年份	亚欧航线		太平洋航线		大西洋航线		南北航线		区域内航线	
	海运量（百万TEU）	同比增速（%）	海运量（百万TEU）	同比增速（%）	海运量（百万TEU）	同比增速（%）	海运量（百万TEU）	同比增速（%）	海运量（百万TEU）	同比增速（%）
2019	24.84	4.2	26.19	-2.1	8.12	3.1	32.23	-0.2	84.70	3.4
2020	23.88	-3.9	27.47	4.9	7.58	-6.7	31.63	-1.9	83.86	-1.0
2021	24.64	3.2	30.51	11.1	8.25	8.8	34.33	8.5	88.99	6.1

资料来源：克拉克森，上海国际航运研究中心整理。

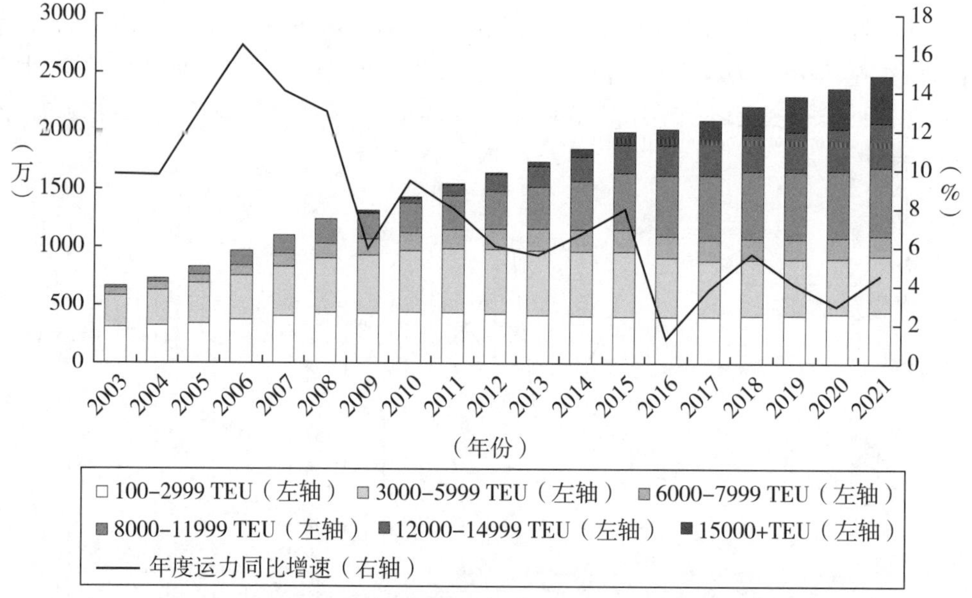

图2　2004—2021 年全球集装箱市场总运力（按船型分布）

资料来源：克拉克森，上海国际航运研究中心整理。

3. 集装箱运价不断刷新市场新高，整体呈现前低后高走势

（1）集装箱运价水平暴涨，CCFI 创历史新高。

从长周期来看，2021 年中国出口集装箱运价综合指数整体呈现快速上涨趋势，年内持续高位运行，不断刷新历史新高。截至 2021 年 12 月 31 日，CCFI 达到3344.24 点，为该指数发布以来最高点。2021 年国际集装箱班轮运输市场平均运价较 2020 年大幅增长，全年 CCFI 均值达到 2615.54 点，同比增长165.69%，均值及增速水平均创历史新高。2005—2021 年 CCFI（中国出口集

装箱运价综合指数）走势如图 3 所示。

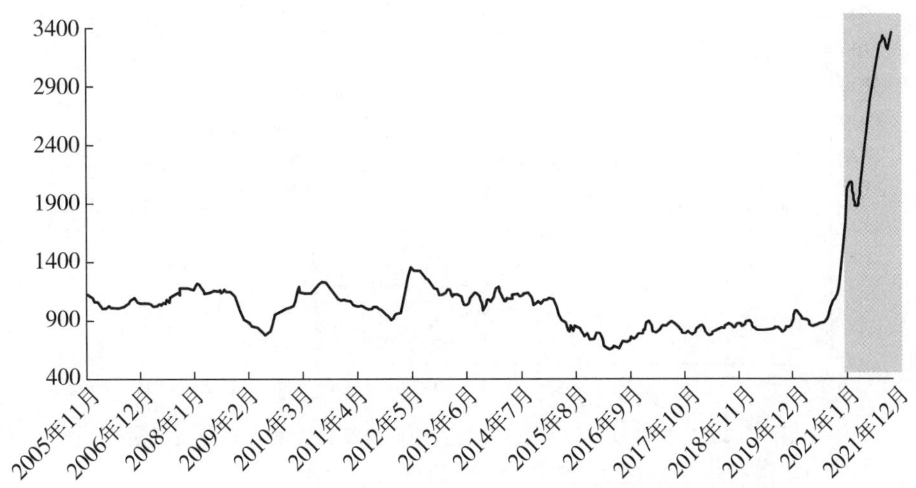

图 3　2005—2021 年 CCFI（中国出口集装箱运价综合指数）走势

资料来源：上海航运交易所，上海国际航运研究中心整理。

（2）从短周期来看，2021 年集装箱运价呈现前低后高走势。

2021 年 1 月—2 月，全球贸易运输需求持续上升，又由于北美港口拥堵、集装箱设备周转不畅等原因导致集装箱运输市场“一箱难求”，全球运费普遍升高。2 月—4 月中旬，在淡季因素、港口拥堵有所缓解等因素影响下，市场运费小幅回调。4 月中旬—10 月中旬，在港口拥堵蔓延至全球、传统旺季效应、德尔塔变异株导致疫情反弹等众多因素叠加影响下，集装箱运输市场“一舱难求”持续发酵，集装箱运价走向新高；9 月，全球航运监管峰会召开后，达飞、赫伯罗特等航运巨头宣布不再上涨即期运价，CCFI 增速有所放缓。10 月中旬—11 月，全球财政支持力度逐渐减弱，中国能耗双控及用电管控政策导致相关货物产能下降，行业预期有所降低，运价水平有所回调。12 月初，受奥密克戎影响，全球疫情发展再次反复，美国港口拥堵加剧，叠加春节前工厂出货小高峰，运价止跌回涨，CCFI 达到 3344. 24 点的全年最高值。2021 年 CCFI（中国出口集装箱运价综合指数）走势及说明如图 4 所示。

二、市场发展特点分析

1. “有效控制疫情”支撑中国进出口保持强劲增长，出口产品结构具有较强韧性

2021 年，中国进出口总值保持高速增长。前 11 个月，中国货物进出口总额 35. 4 万亿元，同比增长 22. 0%。其中，出口 19. 6 万亿元，同比增长 21. 8%；进口 15. 8 万亿元，同比增长 22. 2%。货物进出口规模创历史同期新

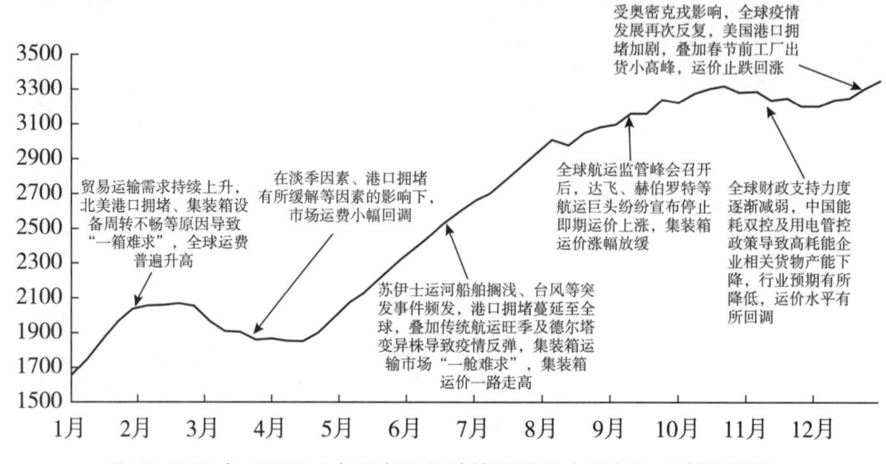

图 4　2021 年 CCFI（中国出口集装箱运价综合指数）走势及说明

资料来源：上海航运交易所，上海国际航运研究中心整理。

高，贸易结构持续优化，为全球抗疫和经贸复苏作出了重要贡献。2010—2021 年中国进出口贸易情况如图 5 所示。

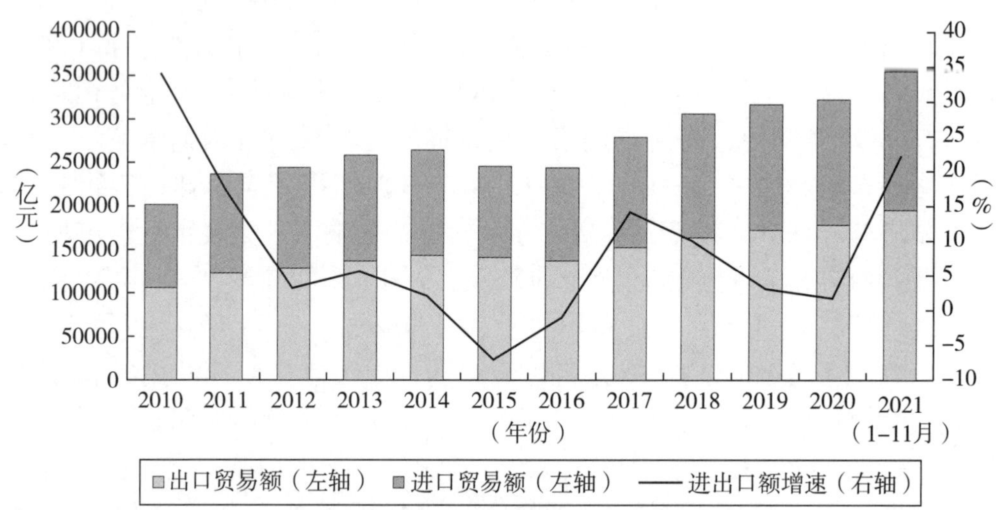

图 5　2010—2021 年中国进出口贸易情况

资料来源：中华人民共和国海关总署，上海国际航运研究中心整理。

2021 年，中国出口产品结构伴随全球经济复苏进程有所变化，整体具有较强韧性，进一步夯实了“世界工厂”的地位。分阶段来看，2021 年 2 月—6 月，全球疫情出现阶段性缓解，防疫物资出口增速明显下滑，在欧美等地区持续量化宽松下，箱包、服装、玩具、家居产品等消费品出口维持较高增速。同时，伴随海外复工复产，机械设备、零部件等中间品较快复苏；2021 年 7 月—11 月，受疫情反复影响，防疫物资出口逐步恢复增长，“宅经济”相关消费品出现明显下滑，相关消费品（服装、玩具、电子设备）及机械设备、零部件等中间品开始出口强劲。

2. 美西港口拥堵持续加剧影响运力布局，“一舱难求”的困境持续发酵

2021 年，全球港口拥堵程度波动上升，根据克拉克森统计，12 月在港运力（7 天移动平均）达到 853 万 TEU，同比增长 13.1%。其中，美国西海岸港口（美西港口）拥堵情况持续恶化。下半年随着美国商品消费需求激增、西方传统节日及疫情反复影响，美国进口需求处于高位，而港口作业效率受制于内陆集疏运体系不畅、码头工人短缺和仓储空间有限等因素影响，最终导致塞港问题不断恶化。2021 年洛杉矶—长滩港集装箱在港时间如图 6 所示。

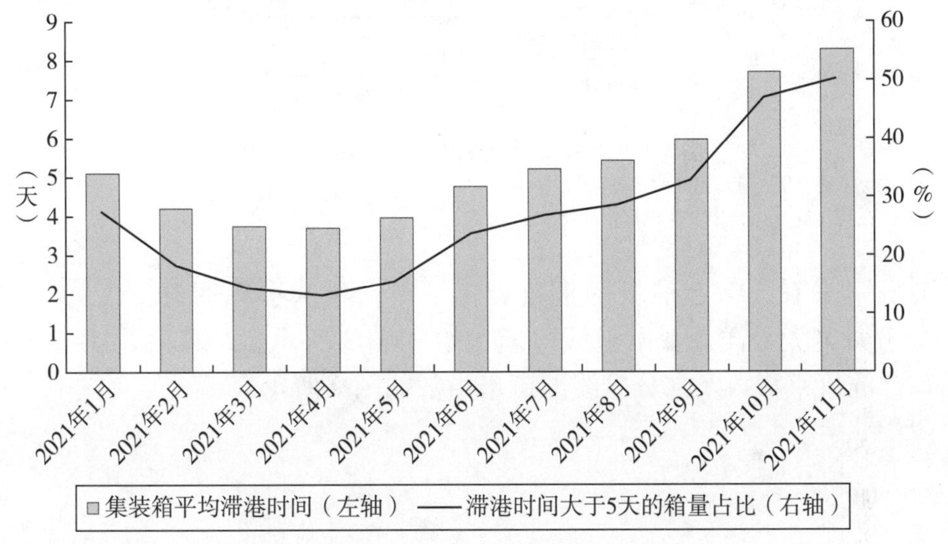

图 6　2021 年洛杉矶—长滩港集装箱在港时间

资料来源：PMSA，上海国际航运研究中心整理。

部分亚洲区域内、南北航线及东西向次干航线运力被调配至太平洋航线，导致太平洋航线周度运力增长高达 29%，大量船只抵港，港口压力剧增，对供应链形成负向反馈，引起实际运力的进一步紧缺。受港口工作效率下降、内陆集疏运体系不畅及突发事件影响，港口持续拥堵导致船舶周转效率低位运行，据德鲁里测算，因港口拥堵造成的运力损失高达 17%。2020—2021 年全球集装箱有效动力情况如图 7 所示。

3. 停航航线显著增加，航线班期“变幻莫测”

2021 年，虽然闲置运力始终维持历史低位（闲置运力比例仅为 0.5% ~ 1%），但停航航线显著增加。这主要是有港口拥堵及一系列突发事件影响船舶有效周转，班轮公司被迫采取停航、跳港等措施。根据容易船期的统计，2021 年太平洋及亚欧航线的停航次数高达 637 个航次，较 2020 年增长将近 1 倍。分航线来看，亚洲—美西航线停航次数最多，累计达到 385 个航次，显著高于其他航线。在此背景下，航线准班率持续低位震荡，根据上海航运交易所发布的

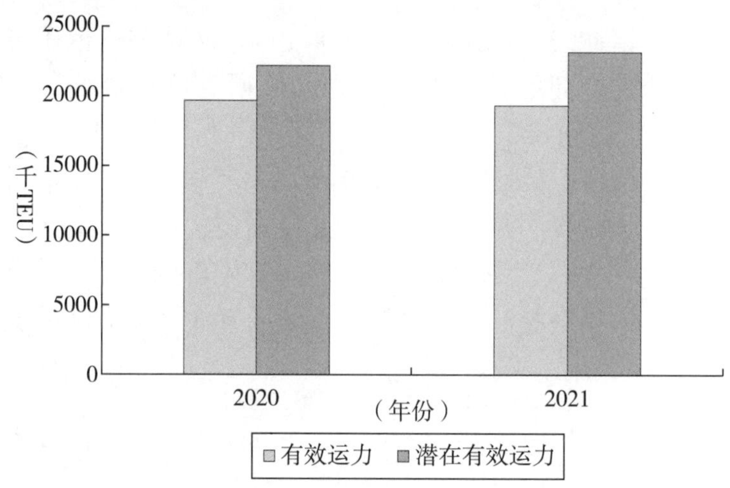

图7　2020—2021 年全球集装箱有效运力情况

资料来源：德鲁里，上海国际航运研究中心整理。

注：潜在有效运力基于 2019 年港口生产效率计算。

航线准班率来看，综合准班率指数震荡下行，年末小幅回升，仅为 20.5%。2021 年分月度太平洋及亚欧航线停航次数如图 8 所示。2021 年分月度全球集装箱综合准班率指数及部分航线准班率指数如图 9 所示。

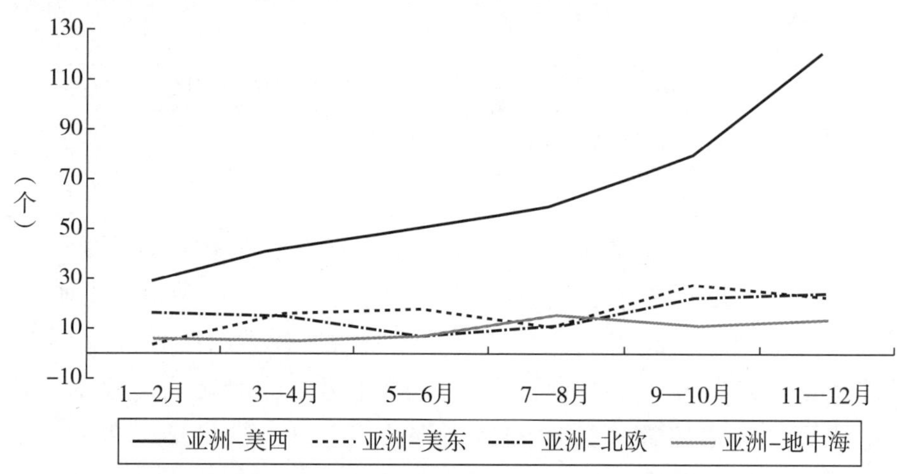

图8　2021 年分月度太平洋及亚欧航线停航次数

资料来源：容易船期，上海国际航运研究中心整理。

4. 新船订单量的运力上涨超 300%

由于集装箱市场整体行情较好，集装箱船新船订单量大幅上涨，2021 年集装箱船新船订单量为 548 艘，新船订单量的运力达到 420.59 万 TEU，较 2020 年上涨 310.6%。分船型来看，15000 + TEU 型集装箱船仍是新船订单的主流船型，新船订单量达到 223.31 万 TEU，占比达到 53.1%；同时，3000 ~ 5999

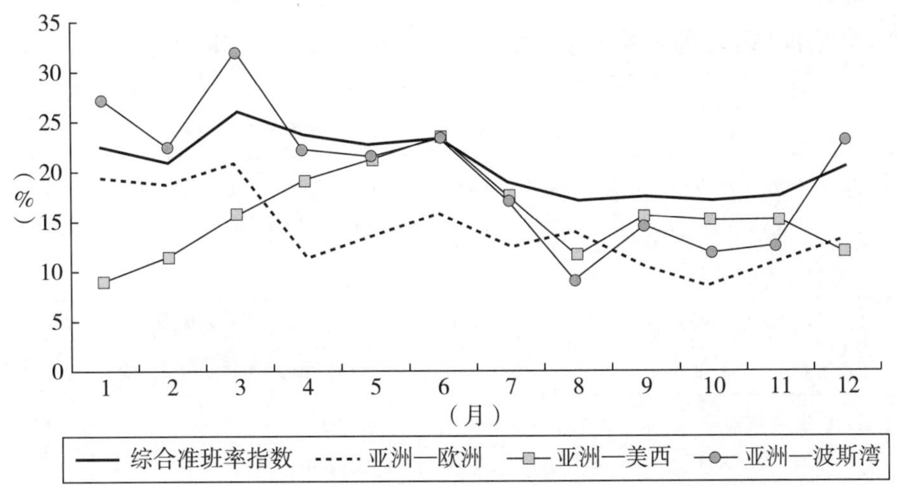

图 9　2021 年分月度全球集装箱综合准班率指数及部分航线准班率指数

资料来源：上海航运交易所，上海国际航运研究中心整理。

TEU、6000～7999 TEU 及 8000～11999 TEU 型船的新船订单量显著增长，新船订单量分别达到 37.97 万 TEU、41.65 万 TEU 及 7.08 万 TEU，三类船型总计同比增速高达 2838.6%。2010—2021 年集装箱船新船订单量如图 10 所示。

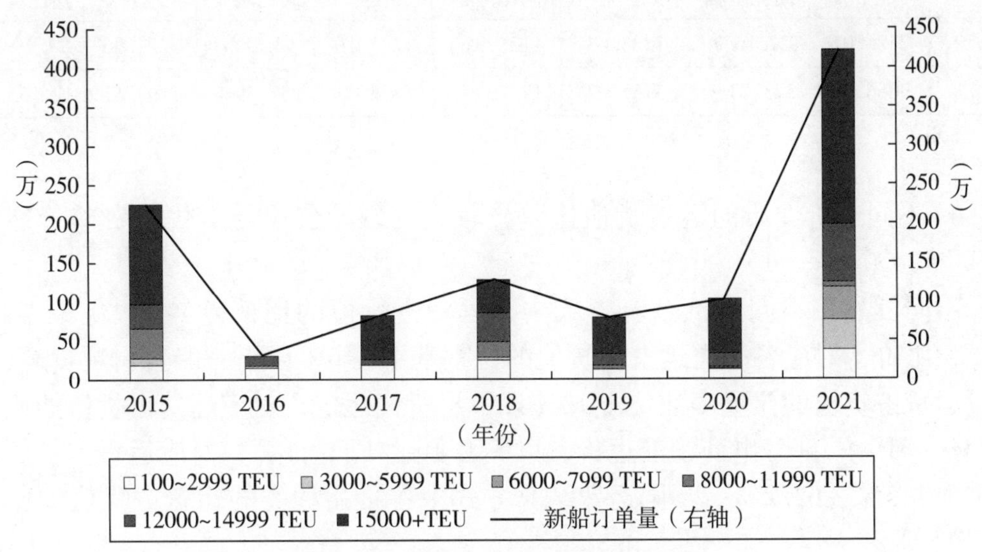

图 10　2010—2021 年集装箱船新船订单量

资料来源：克拉克森，上海国际航运研究中心整理。

5. 所有航线运价均不同程度上涨，多个航线运价涨幅超过 200%

2021 年 SCFI（上海出口集装箱运价指数）均值达到历史最高 3791.77 点，同比增长 199.80%。其中，上海—欧洲与上海—地中海航线涨幅较高，分别达到 408.20% 和 364.63%。北美航线延续增长态势，美西和美东运价分别上涨

94.82%和133.63%。上海—日本航线整体涨幅较小，同比增长在15%~25%。SCFI（上海出口集装箱运价指数）分航线即期市场运价如表2所示。

表2　　SCFI（上海出口集装箱运价指数）分航线即期市场运价

日期	上海—欧洲（基本港）（$/TEU）		上海—地中海（基本港）（$/TEU）		上海—美西（基本港）（$/FEU）		上海—美东（基本港）（$/FEU）	
	运价	同比增幅	运价	同比增幅	运价	同比增幅	运价	同比增幅
2020	1204.08	58.50%	1295.59	59.76%	2744.78	79.95%	3610.20	37.08%
2021	6119.13	408.20%	6019.67	364.63%	5347.42	94.82%	8434.35	133.63%
日期	上海—东南亚（新加坡）（$/TEU）		上海—日本关西（基本港）（$/TEU）		上海—日本关东（基本港）（$/TEU）		上海—波斯湾（迪拜）（$/TEU）	
	运价	同比增幅	运价	同比增幅	运价	同比增幅	运价	同比增幅
2020	277.80	72.32%	232.22	0.89%	241.43	3.21%	961.02	24.30%
2021	975.42	251.12%	287.83	23.95%	285.94	18.44%	2890.71	200.80%
日期	上海—南美（桑托斯）（$/TEU）		上海—澳新（墨尔本）（$/TEU）		上海—南非（德班）（$/TEU）		上海—西非（拉各斯）（$/TEU）	
	运价	同比增幅	运价	同比增幅	运价	同比增幅	运价	同比增幅
2020	2426.02	27.16%	1338.63	112.99%	1245.10	43.28%	3222.06	24.19%
2021	9066.77	273.73%	3155.02	135.69%	4823.42	287.39%	7299.67	126.55%

资料来源：上海航运交易所，上海国际航运研究中心整理。

6. 不同运价性质的运费货值比差异较大，班轮公司与货代运费差价逐步收窄

不同货品在不同运价结算方式中，运费占货值的比例差异较大。分类来看：长协价，对应各品类运费占货值的比重基本在6%以下；船公司现货运价，对应运费占货值的比重多数位于10%以下；货代运价，对应运费占货值的比重为1%~31%；部分电商快航运价，以3万美元/FEU计算，对应运费占货值的比重为1.5%~63.2%。不同运费结算方式中各货品种类的运费占货值的比重如图11所示。

从SCFI走势上看，虽然上海—美西港口的运价增幅（94.82%）不及上海—欧洲/地中海的增幅（408.20%/364.63%），但太平洋航线的部分货代运价远高于班轮公司运价，两者差价在9月达到峰值（14600美元/FEU）。后期受相关政策的影响，货代市场运价下跌，二者差价逐步收窄。2021年太平洋航线SCFI与FBX指数走势如图12所示。

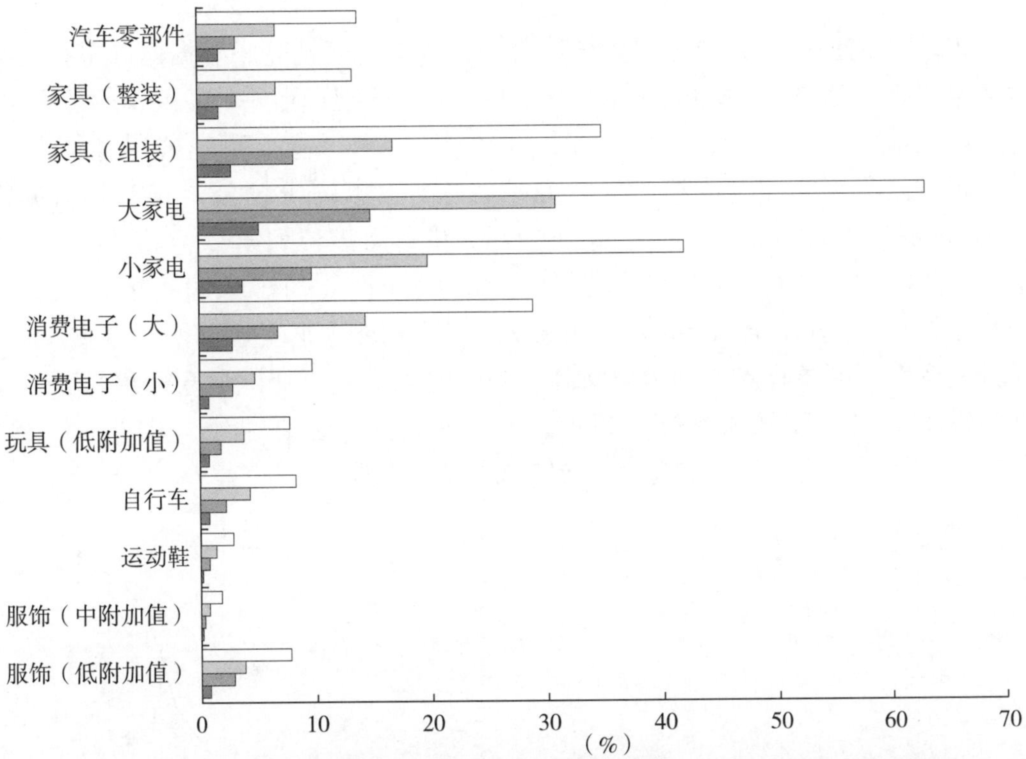

汽车零部件
家具（整装）
家具（组装）
大家电
小家电
消费电子（大）
消费电子（小）
玩具（低附加值）
自行车
运动鞋
服饰（中附加值）
服饰（低附加值）
0
10
20
30
40
50
60
70
（%）
部分美西电商快航运价
FBX美西运价指数
船公司现货运价
美西长协价

图 11　不同运费结算方式中各货品种类的运费占货值的比重

资料来源：Wind，上海航运交易所，波罗的海交易所，华创证券。

20000
15000
10000
5000
0
（美金/FEU）
2020/10
2020/12
2021/02
2021/04
2021/06
2021/08
2021/10
2021/12
东亚—北美西（FBX）
东亚—北美东（FBX）
上海—美西（SCFI）
上海—美东（SCFI）

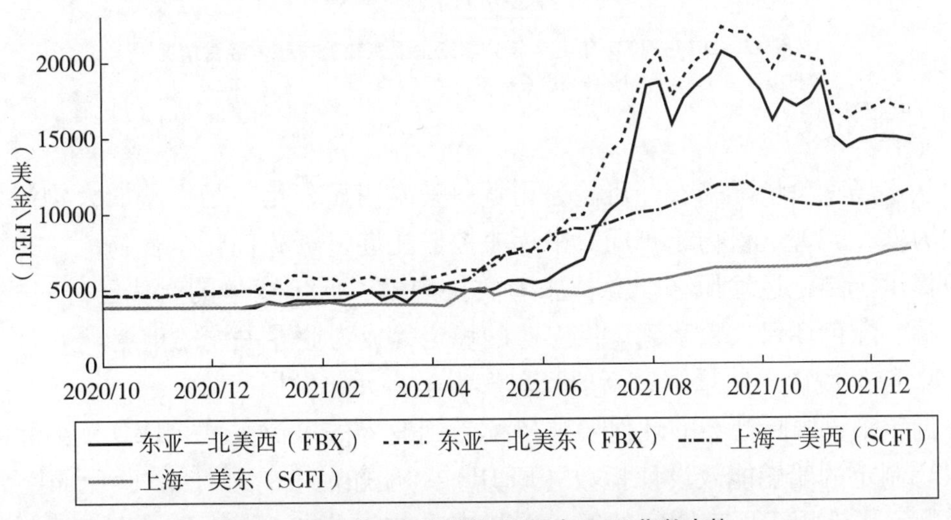

图 12　2021 年太平洋航线 SCFI 与 FBX 指数走势

资料来源：上海航运交易所，波罗的海交易所，上海国际航运研究中心整理。

7. 班轮公司年度盈利超过七年之和，竞争策略开始明显分化

2021 年前三季度，全球主要班轮公司财务情况表现亮眼。据德鲁里报告显示，自 2020 年第三季度起，全球主要班轮公司经营利润率突破 10%，EBIT（息税前利润）呈现高速上涨。2021 年上半年，全球主要班轮公司整体 EBIT 已超越过去 7 年之和，达到 659 亿美元。各大上市的班轮公司收益均大幅提升：马士基仍旧处于领跑位置；达飞轮船、中远海控位列第二、第三名；处于第二梯队的赫伯罗特、ONE（海洋网联船务有限公司）、长荣海运营收突破 100 亿美元，净利润突破 50 亿美元大关；HMM 经营业绩连续四季度破纪录；以星航运单季度净收入再创历史新高；阳明海运受益于亚欧航线需求增长，净利润较 2020 年同期暴涨 6000% 以上；万海航运获利急速攀升。2014—2021 年上半年分季度主要班轮公司整体经营情况如图 13 所示。

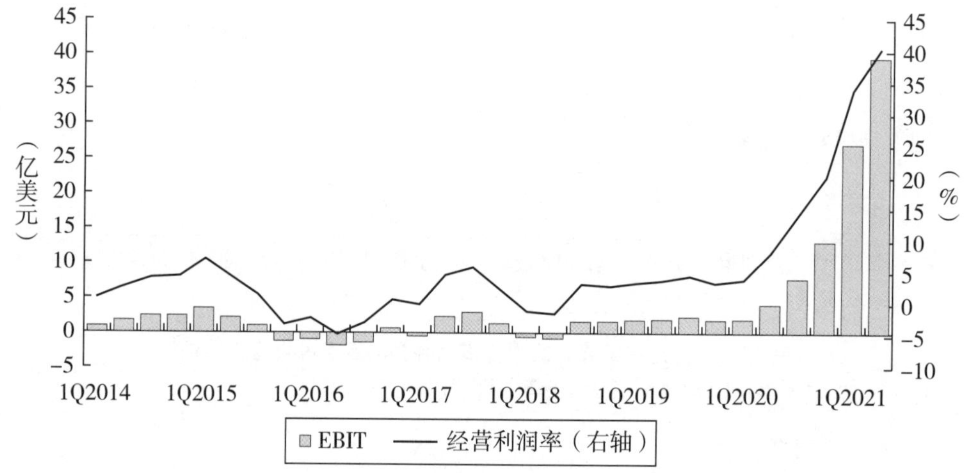

图 13　2014—2021 年上半年分季度主要班轮公司整体经营情况

资料来源：德鲁里报告，上海国际航运研究中心整理。

注：1Q 为第一季度。

从市场竞争情况来看，班轮公司竞争策略明显分化。马士基加大物流企业收购力度，完善全程物流布局。中远海控依托港口资源优化全程物流，并为大客户提供定制化运输服务。总体来看，拼规模、低价竞争的时代已经过去了，端至端、绿色环保、数字化、供应链的稳定等成为业界关注的重点。

8. 航运脱碳趋势增强，新船订单燃料呈多元化发展趋势

近年来，国际社会的环保要求持续受到业界的广泛关注。IMO（国际海事组织）制定的船舶能效设计指数（EEDI）和船舶能效管理计划（SEEMP），强制性规定了适用于所有国家的航运碳减排要求。因此，班轮公司也加速脱碳进程。由于船舶大型化发展、设计改进、技术升级和航速放缓，整个行业的碳排放强度有所下降。从整个交通运输业的碳排放增速来看，2008—2021 年的碳排

放增速为1.4%，低于交通运输行业2%的平均水平。

新船订单方面，2021年新船订单中可使用替代能源的集装箱船舶比例较2020年有所增长。除LNG－Ready及LNG－Capable外，还出现了氨能、甲醇、电能混合动力等新能源发展趋势。2020年和2021年新船订单使用替代能源集装箱船舶占比（以TEU计）如图14所示。

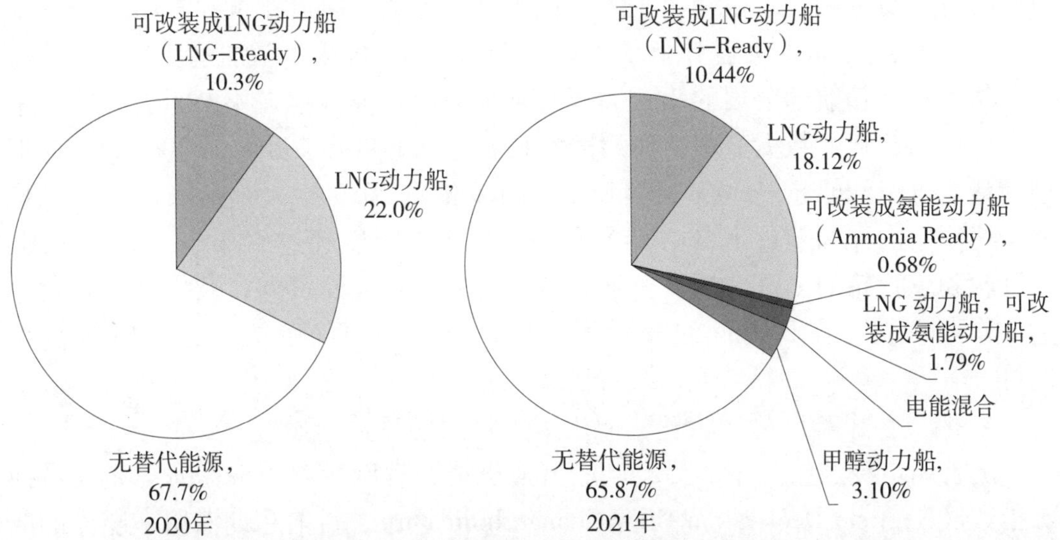

图14　2020年和2021年新船订单使用替代能源集装箱船舶占比（以TEU计）

资料来源：克拉克森，上海国际航运研究中心整理。

三、2022年国际集装箱运输市场发展展望

（一）总体发展形势

1. 全球货币流动性呈现收紧趋势，中国出口依然保持高位且增速较预期有所回落

目前，全球货币流动性呈现收紧趋势，叠加欧美疫情经济补贴政策基本结束，对于海外消费需求存在一定的不利影响。在境外疫情未能得到有效控制前提下，各国对于“中国制造”的依赖性依然很强，支撑中国出口继续保持相对高位，但2022年中国出口“低基数效应”和“替代效应”同步减弱，海外需求增速也将可能减弱。从出口产品结构上来看，防疫物资、“宅经济”、日常消费品和工业品等需求增长是否持续保持高位有待观察，存在较大不确定性。

2. “一箱难求”已明显改善，美西港口拥堵仍有待缓解

新冠肺炎疫情暴发以来，影响运力供给的主要因素是集装箱空箱回流不畅及港口拥堵引发的集装箱船舶周转效率低下。目前，随着集装箱制造企业加大

产能释放、班轮公司优化空箱调运流程，集装箱紧缺的问题已得到基本解决。但美西港口拥堵的缓解仍是一项系统性工程，包括码头用工、港口前沿作业效率、堆场储存能力、集卡运输、内陆集疏运等一系列环节的打通，中国春节前后（传统运输淡季）及6—7月（港口劳工谈判）或将成为关键节点，短期内取得实质性突破的可能性较低，成为持续制约船舶周转效率的不确定因素。同时，疫情导致的用工不足和罢工等潜在风险，可能引起运费再次波动。

3. 各项经营成本大幅上涨，供应链各环节都呈现成本增加趋势

尽管集装箱航运公司的收入大幅改善，但经营成本也在不断上升，且有进一步增加的趋势。数据显示，典型船型租金上涨幅度在200%～330%、主流船型新造船价格涨幅超过30%、集装箱出口单价较2019年大幅上涨78.5%、燃油价格一年内涨幅超过40%、船员平均工资上涨幅度超过30%，二副、三副、二管轮和三管轮的工资大幅度上升。同时，中国各大外贸港口开始上调外贸箱港口作业收费，在高运价的背景下，班轮公司各项经营成本或将继续高位运行。

4. 船员换班难题趋于缓解，但用工不足问题日益凸显

随着船员疫苗接种率的提升，船员换班难题有所缓解，根据海王星船员换班指数（Neptune Declaration Crew Change Indicator），目前超期滞留在船上的船员比例为4.7%，较2021年9月9%的高位下降4.3个百分点，为该指数5月以来的最低点。但集卡司机、码头工人、国际船员等紧缺问题日益凸显。国际道路运输联盟的数据显示，尽管许多雇主提高了工资，但仍有约1/5的专业卡车司机职位空缺。与2019年相比，英国2021年第二季度重型货车司机人数减少了23%，约7.2万人。2021年11月，美国交通仓储业的职位空缺人数达到59万人，同比增长278%。

5. 长协比例有望显著增加，班轮公司盈利水平有望维持高位

经历了2020—2021年集装箱供应链的混乱局面，货主企业对全球供应链稳定性、安全性的重视程度增加，长协货量与价格有望实现上涨，即期运价的高涨也为2022—2023年的新签长协价提供支撑。同时，高比例的长协货量也有利于船公司提前规划航线网络、运力排布，提升整体运营效率。合约货在航次运营中承担着“打底货”的基础保障，在长协量价向好的情况下，班轮企业2022年盈利能力有望进一步提升。

6. 疫情已经走出最艰难阶段但趋势较难研判，集装箱即期运费很难再继续攀升

当前新冠病毒疫苗及特效药研发已取得诸多进展，各国对于疫情防控及治疗已基本形成一套适合国情发展的流程体系，开启“共存”模式，但新冠病毒变异毒株仍存在较大的不确定性，未来走势较难研判。同时，当前集装箱运价

的高位运行已引发各国监管机构的高度关注，中国交通运输部及美国联邦海事委员会（FMC）多次约谈相关航运公司。未来各国监管部门或将持续关注集装箱海运费走势情况。运费主要影响因素及趋势判断如表 3 所示。

表 3　　运费主要影响因素及趋势判断

主要因素	重要性	2022 年趋势
经贸环境	**	全球贸易增幅放缓，中国出口增幅有所回调
欧美防疫补贴	*	已基本取消
货量支撑	***	海运量整体增幅趋缓，区域内航线运量有望进一步增长
出口产品结构	**	防疫物资、“宅经济”、日常消费品和工业品等需求增长是否持续保持高位有待观察，存在较大不确定性
港口拥堵	*****	整体趋于缓解，但美西港口拥堵问题的解决仍需时日
集装箱供给	**	已基本缓解
新增运力	**	新船订单交付期在 2023—2024 年，2022 年新增运力有限
用工不足	****	疫情导致的用工不足和罢工等存在潜在风险点，可能引起运费进一步波动
成本变化	***	综合成本看涨，短期内回调空间有限
经营策略	****	经营策略分化，但大概率不会低价竞争
政府监管	****	政府监管或更加严格，抑制运价进一步大幅上涨

（二）市场发展展望

1. 海运量发展展望

预计 2022 年全球集装箱海运贸易需求增速有所放缓。据克拉克森数据显示，2022 年海运贸易量（即海运量）将达到 2.15 亿 TEU，同比增长 3.8%，较 2021 年下降 2.5 个百分点。其中，由于欧美地区经济政策收紧及产能逐步释放，进口需求增速趋缓，东西主干航线海运量增速将有所放缓；受全球贸易“区域化”趋势及 RCEP 签订的影响，区域内航线海运量增速有望保持较高水平。2015—2022 年全球经济、贸易及海运量增速趋势如图 15 所示。

2. 运力发展展望

2022 年，全球集装箱船队运力增速保持低位。据克拉克森数据显示，2022 年运力规模将达到 2559.7 万 TEU，同比增长 3.6%，较 2021 年下降 0.9 个百分点。由于集装箱市场行情火热，拆船运力预计维持低位。目前，集装箱市场的运力紧张主要是由于船舶周转效率维持低位所导致，新增运力对于缓解运力紧张的作用有限，港口拥堵仍是目前影响运力供给的核心因素。

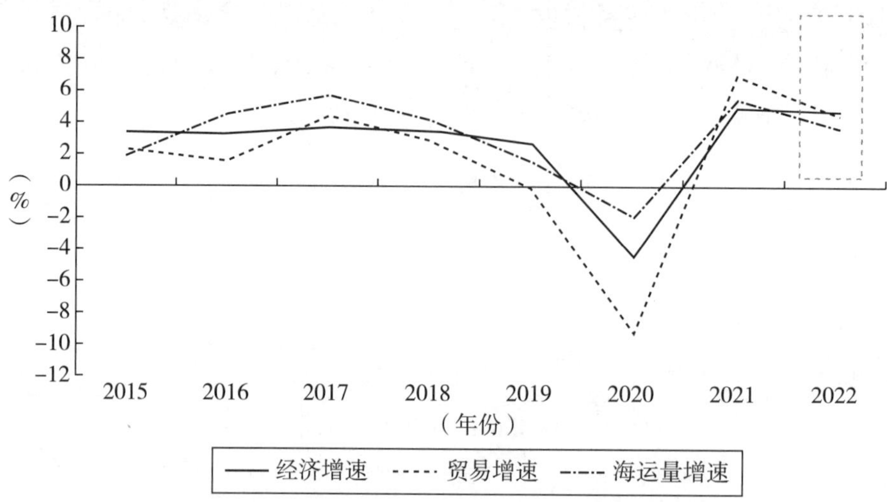

图 15　2015—2022 年全球经济、贸易及海运量增速趋势

资料来源：IMF、WTO、克拉克森，上海国际航运研究中心整理。

3. 运价发展展望

展望 2022 年，疫情走势及各国的应对措施仍是影响集装箱运输市场走势的重要因素。在新冠病毒没有进一步变异的情况下，随着疫苗及特效药的逐步普及，疫情的负面影响将逐步减弱，各国经济活动将进一步复苏，对“中国制造”的依赖性或将有所减弱，海运量整体上行但增速或将有所放缓。港口拥堵也会随着疫情缓解而逐步改善，船舶周转及供应链效率或将有所提升，但美西港口拥堵及供应链用工不足的问题仍存在一定的风险。因此，未来市场运价走势的不确定性因素较多，市场运费整体或将维持相对高位，在供应链瓶颈得到有效缓解的情况下，下半年市场运费存在一定的回调空间。

（作者：上海国际航运研究中心国际航运研究所　郑静文）

2021 年国内集装箱运输市场回顾与 2022 年展望

2021 年，在外贸高景气以及全球供应链受阻等因素的影响下，大量国内船舶运力转移至国际市场，市场运价短期下滑后快速上涨，企业盈利大幅向好，2022 年市场将维持相对高位走势。

一、2021 年国内集装箱运输市场回顾

（一）国内集装箱运输市场运价回顾

2021 年，以国内大循环为主体、国内国际双循环相互促进的新发展格局，促进了国内生产与消费的转型升级，企业生产经营活动恢复较快。同时，在外贸高景气以及全球供应链受阻等因素的影响下，大量国内船舶运力转移至国际市场，并且因新冠肺炎疫情防控而无法及时回归内贸市场，加上燃油价格、船员费用、船舶租金等成本费用上涨，国内集装箱运输市场运价整体大幅上涨。据统计，2021 年国内集装箱运价指数均值约为 1436. 10 点，较 2020 年同期上涨 19. 49%，两年平均增速为 8. 02%，运价指数均值创历史新高。2016—2021 年中国国内集装箱运价指数走势如图 1 所示。

（二）中国国内集装箱运输市场需求回顾

（1）内贸集装箱运量增速前高后低。2021 年以来，在国内严格的疫情防控措施的推动下，中国企业生产经营活动及下游消费较快恢复，2021 年 1—10 月 PMI 指数均值达到 50. 61%，位于荣枯线以上，社会消费品零售总额增长 14. 9%（两年平均增速为 5. 5%），煤炭、粮食、钢材、水泥、化肥、化工品、电器等需求均大幅提升，并且随着沿海主要集装箱港口对内贸集装箱运输的重视，为内贸集装箱市场运量增长提供发展空间。2021 年 1—10 月，中国国内集装箱累计吞吐量为 9803. 18 万 TEU，同比增长 8. 03%，其中，内贸集装箱出港量为 4859. 86 万 TEU，同比增长 7. 86%，两年平均增速为 5. 8%，与 2019 年增速基本持平，运量增长保持稳定。其中，第一季度同比上涨 24. 98%，

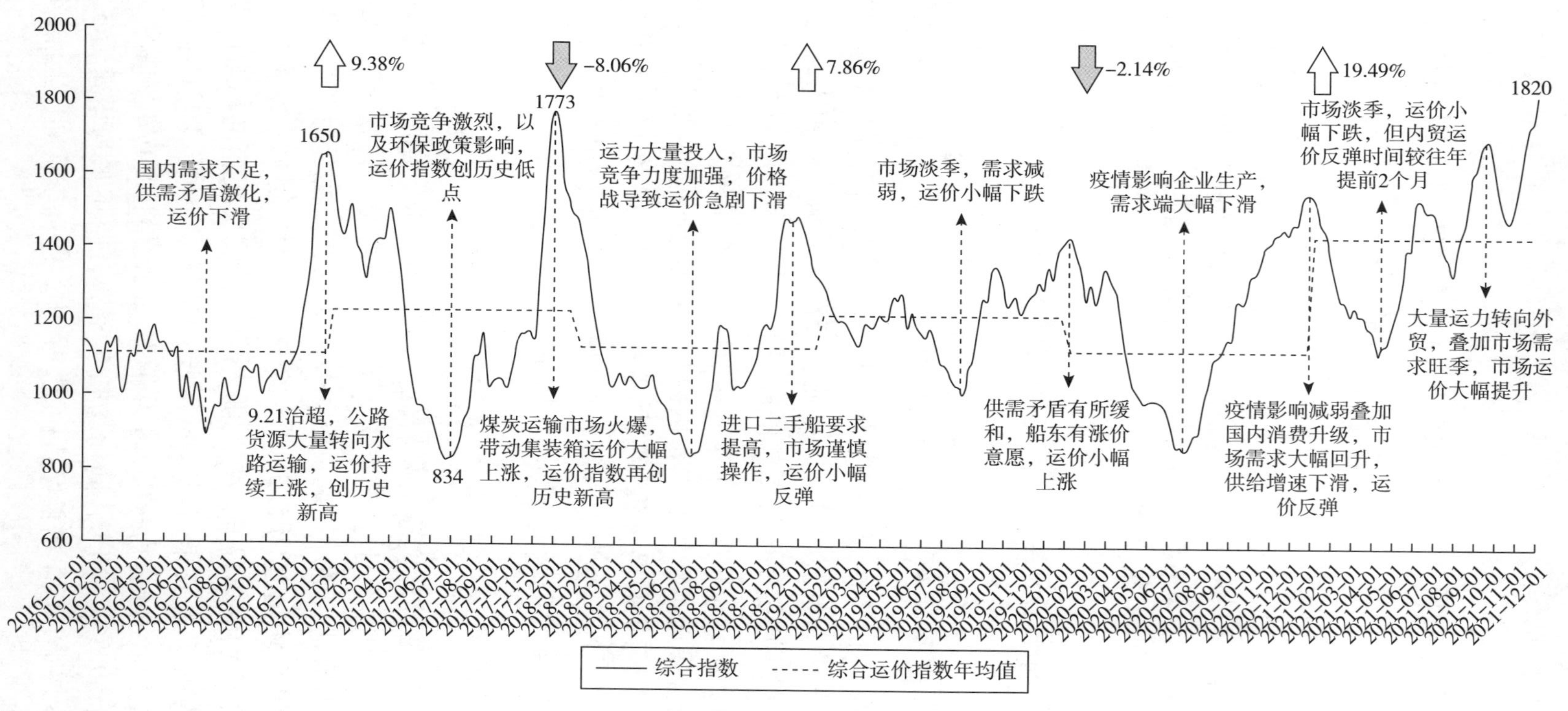

图1　2016—2021年中国国内集装箱运价指数走势

资料来源：新华·泛亚航运中国内贸集装箱运价指数。

单月增速均在 20% 以上，需求反弹较为明显；第二季度虽然同比增速达到 8.28%，但单月增速逐渐下滑；第三季度出港量同比下降 0.76%，10 月更是下滑了 2.9%。2020—2021 年内贸集装箱运输需求量变化情况如图 2 所示。

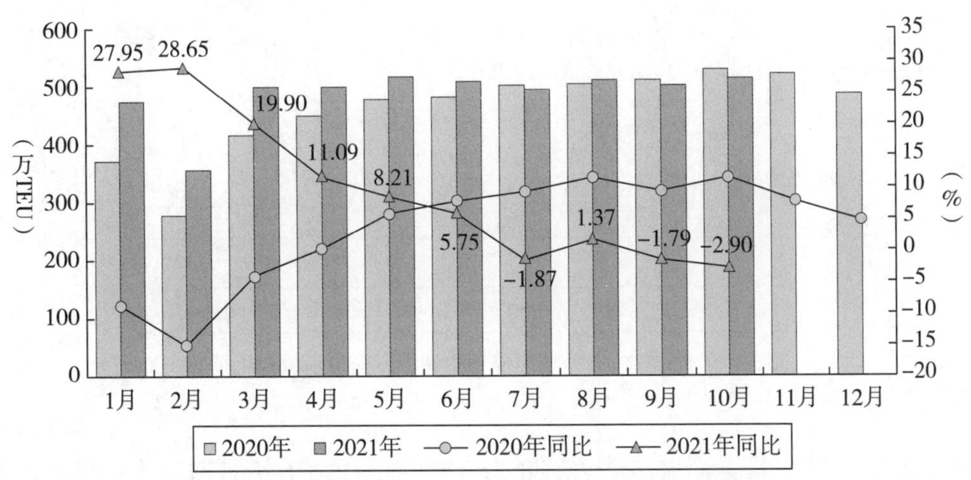

图 2　2020—2021 年内贸集装箱运输需求量变化情况

资料来源：上海国际航运研究中心整理。

注：统计时，2021 年 11 月和 12 月的数据未公布，此处未添加。

（2）外贸内支线集装箱运量小幅增长。2021 年，我国疫情进一步得到有效控制，国外疫情反复带来中国外贸企业订单增长，进出口总额同比增长 31.9%，全国主要港口内支线集装箱运输在疫情得到有效控制后快速恢复，外贸内支线集装箱运量也得到快速回升，但全年整体涨幅相对较小。2021 年 1—10 月，我国外贸内支线集装箱吞吐量为 2257.45 万 TEU，同比增速达 4.48%，其中，出港量合计约为 1080.02 万 TEU，较 2020 年同期仅上涨 2.98%，两年平均增速仅为 1%，低于往年增速。其中，第一季度延续 2020 年年底上涨态势，内支线出港量达到 309.91 万 TEU，较 2020 年同期增长 11.68%；但受海外疫情持续影响，第二季度增速快速回落，6 月出现负增长并持续至 10 月。2020—2021 年外贸内支线集装箱运输需求量变化情况如图 3 所示。

（3）长江区域港口运量大幅增长。2021 年 1—10 月，长江区域港口内贸集装箱出港量为 411.31 万 TEU，同比上涨 17.56%，1—3 月单月增速均在 30% 以上，市场份额上升 0.94 个百分点至 9.71%（市场份额再创新高）；外贸内支线集装箱出港量为 318.06 万 TEU，同比上涨 23.51%，市场份额上升 5.12 个百分点至 33.95%，同样创下历史新高。北方区域港口内贸及外贸内支线集装箱出港量分别为 1688.56 万 TEU 和 65.48 万 TEU，同比增速分别为 7.93% 和 −6.80%，市场份额分别上升 0.81% 和下降 0.77%。华东区域港口内贸及外

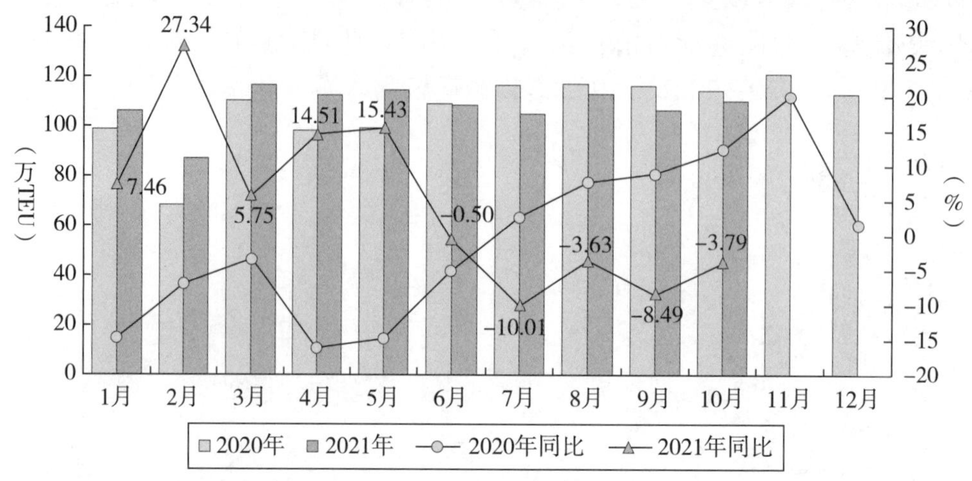

图 3　2020—2021 年外贸内支线集装箱运输需求量变化情况

资料来源：上海国际航运研究中心整理。

贸内支线集装箱出港量分别为 776. 78 万 TEU 和 340. 36 万 TEU，同比增速分别为 -3. 40% 和 -5. 97%，市场份额分别下降 1. 58% 和下降 2. 82%。华南区域港口内贸及外贸内支线集装箱出港量分别为 1192. 34 万 TEU 和 186. 34 万 TEU，同比增速分别为 5. 05% 和 -0. 41%，市场份额分别下降 0. 19% 和 0. 36%。珠江区域港口内贸及外贸内支线集装箱出港量分别为 166. 13 万 TEU 和 26. 65 万 TEU，同比增速分别为 5. 90% 和 -26. 52%，市场份额分别上升 0. 02% 和下降 1. 17%。中国各出港区域内贸集装箱出港量及增速如图 4 所示。

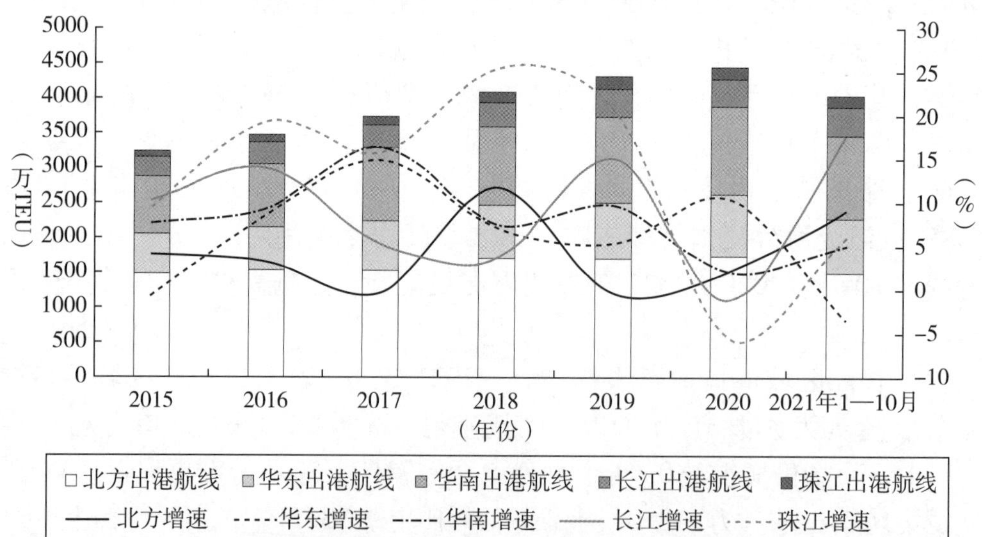

图 4　中国各出港区域内贸集装箱出港量及增速

资料来源：上海国际航运研究中心整理。

（三）中国国内集装箱运输市场运力回顾

（1）内贸集装箱船舶运力增速大幅放缓。2021 年，国际集装箱运输市场运价高涨对内贸集运（集装箱运输）市场带来虹吸效应，内贸集运船东以出售或出租等方式将大量运力转移至外贸市场。据不完全统计，2021 年内贸船舶因出售而转移至外贸市场的船舶运力约为 4 万 TEU。同时，由于内贸集运船东大部分订单船舶已于前两年集中交付，2021 年新增交付运力大幅下降，上半年新增交付运力仅为 1.4 万 TEU。根据交通运输部国内沿海货运船舶运力分析报告统计，截至 2021 年，国内沿海运输 700 TEU 以上集装箱船共计 322 艘，运力为 78.80 万 TEU，较 2020 年年底下降 1.15%，增速连续 3 年下滑。国内沿海运输 700 TEU 以上集装箱船运力情况如图 5 所示。

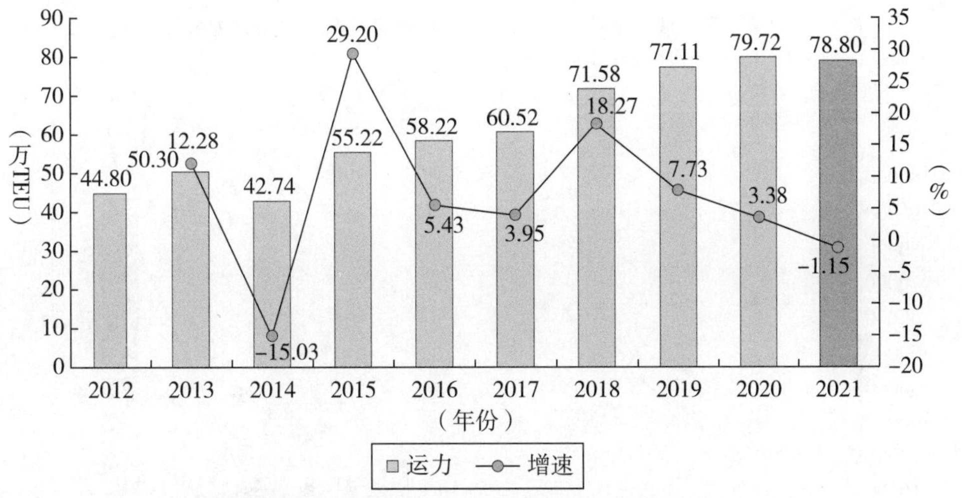

图 5　国内沿海运输 700 TEU 以上集装箱船运力情况

资料来源：交通运输部，上海国际航运研究中心整理。

（2）拆解及提前退出运力大幅上涨。据交通运输部统计，2021 年全年 700 TEU 以上新增船舶运力为 3.7 万 TEU，较 2020 年下降 0.78 万 TEU。但船舶拆解及提前退出运力为 4.6 万 TEU，是 2020 年的 2.5 倍，拆解及提前退出运力大幅上升。700 TEU 以上新增船舶运力与拆解及提前退出运力情况如图 6 所示。

（3）新船订单量大幅增加。在当前国内外集运市场火爆、内贸集装箱运力较为紧张且集运企业盈利能力大幅提升的背景下，部分内贸集运企业开始大量订造集装箱船舶，并不断开辟外贸航线，特别是中谷物流分别与新扬子江、金陵造船厂签订 18 艘 4600 TEU 级别集装箱船舶采购合同，使得 2021 年新船订单量大幅增加。根据 Clarksons 和 Alphaliner 等机构的不完全统计，2021 年中国国内集装箱船舶（700 TEU 以上）新船订单量约为 24 艘。中国国内集装箱市场新船订单量（不完全统计）如图 7 所示。

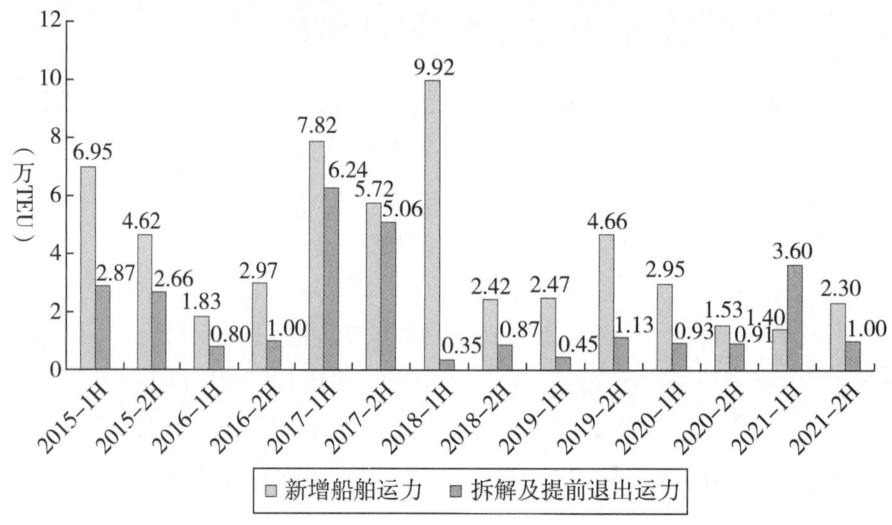

图6　700 TEU 以上新增船舶运力与拆解及提前退出运力情况

资料来源：交通运输部，上海国际航运研究中心整理。

注：H 代指半年。

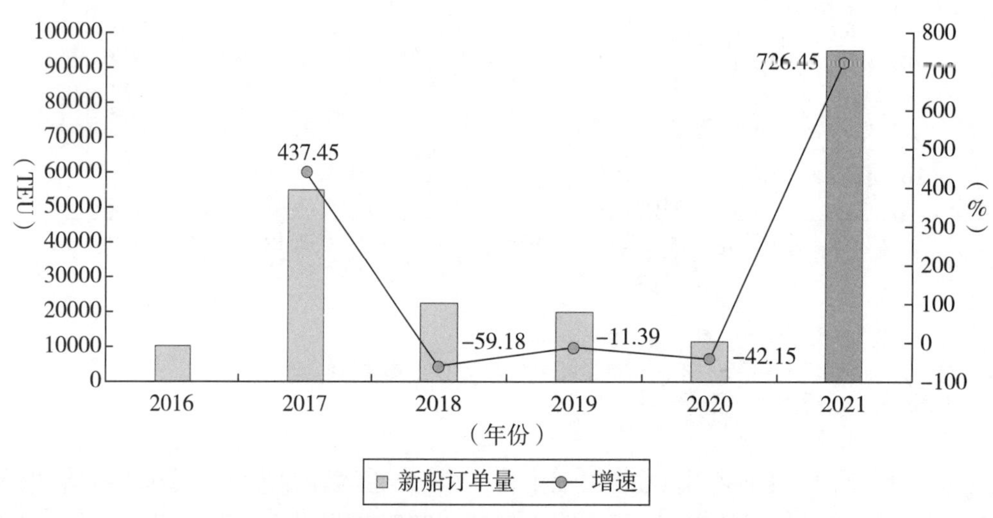

图7　中国国内集装箱市场新船订单量（不完全统计）

资料来源：企业调研数据、Clarksons，上海国际航运研究中心整理。

（四）国内集装箱运输企业经营情况回顾

根据主要内贸集装箱运输企业财务报告显示，2021 年前三季度均实现较多盈利。其中，中谷物流盈利能力最高，净利润达到 15.52 亿元，安通控股净利润为 7.36 亿元，上海泛亚上半年净利润也达到 7.22 亿元。上海国际航运研究中心中国航运景气指数编制室调查数据显示，2021 年中国集装箱运输企业景气指数及信心指数均处于景气区间且大幅上涨，企业家们对未来经营情况形势信心十足，对市场持乐观态度。虽然企业经营成本大幅上涨，但企业舱位利用率、运费收入、流动资金、劳动力需求、运力投资意愿等继续大幅上升，企业经营情况持续向好。中国集装箱航运景气指数如图 8 所示。

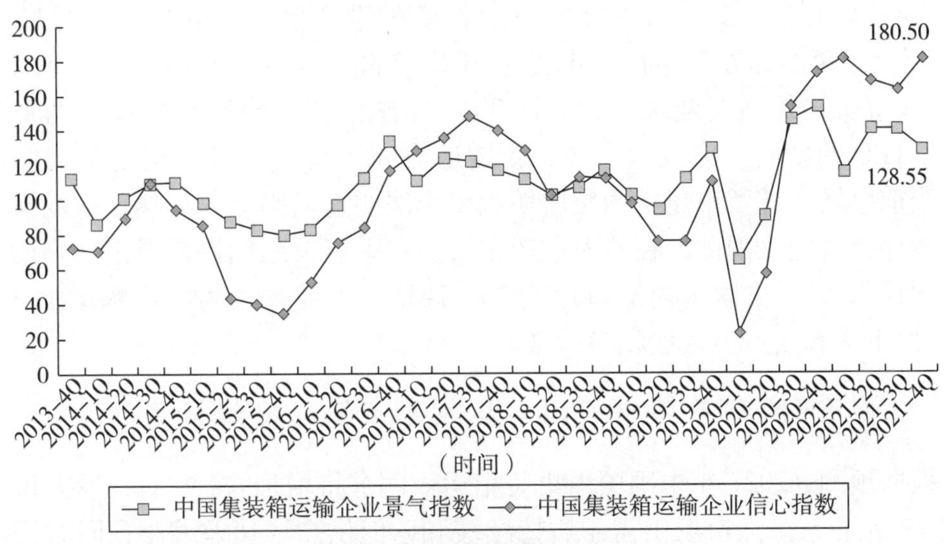

图 8　中国集装箱航运景气指数

资料来源：上海国际航运研究中心中国航运景气指数编制室。

注：Q 表示季度。

二、2022 年中国国内集装箱运输市场展望

（一）预计 2022 年中国国内集装箱运输需求增速约为 6%

根据世界银行、中国社科院等最新预测，2022 年我国 GDP 增速将放慢至 5.4% 左右，进出口增速有所回落。因此，预计 2022 年中国国内集装箱运输需求增速与全国经济增速走势基本保持一致，中国国内集装箱运量增速预计在 6% 左右，外贸内支线集装箱运量预计增长 2% 左右。

负面因素：全球疫情蔓延带来的不确定性将对国内生产制造及原材料需求造成影响；随着国家产业政策调整，钢材控产能、控产量，钢材运输需求下滑。

正面因素：央行降准降息，有利于地产、消费及实体制造业发展；在全面推进新发展格局以及实现碳达峰、碳中和目标的背景下，将进一步促进国内生产与消费升级，基建和装修材料、化工品、日用消费品、“散改集”等相关货源将稳步增长；港口逐渐重视内贸集装箱运输，多地港口开辟或新增内贸航线及海铁联运航线，鼓励集装箱水路运输及海铁联运；内贸货物“散改集”运输

持续推进，将成为内贸集装箱运输市场新的重要增长点。

（二）预计2022年中国国内集装箱船运力将小幅增加

在全球市场持续高涨的行情下，船东新船订单量大幅增长，2020年及2021年上半年的部分新船订单也将于2022年陆续交付。根据Clarksons和Alphaliner等机构的不完全统计，预计2022年中国内贸集装箱运输市场将有约3.4万TEU的新船运力投入市场，新增运力同比增长37%；但受疫情防控限制，当前已转入外贸市场的内贸船舶或将无法快速回归国内市场，市场有效运力基本保持稳定。因此，在不考虑船东买卖二手船及船舶提前退出市场的情况下，预计2022年中国国内沿海运输700 TEU以上船舶运力将小幅增加3%～5%，但市场有效运力依然相对紧张。

（三）预计2022年中国国内集装箱市场运价维持高位

根据预测，2022年中国国内集装箱运输需求将增加6%左右，运力供给将增加4%左右，虽然市场供需矛盾持续缓和，但供需增速差缩小；同时国际集装箱运输市场火爆行情依旧，转移至外贸市场的内外贸兼营船舶难以快速回归内贸运输，将为国内集装箱运输市场运价保持稳定起到一定支撑作用；并且在燃油价格、船员费用以及船舶租金上升导致企业经营成本大幅上涨的情况下，内贸集运企业进行价格竞争的可能性较低。根据上海国际航运研究中心中国航运景气指数编制室调查显示，几乎所有内贸集装箱运输企业对2022年集装箱运输市场持乐观态度，并认为2022年市场运价或将与2021年基本持平。根据调查显示，2022年第一季度中国集装箱运输企业的景气指数预计为120.35点，信心指数预计为187点，依然处于景气区间。因此，在不考虑政策变化以及突发因素的影响下，预计2022年国内集装箱运输市场运价依然维持相对高位，但整体运价水平与2021年基本持平或小幅下跌，企业盈利能力下滑；其中，上半年在市场淡季影响下市场运价将出现下滑，下半年进入传统旺季，市场运价将逐步反弹，但反弹高位或将不及2021年年底。2022年中国国内集装箱运输市场供需增速差情况如图9所示。

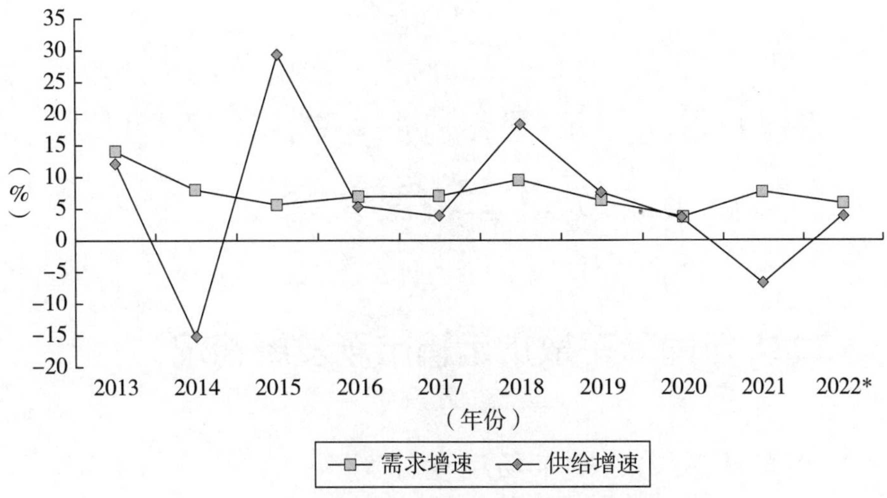

图 9　2022 年中国国内集装箱运输市场供需增速差情况

（作者：上海国际航运研究中心航运发展研究所　陈悠超）

2021 年国际干散货运输市场回顾与 2022 年展望

一、2021 年国际干散货运输市场发展情况

（一）国际干散货运输市场运量分析

2021 年，全球干散货海运量约为 53.79 亿吨，同比增长 4.0%，较 2019 年增长 2.4%。其中，铁矿石海运量约为 15.24 亿吨，同比增长 1%，占全球干散货海运量的比重为 28%；煤炭海运量约为 12.39 亿吨，同比增长 6%，占全球干散货海运量的比重为 23%；粮食海运量约为 5.30 亿吨，同比增长 3%，占全球干散货海运量的比重为 10%；小宗散货海运量约为 20.86 亿吨，同比增长 5%，占全球干散货海运量的比重为 39%。1991—2021 年国际干散货运输市场需求增速如图 1 所示。

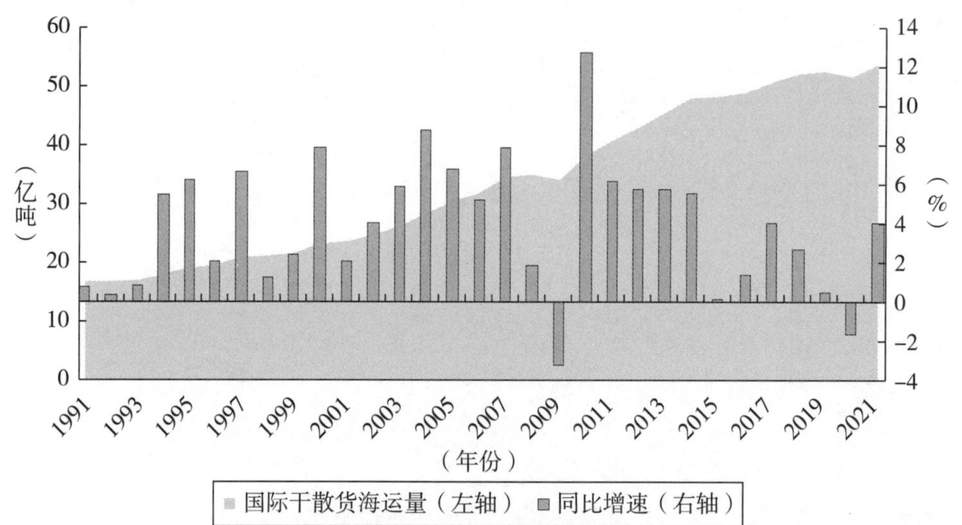

图 1　1991—2021 年国际干散货运输市场需求增速

资料来源：Clarksons，上海国际航运研究中心整理。

2021 年，全球铁矿石海运贸易量（即海运量）约为 15.24 亿吨，同比增长 1%，吨海里需求增长 2.05%。其中，进口方面，中国铁矿石进口量为 11.14 亿吨，同比下降 3%，仍占全球铁矿石海运贸易量的 70% 以上，其余主

要亚洲地区和德国等欧洲地区经济体的铁矿石进口量均出现了大幅回升；出口方面，澳大利亚铁矿石海运出口量为 8.74 亿吨，同比增长 1%，巴西铁矿石海运出口量为 3.60 亿吨，同比增长 6.0%。

2021 年，全球煤炭海运贸易量约为 12.39 亿吨，同比增长 6%，吨海里需求增长 7.7%。进口方面，仅泰国和越南为负增长，其余主要经济体均实现了恢复性增长，其中，菲律宾和德国前十个月的煤炭进口量增速分别达到 37.3% 和 25.8%。出口方面，哥伦比亚、南非和蒙古国受到疫情、天气、罢工和政治事件等影响出现负增长。

2021 年，全球粮食海运贸易量约为 5.30 亿吨，同比增长 3%，吨海里需求增长 3.69%。进口方面，亚洲、欧洲仍是主要的粮食进口地区。其中，中国粮食海运进口量为 1.58 亿吨，同比增长 20%；沙特阿拉伯粮食海运进口量为 1370 万吨，同比下降 9%。出口方面，澳大利亚粮食出口量为 3480 万吨，同比上涨 130%；美国粮食出口量为 1.37 亿吨，同比上升 5%。

2021 年，全球小宗散货海运量约为 20.86 亿吨，同比增长 5%。近几年，制成品海运贸易占比逐渐下降，农产品和金属矿海运贸易量基本不变。2021 年农产品海运贸易量为 4.29 亿吨，同比增长 1.2%；金属矿海运贸易量为 8.88 亿吨，同比增长 4.8%；制成品海运贸易量为 7.69 亿吨，同比增长 7.0%。

（二）国际干散货运输市场运力回顾

（1）船队运力增速持续放缓，船舶压港影响有效运力。

2021 年，全球干散货船队运力增速继续放缓，共计 12693 艘，9.45 亿载重吨，同比增速放缓至 3.6%。其中，海岬型船运力达 1912 艘，3.77 亿载重吨，载重吨同比增速提升至 4.3%；巴拿马型船运力达 2925 艘，2.36 亿载重吨，载重吨同比增速放缓至 3.5%；大灵便型船运力达 3918 艘，2.21 亿载重吨，载重吨同比增速放缓至 2.9%；灵便型船运力达 3938 艘，1.11 亿载重吨，载重吨同比增速提升至 2.6%。2009—2021 年全球干散货船队运力增速如图 2 所示。

2021 年，新冠肺炎疫情管控造成的港口周转效率下滑和船舶到港艘数增加，一度造成全球区域性塞港严重，全球干散货船舶运力周转受困。以海岬型船为例，2021 年塞港艘数在全年大部分时间里都比 2020 年多出 100 艘，平均塞港艘数达到 603 艘，较 2020 年的 512 艘增长了 17.8%。2020—2021 年海岬型船塞港艘数如图 3 所示。

（2）新船订单量快速回升，手持订单量处于历史低位。

受益于近两年干散货船新船订单量的相对稳定，2021 年交付 429 艘，运力为 3786 万载重吨，同比下降 22%。同时 2021 年新船订单量提升至 449 艘，3855 万

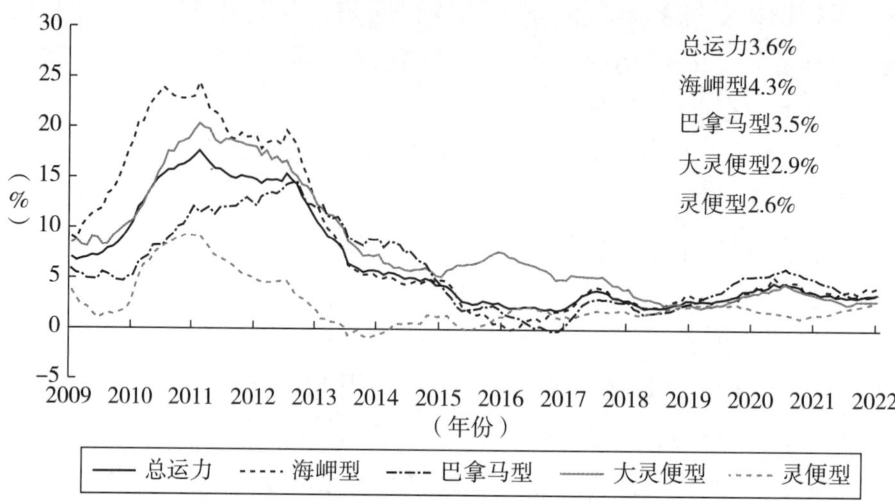

图2　2009—2021 年全球干散货船队运力增速

资料来源：Clarksons，上海国际航运研究中心整理。

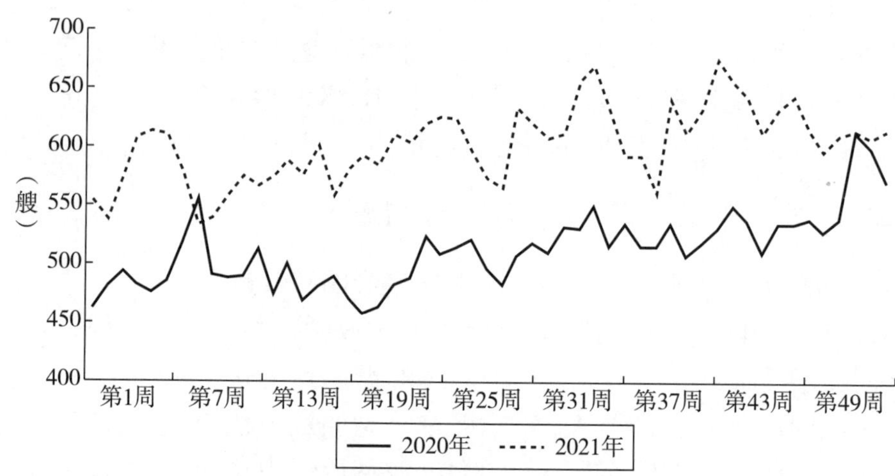

图3　2020—2021 年海岬型船塞港艘数

资料来源：Signal Ocean，上海国际航运研究中心整理。

载重吨，干散货手持订单量占现有运力的比重约为 7%，处于 30 年来的低点。2000—2021 年新船订单量与手持订单量占现有运力的比重走势如图 4 所示。

（三）国际干散货运输市场运价回顾

（1）2021 年市场大幅反弹，各船型接力推高市场氛围。

2021 年，市场运价大幅反弹，2021 年波罗的海干散货运价指数（BDI）均值为 2943 点，较 2020 年全年均值 1066 点增长近两倍，同比涨幅 176. 1%。2021 年以来各船型在不同时期持续接力增长。2000—2021 年 BDI 增速与供需增速差波动如图 5 所示。

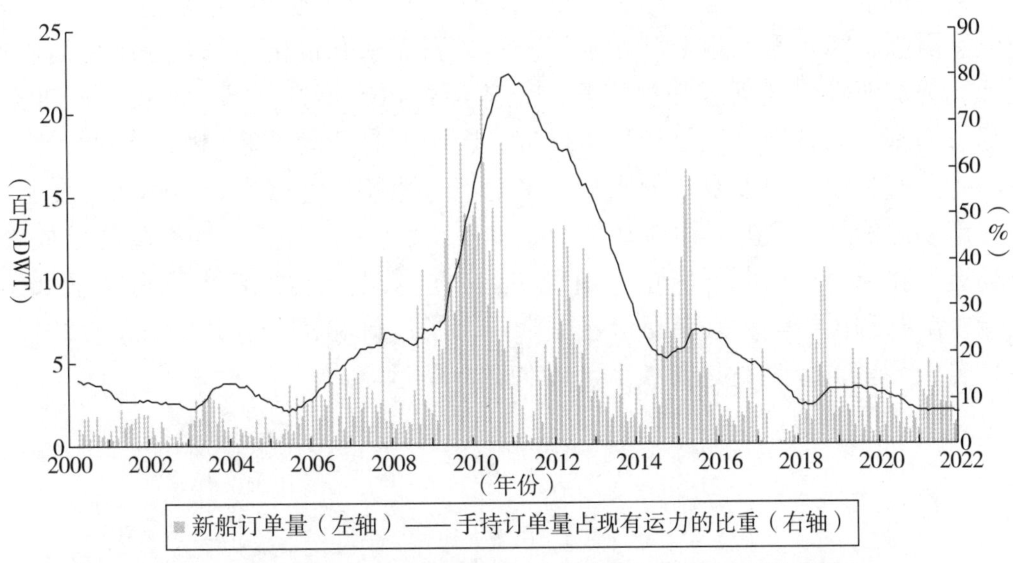

图4 2000—2021年新船订单量与手持订单量占现有运力的比重走势

资料来源：Clarksons，上海国际航运研究中心整理。

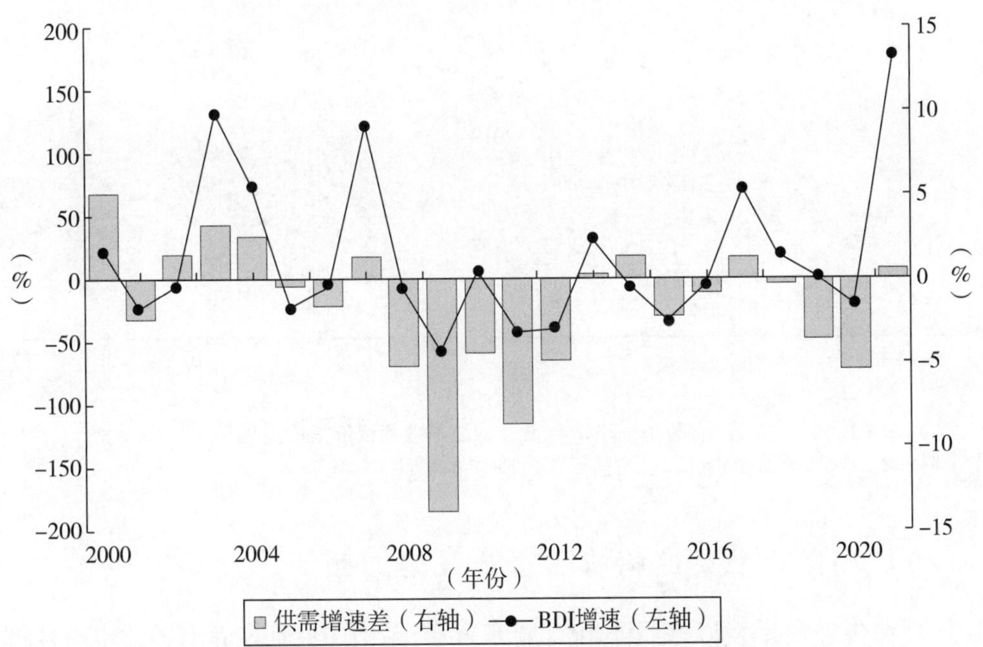

图5 2000—2021年BDI增速与供需增速差波动

资料来源：Clarksons，上海国际航运研究中心整理。

注：供需增速差＝干散货海运贸易量增速－干散货船队运力增速。

（2）2021年全年各船型接力推高市场。

第一季度巴拿马型船租金飞涨。随着欧美地区制造业回暖，大西洋煤炭运输需求恢复。南美地区粮食旺季叠加部分区域港口拥堵造成了有效运力的阶段性短缺。多种原因助推市场淡季反常，巴拿马型船和超大灵便型船拉动最为明显，某些冰级巴拿马型船日租金一度超过 10 万美元，创 10 年来新高。第二季度供紧需强，海岬型船租金开始上涨。铁矿石需求和价格在采暖季结束后触底反弹，叠加亚洲煤炭需求强势恢复，整体运价再度攀升。第三季度不断冲高，大船市场飙升。各国复工复产稳步推进，国际贸易活动不断加强，同时受台风等恶劣天气和港口防疫要求的影响，多地港口船舶压港严重，市场运力受阻明显，市场运价持续攀升，海岬型船租金冲上 10 年来高位。第四季度需求放缓，市场运价和租金持续向下修正。随着中国限产限电和房地产等下游需求低迷，国际铁矿石和煤炭等大宗商品价格下滑，市场运价和租金也开始下降。2016—2021 年波罗的海干散货运价指数波动如图 6 所示。

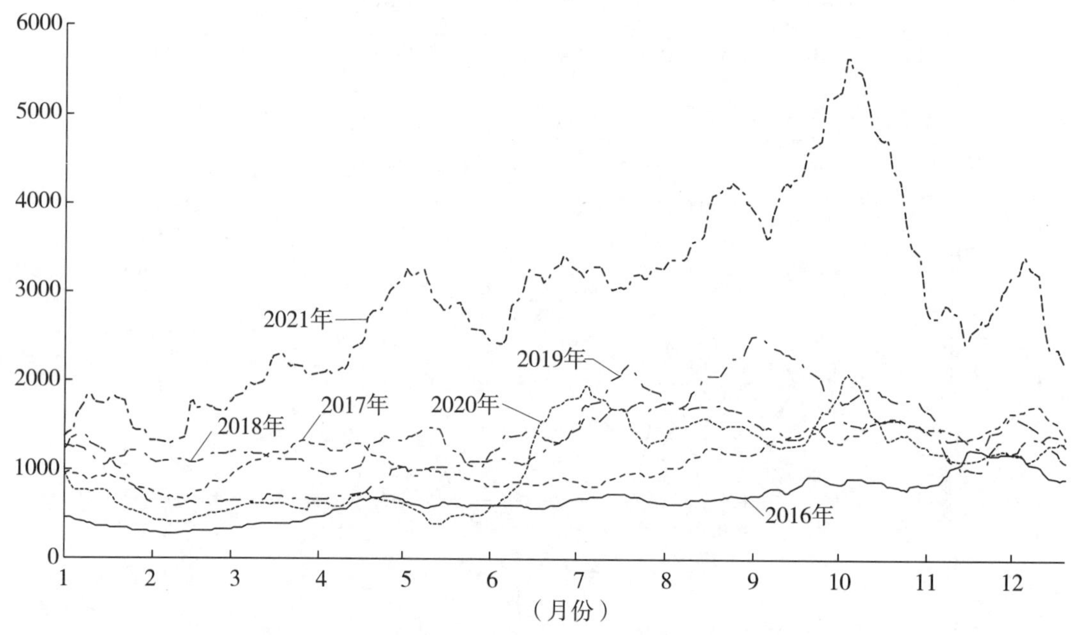

图 6　2016—2021 年波罗的海干散货运价指数波动

资料来源：波罗的海航运交易所，上海国际航运研究中心整理。

（四）国际干散货运输市场企业策略回顾

新冠肺炎疫情暴发以来，不断有船东宣布退出国际干散货市场，也有希腊集装箱船东 Costamare 等大举进入干散货市场，市场二手船交易十分活跃。Scorpio Group 高调宣布退出干散货领域，并进入海上风电领域；希腊干散货船东 Pioneer Marine 在 6 月底发布公告，决定出售其所有船舶；PIL（太平船务有限公司）正在出售船舶，打算退出干散货领域；来宝集团 Noble Group 完成最后一艘干散货船的出售，彻底退出干散货航运领域。2020 年下半年开始 Costamare 大举进入干散货市场，实现集装箱和干散货多元化船队发展。除了希腊船东 Costamare，总部位于奥斯陆的挪威船东 Tor Olav Trøim 也正在重新进入干散货航运领域。2021

年，二手干散货船交易异常火爆，第四季度随着市场回调，交易趋于谨慎，全年交易量达963 艘，6541 万载重吨，同比增长 71.7% 和 57.5%。

二、上下游市场主要趋势及特点分析

（一）铁矿石产销趋势变化

（1）全球铁矿石供给小幅提升，中国需求前高后低。

2021 年，全球铁矿石发运总量为 16.15 亿吨，同比增加 4856.8 万吨，增量主要来自巴西。受益于上半年降雨情况较往年乐观，且疫情得到有效控制，巴西矿山生产和港口作业效率有所提高。在高矿价的刺激下，上半年巴西铁矿石发运量高达 1.66 亿吨，同比增加 2049.3 万吨。下半年，中国在钢铁产量压减、能耗双控、秋冬季大气污染防治、京津冀钢铁错峰生产，以及冬奥会管控等政策措施联动约束下，粗钢产量开始明显下滑，铁矿石需求大幅回落，发运量有所回调。中国粗钢日均产量（中钢协）如图 7 所示。主要矿山供给如表 1 所示。

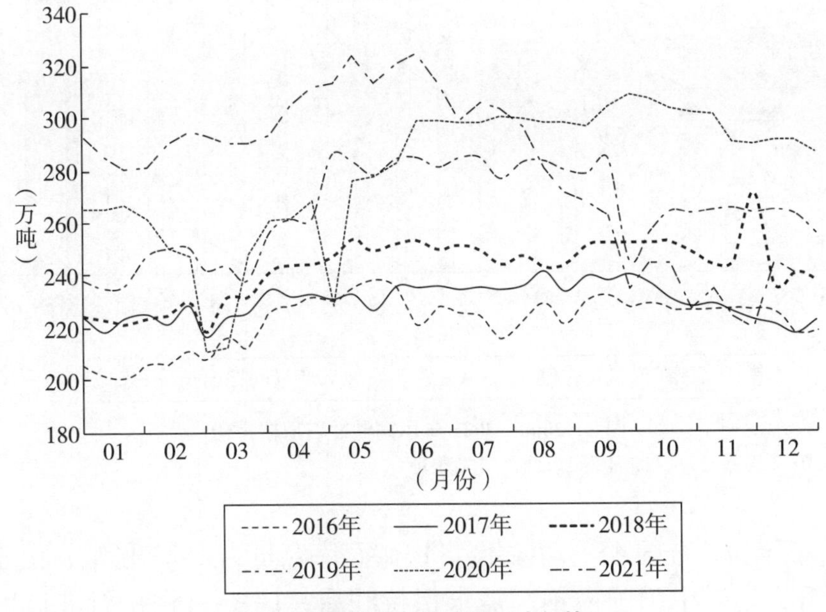

图 7　中国粗钢日均产量（中钢协）

资料来源：我的钢铁网，上海国际航运研究中心整理。

表 1　　主要矿山供给　　（单位：百万吨）

	Q1 2021	Q2 2021	Q3 2021	2021 年前三季度	前三季度同比
VALE	68.0	75.7	89.4	233.1	8.0% ↑

续 表

	Q1 2021	Q2 2021	Q3 2021	2021 年前三季度	前三季度同比
Rio Tinto	76. 4	75. 9	83. 3	235. 6	4. 8% ↓
BHP	66. 7	72. 9	70. 6	210. 2	3. 6% ↓
FMG	42. 3	49. 3	45. 6	137. 2	5. 3% ↑

资料来源：相关公司季报，上海国际航运研究中心整理。

注：VALE 为巴西淡水河谷公司实际产量。Rio Tinto 为澳洲皮尔巴拉实际产量（按 100% 权益计）、BHP 为各矿区实际产量（按 100% 权益计）；FMG 为各矿区发运量。Q1 为第一季度，Q2 为第二季度，Q3 为第三季度。

（2）中国铁矿石产量增速明显，港口库存仍呈“V”形波动。

2021 年，中国铁矿石原矿产量达 9. 8 亿吨，同比增长 9. 4% 。增量主要集中在河北、辽宁、四川、山西、内蒙古、新疆、山东、安徽八大主要产矿省（区）。2000—2021 年中国铁矿石原矿产量如图 8 所示。

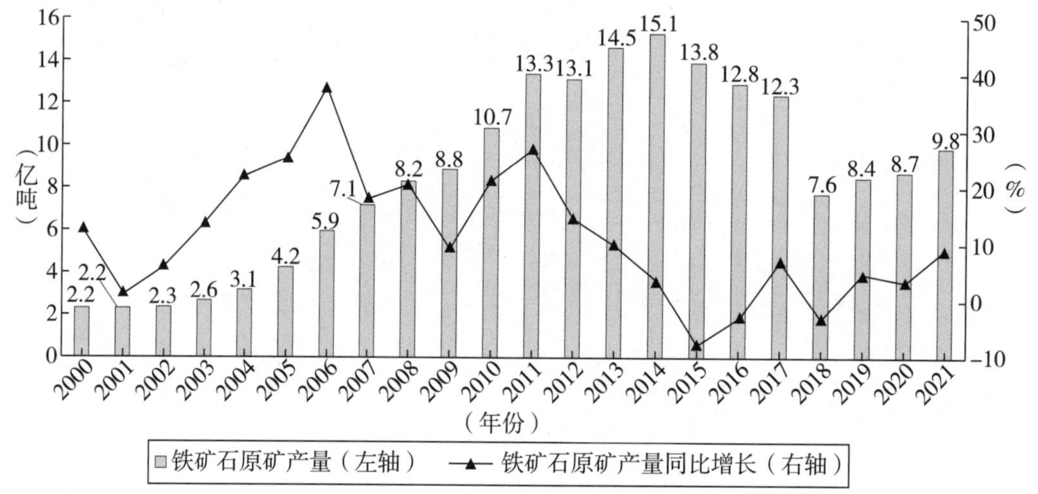

图 8　2000—2021 年中国铁矿石原矿产量

资料来源：国家统计局，上海国际航运研究中心整理。

2021 年年初，全国 45 个主要港口铁矿石库存量为 1. 23 亿吨，由于国际矿山产量回升，同时中国国内钢厂需求保持旺盛，1—6 月铁矿石港口库存维持在 1. 2 亿 ~1. 3 亿吨的区间波动，截至 6 月底降至 1. 21 亿吨附近，上半年铁矿石供需整体处在紧平衡状态。下半年，随着粗钢限产政策的进一步推进，铁水产量明显下滑，进口铁矿石港口库存反弹至 12 月中旬的 1. 56 亿吨。2015—2021 年中国进口铁矿石港口库存如图 9 所示。

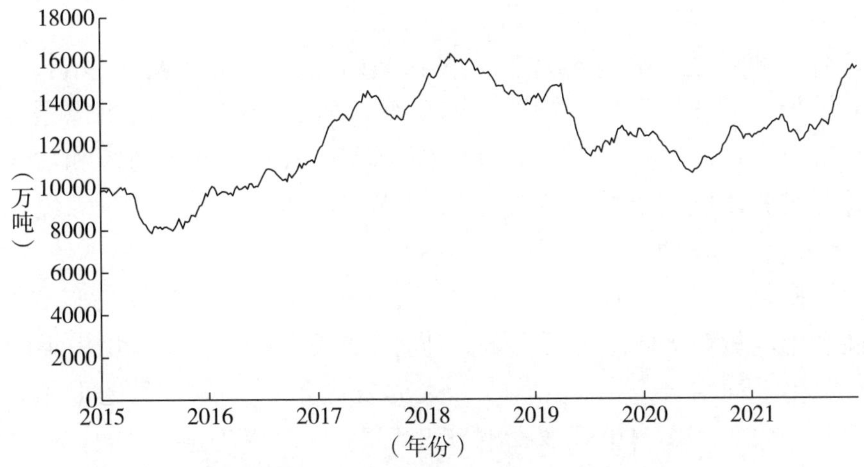

图 9 2015—2021 年中国进口铁矿石港口库存

资料来源：钢联数据，上海国际航运研究中心整理。

（二）煤炭产销趋势变化

（1）全球煤炭产量快速恢复，主要经济体均实现扩产。

国际能源署（IEA）预估 2021 年全球煤炭供应将增长 4.5% 达到 78.89 亿吨，略低于 2019 年水平。根据中国煤炭经济研究会公布的数据，全球主要煤炭生产国仅澳大利亚和南非呈下降趋势。2021 年世界主要煤炭生产国产量变化情况如表 2 所示。

表 2 2021 年世界主要煤炭生产国产量变化情况

国别	2019 年（亿吨）	2020 年（亿吨）	同比增速（%）	2021 年（亿吨）	同比增速（%）	备注
中国	38.5	39.0	1.4	40.7	4.7	全年煤炭产量
印度	7.3	7.4	0.8	8.0	7.0	包括褐煤
美国	6.4	4.9	-23.7	5.2	8.0	1—11 月煤炭产量，单位为短吨
澳大利亚	5.9	5.4	-8.1	4.1	-0.2	前 3 季度原煤产量，不含褐煤
印度尼西亚	6.2	5.6	-8.3	6.1	8.9	
俄罗斯	4.4	4.0	-8.2	4.4	8.8	
南非	2.6	2.5	-2.4	2.1	-7.4	前 11 个月产量
波兰	1.1	1.0	-10.4	1.1	6.7	
哈萨克斯坦	1.2	1.1	-1.6	1.2	2.0	

资料来源：中国煤炭经济研究会，上海国际航运研究中心整理。

注：增速按可比口径计算。

（2）全球煤炭海运量开始回升，中俄运输需求拉升明显。

2021年，世界主要产煤国煤炭产量普遍回升，同时全球经济增长拉动煤炭消费需求增加，欧美地区煤炭消费快速反弹，加之全球天然气供应紧缩和价格上涨，带来煤炭供需结构性矛盾。国际能源署表示，随着疫情缓和后全球经济迅速回升，刺激用电需求，2021年全球燃煤发电量同比增长9%，煤炭需求预估达到79亿吨，同比增长6%。

在经济恢复和出口高速增长的拉动下，中国全社会用电量快速增加。2021年，全社会用电量为83128亿千瓦时，同比增长10.3%，较2019年同期增长14.7%，两年平均增长7.1%。其中，火力发电量为57702.7亿千瓦时，同比增长8.4%。此外，2021年俄罗斯煤炭出口量为2.14亿吨，同比增长5.7%，创历史最高水平。一方面，欧洲消费复苏，用电需求猛涨，对俄罗斯的煤炭需求应势上升；另一方面，俄罗斯煤炭对华出口在逐年稳步增长，2021年增速达到42.4%。

（三）谷物产销趋势变化

全球粮食供需双旺，粮食价格达十年高位。2021年，全球粮食产量强劲，但食用和饲料消费量增长更为快速。受疫情影响，居家食品需求提升，农产品贸易需求旺盛，加之多地对粮食出台加征关税和限制出口等，粮农组织食品价格指数2021年达到十年来最高水平。全球粮食贸易量和贸易额都有望创造历史新高，联合国粮食及农业组织预估2021年全球粮食进口费用将突破1.75万亿美元，同比增长14%。

三、2022年国际干散货运输市场发展展望

（一）2022年国际干散货运输市场趋势分析

（1）2022年世界经济复苏放缓，全球贸易走向充满变数。

2022年，全球经济最大的不确定性因素依旧是新冠肺炎疫情。疫苗接种普及已经初具规模，同时特效药的研发成功也为全球经济复苏打了一剂强心针，这将基本支撑世界经济复苏基本面。随着“低基数效应”的减退，经济增速指标将逐步放缓，同时持续的供应链瓶颈和商品价格高企压力仍然是世界经济波动风险加剧的重要影响因素，经济体复苏分化仍将明显，发达市场与中高收入新兴经济体有望完成复苏周期，而中低收入新兴经济体同时面临疫情与外部冲击。根据IMF预测，2022年全球经济增速由2021年的6.0%下降至3.2%，全球通胀率将由2021年的4.4%下降至3.8%，但仍高于2019年的3.5%。联合

国贸发会议（UNCTAD）认为2022年经济复苏放缓、物流中断和成本增加、全球半导体短缺、地缘政治和贸易区域化、发展低碳经济和债务负担将成为影响2022年全球贸易走向的六大因素。世贸组织预测2021年全球商品贸易量增长10.8%，2022年回调至4.7%。

（2）国际干散货海运贸易量增速回调，煤炭和粮食或为重要支撑。

展望2022年，国际干散货海运贸易量增速回调至常态区间，煤炭和粮食仍将成为重要支撑。

全球铁矿石供给端的主流矿山利润空间仍较大，且仍有部分新增和置换产能投产，存在一定增产空间，但需求区域分化明显，海外各国铁矿石需求仍有增量空间，尤其是东南亚等地区对铁矿石需求回升潜力较大。我国在高炉产能压减目标以及库存高企等背景下，对铁矿石的需求预计有所下滑，但下游基建与房地产将呈现交替轮动支撑，“十四五”期间部分基建项目提前开工，支撑2022年固投增速，我国铁矿石供需格局基本宽松。

全球煤炭供需双旺预计仍将持续。国际能源署（IEA）预计2022年全球煤炭产量将达到创纪录的81.11亿吨。随着经济恢复支撑全球煤炭需求，2022年，全球煤炭需求预计达到80.25亿吨。

全球粮食需求处于结构性增长区间。中国饲料需求旺盛，加上各国的急速脱碳政策，取代化石燃料的生物燃料消费扩大。极端天气依然存在，2022年，天气大概率成为粮食供给和价格走势的主导因素。因此，需要关注极端天气带来的恐慌性需求，粮食供给预计仍将偏紧，需求和价格的高位运行支撑仍然存在。

（二）2022年国际干散货运输市场发展展望

不论是疫情反复对船舶周转造成的堵港风险，还是印度尼西亚煤炭出口政策的摇摆不定，或是南美干旱对农产品供给造成的不确定风险，市场持续处于混乱状态。尽管2021年干散货市场强劲运行，但在环保法规的不断加强约束下，运力下单较为谨慎，手持订单占比维持低位，同时我国目前造船产能紧张，预计近两年干散货船舶的交付运力仍将维持低位。因此，预计2022年国际干散货运输市场将受益于运力的低速增长，需求仍将小幅增长，供需增速基本均衡，BDI均值小幅回落至2500点左右，但市场波动中枢仍将保持高位。

（作者：上海国际航运研究中心航运研究所　邵斐）

2021 年沿海干散货运输市场回顾与 2022 年展望

2021 年，面对复杂多变的国内外环境，我国科学统筹疫情防控和经济社会发展，国民经济保持恢复态势，居民消费价格总水平稳定，国际收支好于预期，经济运行总体平稳。2021 年前三季度，我国国内生产总值累计同比增速为 9.8%。在此背景下，中国集装箱航运景气指数始终维持在较强景气区间，航运企业经营指标几乎全面向好。预计 2021 年随着沿海干散货运输需求逐步恢复，运力过剩局面有所缓解。但沿海干散货运输市场同时也面临着火力发电占比连年下滑、电力运输取代煤炭运输、陆上煤运输取代海进江运输、散改集持续推进等诸多挑战。预计 2022 年，沿海干散货海运需求增速总体将在 2% 左右，运力增速在 3% 左右；中国沿海散货运价指数全年均值将较上年小幅下滑 5%～10%，总体呈现出前高后低的走势。

一、2021 年沿海主要干散货运输市场回顾

1. 沿海散货运价创十年新高

2021 年，中国沿海散货运价指数震荡加剧，高峰低谷值跨度拉大。年初在多省“就地过年”的号召下，节后企业生产快速恢复，中国沿海散货运输市场低谷时间较往年大幅缩短，中国沿海散货运价指数快速上涨。直至 5 月中旬，国内煤炭供给端支撑不足，煤价走高致使市场整体较为谨慎，运价指数再度下滑。第三季度开始迎来传统煤炭消费旺季，电厂日均耗煤量持续高位，国内煤炭价格一路冲高，虽有 9 月“双限”政策影响，但中国沿海散货运价指数总体仍持续快速上涨，并于 12 月 3 日创下 2011 年以来的新高 1622.5 点。截至 12 月 24 日，上海航交所发布的中国沿海散货运价指数均值为 1308.63 点，较上年大幅上涨 25.94%。2020—2021 年中国沿海散货运价指数（CCBFI）及分货种指数走势如图 1 所示。

（1）沿海煤炭运价一路冲高。2021 年，沿海煤炭运价经历大幅波动。年初春节因素叠加局部疫情反弹，下游需求减少，沿海煤炭运价骤跌，但春节后迅速回涨；5 月下旬开始，主产地安监政策趋严，煤炭产能受限，市场煤价高位震荡致使下游谨慎采购，运价再次回落；7 月入伏后，民用、工业用电需求

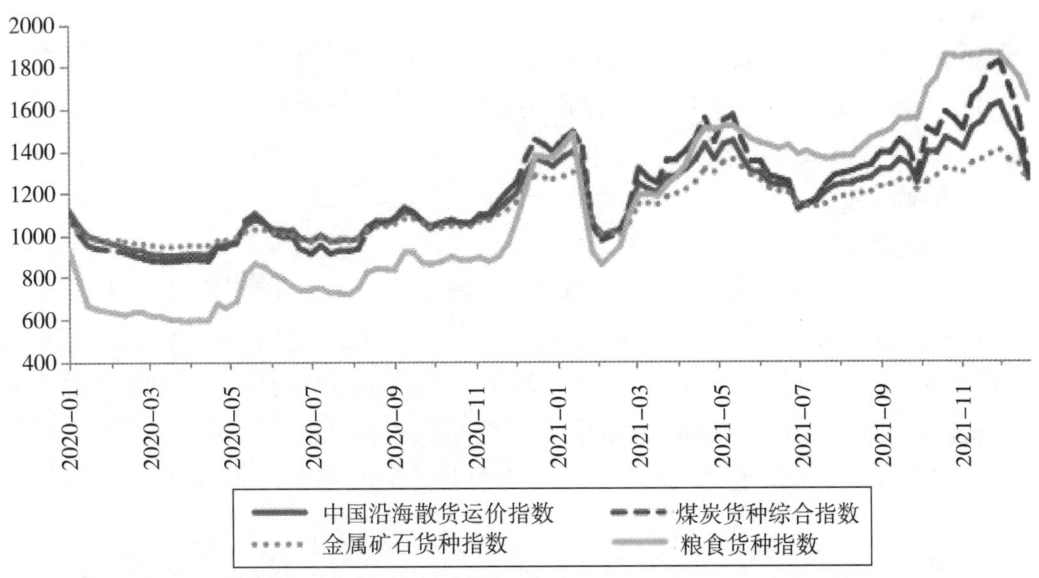

图 1 2020—2021 年中国沿海散货运价指数（CCBFI）及分货种指数走势

资料来源：上海航运交易所。

双涨，同时叠加台风天气降低船舶周转率，使沿海煤炭运价持续上行。虽然 9 月下旬在多地“双限”政策调控下，用电需求大幅下降，带动沿海运价出现下滑，但随着后期“双限”政策的逐步放宽，沿海运价迅速恢复，并于年末进一步攀升至年内最高点。截至 12 月 24 日，上海航运交易所发布的中国沿海煤炭运价指数全年均值为 1266. 80 点，较上年上涨 88. 24%。

（2）沿海矿石运价上涨乏力。2021 年春节前，钢厂备货充足，采购意愿低迷，沿海矿石运价迅速下跌。春节后，下游钢材消费火热，钢价持续高涨，钢厂积极采购，带动沿海运价快速恢复。直至 5 月中旬，在政策调控下钢价骤跌，钢厂采购补库趋于谨慎，叠加煤炭运力过剩，铁矿石运输市场呈现供给过剩格局，运价承压下跌。下半年，在钢铁行业限产的大背景下，钢厂铁水产量等指标较上半年均有明显下降，钢厂对铁矿石保持按需采购，运输需求保持平稳。9 月受“双限”政策调控影响，沿海运价出现短期波动，但受煤炭运输市场带动，下半年沿海矿石运价总体呈上行趋势。截至 12 月 24 日，上海航运交易所发布的中国沿海金属矿石运价指数全年均值为 1101. 06 点，较上年上涨 54. 28%。

（3）沿海粮食运价高位企稳。2021 年，沿海粮食运价在煤炭运输市场带动下两度冲高。2—3 月，春节长假后养猪产能逐步恢复，下游采购热情高涨，叠加煤炭运输市场运价高涨，带动沿海粮食运价显著上涨。5 月，生猪价格持续走弱，而内贸玉米价格高位震荡，为控制成本，下游饲企多采用进口玉米或陈麦进行替代，内贸玉米需求持续低迷，沿海粮食运价一路震荡下行。8 月起，南北玉米贸易量持续受限，贸易商多采取拼舱装船，导致沿海粮食运价随煤炭及矿石运输市场行情快速上涨。10 月后，小麦比价优势下降，内贸玉米需求有所恢复，支撑沿海粮食运价高位企稳。截至 12 月 24 日，上海航运交易所发布的中国沿海粮食运价指数全年均值为 1456. 91 点，较上年上涨 81. 39%。

2. 沿海干散货运量大幅增长

2021 年，中国沿海主要干散货运输市场强劲复苏，全年内贸出港量（即发运量）大幅上涨。2021 年 1—11 月，中国沿海主要干散货的内贸总发运量达 17. 47 亿吨，同比增长 10. 90%，增速较上年显著提升。其中，沿海内贸煤炭发运量同比上涨 8. 6%，铁矿石和粮食分别同比小幅上涨 2. 7% 和 0. 3%，矿建材料同比大幅增长 22. 9%。2013—2021 年 11 月沿海主要干散货内贸发运量走势如图 2 所示。

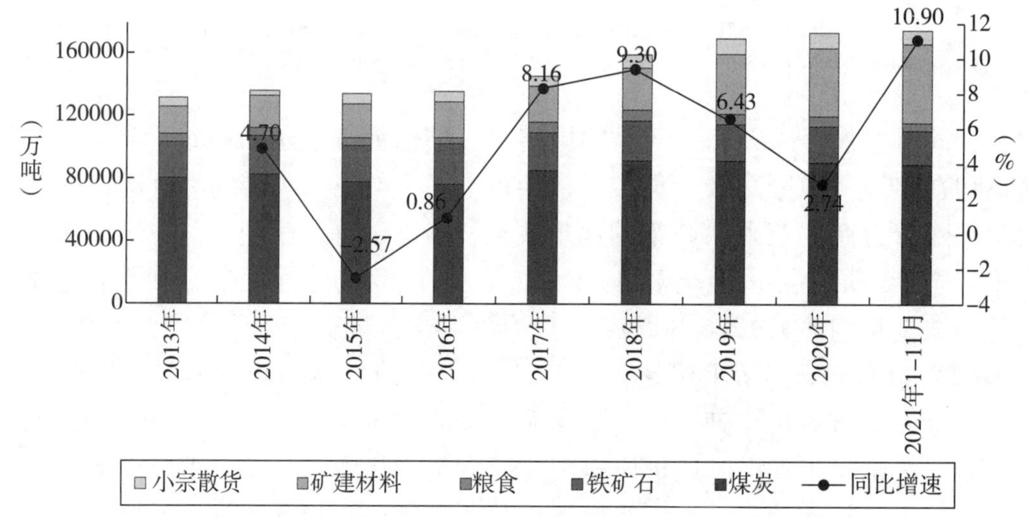

图 2　2013—2021 年 11 月沿海主要干散货内贸发运量走势

资料来源：交通运输部。

（1）沿海煤炭运量良好增长。2021 年 1—5 月，国内工业生产表现良好，下游企业用煤需求旺盛，叠加 2020 年低基数影响，沿海煤炭内贸出港量同比出现大幅增长。6—7 月，主产地安监政策趋严，高煤价导致下游采购冷清，叠加进口煤补充市场，沿海煤炭运量小幅减少。8 月，电厂日均耗煤量持续攀升，电厂采购有所增加，沿海运量同比小幅上涨；9 月，受多地“双限”政策影响，叠加市场煤价飞涨，下游拉运需求不高，沿海运量同比下降；10 月，国家层面限价保供政策频出，煤价迅速回落，各地“双限”政策逐步放宽，冬储期间下游拉运需求好转，沿海运量同比转正。1—11 月，全国沿海主要港口内贸煤炭出港量累计 8. 82 亿吨，同比上涨 8. 56%。首先，工业生产持续复苏，火力发电量快速上涨。2021 年，得益于国内及时有力的疫情防控措施，年内工业生产持续复苏，全社会用电量表现良好，1—11 月全国发电量累计 73826.7 亿千瓦时，同比增长 9.2%，同时受水电站出力减弱的影响，火力发电量同比增长 9.9%，动力煤消费量同比增长 7.5%。其次，煤炭供给缺口较大，煤炭价格快速冲高。上半年，受煤矿安全检查和山西暴雨等影响，煤炭供给端产量释放非常有限，加之进口煤平控政策持续推进，煤炭供给缺口较大。因此，国内煤炭价格持续上涨，并在 10 月创下近年新高，但后续在国家保供政策下逐步恢复供给，煤价快速回落至合理区间。2014—2021 年 11 月全国沿海内贸煤炭发运量如图 3 所示。2015—2021 年 11 月全国电力行业耗煤量情况如图 4 所示。

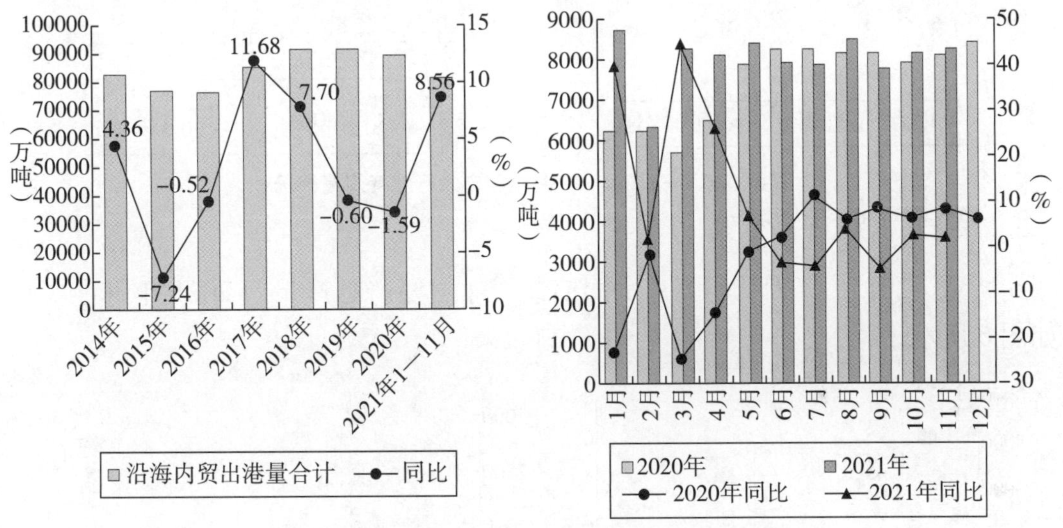

图 3 2014—2021 年 11 月全国沿海内贸煤炭发运量

资料来源：交通运输部。

（2）沿海铁矿石运量小幅增加。由于 6 月以来铁矿石进口量大幅下滑，钢厂铁矿石采购转向内贸，总体上沿海铁矿石运量仍实现同比增长。1—11 月，全国沿海主要港口内贸铁矿石出港量累计 2.16 亿吨，同比小幅增长 2.7%。首先，粗钢产能逐步走低，铁矿石需求也有所下降。2021 年春节后，钢材市场“情绪”整体较为积极，建筑钢材成交持续回暖，部分工地项目陆续启动，带动钢铁产量小幅增长。但第二、第三季度各地钢厂收到减产通知，钢铁产品产量同比下滑。1—11 月，全国生铁、粗钢、钢材产量累计 29.49 亿吨，同比分别下滑 2.8%、下滑 1.9% 和上涨 2.3%，对铁矿石的消费需求也逐步转弱。其次，国产矿量稳步增长，进口矿量应声下滑。全国铁矿石原矿产量总体保持稳步增长，后续在钢铁行业减产政策影响下，增速明显放缓，1—11 月，全国铁矿石原矿产量同比增长 11.4%，进口矿量下半年同比也出现大幅下滑，国内外矿价自 7 月开始持续跌落。2014—2021 年 11 月全国沿海内贸铁矿石出港量如

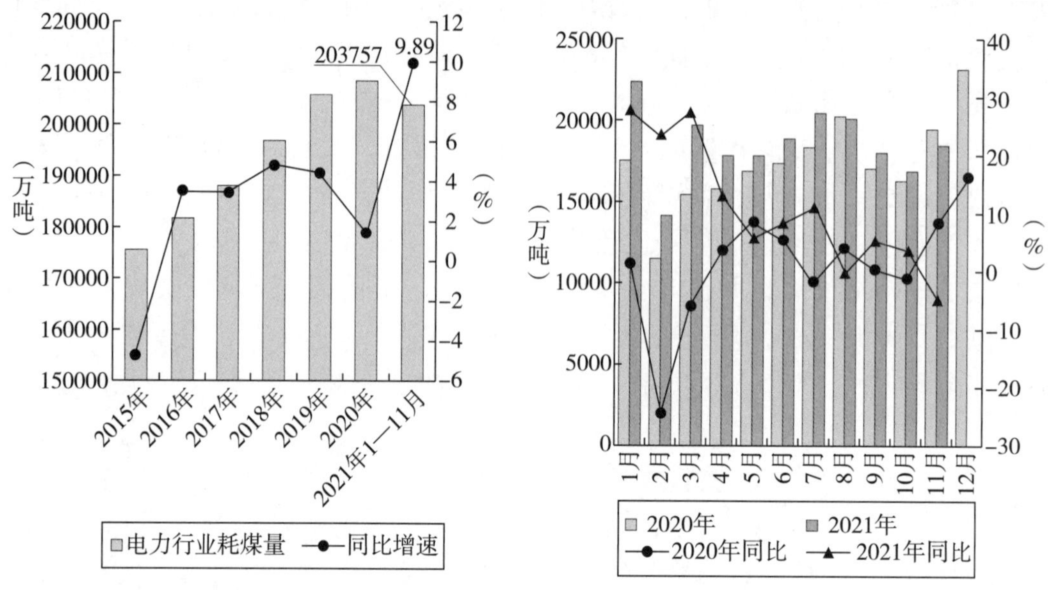

图 4　2015—2021 年 11 月全国电力行业耗煤量情况

资料来源：中国煤炭资源网。

图 5 所示。2015—2021 年 11 月全国钢铁行业主要产品产量及 2021 年月度产量如图 6 所示。

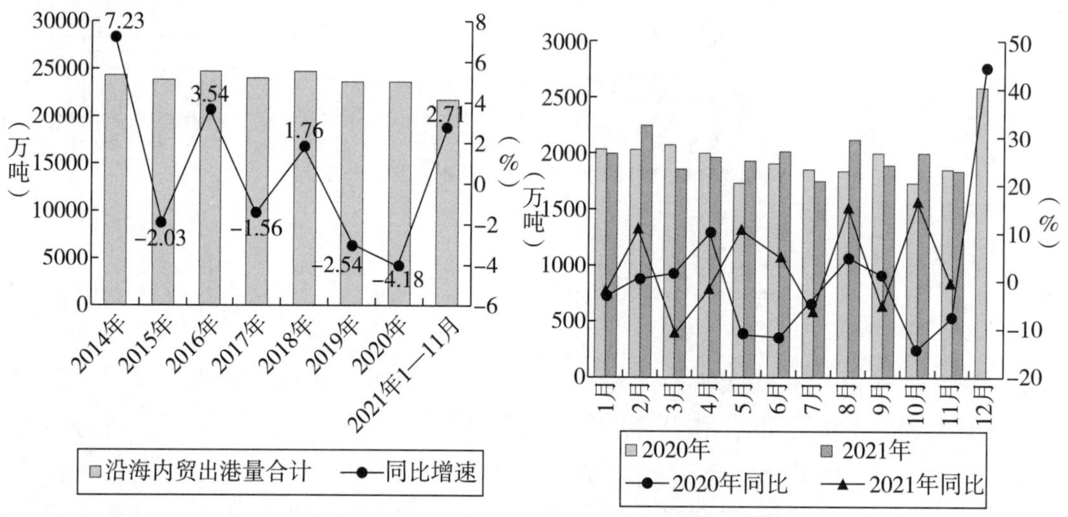

图 5　2014—2021 年 11 月全国沿海内贸铁矿石出港量

资料来源：交通运输部。

（3）沿海粮食运量涨幅微弱。在大量进口粮的冲击下，1—11 月，全国沿海主要港口内贸粮食出港量累计 5589. 52 万吨，同比仅微幅增长。首先，饲料产量较快增长，支撑沿海粮食运量。2021 年，生猪养殖业产能逐步恢复，饲料产量保持较快增长，1—11 月，全国饲料产量为 28850 万吨，同比上涨

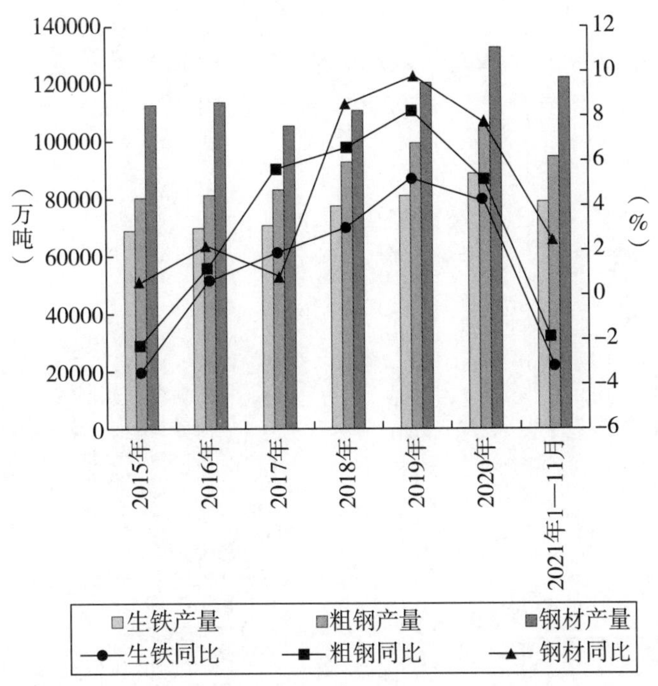

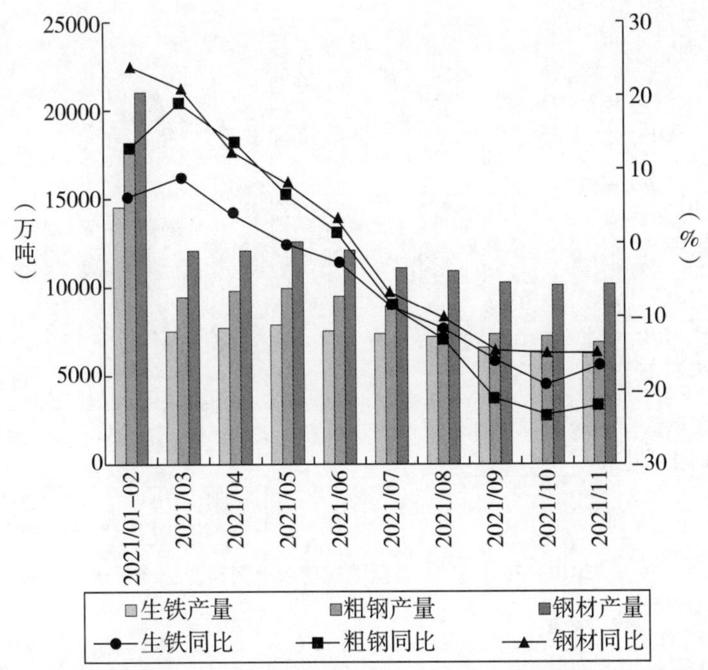

图 6　2015—2021 年 11 月全国钢铁行业主要产品产量及 2021 年月度产量

资料来源：国家统计局。

12.8%，支撑沿海粮食消费需求。其次，大量进口玉米占领市场，对国内运输形成一定冲击。由于国内玉米价格维持高位，深加工企业等下游需求逐步转向外贸端或玉米替代品，导致外贸玉米进口量持续攀升，1—11 月，全国玉米进口量同比暴涨 199.4% 达到 2702 万吨，对内贸玉米市场形成挤压。2014—2021 年 11 月全国沿海内贸粮食发运量如图 7 所示。2010—2021 年 11 月全国规模以上饲料企业产量统计如图 8 所示。

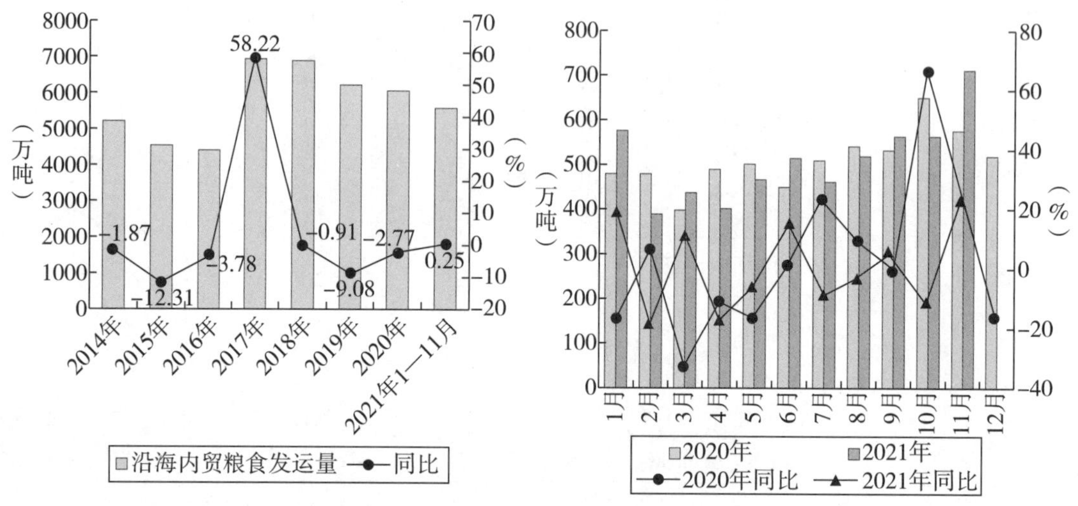

图 7　2014—2021 年 11 月全国沿海内贸粮食发运量

资料来源：交通运输部。

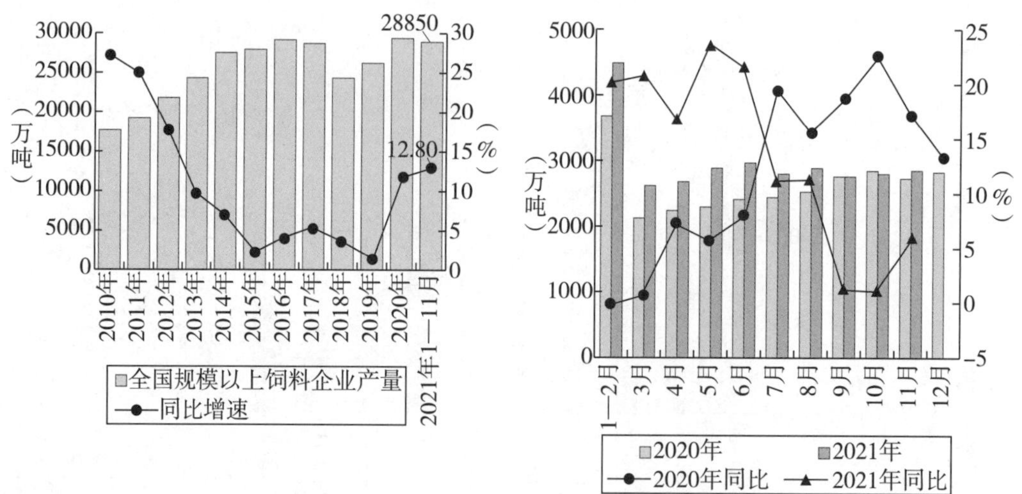

图 8　2010—2021 年 11 月全国规模以上饲料企业产量统计

资料来源：国家统计局。

3. 沿海干散货船运力增速加快

2021 年，新投入运营的沿海干散货船舶数量有较为明显的反弹，沿海干散货船总运力增速有所加快。根据交通运输部国内沿海货运船舶运力分析报告统计，截至 2021 年 12 月 31 日，从事国内沿海运输的万吨以上干散货船共计

2235 艘。其中，2021 年投入营运的新增船舶数量合计为 301 艘、806.3 万载重吨。2011—2021 年沿海干散货船运力情况如图 9 所示。

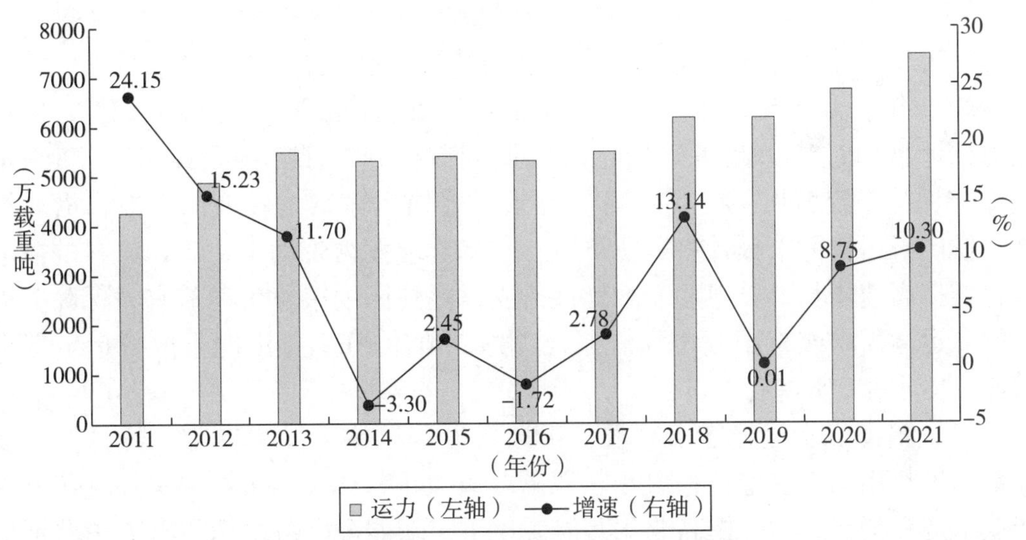

图 9 2011—2021 年沿海干散货船运力情况

资料来源：交通运输部。

（1）船龄结构与往年基本持平。截至 2021 年 12 月 31 日，沿海万吨以上干散货船的平均船龄微幅减少，较 2020 年年末减少 0.09 年。现有船队中船龄在 18 年以上的老旧船舶为 258 艘，占总船队数量的 11.50%，较 2020 年年末减少 0.46 个百分点；船龄在 28 年以上的特检船舶为 28 艘，占总船队数量的 1.30%，较 2020 年年末减少 0.12 个百分点。2021 年，沿海干散货船的拆解量明显放缓至 94 万载重吨，同比大幅下滑 59%。

（2）二手船进口量出现反弹。自 2018 年交通运输部发布《交通运输部关于加强国（境）外进口船舶和中国籍国际航行船舶从事国内水路运输管理的公告》，提高进口船舶的排放标准至 Tier Ⅱ 排放限值要求以来，2019 年我国散货船进口量急剧下滑，但 2021 年受国内航运市场复苏以及海南自贸港交通工具、游艇"零关税"政策落地的影响，中国二手船进口量出现反弹。截至 2021 年 11 月，载重量小于等于 15 万吨的散货船进口量达到 42 艘，同比增长 62%，进口单船规模和船舶单价下降明显。

（3）新船订单量快速增长。据 Clarksons 的统计，截至 2021 年 11 月底，中国船东的沿海干散货船（包含 9 万载重吨及以下的干散货船，下同）的新船订单量为 108 艘、605.09 万载重吨。可见，受 2021 年干散货航运市场行情火爆、船东信心增强等因素影响，新船订单量继续保持增长，但由于集装箱船订单异常火爆，占据了大量的船台，导致干散货船订单增速受到一定限制。

二、2022 年沿海干散货运输市场展望

1. 2022 年沿海干散货运输需求增速预计为 2% 左右

2022 年，为有效应对经济下行压力、拉动内贸需求、增强发展韧性，国家层面预计将通过货币政策等确定跨周期调节措施，保障国民经济稳定运行，GDP 将保持稳定增长。在“双碳”背景下叠加运输结构转变的影响，沿海煤炭、铁矿石运输需求预计将有所下跌；在基建端发力带动下，矿建材料的需求或将维持高速增长；养殖业需求韧性的支撑叠加国内粮食生产的有力保障，沿海粮食运输需求或将小幅增加。综合考虑，预计 2022 年沿海干散货运输需求增速总体将在 2% 左右。

（1）沿海煤炭运输需求减弱，小幅下滑 2% ~4%。2022 年，经济持续复苏带动工业用电需求增长，但在“双碳”背景下，国家将继续调整和优化能源产业结构和消费结构，提高非化石能源比重，新能源、特高压在电力消费市场的份额日益凸显，火电耗煤小幅下滑；受国外煤价高企影响，进口煤数量或小幅下滑；浩吉铁路对沿海煤炭运输市场需求影响逐步扩大；沿海煤炭运输需求季节性波动进一步淡化。

（2）沿海铁矿石运量小幅下降，降幅为 1% ~2%。2022 年，在“双碳”背景下，国内钢铁行业“去产能”进程稳步推进，钢铁供需双侧“弱平衡”态势延续，叠加沿海主要铁矿石承接港枢纽化趋势减弱等因素影响，沿海铁矿石运输需求将有所减少。

（3）沿海粮食运输需求平淡，或小幅增长 1% ~3%。2022 年，国内粮食种植结构继续优化，产量保持增长，同时粮食下游产业发展韧性支撑消费需求；但与此同时，国际疫情前景不明，国内粮食进口量或将继续增加，下游消费需求仍将受进口玉米及替代谷物挤压。

2. 沿海干散货船运力将保持增长

预计 2022 年沿海干散货新建船舶的交付总量将升至高位。同时，在船舶拆解价格升高、减排要求日益严格的背景下，沿海干散货船的拆解数量也有望维持高位，在 400 万载重吨附近。因此本报告预计至 2022 年年底，沿海干散货船总运力有望达到 7700 万载重吨，较 2021 年年底上涨 3% 左右，沿海散货运力保持增长。虽然沿海散货运力增速有限，但 2022 年受国际干散货市场回调、疫情防控措施逐步解除等影响，内外贸兼营船舶或将部分回流，船舶周转效率也将有所提升，沿海散货运力供需格局仍然较为严峻。国内沿海运输的万吨以上干散货船总运力情况如图 10 所示。

（1）新船交付量反弹明显。克拉克森统计数据显示，截至 2021 年 11 月

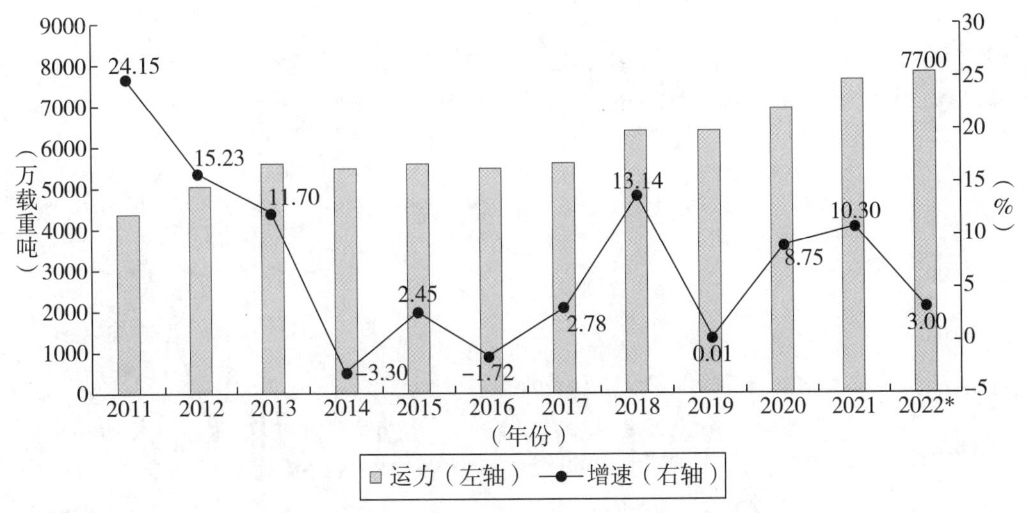

图 10　国内沿海运输的万吨以上干散货船总运力情况

注：＊为上海国际航运研究中心预测值。

底，中国干散货新船交付量累计 68 艘，190. 76 万载重吨。受沿海干散货市场运价高涨以及船东运力结构调整需求的影响，预计 2022 年、2023 年中国船东仍有 446. 59 万载重吨、395. 89 万载重吨的沿海干散货新船等待交付，新船交付量快速提升。

（2）船舶拆解量将低位回升。目前船龄在 28 年以上的老旧船舶在中国沿海干散货船队中的比重仅剩 1. 30%，未来强制拆解的老旧船舶数量有限。但由于全球钢铁产品短缺的刺激，废钢价格大幅上涨，船舶拆解价格随之大幅攀升，加上航运业碳减排的步伐加快，船东调整船队结构的意愿有所增强。同时，2022 年受拆船价格高位回落、老旧船舶拆解空间有限等因素影响，预计拆解量为 400 万载重吨左右。

（3）散货船型向生态环保化发展。2021 年 6 月，EEXI 修正案已在 MEPC 76 会议上通过，并将于 2023 年生效。当前，全球每 10 艘散货船中，就有 7 艘是“非生态型”的，船东需要对现有船队进行紧急修改或大量报废。因此，从克拉克森统计的中国船东手持散货船订单中可以看到，新造散货船向生态环保化发展的趋势非常明显。截至 2021 年 11 月底，中国船东建造的散货船订单中，使用环保电动发动机的新船订单量占比为 58. 7%，与上年基本持平；新增 6 艘可使用 LNG 动力燃料的新船订单，占比为 5. 6%。可能投入国内沿海散货运输（9 万载重吨以下）的散货船中，使用环保电动发动机的船舶数量占比为 56. 5%，较上年大幅增加 24%。

3. 2022 年沿海干散货运价均值小幅下滑 5% ~10%

2022 年，沿海干散货运价均值将较 2021 年小幅下滑，总体呈现出前高后低的走势。沿海干散货运输三大货种中，煤炭和粮食运价波动幅度较大，矿石运价波动幅度较小。预计2022年，沿海干散货运价均值较上年小幅下滑5%～10%。2022年中国沿海散货运价指数（CCBFI）预测如图11所示。

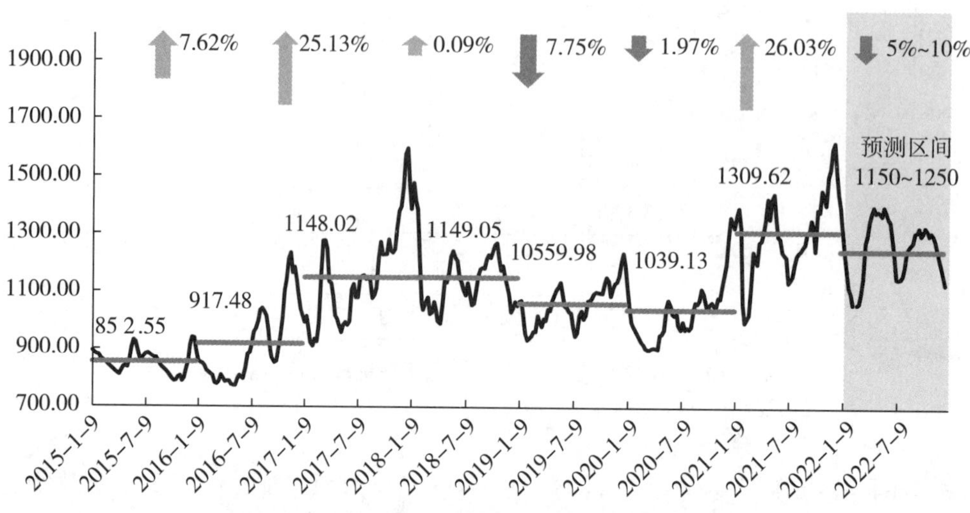

图11　2022年中国沿海散货运价指数（CCBFI）预测

资料来源：上海国际航运研究中心。

2022年，沿海散货运输市场的主要利好因素包括：国内经济“稳字当头、稳中求进”；国内保供政策效果持续显现；矿建材料运输需求仍将持续旺盛；国际运价高企与转关限制约束兼营船回流等。主要不利因素包括：“双碳”政策下沿海散货运输需求有下行风险；运输结构变化为沿海运输带来挑战；沿海船舶周转效率有望大幅提升；沿海散货市场供需形势仍然严峻等。其中，砂石运输需求仍然是沿海散货运输市场的重要支撑。

（1）有利因素。

国内经济“稳字当头、稳中求进”。2021年，国内新冠肺炎疫情在短期内得到了较好控制，中国经济的长期增长中枢仍然处于稳定运行通道。2021年年底，中共中央政治局会议明确了明年经济工作要“稳字当头、稳中求进”，预计2022年中国经济稳中向好的总趋势不会改变，政府逆周期调节下，投资有望继续恢复，消费有望显著改善，推动社会生产和居民消费向好发展。

国内保供政策效果持续显现。2021年，政府积极作为，稳价保供政策逐渐加码，并实施电力市场化改革，建立煤电联动机制，年内保供阶段批准5批次共计数百家煤矿产能核增，合计增加产能约4.2亿吨。预计2022年3月底之前，在耗煤需求和保供压力的共同作用下，煤炭市场将保持供销两旺的良好势头。同时在国家稳价保供政策下，国内煤炭相对进口煤炭显现出明显价格优势，进口煤炭将有所减少，进口矿石也将在钢材生产需求缺乏支撑的背景下继续下滑，国内大循环对沿海散货运输市场的支撑作用进一步增强。

矿建材料运输需求仍将持续旺盛。近年来，矿建材料已成为我国沿海干散货运输的第一增长动力，2022 年，虽然房地产业需求有所减弱，但得益于保障性住房及其他基建项目支撑，叠加一批“十四五”规划重大项目即将陆续开工，基建需求的超预期将在一定程度上冲抵地产下行带来的不利影响。预计 2022 年我国砂石需求仍旧旺盛，沿海砂石运输将继续保持快速增长，但增速回落至 15% 左右，成为沿海运输需求的最大支撑因素，可能在短时间内推高沿海运价。

国际运价高企与转关限制约束兼营船回流。国际评级机构穆迪预测，2022 年全球海运运价虽有所下行，但仍保持在较高水平，铁矿砂、煤炭和农作物的强劲需求将推高散货船运价，将吸引内外贸兼营船舶外流。同时，交通运输部等五部委《关于进一步加强国际转国内航线船舶疫情防控工作的通知》中，提倡国际和国内航线船舶相对固定经营，并对内外贸兼营船国际转国内航线的经营行为加强管控，预计将给内外贸兼营船回流带来影响，从而减少沿海干散货运力。

（2）不利因素。

“双碳”政策下沿海散货运输需求有下行风险。2022 年，碳达峰、碳中和工作将继续推进，将对钢铁生产、煤炭采选等沿海干散货上下游产业产生影响。一方面，钢铁生产作为传统的“两高”产业，将持续受到重点关注，或对铁矿石运输需求产生影响；另一方面，火力发电作为碳排放大户，“双碳”政策下化石能源的使用将受到限制。可见“双碳”政策深入推进或对沿海散货运输需求带来下行风险，导致沿海运价承压下跌。

运输结构变化为沿海运输带来挑战。目前国家电网经营区已形成以东北、西北、西南区域为送端，华北、华东、华中区域为收端，以特高压和 500（750）千伏电网为主网架，区域间交直流混联的电网格局，未来跨区输电设备投资及输送电量仍将持续增长，这种能源产地发电并对外输送的模式将对原沿海电厂北上采购煤炭的运输方式形成一定冲击。另外，海岬型散货船减载进江、浩吉铁路发挥作用等也将对传统散货海进江的中转运输模式形成挑战。

沿海船舶周转效率有望大幅提升。2021 年，北方港口优质高卡煤供给紧张，导致船等货的现象加剧，叠加疫情防控措施影响，散货船舶航次周期有所拉长。尤其是下半年，船舶周转效率下降明显，对沿海运价形成一定支撑。2021 年（截至 11 月 12 日）秦皇岛锚地船舶数量日均值为 45 艘，同比 2020 年增长 55. 17%。预计 2022 年，在国家“六稳六保”政策的逐步落实下，国内煤炭价格趋于平稳，煤炭供给紧张局面得到有效缓解，船等货的现象得到有效改善，沿海散货船舶周转效率有望大幅提升。

沿海散货市场供需形势仍然严峻。2021，国内疫情防控政策以及季节性港口拥堵大大降低了沿海散货船舶的周转效率，造成阶段性运力短缺局面，沿海散货运输市场供需形势仍然严峻。加上2022年预计沿海散货运量增速仅为2%左右，运力增速为3%左右，运力过剩现象仍难以得到有效缓解。

（作者：上海国际航运研究中心航运发展研究所 李倩雯 王屹）

2021 年物流与供应链金融发展回顾与 2022 年展望

在持续的新冠肺炎疫情和复杂的国际形势影响下，2021 年国际和国内供应链经受了极大考验，中小企业发展情况不容乐观。为缓解中小企业的资金压力，国家政策继续大力支持供应链金融的发展。

2021 年 3 月 5 日，政府工作报告中首提供应链金融："创新供应链金融服务模式"，将供应链金融的重要性提升到新的高度。5 月 10 日，国家发展改革委等联合印发了《关于做好 2021 年降成本重点工作的通知》，指出要创新供应链金融服务模式，以产业链和供应链为切入点，推广供应链票据和应收账款确权，增强银行与产业链的融合度和协同性。12 月 29 日，国务院办公厅印发《加强信用信息共享应用促进中小微企业融资实施方案》，在信息安全和分级管理的基础上，加强信息共享和大数据应用，支持创新优化融资模式，加强对中小微企业提供金融服务。

金融监管机构方面，2021 年，中国银保监会办公厅发布《中国银保监会办公厅关于 2021 年进一步推动小微企业金融服务高质量发展的通知》，针对小微企业融资提出制定综合金融服务方案，优化融资和结算服务，有序发展信用融资和动产质押融资业务。中国人民银行发布《中国人民银行关于深入开展中小微企业金融服务能力提升工程的通知》，指出要持续优化银行内部政策安排，充分运用科技手段，大力推动中小微企业融资的增量扩面和提质增效。

在政策持续支持和企业积极创新下，2021 年供应链金融获得了长足的发展。据统计，2021 年年末，普惠小微贷款余额 19.23 万亿元，同比增长 27.3%，大大超过金融机构人民币各项贷款余额 11.6% 的同比增长速度，显示供应链金融仍然处在快速增长的趋势中。

回顾 2021 年，供应链金融克服了不利的外部形势困难，获得了服务质量和市场规模的双提升，已成为服务中小企业、赋能实体经济不可或缺的抓手。2022 年，随着基础设施的不断完善，在政策深化支持和企业努力开拓的双层推动下，供应链金融具备了在多个细分领域突破创新的条件，或将向纵深快速发展。

一、物流与供应链金融 2021 年发展回顾

（一）金融严监管政策形成系统化覆盖

2021 年 3 月的政府工作报告中就明确提出“强化金融控股公司和金融科技监管，确保金融创新在审慎监管的前提下进行”，为金融科技的严监管定下基调，并在后续监管政策中得到体现。

2021 年 9 月，中国人民银行发布《征信业务管理办法》（以下简称《办法》），2022 年 1 月 1 日起实施。《办法》将征信替代数据应用纳入监管，对信息合规采集、使用的全流程进行了明确规定，规范了金融机构与金融科技类征信机构的征信分工职责，明确了征信业务的监管要求，强化了对金融科技和数字金融的监管。

2021 年 12 月 31 日，中国人民银行重磅推出《地方金融监督管理条例（草案征求意见稿）》。将地方各类金融业态（小额贷款公司、融资担保公司、区域性股权市场、典当行、融资租赁公司、商业保理公司、地方资产管理公司）纳入统一监管框架，强化地方金融风险防范、化解和处置。提出坚持服务本地原则，原则上不得跨省级行政区域开展业务。该条例杜绝了监管真空，落实了全面严监管的政策要求。同日，中国人民银行等七部委就《金融产品网络营销管理办法（征求意见稿）》公开征求意见，对于金融产品的网络平台营销和代销引流做出了全面、具体的规定和限制。

（二）票据融资风险事件在房地产行业集中爆发

房地产融资监管趋严后，通过票据质押和贴现进行融资成为房地产企业融资的主要途径，保理公司、担保公司等更灵活的商票融资途径受到青睐。过高的资产负债率下，高杠杆撬动巨额资金，积累了巨大风险。随着“三条红线”政策的收紧，房地产企业的债务危机雷声滚滚。

9 月，恒大财富理财产品爆雷，未兑付总金额达 400 亿元，至今仍深陷 2 万亿元负债的风险处理泥潭中。宝能集团 8 月被曝出多个理财产品、信托产品逾期兑付，不得不裁员和变卖资产自救。上半年泛海控股爆出理财产品发生逾期，在每年几百亿元的刚兑债务压力下，也只能变卖资产求生。此外，绿地、泰禾、华夏幸福、蓝光等均爆出商票无法兑付、债务延期，连带着整个供应链上各个环节出现资金链断裂的问题，众多中小房地产企业和供应链上下游企业倒闭。

房地产企业外，上海电气因虚构贸易融资被诉，金正大因财务造假被罚，

海航集团破产重组等舆论轰动事件中，也均爆出不规范的供应链融资操作。

总体来说，通过高杠杆建立的巨额资金规模都是昙花一现，爆雷之下，是对市场和投资者的多重伤害。将不规范高杠杆的融资操作伪装成供应链金融，有碍供应链金融的健康发展，必将被政策和市场限制和纠正。供应链金融需要真实的贸易背景，需要细致全面的风险管理手段和措施，需要商流、信息流、资金流和物流的“四流合一”。

（三）地方政府和国有企业纷纷投建供应链金融平台

2021 年，山东、甘肃、北京、湖南、广西分别出台了供应链金融发展的相关扶持政策，加上之前的浙江、贵州、安徽、山西、天津、广州、厦门、深圳等省市，供应链金融地方支持政策呈遍地开花的态势。另外，浙江、江西、河北、河南、湖南、山东、湖北、广东、黑龙江、天津、合肥、西安、南京等先后出台了链长制，地方政府协同核心企业和金融机构大力推动产业链供应链的锻长补短。

在政策的大力支持下，各地纷纷打造了自己的供应链金融服务平台，加大技术应用投入，组建担保公司和担保基金，通过对接资金方、融资企业和技术服务商等资源，将金融产品和服务嵌入供应链体系中，形成供应链金融服务方案，服务于本地产业链上下游的中小企业。

企业方面的供应链金融平台以国企为主。据不完全统计，2021 年有 93 家各类供应链金融平台上线、启动或完成招标，其中由央企发起的有 23 家，包括中国华能、中化控股、国家能源集团等。国企发起的有 36 家，类型包括供应链核心企业、供应链服务企业、保理公司等。民企发起的仅 8 家，包括西贝餐饮集团、永钢股份、字节跳动等。银行搭建的平台有 17 家，以城市商业银行为主，产品集中在电子债权凭证。其他实施主体包括信托公司、交易市场等。

双循环新发展格局的根本要求是高效敏捷、稳定强壮、自主可控的产业链和供应链，金融是巩固提升产业链供应链强度、黏性和韧性的关键因素，因此有整合资源意愿和能力的地方政府和国企持续投资供应链金融平台，视供应链金融平台为产业升级和企业拓疆的新支点。

（四）技术应用下的数据信用推动供应链金融创新实践

4 月 9 日，供应链金融第一股联易融科技成功在香港主板上市，昭示了资本市场对供应链金融前景的看好。联易融科技自 2016 年成立以来，已服务 340 多家核心企业，在国内率先推出基于区块链的应收账款多级流转平台和跨境供应链金融科技解决方案。

浙商银行推出“区块链 + 供应链”的供应链金融体系，可将实体企业基于真实交易产生的各类资产“上链”，完成区块链数字资产份额化登记，实现业务规则的智能化管理与自动履约，并通过物联网技术实现存货、物流的全程监控。截至 9 月末，已在 4000 余家大型核心企业中落地，帮助约 2.79 万家上下游中小企业获得融资，金额超过 1900 亿元。

10 月 14 日，网商银行对外发布基于数字技术的供应链金融方案“大雁系统”，超过 500 家品牌成为首批接入的品牌。大雁系统是基于真实的交易数据开发的一套数字化产品矩阵，满足小微企业生产经营全链路的信贷需求及综合资金管理需求。

建设银行将产业链主体信用向“物的信用”和“数据信用”延伸，通过多方数据交叉验证，构建起立体画像，创新推出的“e 贷款”系列产品，年融资金额超过 5000 亿元，成为供应链金融服务的银行龙头。

雄安新区管委会建设资金管理区块链信息系统，政府投资“上链”项目 100 多个，积累了大量的合同信息及支付数据。在此基础上，开发了区块链订单融资系统，实现了区块链订单融资业务的快速落地。

供应链金融的创新实践层出不穷，通过这些案例，可以总结出两点。一是新技术已成为推动供应链金融创新发展的主引擎。随着区块链、物联网、大数据等新技术应用的深化和成熟，目前供应链金融的产品迭代必须配置相应的技术方案。二是供应链金融数据信用模式发展趋势明显。通过真实交易数据的积累，形成企业的数据信用，成为企业融资的依托，供应链金融的发展逐步过渡到数字化阶段，今年对于金融数据监管的加强，也反映了数据信用重要性的提升。

二、2022 年物流与供应链金融发展展望

（一）存货融资模式的发展有望取得突破

基于我国百万亿元以上的存货资产规模，存货融资理应成为解决中小企业融资难问题的可靠途径，然而现实是 2012 年以来存货融资一直处于发展的低谷期，年融资额仅 5 万亿 ~8 万亿元。

《中华人民共和国民法典》及其司法解释于 2021 年 1 月 1 日起正式实施，对于以存货动产为担保的物权进行了细化规定。2021 年 12 月 29 日，中国人民银行发布了《动产和权利担保统一登记办法》，动产担保物权的统一登记正式落地实施，统一的担保登记平台作为金融基础设施提供信用保障。《中华人民共和国民法典》及其司法解释和动产融资统一登记的实施，从根本上改观了存货融资的法律环境和信用环境。

从政策导向看，存货或动产融资在供应链金融相关支持政策中更多地被提

及，成为供应链金融的热点领域。2021 年，中国人民银行上海分行发布《关于规范发展上海供应链金融的指导意见》，旨在依托金融生态优势，先行先试创新性发展存货融资。11 月，银保监会专题会议提出要通过科技创新破解动产质押、产品验证、风险监控的难点痛点，探索出台动产质押有关管理办法等。

从现状看，存货融资仍然存在诸多问题，如科技创新下的风控逻辑和责任划分有待明确、配套的保险产品有待开发、担保存货管理的行业监管办法有待确定、法律法规和相关标准有待完善等问题。但历史机遇之下，监管相关的银保监会、行业协会和作为参与主体的商业银行、监管企业、科技企业均在积极探索如何解决以上痛点问题，共同推动存货融资的发展。各方合力之下，2022 年有望成为存货融资的破题之年。

（二）严监管下第三方金融科技将进行发展模式调整

随着 2021 年各项法律政策的出台或实施，金融科技已完全纳入全面严监管范围，第三方金融科技的施展空间从多个方面被明确定义和约束。《征信业务管理办法》极大地扩展了征信所用数据的范围，对数据的合规采集和使用流程进行了规定。《中华人民共和国数据安全法》《中华人民共和国个人信息保护法》的陆续实施，在数据权属、安全使用、隐私保护等方面形成法律规章。《中国银保监会关于规范银行服务市场调节价管理的指导意见》的出台，明确了网络平台不得以银行名义收取客户费用，金融科技的盈利空间和收费方式受到管制。《金融产品网络营销管理办法》征求意见实施后，网络平台的营销优势被限制。

2021 年 4 月 29 日，中国人民银行、银保监会、证监会等金融管理部门联合对 13 家网络平台企业进行了约谈，涉及平台金融业务监管、征信业务持牌、个人信息合规采集使用等。7 月，人民银行征信管理局给上述网络平台下发通知，要求网络平台实现个人信息与金融机构的全面“断直连”，至 9 月《征信业务管理办法》出台，“断直连”正式落地，网络平台不得将个人信息直接提交给金融机构，意味着数据科技风控必须通过持牌征信机构进行，金融科技公司原有的助贷引流模式无法再为资本市场提供故事素材。

在不断强化、深化的监管措施下，第三方金融科技企业将不得不进行经营方向和商业模式上的转型调整。一方面，企业将尽快完成各项整改，使业务符合监管政策的要求。另一方面，在丧失金融还是科技的模糊处理空间后，与持牌机构合作，在科技范围内提供合规的科技服务，是其调整的方向。虽然问题重重，但监管的靴子落地反而是好事，金融科技可以专心打造自身核心价值，在数字化、“双碳”战略驱动下，金融科技仍然有广阔的发展空间。

（三）冻品、农产品、跨境供应链金融成发展热点

分析最近的市场表现，冻品、农产品、跨境电商有望成为2022年供应链金融的热点领域。

冻品包含国内和进口两部分，以牛羊肉为例，2021年我国牛羊肉产量约1200万吨。进口方面，牛肉233万吨，货值为816亿元；羊肉41万吨，货值为153亿元。大部分进口肉类和少部分的国内产量以冷冻品的方式流通，肉类冷冻品因为其价格相对稳定，保存时间较长，适合开展供应链金融业务。越来越多的贸易平台企业、供应链企业介入冻品供应链金融业务，业务范围从牛肉向其他肉类、从进口贸易市场向国内贸易市场扩张的趋势明显。

在共同富裕、乡村振兴的战略指导下，农业农村的发展受到重视，农产品供应链金融成为推动农业产业化、盘活农村经济的重要举措。2021年4月发布的《中华人民共和国乡村振兴促进法》从法律高度确定了金融机构在农村金融中的职责框架。2021年5月，中国人民银行等六部门发布的《人民银行 中央农办 农业农村部 财政部 银保监会 证监会关于金融支持新型农业经营主体发展的意见》，鼓励农业产业化龙头企业、农民合作社等为农户提供担保增信，创新供应链金融产品。12月的央行年度工作会议指出，要加大对小微、科创、绿色以及乡村四大重点领域的金融支持力度。我国农产品产量和进口量都很大，如谷物、大豆、玉米、肉类、棉花、植物油籽等均适合开展供应链金融业务。目前农产品供应链金融领域，银行类金融机构、科技企业、担保存货监管企业、贸易平台等都在进行探讨和拓展，已积蓄了相当的热度和能量，规模突破在即。

2021年7月，国务院出台了《国务院办公厅关于加快发展外贸新业态新模式的意见》，提出完善跨境电商支持政策。在5年来已增长近10倍情况下，2021年我国跨境电商克服不利的国际形势，延续了快速增长的势头，年进出口额达到1.98万亿元，增长15%；其中，出口1.44万亿元，增长24.5%。目前我国外贸综合企业超过了1500家，海外仓超过2000个。中国品牌在国际市场获得了前所未有的认可度，品牌出海受到国家政策的支持和资本的追捧。跨境电商将逐步改变传统外贸粗放的方式，打造更多的国际品牌及安全高效的跨境供应链。供应链金融将成为其中的重要内容，通过创新供应链金融服务模式，解决广大跨境电商企业和平台的资金需求。

（四）依托地方产业集群的供应链金融迎来发展机遇

产融结合是供应链金融的发展方向，产业链上各个环节的资金需求和资金运用是供应链金融发挥自身作用的场景基础。政策持续引导和要求供应链金融推动产业链供应链的锻长补短和高效稳定运行。我国产业集群优势明显，百

亿、千亿级产业集群遍布各个开发区，供应链金融有广阔的施展空间，在超大规模“明星”企业流量日益瓜分殆尽的情况下，供应链金融的“下沉”趋势逐渐显现。在《地方金融监督管理条例》规定的本地化服务、地方金融属地监管正式实施后，地方发展供应链金融将更具有自主能动性。

地方产业集群的供应链金融发展，有“链长制”和地方供应链金融支持政策的保驾护航，有地方政府背景的投资平台公司作为运营主体，有地方供应链金融平台作为资源整合舞台，有产业数字化政策和科技投入作为催化剂。在天时地利人和的有利条件下，供应链金融头部平台、科技和信息服务企业、产业互联网平台等纷纷下场，从一、二线城市向下延伸，从东部往西部扩展，地方产业集群逐渐成为新的供应链金融市场热点。

目前各参与方包括地方政府都在积极探索如何创新发展产业集群的供应链金融模式，通过政府性融资担保、基础征信平台、核心企业白名单、风险补偿、技术人才投入支持等方式，构建供应链金融的创新发展环境，推动供应链金融呈现百花齐放的发展态势。

（作者：中国物流与采购联合会物流与供应链金融分会　张炜　冯德良）

2021年多式联运发展回顾与2022年展望

一、2021年多式联运发展回顾

2021年是党和国家历史上具有里程碑意义的一年，也是“十四五”开局之年，是我国实现第一个百年奋斗目标，开启现代化国家新征程、向第二个百年奋斗目标进军的起步之年。一年来，在各方的共同努力下，我国多式联运正在由“夯基垒台”向“高质量发展”迈步前行。2021年6月，全国政协主持召开“推进多式联运高质量发展”网络议政远程协商会，高度重视多式联运发展全局，统筹部署多式联运指示安排。面对复杂严峻的国内外形势和疫情防控常态化要求，多式联运企业持续创新、灵活应对，有力支撑了经济强劲复苏和社会秩序有序恢复，多式联运在规模、质量、效益上实现良好开局。主要呈现以下特点。

（一）多式联运“硬联通”有序推进

一是联运大动脉日益畅通。《国家综合立体交通网规划纲要》印发实施，立体交通网中6轴、7廊、8通道主骨架建成率已达86%，等级高、强度大、效益优的联运设施骨架日益完善。川藏铁路、引江济淮航运工程、京新高速公路等一批重大项目建设进展顺利。铁路营运总里程突破15万公里，中老昆万铁路实现开通运营，中欧班列逆势增长。国家公路网规划和全国港口与航道布局规划有序修订，公路水路建设稳步推进。西部陆海新通道联通范围扩大至13省47市91个站点，“一口价”线路增至79条，日均开行班列提升至22列，完成货物发送量57万标箱，同比增长57.5%。武汉青山长江大桥、湖北棋盘洲长江公路大桥等跨江通道建成通车，长江经济带沿线联运条件显著改善。

二是联运中转点布局优化。广安华蓥市物流园区、腾俊国际陆港、国家粮食现代物流核心枢纽等一批多式联运型物流园区建设稳步推进，北京平谷马坊、深圳平湖南等铁路物流基地加快建设，铁路无轨站与内陆无水港等基础设施协同布局，鄂州花湖机场货运设施加快完善并启动校飞，嘉兴机场可研报告获国家批复，联运枢纽服务能力整体稳步提升。国家骨干冷链物流基地建设步伐加快，天津、石家庄、沈阳、连云港等70个国家物流枢纽建设稳步推进，枢纽覆盖范围、集聚效应与运行效率显著增强，“通道+枢纽+网络”现代物流运作体系基本形成。

三是联运微循环不断完善。港口与铁路衔接水平稳步提升，14 个长江干线铁水联运项目全部开工建设，5 个建成投运，沿海港口重要港区铁路进港率达到 60% 左右。新建物流园区、大型工矿企业集疏运条件持续改善，河北、天津、河南、山东等地铁路专用线建设稳步推进，多式联运“最后一公里”瓶颈加快缓解。城市群、都市圈等货物干支衔接能力稳步提升，城市对外通道与城市内部交通衔接更加紧密，“干线联运 + 区域分拨”“外集内配 + 绿色联运”等运输组织模式在超特大城市加快推广应用。

四是联运兼容性不断改善。ISO 集装箱全面普及，冷藏、管式等特种集装箱创新应用，以 ISO 集装箱为载体的外贸多式联运体系基本形成。35 吨敞顶集装箱在大宗货物“散改集”中广泛应用，45 英尺内陆集装箱加快研发试用，标准化物流周转箱在农副产品、商超配送领域稳步推广，以内陆集装箱为载体的内贸多式联运体系加快建设。时速 350 公里铁路货运动车组完成下线，海铁联运双层集装箱平车、驮背运输车、公铁两用车等新型载运工具初步应用。智慧空轨系统在山东港首次投入运营，港、船、站、场间“最后一公里”逐步打通。江海直达船型、三峡船型、商品车滚装运输专业船舶在航运中加快推广应用。新能源及清洁能源车辆应用水平有所提升，港口岸电设施覆盖率稳步提升，联运装备向绿色化转型步伐加快。

五是联运信息化持续升级。铁路 95306 货运平台完成升级，实现 24 小时网上办理货运业务与货物位置精准追踪。货物电子运单在铁路、公路、水路、民航、邮政快递等领域加快推广，“一单到底”高效联运基础逐步形成。联运企业信息化平台功能不断完善，武汉港发开发的“云上多联”智慧供应链综合服务平台，实现载具、箱管、单证、结算、货物等信息的标准统一、互换共享。郑州机场国际物流多式联运服务平台，满足各国监管需要，实现“一单到底、物流全球”。“中欧 e 单通”跨境区块链平台率先应用区块链技术，为中小企业融资提供信息支持。连云港成功开发的集装箱海铁联运物联网应用系统，实现港口与铁路全面数据交换。

六是联运智慧化加快探索。5G、北斗导航、区块链、大数据、无人驾驶等在多式联运领域加快渗透，自动化码头、远程装卸作业、数字化操作系统等技术加快融入港口、航运、铁路等多式联运生产作业，联运作业效率与管理水平稳步提升。智慧公路、智慧港口、智慧货运枢纽、智慧航运、智慧铁路等新基建稳步推进，无人驾驶、无人机、智慧云仓等末端配送技术加快推广，为多式联运全链条、全过程、全天候提供自动化作业、数字化分析、智慧化决策的基础保障。

（二）多式联运“软联通”持续创新

一是“一单制”实践迈出新步伐。山东、福建、重庆等多地相继开展多式联运“一单制”试点，初步形成“内陆港一单制”“国际铁路联运一单制”“空陆联运一单制”“海铁联运全程联运提单”等模式，在应用统一标准规范、构建互认机制、推动信息共享等方面加深探索，“一次托运、一次计费、一份单证、一次保险”等服务加快拓展。成都、重庆等地利用自贸区优势推进多式联运“一单制”改革，在中欧班列铁路运单物权化上持续创新，探索陆上贸易新规则经验。赣州内陆港推行海铁联运全程提单，全程单据不更换，初步实现港口功能与内陆腹地的无缝衔接。重庆港务联合成都局集团、民生轮船等设计“铁江联运单”，并同步生成电子化单证，为一点到底的数字化、标准化服务积累了经验。

二是运输组织模式响应新需求。公铁联运延续高速增长势头，铁路集装箱运量同比增长23.5%，满足扩大内需战略下稳定增长的货运需求。铁水联运保持较高景气度，港口集装箱铁水联运量完成754.3万标箱，同比增长9.8%（见图1）。陆空联运规模持续扩大，郑州机场货运航线辐射全球60余座城市，境内卡车航班通达全国90余座城市，完成航空货邮量64万吨。中欧班列全年安全稳定开行1.5万列，运送货物146万标箱，同比分别增长22%、29%，重箱率98.1%，累计通达欧洲23个国家的180个城市，二次转关、运邮融合、运贸一体等新模式层出不穷，国际物流供应链稳定性有所提升。珠海、常州、连云港、长沙等地积极应对新冠肺炎疫情影响，分别采取创新优化通关模式、整合线路资源、开通联运通道等运输组织新模式。

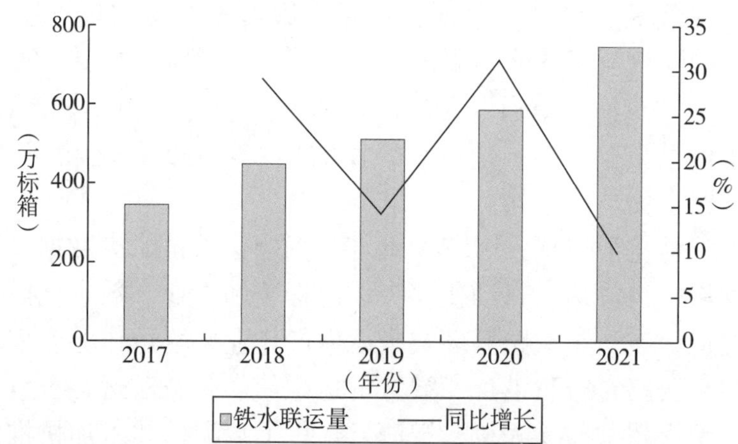

图1　2017—2021年全国港口集装箱铁水联运量及同比增幅变化

资料来源：交通运输部。

三是企业探索协同发展新路径。企业通过并购、重组、合资、联盟等方式整合上下游资源，强化多式联运服务的协同效应。浙江海港集团与安徽省港航集团共同发展江海联运，推进芜湖、马鞍山江海联运中心建设。广州港与中谷物流签订战略合作协议，集聚航线资源，实施“集装箱 +”运营模式，发挥网络综合优势。重庆港务物流集团和四川省港航投资集团组建合资公司，提升长江上游多式联运服务质量。招商港口与宁波舟山港、中远海运与天津港等相继开展股权合作，以资源共享方式共同拓展多式联运市场。中国物流集团有限公司成立，聚合运输、仓储、物流等多样化资源提供覆盖全国的多式联运服务。中铁国际多联公司联合船公司等在东盟国家主要港口设立铁路集装箱海外还箱点，为内陆货物提供铁路集装箱下水服务，为海外货物提供海运集装箱上岸捷径。

四是试点示范引领发展新风向。辽宁、河南、湖北、江苏等 18 个省区市将多式联运作为交通强国试点内容，大力发展多式联运和推进运输结构调整。前三批 70 个多式联运示范工程完成集装箱多式联运量 620 万标箱，保持稳定增长态势，多式联运节能减排和减本增效作用持续凸显。第四批多式联运示范工程创建工作启动，支持市场主体在运输结构调整、干支高效衔接、运输组织模式创新、多式联运“一单制”等方面探索形成新的示范效益。

五是规则衔接筑牢发展新基础。铁路、公路、水路、航空等运输方式规则衔接互认加快推进，《货物多式联运术语》国家标准进入最终审查阶段，多式联运行业共识基本形成。《公铁联运货运枢纽功能区布设规范》《冷链货物空陆联运通用要求》《海铁联运 列车运行与货物追踪接口》等行业标准正式实施，为多式联运发展提供技术指引。《中华人民共和国铁路法》《中华人民共和国海商法》《中华人民共和国民用航空法》《中华人民共和国道路运输条例》《中华人民共和国港口法》等法律法规修订工作有序推进，《交通运输法》正式列入研究起草计划，《综合交通运输枢纽条例》等法规纳入研究储备项目库，多式联运发展基础不断向好。

（三）联运政策环境不断向好

一是五年规划引领行业发展。长期规划印发实施进一步强化多式联运顶层设计，为多式联运发展指明方向。《“十四五”综合运输服务发展规划》专项部署多式联运提速行动，支持双层高箱运输、商品车滚装运输、全程冷链运输、电商快递班列等联运模式创新。《“十四五”现代流通体系建设规划》明确提出，要大力发展多式联运，培育多式联运经营主体。《交通运输标准化“十四五”发展规划》指出，要促进多式联运装备、服务标准、操作规范、信息交换规范等发展。《交通运输领域新型基础设施建设行动方案（2021—2025年）》强调，要推进多式联运信息采集交换，实现电子货运单证“一单制”。

国际物流供应链发展指导意见印发，要培育国际物流供应链、多式联运等龙头骨干企业，维护国家产业链供应链安全稳定。

二是重点领域改革持续深化。多式联运降本增效持续推进，港口建设费全面取消，港口收费进一步规范，进出口环节收费明显降低。高速公路差异化收费政策逐步推广，货车通行成本持续优化。常压液体危险货物罐车治理稳步推进，公路运输车辆安全规范治理不断深入。铁路货运相关收费加快规范，上门服务、线上服务、量价互保等服务模式全面推广，竞争性环节市场化改革稳步推进。民航发展基金征收标准再降20%，帮助航空货运度过难关。公路服务区货车停放服务不断升级，货车停放效率稳步提升。“放管服”改革进一步深化，以信用为基础的新型监管机制加快构建，多式联运营商环境明显改善。

三是地方支持政策密集出台。多式联运支持政策持续创新，湖北制定《湖北省推动多式联运高质量发展三年攻坚行动方案（2021—2023 年）》，聚焦多式联运基础设施、示范工程、市场主体、标准化和信息化等方面行动。广东出台首个铁路货运五年发展规划，着眼设施布局与信息平台建设，大力发展铁路多式联运。江苏印发《江苏省“十四五”现代物流业发展规划》，着力推进多式联运设施建设与功能优化。广西制定《广西建设西部陆海新通道三年提升行动计划（2021—2023 年）》，将联盟建设和“一单制”推广作为重点。江苏、黑龙江、云南等省份通过专项补助政策引导货物运输结构调整和多式联运。安徽、河南、湖北、广东等省级多式联运示范工程进展顺利。

二、2022 年多式联运发展展望

2022 年是党和国家事业发展进程中十分重要的一年，是多式联运迈向高质量发展的变局之年。迈入 2022 年，我国面对的外部环境更加复杂、风险挑战明显增多、运输结构调整需求增强，推动多式联运发展必须爬坡过坎、滚石上山，抓住完善大交通管理体制重点，补齐各种运输方式统筹协调发展短板，强化不同运输方式规则衔接统一弱项，降低关键环节综合成本，逐步扩大公铁联运市场竞争力，提升铁水联运服务能力，优化陆空联运发展格局，创新空铁联运组织模式，改善江海联运直达服务范围，预计 2022 年，我国多式联运量力争保持 10% 以上的增速，多式联运规模总体稳健扩张，多式联运支撑经济循环、吸纳就业、保障民生、服务全球的重要作用将进一步发挥。

展望一：国家层面货运战略导向更加清晰明确。

国务院办公厅印发《推进多式联运发展优化调整运输结构工作方案（2021—2025 年）》，奠定了优化调整运输结构在国家货运系统中的战略地位，铁路、公路、水运、航空等不同运输方式的统筹协调将持续加强，统一规划、同步建设、协同管理成为必然趋势，从根本上降低不同运输方式衔接的高成本，为多式联运提质增效创造更好条件。同时，作为优化调整运输结构的重要抓手，多式联运在衔接水平提升和组织模式创新方面将释放更大潜力，随着内贸多式联运体系加快建设，多式联运在中长距离运输市场中的竞争力将更好体现，吸引更多集装箱和大宗货物由公路向铁路、水路运输转移，推动形成以铁路、水路为核心的发展模式。

展望二：区域层面联运基础设施持续联通升级。

积极扩大有效投资，适度超前开展基础设施投资，加快发展公铁水多式联运是中央层面 2022 年提出的主要任务，当前，《国家综合立体交通网规划纲要》已印发实施，国家综合立体交通网 6 轴、7 廊、8 通道主骨架建设将稳步推进，西部地区、沿江通道、沿边通道等基础设施补短板以及存量设施增量扩容将加快推进，区域不平衡和跨区域通道不畅通有望得到较好改善，多式联运通达性与时效性将进一步优化。同时，各地“十四五”综合交通运输体系规划印发实施，区域内的多式联运基础设施将进一步完善。由于西部陆海新通道对区域经贸往来及沿线经济发展起到了良好的示范作用，多地提出建设区域层面的联运通道，如浙江要打造义甬舟开放大通道、辽宁研究东北陆海新通道、河南积极谋划多式联运东向通道，区域层面的联运通道打通升级有望成为支持多式联运发展重要的发力点之一，将有助于区域经济开放可持续发展。

展望三：主要枢纽联运服务水平稳步提升完善。

随着《现代综合交通枢纽体系“十四五”发展规划》印发实施，全国 100 个综合交通枢纽城市建设将加快推进，在枢纽集群、枢纽城市、枢纽港站“三位一体”建设需求下，枢纽区位优势与多式联运辐射能力将进一步增强，交通枢纽园区、铁路专用线、航空货站、集散分拨中心等建设将加快推进，综合货运枢纽一体化衔接水平将大幅提升，新建枢纽多式联运换装 1 小时完成率、沿海主要港口铁路进港率、年运量 150 万吨以上的物流园区、工矿企业及粮食储备库等接入铁路专用线或管道的比例等主要指标将继续上升。枢纽联运干线运输、区域分拨、增值服务等功能将进一步增强，车船直取、越库作业、直装直取等创新组织模式更加高效便捷，“路箱下水、海箱上路”逐步成为枢纽重要承载方向，一体融合、开放协同的枢纽集群建设将加快推进。

展望四：多式联运“一单制”成为发展着力点。

近年来，各地企业对多式联运“一单制”进行了深入实践，在解决单证格式、单证信息、单证功能等问题上积累较多经验。随着行业对“一单制”重要性理解与多式联运高质量发展认识的逐步提升，围绕市场需求发展多式联运“一单制”的探索将明显增多，集装箱多式联运运单将率先在多式联运示范企业应用。由于实现“一单制”需要电子单证以及数据交换平台作为支撑，电子单证和数据交换平台也将成为重要建设方向。同时，推进多式联运“一单制”发展，将在不同层面促进适应多式联运的货物品名、类别划分、装载托盘、安全管理等规则统一衔接，有望推动在单证标准、法律法规等方面取得突破性进展。此外，各地依托多式联运单证开展的金融服务、通关监管、保险理赔等功能将进一步创新，多式联运全链条动态监测机制加快构建，“一次委托、一单到底、一次结算、一次保险”服务模式将初步形成。

展望五：多式联运在国际供应链市场将持续发力。

新冠肺炎疫情、局部战争、运河堵塞等不确定事件的发生，给国际产业链供应链带来巨大考验，也给我国企业参与全球经济活动带来较大冲击，打造安全可靠、自主可用的国际物流供应链已经上升到国家高度。近年来，招商局、中远海运、中铁集装箱、顺丰集团等企业竞相加大全球物流资源战略性布局，不断扩大全球物流版图，提升国际多式联运服务能力，对保障国际产业链供应链起到积极作用。随着中国在全球供应链中扮演的角色越发重要，我国港口、航运、物流、货代、快递等企业将进一步加大物流设施投建与运营，拓展与境外企业的资源合作，持续增强国货出海和服务出境的保障能力，降低国际供应链断链风险。

展望六：多式联运绿色低碳优势将得到充分释放。

2021 年是碳达峰、碳中和征程元年，《中共中央 国务院关于完整准确全面贯彻新发展理念做好碳达峰碳中和工作的意见》《2030 年前碳达峰行动方案》等系列文件印发，无一不将多式联运作为重要的实施抓手，这不仅是对多式联运绿色低碳效用予以肯定，也对多式联运发展提出了更高要求。随着多式联运技术装备与管理水平不断提升，更多新能源车辆将在多式联运枢纽港站接驳中推广应用，更多的智慧绿色装卸设备将更加高效完成跨方式作业，更多的港口货物集疏运将采用铁路、水路、封闭式皮带管廊和新能源车辆，更多的城市将采取生产生活物资“外集内配”组织模式，建设绿色低碳物流园区发展多式联运等，绿色低碳理念将贯穿多式联运全过程，助力交通运输降碳达峰。

（作者：交通运输部规划研究院　李弢　李云汉）

2021 年城市配送发展回顾与 2022 年展望

一、2021 年城市物流发展回顾

2021 年，新冠肺炎疫情进入常态化防控阶段，我国城镇化进程持续加快，城市规模不断扩大，居民消费水平持续提升，现代流通体系加快建设，城市物流、冷链物流等快速发展，物流基础设施建设稳步推进，物流市场主体活力显著增强。中国城市物流行业保持稳定发展，利好政策不断。全年社会消费品零售总额 440823 亿元，比 2020 年增长 12.5%。其中，城镇消费品零售额 381558 亿元，占社会消费品零售总额的比例为 86.6%，与 2020 年基本持平，城区依然为城市物流运输的主要需求来源。全年实物商品网上零售额 108042 亿元，增长 12.0%，占社会消费品零售总额的比重为 24.5%。单位与居民物品物流总额 10.8 万亿元，增长 10.2%。全年快递业务量突破一千亿大关，累计完成 1083.0 亿件，同比增长 29.9%；快递业务收入 10332.3 亿元，同比增长 17.5%，最高日处理量达到 6.96 亿件，再创历史新高。总体来看，居民消费在持续恢复中稳步升级，电商快递、冷链物流需求保持旺盛，城市物流加速发展。

（一）国家政策环境持续向好，规划引领作用不断强化

2021 年是加快建设交通强国和实施“十四五”规划的开局之年，也是我国现代化建设进程中具有特殊重要性的一年。在内循环为主的经济模式下，城市物流作为拉动经济增长的重要引擎，受到了各界高度关注，各类政策陆续出台。

1.《国家综合立体交通网规划纲要》

提出完善城市物流配送系统，加强城际干线运输与城市末端配送有机衔接。

2.《2030 年前碳达峰行动方案》

提出交通运输绿色低碳行动，构建绿色高效交通运输体系，加快城乡物流配送体系建设，创新绿色低碳、集约高效的配送模式。

3.《国务院关于加快建立健全绿色低碳循环发展经济体系的指导意见》

提出打造绿色物流。加强物流运输组织管理，加快相关公共信息平台建设

和信息共享，发展甩挂运输、共同配送。推广绿色低碳运输工具，淘汰更新或改造老旧车船，港口和机场服务、城市物流配送、邮政快递等领域要优先使用新能源或清洁能源汽车。支持物流企业构建数字化运营平台，鼓励发展智慧仓储、智慧运输，推动建立标准化托盘循环共用制度。

4.《国务院办公厅关于印发“十四五”冷链物流发展规划的通知》

提出打造“三级节点、两大系统、一体化网络”冷链物流运行体系，加快城市冷链物流设施建设，促进干线支线有机衔接，鼓励物流企业延伸业务链条，强化综合服务能力，提供“干线运输 + 区域分拨 + 城市配送”冷链物流服务。

5.《交通运输部 公安部 商务部关于命名天津市等16个城市“绿色货运配送示范城市”的通报》

根据城市绿色货运配送示范工程验收工作有关安排，交通运输部、公安部、商务部联合受理了第一批19个城市人民政府提出的城市绿色货运配送示范工程验收申请。经技术组暗访、专家组实地验收、向社会公示等程序，确定天津市等16个城市达到了城市绿色货运配送示范工程创建预期目标。交通运输部、公安部、商务部决定命名天津市、石家庄市、衡水市、鄂尔多斯市、苏州市、厦门市、安阳市、襄阳市、十堰市、长沙市、广州市、深圳市、成都市、泸州市、兰州市、银川市为“绿色货运配送示范城市”。

6.《交通运输部关于服务构建新发展格局的指导意见》

提出持续提升专业物流服务能力，提升城市配送效率，深化城市绿色货运配送示范工程创建，创新配送模式，推进配送车辆标准化、清洁化、专业化发展。

7.《交通运输部关于印发〈综合运输服务“十四五”发展规划〉的通知》

提出打造清洁低碳的绿色运输服务体系，深入推进城市绿色货运配送示范创建。加快新能源城市物流配送车辆应用，稳步提高城市物流配送新能源汽车比例。完善城市配送节点网络、优化车辆便利通行政策、推进城市配送全链条信息交互共享、引导城市配送组织模式创新、推动标准化周转箱等物流单元循环共用，加快推进城市货运配送绿色化、集约化转型。到2025年，有序建设100个左右城市绿色货运配送示范工程。

8.《交通运输部关于印发〈绿色交通“十四五”发展规划〉的通知》

提出提高运输组织效率，推动城市建筑材料及生活物资等采用公铁水联运、新能源和清洁能源汽车等运输方式，继续开展城市绿色货运配送示范工程建设，鼓励共同配送、集中配送、分时配送等集约化配送模式发展。

9.《数字交通“十四五”发展规划》

提出以创新智慧物流运营模式，推动电子商务和城市货运配送供应链信息交互共享，推进物流枢纽智能化升级，推进智能仓储配送设施建设，推广仓储数字化管理、安全生产预警、车辆货物自动匹配、园区智能调度等应用，推动物流园区间信息共享和业务协作。

10.《电动营运货车选型技术要求》(JT/T 1371—2021)

该标准规定了电动营运货车选型的通用要求、分类要求和分级要求，适用于N1、N2、N3类纯电动营运货车，不适用于燃料电池车辆。该标准于2021年5月1日起开始实施。

(二) 城市物流发展稳步提升，运行效率持续提升

各地以城市绿色货运配送示范工程、城乡高效配送专项行动等试点示范为工作抓手，积极推进城市物流发展，企业创新活力持续释放，市场影响力和示范带动作用不断增强，有力推动货运行业节能减排、降本增效。

体制机制不断健全，部门协同协作更加顺畅。各地高度重视城市绿色货运配送发展，成立了由市政府主要领导任组长，交通、公安、商务等多部门组成的领导小组，进一步加强多部门协同联动工作机制建设，细化工作职责，明确任务分工。城市绿色货运配送企业考核管理办法中明确考核评价内容、标准、方法及周期，每年对主体企业开展考核评估，并结合考核评价结果实行相应的如调整企业配送运力、收回年度安全管理考核不合格及车辆交通违法行为较多的配送运输企业的车辆通行证等奖惩措施。

三级节点体系不断完善，配送运行更加集约高效。各地基本形成了“干支衔接型枢纽+公共配送中心+末端共同配送站”三级货运配送节点体系。珠海强化规划统筹引领作用，将城市货运配送基础设施建设与物流业发展规划相结合，初步形成了“4+13+600”的三级节点网络。同时，各地对三级节点开展动态监管，苏州、衡水、泸州、长沙、安阳等对纳入配送网络的节点颁发标牌，进行统一管理、规范服务标准、开展亮牌服务，统筹利用存量资源，各级配送节点优先利用现有场站网点进行升级改造，对功能发挥不足、设施更新落后的予以调出，适时补充场站节点以满足市场需求。

通行政策更加便利，“三难”问题显著缓解。各地优化完善通行政策，实施分级管控、精准施策，推动配送车辆分时、错时、分类通行。石家庄、杭州、成都等175个城市第二批推行网上核发货车电子通行码，货车驾驶人或管理员可以通过“交管12123”App快速查询推广应用城市的货车禁限行和通行码申领规定，按需申领和便捷出示货车电子通行码。新能源物流车便利化通行政策陆续出台，苏州、深圳、长沙、安阳、广州等在城市中心区设置“城市绿色配送示范区”，加强对燃油货车的通行管控，新能源货车不受通行限制。

新能源车推广力度加大，绿色减排更加显著。超过20个省区市已经出台

新能源车行业激励政策，超过 40 个城市出台开放新能源物流车路权政策。新能源物流车购置补贴退坡后，多地创新出台“运营补贴”政策，平均每年安排 1000 万 ~2000 万元用于新能源车辆推广应用。新能源物流车实现快速增长，部分地市新能源物流车实现倍数级增长。台州出台《台州市城市绿色货运配送新能源车辆运营奖补管理办法》，对达到一定运营里程的微面、中面、微卡、轻卡、冷藏车五种车型给予 8000 元到 28000 元不等奖补。

先进模式创新应用，信息资源交互共享。各地重点从鼓励集约化配送、配送资源协同共享、配送与供应链深度融合、发挥行业协会组织等方面加速推进先进高效的创新运输组织模式落地应用，“统仓统配”“一车多单、多点卸货”“标准化托盘共享”“带板运输”“甩挂 + 共配”等先进组织模式应用范围不断扩大。襄阳、十堰等探索建立多种形式的配送合作联盟，开展跨区域的城市绿色货运配送业务合作和组织协作。各地开展公共信息平台建设工作，整合交通、公安、商务等部门信息资源，提供政务发布、信息查询、车辆监管、数据分析、电子围栏、交通诱导、电子通行证办理等服务功能。

二、2022 年城市物流发展展望

2022 年，综合研判国内外形势，我国总体仍然处于经济长期向好趋势，国民生产总值预期增长 5.5% 左右，居民消费价格涨幅 3% 左右，居民收入增长与经济增长基本同步，发展导向重点是要稳增长，继续做好“六稳”“六保”工作，持续促进消费、扩大需求，城市物流需求持续扩大，市场潜力巨大。总体来看，2022 年城市物流发展呈现以下几个特点。

绿色转型发展趋势明显。2022 年 1 月，习近平总书记在中央政治局集体学习时强调，要统筹推进低碳交通体系建设，提升城乡建设绿色低碳发展质量。2022 年是落实我国碳达峰、碳中和目标任务的关键年，各行各业将有序开展碳达峰专项行动。物流作为城市能源消耗和温室气体排放的重要行业，2022 年将持续绿色转型发展，绿色物流基础设施、绿色运输装备、绿色运输组织模式、绿色包装等成为发展重点。

三级节点体系建设持续完善。2022 年，国家拟安排地方政府专项债券 3.65 万亿元，持续扩大有效投资。从城市物流领域来看，各地将进一步加大物流园区、货运枢纽、配送中心等建设和改造，重点推进多式联运物流园区、冷链物流基地等专业物流基础设施建设，持续推动形成干支衔接、专业分工的城市物流三级节点体系。

新能源物流车推广力度持续加大。国务院印发的《2030 年前碳达峰行动方案》中，明确提出要大力推广新能源汽车，逐步降低传统燃油汽车在新车产销和汽车保有量中的占比，推动城市公共服务车辆电动化替代，推广电力、氢燃料、液化天然气动力重型货运车辆，到 2030 年，新增新能源、清洁能源动力的交通工具比例达到 40% 左右。新能源车产业成为带动新产业、新业态、新经济联动发展的先导性产业。2022 年，国家将继续大力支持新能源汽车消费，各地将围绕新能源物流车推广应用、便利通行、运营补贴等方面出台系列政策，推动电动、氢能为代表的新能源物流车加速应用。

（作者：交通运输部规划研究院　李弢　刘佳昆）

2021 年仓储行业发展回顾与 2022 年展望

2021 年是中国经济社会发展里程碑的一年，时值中国共产党 100 年华诞以及“十四五”开局之年，虽然受新冠肺炎疫情持续影响，但在中国共产党的坚强领导下，中国经济增长国际领先，经济实力显著增强，主要预期目标全面实现，全年 GDP 突破 110 万亿元，比上年增长 8.1%，这样的成绩可圈可点，来之不易。

根据天眼查数据显示，我国现有 167 万家企业名称或经营范围含“仓储服务”，且状态为在业、存续、迁入、迁出的快递物流相关企业，近 8 成的企业成立时间在 5 年内。我国仓储服务相关企业年度注册量如图 1 所示。

从行业分布上来看，仓储服务相关企业较为平均地分布在交通运输（16%）、仓储和邮政业（29%）、批发和零售业（28%）、租赁和商务服务业（27%）。从注册资本来看，超 4 成仓储服务相关企业注册资本在 100 万元以下。

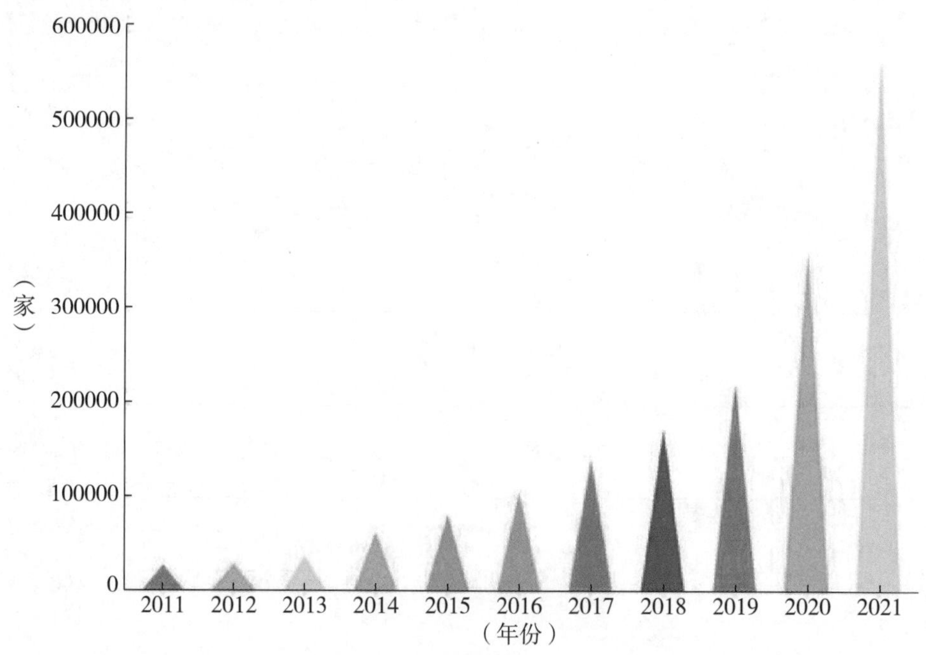

图 1　我国仓储服务相关企业年度注册量

资料来源：天眼查数据研究院。

总体来说，我国仓储发展正处在自动化阶段，应用 AGV、自动货架、自动存取机器人、自动识别和自动分拣系统等先进物流设备，通过信息技术实现实时控制和管理。从知识产权信息来看，国内仓储服务企业专利申请总量超过63万件，实用新型所占比例最大，占比48%。其中，仓储服务管理系统相关专利数量最多。

未来，随着信息技术的发展，仓储物流行业的发展将会联合工业互联网的技术不断向智能化升级。因此，智能仓储将成为大势所趋，成为众多企业和资本的布局重点。

一、2021 年仓储业发展回顾

2021 年，我国经济整体保持了回升态势，全年社会物流总额预计将保持在300 万亿元以上。物流市场规模稳步扩张，物流业总收入将超过 11 万亿元，市场收入有望保持在 15% 以上的增长速度。初步测算，2021 年全年社会物流总费用与 GDP 的比率维持在 14. 7% 左右，行业营商环境持续改善，物流运行实现稳中有进。

纵观 2021 年全年，物流业景气指数第一季度为 53%，实现良好开局，第二季度升至 55. 9% 的高点，第三季度回落至 51. 3%，第四季度缓中趋稳回升到 53. 2%，全年物流业景气指数平均为 53. 4%，较上年提高 1. 7 个百分点，实现圆满收官。

2021 年，经国务院批准，中国物流集团正式成立，央企物流“国家队”重组整合拉开序幕。行业企业兼并重组动作频频，盘活社会存量资源，编织内外联通的物流服务网络。

根据有关数据统计，2021 年中国智能仓储市场规模约为 1126 亿元，同比增长 16. 5%。数字经济热潮涌动，配送机器人、数字化仓库、数字供应链等新一代技术装备加快仓储行业商业化应用。

（一）2021 年仓储业发展的七件大事

1. 国家布局“十四五”规划，为仓储配送行业发展指明方向

《中华人民共和国国民经济和社会发展第十四个五年规划和 2035 年远景目标纲要》从设施建设、产业升级、体系完善三个层面提出了物流现代化建设的任务。

《“十四五”冷链物流发展规划》提出在产地建设一批产地冷链集配中心，推广“移动冷库 + 集配中心（物流园区）”等新模式，提高产地冷链设施利用效率和农产品产后商品化处理水平。在城市，建设一批销地冷链集配中心，集成整合流通加工、区域分拨、城市配送等功能，引导存量冷链设施资源集中，优化城市冷链设施布局。

《商贸物流高质量发展专项行动计划（2021—2025 年）》明确了商贸物流

标准化、数字化、智能化、绿色化的发展方向。

2. 政府加强行业监管，营造公平有序的行业发展环境

各政府部门加大对社区电商“低价倾销”、直播电商“物流刷单”等不正当竞争行为的处罚力度，严控资本无序扩张给市场带来的消极作用；关注货运司机和配送骑手劳动保障、合法权益和生命安全；国家反垄断局挂牌，预示着行业规范有序发展将成为下一阶段主旋律。

根据国家市场监管总局发布的 89 起关于互联网企业反垄断处罚案例，罚款累计突破 200 亿元。其中，最重要的罚款莫过于历时 4 个月的阿里巴巴因涉及“二选一”行为被罚 182.28 亿元。这一数额刷新了中国反垄断行政处罚纪录，几乎是此前中国境内反垄断最高罚单的 3 倍。

3. 中国物流集团成立，行业重组加速、市场竞争加剧

以中国物流集团成立、顺丰控股嘉里物流 51.8% 股权等为标志，预示着培育壮大具有国际竞争力物流企业的趋势；以同城配送企业“云鸟科技”和供应链企业“飞马国际”申请破产为标志，表明优胜劣汰、市场竞争加剧。大而强、中而专、小而精的企业将成为现代物流产业的骨干力量。

其中，组建中国物流集团，是着眼国有经济布局优化和结构调整，对中央企业物流业务实施专业化整合，推动我国物流业高质量发展的一项重要举措和实际行动。目前，新组建的中国物流集团拥有 600 多个分支机构，经营网点遍布国内 30 个省区市及海外五大洲，拥有铁路专用线 120 条、期货交割仓库 42 座，整合专业公路货运车辆近 300 万辆，在国际物流市场具有显著竞争优势。

据了解，中国物流集团将以“促进现代流通、保障国计民生”为己任，着力发展供应链物流、民生物流、特种物流、危险品物流、工业物流、应急物流、冷链物流、军民融合物流、国际跨境物流等，涵盖仓储、运输、配送、包装、多式联运、国际货代、期货交割、跨境电商、国际贸易、物流设计、供应链管理、加工制造、科技研发、电子商务等综合物流服务各种业态。

4. 受各种因素影响，企业运营成本明显上升

受“拉闸限电”政策、国际原油价格上涨、“招工难用工贵”等多重因素影响，仓配企业运营管理成本上升，经营压力加大。只有苦练内功、强化管理、技术升级、创新服务，才能度过难关。

2021 年的拉闸限电事件进一步凸显我国加快产业结构、能源结构转型升级的紧迫性。一些地方在贯彻落实新发展理念、实现绿色低碳转型等方面，还存在很多的不足。

各级政府不应简单地将绿色低碳循环发展当成任务和压力，层层传导给企业，应帮助大家理解新发展理念带来的好处和机遇，引导大家自觉践行。绿色低碳循环发展绝不是简单的排污指标、控碳指标和能耗标准，而是需要企业理

解、公众支持，需要循序渐进、技术支撑。各级政府应按照中央“放管服”的要求，以“店小二”式的服务意识，做好新发展理念的传播者、服务者和践行者，而不是旁观者。

5. 智慧物流成为发展方向，智能仓储取得新成果

习近平总书记在第二届联合国全球可持续交通大会开幕式上发表讲话，要大力发展智慧交通和智慧物流，强调智慧发展方向；普洛斯发布《2021 智慧物流园区白皮书》，分享物流园区“智慧升级指南”；智能机器人在仓储场景中更广泛应用，智能仓储取得成果显著。

普洛斯发布的《2021 智慧物流园区白皮书》中指出，智慧物流园区以物流园区为载体、以新一代信息技术为手段、以智能化应用系统平台为支撑，将人、车、货、物等全面感知、数字连接并深度融合，聚焦科技化运营、品质化服务、数字化物流，重配整合园区资源并达到各方利益最大化，实现绿色高效、业务增值、链式效益、协同生态，最终达成可持续发展。

6. REITs 政策放开，推动仓储设施向规模化标准化发展

自基础设施领域不动产投资信托基金（REITs）试点启动后，远洋资本、新宜中国等地产企业加速布局，我国首支“仓储物流类”基础设施公募 REITs（普洛斯）在上交所上市，经中国仓储与配送协会标准化评价的“星级仓库”达数百个，推动仓储设施建设与运营向规模化、网络化、标准化发展。基础设施公募 REITs 的成功推出，是我国基础设施领域重大的投融资机制创新，也是国家深化金融供给侧结构性改革的一大举措。

作为中国首批基础设施公募 REITs 之一，也是上交所首支“仓储物流类”基础设施 REITs，普洛斯 REITs 于 2021 年 6 月 21 日在上交所上市交易，一直以来秉承高效优质的运营，旗下园区有力地承载和支持了所在地区的民生和经济发展，是高标准现代化园区的行业标杆。

据了解，普洛斯 REITs 的基础设施资产由位于京津冀、长三角、粤港澳大湾区三大城市群核心物流枢纽地区的 7 处普洛斯仓储物流园组成，总建筑面积达 70. 50 万平方米。截至 2021 年 9 月 30 日，其资产总体出租率约 96. 64%。

7. “双碳”目标与相关政策推动仓配绿色化加速

国家相继发布《中共中央 国务院关于完整准确全面贯彻新发展理念做好碳达峰碳中和工作的意见》《2030 年前碳达峰行动方案》，强调推动低能耗低碳建筑规模化发展，创新绿色低碳、集约高效的配送模式；一些地方政府出台鼓励政策、大批企业积极申请“绿色仓库标识”，仓储配送绿色化加速推进。

值得一提的是，获得“中国绿色仓库”称号的库区共同的特点是：选址合理；规划科学；设计适度超前；土地利用率高；节能、节水、节材方面措施明显；重视环境保护。能够有效节约资源、降低能源消耗、减少污染排放、提高

物流效率。

国家有关部门以及企业也正在加快绿色仓储建设，鼓励建设绿色物流园区。加快标准化物流周转箱推广应用，全面推广绿色快递包装，引导电商企业、邮政快递企业选购使用获得绿色认证的快递包装产品。京东、苏宁均有多个仓库获得了绿色仓库的标识，引领仓储行业的绿色可持续发展。

（二）2021 年仓储业发展的几大特点

1. 仓储智能化水平持续提升

根据有关数据统计，2021 年中国智能仓储市场规模约为 1126 亿元，同比增长 16. 5%。以京东物流为例，在长期技术投入和创新驱动下，2021 年，其软件、硬件及系统集成的三位一体供应链物流技术核心竞争力得到持续强化，多项技术成果获国际、国内顶级荣誉：物流中心机器人智能调度系统荣获“北京市科学技术进步奖一等奖”、无人仓调度算法应用入围全球运筹和管理科学界最高奖项“弗兰兹·厄德曼奖”；成为国内首家获 DCMM 4 级认证物流企业；获批国家科技创新 2030“新一代人工智能”重大项目等。

全球拥有约 80 个保税仓库及海外仓库，国际供应链网络触达全球 220 多个国家和地区。京东只是当前仓储业千万代表企业的优秀一员，相信未来随着仓储业智能化水平以及氛围的整体提升，将会进一步升级行业业态。

2. 复合型仓储人才仍然比较稀缺

随着智能化以及互联网的发展，传统的仓储业也急需一批高质量、懂技术、能跨界的复合型人才，但是中国传统教育体系，由于产学研结合不紧密等原因，造成培养出的人才难以和企业的实际需求相匹配，严重滞碍了仓储业的发展。尤其是信息人才、管理人才、产业链和供应链贯通人才以及精通国际业务的人才更加紧缺。

值得一提的是，很多的企业，包括京东、苏宁、阿里等都创建了完整的人才培训体系，甚至是企业大学，来提升员工的综合素质。以京东为例，京东不仅设立了诸多奖学金、人才培养基金，而且和全国各大高校展开了全面合作，全力为企业、为社会培育高质量物流人才。倒逼高校与企业形成强力的合作关系，实质性地推动仓储业人才的孵化和培养。北京交通大学、北京物资学院等院校开展的校企合作都是十分成功和具有借鉴意义的。

3. 交割仓库体系更加规范化和系统化

交割是连接期货现货市场的重要纽带，交割仓库更是在其中发挥着压舱石的作用。2021 年 4 月 29 日，上海期货交易所经过多年探索，在充分调研并征求行业意见的基础上，结合监管经验，开始对交割仓库实施分类评估考核工作。将交割仓库评定为 A（A +）、B、C、D、E 五个等级。这是交割仓库业务的里程碑，覆盖了交割仓库管理经营和交割业务运作的各流程环节。

无独有偶，2021 年 8 月 30 日，大商所发布了《大连商品交易所指定交割仓库资格与监督管理规定》。通过将原交割仓库资格管理、年审、等级评定及现场检查等办法进行整合，形成更加统一、规范的业务制度，进一步规范指定交割仓库管理相关工作，并简化相关环节交割仓库报送的材料，为各交割仓库及参与交割的企业提供便利。

2021 年 7 月 15 日，《中共中央 国务院关于支持浦东新区高水平改革开放打造社会主义现代化建设引领区的意见》发布，该意见明确支持上期所探索建立场内全国性大宗商品仓单注册登记中心，开展期货保税仓单业务，并给予配套的跨境金融和税收政策。

大的政策下，拥有大的契机。不少企业借此扩充业务版图。以中储为例，这家国内大宗商品仓储领域的龙头，正积极配合上海国际能源交易中心对海外设库进行可行性研究，构建彰显中国特色、适应市场需求、符合国际规则的制度框架，加快推动建立国际化交割网络与交割体系。显然，在相关制度不断规范化的背景下，中国交割仓库的未来必将快速发展。

二、2022 年的仓储物流行业发展展望

根据最新统计数据，我国营业性通用仓库面积已超过 10 亿平方米，其中立体仓库接近 30%。从总体看，仓库设施已基本满足物流需求，但在产品结构与地区分布上还存在供求之间的矛盾。2022 年仓储业将呈现以下发展趋势。

1. 依然处于仓储智能化发展的高速时期

随着技术的不断成熟和迭代发展，2022 年依然是仓储业智能化发展的历史机遇期，据 Logistics IQ 报告显示，2026 年，估计全球仓储自动化市场将达到 300 亿美元的里程碑，2020—2026 年的复合年增长率约为 14%。这样的高速增长之下，也代表着智能化的加速融合与传统的仓储业。

据 DHL 的研究，仓储 4.0 的许多智能化技术仍处于开发阶段，虽然京东物流的仓储智能化水平已经可以代表世界水平，但目前大多数公司仍处于部署的初始阶段。因此，仓储行业相关的创业公司和传统大公司的智能化改造将是 2022 年市场关注的重点。

2. 仓储需求集中度进一步向发达地区聚集。

随着京津冀协同发展、长三角一体化发展、粤港澳大湾区、成渝一体化发展等国家战略的纵深实施，相关国家战略涉及的区域必然是仓储行业发展的重点和主要消费市场。

以长三角为例，包括了上海、浙江、江苏、安徽三省一市。这里经济发

达、工业基础实力雄厚，是我国经济增长的主要推动力和改革开放的前沿阵地，这里产业丰富，制造业发达，为物流仓储业发展提供了先决条件。随着经济的进一步发展，部分地区土地供应紧张，仓储用地供应逐渐减少以及人工成本的增长，带动智能仓储的需求。

长三角工矿仓储用地供应量集中在江苏，浙江等地区工矿仓储用地供应量相对较少，新增供应多在郊区地带；宁波、无锡等城市政府已公布的国有建设用地供应计划中，工矿仓储用地供应量均同比有所减少，随着用工成本的不断增长，刺激了容量更大、占地面积较小的智能仓储发展需求。

3. “双碳”目标下仓储物流业绿色化加速发展

“双碳”目标将会在2022年得到进一步深化。仓储物流业相关的绿色化也必将得到深化。

以2022年年初的北京冬奥会为例，整个奥运会仓储物流环节采用的所有叉车和货车都是新能源电动车，货物打包和拆封过程中产生的塑料膜、纸箱、纸板、木板等均采用可复用材料，达到了绿色、环保、低碳的现实要求，为仓储行业树立了一个标杆。

随着2022年仓储物流深化绿色行动，相关的痛点问题也将成为企业攻克的难点，比如，冷链仓储入库预冷、运输、冷藏、流通加工等全过程不同程度地存在碳排放，其中的高耗能、高排放都将会成为技术攻克的难关。

4. 2022年仓储物流市场净吸纳量进一步攀升

根据国际权威机构世邦魏理仕发布的《2022年中国房地产市场展望》，2021年中国国内快递业务增量和出口增速（按美元计）均达到30%。双循环发力共同推动电商、第三方物流和制造业的仓储需求大幅上升。世邦魏理仕预计，仓储物流市场受到电商、第三方物流及政策支持推动，2022年全年净吸纳量有望突破600万平方米。

从数据上来看，世邦魏理仕跟踪的中国19个市场2021年全年高标仓净吸纳量达到660万平方米，同比上升60%，相比2017年历史最高纪录提升40%。

从中长期来看，电商持续渗透和新业务模式涌现、制造业升级进程中供应链物流需求的增长、RCEP落地对区域化贸易和物流的促进将成为“十四五”期间国内高标仓市场发展的三大引擎。另外，智能高效、冷链、绿色在未来仓库配置中的重要性将日益凸显。

5. 仓储物流业行业整合度进一步提升

中国仓储物流除了几家大型企业外，大多数以小散乱差的姿态出现在世人的面前，但近两年来，仓储物流业正在加速整合。

2002年2月8日，京东以每股4.35港元的价格增持中国物流资产9.95亿股股份，持股比例从37.02%增至65.67%。这意味中国物流资产成为京东绝对控股的上市公司之一。

中国物流资产是宇培国际、RRJ Capital（一家私募股权投资公司）、京东共同在中国投资的物流仓储设施开发平台，是中国本土较大的物流基础设施开发商及运营商之一，主要从事租赁仓储设施和相关管理服务，也服务于生产、零售、电子商务及物流服务等领域的客户。截至 2020 年 12 月，该公司在中国 45 座城市管理和运营着 65 个物流园，物流资产组合（含在建及待开发）超过 620 万平方米，已形成覆盖中国主要物流枢纽城市的高效物流设施网络。

京东作为智能化仓储的领头企业，2022 年开年的强强联合必将让仓储物流业的整合进一步加速，同时也为行业的高质量发展创造了更多的空间和可能性。

6. 仓储物流业标准化程度进一步提高

在智能化不断渗透到仓储物流业的当下，粗放、扩张型的初级仓储物流运作模式已经很难再持续下去，而更加精细化操作、对客户需求反应灵敏高效的标准化仓储物流运作模式是企业所追求的。

仓储行业涉及的物品种类繁多，管理并非易事，因此，实现仓储管理的标准化非常有必要，更加标准化的仓储管理将在 2022 年成为越来越多的企业选择。

以托盘标准化为例，托盘“牵一发而动全身”，在运输、仓储、装卸搬运、配送等物流环节中起着衔接贯通的关键作用。近几年，国家相关部门在积极地推动托盘标准化，但是，目前我国标准化托盘的市场占有率仅为23%，而发达国家普遍高于我国，例如，澳大利亚为95%，美国为55%，日本为35%。

在美国和日本，托盘是一个巨大的产业，政府为推进物流标准化、提高托盘的利用率，相继出台了多项鼓励政策和优惠措施。可以预见，中国也必将加速相关仓储行业标准化的建设。

2022 年是党的二十大召开之年，也是“十四五”规划实施的第二个关键年头，各行各业任务繁重。国内国外存在很多的挑战，疫情依然没有结束，不稳定因素很多，但在政企共同的努力下，全国人民凝心聚力，全年 GDP 预期增长 5.5% 左右的目标有望实现，仓储业作为国民经济的基础产业之一，也将在成千上万的从业者的辛勤劳动下，加速智能化、低碳化的发展，成为助推中国经济发展的一股不可忽视的力量。

（作者：中国物资储运协会　李勇昭）

参考资料：

[1] 中国仓储与配送协会 . 2021 年中国仓储配送行业九件大事 .

［2］中国移动机器人（AGV/AMR）产业联盟.2021—2025中国箱式仓储机器人产业发展研究报告.
［3］高工机器人产业研究所.2021年中国物流仓储系统集成商竞争力排行TOP 20.
［4］前瞻产业研究院.2021年中国仓储地产行业发展现状及土地市场分析（附主要城市仓储用地成交情况）.
［5］戴德梁行.2021年重庆商业及物流地产市场回顾与展望.
［6］中国物流信息中心网站资料.
［7］国家统计局网站数据资料.
［8］物联云仓网站数据资料.

2021 年快递行业发展回顾与 2022 年展望

一、2021 年中国快递业发展回顾

（一）2021 年中国快递业发展基本概况

2021 年，全国快递服务企业业务量累计完成 1083.0 亿件，同比增长 29.9%；业务收入累计完成 10332.3 亿元，同比增长 17.5%。[①] 2020 年和 2021 年快递业务量情况如图 1 所示。

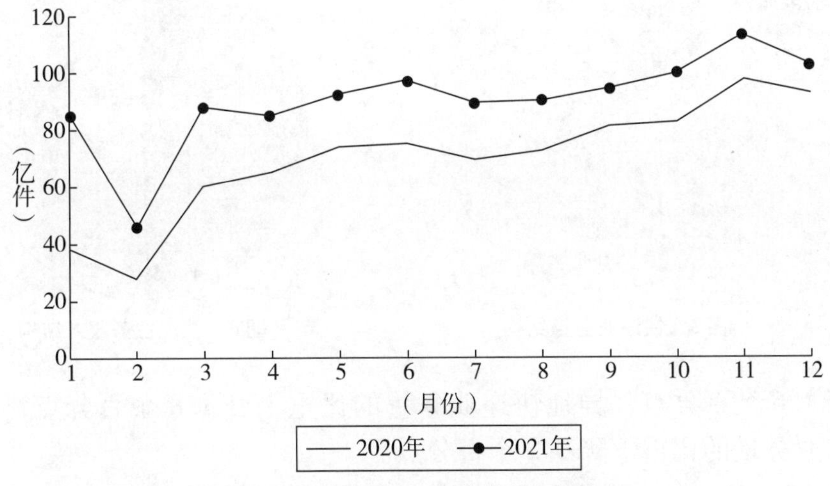

图 1 2020 年和 2021 年快递业务量情况

其中，同城快递业务量累计完成 141.1 亿件，同比增长 16.0%；异地快递业务量累计完成 920.8 亿件，同比增长 32.8%；国际/港澳台快递业务量累计完成 21.0 亿件，同比增长 14.6%。分专业快递业务量比较如图 2 所示。

2021 年，同城、异地、国际/港澳台快递业务量分别占全部快递业务量的 13.0%、85.0% 和 2.0%（见图 3）；业务收入分别占全部快递业务收入的 7.9%、50.6% 和 11.3%（见图 4）。与 2020 年同期相比，同城快递业务量的

① 注：邮政行业业务总量、邮政服务业务总量按 2020 年不变单价计算，同比增长按照可比口径计算。数据存在四舍五入，未进行机械调整。

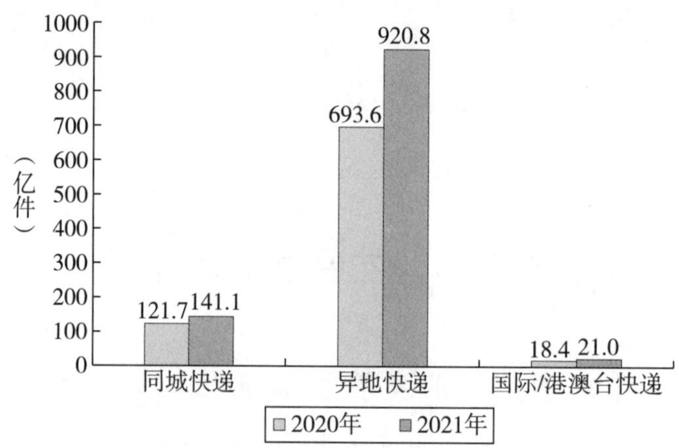

图 2　分专业快递业务量比较

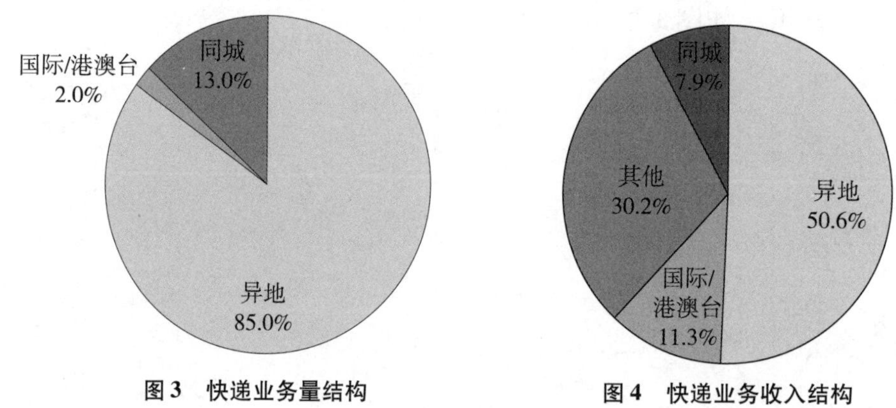

图 3　快递业务量结构　　图 4　快递业务收入结构

比重下降 1.6 个百分点，异地快递业务量的比重上升 1.8 个百分点，国际/港澳台快递业务量的比重下降 0.2 个百分点。

2021 年，东、中、西部地区快递业务量比重分别为 78.1%、14.6% 和 7.3%（见图 5），业务收入比重分别为 78.2%、12.9% 和 8.9%（见图 6）。与 2020 年同期相比，东部地区快递业务量比重下降 1.3 个百分点，快递业务收入比重下降 1.4 个百分点；中部地区快递业务量比重上升 1.3 个百分点，快递业务收入比重上升 1 个百分点；西部地区快递业务量比重基本持平，快递业务收入比重上升 0.4 个百分点。

2021 年，快递与包裹服务品牌集中度指数 CR8 为 80.5，较 1—11 月下降了 0.2。

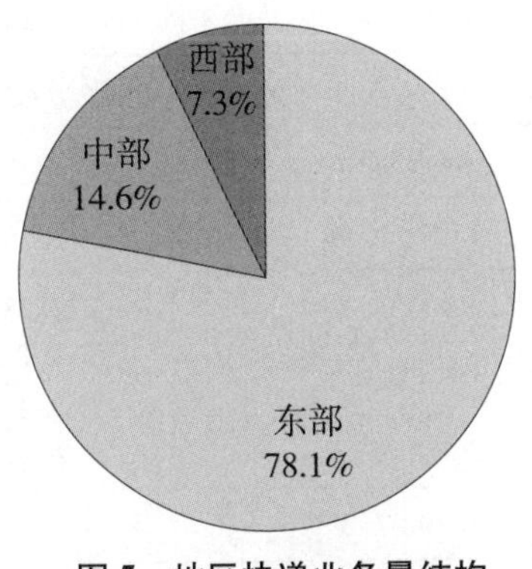

图5　地区快递业务量结构

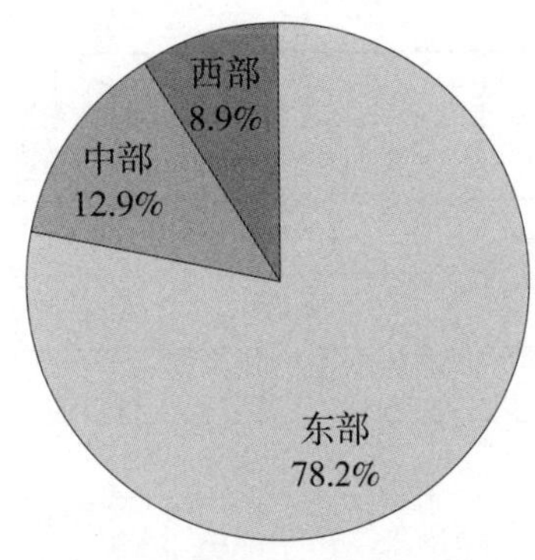

图6　地区快递业务收入结构

（二）2021年各省（自治区、直辖市）快递服务企业业务量和业务收入情况（见表1）

表1　2021年各省（自治区、直辖市）快递服务企业业务量和业务收入情况

单位	快递业务量累计（万件）	同比增长（%）	快递业务收入累计（万元）	同比增长（%）
全国	10829641.3	29.9	103323162.0	17.5
北京	221030.0	-7.2	3134341.1	-5.4
天津	123390.0	33.0	1401165.0	21.2
河北	506015.0	36.7	4036331.4	20.5
山西	78131.4	45.8	901584.2	34.4
内蒙古	26086.0	33.4	519290.1	23.3
辽宁	164328.1	46.8	1677022.7	27.6
吉林	62197.8	39.2	769227.2	26.7
黑龙江	60491.0	32.9	833873.7	18.9
上海	374137.9	11.2	17158198.9	20.1
江苏	860653.7	23.4	7883840.7	11.2
浙江	2278148.1	26.9	12646992.4	18.1
安徽	312664.8	42.0	2168052.1	23.9
福建	415012.3	20.9	3512665.6	16.1
江西	160091.5	42.9	1443098.3	25.9
山东	559785.8	34.8	4496076.7	21.7
河南	435552.7	40.5	3191669.0	28.2
湖北	269341.6	50.9	2413143.4	35.0
湖南	197803.1	34.4	1625079.7	25.3

续 表

单位	快递业务量累计（万件）	同比增长（%）	快递业务收入累计（万元）	同比增长（%）
广东	2945749. 4	33. 4	24543385. 4	12. 5
广西	102758. 5	31. 9	1127596. 8	25. 0
海南	14503. 9	31. 7	290023. 2	21. 3
重庆	97936. 0	34. 0	1034335. 2	24. 6
四川	278269. 8	29. 3	2680665. 3	20. 1
贵州	39787. 1	41. 3	666807. 3	27. 7
云南	84190. 5	33. 7	908387. 2	23. 2
西藏	1485. 2	30. 4	49492. 7	40. 2
陕西	111806. 6	21. 9	1209914. 7	17. 1
甘肃	18457. 8	33. 5	369628. 5	24. 1
青海	3686. 8	56. 3	100922. 4	31. 4
宁夏	9963. 0	36. 1	154100. 6	30. 3
新疆	16185. 8	40. 9	376250. 7	24. 4

（三）快递业务量前50位城市情况（见表2）

表2　　快递业务量前50位城市情况

排名	城市	快递业务量累计（万件）	排名	城市	快递业务量累计（万件）
1	金华（义乌）市	1163887. 9	14	武汉市	160412. 4
2	广州市	1067831. 2	15	郑州市	154844. 0
3	深圳市	597984. 4	16	宁波市	153194. 8
4	上海市	374137. 9	17	石家庄市	148812. 6
5	杭州市	367134. 0	18	佛山市	142372. 9
6	揭阳市	353294. 5	19	临沂市	132630. 1
7	东莞市	268421. 3	20	台州市	132257. 2
8	苏州市	247215. 2	21	天津市	123390. 0
9	北京市	221030. 0	22	合肥市	120038. 4
10	泉州市	216624. 2	23	长沙市	118867. 9
11	汕头市	216245. 1	24	嘉兴市	116051. 0
12	成都市	182528. 9	25	保定市	115302. 3
13	温州市	167965. 9	26	南通市	101304. 8

续　表

排名	城市	快递业务量累计（万件）	排名	城市	快递业务量累计（万件）
27	重庆市	97936.0	39	厦门市	59050.7
28	无锡市	97260.6	40	湖州市	57096.9
29	南京市	91687.4	41	昆明市	56671.2
30	绍兴市	88702.9	42	宿迁市	56566.5
31	济南市	79535.8	43	南宁市	55875.3
32	西安市	78685.7	44	徐州市	54624.4
33	青岛市	77252.4	45	福州市	54353.6
34	沈阳市	76401.1	46	商丘市	51827.3
35	廊坊市	74025.5	47	邢台市	50194.6
36	中山市	72558.8	48	惠州市	49100.9
37	南昌市	63637.5	49	沧州市	46043.1
38	潮州市	61471.3	50	潍坊市	45441.1

（四）快递业务收入前50位城市情况见表3

表3　　快递业务收入前50位城市情况

排名	城市	快递业务收入累计（万元）	排名	城市	快递业务收入累计（万元）
1	上海市	17158198.9	14	宁波市	1369433.7
2	广州市	8171900.1	15	泉州市	1290800.9
3	深圳市	6489185.1	16	郑州市	1243960.0
4	杭州市	4162523.5	17	汕头市	1094205.7
5	金华（义乌）市	3351505.4	18	重庆市	1034335.2
6	北京市	3134341.1	19	无锡市	1017029.8
7	东莞市	2810693.4	20	温州市	999223.7
8	苏州市	2454081.5	21	青岛市	948739.5
9	成都市	1656935.4	22	嘉兴市	948488.6
10	揭阳市	1611212.4	23	石家庄市	941570.8
11	佛山市	1597063.0	24	长沙市	900898.3
12	武汉市	1442769.3	25	南京市	899241.3
13	天津市	1401165.0	26	合肥市	877332.2

续 表

排名	城市	快递业务收入累计（万元）	排名	城市	快递业务收入累计（万元）
27	西安市	841790. 3	39	南宁市	567119. 9
28	厦门市	819814. 9	40	常州市	552797. 0
29	济南市	775202. 2	41	哈尔滨市	540716. 8
30	保定市	758495. 2	42	惠州市	515598. 5
31	南通市	742077. 1	43	昆明市	497648. 8
32	廊坊市	732628. 6	44	长春市	484438. 3
33	沈阳市	729837. 8	45	绍兴市	462738. 9
34	台州市	720210. 3	46	沧州市	418061. 1
35	福州市	683790. 4	47	徐州市	415225. 7
36	中山市	672571. 5	48	湖州市	400333. 9
37	南昌市	637282. 8	49	大连市	368028. 6
38	临沂市	613778. 4	50	太原市	362302. 5

（五）2021 年快递服务申诉总体情况（见图 7）

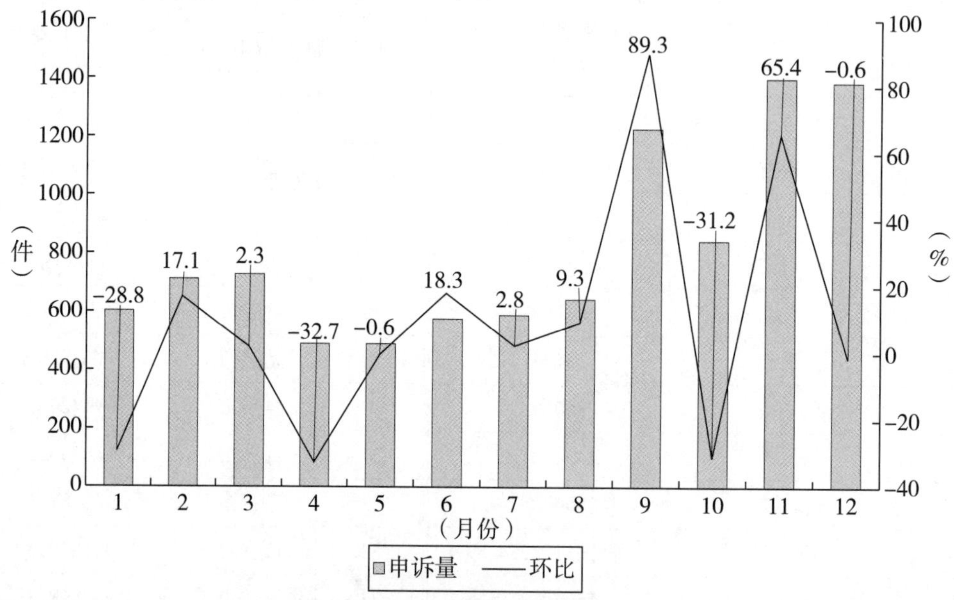

图 7　2021 年快递服务申诉总体情况

（六）快递服务满意度

据调查显示，2021 年，快递服务总体满意度得分为 76.8 分，其中，公众满意度得分为 83.7 分，时限测试满意度得分为 69.9 分。

总体满意度和公众满意度得分居前 5 位的快递服务品牌是：顺丰速运、京东快递、邮政 EMS、中通快递、韵达速递。

公众满意度得分居前 15 位的城市是：太原、芜湖、宝鸡、长春、银川、武汉、漯河、无锡、临沂、合肥、南宁、哈尔滨、大连、台州、郑州。

公众满意度方面，涉及评价的 5 项二级指标中，在创新驱动下，受理服务、售后服务得分有所上升。受新冠肺炎疫情、极端天气等因素影响，揽收服务、投递服务、信息服务得分有所下降。边作栋表示，2021 年售后环节满意度得分为 72.5 分，与 2020 年相比提升较为明显。一是得益于企业重视带来的显著变化。不少企业坚持问题导向，积极推进售后服务转型升级，客服团队更加专业，问题响应及时性、准确性、有效性得到提高，受到用户好评。二是得益于技术进步带来的积极影响。

二、2021 年我国快递业发展特点

（一）我国快递业务量突破千亿件，继续保持全球排名第一

2021 年，全国快递服务企业业务量累计完成 1083.0 亿件，同比增长 29.9%；业务收入累计完成 10332.3 亿元，同比增长 17.5%。

（二）件均收入继续下滑（见表 4）

表 4　2017—2021 年我国快递业务情况

数据分类	2017 年	2018 年	2019 年	2020 年	2021 年
快递业务量（亿件）	400.6	507.1	635.2	833.6	1083
快递业务收入（亿元）	4957.1	6038.4	7497.8	8795.4	10332.3
件均收入（元）	12.37	11.9	11.8	10.55	9.54
快递业务量年增长率（%）	28	26.60	25.30	31.2	29.9
快递业务收入年增长率（%）	24.70	21.80	24.20	17.3	17.5

这预示着快递业的电商快递的价格战依然存在，以价换量的模式还是主要的竞争手段，其底层逻辑预示着快递产业的集中度依然很低。与发达国家相

比，我国排名前三家快递企业在快件量方面的集中度不足60%。

（三）“两进一出”加快推进

2021年，“快递进村”“快递进厂”“快递出海”工程扎实推进。“快递进村”比例超过80%，苏浙沪等地基本实现“村村通快递”，山西、黑龙江、山东等地取得重大政策突破。交快、邮快、快快等合作进一步深化，共同配送、客货邮融合等新模式不断涌现，新增15.5万个建制村实现邮快合作。打造1908个快递服务制造业业务收入超百万元项目。积极拓展国际航空、铁路、海运等常态化跨境寄递渠道，持续推动中欧班列常态化运输邮件和跨境电商商品。聚焦RCEP区域拓展地面网络，部分企业加速进入中东、拉美市场，品牌企业加快海外仓建设布局，累计建成海外仓240个、面积近200万平方米。全年国际、港澳台寄递业务量突破22亿件，支撑跨境商品流动额超过4400亿元。

（四）快递的基础设施能力不断强化

2021年，邮政快递业深化与综合交通运输衔接，快递专用货机保有量超过130架，鄂州航空货运枢纽建成校飞，顺丰转运中心和航空基地等加快建设，京东货运航空公司获批筹建，高铁运输快递线路超过1500条，高运能大型干线车辆达2.85万辆。大型分拨中心智能化改造加快推进，枢纽转运中心基本实现自动分拣全覆盖。末端服务体系不断完善，县乡村共配网络加快构建，智能快件箱规模稳中有升，公共服务站达到16.1万个。邮政企业加大对县乡处理中心、村级站点及冷链设施、车辆设备等建设投入力度。福州邮政快递末端基础设施实现常态化无偿配建。

（五）快递绿色包装持续推进

2021年，国家邮政局深入实施“2582”工程，开展重金属和特定物质超标包装袋、过度包装和随意包装、塑料污染专项治理，重金属与特定物质超标包装袋实现存量大幅消减，过度包装和随意包装得到初步遏制，可循环快递箱（盒）投放量达630万个，电商快件不再二次包装率达80.5%，新增3.6万个设置包装废弃物回收装置的网点。制定《邮件快件包装管理办法》及配套制度，大力推动用品用具监管方式改革，开展快递包装绿色产品认证，加强行业生态环保监管执法，积极推动多方协同共治。大力推广新能源和清洁能源车辆，保有量突破6万台。

（六）冷链快递成为新的竞争焦点

继顺丰和京东快递拓展冷链快递市场后，中通冷链首批干线大引力双温区冷藏车组装完毕并投入运营。据介绍，中通冷链将以“直营+加盟”为组织模式，构建包括产地仓、销地仓、网格仓在内覆盖全国的冷链云仓网络。预计2021年年底前，完成30个省会城市、超过1500个服务网点的覆盖范围，实现全国80%县级城市覆盖密度的门到门冷链物流网络。韵达冷链与大河网络传媒集团在郑州签署战略合作协议，决定共同搭建河南省、市、县三级冷链物流网络，合力进军河南省冷链市场。

（七）民营快递国际化范围进一步扩大

2021年，韵达国际开通“中国—尼泊尔”直飞包机。截至目前，韵达国际服务网络已开通韩国、加拿大、澳大利亚等超过30条国际专线，在全球35个国家和地区拥有超过60个加盟商。百世集团宣布启动泰国至全球34国航空小包寄递业务，一站式运营泰中、泰马、泰新、泰欧美等线路，并凭借位于曼谷的1万平方米高标供应链仓库，形成“物流—仓储—清关—配送”一站式服务，所有订单“一单到底”，可实时跟踪物流。4月15日北京时间10点，一架圆通航空B757从昆明机场起飞，经过4个多小时的飞行，于当地时间11点55分抵达印度金奈。货机上装载25吨左右的跨境电商出口货物，主要为国内外知名品牌的高端电子产品，计划每周执飞四班。

（八）快递业持续推动服务乡村振兴

2021年，国家邮政局持续深挖农村市场潜力，年内培育山西吕梁杂粮、山东日照海鲜、河南信阳毛尖、湖南怀化冰糖橙、重庆粉条、陕西咸阳猕猴桃、宁夏银川枸杞等业务量超过千万件的快递服务现代农业金牌项目40个，累计达到100个，全年农村地区收投快递包裹总量370亿件，带动农产品出村进城和工业品下乡进村超过1.85万亿元。邮政企业不断完善农村邮政服务体系，全国累计建成农村邮乐购站点34.8万个，培育邮政服务农特产品进城项目958个。落实“四个不摘”要求，定点帮扶指标提前完成。

（九）《“十四五”邮政业发展规划》出台为我国快递业发展指明方向

《“十四五”邮政业发展规划》总体要求包括指导思想、基本原则和主要目标。指导思想是规划的灵魂和根本遵循，强调以习近平新时代中国特色社会主义思想为指导，指明要完整、准确、全面贯彻新发展理念，明确主题、主线、动力、目的和抓手，提出健全打造国内、国际寄递物流服务“两体系”，确定“两实现”和“两建设”。具体来说就是：以推动邮政业高质量发展为主题，以深化邮政业供给侧结构性改革为主线，以改革创新为根本动力，以满足人民日益增长的美好生活用邮需要为根本目的，以快递“进村进厂出海”为重要抓手，统筹发展和安全，推进高效能治理，健全畅通高效、普惠便捷的国内寄递物流服务体系，打造开放共享、安全可靠的国际寄递物流服务体系，实现邮政事业和邮政产业协同发展，实现发展质量、结构、规模、速度、效益、安全相统一，为建设人民满意、保障有力、世界前列的邮政强国开好局、起好步，为建设现代化经济体系、构建新发展格局提供有力支撑。基本原则体现规划价值取向，包括坚持普惠均等、坚持市场主导、坚持创新驱动、坚持安全发展、坚持绿色环保五大原则。

三、2022 年中国快递业发展展望

（一）快递业务量同比继续保持两位数的增长，预计在 27% 以上，预计快递业务收入同比增长在 19% 左右

一是，快递进村工程的不断扩大，给快递带来增量空间；二是新冠肺炎疫情的因素也会让购物消费通过快递渠道完成，从而带来增量空间。

由于产业集中度较低和电商控制快递的定价权的叠加作用，价格战还会持续，以价换量的模式还会延续，只是程度趋缓。

（二）快递进村工程列为国家工程

2022 年，《中共中央 国务院关于做好 2022 年全面推进乡村振兴重点工作的意见》，即 2022 年中央一号文件发布。文件提出，要加快农村物流快递网点布局，实施快递进村工程。

在聚焦产业促进乡村发展方面，中央一号文件提出，加快农村物流快递网点布局，实施快递进村工程，鼓励发展“多站合一”的乡镇客货邮综合服务站、“一点多能”的村级寄递物流综合服务点，推进县乡村物流共同配送，促进农村客货邮融合发展。支持大型流通企业以县城和中心镇为重点下沉供应链。加快实施“互联网＋”农产品出村进城工程，推动建立长期稳定的产销对接关系。推动冷链物流服务网络向农村延伸，整县推进农产品产地仓储保鲜冷链物流设施建设，促进合作联营、成网配套。支持供销合作社开展县域流通服务网络建设提升行动，建设县域集采集配中心。

（三）高质量发展快递业成为快递转型升级的方向

2022 年，着力优化邮政业公共服务供给，提升快递服务供给质量，推动质量变革、效率变革、动力变革，引导邮政、快递企业由单一寄递企业向综合型物流供应链集团转变，推动邮政业由服务消费向服务生产、分配、流通、消费全环节转变，推动邮政业发展由数量规模向质量、结构、规模、速度、效益、安全相统一转变。

要实行“三分”，推动成本分区、服务分层、产品分类，稳步实现差异定价、优质优价，实现行业有价值、企业有利润、员工有尊严、用户有好评；要发力“三治”，旗帜鲜明反对“内卷”，旗帜鲜明反对损害行业权益、员工合法权益和消费者合法权益的行为，旗帜鲜明维护市场秩序，集中治理恶性低价竞争、超范围经营和空包；要推进“三化”，坚持减污降碳并重，加快推进快递包装减量化、标准化、循环化，明确行业绿色低碳转型发展实施路径。

（四）国家邮政局发布 2022 年邮政快递业更贴近民生七件实事

一是深入实施快递进村工程。包括：推动地方出台农村寄递物流体系建设落实政策；开展农村电商协同示范，建设农村电商快递协同发展示范区和快递服务现代农业示范项目；深化邮快、快快、快商合作，促进农村客货邮融合发展，实现建制村快递服务基本覆盖。

二是提升农村地区邮政普遍服务水平。包括：加快农村邮路汽车化；巩固提升西部农村地区建制村每周三次及以上投递频次比例；推进抵边自然村邮政服务普遍覆盖。

三是强化快递员（投递员）权益保障。为此要推动各省出台快递员权益保障落实政策，督促快递企业有效落实派费调整承诺，推广实施《快递企业末端派费核算指引》；加快推进基层网点优先参加工伤保险工作，进一步提高全国参保水平；持续开展“暖蜂行动”。

四是优化快递服务消费环境。包括：加强产品服务创新引导，推动快递服务分层、产品分类，着力提升用户服务体验；强化末端服务质量监管，加大未按名址投递快件行为查处力度，深化治理农村快递服务违规“二次收费”问题，保障用户合法权益；开展市场秩序整顿，依法严肃查处超许可范围经营、无证经营、委托无许可企业经营等违法行为，维护市场公平竞争秩序。

五是加强用户个人信息安全保护。包括：推动企业加大虚拟安全号码、隐私面单、电子身份证等技术应用，加强个人信息安全保护；会同有关部门严厉打击非法泄露、买卖寄递服务信息等行为；全力推动出台《快递电子运单》国家标准。

六是实施绿色发展“9917”工程。推动快递包装减量化、标准化和循环化，到年底实现采购使用符合标准的包装材料比例达到90%，规范包装操作比例达到90%，可循环快递箱达到1000万个，回收复用瓦楞纸箱7亿个。

七是加大行业人才培养力度。持续开展从业人员职业技能提升行动，力争培训从业人员20万人次。稳步推进快递工程技术人员职称评审，着力壮大中高级工程师队伍。

（五）冷链快递的规模进一步扩大

2022年，冷链快递将呈现“冷鲜产品＋冷库＋冷链车＋冷链到门（驿站）”的模式扩张。国务院办公厅印发《“十四五”冷链物流发展规划》，为冷链形成产业链奠定了发展的基础。数字化、标准化、绿色化冷链物流设施装备研发应用加快推进，新型保鲜制冷、节能环保等技术加速应用。冷链物流追溯监管平台功能持续完善。冷链快递、冷链共同配送、“生鲜电商＋冷链宅配”“中央厨房＋食材冷链配送”等新业态新模式日益普及，冷链物流跨界融合、集成创新能力显著提升。从2021年开始，大多数快递企业都进行冷链布局，2022年还会进一步扩大规模，将成为快递新业务的增长点。

（作者：快递物流咨询网　徐勇）

（附注：本文主要数据和部分内容来源于国家邮政局网站）

2021 年物流园区发展回顾与 2022 年展望

一、2021 年物流园区发展回顾

2021 年，面对复杂严峻的国内外形势和诸多风险挑战，我国经济发展和疫情防控保持全球领先地位，经济总体运行在合理区间，推动了物流园区业务稳步复苏。同时，在“十四五”物流产业相关规划的指引下，物流园区高质量发展取得新成效，为现代物流体系建设提供了有力支撑，实现了“十四五”规划良好开局。

（一）“十四五”相关物流规划陆续出台，物流基建网络化建设深入推进

《中华人民共和国国民经济和社会发展第十四个五年规划和 2035 年远景目标纲要》（以下简称《规划纲要》）擘画了我国“十四五”乃至今后更长一段时期经济社会发展蓝图，开启了构建新发展格局的新征程，也为我国物流业发展指明了新方向。按照《规划纲要》的战略部署，国家密集出台了《“十四五”冷链物流发展规划》《“十四五”现代综合交通运输体系发展规划》《“十四五”现代流通体系建设规划》《国家物流枢纽网络建设实施方案（2021—2025 年）》等一系列物流发展相关规划文件，对“十四五”期间国家物流枢纽、冷链物流设施、农村物流设施等重点物流基础设施网络化建设作出具体安排和要求，物流园区发展迎来新机遇。

在国家物流枢纽方面，要统筹沿海（沿边）与内陆、东中西区域协调发展，适应实体产业布局和区域经济发展需要，推进 120 个左右国家物流枢纽建设，构建全国骨干物流设施网络，打造“通道 + 枢纽 + 网络”现代物流运行体系。

在冷链物流设施方面，要依托国家骨干冷链物流基地承载城市，布局建设 100 个左右国家骨干冷链物流基地，基本建成以国家骨干冷链物流基地为核心、产销冷链集配中心和两端冷链物流设施为支撑的三级冷链物流节点设施网络。

在农村物流设施方面，统筹利用交通、邮政、快递、农业、商贸等资源，全面推动县、乡、村三级农村物流节点体系建设，改造提升农村寄递物流基础

设施，推进农产品进城和消费品下乡。

在商贸物流设施方面，要统筹推进城市商业设施、物流设施、交通基础设施规划建设和升级改造，优化综合物流园区、配送（分拨）中心、末端配送网点等空间布局。

在国家政策的大力支持下，2021 年我国交通运输、仓储和邮政业投资继续保持高位运行，投资规模比上年增长 1.6%，其中，邮政业投资增长 25.2%，航空运输业投资增长 18.8%，水上运输业投资增长 17.9%，物流园区基础设施水平进一步提升。

（二）国家物流枢纽名单增至 70 家，枢纽联盟建设逐步走深走实

2021 年 11 月，国家发展改革委印发《关于做好“十四五”首批国家物流枢纽建设工作的通知》，将 25 个枢纽纳入“十四五”首批国家物流枢纽建设名单。其中，东部地区 8 个，中部地区 6 个，西部地区 8 个，东北地区 3 个。目前，国家发展改革委已牵头布局建设了 70 个国家物流枢纽，枢纽网络覆盖全国 29 个省（区、市）和新疆生产建设兵团，为加快建设“通道 + 枢纽 + 网络”的现代物流运行体系，支撑构建新发展格局奠定了坚实基础。“十四五”首批国家物流枢纽建设名单（25 个）如表 1 所示。

表 1　“十四五”首批国家物流枢纽建设名单（25 个）

（排名不分先后）

所在地	国家物流枢纽名称
天津市	天津空港型国家物流枢纽
河北省	石家庄陆港型国家物流枢纽
内蒙古自治区	呼和浩特商贸服务型国家物流枢纽
辽宁省	沈阳生产服务型国家物流枢纽
吉林省	珲春陆上边境口岸型国家物流枢纽
黑龙江省	黑河陆上边境口岸型国家物流枢纽
江苏省	连云港港口型国家物流枢纽
浙江省	温州商贸服务型国家物流枢纽
	金华生产服务型国家物流枢纽
安徽省	合肥陆港型国家物流枢纽
福建省	福州商贸服务型国家物流枢纽
江西省	南昌陆港型国家物流枢纽
山东省	日照港口型国家物流枢纽

续　表

所在地	国家物流枢纽名称
河南省	安阳陆港型国家物流枢纽
	商丘商贸服务型国家物流枢纽
湖北省	武汉陆港型国家物流枢纽
湖南省	衡阳陆港型国家物流枢纽
广西壮族自治区	柳州生产服务型国家物流枢纽
重庆市	重庆空港型国家物流枢纽
四川省	达州商贸服务型国家物流枢纽
西藏自治区	拉萨陆港型国家物流枢纽
陕西省	西安空港型国家物流枢纽
新疆维吾尔自治区	霍尔果斯陆上边境口岸型国家物流枢纽
新疆生产建设兵团	石河子生产服务型国家物流枢纽
深圳市	深圳港口型国家物流枢纽

在国家物流枢纽名单扩容的同时，国家物流枢纽联盟各项主要工作逐步走深走实。一是编辑出版了《国家物流枢纽创新发展报告（2021）》，总结推广枢纽建设运营经验与做法，展示国家物流枢纽创新精神和时代风貌。二是向政府部门提交了《国家物流枢纽 2020 年度评价报告》，协助枢纽联盟成员单位理顺数据采集、填报的渠道和工作机制，枢纽月度监测数据基本可按时按质提交，监测评价工作顺利起步。三是多次组织召开各种形式的线上线下会议，调研枢纽单位的业务需求，组织专家论证，从而形成了相对成熟的平台建设架构与推进方案。四是组织了首期国家物流枢纽网络建设培训班、枢纽监测评价指标培训班、枢纽业务协同恳谈会和对接会以及枢纽实地参观考察，搭建起增进交流、加强合作、互相学习的平台。五是国家物流枢纽联盟网站 2021 年 4 月上线，《国家物流枢纽动态》试刊发行，初步搭建起联盟成员联系桥梁、交流园地、展示的窗口和工作的平台。六是组织了国家物流枢纽建设运营标杆企业申报和评选工作，共确定 9 家单位为标杆企业。这些工作的有效推进，为下一步促进国家物流枢纽业务协同、政策协调、运行协作奠定了良好基础。

（三）物流园区经营状况有所好转，结构性分化仍较为明显

2021 年，我国实体经济持续稳定恢复，国内生产总值超过 114 万亿元，比上年增长 8.1%。经济有力复苏拉动了物流需求快速增长，2021 年社会物流总额达到 335.2 万亿元，同比增长 9.2%；物流业总收入 11.9 万亿元，同比增长 15.1%；营业性货运量 521 亿吨，同比增长 12.4%。我国物流业呈现整体向好

态势，推动了物流园区业务量较快增长，其中两种类型物流园区表现得更为突出。一是口岸服务型物流园区。得益于我国巩固拓展疫情防控成果和全产业链条优势，2021 年我国实现货物进出口 39.1 万亿元，增长 21.4%，其中，出口增长 21.2%，进口增长 21.5%，对外贸易规模和份额再创历史新高，带动了多数口岸服务型物流园区物流业务收入和货运量大幅增长。二是快递电商类物流园区。受新冠肺炎疫情反复影响，居家线上消费需求明显增长，带动了与网购密切相关的快递业迅猛增长，2021 年我国快递业务收入和业务量分别完成 10332.3 亿元和 1083 亿件，同比分别增长 17.5% 和 29.9%。

虽然物流园区整体经营情况有所好转，但一些同质化竞争严重、服务中小型物流企业的物流园区业务未见明显起色。一是受原材料价格上涨、订单不足、用工难、用工贵、应收账款回款慢、物流成本高，以及新冠肺炎疫情散发、部分地区停电限电等影响，中小型物流企业成本压力加大、经营困难加剧。二是 2021 年 50 强物流企业收入合计 1.4 万亿元，占社会物流业总收入的比例提升至 12%，达到了近年来的最高水平。行业集中度进一步提升，加剧了中小型物流企业生存压力。三是 2021 年年末全国共有 1968 家网络货运企业（含分公司），整合社会零散运力 360 万辆、驾驶员 390 万人，全年完成运单量 6912 万单，是 2020 年的 3.9 倍，网络货运平台持续争夺园区线下车货匹配业务。

（四）物流资产兼并重组提速，提升园区资源配置效率

2021 年 12 月 6 日，经国务院批准，中国物流集团有限公司正式揭牌成立。中国物流集团有限公司由原中国铁路物资集团有限公司、中国物资储运集团有限公司、港中旅华贸国际物流股份有限公司、中国物流股份有限公司、中国包装有限责任公司为基础整合而成，同步引入中国东方航空集团有限公司、中国远洋海运集团有限公司、招商局集团有限公司作为战略投资者。重组完成后，国务院国资委和中国诚通控股集团有限公司各持有 38.9% 的股权，3 家战略投资者持股比例分别为 10%、7.3%、4.9%。通过国有资本布局优化和结构调整，央企综合物流航母应运而生，经营网点遍布国内 30 个省区市及海外五大洲，拥有土地面积 2426 万平方米，库房面积 495 万平方米，料场面积 356 万平方米；拥有铁路专用线 120 条，期货交割仓库 42 座；整合专业公路货运车辆近 300 万辆。

除了中国物流集团有限公司成立以外，2021 年还发生了多个兼并重组的大事件。顺丰控股以 175.55 亿港元收购嘉里物流约 51.8% 的股权，其在全球有超过 43000 名员工，遍布全球 59 个国家，拥有超过 10000 辆自营车辆。湖北省按照“资产整合 + 业务重组”的方式，以武汉港航发展集团有限公司为主体，

将省属国企及长江、汉江沿线市州的国有港口资产整合，成立湖北省港口集团。极兔以约 68 亿元收购百世集团旗下的百世快递中国区业务，将其在全国的 87 个转运中心、49000 多个末端网点收入囊中。

物流资产的兼并重组，有利于加强物流资源整合和优化资源配置，促进物流园区互联成网和融入国家物流枢纽网络，进一步提升物流园区整体资源利用效率和经营质量。

（五）智慧物流成为发展新动能，拓展物流园区发展新空间

大力发展智慧物流，激发产业创新发展新动能，是“十四五”时期推动物流业高质量发展的重要抓手。2021 年 10 月，习近平总书记在第二届联合国全球可持续交通大会开幕式上发表主旨讲话时强调，要大力发展智慧交通和智慧物流，推动大数据、互联网、人工智能、区块链等新技术与交通行业深度融合，使人享其行、物畅其流。这进一步提升了智慧物流的战略地位，智慧物流园区建设驶入快车道。

一方面，智慧物流园区建设呈现遍地开花态势。国家部委和部分地区已出台的“十四五”物流相关规划，均将智慧物流园区建设作为重点任务，有些省份甚至给出了明确的发展目标，如浙江、江苏要求省级示范园区智慧化率在 2025 年分别达到 100% 和 80% 以上。在政策的推动下，企业纷纷加快智慧物流园区建设步伐。深圳妈湾、日照石臼、天津港北疆 C 段 3 座全自动化码头在 2021 年建成投运，已建成自动化集装箱码头达到 10 座，并有 7 座自动化集装箱码头在建，已建和在建规模均居世界首位。截至 2021 年 6 月 30 日，京东物流已在全国 28 个城市运营了 38 个亚洲一号大型智能仓库，仅上半年便在南宁、海口等城市新增 6 个。顺丰控股非公开发行 A 股股票，募集资金总额近 200 亿元，其中 62.4 亿元用于速运设备自动化升级项目，32 亿元用于数智化供应链系统解决方案建设项目。

另一方面，科技创新引领园区智慧化升级。青岛生产服务型（港口型）国家物流枢纽探索建立了智能空轨集疏运系统，将空轨技术与码头集装箱业务相融合，实现了集装箱空中运输，打通海铁联运“最后一公里”，实现港口、陆路、铁路联运“零换乘”，进一步提升集装箱集疏运能力和效率。京东物流持续加大在操作自动化、运营数字化和决策智能化等领域的技术探索，发布了京慧 2.0（供应链服务平台）、京东物控（终端接入管理平台）、三代天狼（智能仓储设备）以及第五代智能快递车，不断提升物流园区科技含量。主线科技与京东物流、申通快递、德邦等物流企业开展专线运输业务合作，率先在国内开启干线物流自动驾驶运营业务，目前已构建一支数十台规模的干线物流自动驾驶卡车车队。

（六）积极建设绿色物流园区，全力助推碳达峰、碳中和

为确保实现碳达峰、碳中和目标，我国出台了《中共中央 国务院关于完整准确全面贯彻新发展理念做好碳达峰碳中和工作的意见》《关于加快建立健全绿色低碳循环发展经济体系的指导意见》《国务院关于印发2030年前碳达峰行动方案的通知》等重要指导性文件，全面推进经济社会发展绿色转型。一些园区企业积极贯彻绿色发展理念，深入推动各项绿色物流行动，取得了显著效果。

在新能源物流汽车方面，按照《新能源汽车产业发展规划（2021—2035年）》中提出"2021年起，国家生态文明试验区、大气污染防治重点区域的公共领域新增或更新公交、出租、物流配送等车辆中新能源汽车比例不低于80%"的要求，国家及各地区出台了财政补贴、税收减免、免限行、路权等支持政策，大力促进了物流新能源汽车的推广和使用。例如，京东物流在全国7个大区、50多个城市，布局使用新能源车约20000辆，并大量使用清洁能源充电基础设施，每年可减少约40万吨二氧化碳排放。

在绿色快递包装方面，《邮件快件包装管理办法》于2021年3月12日起正式施行。该办法从包装的采购使用、包装操作等环节，明确寄递企业主体责任和法定义务，完善监管治理措施，明确法律责任，为加快推进邮件快件包装绿色转型提供了制度供给和法制保障。例如，海南省2021年年底邮政快递业电子运单、循环中转袋、"瘦身"胶带、符合标准包装材料应用和电商快件不再二次包装的比例均超过99%。邮政快递企业应用可循环快递箱（盒）超过10万个，累计节约快递包装物超过98万个。

在光伏电站建设方面，物流园区拥有大量优质的屋顶资源，是建设分布式光伏的理想载体之一。例如，普洛斯利用其体量领先的物流不动产屋顶资源，成立普枫新能源对可再生能源基础设施进行投资，截至目前已逐步在全国15个省市稳定运营分布式光伏发电项目，预计2021年年底分布式光伏累计1 GW开发规模，相当于约75万户家庭的年用电量。

（七）示范物流园区再度扩容，园区营商环境持续优化

2021年9月，国家发展改革委、自然资源部联合印发《关于做好第三批示范物流园区工作的通知》，确定第三批24家示范物流园区名单，取消2家示范物流园区称号，并要求有关省（区、市）政府部门将示范物流园区新增物流仓储用地，优先列入本地区建设用地供应计划并给予重点保障，支持示范物流园区符合条件的重大物流基础设施建设。自2015年示范工作开展以来，已确定78家示范物流园区，覆盖全国28个省（区、市）。利用示范物流园区数量扩

容的机会，中物联物流园区专委会在第19次物流园区工作年会上召开了示范物流园区工作座谈会，探讨建立示范物流园区常态化、规范化监测评估工作机制。在国家级示范工作稳步推进的同时，江苏、浙江、安徽、福建、江西、河南等省份又新认定了一批省级示范物流园区，并给予相关政策扶持。示范物流园区不断扩容，有利于以点带面推动提升物流园区整体发展水平，加快构建布局合理、规模适度、功能齐全、绿色高效的全国物流园区网络体系。第三批示范物流园区名单（共24个）如表2所示。

表2　　第三批示范物流园区名单（共24个）

所在地	示范物流园区名称
北京市	平谷区马坊物流基地
天津市	天津东疆保税港区
河北省	河北新发地农副产品物流园
	唐山海港物流产业聚集区
内蒙古自治区	通辽经济开发区综合物流园区
辽宁省	东北快递（电商）物流产业园
黑龙江省	哈尔滨龙运物流园区
江苏省	苏州工业园区现代物流园
	南京空港江宁快递产业园
浙江省	浙江德清临杭物流园
	浙中多式联运枢纽港
安徽省	宝特芜湖现代物流产业园
	宝湾（合肥）国际物流中心
江西省	上饶市新华龙现代物流园
山东省	金乡县鲁西南商贸物流园
	黄河三角洲滨南物流园
河南省	鹤壁现代煤炭物流园区
	驻马店恒兴仓储物流及电子商务产业园
湖北省	黄石新港（物流）工业园
湖南省	湖南一力物流园

续 表

所在地	示范物流园区名称
广西壮族自治区	柳州市鹧鸪江钢铁深加工及物流产业园
四川省	成都国际铁路港
贵州省	贵州快递物流集聚区
新疆维吾尔自治区	中疆物流昌吉物流货运周转基地

此外，国家发展改革委等部门印发了《粮食等重要农产品仓储设施中央预算内投资专项管理办法》，发挥中央预算内投资引导带动作用，加强园区物流基础设施建设。《物流设施设备的选用参数要求》（GB/T 39660—2020）、《电子商务第三方仓储服务管理规范》（GB/T 39439—2020）、《公铁联运货运枢纽功能区布设规范》（JT/T 1347—2020）、《钢材仓储管理规范》（YB/T 4864—2020）、《钢铁物流数字化仓储建设基本要求》（YB/T 4878—2020）等园区相关标准在2021年正式实施，为园区规划、建设、运营和管理的科学规范化发展创造了有利条件。中物联物流园区专委会编辑出版《中国物流园区发展报告（2021）》，系统地反映我国物流园区发展状况，为社会各界了解园区发展提供窗口。

二、2022年物流园区发展展望

2022年，面对更加严峻、复杂的国内外形势，我国将稳增长放在更加突出的位置，保持经济运行在合理区间。物流园区将在“稳”中求“进”，按照“十四五”规划中物流相关规划要求，扎实推进基础设施建设、数字化转型、多式联运等各项工作，以高质量发展迎接党的二十大胜利召开。

（一）稳增长推动，物流基础设施建设实现新提升

2021年12月召开的中央经济工作会议，在充分肯定2021经济发展成绩的同时，也指出我国经济发展面临需求收缩、供给冲击、预期转弱三重压力。为着力稳定宏观经济大盘，保持经济运行在合理区间，会议提出“稳字当头、稳中求进”的工作要求，将适度超前开展基础设施投资作为宏观调控的重要手段。《中共中央 国务院关于做好2022年全面推进乡村振兴重点工作的意见》在“加强县域商业体系建设”中提出，要“加快农村物流快递网点布局”“整县推进农产品产地仓储保鲜冷链物流设施建设”。《国务院办公厅关于促进内外贸一体化发展的意见》（国办发〔2021〕59号）要求“持续支持中西部地区、

县域商贸物流基础设施建设”。《财政部办公厅 国家发展改革委办公厅关于申报2022年新增专项债券项目资金需求的通知》（财办预〔2021〕209号）要求，2022年专项债券资金继续重点用于交通基础设施、城乡冷链物流基础设施（含粮食仓储物流设施）等领域。《交通运输部印发关于积极扩大交通运输有效投资的通知》，就加快构建现代化高质量国家综合立体交通网、加快公路水运重大基础设施建设、加快实施“四好农村路”助力乡村振兴工程等重点任务作出部署。在政策的大力推进下，物流相关基础设施投资有望实现较快增长，园区基础设施水平也将得到有效提升。

（二）实施方案指引，国家物流枢纽建设踏上新征程

2021年，国家发展改革委印发《国家物流枢纽网络建设实施方案（2021—2025年）》，为“十四五”期间国家物流枢纽建设做出了系统性安排。一方面，围绕推动存量国家物流枢纽高质量发展，整合优化存量物流设施，强化多式联运组织能力，促进国家物流枢纽互联成网，推动完善以国家物流枢纽为支撑的“轴辐式”物流服务体系；培育发展枢纽经济通道经济，打造经济和产业发展走廊。另一方面，围绕加快健全国家物流枢纽网络，按照“成熟一个、落地一个”原则，稳步推进120个左右国家物流枢纽布局建设；支持城市群内国家物流枢纽共建、共享、共用和一体化衔接，强化都市圈物流网点体系与国家物流枢纽网络有机衔接、协同联动。国家物流枢纽建设也逐步得到了各地政府的高度重视和大力支持，已有17个省区将其作为重点内容纳入政府工作报告，并做出明确部署。国家物流枢纽联盟也将在国家发展改革委指导下，以国家物流枢纽联盟综合信息服务平台为抓手，以信息化建设相对成熟的枢纽试点项目为突破口，探索树立标准衔接、业务联动、资源共享、网络协同样板，为形成枢纽间系统性、常态化合作机制积累经验。

（三）数字经济赋能，物流数字化转型迈上新台阶

物流业贯穿一二三产业，衔接生产与消费，涉及领域广、发展潜力大、带动作用强。大力发展智慧物流，既能推动物流业降本增效，又能促进实体经济健康发展，还能带动其他产业共同实现数字化转型。《国务院关于印发“十四五”数字经济发展规划的通知》（国发〔2021〕29号），将智慧物流与农业、工业、商务、金融、能源等行业并列。随着我国数字经济转向深化应用、规范发展、普惠共享的新阶段，“十四五”物流园区数字化将向纵深推进，有力支撑我国物流业高质量发展。一是码头自动化改造。上海港、青岛港、天津港、宁波港等港口自动化码头投入运营，大幅提升了港口运营效率，产生了较好的示范效应。而随着我国全面掌握了自动化码头设计建造、

装备制造、系统集成和运营管理全链条的关键技术，自动化码头建设也将加快推进。二是制造物流智能化升级。《“十四五”智能制造发展规划》提出到2025年，70%的规模以上制造业企业基本实现数字化、网络化，建成500个以上引领行业发展的智能制造示范工厂。智能制造深入推进，将带动物流环节智能化提升，协同智能制造组织革新。三是随着整车零担化、零担快递化，传统人工机械装卸搬运难以适应消费品物流碎片化发展，AGV、自动货架、自动存取机器人、自动识别分拣等自动化系统将加速普及，快递电商等企业在智能仓储体系建设竞争更加激烈。四是普洛斯发布《2021智慧物流园区白皮书》，总结了数字月台、智慧安防、智能场站调度等智慧园区应用场景，并将推广至普洛斯全国园区，同时向行业开放智慧物流园区建设标准，相关应用场景将加速在园落地。

（四）多式联运发力，园区运输结构调整呈现新态势

2021年12月，国务院办公厅印发《国务院办公厅关于印发推进多式联运发展优化调整运输结构工作方案（2021—2025年）的通知》（以下简称《方案》），要求到2025年，基本形成大宗货物及集装箱中长距离运输以铁路和水路为主的发展格局，全国铁路和水路货运量较2020年分别增长10%和12%左右，集装箱铁水联运量年均增长15%以上。根据发展目标，《方案》提出提升多式联运承载能力和衔接水平、创新多式联运组织模式、创新多式联运组织模式、加快技术装备升级、营造统一开放市场环境、完善政策保障体系六方面政策措施，为物流园区调整优化运输结构提供了有力支撑。

而随着近年来铁路物流基地和园区铁路专用线逐步建成投产，物流园区特别是以铁路为核心的内陆港在多式联运网络的节点支撑作用愈发凸显，成了推动多式联运发展的重要力量。2022年以来，多个物流园区开通新的铁路货运班列，成为多式联运发展新增长点。连云港港口集团有限公司与甘肃（兰州）国际陆港合资成立苏陇（甘肃）物流供应链有限公司，在2022年1月15日开通了连云港至兰州的双向班列，实现了两港物流资源融合共享以及两地优势资源交叉互补。南昌向塘国际陆港与厦门港组织开行首列“南昌—厦门—中国台湾”台海专列，班列采用“进境与沿海同价到港，出境与沿海同价起运，通关与沿海同样效率”的“三同”政策和中铁集“铁路箱下水”政策，全程最快仅需5天，为江西本地企业开辟了一条通达台湾的货物运输新通道。怀化国际陆港与陆海新通道运营有限公司签署了《共建陆海新通道跨区域综合运营平台合作协议》，将合资组建区域公司共建陆海新通道，并开通了陆海新通道中老铁路班列（怀化—万象），推动湖南怀化正式融入陆海新通道。

（五）多种因素作用，国际物流海外布局迎来新机遇

近年来，我国海外仓数量快速增长，总数已超过 2000 个，但远未满足我国规模庞大的国际贸易业务需求。而新冠肺炎疫情暴发后全球仓储费用大幅上升，UPS、马士基、地中海航运等国际航空运输和海运巨头也更加重视自主可控，纷纷在全球重要城市的机场、港口、铁路场站等节点加快布局仓储设施，进一步挤压了我国国际物流发展空间。中央经济工作会议强调，要加快形成内外联通、安全高效的物流网络。《国务院办公厅关于促进内外贸一体化发展的意见》（国办发〔2021〕59 号）明确提出，鼓励有条件的大型商贸、物流企业“走出去”和加快布局海外仓。在多重因素的共同作用下，我国国际物流节点建设将驶入快车道，有两个方向在 2022 年应给予重点关注。

一是东盟方向。《区域全面经济伙伴关系协定》（RCEP）于 2022 年 1 月 1 日正式生效，文莱、柬埔寨、老挝、新加坡、泰国、越南 6 个东盟成员国和中国、日本、新西兰、澳大利亚 4 个非东盟成员国正式开始实施协定，覆盖全球约三分之一人口的全球最大自由贸易区正式启航。协定区域内贸易便利化不仅将大幅提升，90% 以上的货物也将通过立即降税到零、逐步降税到零的方式实现零关税，这将大力推动区域内资源有效配置和商品流通，跨境物流需求将进一步扩大。

二是俄罗斯及中亚方向。2022 年 2 月，中俄双方发表《中华人民共和国和俄罗斯联邦发布关于新时代国际关系和全球可持续发展的联合声明》，提出“双方将积极推进共建‘一带一路’与欧亚经济联盟对接合作，深化中国同欧亚经济联盟各领域务实合作。提高亚太地区和欧亚地区互联互通水平”，为继续深化“一带一路”创造了良好环境。

（六）REITs 深入推进，打造基础设施建设可持续发展新引擎

我国“十四五”规划纲要明确提出要推动基础设施领域不动产投资信托基金（REITs）健康发展，有效盘活存量资产，形成存量资产和新增投资的良性循环。2021 年，我国基础设施 REITs 取得突破性进展，共有 2 批 11 单公开募集基础设施 REITs 完成上市，涵盖产业园区、高速公路、污水处理、仓储物流、垃圾焚烧发电等重点领域。这些基金上市以来，市场运行平稳有序，社会各界反应积极正面，但发行总规模不到 400 亿元，难以满足庞大的资金投资需求。为解决供需矛盾，国家改革改革委、中国银保监会出台了多个政策措施，推进 2022 年公开募集基础设施 REITs 扩容。

2021 年 6 月，国家发展改革委印发《国家发展改革委关于进一步做好基础设施领域不动产投资信托基金（REITs）试点工作的通知》（发改投资〔2021〕

958 号），将 REITs 试点范围由之前的局部扩大至全国范围，进一步扩大了基础设施 REITs 试点项目库规模。

2021 年 11 月，中国银保监会发布《中国银保监会办公厅关于保险资金投资公开募集基础设施证券投资基金有关事项的通知》，从制度层面明确投资规范和监管规则，进一步建立健全保险资金投资基础设施基金的长效机制，防范相关业务风险。基础设施基金的风险收益特征与保险资金需求相吻合，能够较好匹配保险机构的投资特性。开放保险资金投资基础设施基金，不仅能更好满足保险资产长期配置需求，也将为基础设施 REITs 带来万亿规模资金“活水”。

2021 年 12 月，国家发展改革委办公厅印发《国家发展改革委办公厅关于加快推进基础设施领域不动产投资信托基金（REITs）有关工作的通知》，明确提出要进一步加快推进基础设施 REITs 试点的有关工作，鼓励企业拿出优质资产参与试点，做到项目愿入尽入、应入尽入，不得以任何理由拒绝项目入库。

可见，仓储物流基础设施作为 REITs 试点的重点领域，在 2022 年将会有更多高端通用仓库以及冷库等专业仓库纳入试点范围，形成存量资产和新增投资的良性循环，提升物流园区仓储设施水平，满足我国经济产业结构转型升级和人民日益增长的美好生活需要。

（作者：中国物流与采购联合会物流园区专委会　陈凯）

2021 年物流地产发展回顾与 2022 年展望

2021 年是我国“十四五”规划开局之年，面临复杂严峻的国际环境和国内疫情多点散发的多重考验，全年国民经济持续恢复，发展预期目标较好完成，实现了良好开局。全年国内生产总值 1143670 亿元，比上年增长 8.1%。分季度看，第一季度同比增长 18.3%，第二季度同比增长 7.9%，第三季度同比增长 4.9%，第四季度同比增长 4.0%。

在国民经济持续恢复的背景下，2021 年我国物流业保持了总体运行恢复向好的基本面，物流需求平稳增长。具体来说，2021 年全国社会物流总额达 335.2 万亿元，同比增长 9.2%，两年年均增长 6.2%，增速恢复至正常年份平均水平。全年物流业总收入 11.9 万亿元，同比增长 15.1%，实现了较快增长。全年社会物流总费用 16.7 万亿元，同比增长 12.5%，与 GDP 的比率为 14.6%，比上年下降 0.1 个百分点。截至 2021 年年末，全国 A 级物流企业近 8000 家，物流企业前 50 强收入共 1.4 万亿元，同比增长 16.6%，占物流业总收入比重提升至 13%，企业竞争力有所提高。物流行业的活力推动了物流地产业继续保持高质量发展，行业活力进一步增强。

一、2021 年物流地产业发展回顾

2021 年我国经济持续稳定恢复，经济发展和疫情防控保持全球领先地位，主要指标实现预期目标。在此基础上，物流业保持了基本平稳运行的大趋势。全年中国物流业景气指数（LPI）处于扩张区间，平均为 53.4%，较上年提高 1.7 个百分点，表明 2021 年物流业维持景气运行，全年稳中向好发展。此外，物流相关行业固定资产投资继续增长，物流地产行业投资持续升温。各地区之间发展差异明显，中部地区固定资产投资增速显著，东部地区提供了大多数的高标仓新增供应量。在市场需求持续攀升的环境下，整体市场空置率下降，全国平均租金上涨。从 2021 年开始我国正式开启物流地产资产证券化，基础设施领域不动产投资信托基金（REITs）为物流地产行业提供了更多样化的融资渠道。

（一）物流相关行业固定资产投资继续增长，中部地区增速显著

据中华人民共和国国家统计局数据，2021 年 1—12 月全国固定资产投资（不

含农户）544547 亿元，比上年增长 4.9%，同比增速比上年上升 2 个百分点。

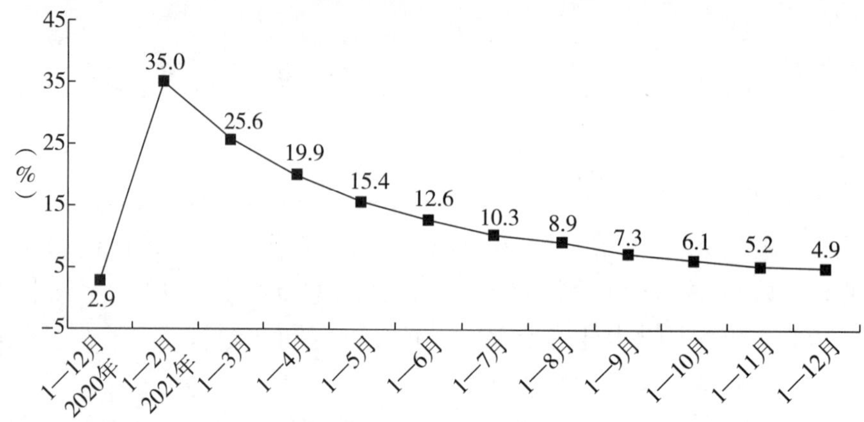

图 1　2021 年 1—12 月全国固定资产投资（不含农户）同比增速

资料来源：国家统计局。

全国交通运输、仓储和邮政业固定资产投资额增速微弱反弹，由 2020 年的 1.4% 上升到 1.6%。其中，铁路运输业投资下降 1.8%，道路运输业投资下降 1.2%。2016—2021 年全国交通运输、仓储和邮政业固定资产投资累计增长速度如图 2 所示。

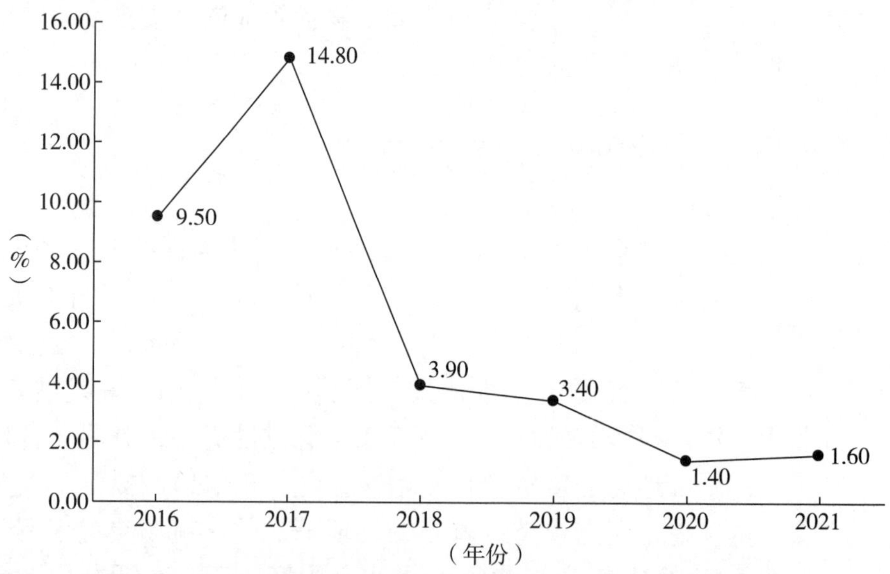

图 2　2016—2021 年全国交通运输、仓储和邮政业固定资产投资情况

资料来源：国家统计局。

根据交通运输部发布，2021 年 1—11 月，完成交通固定资产投资 3.28 万亿元，其中铁路 0.64 万亿元、公路水路 2.53 万亿元、民航 0.11 万亿元。预计全年新改扩建高速公路超过 9000 公里、新增及改善高等级航道约 1000 公里、新颁证民用运输机场9个，新增城市轨道交通运营里程超过1000公里。

从全年来看，各地区之间固定资产投资额增速有所变化，中部地区增速最为明显。中部地区投资额增速触底反弹，增长显著，增速从2020年的0.7%上升到10.2%；东部地区投资额增速从3.8%上升到6.4%；东北地区投资额增速从4.3%上升到5.7%。只有西部地区投资额增速略有降低，从4.4%下滑到3.9%。

（二）市场整体空置率下降，一线城市租金持续上涨

在国民经济持续稳定恢复的背景下，我国仓储物流行业需求旺盛，整体市场空置率下降，租金上涨。根据物联云仓数据显示，相比较2020年，2021年高标库全国平均租金整体上涨，空置率整体下降。全国高标仓的平均月租金和平均空置率在四个季度的变化如图3所示。除了第四季度受疫情反弹影响导致市场空置率有所上升以外，2021年其他三个季度的空置率均显著低于2020年。

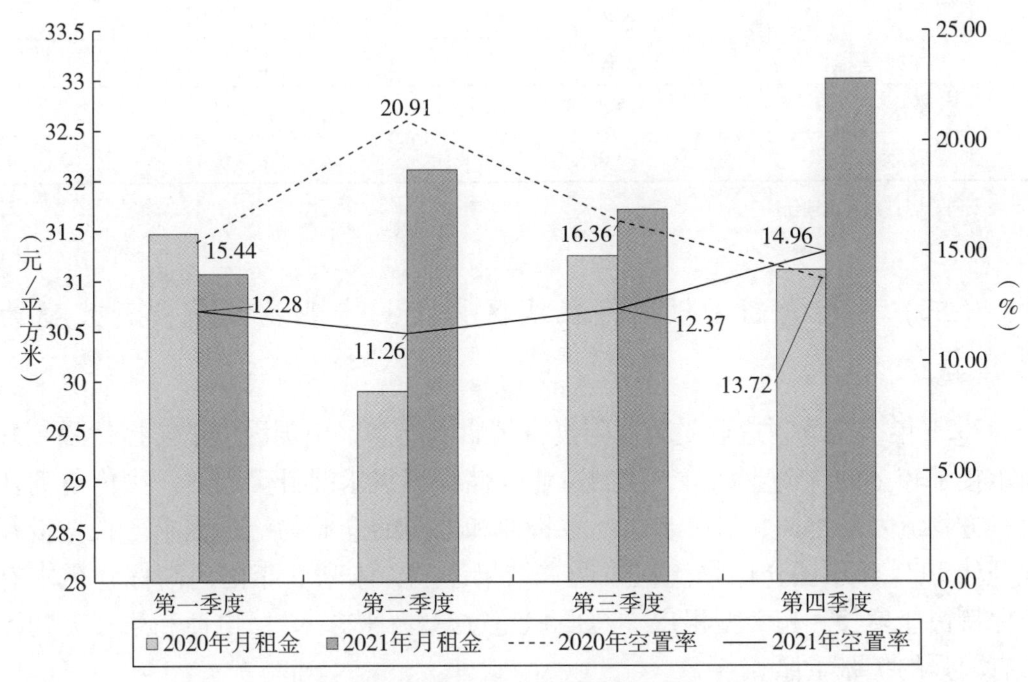

图3　2021年全国高标仓平均月租金及平均空置率

资料来源：物联云仓。

根据世邦魏理仕的数据显示，2021年，中国19个主要城市高标仓净吸纳量达到660万平方米，相比2017年的最高历史纪录提升近40%。一线都市圈（北京都市圈、上海都市圈、广州都市圈、深圳都市圈）高标仓的整体空置率为8.7%，低于全国平均水平。

具体来看，各城市间差异明显。一线城市如北京、上海、广州、深圳，高

标仓供不应求，旺盛的市场需求降低了市场空置率，推动了租金上涨。北京、上海、深圳的平均租金全年排在全国前三位。其中北京城内为民生刚需让路，短期内仍会面临供不应求的局面，租金不断高涨从而推动租户升级更替。上海、广州虽然供应增加，但旺盛的需求仍使租金上涨。深圳连续三年未增加高标仓市场供应，供不应求态势仍将持续。二线城市如重庆、成都，新增供应稳定，使需求持续上涨，空置率下降，租金下跌幅度收窄。而二线城市中较为饱和的区域，如东北地区各城市等，空置率常年居高不下。世邦魏理仕统计的2021年部分城市租金及空置率变化情况如表1所示。

表1　2021年部分城市租金及空置率变化情况

城市	租金（%）	空置率水平（%）
北京	5.6	↓（2.3）
上海	1.6	↓（7.9）
广州	3.9	↓（4.0）
深圳	2.0	↓（0.4）
重庆	-1.7	↓（24.1）
成都	-1.0	↓（6.4）

资料来源：世邦魏理仕。

（三）高标仓新增供应存在地区分化，专业物流地产开发商为供应主力

2021年，全球制造业受新冠肺炎疫情影响严重，中国因疫情防控效果较好而承接了较多的制造业订单，使制造业仓储物流需求提升。同时，国内电商及第三方物流发展迅速，进一步拉动零售业和电商的仓储物流的需求。根据世邦魏理仕2021年中国仓储物流租户调查结果显示，未来三年国内高标仓需求有望保持快速增长。超大型租户（总面积超过50万平方米）、电商和第三方物流均有较强的扩张意愿。

与急速扩张的需求相比，我国高标仓仍处于供不应求的状态，各地区新增供应量差异显著。根据易观分析和物联云仓数据，2020年全国经营性高标仓存量面积约7198万平方米，2021年新增供应高标仓面积1470.17万平方米，其中多数为东部地区新增，而中部地区、西部地区供应较少，东北地区供应极少（见图4）。

行业参与者对高标仓的投资建设力度不断加大，其中专业物流地产开发商资金充足（见图5），掌握着较为领先的仓储设施技术和管理水平，一直是新

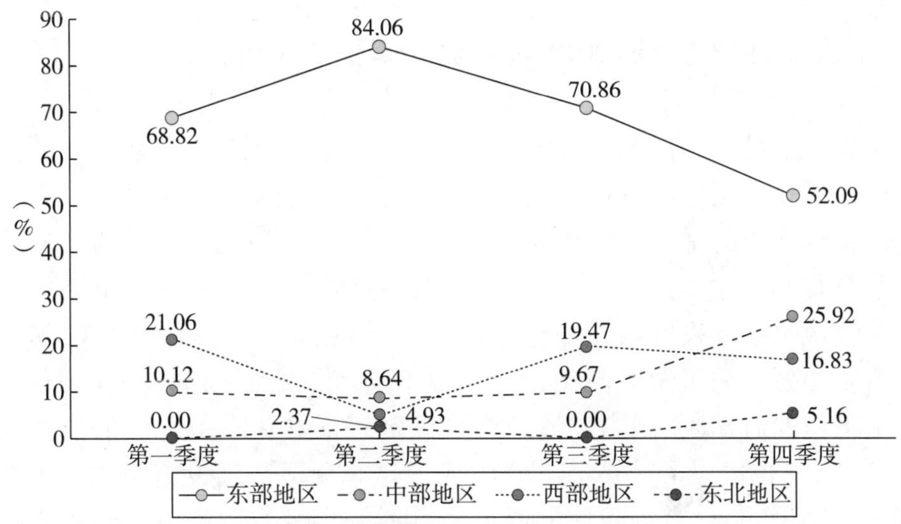

图 4　2021 年全国新增供应高标仓的地区分布比例

资料来源：物联云仓。

增高标仓的供应主力，如普洛斯、宇培、嘉民、丰树、易商等。同时综合物流商也在加大对高标仓的投资建设力度。

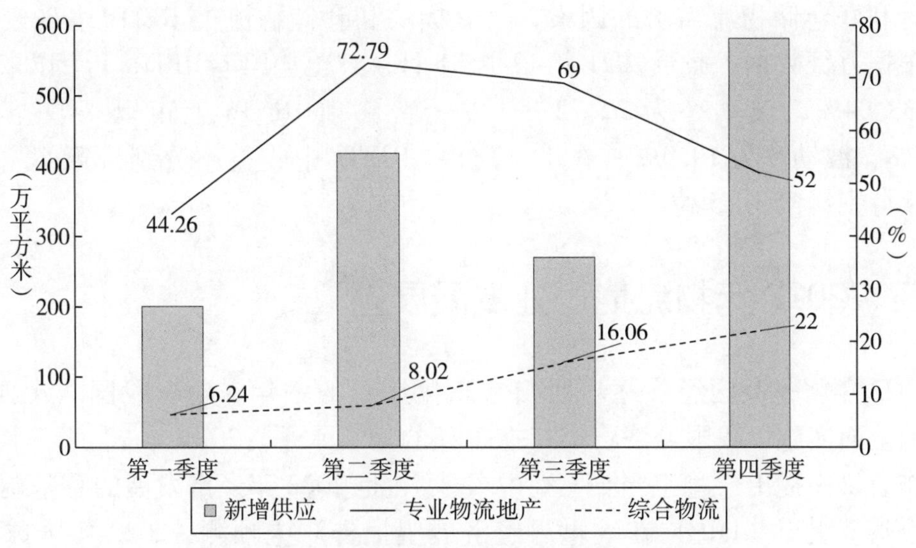

图 5　2021 年全国新增供应高标仓的来源方分布比例

资料来源：物联云仓。

（四）物流地产投资持续升温，物流地产资产证券化稳步推进

新冠肺炎疫情以来，物流地产成长势头强劲，受到投资者青睐，投资持续升温。根据仲量联行 2022 年 2 月 16 日发布的《2021 年四季度亚太区资本追踪》报告显示，2021 年亚太地区物流地产投资交易额达480 亿美元，同比增长

50%，较2019年翻了一番。其中，中国物流资产成交量涨幅明显，总成交量在2021年达到591亿，是2019年总成交量的3.5倍，2020年总成交量的1.6倍。

近年来，借助于我国基础设施领域不动产投资相关政策的施行，我国物流地产资产证券化市场稳步推进。出于从政策层面加快推动盘活存量资产、提升包括仓储物流在内的基础设施运营效率、促进投资良性循环等目的，2020年国家发展改革委办公厅和证监会发布了《中国证监会 国家发展改革委关于推进基础设施领域不动产投资信托基金（REITs）试点相关工作的通知》和《国家发展改革委办公厅关于做好基础设施领域不动产投资信托基金（REITs）试点项目申报工作的通知》，国内物流地产试点资产证券化有了正式的法律政策支持。2021年，《国家发展改革委办公厅关于建立全国基础设施领域不动产投资信托基金（REITs）试点项目库的通知》等通知相继由国家发展改革委办公厅发出，基础设施公募（REITs）得到了稳步推进。

在各类基础设施公募中，仓储物流类REITs表现突出。2021年6月21日，首批公募（REITs）开始上市交易，其中属于仓储物流类型的有红土盐田港REITs和中金普洛斯REITs。受益于经济趋好、消费水平提高、电商规模持续扩大等利好仓储物流需求的因素，物流板块和仓储物流类REITs表现较为突出。根据万德数据，截至2021年12月31日，红土盐田港REITs上市以来收益率为33.04%，波动率为22.72%，中金普洛斯REITs上市以来收益率为26.42%，波动率为19.9%，在11只公募REITs中收益率分别排第4、6位，波动率分别排第3、5位。

二、2022年物流地产业发展展望

2022年将是我国经济逐步回归常态化运行的一年。随着我国“十四五”规划的全面实施，我国经济将维持在合理的增长水平。2021年12月，中央经济工作会议中提出“稳字当头、稳中求进”，是2022年经济发展的总基调。国际货币基金组织（IMF）在《世界经济展望报告》中预测，2022年全球GDP增长率将为4.89%，中国经济增速为5.6%，美国经济增速为5.2%。2022年1月12日中国科学院预测科学研究中心发布了2022年中国经济预测数据，预计2022年我国经济增长将呈现前稍低后略高趋势，固定资产投资（不含农户）增速总体增速或与今年增速持平。

在此背景下，预计2022年全年，物流行业固定资产投资将进一步扩大，物流地产行业整体保持稳定发展。随着物流网络建设的不断推进，城市群、都市圈将是物流地产投资的热点区域。冷链物流投资热度不减，冷库成为物流新基建的重要部分。此外，在“双碳”目标的需求引领下，智能、绿色将是物流地产行业未来发展的关注方向。

（一）物流行业固定资产投资进一步扩大，行业保持稳定发展

2022年，预计物流行业固定资产投资将进一步扩大。面对疫情的持续影响和经济下行的压力，为了稳定经济运行秩序、畅通国内经济循环，我国一直在加强基础设施的建设投资。2021年12月，中央经济工作会议中提出，要保证财政支出强度，加快支出进度，适度超前开展基础设施投资。2022年1月，中国国务院常务会议部署加快推进“十四五”规划和专项规划确定的重大项目，以扩大有效投资。各省市也已安排部署了相关投资计划。江西省计划“重点推进3453个省大中型项目，年度投资1.1万亿元以上”；河南省将“全年完成固定资产投资2.8万亿元，其中亿元以上项目投资1.8万亿元”；宁夏回族自治区“聚焦重大项目，力争全年完成投资2000亿元”；江苏省重大项目“年度计划投资5720亿元”。此外，根据各省市公布的地方债发行计划统计数据，预计2022年一季度地方债发行规模有望达到2.2万亿元，是2020年同期的2.45倍。根据相关媒体报道，2022年一季度基建投资（不含电力）同比增长有望达到6.0%，全年增速将达到5.0%；固定资产投资一季度同比增长有望达到4.0%，全年实现4.5%左右的稳健增长。

在基础建设投资发力的推动作用下，预计2022年物流行业固定资产投资将进一步扩大。在2022年全国交通运输工作会议上，“有效稳投资”被列为全年“六个有效”要求之一。多地交通运输部门公开表示2022年将继续扩大交通运输固定资产投资规模。甘肃省将“全年完成交通固定资产投资达到1000亿元”；山西省将“全年完成交通固定资产投资达到800亿元以上，增长10%以上”；山东省“计划完成交通运输固定资产投资2700亿元”。

2022年1月，全国已有多个地区的重大项目集中开工或计划开工。1月4日，上海浦东新区集中开工82个重大项目，总投资额达到3176亿，安徽省2022年第一批731个重大项目开工，总投资额达到3760.6亿元。1月5日，浙江省正式启动开工358个重大项目，总投资额达到6386亿元。此外，江苏省一季度计划开工总投资额达到2180个亿元以上，项目比上年增加714个。四川省一季度计划组织10亿元以上重大项目100个，总投资额达到2322亿元。截至1月10日，全国至少有11个省、直辖市组织召开了2022年重大项目开工活动，涉及重大项目超过5000个，总投资规模超过3万亿元。

从行业整体来看，2022年物流地产行业还将继续保持平稳发展。物流相关行业固定资产投资的增长将继续推进物流地产的平稳发展，物流行业整体的稳定发展也将继续支持物流地产发展。中科院预测科学研究中心发布预测报告显

示，2022 年我国物流行业整体将保持平稳运行、稳中向好的态势，预计全年平均物流景气指数（LPI）为 53.24%，处于扩张区间，预计社会物流总额将达到 334.05 万亿元，社会物流总费用将达到 17.64 万亿元，占 GDP 的比率或与今年持平。根据世邦魏理仕发布的《2022 年中国房地产市场展望》中预计，2022 年仓储物流市场全年净吸纳量有望连续第二年突破 600 万平方米，物流地产行业还将继续保持平稳增长。

（二）政策推进物流网络建设，都市圈是物流地产投资热点区域

自从 2017 年党的十九大报告中首次提出“要加强物流等基础设施网络建设”以来，中央多次强调要加强物流网络的建设。《国民经济和社会发展第十四个五年规划和 2035 年远景目标纲要》中提到，要“加快形成内外联通、安全高效的物流网络”。为落实“十四五”规划任务部署，2021 年 11 月，国家发展改革委发布了《关于做好“十四五”首批国家物流枢纽建设工作的通知》。目前，国家发展改革委已牵头布局建设了 70 个国家物流枢纽，枢纽网络覆盖全国 29 个省（区、市）和新疆生产建设兵团。根据“十四五”规划，到“十四五”末期，要布局建设 150 个国家物流枢纽。

在物流网络建设中，都市圈、城市群将成为引领发展的热点区域。2021 年 12 月 9 日国务院发布了由国家发展改革委和交通运输部牵头编制的《“十四五”现代综合交通运输体系发展规划》。作为“十四五”规划时期综合交通运输发展的顶层设计和“施工图”，《规划》突出了城市群、都市圈的引领作用，城市群、都市圈将率先实现交通运输现代化。《规划》明确在“十四五”时期，我国将“新增铁路营业里程 1.9 万公里、公路通车里程 30.2 万公里、内河高等级航道里程 2400 公里，民用运输机场达到 270 个以上，城市轨道交通运营里程达到 10000 公里左右，高速铁路网对 50 万人口以上城市覆盖率达到 95% 以上，普速铁路瓶颈路段基本消除，‘71118’国家高速公路主线基本贯通，现代化机场体系基本形成，综合立体交通网的规模、能力、质量和运行效率持续提升，综合交通运输基本实现一体化融合发展，智能化、绿色化取得实质性突破，综合能力、服务品质、运行效率和整体效益显著提升，交通运输发展向世界一流水平迈进”。

从需求层面看，都市圈物流需求旺盛，最具有物流地产投资潜质。根据世邦魏理仕 2021 年中国仓储物流租户调查结果显示，一线都市圈及与其紧密联系的周边城市人口稠密、经济活跃，仓储物流需求旺盛，最具有物流地产的投资潜质。国家综合立体交通网主骨架的节点城市，如成都、重庆、武汉、郑州、西安等，也是物流地产投资的热点。尤其是电子商务的快速发展将为都市圈带来极大的物流仓储需求，进一步推动都市圈物流地产的投资热度。根据相

关调查数据显示，2025 年全球电子商务销售总额预计将增长 1.5 万亿至 3.9 万亿美元，预计将带动逾 1.38 亿平方米的新增物流仓储空间的需求。

（三）需求推动冷链物流投资热度，冷库成为物流新基建重要部分

新冠肺炎疫情以来，包括食品冷链和医药冷链在内的冷链物流需求持续提高，预计在 2022 年冷链物流仍将是投资热点。根据世邦魏理仕 2022 年中国投资者意向调查显示，投资者对冷链物流的投资意向上升 12 个百分点。一方面，生鲜电商的爆发式增长，推动了冷链物流的快速发展。冷链物流服务水平的提高也进一步刺激了大众对生鲜电商的消费。特别是新冠肺炎疫情防控期间各类生鲜电商品牌崛起，带动了冷链物流需求的持续增长。另一方面，随着全球范围内疫情的持续，医药冷链运输需求增大。目前我国作为全球第二大医药市场，每年需要低温运输价值高达数千亿元的药品，冷链物流需求极大。特别是新冠肺炎疫情以来，为了快速控制病毒传播，有效减少重症和死亡病例，我国加强了在全国范围内的疫苗接种。截至 2022 年 1 月 7 日，全国累计接种新冠病毒疫苗 288777.2 万剂次，疫苗接种总人数占全国人口的 89.54%，完成全程接种人数占全国人口的 86.25%。考虑到全球疫情持续蔓延，国内疫情多点散发，保障全国范围内新冠病毒疫苗的全面覆盖和加强接种，仍将是 2022 年我国医药冷链物流的重要任务之一。

从政策层面看，我国发布了《“十四五”冷链物流发展规划》（以下简称《规划》），对“十四五”时期冷链物流发展作出全面部署和顶层设计，将系统地指引冷链物流高质量发展。根据《规划》，到 2025 年基本建成以国家骨干冷链物流基地为核心、产销冷链集配中心和两端冷链物流设施为支撑的三级冷链物流节点设施网络。随着我国冷链物流领域第一份五年规划的出台，冷链物流将会迎来新的发展机遇。各省市也已经将冷链物流列入自身“十四五”规划纲要中，如湖南强调“补齐冷链物流和末端配送短板，构建‘一核三区多基地’冷链物流格局”，福建“加快国家骨干冷链物流基地等冷链基础设施建设，推动城乡冷链物流基础设施项目建设”，宁夏要“建设农产品冷链物流设施和田头市场仓储保鲜设施”，四川“支持农业烘干冷链物流体系建设”，内蒙古“加快仓储保鲜、冷链物流等现代化设备装备建设”，黑龙江要“建设对俄冷链物流产业园”，天津要“建设中国北方国际冷链物流基地，打造京津冀 1 小时鲜活农产品冷链物流圈”，青海要“完善市州、县冷链物流配送体系”，北京要“发展‘生鲜电商 + 冷链宅配’等冷链物流新模式”，甘肃要“以冷链物流、产地直供、生鲜电商等构建‘田间—餐桌’农产品产销新模式”。

冷链物流需求的持续提升，进一步推动了冷库的租赁需求和建设需求，冷库成为物流基础设施建设的重要内容之一。根据世邦魏理仕跟踪数据显示，新

冠肺炎疫情以来，冷库相关租赁面积急速增长。2021 年，国内 16 个主要城市的冷库相关租赁面积为 55.2 万平方米。与此同时，冷库建设也在不断加速。万纬冷链、美库等物流地产和仓储企业均加快了在全国的冷链网络布局，建设、改建高标准冷库。根据中物联冷链委统计，仅 2021 年上半年，新建、改建的冷库容量超过 885.4 万平方米。

作为物流新基建的重要部分，未来冷库建设将更加标准化和规范化，一批关于冷链物流和冷库建设的国家标准已发布或者已实施。国家标准《冷库设计标准》（编号 GB50072—2021）、《冷库施工及验收标准》（编号 GB51440—2021）已经于 2021 年 12 月 1 日起正式实施。《食品冷链物流交接规范》（GB/T 40956—2021）、《通用仓库等级》（GB/T 21072—2021）、《第三方物流服务质量及测评》（GB/T 24359—2021）、《冷链物流分类与基本要求》（GB/T 28577—2021）、《通用仓库及库区规划设计参数》（GB/T 28581—2021）、《药品冷链物流运作规范》（GB/T 28842—2021）6 项物流领域国家标准，将于 2022 年 6 月 1 日起正式实施。此外还有一系列冷链物流相关国家标准仍在起草中，如《农产品产地冷链物流服务规范》等。

（四）“双碳”目标引领物流地产企业需求，智能绿色是未来发展方向

2020 年 9 月，习近平主席在第 75 届联合国大会上承诺中国将在 2030 年前实现碳达峰，2060 年实现碳中和。“双碳”目标是我国贯彻新发展理念、推动高质量发展的必然要求。为了响应国家的“双碳”目标要求，以电商企业、第三方物流、零售业、制造业等为代表的一批国内企业纷纷公布了自己的减碳目标和计划。电商巨头阿里巴巴承诺在 2030 年前实现自身运营碳中和，上下游价值链碳排放强度减半。第三方物流巨头顺丰承诺与 2021 年相比，到 2030 年实现自身碳效率提升 55%，每个快件包裹碳足迹降低 70%。为达到该目标，顺丰计划通过用能结构调整和减碳科技应用来实现仓储减碳，具体应用包括智能仓储、自动引导运输车机器人、AI 视觉、投建光伏等。服装零售品牌太平鸟承诺 2035 年前实现品牌运营范围碳中和。餐饮零售品牌百盛中国也于 2021 年加入科学碳目标，力争 2050 年实现净零排放。制造业方面，汽车制造商比亚迪在 2021 年宣布启动企业碳中和规划，长城汽车承诺 2045 年实现碳中和，家电制造商美的承诺在 2030 年前实现企业内部碳达峰，2060 年前迈向碳中和。这些企业作为物流地产需求方，在行业中占据重要地位，其“双碳”要求必然会影响物流地产行业的未来发展方向。

在中国实现“双碳”目标的进程中，预计智能绿色发展将是物流地产行业的关注重点。根据世邦魏理仕 2021 年中国仓储物流租户调研报告显示，33%

的物流仓储租户在未来三年内将增加绿色认证仓储设施的使用，其中在第三方物流租户中这一比例达到60%。物流地产开发商面临客户对智能绿色发展的要求，也将会更积极地引入新兴技术，以科技赋能物流地产，不断提高智能化仓储服务，来满足越加严格的碳排放要求，增强自身竞争力。

智能绿色的发展要求也被列入了我国物流相关行业的“十四五”规划中，未来或将出台更多相关政策。在2021年出台的《“十四五”现代综合交通运输体系发展规划》中提出，要加快运用新技术赋能升级改造基础设施网络、创新运营管理模式、提升治理能力；全面推进交通运输绿色低碳转型，推广新能源运输工具应用，提高资源利用效率。《“十四五”冷链物流发展规划》中同样强调，要“顺应绿色生产生活方式发展趋势和推进碳达峰、碳中和需要，把绿色发展理念贯穿到冷链物流全链条、各领域，以数字化转型整体驱动冷链物流运行管理和治理方式变革，提升行业绿色智慧发展水平”。交通运输部发布的《数字交通“十四五”发展规划》中提出，要引导建设绿色智慧货运枢纽（物流园区）。

致谢：本项研究获国家社科基金重大项目（20&ZD053）的支持；并得到过程控制与效率工程教育部重点实验室和中国（西安）数字经济发展监测预警基地的支持。

（作者：西安邮电大学经济与管理学院　尤晓岚；西安电子科技大学经济与管理学院　徐金鹏；西安交通大学管理学院　冯耕中　赵东月）

参考资料：

[1] 物联云仓.2021年中国第一季度物流地产分析报告.2021年5月.
[2] 物联云仓.2021年中国第一季度物流地产分析报告.2021年8月.
[3] 物联云仓.2021年中国第一季度物流地产分析报告.2021年10月.
[4] 物联云仓.2021年中国第一季度物流地产分析报告.2022年1月.
[5] 世邦魏理仕.2021年中国仓储物流租户调研. 2022年1月.
[6] 世邦魏理仕. 中国冷库投资指南.2021年11月.
[7] 仲量联行.2021年四季度亚太区资本追踪.2022年2月.
[8] 市值观察. 中国冷链物流离爆发还有多远？2022年1月.
[9] 每日经济新闻.2022年中国经济展望：开启新需求结构优化，维持高质量稳定增长.2021年12月.

2021 年保税物流发展回顾与 2022 年展望

一、2021 年保税物流回顾

2021 年，尽管肆虐全球的新冠肺炎疫情仍然猖獗，我国的保税物流却逆势而上，取得了可喜的成绩。

（一）特殊监管区域、场所的发展

1. 全年新增综合保税区情况

作为地方政府层面的保税物流基地，海关特殊监管区域数量增加的速度逐渐放缓，新增 8 个综合保税区，总数达到 155 个，其中有一些是在原有的低层次海关特殊监管区域实现的升级。截至 2021 年 12 月底，全国 31 个省、自治区、直辖市共设立海关特殊监管区域 168 个，全国海关特殊监管区域总规划面积约 448 平方公里。2021 年新增加的 8 个综合保税区的情况如下所示。

2021 年 1 月 15 日，国务院批复设立襄阳综合保税区、重庆万州综合保税区。重庆万州综合保税区位于万州经济技术开发区高峰园区鹿山片区，规划用地面积 1.85 平方公里，总建筑面积约 108 万平方米。2021 年 1 月 27 日，国务院批复设立陕西杨凌综合保税区。2021 年 5 月 4 日，国务院批复设立海口空港综合保税区。这是继海南洋浦保税港区、海口综合保税区后，海南省第三个海关特殊监管区域，也是第二个综合保税区。2021 年 7 月 6 日，国务院批复设立重庆永川综合保税区。重庆永川综合保税区是全国第 152 个综合保税区，重庆市设立的第 6 个综合保税区。2021 年 8 月 7 日，国务院批复设立黄石棋盘洲综合保税区、梧州综合保税区。梧州综合保税区获国务院批复设立，成为广西除南宁、北海、凭祥、钦州之外的第五个综合保税区。梧州综合保税区位于粤桂合作特别试验区，规划建设面积 1.02 平方公里。2021 年 12 月 9 日，国务院批复设立台州综合保税区。截至 2021 年年底全国现有海关特殊监管区域分布及名单如表 1 所示。

表1　　截至2021年年底全国现有海关特殊监管区域分布及名单

序号	省（自治区、直辖市）	名称
1	北京	北京天竺综合保税区
2		大兴国际机场综合保税区
3	天津	天津东疆综合保税区
4		天津滨海新区综合保税区
5		天津港综合保税区
6		天津港保税区
7		天津泰达综合保税区
8	河北	曹妃甸综合保税区
9		秦皇岛综合保税区
10		廊坊综合保税区
11		石家庄综合保税区
12	山西	太原武宿综合保税区
13	内蒙古	呼和浩特综合保税区
14		鄂尔多斯综合保税区
15		满洲里综合保税区
16	辽宁	大连大窑湾保税港区
17		大连湾里综合保税区
18		大连保税区
19		营口综合保税区
20		沈阳综合保税区
21	吉林	长春兴隆综合保税区
22		珲春综合保税区
23	黑龙江	绥芬河综合保税区
24		哈尔滨综合保税区
25	上海	洋山特殊综合保税区
26		上海浦东机场综合保税区
27		上海外高桥港综合保税区
28		上海外高桥保税区
29		松江综合保税区
30		金桥综合保税区
31		青浦综合保税区

续　表

序号	省（自治区、直辖市）	名称
32	上海	漕河泾综合保税区
33		奉贤综合保税区
34		嘉定综合保税区
35	江苏	张家港保税港区
36		苏州工业园综合保税区
37		昆山综合保税区
38		苏州高新技术产业开发区综合保税区
39		无锡高新区综合保税区
40		盐城综合保税区
41		淮安综合保税区
42		南京综合保税区
43		连云港综合保税区
44		镇江综合保税区
45		常州综合保税区
46		吴中综合保税区
47		吴江综合保税区
48		扬州综合保税区
49		常熟综合保税区
50		武进综合保税区
51		泰州综合保税区
52		南通综合保税区
53		太仓港综合保税区
54		江阴综合保税区
55		徐州综合保税区
56	浙江	宁波梅山综合保税区
57		宁波保税区
58		宁波北仑港综合保税区
59		宁波前湾综合保税区
60		舟山港综合保税区
61		杭州综合保税区
62		嘉兴综合保税区
63		金义综合保税区

续　表

序号	省（自治区、直辖市）	名称
64	浙江	温州综合保税区
65		义乌综合保税区
66		绍兴综合保税区
67		台州综合保税区
68	安徽	芜湖综合保税区
69		合肥经济技术开发区综合保税区
70		合肥综合保税区
71		马鞍山综合保税区
72		安庆综合保税区
73	福建	厦门海沧保税港区
74		泉州综合保税区
75		厦门象屿综合保税区
76		厦门象屿保税区
77		福州保税区
78		福州综合保税区
79		福州江阴港综合保税区
80	江西	九江综合保税区
81		南昌综合保税区
82		赣州综合保税区
83		井冈山综合保税区
84	山东	潍坊综合保税区
85		济南综合保税区
86		东营综合保税区
87		济南章锦综合保税区
88		淄博综合保税区
89		青岛前湾保税港区
90		烟台综合保税区
91		威海综合保税区
92		青岛胶州湾综合保税区
93		青岛西海岸综合保税区
94		临沂综合保税区

续 表

序号	省（自治区、直辖市）	名称
95	山东	日照综合保税区
96		青岛即墨综合保税区
97	河南	郑州新郑综合保税区
98		郑州经开综合保税区
99		南阳卧龙综合保税区
100		洛阳综合保税区
101		开封综合保税区
102	湖北	武汉东湖综合保税区
103		武汉经开综合保税区
104		武汉新港空港综合保税区
105		宜昌综合保税区
106		襄阳综合保税区
107		黄石棋盘洲综合保税区
108	湖南	衡阳综合保税区
109		郴州综合保税区
110		湘潭综合保税区
111		岳阳城陵矶综合保税区
112		长沙黄花综合保税区
113	广东	广州南沙保税港区
114		广州白云机场综合保税区
115		深圳前海湾保税港区
116		深圳盐田综合保税区
117		福田保税区
118		深圳坪山综合保税区
119		广州黄埔综合保税区
120		广州保税区
121		广东广州出口加工区
122		东莞虎门港综合保税区
123		珠海保税区
124		珠澳跨境工业区珠海园区
125		珠海高栏港综合保税区

续　表

序号	省（自治区、直辖市）	名称
126	广东	汕头综合保税区
127		梅州综合保税区
128		湛江综合保税区
129	广西	钦州综合保税区
130		广西凭祥综合保税区
131		北海综合保税区
132		南宁综合保税区
133		梧州综合保税区
134	海南	海南洋浦保税港区
135		海口综合保税区
136		海口空港综合保税区
137	重庆	重庆西永综合保税区
138		重庆两路寸滩保税港区
139		重庆江津综合保税区
140		重庆涪陵综合保税区
141		重庆万州综合保税区
142		重庆永川综合保税区
143	四川	成都高新综合保税区
144		成都高新西园综合保税区
145		绵阳综合保税区
146		成都国际铁路港综合保税区
147		泸州综合保税区
148		宜宾综合保税区
149	贵州	贵阳综合保税区
150		贵安综合保税区
151		遵义综合保税区
152	云南	昆明综合保税区
153		红河综合保税区
154	陕西	西安综合保税区
155		西安关中综合保税区
156		西安高新综合保税区

续 表

序号	省（自治区、直辖市）	名称
157	陕西	西安航空基地综合保税区
158		宝鸡综合保税区
159		陕西西咸空港综合保税区
160		陕西杨凌综合保税区
161	甘肃	兰州新区综合保税区
162	宁夏	银川综合保税区
163	新疆	阿拉山口综合保税区
164		乌鲁木齐综合保税区
165		中哈霍尔果斯国际边境合作中心中方配套区
166		喀什综合保税区
167	青海	西宁综合保税区
168	西藏	拉萨综合保税区

资料来源：海关总署网站。

2. 海关特殊监管场所现有数量

作为企业层面的海关特殊监管场所，主要是保税物流中心（A 型）、保税物流中心（B 型）、进口保税仓、出口监管仓。保税物流中心（A 型）是企业自用型，与企业自用的保税仓和监管仓的功能没有区别，地方海关就可以审批。由于其功能比较简单，监管不便，所以各地海关已经不再审批了。近些年批准的都是保税物流中心（B 型），即公共型。保税物流中心（B 型）是多家企业入驻的海关特殊监管场所，由海关总署审批。2004 年 5 月 11 日，海关总署批准在苏州工业园区进行全国首家也是唯一的海关保税物流中心（B 型）试点；同年 8 月 3 日，财政部、国家税务总局和海关总署联合发文，正式批准国内货物进入园区海关保税物流中心，视同出口，享受出口退税政策，推动我国保税物流中心（B 型）的发展。

受新冠肺炎疫情影响，外贸业务受阻，同时中共中央提出国内国际双循环，进出口增速有所放缓，因此海关在这期间对于保税物流中心（B 型）的批复数量也大幅下降，2020 年全年，海关仅批复准予设立 4 个保税物流中心（B 型），自 2020 年 6 月 22 日海关批复三亚市保税物流中心之后，2021 年再无新增批复。已有的保税物流中心（B 型），也由于其没有保税加工功能，逐渐向综合保税区升级，所以保税物流中心（B 型）总体数量略有减少。截至 2021 年年底，保税物流中心（B 型）有 86 个（见表 2）。

表 2　　**2021 年现有保税物流中心（B 型）**

序号	省（自治区、直辖市）	保税物流中心（B 型）
1	北京	北京亦庄保税物流中心
2	天津	天津经济技术开发区保税物流中心
3		蓟州保税物流中心
4	河北	河北武安保税物流中心
5		唐山港京唐港区保税物流中心
6		辛集保税物流中心
7	山西	山西方略保税物流中心
8		山西兰花保税物流中心
9		大同国际陆港保税物流中心
10	内蒙古	巴彦淖尔市保税物流中心
11		包头市保税物流中心
12		七苏木保税物流中心
13		赤峰保税物流中心
14	辽宁	营口港保税物流中心
15		盘锦港保税物流中心
16		铁岭保税物流中心
17		锦州港保税物流中心
18	吉林	吉林市保税物流中心
19		延吉国际空港经济开发区保税物流中心
20	黑龙江	黑河保税物流中心
21		牡丹江保税物流中心
22	上海	上海西北物流园保税物流中心
23		虹桥商务区保税物流中心
24	江苏	连云港保税物流中心
25		徐州保税物流中心
26		如皋港保税物流中心
27		大丰港保税物流中心
28		江苏海安保税物流中心
29		新沂保税物流中心
30		靖江保税物流中心
31		南京空港保税物流中心

续 表

序号	省（自治区、直辖市）	保税物流中心（B 型）
32	浙江	杭州保税物流中心
33		义乌保税物流中心
34		湖州保税物流中心
35		湖州德清保税物流中心
36		宁波栎社保税物流中心
37		宁波镇海保税物流中心
38	安徽	蚌埠（皖北）保税物流中心
39		安庆（皖西南）保税物流中心
40		合肥空港保税物流中心
41		安徽皖东南保税物流中心
42		铜陵（皖中南）保税物流中心
43	福建	厦门火炬（翔安）保税物流中心
44		漳州台商投资区保税物流中心
45		泉州石湖港保税物流中心
46		翔福保税物流中心
47	江西	龙南保税物流中心
48	山东	青岛西海岸新区保税物流中心
49		烟台福山回里保税物流中心
50		菏泽内陆港保税物流中心
51		淄博保税物流中心
52		鲁中运达保税物流中心
53		青岛保税港区诸城功能区保税物流中心
54	河南	河南德众保税物流中心
55		河南商丘保税物流中心
56		河南民权保税物流中心
57		河南许昌保税物流中心
58	湖北	黄石棋盘洲保税物流中心
59		宜昌三峡保税物流中心
60		襄阳保税物流中心
61		仙桃保税物流中心
62		荆门保税物流中心

续　表

序号	省（自治区、直辖市）	保税物流中心（B型）
63	湖南	长沙金霞保税物流中心
64		株洲铜塘湾保税物流中心
65	广东	佛山国通保税物流中心
66		东莞保税物流中心
67		东莞清溪保税物流中心
68		深圳机场保税物流中心
69		中山保税物流中心
70		湛江保税物流中心
71		江门大广海湾保税物流中心
72	广西	防城港保税物流中心
73		柳州保税物流中心
74	海南	三亚市保税物流中心
75	重庆	重庆铁路保税物流中心
76		重庆南彭公路保税物流中心
77		重庆果园保税物流中心
78	四川	成都空港保税物流中心
79		天府新区成都片区保税物流中心
80		南充保税物流中心
81	云南	昆明高新保税物流中心
82		腾俊国际陆港保税物流中心
83	甘肃	武威保税物流中心
84	青海	青海曹家堡保税物流中心
85	宁夏	石嘴山保税物流中心
86	新疆	奎屯保税物流中心

资料来源：海关总署。

（二）2021年我国综合保税区等特殊区域外贸进出口情况

2021年3月，海关总署办公厅发布《海关总署办公厅关于报送2020年度全国综合保税区发展绩效评估指标数据和材料的函》，要求全国纳入2020年度全国综合保税区发展绩效评估的区域名单的综合保税区共有134个。早在2020年4月底，海关总署就发布了《综合保税区发展绩效评估办法（试行）》，发展绩效评估指标体系涵盖五类27项量化指标和8项辅助指标。量化指标中规模效益占比50%，权重最高的一项指标是进出口总值。

1. 2021年我国特殊区域外贸进出口的基本情况

海关总署公布的数据显示：2021年前11个月，我国有外贸进出口统计的四种类型特殊区域共152个，累计实现外贸进出口69550.01亿元。

根据前11个月的发展趋势预测，2021年全国特殊区域的外贸进出口总值保守估计可以达到75000亿元。

我国海关特殊监管区域2013—2021年的外贸进出口数据，呈现了明显的两头高中间低的曲线。2013年开始逐年降低，2016年到达谷底，从2017年开始回升，到2021年突破1万亿美元，相关数据如表3所示。

表3　海关特殊监管区域2013—2021年进出口情况统计　（单位：亿美元）

2013年	2014年	2015年	2016年	2017年	2018年	2019年	2020年	2021年
7074.9	6961.7	6398.6	5909.3	6687.8	7124.34	7996.51	9630.84	10700.0

2. 2021年前11个月我国特殊区域外贸进出口的特点

根据2021年前11个月的数据分析，我国特殊区域外贸进出口强弱不均衡。2021年前11个月，进出口排名前30位的区域累计实现进出口54408.20亿元，占全国特殊区域同期外贸进出口总值的78.23%，区均进出口值达到1813.61亿元。其中，进出口排名前10的区域共计实现外贸进出口36335.67亿元，占全国特殊区域同期外贸进出口总值的52.24%。2021年前11个月我国特殊区域外贸进出口排名前30位区域统计如表4所示。

表4　2021年前11个月我国特殊区域外贸进出口排名前30位区域统计

排名	特殊区域名称	进出口数据		排名	特殊区域名称	进出口数据	
		金额（亿元）	同比增速（%）			金额（亿元）	同比增速（%）
1	上海外高桥保税区	9412.43	13.2	8	重庆两路寸滩保税港区	1745.37	29.5
2	成都高新综保区	5311.15	6.2	9	苏州工业园综保区	1742.17	7.9
3	郑州新郑综保区	4083.30	16.8	10	西安关中综保区	1517.34	21.4
4	福田保税区	3951.50	17.6	11	深圳前海湾保税港区	1372.30	0.2
5	昆山综保区	3525.14	10.3	12	无锡高新区综保区	1341.78	-3.7
6	重庆西永综保区	2978.40	16.1	13	洋山特殊综保区	1165.77	29.2
7	松江综保区	2068.87	12.2	14	宁波保税区	1149.82	29.6

续　表

排名	特殊区域名称	进出口数据		排名	特殊区域名称	进出口数据	
		金额（亿元）	同比增速（%）			金额（亿元）	同比增速（%）
15	苏州高新技术产业开发区综保区	1137.04	3.9	23	厦门象屿综保区	730.73	81.7
16	烟台综保区	1121.51	43.1	24	广州南沙保税港区	712.79	50.9
17	青岛前湾保税港区	1120.26	56.5	25	深圳坪山综保区	634.62	-17.3
18	天津东疆综保区	1095.87	11.6	26	上海浦东机场综保区	631.40	5.9
19	广西凭祥综保区	1022.52	49.9	27	天津港保税区	629.26	32.9
20	西安高新综保区	926.78	20.8	28	合肥经济技术开发区综保区	588.33	10.5
21	深圳盐田综保区	801.89	13.2	29	东莞虎门港综保区	561.97	85.9
22	北京天竺综保区	780.38	36.9	30	南京综保区	547.51	19.4
排名前10位特殊区域合计		36335.67	占比52.24	排名前10位特殊区域均值		3633.57	794.1
排名前30位特殊区域合计		54408.2	占比78.23	排名前30位特殊区域均值		1813.61	396.4
全国特殊区域合计		69550.01	100	全国特殊区域均值		457.57	100

资料来源：海关总署统计月报。

2021年前11个月，进出口额排在前3的依次是上海外高桥保税区、成都高新综保区（即综合保税区）、郑州新郑综保区。上海外高桥保税区完成进出口额9412.43亿元，大于第二位和第三位的总和。上海保税区域所辖的上海外高桥保税区、上海浦东机场综保区和上海外高桥港综保区投资企业合计完成经营总收入超过2.4万亿元，比上年增长23%；商品销售额超过2.2万亿元，进出口总额超过1.1万亿元。2021年前11个月，成都高新综保区完成进出口额5311.15亿元。自2018年起，连续4年位列全国综保区进出口额首位。

第三位的郑州新郑综保区同样也位于内陆城市。2021年，郑州新郑综保区累计完成外贸进出口额4739.22亿元，再创历史新高。郑州新郑综保区进出口额居全国综合保税区第2位、海关特殊监管区域第3位。郑州航空港实验区共完成跨境电商进出口业务13365.7万单，货值146.08亿元，货值同比增长28.2%。其中，进口业务完成8051.91万单，货值123.12亿元，同比分别增长28.9%和34.8%，进口业务量占郑州跨境综试区80%以上，位居全国跨境电商口岸第二位。

创新业务模式，建设退货中心仓，制定退货中心仓操作标准，细化监管措施，2021 年共有 3 家电商企业参加试点，累计受理跨境电商零售进口退货商品约 5500 万元、10 万票，累计为企业节省成本约 150 万元。

2021 年前 11 个月，随着整合优化推进和中小规模特殊区域的快速增长，在综合保税区发展中，过去存在的东部强西部弱的现象不再明显，已经出现西部区域快马加鞭的赶超态势。前五强中的成都高新、郑州新郑和重庆西永占据三席，前 20 位的进出口规模差距已经缩小到 1.5 倍左右。

（三）我国保税物流中心（B 型）外贸进出口情况

2021 年 1—10 月，全国保税物流中心（B 型）进出口总额为 1025.69 亿元。天津经济技术开发区保税物流中心（B 型）以 112.8 亿元位居榜首；前 8 名中，有北京亦庄及 7 个沿海城市保税物流中心（B 型）；重庆铁路保税物流中心（B 型）以 34.96 亿元位居第 9，为内陆保税物流中心（B 型）之首。2020 年，天津经济技术开发区、成都铁路（已注销升级为综保区）两个保税物流中心（B 型）位居进出口数据前两名。

二、2021 年保税物流展望

（一）海关特殊监管区域数量趋稳

20 世纪 80 年代初，我国尝试设立海关特殊监管区域及对应的保税制度，促进了外向型经济的发展，也出现过一些问题并不断进行调整。从开始仅仅在沿海口岸城市设立，后来拓展到内陆口岸，几乎遍布中国各地。从现有的特殊监管区域运行效果来看，并不是都有很好的效果，估计海关总署对新申报的地区可能会持相对慎重的态度，2022 年新增加的特殊监管区域不会太多，应该不会超过 2021 年的数量。极有可能是把一些地区的低级特殊区域进行功能提升后转为综合保税区。

（二）跨境电商保税物流爆发式增长

2021 年 3 月 18 日，商务部、国家发展改革委、财政部、海关总署、税务总局、市场监管总局六部门联合印发《商务部 发展改革委 财政部 海关总署 税务总局 市场监管总局关于扩大跨境电商零售进口试点、严格落实监管要求的通知》（商财发〔2021〕39 号）。通知中提到，将跨境电商零售进口试点扩大至所有自贸试验区、跨境电商综试区、综合保税区、进口贸易促进创新示范区、保税物流中心（B 型）所在城市（及区域）。今后相关城市（区域）经所在地海关确认符合监管要求后，即可开展网购保税进口（海关监管方式代码 1210）业务。这就说明上述地区均可以开展网购保税进口业务。这是一个重大的信号，尤其是对那些主要业务就是跨境电商保税物流的特殊区域，2022 年一定会带来保税物流量的井喷，而以加工贸易为主的监管区域也会带来保税流量的增加。

（三）中欧班列沿线保税物流继续增长

新冠肺炎疫情暴发以来，中国最先遭受重创，却能迅速实现动态清零，成为全世界的制造工厂，引发出口量的增加；反观一些发达国家，仍陷在疫情之中无法自拔，生产停滞，只能从中国采购商品。短时间的国际物流爆发式增长，引发海运运价的暴涨，也带来港口拥堵、物流时效低下。在这一背景下，中欧班列的优势就凸显出来，作为海运远东至欧洲及沿线各国的主要运输方式。预期 2022 年中欧班列保税物流量肯定会大增。

（四）东北地区保税物流有望复苏

在中国近现代史中，东北地区的重要性无人质疑。大连是东北地区外向型经济的窗口，改革开放之初，大连港的外贸吞吐量位居全国第一。大连市设立保税区和保税港区都很早，曾经和天津并列第二位设立保税港区。但近些年东北地区外向型经济发展步伐逐渐放缓。

2020 年年底，《区域全面经济伙伴关系协定》（RCEP）正式签订，形成包括东盟 10 国、东亚三大经济体中日韩、澳大利亚、新西兰在内的全球自由贸易区之一，大连港是与日本、韩国相对地理位置更近的港口城市。

2022 年 2 月，辽宁省发布《辽宁省推进“一圈一带两区”区域协调发展三年行动方案》，要使辽宁成为引领东北地区经济发展的主引擎，外贸进出口总额要超过全国平均水平，大连地区的生产总值要突破 1 万亿元。该行动方案为辽宁经济复苏打了一针强心剂。可以预见，东北地区的保税物流一定会形成爆发式发展，2022 年大连综保区、沈阳综保区有可能进入海关特殊区域前 30 的头部阵营。

（作者：大连理工大学商学院　田征）

2021 年应急物流发展回顾与 2022 年展望

2021 年是中国共产党成立 100 周年，是“十四五”规划开局之年，也是全面建成小康社会、开启全面建设社会主义现代化国家新征程的关键之年。回顾过去的 2021 年，应急物流持续“发力”，应急物流体系建设在常态化战“疫”中起步，开启了应急物流事业发展的新征程。展望 2022 年，随着从中央到地方相关行业“十四五”规划的陆续出台，应急物流体系发展方向和路线图逐渐清晰，按照“储备充足、反应迅速、抗冲击能力强”的目标加强建设，中国应急物流事业走上持续发展轨道，将在突发事件应对中发挥更大作用。

一、2021 年应急物流发展回顾

2021 年，新冠肺炎疫情起伏反弹、多点频发，河南、山西等多地暴雨困城，深刻影响了国计民生，改变了物流需求侧与供给侧的方方面面，应急物流按需启动、及时响应、保障有力，应急物流体系建设扎实推进。

（一）常态化战“疫”中应急物流持续发力

新冠肺炎疫情依然是应急物流贯穿 2021 年全年的“主战场”。新冠肺炎疫情凸显了应急物流的重要性，也见证了中国应急物流由猝然发力到持续发力的成长和从容；特别是新冠肺炎疫情的全球大暴发，暴露了欧美等发达地区在应急管理、物流保障等方面存在的问题，反衬了中国应急物流的日益成熟壮大。

2021 年以来，新一轮疫情于京冀等地首发。此后，辽宁、内蒙古、天津、浙江、陕西、河南等多地疫情先后反弹，特别是进入 2022 年以后，香港、山东、吉林、上海、深圳等地疫情出现大规模反弹之势。由于有了前一年战“疫”中应急物流经历的教训、取得的经验、打下的基础，从国家部委到地方政府、从行业到企业，各个层面应急物流组织实施快速反应，轻车熟路，保障及时有力。

2021 年 1 月 7 日，交通运输部印发《交通运输部关于切实做好河北省石家庄和邢台地区疫情防控应急运输保障工作的通知》，明确了应急物资运输保障工作有关问题，规范了应急物资运输车辆通行证格式，简化了办理手续。1 月 13 日，交通运输部、公安部、国家邮政局联合印发《交通运输部 公安部 国家邮政局关于科学精准做好河北、北京等地应急物资运输和交通保障工作的紧急通知》，要求全力保障河北省应急物资运输车辆顺畅通行、加快在石家庄周边设立物资中转调运站等。1月16日、18日，河北省先后设立3个应急物资中转调运站，并备用2个中转调运站，为外省区市及省内其他城市对石家庄市和邢台市所需应急物资运输提供中转调运服务等。与此同时，中国物流与采购联合会应急物流专业委员会在《现代物流报》发表专访文章，指出应急物资储备供应等方面存在的问题，提出应急物流体系建设的对策建议，宣讲和引导应急物流行业发展；承担应急物资运输任务的物流企业组织疫区发运专班，冷藏干线运输采取禁止司机接触货物、禁止司机下车，降低干线挂车司机感染风险等，体现了相当的专业性。以邮政、顺丰、京东为代表的重点物流企业，积极寻找民用物流主力救灾的路径，充分发挥社会物流的智慧优势，推进应急物流建设，采用无人配送车、数字驿站、自动分拣为代表的智能物流设施，提高物流效率和减少人员交叉感染，持续助力新冠肺炎疫情防控。菜鸟网络在郑州、西安、天津、杭州、香港等多个城市先后成立应急物流项目组，整合各地菜鸟及阿里巴巴集团资源，保障政府民生物资、抗疫及应急物资配送，以及社会捐赠的民生物资及时配送。

在2021年全年中，随着我国新冠病毒疫苗陆续获批在国内和国外上市及展开的大范围普遍接种，疫苗生产、储存、中转、运输、配送等逐渐成为抗击疫情应急物流保障的重点，由此带来了对医药冷链物流的巨大需求。特别是航空运输，作为新冠病毒疫苗长距离运输的主要方式，面临巨大的机遇和挑战。为此，国内外许多生产和物流企业争先恐后扩大和加强供应链，从扩大生产控温容器的工厂到在机场扩建储存设施并加强安全性，以保障新冠病毒疫苗能够安全运抵目的地。与此同时，随着不断升级变异的新冠肺炎疫情全球大暴发，在口岸封闭、航班熔断、港口瘫痪、物流延迟、供应链中断的危难情况下，中国物流行业头部企业积极承担国际应急物流责任，成为国际应急物流“领头羊”，将大量药品、疫苗等卫生防疫物资源源不断地送往世界各地，为世界各国防抗新冠肺炎疫情贡献了中国物流之力，体现了大国地位和担当，跨境应急物流逆势增长。

1月，交通运输部、国家卫生健康委、海关总署、国家药品监督管理局联合印发《新冠病毒疫苗货物道路运输技术指南》。2月，中国民航局成立新冠病毒疫苗航空运输保障专班，指导、协调行业相关单位做好疫苗航空运输保障工作，及时解决疫苗航空运输中的问题，并开辟航班计划审批绿色通道，对涉及疫苗运输航班予以重点保障；同时，修订发布了《新冠病毒疫苗航空运输保障指南（第二版）》，指导行业安全、顺畅运输疫苗。据2021年3月调查统计，中国已经并正在无偿向69个有急需的发展中国家提供疫苗援助，同时向43个国家出口疫苗。顺丰致力于面向包括疫苗产业供应链在内的医药行业企业，为客户提供专业、安全、全程可控的一站式医药物流供应链解决方案及服务。菜鸟网络成功将中国新冠病毒疫苗运至萨尔瓦多、特立尼达、多巴哥、科威特、苏里南等多个国家和地区，累计运输新冠病毒疫苗逾百万剂。新冠肺炎疫情暴发以来，菜鸟应急物流体系已经向全球150多个国家和地区运送超过2.5亿件医疗和生活物资，为中国应急物流赢得认可。同时，为解决疫苗在全球的温度监测问题，菜鸟物流与阿里健康开发了一套完整安全的“药品国际追溯+全球达”服务系统。菜鸟全球包裹的“物流身份证”，与阿里健康的全球“药品身份证”进行对接，实现包括疫苗在内的中国出口药品“来源可查、去向可追、温度可控”。11月26日，由中国物流与采购联合会起草修订的国家标准《药品冷链物流运作规范》（GB/T 28842—2021）正式发布，2022年6月1日实施。

（二）突发灾情应急物流保障有力

2021年是持续不断的新冠肺炎疫情和突发洪涝等自然灾害相互叠加的一年，对中国应急物流不断提出新的需求和严峻挑战。面对反复的疫情和突发的灾情，应急物流及时响应，迅即启动，保障活动贯穿全年，在常态化做好“六稳”“六保”的同时，重点应对河南、山西多地暴雨洪水突发灾情，有力保障了抢险救灾任务顺利完成和民生需求。

7月，河南郑州、新乡等多地发生持续极端强降雨。10月，山西晋中、吕梁等地连发暴雨洪涝灾害。7月21日，河南省物流与采购联合会发出“关于物流行业众志成城抗洪救灾的倡议书”。中国物流与采购联合会应急物流专业委员会发出“关于征集河南洪灾应急物流保障建议和事迹”的通知，动员会员企业和有关单位为抗洪应急物流保障献计献策，及时发布河南、山西灾区救灾急需物资捐助信息，协调对接相关供需资源，宣传并推广会员企业、相关单位抗洪应急物资保障事迹和做法，营造应急物流保障浓厚氛围。中外运、顺丰、京东、韵达、中通、德邦等会员单位第一时间开通河南救援物资免费运输绿色通道，并组织捐款捐物，有力支援了防汛救灾及灾后重建工作。

7月20日，中国外运紧急启动招商局“灾急送”公益应急物流平台，应急响应、积极部署，迅速协调旗下外运物流西北公司、湖南公司、天津公司启动西安、长沙、天津3个备灾仓运作，组织运输和仓储资源，全力支援郑州抗灾，调运壹基金救灾温暖箱、卫生包、睡袋6000件，救灾帐篷204顶，家庭救灾箱（日用品）10000套。顺丰调动全网应急资源支援抗灾，捐赠2000万元，用于河南受灾群众人身安全、紧急救灾物资采购与运输，以及灾后困难群众生活和医疗救助，捐赠饮用水、方便食品、帐篷、常用药品等各类救灾及生活保障物资共计28.2万件。苏宁物流免费开放运转中心，面向政府、企事业单位、慈善公益组织免费开放全国仓储资源，为应急救援物资提供应急中转仓储和应急仓储运营服务；同时，全力支持配送服务，动员郑州及周边地区运输车队及配送力量，全力开展抢险救灾和物资配送。申通快递成立应急管理组，全天24小时响应异常需求，积极调动网络运输资源承担社会公益捐赠及运输服务，全力投入救援行动和员工、用户的生活物资保障工作，并拿出专项资金1000万元，用于河南受灾网点灾后重建及快递小哥帮扶。圆通速递全网紧急响应，保安全、保畅通、助救灾，开通绿色通道，建立24小时工作机制，全力参与配合当地抗洪救灾工作，并通过网络风险基金出资1000万元，多管齐下、全力以赴帮助受灾网点共渡难关。中通快递向郑州市红十字会捐款2000万元，并出资1000万元用于河南受灾网点、快递小哥的帮扶和公益捐赠运输。德邦快递迅速调动全网资源支援救灾物资运输，开通救灾物资运输绿色通道，优先为公益机构、医疗机构、企事业单位等有组织的救援物资提供免费运输服务。韵达速递启动紧急预案，第一时间开通绿色通道驰援河南受灾地区，为当地提供包括救援物资运输和救援物资捐赠等。货拉拉迅速成立应急救援公益运输小组，在郑州城区开通救援物资运输绿色通道，免费提供救援物资运输服务。传化智联组织调动郑州传化中原物流小镇与郑州传化公路港，为因灾受困需要帮助的市民和救援人员提供临时场所，提供食物、饮水等生活保障；免费开放郑州新郑市传化华商汇中原物流小镇仓储资源，为政府机构、公益组织等提供救灾物资仓储；联动传化慈善基金会“传化·安心驿站”，为政府机构、公益组织等向郑州等地运送救灾、生活物资提供免费运力对接，为参与救灾物资运输的卡车司机志愿者提供资助。国家电网公司物资系统迅速组建由国网物资部牵头，国网物资公司、河南公司和26家省公司组成的应急抢修保供电物资供应保障组织体系，紧急调用国家电网系统物资资源，全力支援河南防汛救灾，高效推进应急抢修保供电物资供应。

（三）应急物流相关规划和政策密集推出

2021年是“十四五”规划和应急产业相关政策措施密集推出的一年。受疫情影响，国家和各地方对于应急产业包括应急物流予以高度重视，“十四五”规划和应急产业支持政策措施纷纷出台，为应急产业包括应急物流发展提供了良好的外部环境，为应急物流体系建设提供了基本遵循方向，明确了目标要求。

2021年2月，中共中央、国务院印发《国家综合立体交通网规划纲要》。规划强调要完善交通运输应急保障体系，要求建立健全多部门联动、多方式协同、多主体参与的综合交通应急运输管理协调机制，构建快速通达、衔接有力、功能适配、安全可靠的综合交通应急运输网络，建设多层级的综合运输应急装备物资和运力储备体系，加强重要通道应急装备、应急通信、物资储运、防灾防疫、污染应急处置等配套设施建设等。

2021 年 3 月，十三届全国人大四次会议表决通过《中华人民共和国国民经济和社会发展第十四个五年规划和 2035 年远景目标纲要》。纲要明确要求加快建立储备充足、反应迅速、抗冲击能力强的应急物流体系。

2021 年 5 月，为贯彻落实中共中央、国务院关于健全我国应急物流体系的决策部署，推动应急物流有关文件落实，国家发展改革委经济运行调节局组织召开了全国应急物流体系建设现场交流会。会议全面总结了疫情应对中应急物流积累的经验，交流了各地推进应急物流体系建设的工作进展，现场参观了哈尔滨市应急物资中转站等物流设施建设情况，对加快建设储备充足、反应迅速、抗冲击力强的应急物流体系进行了安排部署。

2021 年 8 月，中央全面深化改革委员会第二十一次会议审议通过了《关于改革完善体制机制加强战略和应急物资储备安全管理的若干意见》。会议强调：我国是大国，必须具备同大国地位相符的国家储备实力和应急能力。要统筹解决好“储什么”“谁来储”“怎么储”的问题，系统规划、科学优化储备的品类、规模、结构，加快补齐补足关键品类物资短板。要加快健全统一的战略和应急物资储备体系，坚持政府主导、社会共建、多元互补，健全中央和地方、实物和产能、政府和企业储备相结合的储备机制，优化重要物资产能保障和区域布局，分类分级落实储备责任，完善储备模式，创新储备管理机制。

2021 年 12 月 30 日，《国务院关于印发“十四五”国家应急体系规划的通知》（国发〔2021〕36 号）成文，并于 2022 年 2 月 14 日发布。该规划要求强化应急物资准备，明确：加强物资实物储备。完善中央、省、市、县、乡五级物资储备布局，建立健全包括重要民生商品在内的应急物资储备目录清单，合理确定储备品类、规模和结构并动态调整。提升物资产能保障。制定应急物资产能储备目录清单，加强生产能力动态监控，掌握重要物资企业供应链分布。实施应急产品生产能力储备工程，建设区域性应急物资生产保障基地。选择符合条件的企业纳入产能储备企业范围，建立动态更新调整机制。该规划还要求强化紧急运输准备，明确：制定运输资源调运、征用、灾后补偿等配套政策，完善调运经费结算方式……依托大型骨干物流企业，统筹建立涵盖铁路、公路、水运、民航等各种运输方式的紧急运输储备力量……健全社会紧急运输力量动员机制等。

2021 年 12 月 30 日，《国务院关于“十四五”现代流通体系建设规划的批复》（国函〔2021〕138 号）成文，并于 2022 年 1 月 10 日发布。该规划从建立健全应急物流快速响应机制、提高物流体系韧性两个方面，部署了加强高效应急物流体系建设重点任务。

同时，各地也注重强化应急物流体系建设，从不同维度规划部署应急物流体系建设任务，加大政策引领力度，推动应急物流体系建设规划落地落实。北京市从韧性城市建设角度规划应急物流体系建设，印发《关于加快推进韧性城市建设的指导意见》，明确提高应急物资保障能力，构建京津冀区域协同的应急物流体系，完善各类应急运力储备与调运机制。山西省从现代流通体系角度规划应急物流体系建设，印发《山西省"十四五"现代物流发展规划》，强调完善应急物流体系，维护物流安全，为防范和化解重大风险提供有力支撑，提出基本建成储备充足、反应迅速、抗冲击能力强的应急物流体系目标。贵州省从应急管理体系角度规划应急物流体系建设，印发《贵州省"十四五"应急体系建设规划》，要求强化紧急运输准备，健全政府、军队（武警）、企业、社会组织等共同参与、协同配合的应急物流协调联动和信息共享机制，培育一批应急物流基地、应急物流中心、应急配送中心和第三方应急物流企业。

此外，在与应急物流密切相关且相互融合的军事物流领域，中共中央和中央军委也进一步作出重要决策部署。2021 年 11 月，在全军后勤工作会议上，中共中央总书记、国家主席、中央军委主席习近平作出重要指示，明确提出：加快建设现代军事物流体系和军队现代资产管理体系，加快推动现代后勤高质量发展，为实现建军一百年奋斗目标提供有力支撑。中国应急物流事业发展获得军队强力"助攻"。

在此期间，中国物流与采购联合会应急物流专业委员会受国家发展改革委、应急管理部邀请，深度参与"十四五"国家物资储备规划、"十四五"应急物资保障规划论证工作，并应约在《中国应急管理》《中国应急管理报》上分别发表《健全体系提升国家物资储备效能》《加快健全统一的战略和应急物资储备体系》文章；积极主动向国家发展改革委、应急管理部、国家粮食和物资储备局及军委后保部等军地机关，提供应急物流、物资储备、应急物资保障等方面咨询建议，并会同军队相关单位，完成国家社科基金"健全国家物资储备体系研究"等课题研究，为中央和国家部委相关文件出台提供了研究支撑。

（四）应急物流相关法规和标准加紧出台

2021 年是应急事业及应急物流立法立规、建章立制可圈可点的一年。随着全面依法治国方略在国家应急管理各方面事业中的贯彻推进，依法应急治理逐渐加快立法修法，加紧技术标准建设，应急物流事业的法制化、标准化、规范化基础不断取得进展。

12 月 20 日，《中华人民共和国突发事件应对管理法（草案）》提请第十三届全国人大常委会第三十二次会议审议。草案规定：建立健全应急物资储备保障制度，动态更新应急物资储备品种目录，完善重要应急物资的监管、生产、采购、储备、调拨和紧急配送体系，促进应急产业发展，优化产业布局；建立健全应急运输保障体系，保障应急物资和人员及时运输；建立健全能源应急保障体系，保障受突发事件影响地区的能源供应。草案还规定：国家鼓励公民、法人和其他组织储备基本的应急自救物资和生活必需品。在地方层面，广州市应急管理局制定了《广州市应急救援力量参与突发事件处置补偿暂行办法》，明确了社会力量参与应急事业补偿有关问题，在全国属于首创，具有较强的参考借鉴意义。中国应急物流事业发展的法制基础逐渐成形。

同时，在2021年，国家标准《应急物流公共标识代码编制规则》（GB/T 40413—2021）和行业标准《应急物流数据交换格式》（WB/T 1113—2021）、《应急物流数据交换通用要求》（WB/T 1114—2021）陆续发布；行业标准《应急物流基础信息分类与代码》《应急物流基础数据元》《应急物流公共数据模型》已报批待发布；国家标准转行业标准《企业应急物流服务能力评估规范》完成修订待报批。中国应急物流事业发展相关标准规范技术支撑逐渐完善。

二、2022年应急物流发展展望

2022年是中共二十大召开之年，是“十四五”规划和应急物流相关法规、政策、标准等全面推进实施的集中发力之年。党和国家将秉持“人民至上，生命至上”的原则要求，持续完善应急管理体系，深化建设现代流通体系，加快建立储备充足、反应迅速、抗冲击能力强的应急物流体系。在与新冠肺炎疫情长期共存的趋势下，战“疫”应急物流常态化保障日益成熟完善，应急物流体系建设蹄疾步稳加快推进，应对突发事件灾害的应急物流保障能力不断提高。

（一）应急物流相关法规、标准等加紧推进实施

《中华人民共和国突发事件应对管理法（草案）》面向社会公开征求意见于2022年1月22日截止，有望年内颁布实施。2021年发布并实施的行业标准有《应急物流数据交换格式》《应急物流数据交换通用要求》，2022年，国家标准《应急物流公共标识代码编制规则》即将全面推进实施。2022年，行业标准《应急物流基础信息分类与代码》《应急物流基础数据元》《应急物流公共数据模型》即将发布实施，国家标准转行业标准《企业应急物流服务能力评估规范》即将完成修订。应急物流相关的法规、标准基础基本搭建。同时，《关于改革完善体制机制加强战略和应急物资储备安全管理的若干意见》等应急物流相关的政策，以及“十四五”规划，也将在年度计划和工作中逐步推进落实，应急物资储备能力建设将显著持续加强。

（二）应急物流相关设施、装备和技术进一步发展

随着交通强国战略的实施，“十四五”现代综合交通运输体系发展规划、“十四五”国家应急体系规划等规划的推进落实，综合货运枢纽系统、综合交通应急运输网络建设快速起步。2022 年，亚洲第一、世界第四的鄂州花湖专业货运机场将完成试飞、正式开航运营；同时，以鄂州航空货运枢纽为依托，国家华中区域应急物资储备中心、高端应急救援装备集配中心、应急物资供应链中心也将开建，以此为代表的应急物流军地协同将得到强化。交通强国试点项目“路空协同平急一体的应急物流保障体系建设”不断取得进展。智慧物流园区、智慧港口、智能仓储基地、数字仓库等智慧物流新基建进一步投入，“通道 + 枢纽 + 网络”的物流基础设施网络体系加快布局建设。5G、物联网、大数据、云计算、区块链、人工智能、移动互联网等新技术进一步开发物流领域应用场景，智能机器人、物流无人机（车）等高技术配送装备进一步推广应用，北斗系统在交通运输重点领域逐步推广，应急物资储运设备集装单元化发展，应急运输调度效率不断提升。

（三）国家大物流集团聚焦主责主业发力应急物流

2021 年 12 月正式挂牌成立的中国物流集团，定位于“综合物流服务方案提供者、全球供应链组织者”，以“促进现代流通、保障国计民生”为使命，以发展应急物流、民生物流、特种物流、危险品物流等为主营业务，在 2022 年将逐步整合调整到位。践行央企使命，聚焦主责主业，维护民生安全，维护产业链供应链安全稳定，国家大物流集团将开始发力，应急物流迎来“主力军”加入“战场”的新格局，并由此引领社会物流加快投入应急物流体系建设。

（四）跨境应急物流服务保障任务日益繁重

2021 年以来，随着新冠肺炎疫情在全球暴发，我国成为口罩、防护服、疫苗、病毒检测试剂等卫生防疫物资的出口供应大国，向世界各国大量开展友好捐赠和商业贸易活动。2022 年，香港新冠肺炎疫情暴发后，全国各地紧急驰援香港抗击疫情；乌克兰危机以来，中国红十字会先后三批向乌克兰紧急援助人道主义救援物资。随着“海外中国”的国家利益、国民安全利益的拓展，中国制造业大国产能的输出，人类命运共同体的大国形象担当，跨国跨境应急物流服务保障任务将日益繁重。

（五）产业链供应链安全应急物流保障使命拓展

“保产业链供应链稳定”多年来被列为国家“六稳”“六保”的重要任务之一。2020 年年底中央经济工作会议将“增强产业链供应链自主可控能力”列为 2021 年八大重点任务之一。在十九届五中全会上，中央将提升产业链供应链现代化水平，作为“十四五”期间“加快发展现代产业体系、推动经济体系优化”目标的重要组成部分。《中华人民共和国国民经济和社会发展第十四个五年规划和 2035 年远景目标纲要》中也提出，要分行业做好供应链战略设计和精准施策，形成具有更强创新力、更高附加值、更安全可靠的产业链供应链。新冠肺炎疫情全球暴发、国际贸易战、制裁禁运等安全风险日益频繁甚至叠加，产业链供应链安全稳定显现出不可替代的价值，成为后疫情时代的核心竞争力。围绕产业链供应链安全稳定，提高产业链供应链韧性弹性，支持企业走出去参与全球供应链重构、重塑全球供应链，保障生产方式转变等，应急物流使命逐渐向应急产业链供应链深度拓展。

（作者：中国物流与采购联合会应急物流专业委员会　范学兵；中国兵器工业规划研究院　黄定政）

2021 年绿色物流发展回顾与 2022 年展望

2021 年是中国共产党成立 100 周年，也是“十四五”开局之年，更被称为我国的“碳中和元年”。2021 年国家主席习近平在第 76 届联合国大会一般性辩论上重申中国全力以赴实现“3060 双碳目标”。同时，“双碳”工作被列入 2021 年度中央经济工作重点任务。国家“双碳”目标为绿色物流发展创造了良好的发展环境和广阔的发展空间，2021 年也成为中国绿色物流发展整体谋篇布局的重要开端。

一、2021 年中国经济和物流发展形势

2021 年，中国 GDP 达到 114.4 万亿元，增速为 8.1%，其中，第一、第二、第三产业增加值占国内生产总值的比重分别为 7.3%、39.4% 和 53.3%，分别增长 7.1%、8.2% 和 8.2%。随着经济的不断增长，2021 年中国城镇化率达到 64.7%，能源消费总量由 2016 年的 44.1 亿吨标准煤增长到 52.4 亿吨标准煤，比上年增长 5.2%，能源消费弹性系数为 0.64。同时，国家持续加强节能降碳工作、优化能源消费结构，2021 年，煤炭能源消费比重由 2016 年的 62.2% 下降为 56.0%，天然气、水电、核电、风电等清洁能源消费量比重由 2016 年的 19.0% 提高到 25.5%，比上年增长 10.7%（见图 1）。从世界范围来看，2020 年中国能耗总量和二氧化碳排放量分别达到 49.8 亿吨标准煤和 99.0 亿吨，较上年分别增长 2.3% 和 0.7%，占世界能耗总量和二氧化碳排放总量的比重分别为 26.1% 和 30.6%，是美国能耗和二氧化碳排放总量的 1.7 倍和 2.2 倍[①]，但人均能源消费量和人均碳排放量分别为美国的 34.4% 和 52.2%[②]。

随着中国经济稳中有进，2021 年，全国社会物流总额和物流业总收入分别由 2016 年的 229.7 万亿元和 7.9 万亿元增长至 335.2 万亿元和 11.9 万亿元，年均增速分别达到 6.3% 和 8.8%。物流业收入的快速增长需要能源的支撑。根据国家统计局数据显示（仅更新至 2019 年），物流业能耗和碳排放主要包含在交通运输、仓储和邮政业。2019 年，中国物流业能耗和二氧化碳排放量分别

① 《BP 世界能源统计年鉴 2021》。

② 世界银行（World Bank）。

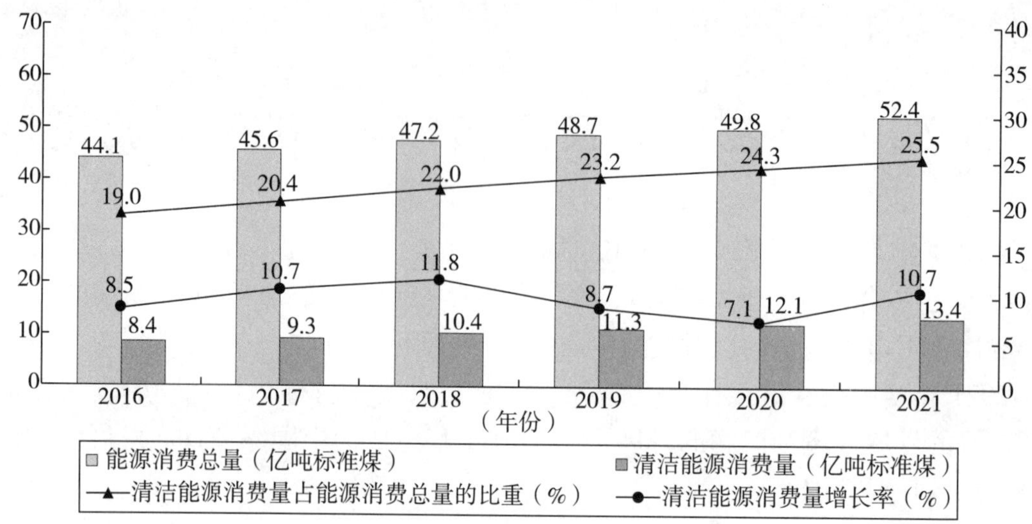

图1　2016—2021 年中国能源消费总量、清洁能源消费量情况

为 4.4 亿吨标准煤和 8.6 亿吨二氧化碳①，占全国能耗和碳排放量的比重分别为 9.0% 和 8.8%。物流业能耗和碳排放主要来源于货物运输和仓储等物流活动。从货运量和货运周转量来分析，2021 年，中国货运量由 2016 年的 438.7 亿吨增长为 529.7 亿吨，货运周转量由 2016 年的 18.7 万亿吨公里增长为 22.4 万亿吨公里，均位居世界第一，年均增速分别为 4.3% 和 3.9%。根据国家邮政局数据显示，2021 年，中国快递业务量由 2016 年的 312.8 亿件增长至 1083 亿件，年均增长率为 32.1%。根据中物联冷链委数据预测显示，2020 年中国冷库总容积由 2016 年的 42.0 百万吨增长至 70.8 百万吨，年均增长率高达 13.9%。2016—2021 年中国货运量和货运周转量如图 2 所示。

二、2021 年中国绿色物流发展回顾

绿色物流是指通过充分利用物流资源、采用先进的物流技术，合理规划和实施运输、储存、包装、流通加工、配送、信息处理等物流活动，降低物流活动对环境影响的过程②。2021 年，随着生态文明建设持续推进、污染防治攻坚战深入开展以及“双碳”目标的有力实施，绿色物流得到了前所未有的重视。本报告根据绿色物流概念，从影响因素、物流要素、社会影响三个方面梳理了绿色物流 2021 年发展特点（见图 3）。

---

① 《中国统计年鉴 2021》。

② 《绿色物流指标构成与核算方法》（GB/T 37099—2018）。

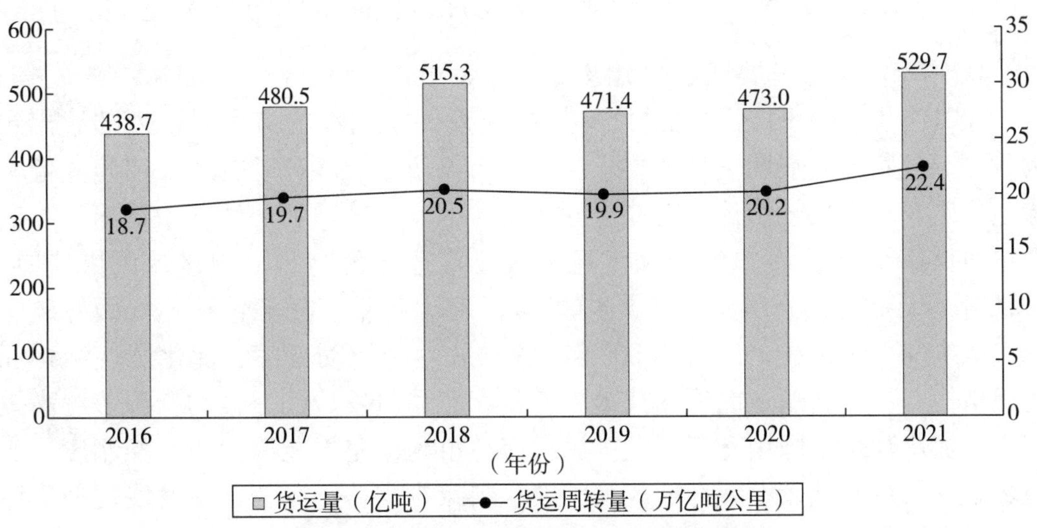

图 2　2016—2021 年中国货运量和货运周转量

资料来源：国家统计局，《中华人民共和国 2021 年国民经济和社会发展统计公报》。

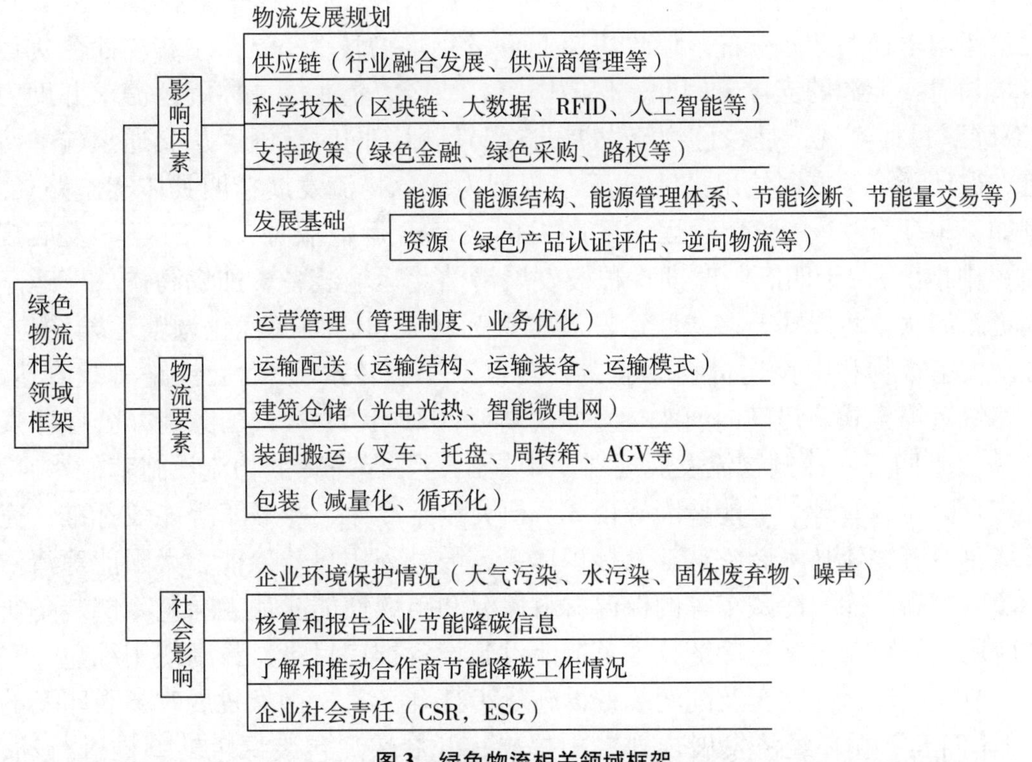

图 3　绿色物流相关领域框架

（一）影响因素——良好的绿色物流外部环境与发展基础

1. 国家和物流发展规划指引绿色物流发展方向

2021年是“十四五”开局之年，国家发展规划和物流发展规划陆续出台为我国绿色物流发展明确任务要求。2021年2月，《国务院关于加快建立健全绿色低碳循环发展经济体系的指导意见》（国发〔2021〕4号）中提出，要健全绿色低碳循环发展的生产和流通体系，打造绿色物流，构建绿色供应链。2021年3月，《政府工作报告》中指出，2021年重点任务包括扎实做好碳达峰、碳中和各项工作，制订2030年前碳排放达峰行动方案，优化产业结构和能源结构，促进新型节能环保技术、装备和产品研发应用，推动资源节约高效利用。加快建设全国用能权、碳排放权交易市场，完善能源消费双控制度。实施金融支持绿色低碳发展专项政策，设立碳减排支持工具。国家发展规划为绿色物流发展核心及市场化激励措施指明方向。

2021年2月，中共中央、国务院印发的《国家综合立体交通网规划纲要》中指出，到2035年，要基本建成便捷顺畅、经济高效、绿色集约、智能先进、安全可靠的现代化高质量国家综合立体交通网，提出2021—2035年全社会货运量年均增速为2%左右，邮政快递业务量年均增速为6.3%左右。社会货运量增长需要能源的支撑，因此，保障国家、地区、企业等主体货运需求并助力“双碳”目标实现，是绿色物流发展的首要目标。同时，国家从交通运输、冷链、循环经济等方面给出“十四五”规划为绿色物流发展指明具体实施路径。例如，2021年11月，交通运输部印发的《综合运输服务“十四五”发展规划》中指出，“十四五”时期将积极发展清洁化运输装备，加快高排放营运车辆更新淘汰；将以提升多式联运发展水平为突破口，加快优化调整运输结构。推动大宗货物和中长途货物运输“公转铁”“公转水”，发展铁路重载直达、铁路快运等方式，提高内河水运竞争力等。2021年11月，国务院办公厅印发的《“十四五”冷链物流发展规划》中指出，要提高冷链物流设施节能水平，推广合同能源管理、节能诊断等模式。研究制定冷库、冷藏车等能效标准，完善绿色冷链物流技术装备认证及标识体系，鼓励利用自然冷能、太阳能等清洁能源。提高冷库、冷藏车等的保温材料保温和阻燃性能。加大绿色冷链装备研发应用，研究制定绿色冷链技术及节能设施设备推广目录，鼓励使用绿色、安全、节能、环保冷藏车及配套装备设施。2021年7月，国家发展改革委印发的《“十四五”循环经济发展规划》中提出，开展快递包装绿色转型推进行动，开展可循环快递包装规模化应用试点，大幅提升循环中转袋（箱）应用比例，加大绿色循环共用标准化周转箱推广应用力度，到2025年，电商快件基本实现不再二次包装，可循环快递包装应用规模达1000万个。

2. 绿色供应链管理倒逼绿色物流发展

绿色供应链管理是将全生命周期管理、生产者责任延伸理念融入传统的供应链管理工作中，依托上下游企业间的供应关系，以核心企业为支点，通过绿色供应商管理、绿色采购等工作，推动链上企业持续提升环境绩效，进而扩大绿色产品供给[①]。2021 年 3 月，《商务部等 8 单位关于开展全国供应链创新与应用示范创建工作的通知》中提出，推动供应链绿色发展，特别是推动企业环境和碳排放信息公开，引导督促企业选择绿色供应商，实施绿色采购，针对重点行业积极打造绿色供应链。绿色物流是开展绿色供应链管理的重要内容。当前，国家对重点行业重点企业提出明确的碳排放管控要求，如中国宝武钢铁集团、鞍钢集团、国家能源集团等大型国企均提出碳达峰具体时间节点。同时，外资企业如壳牌、奔驰、大众、宜家等企业也提出明确的碳达峰、碳中和时间节点，特别是 2021 年 5 月荷兰海牙地区法院裁决荷兰皇家壳牌公司在 2030 年将全球二氧化碳排放量从 2019 年的水平减少 45%。以上生产制造企业作为货主方在整个供应链网络中占据重要引导地位，其对碳减排目标要求将传导到物流供应商，以实现全供应链的减排目标。因此，发展绿色物流，降低物流活动碳排放强度不仅是物流企业绿色发展、践行社会责任的重要体现，也成为满足货主要求，实现绿色供应链发展、提高市场竞争力的重要商业决策。

此外，物流企业还可以通过实施绿色采购或采购经认证的绿色产品，促进绿色物流发展。2021 年 3 月，《中华人民共和国国民经济和社会发展第十四个五年规划和 2035 年远景目标纲要》中提出，要大力发展绿色经济，建立统一的绿色产品标准、认证、标识体系。该体系是推动绿色低碳循环发展、培育绿色市场的必然要求，是引导产业转型升级、提升中国制造竞争力的紧迫任务，是履行国际减排承诺、提升我国参与全球治理制度性话语权的现实需要，更是生态文明体制改革的重要组成部分。2021 年 2 月，《邮件快件包装管理办法》（中华人民共和国交通运输部令 2021 年第 1 号）推进对包装物依法实行绿色产品认证，逐步健全行业绿色认证体系，鼓励寄递企业采购使用通过绿色产品认证的包装物，例如，顺丰推出的快递循环箱 π－box 已获得绿色产品认证并在杭州、上海等地试点应用。2021 年 4 月，交通运输部办公厅等八部门印发《关于做好标准化物流周转箱推广应用有关工作的通知》中指出，开展物流周转箱绿色产品认证。深入实施快递包装绿色产品认证制度，按照可重复使用型快递包装产品类别，对物流周转箱产品开展绿色产品认证，对通过认证的物流周转箱产品加施绿色产品标识。鼓励生产企业申请物流周转箱绿色产品认证，引导采购方选购使用获得绿色认证的物流周转箱产品。

① 《中国绿色供应链发展报告（2019）》。

3. 金融、人才等市场化机制支持绿色物流发展

2021 年，绿色金融、碳排放管理员、全国碳排放权交易等业务开展为绿色物流发展提供了良好的市场环境和人才支撑。绿色金融是指为支持环境改善、应对气候变化和资源节约高效利用所提供的金融服务，包括信贷、债券、基金等。物流行业具有高度综合性，绿色物流涉及的很多实施路径都符合绿色金融支持的标准。2021 年 4 月，在《中国人民银行 发展改革委 证监会关于印发〈绿色债券支持项目目录（2021 年版）〉的通知》中，绿色债券支持项目目录中包含绿色建筑、绿色交通、绿色运营管理服务、环境权益交易服务、技术产品认证和推广服务等，均与绿色物流实施路径息息相关。

2021 年 7 月，为落实“双碳”目标实现，结合地方碳排放权交易试点的经验，全国碳排放权交易正式开市，碳排放权交易逐渐成为企业碳资产管理的新抓手。为支持企业开展碳资产管理，2021 年 3 月，人力资源和社会保障部、国家市场监督管理总局、国家统计局发布了“碳排放管理员”等 18 项新职业。碳排放管理员包含但不限于下列工种：民航碳排放管理员、碳排放监测员、碳排放核算员、碳排放核查员、碳排放交易员、碳排放咨询员，是本次发布的 18 个新职业中唯一的绿色职业。碳排放管理员新职业的发布标志着其正式列入国家职业序列，为建设一支专业化的碳排放管理人才队伍奠定了重要基础。在生态环境部应对气候变化司的具体指导下，中国石油和化学工业联合会联合牵头成立了“碳排放管理员职业协作组”，包括电力、钢铁、建筑材料、有色金属、航空、物流等多家国家级行业协会成为协作组成员。中国物流与采购联合会代表物流行业加入碳排放管理员职业协作组，负责全国物流行业碳排放管理员职业相关工作，整合物流行业资源，公开征集碳排放管理典型案例，协助开发碳排放管理员系列培训教材，协同建设一支高水平的碳排放管理人才队伍。物流行业碳排放管理员新职业、教材及后续标准和培训体系的完善将为推动绿色物流发展奠定扎实的人才基础。

4. 能源变革奠定绿色物流路径实施基础

能源是支撑运输、储存、装卸、搬运、包装、流通加工、配送、信息处理等物流活动的重要资源。节约资源、保护环境是我国的基本国策，“十一五”以来，国家每五年发布节能降碳约束性目标（见表 1）。2021 年 10 月，《国务院关于印发 2030 年前碳达峰行动方案的通知》（国发〔2021〕23 号）中指出明确的节能降碳约束性目标，即到 2025 年，非化石能源消费比重达到 20% 左右，单位国内生产总值能源消耗比 2020 年下降 13.5%，单位国内生产总值二氧化碳排放比 2020 年下降 18%；到 2030 年，非化石能源消费比重达到 25% 左右，单位国内生产总值二氧化碳排放比 2005 年下降 65% 以上。2021 年 9 月，《中共中央 国务院关于完整准确全面贯彻新发展理念做好碳达峰碳中和工作的

意见》中提出，到 2060 年，能源利用效率达到国际先进水平，非化石能源（核电、风电、太阳能等）消费比重达到 80% 以上。中国应对气候变化的约束性目标如表 1 所示。

表 1　　　　中国应对气候变化的约束性目标

五年规划	能源强度下降率（%）	碳排放强度下降率（%）	能源消费总量（亿吨标准煤）	非化石能源比重（%）	风电、太阳能发电总装机容量（亿千瓦）	备注
“十一五”（2006—2010 年）	“2005”（－20）－19.1	“2005”（－）－14.8	（－）	（－）	（－）	设定能源强度目标
“十二五”（2011—2015 年）	“2010”（－16）－17.8	“2010”（－17）－26	（－）	（11.4）12	（－）	设定二氧化碳强度目标
“十三五”（2016—2020 年）	“2015”（－15）－13.8	“2015”（－18）－22	（50）49.7	（15.4）15.9	（－）5.3	提出能耗总量和能源强度双控目标；设定二氧化碳强度目标
“十四五”（2021—2025 年）	“2020”（－13.5）	“2020”（－18）	（－）	（20）	（－）	提出“双碳”目标
2030 年	（－）	“2005”（－65）	（－）	（25）	（12）	

物流行业是支撑社会生产和居民生活的服务业，是能耗增长和碳排放增长较快的行业之一。2021 年 8 月，交通运输部关于修改《公路、水路交通实施〈中华人民共和国节约能源法〉办法》的决定（中华人民共和国交通运输部令 2021 年第 10 号）将公路、水路节能纳入交通发展规划。2022 年 1 月，国务院发布的《国务院关于印发“十四五”节能减排综合工作方案的通知》（国发〔2021〕33 号）中提出，实施交通物流节能减排工程，推动绿色铁路、绿色公路、绿色港口、绿色航道、绿色机场建设。全面实施汽车国六排放标准和非道路移动柴油机械国四排放标准，基本淘汰国三及以下排放标准汽车。大力发展智能交通，积极运用大数据优化运输组织模式。到 2025 年，新能源汽车新车销售量达到汽车新车销售总量的 20% 左右，铁路、水路货运量占比进一步提升。而我国是以煤为主的能源结构，2021 年，石油和天然气对外依存度分别达到 71.9% 和 43%。因此，在“双碳”目标和国家能源安全的双重因素驱动下，结合我国丰富的可再生能源禀赋，未来以风电、光电、光热为主的可再生能源

将得到大力发展。2021 年国家发展改革委、国家能源局组织国家电网公司、南方电网公司制定了《绿色电力交易试点工作方案》，有力推动绿色电力交易，中国物流与采购联合会联合中远海运物流、京东物流、厦门象屿、宝供物流、苏宁物流、鞍山钢铁集团、马钢集团物流、重庆长安民生物流、北京汇通天下物联科技、深圳市凯东源现代物流、上海无忧供应链、百川物流（北京）集团、上海箱箱智能科技、鄂尔多斯市鑫聚源供应链 14 家企业发出倡议，积极响应参与绿电交易。

5. 标准规范与引领绿色物流发展

标准是经济活动和社会发展的技术支撑，是国家基础性制度的重要方面，也是社会经济高质量发展的重要保障。2021 年，国家标准化管理委员会等 10 部门《关于印发〈“十四五”推动高质量发展的国家标准体系建设规划〉的通知》中指出，要加快制定温室气体排放核算、报告和核查，温室气体管理信息披露方面的标准。推动碳排放管理体系、碳足迹、碳中和、碳排放权交易、气候投融资等重点标准制定。加快制定能效、能耗限额、能源管理、能源基础、节能监测控制、节能优化运行、综合能源等节能标准。在全社会落实“双碳”目标的背景下，绿色物流发展急需完善标准工作，特别是物流行业在碳达峰、碳中和方面的标准制修订以及与国际标准的对接工作。

2021 年，新修订的《物流术语》（GB/T 18354—2021）中增加了绿色物流，象征着绿色物流正式成为物流行业通识并形成明确的业务范围。同时，中国物流与采购联合会（以下简称“中物联”）积极推动绿色物流标准工作，编制标准工作框架路线图。在《绿色物流指标构成与核算方法》（GB/T 37099—2018）的指导下，中物联绿色物流分会顺利完成《企业绿色物流评估指标》和《物流企业温室气体排放核算方法》两项行业标准征求意见稿，两项标准均是推动物流行业绿色发展的基础性标准。2021 年，根据《市场监管总局标准技术司关于征集碳达峰碳中和国家标准专项计划的通知》，中物联积极组织专家起草共申报三项国家标准《绿色产品评价 物流周转箱》《物流行业能源管理体系实施指南》和《物流企业能源计量器具配备和管理要求》。2021 年年底，中物联绿色物流分会起草并申报《物流企业碳排放管理实施指南》行业标准，积极推动物流行业落实碳达峰、碳中和标准工作。

（二）物流要素——明晰绿色物流发展体系和实施路径

物流活动涉及运输、储存、包装、装卸、搬运、流通加工、配送、信息处理等，其绿色低碳运营离不开企业组织、管理、设施设备、上下游合作商等协调，因此，物流行业企业推动绿色物流发展是一项系统性工程。在《绿色物流指标构成与核算方法》（GB/T 37099—2018）和行业标准《企业绿色物流评估指标》（征求意见稿）的支持下，本报告梳理了企业推动绿色物流的核心要素，即管理制度，设施、设备、包装器具，运营过程（见图4）。

管理制度主要包括绿色物流管理制度、绿色物流发展规划与落实、绿色物流宣传与培训。因绿色物流涉及企业多部门协调合作，需要人力和物力的保障，所以企业应建立绿色发展管理部门，在物流活动各阶段制定绿色物流职责和考核指标，或者应在现有管理组织中组建多部门专职人员组成的绿色发展管理协调组，各部门针对物流活动制定绿色物流职责和考核指标。目前，联合利华、百威、麦肯锡、科思创等国际企业已成立类似于可持续发展部的组织协调企业在全球绿色低碳方面的业务工作。中国企业也高度重视绿色发展管理组织的建立，联想集团、华为技术有限公司、重庆长安民生物流股份有限公司、鄂尔多斯市鑫聚源供应链管理有限责任公司、荣庆物流供应链有限公司、圆通物流等均已成立类似于绿色发展部或环境、社会及治理（ESG）部的组织，由企业副总经理级别以上领导牵头协调企业绿色发展战略规划与落实。除自身组织建立外，企业还在现有合作商管理制度中纳入绿色管理理念，将能源管理体系、环境管理体系、绿色发展规划、节能低碳产品认证、企业社会责任报告（CSR）或环境、社会及治理（ESG）报告发布等内容纳入合作商绩效评估指标内容，同时企业与合作商应建立绿色发展沟通与透明机制。

设施、设备、包装器具主要包括物流节点选址、库区、新能源装卸设备、新能源与清洁环保汽车、标准化周转容器、绿色物流包装。随着能源结构调整和技术进步，国家大力推动新能源装备设施发展。2020年11月，《国务院办公厅关于印发新能源汽车产业发展规划（2021—2035年）的通知》（国办发〔2020〕39号）中指出，到2025年，新能源汽车新车销售量达到汽车新车销售总量的20%左右。2021年11月，交通运输部印发《综合运输服务“十四五”发展规划》，指出2020年新能源营运车辆保有量是“十三五”初期的8倍，“十四五”时期将积极发展清洁化运输装备。绿色物流核心要素框架如图4所示。

运营过程主要包括数字化运营、能源结构、运营模式与效率。货物运输是物流行业能耗和碳排放的主要来源，基于五种货物运输方式能耗强度和碳排放强度的比较，优化货物运输结构、提高低能耗强度和低碳排放强度的铁路和水路货运比重是推动绿色物流发展的核心。《国务院办公厅关于印发推进多式联运发展优化调整运输结构工作方案（2021—2025年）的通知》（国办发〔2021〕54号）中指出，到2025年，多式联运发展水平明显提升，基本形成大宗货物及集装箱中长距离运输以铁路和水路为主的发展格局，集装箱铁水联运量年均增长15%以上。重点区域运输结构显著优化，京津冀及周边地区、长三角地区、粤港澳大湾区等沿海主要港口利用疏港铁路、水路、封闭式皮带廊

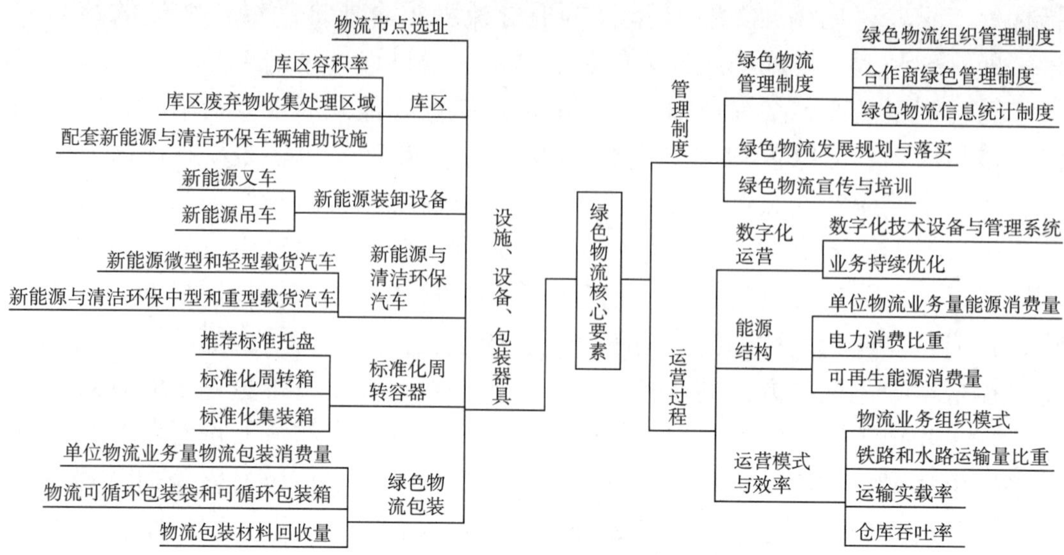

图4　绿色物流核心要素框架

道、新能源汽车运输大宗货物的比例力争达到80%；晋陕蒙煤炭主产区大型工矿企业中长距离运输（运距500公里以上）的煤炭和焦炭中，铁路运输比例力争达到90%。2021年，公路货运量和货运周转量分别为391.4亿吨和6.9万亿吨公里，增长率分别为14.2%和14.8%；铁路货运量和货运周转量分别为47.2亿吨和3.3万亿吨公里，增长率分别为3.7%和8.8%；水路货运量和货运周转量分别为82.4亿吨和11.6万亿吨公里，增长率分别为8.2%和9.2%；民航货运量和货运周转量分别为7.32百万吨和278.2亿吨公里，增长率分别为8.2%和15.8%（见表2）。总体来讲，随着后疫情时代中国经济复苏和货物运输需求量增长，公路和民航因其便捷性、时效性得到迅猛增长，结合国家交通运输发展规划，未来提高铁路和水路运输时效性及其与其他运输方式的衔接性是调整货物运输结构的重要方向。2020—2021年中国不同运输方式的货运量和货运周转量如表2所示。

表2　2020—2021年中国不同运输方式的货运量和货运周转量

运输方式	公路	铁路	水路	民航	管道
2020年货运量（亿吨）	342.6	45.5	76.2	0.0677	8.6
2021年货运量（亿吨）	391.4	47.2	82.4	0.0732	8.7
2021年货运量增长率（%）	14.2	3.7	8.2	8.2	1.6
2020年货运量比重（%）	72.4	9.6	16.1	143.1	1.8
2021年货运量比重（%）	73.9	8.9	15.6	138.2	1.6
2020年货运周转量（亿吨公里）	60171.8	30514.5	105834.4	240.2	5450.4

续　表

运输方式	公路	铁路	水路	民航	管道
2021 年货运周转量（亿吨公里）	69087.7	33190.7	115577.5	278.2	5440.3
2021 年货运周转量增长率（%）	14.8	8.8	9.2	15.8	-0.2
2020 年货运周转量比重（%）	29.8	15.1	52.3	0.1	2.7
2021 年货运周转量比重（%）	30.9	14.8	51.7	0.1	2.4

资料来源：国家统计局。

注：增速按可比口径计算。

（作者：中国物流与采购联合会绿色物流分会、物资节能中心　赵洁玉　刘然　刘哲　崔丹丹　岳高　蒋浩）

第二章

行业物流

2021 年制造业物流发展回顾与 2022 年展望

一、2021 年中国制造业发展主要特点

（一）工业制造业增速前高后低，整体呈现向好趋势

根据国家统计局数据，2021 年，全部工业增加值比上年增长 9.6%，高于 GDP 增长 1.5 个百分点；其中制造业增加值增长 9.8%，高于全部工业增长 0.2 个百分点①。全国规模以上工业企业实现利润总额 87092.1 亿元，比上年增长 34.3%。分季度看，第一、第二、第三、第四季度利润同比分别增长 137.3%、36.0%、14.3%、12.3%，受高基数等因素影响，同比增速前高后低，但与 2019 年相比，各季度利润两年平均分别增长 22.6%、19.4%、15.1%、16.5%，均保持较高增速，企业效益向好形势进一步巩固。分行业看，医药、电子及通信设备制造业利润增势强劲，较上年分别增长 77.9%、44.0%；航空航天器及设备、信息化学品制造行业利润增长也较快，分别增长 76.2%、52.6%，说明高技术制造业成为亮点，对于整体工业利润增长的引领

① 国家统计局．国家统计局局长就 2021 年国民经济运行情况答记者问［EB/OL］．（2022－01－17）［2022－01－29］．http：//www.stats.gov.cn/tjsj/sjjd/202201/t20220117_1826479.html.

作用较为突出①。

从全国规模以上工业企业的资产及营业水平来看，2021 年年末，规模以上工业企业资产总计 141.29 万亿元，比上年增长 9.9%，规模以上工业企业实现营业收入 127.92 万亿元，比上年增长 19.4%；发生营业成本 107.12 万亿元，增长 19.1%；营业收入利润率为 6.81%，比上年提高 0.76 个百分点，其中，制造业实现利润总额 73612.2 亿元，增长 31.6%②，表现出十分强劲的增长势头。上述数据表明，2021 年，我国工业制造业增长较快，综合国力进一步增强，经济规模进一步扩大，整体向好的趋势显著。2016—2021 年工业增加值年度增长率如图 1 所示。

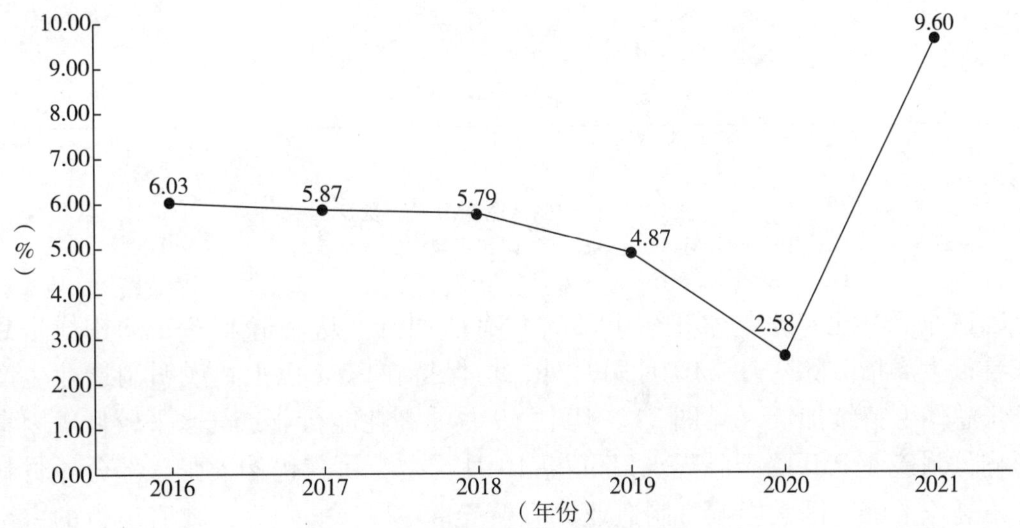

图 1　2016—2021 年工业增加值年度增长率

资料来源：快易理财网，中国历年工业增加值年度增长率。

（二）制造业 PMI 逐渐趋于稳定，制造业经济稳步恢复

制造业采购经理指数（PMI）是国际上通行的宏观经济监测指标体系之一，当 PMI 高于 50% 时，反映制造业经济扩张；低于 50%，反映制造业经济收缩。

2021 年制造业 PMI 全年平均水平为 50.54%，高于荣枯线，并且较 2020

① 大江网．去年全国规模以上工业企业利润增长 34.3%［EB/OL\］．（2022-01-28）［2022-01-29］．https：//www.360kuai.com/pc/9eeb5966dccbb02f7？cota=3&kuai_so=1&refer_scene=so_3&sign=360_da20e874&tj_url=so_vip.

② 中国青年网．国家统计局：2021 年全国规模以上工业企业利润增长 34.3%［EB/OL］．（2022-01-27）［2022-01-29］．https：//baijiahao.baidu.com/s？id=1723071603413164406&wfr=spider&for=pc.

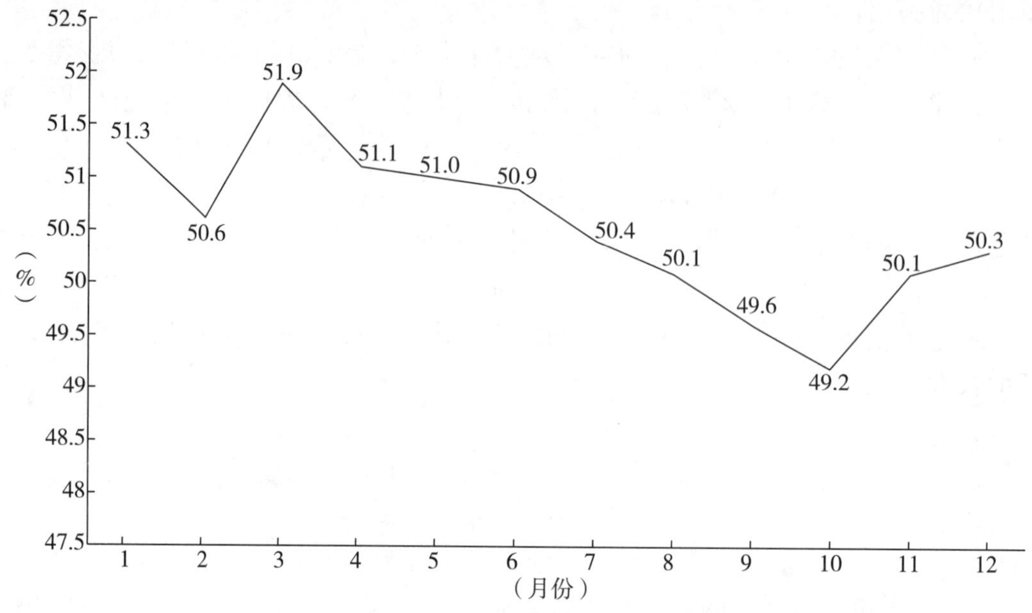

图2　2021 年制造业 PMI 分月数据

资料来源：http：//yte1. com/datas/z－pmi－idx？ end＝2022.

年制造业 PMI 全年平均水平（49.9%）有所回升。从制造业 PMI 的构成指数来看，生产指数除 9 月、10 月两月外，均保持在 50% 以上，说明制造业生产扩张总体上持续加快（见图 2）。其中，9 月受高耗能行业景气水平较低等因素影响，制造业 PMI 降至临界点以下①。10 月受电力供应仍然紧张、部分原材料价格高位上涨等因素影响，制造业 PMI 降至 49.2%②。随后，政府出台的一系列加强能源供应保障、稳定市场价格等政策措施成效显现，11 月电力供应紧张情况有所缓解，部分原材料价格明显回落，制造业 PMI 重返扩张区间，表明制造业生产经营活动有所加快，景气水平改善③。12 月制造业 PMI 为 50.3%，比上月上升 0.2 个百分点，位于扩张区间，表明我国经济总体保持恢复态势，景气水平平稳回升。

从重点行业看，12 月高技术制造业、装备制造业和消费品行业 PMI 分别

① 国家统计局．国家统计局服务业调查中心高级统计师赵庆河解读 2021 年 9 月中国采购经理指数［EB/OL］．（2021－09－30）［2022－01－29］．http：//www. stats. gov. cn/tjsj/sjjd/202109/t20210930_1822647. html.

② 国家统计局．国家统计局服务业调查中心高级统计师赵庆河解读 2021 年 10 月中国采购经理指数［EB/OL］．（2021－10－31）［2022－01－29］．http：//www. stats. gov. cn/tjsj/sjjd/202110/t20211029_1823996. html.

③ 国家统计局．国家统计局服务业调查中心高级统计师赵庆河解读 2021 年 11 月中国采购经理指数［EB/OL］．（2022－11－30）［2022－01－29］．http：//www. stats. gov. cn/xxgk/jd/sjjd2020/202111/t20211130_1824935. html.

为54.0%、51.6%和51.1%，均继续高于临界点，行业保持扩张。其中，高技术制造业新订单指数和从业人员指数分别为56.1%和51.7%，高于上月2.9个百分点和1.1个百分点，表明高技术制造业市场需求持续较快增长，用工量不断增加，行业发展向好[①]。上述制造业PMI分项指数表明，制造业经济年末有所回暖，景气稳中有升，回升势头进一步巩固。2021年中国制造业PMI及构成指数如表1所示。

表1　2021年中国制造业PMI及构成指数　（单位：%）

月份	PMI	生产指数	新订单指数	原材料库存指数	从业人员指数	供应商配送时间指数
1	51.3	53.5	52.3	49.0	48.4	48.8
2	50.6	51.9	51.5	47.7	48.1	47.9
3	51.9	53.9	53.6	48.4	50.1	50.0
4	51.1	52.2	52.0	48.3	49.6	48.7
5	51.0	52.7	51.3	47.7	48.9	47.6
6	50.9	51.9	51.5	48.0	49.2	47.9
7	50.4	51.0	50.9	47.7	49.6	48.9
8	50.1	50.9	49.6	47.7	49.6	48.0
9	49.6	49.5	49.3	48.2	49.0	48.1
10	49.2	48.4	48.8	47.0	48.8	46.7
11	50.1	52.0	49.4	47.7	48.9	48.2
12	50.3	51.4	49.7	49.2	49.1	48.3

资料来源：国家统计局，2021年12月中国采购经理指数运行情况。

（三）工业企业利润较快增长，盈利能力稳步提升

2021年，面对复杂严峻的国际环境和国内各种风险挑战，各地区、各部门在以习近平同志为核心的中共中央坚强领导下，认真贯彻落实中共中央、国务院决策部署，大力支持工业发展，着力激发工业企业活力，工业经济持续稳定恢复，企业利润实现较快增长，盈利能力稳步提升。

2021年，全国规模以上工业增加值较上年增长9.6%，增速较上年加快6.8个百分点；企业营业收入增长19.4%，增速较上年加快18.6个百分点。

① 国家统计局．国家统计局服务业调查中心高级统计师赵庆河解读2021年12月中国采购经理指数［EB/OL］．（2021－12－31）［2022－01－29］．http：//www.stats.gov.cn/xxgk/jd/sjjd2020/202112/t20211231_1825798.html.

近八成行业利润实现增长，部分行业增长较快。2021 年，在 41 个工业大类行业中，有 32 个行业利润较上年有所增长，占 78.0%，行业增长面较上年扩大 14.6 个百分点。企业单位成本费用下降，利润率明显提升。2021 年，企业每百元营业收入中的成本、费用分别为 83.74 元、8.59 元，较上年分别减少 0.23 元、0.59 元；产成品、应收账款周转加快，资金压力有所减轻。2021 年年末，规模以上工业企业产成品存货周转天数、应收账款平均回收期分别为 16.8 天、49.5 天，较上年年末分别减少 0.9 天、2.0 天，企业流动资金使用效率提升，回款压力有所减轻；资产创收能力增强，资产负债率稳中有降。2021 年年末，规模以上工业企业每百元资产实现的营业收入为 95.4 元，比上年年末增加 7.7 元，企业资产利用效率不断提高。企业资产负债率为 56.1%，较上年年末降低 0.1 个百分点①。由此可见，中共中央、国务院决策部署，着力提升制造业核心竞争力，做实、做强、做优实体经济，落实好减税降费、保供稳价等政策，激发了市场主体活力，工业企业利润实现较快增长，效益水平稳步提升。

（四）经济稳中求进，制造业高质量发展取得新成效

高质量发展是“十四五”发展的主题。2021 年，各地区、各部门深入贯彻新发展理念，促进经济稳定复苏，同时着力深化改革、扩大开放、推动创新，着力推动质量变革、效率变革、动力变革，高质量发展取得新的成效。

第一，创新驱动发展收获新成果，高技术产业快速发展。2021 年，国家战略科技创新力量加快壮大，硕果累累，天问一号探测器成功着陆火星，神舟十二号、神舟十三号载人航天任务相继完成，国家实验室也都投入运行。规模以上医药制造业、航空航天器及设备制造业、电子及通信设备制造业、计算机及办公设备制造业增加值分别比 2020 年增长 24.7%、17%、18.3%、18%，高技术产业快速发展。

第二，推动协调发展取得新进展，产业结构调整优化。2021 年，制造业增加值占国内生产总值比重为 27.4%，比 2020 年提高了 1.1 个百分点，需求结构稳定改善；内需对经济增长的贡献率接近 80%，比 2020 年提高 4.4 个百分点。

第三，绿色低碳发展获得新成绩，节能降耗扎实推进。2021 年，单位 GDP 能耗比 2020 年下降 2.7%，与 2020 年相比前进了一大步，2020 年是持平的，因为 2020 年经济增长受到了新冠肺炎疫情较大的影响。一方面，清洁能源消费快速发展，据初步测算，2021 年，天然气、水核风光电等清洁能源消费

① 国家统计局．国家统计局工业司高级统计师朱虹解读工业企业利润数据［EB/OL］．（2022-01-27）［2022-01-29］．http：//www.stats.gov.cn/tjsj./sjjd/202201/t20220127_1827066.html.

比重达到了25.3%，比2020年提高1个百分点。另一方面，我国绿色产品产量也快速增长，2021年，新能源汽车、太阳能电池产量分别比2020年增长145.6%、42.1%。由此可见，我国的节能降耗行动在各个方面都有突出成效。

第四，开放带动发展实现新突破，经济持续健康发展。2021年，我国货物进出口总额首次突破6万亿美元，创历史新高；按美元计价增长30%，增速也创2011年以来新高。特别是在2022年年初，《区域全面经济伙伴关系协定》（RCEP）正式生效，标志着全球人口最多、经贸规模最大、最具发展潜力的自由贸易区正式落地，这必将会促进对外贸易、相互投资、国际贸易、国际投资发展①。

（五）工业转型升级稳步推进，新动能支撑作用强劲

2021年，在以习近平同志为核心的中共中央坚强领导下，统筹疫情防控和经济社会发展的各项政策措施取得显著成效，“六稳”“六保”扎实贯彻，工业转型升级稳步推进。

一方面，装备制造业生产稳中有升。2021年，装备制造业增加值比上年增长12.9%，高于全部规上工业平均水平3.3个百分点，对全部规上工业增长贡献率达45.0%，有力支撑工业增长稳步回升。从行业看，多数行业两位数增长，金属制品业、电气机械和器材制造业、计算机通信和其他电子设备制造业两年平均增速均达两位数，且明显高于2019年水平。从产品看，新能源汽车比上年增长145.6%，产量各月均保持成倍增长；工业机器人、太阳能电池、微型计算机设备等主要产品实现较快增长，增速分别为44.9%、42.1%、22.3%。

另一方面，高技术制造业保持快速增长。2021年，高技术制造业增加值比上年增长18.2%，高于全部规上工业平均水平8.6个百分点，对规上工业增长的贡献率为28.6%，从2020年11月以来，连续14个月保持两位数增长。分行业看，医药制造业、电子及通信设备制造业、计算机及办公设备制造业增加值分别增长24.8%、18.3%、18.0%。分产品看，3D打印设备、智能手表、集成电路分别增长37.5%、37.0%、33.3%②。总体上看，工业生产保持平稳增长、稳中有进的发展态势，新动能加快成长，工业发展韧性较强。

---

① 国家统计局．国家统计局局长就2021年国民经济运行情况答记者问［EB/OL］．（2022-01-17）［2022-01-29］．http：//www.stats.gov.cn/tjsj/sjjd/202201/t20220117_1826479.html.

② 国家统计局．卢山：工业生产稳中有进 企业效益持续提升［EB/OL］．（2022-01-18）［2021-01-29］．http：//www.stats.gov.cn/tjsj/sjjd/202201/t20220118_1826510.html.

二、2021 年中国制造业物流发展主要特点

（一）物流需求增势良好，物流行业景气水平趋稳回升

2021 年，我国物流呈现坚实复苏态势，实体经济持续稳定恢复，拉动物流需求快速增长，物流供给服务体系进一步完善，供应链韧性提升，有力地促进宏观经济提质增效降本，物流实现“十四五”良好开局。2021 年物流需求规模再创新高，社会物流总额增速恢复至正常年份平均水平。全年社会物流总额 335.2 万亿元，是“十三五”初期的 1.5 倍。按可比价格计算，同比增长 9.2%，两年年均增长 6.2%。工业品物流总额同比增长 9.6%，增速比上年加快 6.8 个百分点；两年平均增长 6.1%，增速接近疫情前水平。其中，制造业中出口相关以及高新制造业物流需求发展较好，全年装备制造业、高技术制造业物流需求比上年增长 12.9%、18.2%，增速高于全部工业平均水平 3.3 个百分点、8.6 个百分点，是工业物流恢复的主要拉动力①。

物流行业的整体发展形势，可以用中国物流业景气指数（LPI）反映。2021 年，物流业景气指数第一季度为 53%，实现良好开局，第二季度回升至 55.9% 的高点，下半年受供应链上下游需求放缓和多点散发疫情影响，指数出现一定波动，第三季度回落至 51.3%，第四季度缓中趋稳回升到 53.2%，全年物流业景气指数平均为 53.4%，较上年提高 1.7 个百分点，物流业韧性提升，实现良好开局。分行业看，铁路运输业、快递快运业指数保持在高景气区间，道路运输业、仓储业、水上运输业、装卸搬运和其他运输服务业运行平稳；其中，新订单指数为 51.6%，业务活动预期指数为 53.4%，显示出企业对后期市场预期总体较好，重点关注未来物流需求和从业人员变化情况②。

（二）工业物流稳中有进，协同一体化水平提升

国家统计局公布的数据显示，2021 年社会物流总费用 16.7 万亿元，与 GDP 的比率为 14.6%，比上年回落 0.1 个百分点，在连续三年持平后首次回落。创新动能有效增强，全年工业物流需求总体保持较快增长。2021 年是构建新发展格局的起步之年，国际环境复杂严峻、国内疫情倒逼我国物流运行效率、供应链响应水平加速提升，物流在畅通经济内外循环、保障产业链畅通稳

---

① 中国物流信息中心．物流运行稳中有进 供应链韧性提升——2021 年物流运行情况分析及 2022 年展望［EB/OL］.（2022－02－09）［2022－02－12］. http：//www. clic. org. cn/zxdt/307779. jhtml.

② 中国物流信息中心．2021 年 12 月中国物流业景气指数为 52.6%［EB/OL］.（2022－01－04）［2022－02－12］. http：//www. clic. org. cn/wljqzs/307626. jhtml.

定方面发挥了重要作用，助力单位物流成本稳中有降。

物流与产业融合加速，协同一体化水平提升。近年来，工业、商贸企业采用供应链协同推进生产经营的理念明显加强，特别是疫情以来，物流上下游协同合作的水平提升，物流业总收入与社会物流总费用的比率为72%，显示专业物流服务的广度、密度、深度不断增加。另外，头部物流企业发挥引领带动作用，大力推进提供一体化供应链物流服务。2021 年 50 强物流企业供应链一体化收入合计增速在 20% ~30%，明显高于运输、仓储等单一物流业务；供应链一体化业务首次成为企业的主要收入来源（一体化物流业务收入占比近 4 成）。

（三）智能制造走深向实，物流技术持续发展升级

2021 年年底，《“十四五”信息化和工业化深度融合发展规划》和《“十四五”智能制造发展规划》的出台，为制造业转型升级指明了方向。《“十四五”信息化和工业化深度融合发展规划》指出，通过选取“全国两化融合发展指数”综合反映两化深度融合发展实际成效，到 2025 年，全国两化融合发展指数要达到 105，相较于 2020 年提高约 20。《“十四五”智能制造发展规划》明确提出“两步走”，即到 2025 年，规模以上制造业企业大部分实现数字化网络化，重点行业骨干企业初步应用智能化；到 2035 年，规模以上制造业企业全面普及数字化网络化，重点行业骨干企业基本实现智能化。

随着近几年我国装备制造水平不断提升，加之国家政策上的引导，我国制造企业物流快速发展。同时面临的经济环境和行业竞争的压力，也促使制造企业内部形成了向高端化、智能化物流发展的需求和动力。以钢铁及石化工业为代表的流程制造业，正在努力实现从数字化交付到数字化运营的全方位数字化转型目标，为企业打造智能工厂奠定基础。另外，企业积极推进智能物流建设，为智能物流产业带来了发展机遇，以满帮集团、福佑卡车、运去哪为代表的物流信息平台服务商和以海柔创新、智加科技为代表的智能物流设备制造商持续获得资本关注，不断刷新智能物流产业交易数量与交易规模[①]。目前，我国智能物流产业正处于高速发展阶段，智能物流是制造业供应链与物流升级变革的重要引擎。

（四）“双碳”政策产生深远影响，制造业物流向绿色低碳转型

2021 年以来，中共中央与国务院围绕碳达峰与碳中和进行了系列战略部

① e－works 数字化企业网．2021，中国制造业与智能制造热点回眸［EB/OL］．（2021－12－31）［2022－02－13］．https：//articles. e－works. net. cn/viewpoint/article149686. htm.

署。2021 年 2 月 22 日，国务院发布《国务院关于加快建立健全绿色低碳循环发展经济体系的指导意见》，提出到 2025 年，绿色低碳循环发展的生产体系、流通体系、消费体系初步形成。

碳中和目标的提出，将对我国制造业发展带来巨大影响，与此同时也将推动包括物流装备制造在内的一系列产业出现全新的行业技术和发展模式，为我国经济转型升级、打造现代产业体系创造新机遇。随着国家政策的不断推出，减排目标将进一步具体化并逐步落实，包括物流装备制造在内的制造行业必然要走向全新的绿色制造和绿色服务，成为行业发展的大趋势①。2021 年 11 月，宝武物产通过与国内主流新能源电动重卡补能三家头部企业合作，形成绿色物流解决方案，适应钢铁制造企业清洁能源用车、补能等不同服务需求模式，支撑中国宝武各钢铁生产基地加速推进清洁运输、绿色低碳物流的转型步伐②。

（五）制造业与物流业持续深度融合创新发展

推动物流业与制造业融合发展是物流业降本增效提质和制造业转型升级的趋势方向。2021 年 5 月，国家发展和改革委员会经贸司委托中国物流与采购联合会组织专家发布了物流业制造业深度融合创新发展案例名单，旨在培育形成一批物流业制造业融合发展标杆企业，引领物流业制造业融合水平显著提升③。2021 年 7 月 14—15 日，由中国物流与采购联合会与鞍山钢铁集团有限公司联合举办的“2021 物流业与制造业融合创新发展工作会暨第三届公路运力发展大会”在辽宁鞍山召开，并以“智慧开局 融合共赢”为主题，探讨产业转型新机遇④。2021 年 10 月 28 日，由广东省物流行业协会技术装备工作委员会、伍陆商学院联合组织的“‘粤贸全国’2021 大湾区物流业制造业深度融合创新发展论坛暨生鲜冷链物流产业创新峰会”在广州成功举办，以“融合创新·数智转型”为主题探讨物流业制造业融合发展。

---

① 物流技术与应用．制造业物流将走向低碳与智能［EB/OL］．（2021－04－29）［2022－02－13］．https：//www.sohu.com/na/463766333_649545.

② 中国宝武．开疆拓土，以科技创新共建绿色钢铁物流生态圈——中国宝武大物流体系建设纪实［EB/OL］．（2022－01－06）［2022－02－25］．https：//gangchang.lgmi.com/html/202201/06/3511.htm.

③ 中国物流与采购网．深度解读丨14 部门联合发布物流业制造业深度融合创新发展案例［EB/OL］．（2021－06－16）［2022－02－13］．http：//www.chinawuliu.com.cn/zixun/202106/16/551769.shtml.

④ 中国工业新闻网．2021 物流业与制造业融合创新发展工作会 7 月举办［EB/OL］．（2021－06－28）［2022－02－18］．http：//www.cinn.cn/gongjing/202106/t20210628_243784.shtml.

表 2　　中央和地方出台的有关制造业物流发展政策

序号	发文时间	发文部门	政策文件名称	主要观点
1	2020 年 5 月	国务院	政府工作报告	提出要推动制造业升级和新兴产业发展，支持制造业高质量发展。发展研发设计、现代物流、检验检测认证等生产性服务业
2	2020 年 8 月	国家发展改革委等	推动物流业制造业深度融合创新发展实施方案	鼓励制造业企业开展物流智能化改造，推广应用物流机器人、智能仓储、自动分拣等新型物流装备
3	2020 年 7 月	住房和城乡建设部等 13 部门	关于推动智能建造与建筑工业化协同发展的指导意见	加快人机智能交互、智能物流管理、增材制造等技术和智能装备的应用
4	2021 年 7 月	山西省工信厅	山西省电子信息制造业 2021 年行动计划	支持智能硬件产业发展。围绕智能物流等重点领域应用需求，推动智能设备和系统的开发应用
5	2021 年 10 月	内蒙古自治区人民政府办公厅	内蒙古自治区“十四五”工业和信息化发展规划	明确了高质量建设“两大基地”、提升产业链供应链水平、提高技术创新能力、推动制造业绿色发展、推动产业数字化转型、促进企业融通发展和深化开放合作 7 个方面的重点任务
6	2021 年 10 月	黑龙江省人民政府	推动“数字龙江”建设加快数字经济高质量发展若干政策措施	加快推动产业数字化。大力推进 5G、工业互联网建设及应用，加快制造业数字化转型和中小企业数字化赋能，开展智慧物流等试点示范，以数字技术促进产业数字化智能化转型和创新发展
7	2021 年 3 月	浙江省经信厅	关于深入实施制造业首台（套）提升工程的意见	将智能物流设备作为重点领域发展，加快形成制造业发展新动能
8	2021 年 5 月	成都市经信局等	成都市支持黄金产业高质量发展的若干政策措施	支持企业建设数字化车间、智能工厂和产业数字化公共平台，在营销物流等环节加大新技术、新装备应用

资料来源：根据中央和地方出台的制造业物流发展的相关政策整理。

目前，多家知名供应链企业纷纷加大在物流业制造业深度融合的布局。传化智联股份有限公司通过数字化技术，以智能平台模式将一个个公路港连接成网，同步打造衔接货主企业、物流企业的信息系统，为企业提供从线下到线上定制化的“端到端”供应链解决方案和服务，助力制造企业降本增效①；京东物流集团基于云端柔性线边物流管控平台，将电商物流的工艺流程和管理经验移植到制造业中，运用大数据、人工智能及物流机器人等，在 3C、汽车等制造行业实现两业深度融合创新发展②。当前，我国物流业制造业融合发展趋势不断增强，物流企业与制造企业间风险共担、利益共享的联动融合发展格局正在形成。借助智能化的技术和数据匹配，以及互联网、区块链及物联网等创新科技来提高物流服务效率，降低制造业供应链成本及风险，将是未来制造业物流业发展的趋势和方向。

三、2022 年制造业物流发展展望

（一）坚持内外双循环，推动制造业物流服务质量提升

2021 年，在国际国内双循环的驱动下，全国快递业务量稳步增长中国参与国际产业竞争的形式、方式和途径有所变化，开放的国内大市场体系循环代替了“两头在外、大进大出”的单循环格局，国内市场与国际市场连接起来，在开放的国内市场的促进和带动下，诸多国内企业纷纷参与国际市场循环。

作为供应链中的关键环节，物流对营造低成本、高效率、强辐射的供应链环境至关重要，必须重视现代物流体系的建设。同时，随着制造业的转型升级发展，制造企业的物流需求有了新的升级和变化，推动制造业物流行业逐步从价格竞争转向服务质量竞争。未来只有技术创新和运营模式创新才会带动制造业向数字化、智能化、低碳化和供应链一体化方向发展，进而提升制造业物流服务质量。

---

① 汇通财经．发改委发布典型案例：传化智联平台模式服务制造业物流数字化转型［EB/OL］．（2021－12－04）［2022－02－13］．https：//www.fx678.com/C/20211204/202112041048532060.html.

② 国家发展改革委．典型案例 1 京东物流——面向制造业的柔性线边物流机器人及管控平台［EB/OL］．（2021－12－04）［2022－02－13］．https：//baijiaohao.baidu.com/s？id＝1718197073330973266&wfr＝spider&for＝pc.

（二）应对内外环境不确定性，物流技术创新研发成为主流趋势

2021 年，全球新冠肺炎疫情起伏反复，人类与新冠病毒的战斗处于艰难相持阶段，供应链和物流体系的发展也受到了影响。2021 年，新冠变异病毒德尔塔毒株的快速扩散，以及拥有更强传染性的奥密克戎毒株的蔓延，使得全球疫情防控形势更加严峻。国外诸多国家和地区疫情状况较为严重，国内西安、天津、上海等多个地区由于疫情封城，不确定的状况对供应链和物流体系的正常运转提出了更高的要求。内外环境的波动驱使着我国增强物流创新力度来应对可能发生的风险。

2021 年，双星利用“胎联网”智慧云平台，可实现轮胎的全生命周期管理，为用户提供轮胎诊断、轮胎选择和维护保养等多元化开放服务，并建成了全球轮胎行业第一个全流程“工业 4.0”智能化工厂，通过“智慧轮胎”+“胎联网”，为物流运输企业提供轮胎全流程服务解决方案。中化能源科技通过“66 云链”构建起覆盖仓储、车船运输的石化供应链数字基础设施，可提供车辆预约排队系统、车船运输可视化系统、在线备案系统、仓储在线查询、数字提单等在线物流综合解决方案和区块链数字仓单产业金融解决方案。安得智联的“一盘货”统仓统配模式，通过数据驱动的全链路一体化智慧物流解决方案，提升了制造业柔性化、敏捷化生产的能力，有效支持了企业应对全渠道融合变局，促进库存的充分共享与快速周转，建立更高效、更具竞争力的供应链体系。在创新物流技术的应用下，国内物流行业得以快速发展，因此，预计 2022 年物流技术创新研发将成为物流行业发展的主流趋势。

（三）制造业与物流业进一步融合，政策支持力度加大

自 2020 年《推动物流业制造业深度融合创新发展实施方案》制定以来，制造业与物流业两业深度融合得到了强有力的推动，2021 年政府又提出了一系列相关政策推动制造业物流的发展。例如，在“十四五”规划中明确提出要聚焦增强全产业链优势，提高现代物流、采购分销、生产控制、运营管理、售后服务等发展水平，推动现代服务业与先进制造业的深度融合，深化业务关联、链条延伸、技术渗透，支持智能制造系统解决方案、流程再造等新型专业化服务机构发展；加强邮政设施建设，实施快递“进村进厂出海”工程；鼓励商贸流通业态与模式创新，推进数字化智能化改造和跨界融合，线上线下全渠道满足消费需求。

因此，2022 年将继续弘扬中共中央、国务院关于推动高质量发展的要求和中央经济工作会议精神，继续推动物流行业创新发展，培养具有国际竞争力的

物流服务企业，提升物流行业服务效率和服务品质；同时加快关于两业深度融合的相关团体标准和行业标准的制定，推动物流服务业的融合化发展，进一步推进物流业与制造业的深度融合。

（四）推动供应链创新技术应用，发挥物流降本增效作用

供应链创新对于制造业降本增效具有重要作用。制造业将在供应链创新技术条件下，以消费为导向、以信息为驱动，通过供应链的高效连接与交流，降低生产与物流成本。例如，夏普通过采购执行、供应商管理库存、JIT 以及数字化管理等模式打造家电行业智慧供应链体系，实现了全球运输的降本增效，夏普的供应链服务人力成本优化 70%，物流采购成本优化接近 20%，作业和沟通效率提升 50%，订单交付时效提升约 30%，作业准确率提升至接近 100%①。

供应链创新技术应用为制造业带来新的发展方向。各类新技术，如工业云计算、区块链、数字孪生、虚拟现实、人工智能、5G、物联网、工业机器人、3D 打印、知识工作自动化、工业网络安全、工业大数据等，正在给制造业带来翻天覆地的变化，预示着未来制造业发展的全新模式。在这个大的环境下，制造业的生产方式趋向智能化、网络化；企业组织走向扁平化、虚拟化；产品模式转向定制化、服务化。例如，5G 无线通信方式可以提高物流系统分析决策和执行效率，整合物流资源，实现工厂网络扁平化，进一步赋能柔性制造，助力企业降本增效。2022 年，在全球经济与贸易环境持续不稳定的情况下，国家培育发展的智慧供应链体系，将使得供应链创新技术的应用在制造业的降本增效与寻求新的发展方向中发挥重要作用。

（五）“双碳”目标对制造业物流提出新的要求

2021 年我国提出了 2030 年前碳达峰、2060 年前碳中和的“双碳”目标，物流行业既是能源消耗大户，也是碳排放大户，肩负着实现节能降碳的重要使命。在“双碳”目标的要求下，工业制造企业应重点关注产品制造和原材料供应环节的碳减排，推动建设低碳绿色供应链，并着力打造绿色产品。在“双碳”目标背景下，创新技术的应用对于制造业物流而言越发重要。将数字技术应用于制造业物流中，通过科技手段，提高能源使用效率，减少能源生产、运输和消费环节的浪费。通过借助大数据、5G、人工智能等技术，形成智能化处理和应用，并将实体进行数字化，最终达到智能化生产

① 国家发展和改革委员会经贸司，中国物流与采购联合会．物流业制造业深度融合创新发展典型案例（2021）[M]．北京：中国财富出版社有限公司，2021.

的目的，减少碳排放。新一代的数字技术在推动制造业数字化、智能化转型的同时，能够为企业提供更完善的低碳化转型方案，助力建设低碳、高效的智慧物流新生态。

（作者：天津大学管理与经济学部　刘伟华　陈之璇　刘婷婷　高培源）
本文受国家社科基金重大项目（No. 18ZDA060）资助

2021年钢铁行业物流发展回顾与2022年展望

2021年是“十四五”规划开局之年，也是我国现代化建设进程中具有特殊重要性的一年。钢铁行业深入学习、坚决贯彻中共十九届五中全会、六中全会精神，在准确把握新发展阶段、深入贯彻新发展理念、加快构建新发展格局的过程中，准确识变、科学应变、主动求变，继续聚焦全面提升产业链供应链自主可控这一根本任务，坚持绿色发展、智能制造和产业链供应链安全稳定等发展主题，持续推进国际化进程，为实现低碳绿色、高质量发展起稳步、开良局。其中，钢铁物流聚焦产业链供应链自主可控持续推进创新发展，为服务新发展格局、降本增效、畅通国内国际双循环、做强做优实体经济提供有力支撑。

一、2021年钢铁行业物流发展回顾

（一）钢铁行业发展的主要特点

1. 粗钢产量前高后低，累计实现同比下降

上半年，受国内外需求拉动，全国累计粗钢产量5.63亿吨，同比增长11.80%，创同期历史新高。下半年，随着国家调控政策的落实，钢铁产量的过快增长得到有效遏制。自7月以来，粗钢产量连续6个月保持同比下降。全年累计粗钢产量10.33亿吨，同比减少约3200万吨，下降3.0%。累计粗钢表观消费量约9.92亿吨，同比下降5.3%。

2. 铁矿石价格上半年持续冲高，下半年震荡回落

上半年进口铁矿石价格大幅上涨，5月12日达到历史最高点230.59美元/吨，极大偏离了供需基本面，严重影响了钢铁行业稳定。下半年随着钢铁产量下降带动铁矿石需求减少，铁矿石价格明显回落。全年累计进口铁矿石11.2亿吨，同比下降3.9%，均价为164美元/吨，同比上涨55.3%。

3. 钢材价格波动上行，第四季度开始高位回调

2021年以来，受铁矿石、焦煤等原燃料价格大幅上涨影响，上半年钢材价格一路走高，5月中旬国内钢材综合价格指数达到174.81点，创历史新高。随后钢材价格高位回调，尤其是第四季度，受需求减少等因素影响，钢材价格大幅下滑。2021年年末，国内钢材综合价格指数131.70点，较2021年最高点下

降24.7%。全年平均指数为142.03点，同比上涨36.46点。

4. 钢材出口总量高于2020年，下半年逐月回落

受国外需求恢复较快、国际钢材价格大幅上涨等因素影响，2021年我国钢材出口在连续5年下降的情况下大幅反弹。上半年钢材出口持续增长，我国累计出口钢材3738万吨，同比增长30.2%；累计进口钢材735万吨，同比增长0.1%。随着取消出口退税等政策效果显现，自7月开始，钢材出口环比持续下降。全年累计出口钢材6690万吨，同比增长24.6%；累计进口钢材1427万吨，同比下降29.5%。

5. 销售利润率明显改善，行业效益创历史最高

受国民经济整体向好、全球大宗商品价格上涨等因素影响，2021年钢铁行业效益呈前高后低走势，钢铁行业效益创历史最高。全年重点大中型钢铁企业累计营业收入6.93万亿元，同比增长32.7%；累计利润总额3524亿元，同比增长59.7%，创历史新高；销售利润率达到5.08%，较2020年提高0.85个百分点。

（二）钢铁行业物流发展的主要特点

1. 依托标准领航，优质服务引领高质量发展

一是突出标准引领作用，持续优化钢铁物流标准体系及其子体系建设。2021年，作为引领高质量发展的智能物流标准化工作在钢铁物流业取得长足的进步，钢铁物流人积极参与《钢铁行业智能制造标准体系建设指南（2021版）》的编制，构建钢铁物流标准子体系，从强化顶层设计出发，进一步提升了钢铁物流标准体系中智能物流引领高质量发展的作用；另外，为应对“双碳”目标，钢铁物流人在中钢协、中物联指引下科学、系统、务实地开展钢铁物流低碳标准体系的建设，让低碳转型真正成为钢铁物流实现高质量发展、提高竞争力的重要引擎。

二是契合市场需求，制（修）订和发布优质钢铁物流标准。其中，钢铁物流人参与编写并发布的标准为行业标准《钢铁行业运输服务平台技术规范》，团体标准《钢铁产业互联网平台运营管理规范》（T/CAMT 7—2021）、《钢铁流通企业供应链建设与管理规范》（T/CAMT 8—2021）、《自愿性可持续标准编制指南》（T/CAS 4.1—2021）、《钢铁行业智能车间技术要求 第1部分：棒线材》（T/CISA 147.1—2021）、《标准化服务机构服务能力评价通则》（T/CAB 0127—2021）；在研标准19项，包括《智慧物流服务指南》等4项国家标准，《智能工厂辅助仓库通用技术要求》等3项国际标准；《台架式集装箱运输卷钢类货物技术规范》等7项行业标准；《钢铁数字化仓库基本要求》等5项团体标准。

三是推动标准实施，落实质量要求。2021 年，依据团体标准《网络货运平台服务能力评估指标》（T/CFLP 0024—2019）获得服务能力认可的“德邻陆港”“物泊科技”等 14 家 3A～5A 级钢铁物流服务平台企业在平台基本信息、平台服务能力、系统支撑能力、平台管理能力和安全与风险管理能力五个方面继续深耕细作，使服务能力进一步提升。协会和行业内物流企业都以标准化、规范化管理为手段不断提高钢铁物流业服务质量和水平，为钢铁物流健康有序发展提供保障和动能。作为国家级标准化试点单位的鞍山钢铁集团有限公司（以下简称“鞍山钢铁”）构建并实施的“推动冶金物流高质量发展的标准化集成技术开发与应用”项目获 2021 年中物联科技进步奖二等奖，该公司将深化标准化工作改革要求落到了实处，夯实了钢铁物流的标准化技术基础，公司参与市场竞争能力显著增强。

2. 夯实两业融合，构筑服务新格局基础保障

2021 年 5 月，国家发展改革委经贸司委托中物联组织专家评审并发布了物流业制造业深度融合创新发展案例名单，其中包括典型案例 50 个、入围案例 60 个。钢铁行业入选的是鞍山钢铁发布的“大国重器的钢铁供应链新价值 物流业钢铁业融合创新案例”、太原钢运物流发布的“冶金物流与冶金制造业高效融合 促进制造业供应链协同发展创新案例”、无锡浦新金属制品有限公司等发布的“数字供应链助力不锈钢物流业制造业跨界融合创新案例”、马钢物流发布的“以多式联运助推中国宝武钢铁生态圈建设融合创新案例”、柳钢物流发布的“工业智慧运网与柳钢物流云创新发展案例”5 个典型案例。这些案例代表着钢铁行业从产业链供应链角度出发在企业主体、设施设备、业务流程、标准规范和信息资源等方面实施物流业制造业深度融合，为构筑服务新格局起到了基础保障作用。

例如，无锡浦新金属制品有限公司通过研发“货到了”不锈钢网络货运公共服务平台，帮助无锡浦新及其他不锈钢中小制造企业网络下单，实现对物流的全程可视化监管。其积极构建不锈钢数字供应链生态，助力产业企业数字化转型，在推动复工复产、促进制造业物流业跨界融合与高效协同、提升生产制造物流一体化运作水平等方面取得积极成效。其依托第三方信息平台和物流供应链平台，提高生产制造和物流一体化水平，在畅通不锈钢产业链供应链中发挥了重要作用。柳钢物流自主研发的以北斗物流监管系统为核心的柳钢智慧物流云平台，对内将生产物流、采购物流、销售物流、内部仓储、信息系统等资源进行有效整合，对外将仓储（园区）、港口码头、车船运力、运输干线等相对分散的物流资源纳入平台管控，打造一体化、可视化的物流中心，探索最优的物流解决方案，吸纳多方企业参与制造业供应链管理物流服务，实现现代物流业和先进制造业的融合发展。太原钢运物流实施的冶金公路智能运输平台包

括财务移动审批管理系统、设备运行管理系统、冶金公路智能调配系统、冶金公路生产物流移动调度管理系统、钢运电子围栏系统、线路规划系统等，实现了在线接单准确率达到100%，可以实时接单、实时反馈车辆动态并共享车辆实时在途信息、全局作业进度、物流完成进度等，并配合太钢供应链系统检视物流现场实时动态库存，实现资源系统同物流系统的无缝对接，与2020年相比太钢厂区工艺物流成本节约15%。鞍山钢铁在钢铁物流智慧化、标准化、绿色化等方面的创新做法，有利于企业更高水平地参与钢铁物流专业化分工与竞争，为企业发展增添了活力，也有利于加快产业结构调整，培育内生力强大的钢铁物流供应链服务能力，形成货畅其流、竞争有序的高质量、高效率和低成本的市场运营环境，为供应链合作伙伴创造价值。

3. 发展数字经济，增强服务创新发展新动能

2021年钢铁行业物流体系围绕着数字产品制造业、数字产品服务业、数字技术应用业、数字要素驱动业、数字化效率提升业5大业态持续创新，以数字化创新推动钢铁物流的高质量发展。典型代表是获得2021年冶金企业管理现代化创新成果的项目，例如，宝钢股份“以用户为中心的全程物流管控体系”项目、沙钢集团“大型钢铁企业大物流智能调度管理系统的构建与实施”项目、首钢京唐公司“钢铁企业物料动态管控探索及实践”项目、内蒙古包钢“大型钢铁联合企业高效物流管理体系的探索与实践”项目获得一等奖；大冶特殊钢有限公司“生产物流智能管控平台”项目、沙钢集团“大型钢铁企业物流服务管控平台的设计与应用”项目获得二等奖；德龙钢铁“利用智能化手段提高物流检斤效率研究与应用实践”项目、凌钢集团“钢铁企业铁路运输物流智能管理的建设与实施”项目、攀钢西昌公司“智慧高效的钢铁企业物流管理实践”项目、上海欧冶物流“基于工业互联网的钢铁产成品智慧物流服务体系建设”项目、宝钢股份“智慧采购物流系统在钢铁企业的创新实践”项目、首钢股份“钢铁企业基于增值销售的无单库存管理体系的构建与实施”项目获得三等奖。

其中，宝钢股份“以用户为中心的全程物流管控体系”项目，是以精准交付、成本最优、库存最低为极致目标，以“共建共享、目标向外”、从管理到服务、数据驱动业务为服务特色，打造了从钢厂准发到交付用户的全物流生命周期中标准化的全程物流服务资源、全程物流方案的设计及应用、自动化的计划规则及过程管控、标准化的物流费用结算模式、面向用户便捷的移动服务方式、全流程可视化监控核心创新模式，同时以分布式微服务“双中台”的行业领先技术架构为重要支撑，实现“业务 + 技术”双轮驱动的物流数字化转型新形式，该项目的开发与应用推广开启了宝钢股份物流变革新篇章。沙钢集团“大型钢铁企业大物流智能调度管理系统的构建与实施”项目体现智能调度的

优势。一是运行机制的优势。大物流智能调度管理系统，可以根据用料方案，推演预测库存变化，提前安排，减少倒运，提前优化调整用料，促进生产稳定，实现降本增效。二是成本控制的优势。大物流智能调度管理系统运行前，为了保证生产不断料，必须有充足的库存，而高库存的资金额度大、生产成本贴近市场的难度也大，潜亏风险比较大。对于炼铁的用料成本，大物流智能调度管理系统运行后，根据铁矿性价比的动态分析，适时适量采购，用料更贴近市场，避免市场下行情况下的潜亏，同时，减少库存也降低了经营所需的流动资金。三是过程跟踪优势。通过大物流智能调度管理系统，掌握各个混匀矿配比的执行情况、各高炉的炉料结构的当日执行情况以及月度执行情况，便于生产跟踪及成本分析，督促执行与管控。实时显示厂内各料场的各类物料库存，便于公司高层及时掌握生产与消耗实际情况，并根据市场变化及时决策，掌控好不同时期重点物料增减以及总体的平衡把控。对于生产厂的质量管理者，可以通过系统了解每批物料的入厂时间、批号、船名、堆放的料场，入厂质量检测结果，便于针对物料的实际质量情况，及时优化调整生产过程参数，确保生产质量稳定。

4. 着力节能低碳，确保钢铁物流绿色发展

绿色物流发展路径上，钢铁物流注重加快推进绿色低碳发展，交通领域二氧化碳排放尽早达峰，降低污染物及温室气体排放强度，注重生态环境保护、修复等工作。

（1）技术创新方面。例如，宝武欧冶结合物联网和区块链技术的碳足迹计算方法，推出全国第一个物流领域的碳排放计算器，积极推进物流领域的碳排放大数据平台建设，并把成果分享给更多的上下游客户以及生态圈的合作伙伴；积极组织与银行等金融机构的交流研讨，探索搭建钢铁物流的碳资产管理平台。鞍钢汽运公司将拆炉机的“欧Ⅱ”标准燃油发动机更换成以交流电为动力源的变频发动机，制造出绿色能源电拆炉机，在鞍钢炼钢总厂二分厂一次性试车成功，标志着鞍钢炼钢史上第一台绿色能源电拆炉机正式投入使用，从而实现零排放。同时，该绿色能源电拆炉机与传统拆炉机相比，维护强度和成本大幅下降。建龙钢铁研发的移动式钢筋笼以火车车厢为基础，装载钢筋笼滚笼设备，实现钢筋笼与桩孔就近加工，大大优化了工艺流程、节约了运输成本、提高了工程施工效率。

（2）管理方面。例如，马钢物流、积微物联等物流企业优化调整运输结构，推进多式联运型物流园区建设；武钢物流、河钢物流着力利用铁路专用线，形成以铁路、水运为主的大宗货物和集装箱中长距离运输格局；德邻陆港加强可再生能源、新能源、清洁能源装备设施更新利用和废旧建材再生利用，促进交通能源动力系统清洁化、低碳化、高效化发展，推进快递包装绿色化、

减量化、可循环。鞍山钢铁的绿色物流案例入选《中央企业“碳达峰、碳中和”案例集》。

（3）智慧物流技术助力绿色发展方面。例如，2021 年中钢协颁发的冶金铁路科技创新成果奖多数是钢企智能化技术赋能低碳物流工作。鞍山钢铁、马钢物流构建并实施的“冶金铁路智能调度指挥系统”获一等奖，该项目在智能管控平台作业下，实现了取消基层调度、优化人力资源、集中管控、降本增效、节能减排的成果。鞍山钢铁构建并实施的“基于数字孪生的局车运输组织技术开发与应用”获二等奖，该项目基于数字孪生的局车运输管控平台技术在提高“局车周转率”、压缩局车在厂时间、减少机车燃油消耗、减少碳排放方面成果显著，有力地支撑了国家打赢蓝天保卫战的战略落地实施，为行业低碳物流作出贡献，该项目同时获 2021 年全球产业链供应链数字经济“十佳案例”荣誉。获二等奖的攀钢攀枝花公司的“铁路运输管控一体化系统研究”项目、首钢水城公司的“加盖铁水罐自动操作系统的研制”分别从运输平台的信息化、智能化角度优化运输路径、运输效率和运输能耗管控。获三等奖的凌钢公司的“凌钢铁路运输平面调车系统信息化和集中调度建设”项目、太钢不锈的“钢铁企业物流运输体系优化创效实践”项目、河钢宣钢的“智能动态物流系统的创新与应用”项目、包钢公司的“减少鱼雷型混铁车运输铁水热损及提高安全运输效率的研究与实施”分别利用智慧物流技术为低碳物流作出贡献。

5. 聚焦安全运行，防范物流供应链金融风险

2021 年，伴随新冠肺炎疫情防控常态化，数字经济焕发出前所未有的生机，不仅成为撬动经济增长的主要动能之一，更成为我国实现经济转型、改变全球竞争格局的核心驱动力。产业互联网作为数字经济的重要载体之一发挥着重要的作用。以钢铁物流服务平台业务为主要业务之一的钢铁互联网企业、钢铁电商企业、钢铁供应链企业表现在产业链供应链能力提升方面也较往年有了更多的革新和发展举措。我国“一带一路”TOP 10 影响力社会智库——网经社电子商务研究中心与网经社产业电商台共同发布“2021 年度中国产业数字化‘百强榜’”，其中，钢铁产业数字化上榜企业包括上海钢联、欧冶云商、找钢网、钢宝股份、积微物联、中钢网、中钢电商、大大买钢、报春电商、钢来钢往。

值得注意的是，与 2020 年榜单相比，2021 年榜单落选公司包括欧浦智网、浩德钢圈等。这更让钢铁物流服务平台从业者认识到聚焦安全运行、防范物流供应链金融风险的重要性。欧浦智网曾是乐从镇最大的第三方钢铁物流企业，瞄准的钢铁物流供应链金融市场也是万亿级的蓝海市场。2021 年 7 月 15 日却被摘牌，股价从最高的 17.6 元基本跌落为零。从年报数据来看，欧浦智网出现大额亏损的很大一部分原因在于，欧浦智网存在大额的往来款项未收回。近

年来，钢铁业供应链金融频爆雷。据统计，最高峰时上海钢贸圈螺纹钢仓单质押数量高达103.45万吨，比螺纹钢社会库存高2.79倍，最终导致数百亿元坏账。2020年7月，仅仅过去不到8年，唐山钢贸圈又爆发钢贸企业重大违约事件，供应商远期交货违约，涉及金额高达6.8亿元。

面对问题，只有求改革才能谋发展。未来，钢铁业供应链金融也需要坚持以创新引领，持续打造供应链创新能力，注重风险防控和安全运营，并与各产业、各领域融合，助力流通产业变革。

二、2022年钢铁行业物流发展展望

2022年我国工业经济发展面临需求收缩、供给冲击、预期转弱三重压力，稳增长任务依然十分艰巨。钢铁物流人将深入贯彻落实习近平总书记重要讲话和中央经济工作会议精神，坚持稳字当头、稳中求进，推动现代物流质的稳步提升和量的合理增长；坚持创新驱动、数字赋能，加快物流高质量发展，推动现代物流体系建设；坚持系统思维、科学谋划，畅通钢铁经济循环，形成内外联通、安全高效的物流网络。

（一）贯彻《国家标准化发展纲要》、助力构建新发展格局

标准是为业务服务的，中物联牵头行业内产学研各单位共同参加了“十四五时期物流高质量发展规划”相关课题研究，并提出了“物流强国”战略落地的相关建议。2021年10月，中共中央、国务院发布了《国家标准化发展纲要》。2022年1月，国务院发布了《国务院关于“十四五”现代流通体系建设规划的批复》和《“十四五”数字经济发展规划》。结合国家在物流相关方面的政策和产业业务需求，钢铁物流人2022年将深入贯彻《国家标准化发展纲要》，重点做好如下工作。一是开展重点标准的研制。实现在政治责任上服务国家战略，维护产业链供应链安全。例如，结合国家发展改革委和中物联2022年重点研究的物流业制造业两业深度融合创新发展工作制定“物流业制造业两业融合评价标准”等；结合中物联和商务部八部委共同组织的供应链试点示范工作经验，开展供应链方面的标准编制。在经济责任上提高发展质量和效益。例如，《智慧物流服务指南》《数字化仓库基本要求》《数字化仓库评估规范》《无人仓通用技术要求》等标准。在社会责任上推进绿色物流，带动区域发展。例如，《绿色产品评价 物流周转箱》《企业绿色物流评估指标》《物流企业温室气体排放核算方法》《物流行业能源管理体系实施指南》《物流企业能源计量器具配备和管理要求》。二是推进标准化与科技创新互融互促，助力打造钢铁物流业创新高地。重点加强关键优势技术领域标准研究，加快科技创新成果

向标准化转变。通过深入开展理论研究，增强钢铁物流创新驱动支撑力。切实推进相关研究成果在企业的运用实施，促进知识成果在企业经营中的转化和应用，提升企业竞争力，促进行业降本增效，实现高质量发展，从而深化物流服务领域标准化建设。积极推进服务业标准化试点示范建设，打造一批钢铁物流业特色试点示范标杆。三是积极加强标准化交流合作，提升国际化水平。重点开展国际标准化合作与交流，强化贸易便利化标准支撑。开展配合钢铁行业海外目标市场的物流服务标准建设，积极参与中国标准外文版翻译，服务标准和技术“走出去”，加快与 RCEP 和其他国际标准经贸规则进行衔接。四是钢铁物流业要更加注重落实标准化工作主体责任，更加注重落实企业标准自我声明公开制度，形成促进企业提高服务质量的内在动力和外在压力。

（二）编织物流网络体系、支撑资源保障“基石计划”

2021 年，经过深入调研分析，中钢协提出了旨在加强资源保障的“基石计划”，明确了铁资源的废钢、国内铁矿、海外铁矿三大来源在 2025 年、2030 年和 2035 年三个时间节点的供给目标。目前，正式报告已分别上报国家发展改革委、工业和信息化部、自然资源部、生态环境部。钢铁物流业将在中钢协的统一组织下积极推进资源保障“基石计划”。一是积极编织物流网络体系、支撑资源保障“基石计划”。二是配合完善细化“基石计划”，对国内新增铁矿开发、境外新增权益铁矿、废钢资源等进一步梳理核实，提出完整的物流计划方案。三是加强国内矿开发情况和物流调研，确保一批优质铁矿项目建成投产的物流畅通。四是有针对性地完善境外项目投资和开发的海外权益矿物流体系和通道建设。五是积极参与推进国内废钢资源的回收、加工、配送及流通体系的完善的相关工作，理顺上下游关系，尽快解决废钢税收和开票难问题，落实好完善资源综合利用增值税政策，平抑“税收洼地”带来“票货分离”的影响，促进废钢资源产业健康发展。

（三）加快数字物流发展、加快迈向“物流强国”

2021 年 10 月 18 日，习近平总书记在十九届中央政治局第三十四次集体学习时强调，面向未来，我们要站在统筹中华民族伟大复兴战略全局和世界百年未有之大变局的高度，统筹国内国际两个大局、发展安全两件大事，充分发挥海量数据和丰富应用场景优势，促进数字技术和实体经济深度融合，赋能传统产业转型升级，催生新产业、新业态、新模式，不断做强、做优、做大我国数字经济。

2022 年，钢铁行业将紧扣三个要素，即数据资源、现代信息网络和信息通信技术，围绕着数字产品制造业、数字产品服务业、数字技术应用业、数字要素驱动业、数字化效率提升业5大业态持续创新，推动钢铁产业链供应链的高质量发展。数字产品服务业是指钢铁物流业完全依赖于数字技术、数据要素的各类经济活动，解决了一直以来困扰钢铁企业从制造商向服务商转型中涉及的物流技术难题，解决了供应链数据共享协同共赢的技术难题，解决了数据咨询服务的技术难题。2022年，钢铁物流业将在以下三方面进一步提升数字产品服务业水平。一是数字产品服务业推动钢铁制造商进一步向服务商转型；二是数字化企业协同钢铁物流业实施的网络协同物流服务、大规模个性化定制服务、远程运维服务等，为钢铁产业客户提供新模式、新业态服务；三是数据咨询服务，钢铁产业链供应链上产生了众多的数据，数字化企业将根据产生的公共数据提供相关数据咨询服务。传统IT架构的缺点，是不能很好地实现多种数据类型集成、共享与互联互通，以华为5G to B项目组为代表的数字技术应用业提出的“通信+行业双向推动，加速工业互联网升级”解决了该问题，并反映了通信设备商在钢铁产业链供应链数智化升级中的角色定位和服务关键。随着新一轮的转型发展，2022年钢铁企业更愿意了解外部公司能够提供的5G、云能力、AI能力的价值，将华为等企业对通信的理解与钢铁物流人对物流服务的理解相结合，从而催生新的技术手段，为钢铁物流数字化转型创造更大的增量。“数字化效率提升业”指产业数字化，是应用数字技术和数据资源为钢铁物流产业带来的产出增加和效率提升，是数字技术与实体经济的融合，在钢铁物流方面的典型应用是“智能物流”。通过多年现代化数据资源体系建设、生产体系数字化改造、生态体系数字化建设，2022年钢铁物流数字化领域将纷纷形成“一网多平台”的竞争优势。

（四）践行绿色低碳理念、推动绿色物流发展

2022年年初，全国生态环境保护工作会议在京召开。会议以习近平新时代中国特色社会主义思想为指导，全面落实中共十九大和十九届历次全会精神及中央经济工作会议精神，深入学习贯彻习近平生态文明思想，总结2021年生态环境保护工作，分析当前面临形势，安排部署2022年重点任务。会议指出，“十四五”时期，我国生态文明建设进入了以降碳为重点战略方向、推动减污降碳协同增效、促进经济社会发展全面绿色转型、实现生态环境质量改善由量变到质变的关键时期。要深入学习领会中央经济工作会议精神，必须坚持稳字当头、稳中求进，完整、准确、全面贯彻新发展理念，服务和融入新发展格局，在坚持方向不变、力度不减的同时，更好统筹疫情防控、经济社会发展、民生保障和生态环境保护，更加突出精准治污、科学治污、依法治污，以实现减污降碳协同增效为总抓手，统筹污染治理、生态保护、应对气候变化，深入打好污染防治攻坚战，促进经济社会发展全面绿色转型，协同推进经济高质量

发展和生态环境高水平保护。这次会议，为钢铁行业下一步的绿色低碳发展指明了方向和路径。

钢铁绿色物流发展趋势将表现在以下三点。一是要将生态环境治理模式进一步从末端治理向源头防治转变；二是依靠服务模式、服务技术创新实现未来钢铁物流能源转型变革；三是在“双碳”目标下，将碳排放权作为一种重要的资源，激发钢铁物流各类排放主体和市场主体积极参与运作，从而以灵活的市场机制促进碳排放额合理配置，盘活“碳经济”。

（五）强化供应链协同、着力保障产业链供应链自主可控

采取有效措施，提高行业资源、能源保障能力是中国钢铁产业链供应链自主可控重中之重的工作。按照增强产业链供应链自主可控能力的原则，2022 年中国钢铁物流业将充分利用国内、国际两个市场两种资源，建立多元化、多渠道、多方式稳定可靠的资源保障体系，提升钢铁行业产业链水平和抗风险能力。例如，提升供应链物流能力等，多措并举推动我国资源保障问题得到根本改善。

维护钢铁行业产业链供应链安全稳定、提升我国战略资源保障能力的一个重要方式就是提高行业集中度，这也是解决行业小散乱和过度无序竞争问题的手段，更是培育具有全球竞争力的世界一流企业、实现企业高质量发展的必然要求。目前我国许多国有钢铁企业已经实现了整合，例如，宝武集团大规模快速整合、鞍本重组整合等。这些大型钢铁企业的整合不仅促进了中国钢铁行业集中度的提升，也进一步对物流业制造业两业融合确保钢铁供应链自主可控提出了新的要求，钢铁物流业将在两业深度融合创新发展中有新作为，推动钢铁行业整体迈向高质量发展，增强中国钢铁产业链供应链自主可控能力。

（作者：鞍山钢铁集团有限公司　侯海云）

参考资料：

［1］资料来源：冶金工业信息标准研究院．微信公众号．2022－01－30．工信部：2021 年钢铁行业运行情况．

［2］资料来源：贸易金融．微信公众号．2021－07－23．欧浦智网之殇：败走钢铁供应链金融圈．

2021 年汽车物流行业发展回顾与 2022 年展望

一、2021 年汽车物流行业发展回顾

2021 年是党和国家历史上具有里程碑意义的一年，我们隆重庆祝中国共产党成立一百周年，实现第一个百年奋斗目标，开启向第二个百年奋斗目标进军新征程。2021 年，中国汽车产业蓬勃发展，汽车产销结束了自 2018 年以来连续三年的下降局面，为我国工业经济持续恢复发展、稳定宏观经济增长贡献了重要力量。随着汽车市场逐渐恢复，2021 年汽车物流行业整体运行稳定，主要表现在以下几个方面。

（一）我国汽车物流市场运行总体稳定

一是全年汽车产销同比增长，汽车市场稳步恢复。随着国内新冠肺炎疫情防控常态化发展，我国宏观经济持续恢复，汽车产业也稳步恢复。虽然全年仍有原材料供给如汽车芯片短缺等问题的困扰，但我国汽车产业顶住压力，喜迎汽车产销同比增长。据中国汽车工业协会统计，2021 年，我国汽车产销分别完成 2608. 2 万辆和 2627. 5 万辆，同比分别增长 3. 4% 和 3. 8%，同比 2019 年增长 1. 4% 和 1. 9%，基本恢复至疫情前期水平。纵观 2021 年四个季度，我国汽车产业在第一季度总体呈现高速增长；第二季度，汽车供应链开始受芯片短缺影响，汽车产业增速有所放缓；第三季度，芯片短缺达到顶峰，汽车产业呈较大幅度下降；第四季度，缺芯状态缓解，汽车供给趋于稳定，汽车产业出现回暖趋势，确保了全年稳中有增的良好发展态势。目前，中国汽车市场产销已处于短期调整的尾声，未来将保持温和增长的态势。从长期发展角度来看，当前中国汽车市场仍处于普及初期向普及后期过渡阶段，新车销售由增量市场逐步转向存量市场。作为汽车产业的重要支撑，受汽车市场稳步恢复的积极影响，2021 年我国汽车物流市场运行总体稳定。

二是乘用车市场呈现消费升级趋势。据中国汽车工业协会统计，2021 年我国乘用车产销分别完成 2140. 8 万辆和 2148. 2 万辆，同比分别增长 7. 1% 和 6. 5%，增幅分别高于行业 3. 7 个百分点和 2. 7 个百分点。伴随居民收入水平的逐步提高，我国乘用车市场呈现明显的消费升级趋势，高端品牌乘用车备受关注。2021 年，高端品牌乘用车共销售 347. 2 万辆，同比增长 20. 7%，高于行

业增速 14.2 个百分点，占乘用车销售总量的 16.2%，高于上年 1.9 个百分点。目前，我国乘用车市场已经进入存量市场竞争时代，靠低端市场、低价位赢得消费者的模式将逐渐弱化，汽车物流企业需要提高配套物流服务质量、提升客户满意度，以适应汽车消费升级的新趋势。

三是新能源汽车市场产销两旺。2021 年新能源汽车产销分别完成 354.5 万辆和 352.1 万辆，同比均增长 1.6 倍，市场占有率达到 13.4%，高于上年 8 个百分点，产销连续 7 年位居全球第一。“造车新势力”企业在产业转型升级的过程中，也发挥了重要的作用，并在细分市场上有所表现。2021 年，蔚来、理想、小鹏三家车企销量分别达到 9.14 万辆、9.05 万辆、9.81 万辆，同比分别增长 109%、177%、263%，进入发展加速期。近年来我国新能源汽车发展迅猛，已经从政策驱动转向市场拉动的发展阶段，呈现出市场规模、发展质量双提升的良好发展局面，成为经济社会发展的新动能之一，为“十四五”汽车产业高质量发展打下了坚实的基础。

四是商用车市场高开低走，出现下滑。受国六排放标准切换、“蓝牌轻卡”政策预期带来的消费观望等因素影响，商用车市场下行压力加剧。2021 年，我国商用车产销分别完成 467.4 万辆和 479.3 万辆，同比分别下降 10.7% 和 6.6%。但客车市场在 2021 年有所回暖，产销量为 50.8 万辆和 50.5 万辆，同比增长 12.2% 和 12.6%。回顾全年，商用车上半年表现明显好于下半年。其中，第一季度由于同期基数较低，产销呈现大幅增长，第二季度销量开始同比下降，到下半年下降趋势则更为明显。支撑商用车增长的政策红利效用已逐步减弱，商用车市场将进入调整期。

五是二手车市场呈爆发式增长。据中国汽车流通协会统计，2021 年，我国二手车交易量为 1758.5 万辆，较 2020 年同期增长 22.6%，2020 年同期受到新冠肺炎疫情影响，全国二手车交易量为 1434 万辆，参考 2019 年同期数据，二手车交易量较 2019 年同期增长了 17.8%。随着全国各区域二手车流通的壁垒逐步消除，二手车全国自由流通越来越快捷，这一利好因素促使国内二手车交易在过去 10 年转籍比率呈逐年上升趋势。2021 年全国二手车转籍比率为 27.32%。我国二手车交易规模逐年增长，但在发达国家，二手车交易量是新车交易量的 2 倍左右，与之相比，我国二手车市场还有很大的发展空间，这也为汽车物流企业提供了更多的发展机遇。

（二）整车物流运输结构优化，综合服务能力提升

近年来，我国整车物流运输结构持续优化，公铁水路运输各自发挥其优势，逐渐形成高效节能的汽车整车综合运输网络。2021 年，汽车整车铁路发运共计 628 万辆，占乘用车市场运量的 30% 左右。汽车整车滚装运输量 322 万

辆，占乘用车市场运量的15%左右。其中，沿海滚装219万辆，长江滚装103万辆。公路运输主要集中在短途支线运输，其在干线运输的份额逐渐缩减，且平均运距进一步缩短。

截至2021年年底，作为我国整车铁路运输的主要承担者，中铁特货物流股份有限公司在全国拥有140余个商品汽车装卸作业点，42个物流基地，总面积219万平方米。目前拥有JSQ5、JSQ6、JSQ7、JSQ8、JNA1等车型，各车型保有量近2万辆，能够匹配各类商品汽车运输需求，年运输能力为700万台以上。水运方面，截至2021年年底，我国江海滚装船共计91艘，其中，江船58艘、海船33艘，无在建工程订单，在役船舶总计13.63万额定车位。其中，2021年新增4艘海船下水，1艘海船滚装船拆解退出市场。此外，2021年远洋滚装船在役船舶4艘，总计1.84万额定车位，另有2艘在建工程（1.52万额定车位）。随着铁水运输装备数量的逐年增长，我国铁水运能持续扩大，这也将进一步推动整车物流综合运输体系的快速发展。

随着我国汽车行业由高速增长期逐渐向成熟期过渡，汽车产业将进入存量时代。国内依靠“低价竞争”占有市场的汽车品牌影响力陆续减弱，其他品牌则会借此机会加速发展，扩大市场占有率和影响力。在存量市场中，由于用户在购买汽车时花费多、期待高，自然会在交付时效等方面有更高的要求。面对客户的高要求与企业的成本压力，长安民生物流创新提出干线+VTC（Vehicle Terminal Center）物流模式。前端干线与末端城市配送分离，各尽其责，前端干线对流效率提升，末端专注提升客户交付体验。VTC是提升汽车整车物流“最后一公里”交付质量的重要方式之一。另外，与传统汽车产业的商业模式不同，以“造车新势力”为代表的“汽车新零售”模式的出现，省略了汽车经销商环节，采取线下体验和网上直营模式，对汽车整车物流的运输效率、仓配协同、用户体验等综合服务能力提出了更高的要求。

（三）汽车供应链服务体系逐渐完善，市场发展前景广阔

汽车是典型的劳动密集型及离散型制造产业。劳动密集型意味着对人力需求大，离散型意味着工种多且复杂。汽车供应链无论从结构还是规模来说都是综合程度最高、复杂性最大的供应链体系。2021年，我国共有12家零部件供应商进入全球零部件百强企业名单，产业规模扩大带动了我国汽车零部件物流市场持续增长。但受全球新冠肺炎疫情影响，汽车供应链面临断链风险，我国零部件物流企业顶住压力，努力保障汽车行业有序生产。

一是积极维护汽车供应链安全稳定。2021年，新冠肺炎疫情、芯片短缺始终困扰汽车行业。尤其是缺乏关键零部件对于汽车供应链的稳定性产生了极大的影响。以比亚迪IGBT芯片为首，多家车企纷纷推进自主研发，投资汽车芯

片。而汽车零部件物流企业通过提前预判风险、调整安全库存、优化物流模式等多重手段，运用新技术、新模式提升自身服务能力，有效地避免了供应链被中断，维护汽车供应链的安全与稳定。

二是创新物流装备技术助力汽车零部件物流转型升级。伴随新一轮科技革命和产业变革的深入推进，以电动化、网联化、智能化、共享化为代表的“汽车新四化”正在重塑汽车产业格局。产业升级带来了供应链变化，汽车零部件物流面临新的机遇与挑战，其服务转型升级迫在眉睫。以5G、AI、大数据、云计算等技术为代表的数字技术，通过物流机器人、无人机、无人驾驶卡车、无人仓等应用在零部件物流场景中。越来越多的物流企业注重新技术、新装备的应用：一汽富晟大众物流专门建立了智能装备实验室，研究创新技术的应用落地；蚂蚁物流集合众多物流前沿技术，实现厂区零部件智运输、智搬运、智配送、智盘点。创新物流装备技术为汽车零部件物流转型升级持续提供新动能。

三是汽车售后服务备件物流前景广阔。据公安部统计，2021年我国机动车保有量达3.95亿辆，其中汽车3.02亿辆。我国已成为全球汽车保有量最大的国家。巨大的汽车存量市场对售后服务备件物流也提出了更高的要求。售后服务备件物流有品种多、批量小、频次高、响应快速等特点，近年来行业企业通过优化供货模式、提升规模效应、应用自动化设备等方式降低售后备件物流成本，提高物流效率。

四是打造汽车供应链服务体系。近年来，汽车零部件物流企业逐步向汽车供应链下游发展，延伸到汽车后市场服务领域中，从提供单一环节、单一模式的物流服务转变为可提供全流程解决方案的物流服务商。随着行业企业服务的转型升级，在打造全方位、多功能、高质量的汽车供应链服务体系中，汽车零部件物流发挥了更好的支撑作用。

（四）拓展海外汽车市场，提升国际物流服务能力

目前，中国产业复工复产与全球相比快速、稳定，由完整汽车产业链带来的供给优势在海外疫情影响下被进一步放大。

一是中国车企走出去，海外市场大幅提升。据统计，2021年我国汽车出口201.5万辆，同比增长101.1%，占汽车销售总量的7.7%，比上年提升3.7个百分点。我国汽车出口首次超过200万辆，实现了多年来一直徘徊在100万辆左右的突破，也预示着中国车企即将真正意义上叩开海外市场的大门。从细分车型来看，2021年商用车出口40.2万辆，同比增长70.7%。乘用车出口161.4万辆，同比增长1.1倍。其中，新能源汽车出口量达到了31万辆，同比增长3倍之多。全球电动汽车市场快速扩张，为中国新能源汽车出口提供了机

遇。为实现减碳排目标，欧洲多国政府加大对新能源汽车的补贴力度，中国产品也得到了欧洲消费者的认可，海外新能源汽车市场得到快速发展，这也对中国汽车物流快速提升国际服务能力提出了更高的要求。

二是提升汽车进出口物流能力。新冠肺炎疫情全球蔓延，传统海运受到了极大限制，国际航运船期少、运费走高，一舱难求、一箱难求的现象在2021年屡见不鲜，持续影响国际供应链稳定。而以中欧班列为代表的铁路运输凭借稳定班期、高效运输、少人操作、较低成本等特点在国际物流中发挥了重要作用。据国铁集团数据显示，全年中欧班列开行约1.5万列，同比增长22%。截至2022年1月29日，中欧班列累计开行突破5万列、运送货物超过455万标箱、货值达2400亿美元，通达欧洲23个国家180个城市。广汽传祺汽车在2021年9月搭乘中欧班列，由广东石龙铁路国际物流中心开往俄罗斯沃尔斯诺站，实现了广东本土车企首次通过中欧班列出口整车到“一带一路”沿线国家，且在途运输时间比海运节省了15天。中欧班列已逐渐成为中国与欧洲腹地国家经贸联系的重要纽带和中欧贸易的运输主干线。12月3日，全长1035公里的中老铁路正式建成，将在中老贸易便利化方面发挥重要作用。另外，老挝作为RCEP成员国，中老铁路还将推动RCEP成员国在贸易往来中实现利益最大化。随着“中欧班列”和“中老国际班列”运行的进一步优化和常态化，不仅可使更多汽车相关企业借助跨境班列通道实现货物的国际贸易，更有助于实现我国优势产能的对外转移，进一步扩大国内汽车业在海外的影响力。

三是增强汽车物流国际服务能力。近几年，中国车企逐渐打开海外局面。2021年，上汽集团海外销售69.7万辆，同比增长78.9%，其在海外已拥有欧洲、澳新、美洲、中东、东盟、南亚六个“5万辆级”市场；长城汽车海外出口量达14.3万辆，同比增长103.7%，2021年6月长城泰国罗勇工厂正式投产，成为继俄罗斯图拉工厂后的第二家海外工厂；吉利汽车2021年累计出口量达到11.5万辆，同比增长58%，其业务遍布全球28个国家，海外销售和售后网点达到227家，未来吉利汽车将重点布局东欧、中东、东南亚、非洲、南美等地区，进军欧洲、亚太新能源市场；东风汽车出口增速加快，2021年全年出口14.4万辆，增速为141%。作为汽车产业的配套服务行业，汽车物流企业正在加快脚步，积极提升自身国际物流服务能力。如安吉物流不断加强国际航线运力建设和海外落地布局，已经拥有6条专注海外业务的滚装船，可覆盖100多个海外城市，为客户提供汽车物流跨境一体化解决方案；长久物流收购波兰汽车物流企业ADAMPOL S. A的30%股权，为国产汽车品牌走出国门提供配套物流服务支撑。2021年9月，为使中国汽车和全球汽车供应链安全稳定与物流的高效运行，上汽安吉物流、长久物流、一汽物流等14家国内汽车物流行业领军企业与相关行业协会，共同签署了“中国汽车国际物流和供应链联合倡议”，持续提升我国汽车物流全球影响力。

（五）企业整合持续推进，行业合作不断推陈出新

近年来，汽车物流行业企业发展迅速，规模持续扩大，行业集中度进一步提升。2021 年共有 6 家企业入选“2021 年度中国物流企业 50 强”，还有多家企业获评 5A 级物流企业，涌现一批行业领军企业，行业内良好的竞争格局已经形成。在良好竞争的基础上，汽车物流行业各领域龙头企业加快重组和上市步伐，行业企业整合持续推进，行业合作不断推陈出新。2021 年，中铁特货物流股份有限公司、三羊马（重庆）物流股份有限公司、西上海汽车服务股份有限公司相继上市。其中，作为国铁集团旗下重要的专业物流服务供应商，中铁特货成功上市是铁路市场化改革取得的重要成果，将有利于其扩大商品汽车运输网络整体布局，提升运输能力和服务品质，提高企业经营质量和效益。除内部整合优化外，2021 年，行业内企业也在积极开拓外部合作，如上汽安吉物流与中远海运特运合作，共同出资成立合资汽车滚装公司；上汽安吉物流与中远海运货运就组建汽车零部件国际供应链业务达成合作意向；长安民生物流与一汽物流成立合资公司长享科技，共同搭建我国汽车物流“最后一公里”仓储及配送服务平台；广汽商贸与招商轮船合资企业招商滚装订造的两艘 3800 车位汽车滚装船“唐鸿”轮与“茂鸿”轮交付投入使用；一汽物流、东风物流、重庆长安民生、上汽安吉物流、广汽商贸、蚂蚁物流、中都物流 7 家企业发起“V7 + 大对流战略合作倡议”，在整车物流领域共享行业先进技术及经验，资源整合助力降本增效，促进行业在绿色低碳可持续发展等方面达成共识，书写新时代物流行业合作发展新篇章。通过企业间的深入合作，延伸了企业服务链条、提升了企业服务能力，最终达到互利共赢的局面。

（六）汽车物流标准体系不断完善，推动汽车物流健康发展

2021 年，汽车物流行业标准工作持续推进，《汽车成套零部件出口包装质量检测规范》（WB/T 1110—2021）、《汽车零部件托盘包装的打包要求》（WB/T 1111—2021）、《汽车制造零部件物流标签规范》（WB/T 1112—2021）三项行业标准正式发布并实施。《电动汽车动力蓄电池物流服务规范》《汽车零部件入厂物流质损判定及处理规范》两项行业标准已经完成征求意见，即将召开标准审查会。另外，由于《乘用车公路运输栓紧带式固定技术要求》（GB/T 31083—2014）、《汽车零部件物流塑料周转箱尺寸系列及技术要求》（GB/T 31150—2014）、《汽车整车物流质损风险监控要求》（GB/T 31151—2014）、《汽车物流术语》（GB/T 31152—2014）、《商用车运输服务规范》（WB/T 1032—2006）、《商用车背车装载技术要求》（WB/T 1057—2015）发布

时间较久，按照国家发展改革委《关于对开展物流行业标准复审工作的复函》的相关规定，2021 年对以上标准进行了标准实施情况评估和复审，认为标准在内容制定方面科学合理，具有较强的实用价值。在当下行业运行中，由于标准内容没有明确的不适用性，后期将继续有效执行。行业标准的持续完善，有利于推动汽车物流行业健康有序发展。

二、2022 年汽车物流行业发展趋势

2022 年是全面实施“十四五”规划的关键期，也是我国汽车物流业发展的机遇期。从外部环境来看，受新冠肺炎疫情蔓延和国际形势不稳定等诸多方面因素的影响，外部环境更趋复杂严峻。从内部环境来看，我国经济发展面临需求收缩、供给冲击、预期转弱三重压力。但我国宏观经济稳定恢复、长期向好的局面不会改变。在国内疫情防控持续向好、芯片供应逐渐恢复、海外需求旺盛等多方利好因素的加持下，我国汽车物流行业将持续向高质量发展方向不断迈进。

（一）继续挖掘汽车存量市场物流需求

近年来，通过增量市场带来的汽车物流业务增长出现明显下滑，虽然 2021 年汽车产销结束了三年以来的连续下降，但越来越多的企业已经开始探索未来发展新方向，从新车市场逐步向存量市场物流需求转移。在存量市场中，汽车后市场、二手车、汽车租赁等物流需求逐渐引起关注，汽车物流服务广度、深度不断升级，存量市场物流价值被进一步挖掘。

（二）新能源汽车供应链服务升级

从“十三五”时期开始，我国新能源汽车产业快速发展，其产销自 2015 年以来一直位居全球第一。经过多年培育，我国新能源汽车技术逐渐成熟、充电设施不断完善，新能源汽车市场向规模化、规范化发展。随着市场逐渐成熟，其配套物流服务能力也在稳步提升，行业企业积极创新物流模式，推动新能源汽车铁路运输。未来围绕新能源汽车供应链发展，新能源汽车动力蓄电池物流的规范化、标准化将会成为下阶段汽车物流行业的重点关注内容。

（三）开拓国际物流新局面

在全球新冠肺炎疫情防控常态化、国内国际双循环发展的背景下，汽车产业链供应链将加快重组。在立足提升国内汽车消费的同时，推动更高水平的对外开放，令优质产能逐渐释放，为中国车企走出去提供有力支撑。在我国汽车

产业深度融入全球的今天，推动构建自主可控、安全稳定的产业链供应链，迫切需要提升我国汽车国际物流服务能力，而打造一批具有国际竞争力的汽车物流企业，对于帮助我国汽车物流开拓国际新局面有积极作用。

（四）向绿色低碳的供应链体系迈进

2021 年，习近平总书记向国际社会做出了 2030 年前碳达峰、2060 年前碳中和的庄严承诺，国务院印发《2030 年前碳达峰行动方案》，交通运输绿色低碳行动纳入碳达峰十大行动之一。向绿色低碳的供应链体系迈进将对我国产业链、供应链带来一系列深刻调整。随着“双碳”目标的提出，绿色转型已是全行业的总动员，一汽集团成立双碳管理委员会，东风汽车实施绿色东风 2025 计划，上汽安吉物流定制了两艘使用 LNG 双燃料的低碳环保远洋汽车运输船，一汽物流与大众中国、安吉物流在共享器具方面进行合作。行业内以多式联运、物流包装循环共用等绿色物流模式得到广泛支持，汽车物流未来走向绿色可持续发展道路。

（五）创新技术装备为汽车物流提供发展新动能

习近平总书记在第二届联合国全球可持续交通大会开幕式上的讲话中强调：“要大力发展智慧交通和智慧物流，推动大数据、互联网、人工智能、区块链等新技术与交通行业深度融合，使人享其行、物畅其流。”国务院印发的《“十四五”数字经济发展规划》中明确提出，大力发展智慧物流，涉及物流新基建、新技术、新模式、新业态等。随着以人工智能、大数据、云计算为代表的数字技术快速发展，创新应用加速落地，越来越多的企业通过运用无人机、无人车等“物流黑科技”来提升自身的运营质量和效率。未来通过数字化技术实现企业智能化管理、网络化经营、无人化运作将成为发展趋势。而物流装备、技术的不断升级与应用场景的不断创新，将持续为行业快速发展提供全新动能。

（作者：中国物流与采购联合会汽车物流分会　王萌）

2021 年冷链物流发展回顾与 2022 年展望

作为物流领域的重要细分市场之一，冷链物流在保障民生、促进消费流通中发挥着日益显著的作用。随着人民生活水平的不断提高，对食品品质提出了更高的要求，推动着冷链物流市场的快速发展。

2021 年是“十四五”规划的开局之年，也是冷链物流迈向高质量发展阶段的新起点。过去十年的时间里，冷链物流从萌芽时期进入高速发展时期，根据包括冷链物流需求总量、冷链物流总额、冷链市场规模等多项单体指标在内的综合指标体系数据显示：冷链物流发展速度正在逐步加快，冷链物流进入黄金发展时期。

一、冷链物流行业现状

2021 年冷链物流行业总体呈现出以下发展特点。

（一）冷链发展蓝图绘就

中共十九届六中全会强调“立足新发展阶段、贯彻新发展理念、构建新发展格局、推动高质量发展”。冷链物流已经逐渐向智能化、科技化、自动化方向转型升级，企业开始加大冷链物流技术方面的资源投入。据中物联冷链委不完全统计，2021 年国家层面出台冷链相关政策规划超过 68 项，地方层面出台冷链相关政策超过 581 项。《“十四五”冷链物流发展规划》是首次由国务院办公厅发文公布的冷链物流发展规划，也是指导我国“十四五”时期冷链物流发展的顶层设计，充分彰显了党和国家在新时代背景下对冷链物流的高度重视，是冷链物流政策环境持续优化的重要标志，推动我国冷链物流行业迈入高质量发展阶段。通过系统梳理可以发现，2021 年冷链政策存在以下比较明显的趋势。一是政府支持力度加大。作为“十四五”开局之年，2021 年国家对冷链物流行业的政策关注度持续提升，行业发展政策红利进一步释放，尤其是国务院办公厅发布《“十四五”冷链物流发展规划》，更是将冷链物流建设上升到了国家层面。二是冷链基础设施建设支持力度加大。2021 年国家冷链政策对冷库、冷藏车、仓储保鲜设施等基础设施高度关注，超过 31 项政策强调冷链基础设施建设。三是冷链绿色环保发展。2021 年，国家陆续发布冷链环保相关政策 8 项，尤其是倡导建立可循环物流周转箱体系和完善粮食绿色仓储体系。

四是产地端冷链体系建设。2021 年，冷链政策对农产品产地基础设施建设提出了更高的要求，尤其是将农村冷链物流体系建设作为巩固脱贫攻坚成果、推动乡村振兴的重要举措之一。五是严把疫情防控关。面临新冠肺炎疫情的复杂形势，国家政策对进出口冷链食品安全和疫情防控提出了更高的要求，国家市场监管总局等部门推动建设冷链食品信息追溯平台。六是区域冷链物流建设。多地陆续出台相关政策，依托国家骨干冷链物流基地建设等重大发展战略打造区域性冷链物流集散中心。

（二）国际标准中国起航

为了打造温控冷藏配送服务的国际标准，国际标准化组织 ISO 于 2018 年 1 月批准成立 ISO/PC 315，开展《间接温控冷藏配送服务：具有中间转移的冷藏包裹陆上运输》国际标准的研制工作。中物联冷链委代表中国参与了标准的起草，并多次参加世界性研讨会，分享中国冷链物流标准化现状。此项标准已于 2020 年 5 月由 ISO 正式发布，其标准号为 ISO 23412：2020 ，由中国、日本、英国、法国、德国等 20 个国家共同参与起草。借此契机，ISO 于 2021 年 1 月，正式成立国际标准化组织冷链物流技术委员会（ISO/TC 315），负责冷链物流国际标准化工作。中国物流与采购联合会已于 5 月成为其国内技术对口单位，并推动首个中国主导制定的《无接触式冷链物流服务要求》国际标准的成功立项。同时，中物联冷链委秘书长秦玉鸣担任 ISO/TC 315/AHG2 召集人，推动冷链物流术语的研究工作，自 7 月起，连续召开 10 余次线上会议，此任务组计划于 2022 年年初提出冷链物流术语国际标准提案。

（三）行业发展热潮不减

伴随着社会经济的不断发展以及居民生活水平的持续提升，生鲜食品市场规模持续稳步增长。2021 年全年我国社会消费品零售总额达到 440823 亿元，比上年同期增长 12.5% 。其中，在实物商品网上零售额中，吃类和用类商品零售额增速较快，分别增长 17.8% 和 12.5% ，居民消费需求得到持续释放。随着城乡居民消费水平和消费能力不断提高，冷链物流的需求持续旺盛。自 2010 年起，我国冷链物流市场需求开始逐步扩大，冷链物流总体呈现健康、快速、稳定的发展态势，基础设施规模进一步增加，设施建设更趋理性，冷链物流体系不断完善，行业发展模式日趋多元化。2021 年，经初步测算我国食品冷链物流需求总量将达 3.02 亿吨，比 2020 年增长 3727 万吨，同比增长 14.06% 。十年间，我国食品冷链物流需求总量增幅超过了 300% 。预计 2021 年冷链物流市场规模将突破 4586 亿元，同比增长 19.66% 。2016—2021 年我国食品冷链物流需求及增速如图 1 所示。

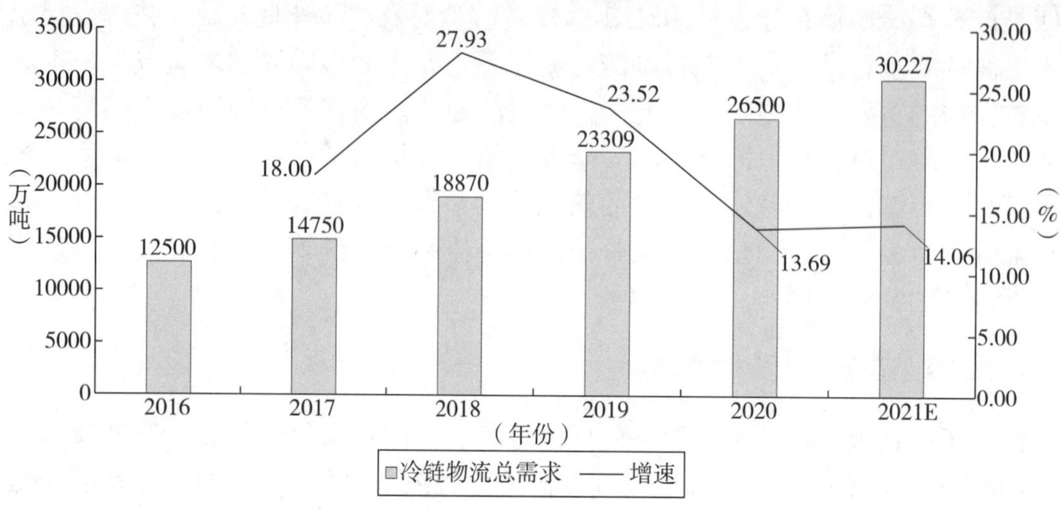

图 1　2016—2021 年我国食品冷链物流需求及增速

资料来源：中国物流与采购联合会冷链物流专委会。

伴随着国家陆续出台支持冷链物流发展的相关政策，包括冷藏车、冷库在内的冷链物流基础设施得到完善，冷链产业成为健全城乡双向流通体系、推动乡村振兴和共同富裕的重要抓手。预计 2021 年国内冷库总容量将突破 1.96 亿立方米，冷链车保有量将超过 34 万辆。在冷链新基建政策逐步深入的发展背景下，冷链物流两端与流通环节的各类基础设施及服务体系进一步完善，未来冷链基建的投资建设还需谨慎考虑，避免出现建设过热等现象，造成资源浪费。

（四）绿色冷链未来已来

2020 年 9 月的第七十五届联合国大会一般性辩论上，我国首次提出要在 2030 年前实现碳达峰、2060 年前实现碳中和的目标与承诺，并在随后多次重大工作会议和对外问答过程中提到碳中和、碳达峰目标。2021 年 10 月 14—16 日，第二届联合国全球可持续交通大会在北京召开。会上习近平总书记强调，要大力发展智慧交通和智慧物流，推动大数据、互联网、人工智能、区块链等新技术与交通行业深度融合，使人享其行、物畅其流。中国交通把推动绿色低碳转型作为可持续交通发展的战略性任务，追求以最少资源投入、最小环境代价，最大限度满足社会经济发展和人民出行需要，为建设美丽中国贡献力量。绿色冷链不仅是经济与社会发展的客观要求，也是物流发展的必然选择。进入 2021 年，更多的冷链物流企业将绿色环保作为自身发展的核心战略之一，并在此领域进一步深耕和探索。如在产品的低温储藏、配送、运输过程中采用共同配送、科学管理等方式提高运输效率，降低环境污染；通过新技术降低冷库、冷藏车的能量消耗、噪声污染，提高周转率、装载率等。绿色冷链是绿色物流的一部分，是未来冷链技术的新趋势。绿色冷链对企业来讲，关键的一点是采用先进的技术和设备，提高核心竞争力。社会进步进一步推动了绿色冷链的发展，世界各国普及环境教育和人民环保意识不断提高，为实现绿色冷链发展创造了基本条件。

二、冷链物流存在的问题和难点

冷链物流贯穿第一、第二、第三产业，连接生产端与消费端，发展潜力及空间巨大。但长期以来，国内冷链物流仍面临着诸多困境，具体问题如下。

（一）疫情风暴依旧严峻

在新冠肺炎疫情防控常态化背景下，冷链物流行业将会持续遭遇疫情冲击。冷链信息溯源、冷链消杀、进口集中监管等问题热度持续，储运成本上升、管理复杂度提高等正在影响冷链物流行业的发展路径，这也意味着在未来较长一段时期内，更加严格的标准规范、符合防控要求的技术装备和精细化的管理手段会成为冷链物流行业转型升级的必然要求。冷链产品安全保障和疫情防控强化是对于冷链物流提出的新要求，冷链产品的交付品质直接关系着人民群众的身体健康和生命安全。在 2021 年，由于进入疫情防控的常态化阶段，部分企业对于防控管理意识逐步淡化，最终造成了疫情触发以及大范围扩散传播事故，给国家的疫情防控工作带来了不良影响。当前，我国冷链物流“断链”“伪冷链”等问题突出，与此相关的产品质量安全隐患较多，特别是新冠肺炎疫情发生以来，冷链物流承担着保障疫苗安全配送和食品稳定供应的艰巨任务。这就要求提高冷链物流专业服务和应急处置能力，规范市场运行秩序，完善全程追溯体系，更好地满足城乡居民消费安全需要。

（二）实施政策翘首“企”盼

2021 年，诸多冷链物流发展规划及管控等政策、标准文件相继出台，进一步推动行业正轨发展，同时也让冷链物流企业看到了未来发展的希望。但与此同时，面对行业发展的顶层设计，作为企业更加关注各项政策、标准如何实际落地执行。对于此问题，具体体现在以下三个方面。其一是各项规划文件是否有配套的行动计划作为支持。行动计划作为规划文件的重要实现路径，直接影响着业务一线的执行与操作。如果缺乏有效的行动计划支持，规划文件则更像是“空中楼阁”。其二是行动计划是否符合规划文件及当地发展实际情况。脱离了实际业务场景以及规划目标导向，不仅无法实现预期成果，还会造成资源浪费，不利于行业的良性发展。其三是行动计划是否可以切实落地执行。有效的行动计划制订后，还应确保其真正落地执行，各环节及各单位应切实按照要求操作，保证实际实施效用。因此，在顶层设计逐步完善的同时，有效的行动计划能否及时跟进和落实，将是未来发展需要重视的关键问题。

（三）技术应用还需从“口头”变为“手头”

随着科技的不断进步，新技术将为冷链物流赋予更高价值。伴随着“新基建”等相关政策落地实施，互联网、大数据、区块链等在物流专业领域逐步渗透，冷链物流全链条进一步实现技术赋能，逐步构建智能化冷链物流体系。面对冷链行业存在的痛点难点，企业转变发展理念，强化质量意识，依托智慧冷链、绿色冷链，助推冷链行业高质量发展。但在此过程中，部分投机者看到了冷链物流发展火热下的机遇，将冷链“智能化”发展作为一种企业发展的口号，却并未将真正的技术应用到实处。所谓技术赋能，并非简单地搭建系统或是单纯地使用自动化设备。其发展的根本，应该是在于将合适的技术应用在恰当的环节，通过技术手段，实现提升全链运作效率、降低全链运作成本的核心目标。就目前而言，多数冷链企业没有建设冷链物流资源交易运营平台或者管理系统，冷链数据的动态采集、处理及决策分析功能缺失。冷库、冷藏车等基础设施的自动化、智能化程度不高，冷链物流企业对技术研发的投入力度有待增强。

（四）支持体系底气不足

我国冷链物流市场发展时间较短，虽然近年来保持14%以上的增速，但市场标准化及企业合规经营尚不规范，尤其是冷链运输市场“劣币驱逐良币”的现象依然存在，对企业经营带来较大困扰。国家层面的逐步深化介入，也在进一步提升行业规划及管理水平，树立行业标杆、建立行业规范，推动冷链物流行业逐步趋于正轨。同时，目前冷链物流行业人才缺口较大，一线操作员工、中层管理人员、专业技术人员以及高级管理人员均存在缺口。受新冠肺炎疫情影响，冷链物流的疫情防控始终是社会关注的热点问题之一。冷链物流从业人员存在一定的工作压力，一线操作员工尤其是运输司机出现招工困难等问题。此外，随着冷链物流信息化和自动化水平的不断提高，国内冷链物流专业人才储备不足的问题也日益凸显。据不完全统计，目前全国开设“冷链物流技术与管理专业”的院校仅有10所，据大数据分析显示，2019—2020年，以上10所高校冷链毕业生人数与头部冷链物流企业冷链岗位招聘量的供需比为1：4，具备全链设计能力的专业人才更是严重匮乏，冷链相关领域的创新活力呈现回落趋势。

三、冷链物流行业发展趋势

（一）“实施指南”将成2022年度政策主线

伴随着《“十四五”冷链物流发展规划》的正式发布，2022年已成为明确行动方向及方式的关键之年。2022年整体政策内容势必将围绕各板块具体实施及管控指南等重点领域展开。同时，各区域也将围绕国家整体规划，确定各地方发展方向及实施路径。综上所述，2022年“实施指南”将成为冷链物流行业政策主线，各地如何落地推动，也将在2022年进一步清晰。伴随着国家相关政策、标准的相继出台，行业发展标准及监管要求日益提升，加之“国家队”及“行业大鳄”的入局，将进一步推动冷链物流行业的正规化发展，“劣币驱除良币”的情况也将逐步得到缓解。未来，正规化经营的企业将会得到更为广阔的发展空间，而反之，不符合行业标准的企业也将逐步被市场所淘汰。

（二）技术赋能继续深化延展

互联网时代的科技发展日新月异，5G、大数据、云计算、区块链、人工智能等新技术正在深刻地改变着冷链物流行业，在“十三五”时期，数字化、标准化、绿色化的冷链物流基础设施装备研发应用加快推进，新型保鲜制冷、节能环保等技术加速应用。冷链物流追溯监管平台功能持续完善，冷链快递、冷链共同配送、“生鲜电商+冷链宅配”“中央厨房+食材冷链配送”等新业态、新模式日益普及，冷链物流跨界整合和集成创新能力显著提升。科技创新的力量正在推动冷链物流摆脱传统的运行方式，向智能化、科技化、自动化方向转型升级，智慧化、无人化催生“新基建”热潮方兴未艾，冷链物流全链条进一步实现科技赋能，将强力推动行业驶入高质量发展快车道。随着科技的不断进步，新技术将为冷链物流赋予更高价值。应加强智能分拣、智能温控等冷链智慧技术装备应用，推动物联网、区块链等技术在冷链物流领域的广泛应用。鼓励冷链企业加大绿色装备研发投入和基础设施改造，为实现“双碳”目标作出重要贡献。同时“粗犷式”的管理模式在竞争压力日趋激烈的当下已成为过去式，越来越多的冷链物流企业开始进行精益化管理转型。从企业自身运营及管理模式，再到各类资源及技术的投入应用等，都在向高质量发展迈进。科学化、技术化、高效化已成为现代冷链物流企业精益化管理的核心要点。同时，增强供应链管理能力，也将进一步提升企业的核心竞争力。

（三）冷链物流进入细分场景化发展阶段

生鲜电商、社区团购等新消费场景出现，这些新场景、新业态对冷链行业的格局将会带来全新的变化。我国已转向高质量发展阶段，产业加快迈向全球价值链中高端，现代农业、食品工业、医药产业、服务业全面升级，对高品质、精细化、个性化的冷链物流服务需求日益增长。“十四五”时期，随着城乡居民消费结构不断升级，超大规模市场潜力将加速释放，为冷链物流提高供给水平、适配新型消费、加快规模扩张奠定坚实基础，创造广阔空间。坚持实施更大范围、更宽领域、更深层次对外开放，特别是深入推进共建“一带一路”和推动构建面向全球的高标准自由贸易区网络，将进一步优化区域供应链环境，有效发挥我国超大规模市场优势，深化与相关国家贸易往来，扩大食品进出口规模，推动国内国际冷链物流标准接轨，借鉴推广先进冷链物流技术和管理经验，促进冷链物流高质量发展。围绕冷链物流形成“冷链＋”产业集聚新格局。依托“冷链＋智能装备”“冷链＋大数据”“冷链＋智慧生活”，推进冷链物流产业走廊建设。鼓励冷链物流企业创新业态模式，优化供应链，延伸产业链，提升价值链。充分发挥冷链物流在服务经济发展和便利人民生活中的积极作用。在当下开放式的市场环境下，冷链物流企业必须进一步强化自身核心竞争力。而在这其中，专业化技能就是其发展的关键要素之一。企业通过对于行业认知的专业水平提升，进一步寻找出行业核心痛点。企业提升自身专业水平，才可具备解决痛点问题的能力。此类持续改进的管理思维，也是建立在专业化水平不断提升的基础之上。因此，专业化企业在未来将更加具备创新及可持续性发展的能力。

（四）疫情防控仍是行业管控红线

冷链物流衔接生产消费、服务社会民生、保障消费安全的能力属性，对调节农产品跨季节供需、稳定市场供应、平抑价格波动、减少流通损耗等方面的作用越来越重要。特别是在抗击新冠肺炎疫情中，冷链物流对保障疫苗等医药产品的流通安全作出了重要贡献，这些均证明了冷链物流的基础支撑作用会越来越显著。但是由于冷链物流操作的特殊性，对于疫情防控及消毒消杀工作的重要程度更为关键。虽然国内疫情逐步得到控制，但是国外疫情依旧严峻，并且国内疫情时有发生。因此，在未来的实际运营过程中，针对冷链货品的疫情防控工作依旧不可放松警惕。强化冷链食品（进口和国内）全链路追溯和监管，建立全链抽检监察机制，确保全链可控，针对重点品类及环节，实施重点监控，如一品一码等；明确冷链货品接收过程查验标准，确认各类所需材料及操作，保证货品均由正规渠道进入市场，且货品质量可以得到保障；加强各冷库企业和市场内的冷链消毒消杀规范，完善管理制度，必要时可引入专业公司托管；针对可疑或异常货品，应建立完备的隔离及处理流程，同时建立及时的信息传递通道，确保问题可在第一时间被发现并得到有效控制；建立人员防疫监察制度，对于进出市场以及长期在市场内工作的人员，需做好定期检测、日常监测及流调监控等，降低人员传播扩散风险。

（作者：中国物流与采购联合会冷链物流专业委员会　秦玉鸣）

2021 年医药物流市场发展回顾与 2022 年展望

2021 年是具有特殊重要性的一年，是“十四五”规划的开局之年，也是全面建设社会主义现代化国家新征程、向第二个百年奋斗目标进军的开启之年。当前，世界百年变局和世纪疫情交织，全球供应链步入重构阶段。随着我国统筹新冠肺炎疫情防控和经济社会发展取得重大战略成果，医药供应链呈现诸多新特点。着眼于医药物流行业，产生了新变化、新趋势。

一、2021 年医药物流发展回顾

（一）医药供应链主要发展特点

1. 医药工业企业注重供应链能力提升

根据国家统计局数据，2021 年医药制造业规模以上工业企业实现营业收入 29288.5 亿元，同比增长 20.1%，利润总额同比大幅增长 77.9%。随着国内新冠肺炎疫情得到有效控制和诊疗活动的逐步恢复，医药工业的收入利润端快速恢复，特别在药品集采、医保谈判、DRGs［（疾病）诊断相关分类］付费等控费手段下，盈利水平大幅提升。我国医药工业规模以上企业营业收入及增长情况如图 1 所示。

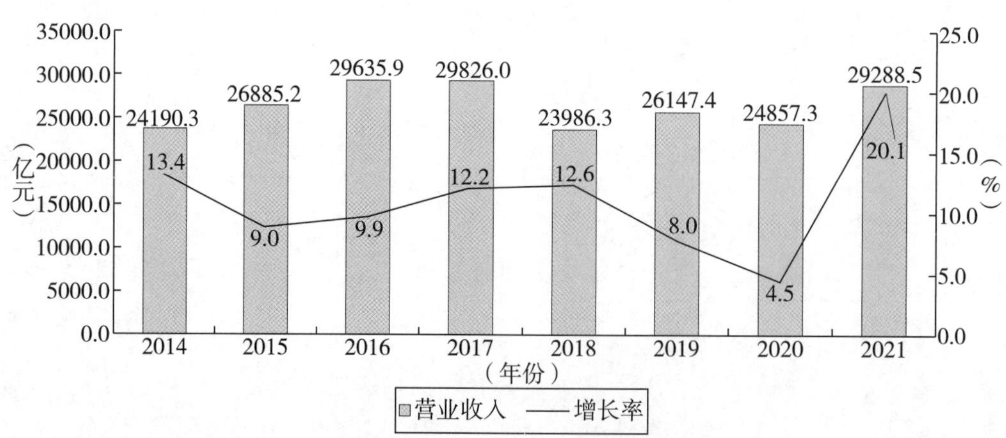

图 1　我国医药工业规模以上企业营业收入及增长情况

资料来源：国家统计局。

注：增长率按可比口径计算。

面对疫情防控常态化、国际政治局势复杂多变、新消费新零售时代开启等多重因素带来的原材料价格上涨、订单碎片化、C 端用户需求增加等一系列影响，医药工业企业注重提升供应链管理、协同能力，以降低经营成本、提高供应链效率。

2. 医药流通行业物流能力进一步增强

2021 年第一季度药品流通市场全面复苏，行业增速基本恢复至 2019 年同期水平。前三季度行业增速保持恢复态势，全国医药商品销售总额为 1.89 万亿元，同比增长 10.60%。预计 2021 年全国药品流通市场销售总额达到 2.65 万亿元，同比增长约为 10%。我国医药流通市场规模及增速统计如图 2 所示。

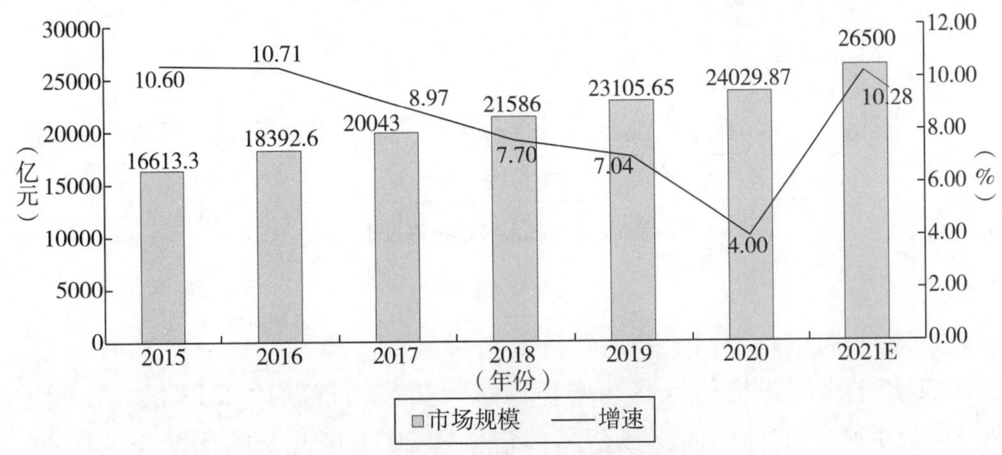

图 2 我国医药流通市场规模及增速统计

资料来源：商务部、中物联医药物流分会。

注：数据存在四舍五入，未进行机械调整。增速按可比口径计算。

医药流通行业呈现出市场规模不断扩大、行业加速整合、市场集中度提高、数智化程度加强、业务模式转型等发展趋势。医药流通企业的物流能力进一步增强，进一步提高城市药品流通服务能力。医药流通企业纷纷搭建自有医药物流体系，集成应用多种自动化物流技术打造现代医药物流中心。

3. 医药终端市场中公立医院居于绝对主导地位

根据米内网数据显示，受新冠肺炎疫情、集中带量采购持续推进等影响，2020 年终端市场规模近 5 年来首次呈现负增长。三大药品终端销售额为 16437 亿元。在疫情管控过程中，公立医院承担着主要责任，全年终端销售影响最大。而零售药店由于销售口罩、酒精等防疫物资反而逆势呈现出正增长态势，是三大市场中唯一呈现正增长的市场。从终端结构来看，公立医院终端仍然居于绝对主导地位。

2021 年上半年我国三大终端药品销售额达 8393 亿元，同比增长 8.8%。其中，公立医院终端市场份额占比为 63.8%，零售药店终端市场份额占比为

26.4%，公立基层医疗终端市场份额占比为9.8%。三大药品终端销售占比如图3所示。

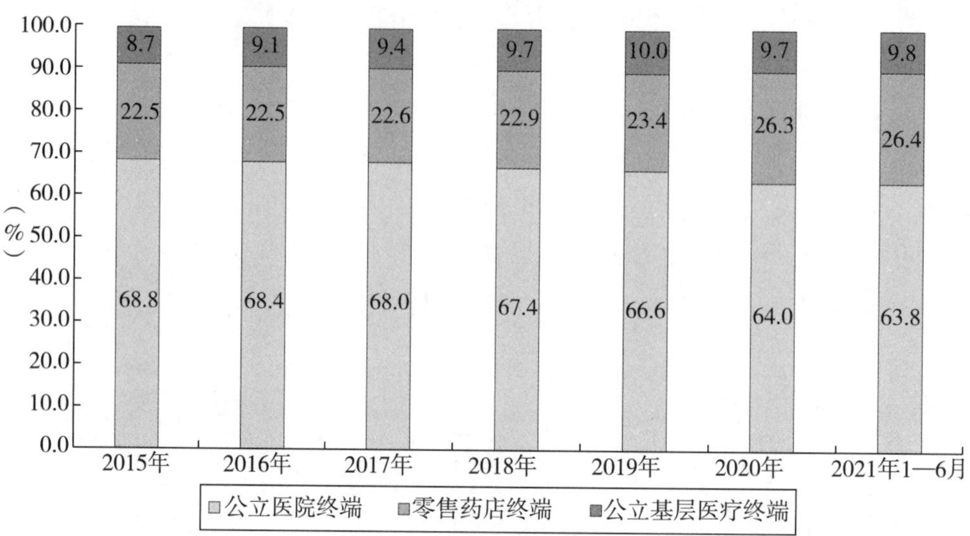

图3　三大药品终端销售占比

资料来源：米内网。

4. 零售药店市场中网上药店销售额大幅增长

2021年上半年零售药店终端增长稳定，药品销售额达2218亿元，同比增长6.3%。其中，实体药店市场药品销售额达2027亿元，同比增长3.0%；网上药店市场药品销售额达192亿元，同比增长60.9%，2016—2021年上半年三大药品终端销售额及增速如表1所示。

表1　2016—2021年上半年三大药品终端销售额及增速

年份	零售药店终端		其中：实体药店		其中：网上药店	
	销售额（亿元）	增速（%）	销售额（亿元）	增速（%）	销售额（亿元）	增速（%）
2016	3375	8.5	3327	8.1	48	50.0
2017	3647	8.1	3577	7.5	70	45.8
2018	3919	7.5	3820	6.8	99	41.4
2019	4196	7.1	4058	6.2	138	39.4
2020	4330	3.2	4087	0.7	243	76.1
2021.1—6	2218	6.3	2027	3.0	192	60.9

资料来源：米内网。

5. 医药电商市场规模高速增长成为互联网医疗盈利增长极

随着“健康中国”战略的持续推进，以医药电商为代表的“互联网+医疗健康”模式正在成为新的趋势。在新冠肺炎疫情防控期间，医药电商彰显了互联网在产品、服务与效率等方面的独到价值。

2020 年医药电商市场规模为 1593 亿元，比上年增加 591 亿元，同比增长 59.0%，是近四年增长的高点。疫情催化医药电商市场高速发展，积累健康流量、技术和配送资源，预计 2021 年将突破 2000 亿元。医药电商市场规模的高速增长，成为互联网医疗盈利增长极。

截至 2020 年年底，全国超过 17% 的药店接入了美团买药平台，在美团、饿了么展示页排名前五的药店基本上占据了其周围 2 ~ 3 公里的 80% 的流量。这说明随着消费行为的改变，加入大型电商平台的药店会继续大幅度增加；消费行为的改变会导致经营模式重心的改变，很多连锁药店都把发展医药电商视为未来战略重心。

在政策与市场的双重作用下，行业洗牌期来临，格局逐渐成形，医药零售新增量、处方外流、医保支付接入、服务延伸四大趋势将主导医药电商的成长。

（二）新格局新环境下医药物流发展变化

1. 医药物流总额持续增长，增幅已连续 4 年超过 10%

医药物流规模快速增长，市场、业务需求多样化，订单碎片化，配送末端化，物流降本增效，一体化解决方案等需求特征对物流服务水平提出了更高的要求。随着医药制造业、医药流通业全面稳定增长，医药电商持续蓬勃发展，预计 2021 年我国医药物流总额超过 850 亿元，较 2020 年增长超过 15%。

增长原因主要如下：2021 年我国医药行业全面恢复，是推动医药物流费用增长的主要因素之一；此外，疫苗、血液制品等生物制品市场规模持续增长，拉动医药物流费用的增加；新冠肺炎疫情催化了医药电商市场规模爆发式增长，由于医药电商的物流费率相对较高，带动医药物流费用规模的增长；此外，建设医药物流定制化、专业化物流解决方案服务能力，完善应急保障能力等因素，导致费用增加。

2. 医药物流基础设施投资更加理性，由粗放转向精细

（1）医药物流中心。

全国医药物流直报企业不同类型的医药物流中心数量逐年递增，2020 年已达到 1170 个。这反映出医药物流行业规模持续增长、医药供应链扁平化、行业集中度提升等发展变化。医药物流仓储改扩建趋势明显，智能化物流中心不断投入使用，初步预计 2021 年医药物流仓储规模进一步扩大，将突破 2200 万平方米，同比增长超过 5%，医药物流中心向高度智能化发展。

（2）医药物流车辆。

2020 年医药物流专用运输车数量为 38582 辆，同比增长 11.91%，已经连续 4 年增长率超过 10%。初步预计 2021 年仍保持 10% 以上的增长率。医药运输车辆向轻量化、大空间、温控精准、安全环保、易于操作、多温区等方向发展。

（3）医药物流信息系统。

医药流通企业根据业务和管理需求上线所需要的信息系统，行业企业已基本完成企业内部的信息化建设。但经过对行业信息的收集整理，尚有很多企业在信息化建设方面欠佳，因此，相关信息化系统覆盖率有待进一步扩大，只有进一步提高医药物流整体信息化水平，才能实现行业整体高效率、高水平的发展。

3. 药品第三方物流行业快速发展，仍有较大增长空间

自 2016 年国务院出台《国务院关于第二批取消 152 项中央指定地方实施行政审批事项的决定》取消了从事药品第三方物流业务批准的行政审批事项以来，药品第三方物流行业快速发展。根据全国各省份发布的相关公告，据不完全统计，我国药品第三方物流企业已达到 377 家。为了规范行业有序发展，全国已有 19 个省份陆续出台了适用于本省份的药品第三方物流相关政策。

（1）政策特点。

各省份政策存在差异性，呈现出对委托方的资质要求不尽相同，对受托的药品第三方物流企业资质要求不同，对药品第三方物流企业硬件、软件和机构人员的要求不同，部分地区对于药品第三方物流企业从业资质有要求等政策特点。企业在领会各省份政策精神、申办资格等方面仍面临影响企业效率的情况。

（2）企业特点。

通过对药品第三方物流企业的盘点分析，主要特点包括：各区域发展不平衡，药品第三方物流企业主要集中在我国东部沿海地区，占比超过 60%；约 80% 的企业主营业务为医药批发零售，专业从事物流的企业较少，占比约为 20%；具备药品冷链物流业务能力的企业较少，约占总数的 40%；药品第三方物流企业规模较小，行业集中度较低。

4. 医药冷链市场利好，带动医药冷链物流总额大幅增长

近年来，伴随着国家陆续发布利好政策、人们对医药安全的重视、医药冷链产品需求的增加，我国医药冷链快速发展。经中物联医药物流分会不完全统计，2020 年我国医药冷链市场销售额达 3903.4 亿元，同比增长 14.97%。2021 年随着新冠病毒疫苗集中批准上市，生物医药产业持续繁荣，近年国内医药冷链市场规模将持续上涨，初步预计将达到 5000 亿元，同比增长超过 30%。预

计 2021 年我国医药冷链物流规模将达到 220. 00 亿元。2018—2021 年我国医药冷链物流费用总额如图 4 所示。

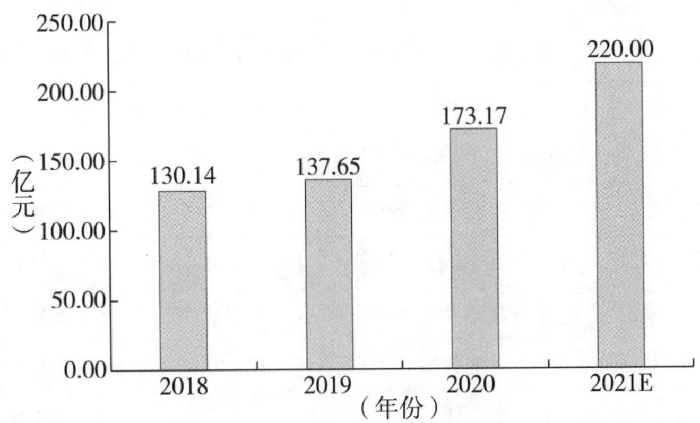

图 4　2018—2021 年我国医药冷链物流费用总额

资料来源：中物联医药物流分会。

5. 医药物流行业标准化建设日趋完善

全国物流标准化技术委员会医药物流标准化工作组牵头制定 12 项医药物流标准，涉及设施设备验证、药品物流、冷链物流、医药冷藏车、阴凉箱、保温箱、IVD、医学检验、院内物流、承运商审计、冷藏车认证、医药物流人才方面的标准发布、实施、修订，实现我国医药物流标准化从无到有、从有到优的发展历程，大力提高了我国医药物流标准化水平。

其中，《药品冷链物流运作规范》的推行，有效确保了冷链药品的储运安全。据统计，已有 20 多个省份的 200 多条招投标项目将此标准作为投标资质之一，包含省疾控，医院社区卫生服务中心，部分政府，生产、流通和终端企业。医药物流行业标准如表 2 所示。

表 2　医药物流行业标准

标准类型	标准名称	标准编号	制定情况	实施日期
国家标准	《医药产品冷链物流温控设施设备验证性能确认技术规范》	GB/T 34399—2017	2017/10/14	2018/5/1
	《药品物流服务规范》	GB/T 30335—2013	2013/12/31	2014/7/1
	《药品冷链物流运作规范》	GB/T 28842—2021	2021/11/26	2022/6/1
	《医学检验生物样本冷链物流运作规范》	—	编制阶段	—
	《医药物流质量管理审核规范》	—	编制阶段	—

续 表

标准类型	标准名称	标准编号	制定情况	实施日期
行业标准	《药品阴凉箱技术要求和试验方法》	WB/T 1062—2016	2016/10/24	2017/1/1
	《药品冷链保温箱通用规范》	WB/T 1097—2018	2018/7/16	2018/8/1
	《道路运输 医药产品冷藏车功能配置要求》	WB/T 1104—2020	2020/5/11	2020/6/1
	《体外诊断试剂温控物流服务规范》	WB/T 1115—2021	2021/5/31	2021/7/1
团体标准	《医药冷藏车温控验证 性能确认技术规范》	T/CFLP 0013—2018	2018/4/11	2018/5/1
	《医药物流 承运企业质量管理审计规范》	T/CFLP 0012—2018	2018/4/11	2018/5/1
	《医药产品医院院内物流服务规范》	T/CFLP 0023—2019	2019/11/5	2019/12/30
	《医药物流从业人员能力要求》	—	编制阶段	—

（三）医药物流面临的挑战

我国医药物流发展形势向好，但仍面临挑战，如标准化程度有待进一步提高；“最后一公里”通路有待进一步完善；降本增效有待进一步优化；医药物流应急保障体系有待进一步建设等。

1. 医药物流成本持续上升

医药物流行业长期面临物流成本的巨大压力。物流成本增长的原因主要有：一是医药物流规模总体扩大，物流成本随之相应增加；二是司机、仓库、人工等成本逐年增加，物流企业对于人力的依赖性依旧较高；三是受到“互联网＋医疗”、医药新零售等政策的影响，拆零比例进一步上升，订单碎片化导致物流操作动作大幅度上升；四是配送终端进一步下沉，运输成本持续上升；五是随着新冠肺炎疫情的暴发，企业积极抗疫防疫，作业人员、设施设备、工作场所需要严格防护消杀，增加了企业资金投入；六是医疗物资的需求紧急、零散，企业需要制订定制化物流解决方案满足业务方需求，因此出现高成本生产配送的情况，使成本增加。

2. 医药物流标准化体系尚不完善

目前虽然医药物流行业已经制定了相关标准，但是并没有覆盖整个行业，仍存在标准不足的情况。

3. 医药物流专业人才仍然不足

随着医药物流行业的持续升温，专业的医药物流人才仍然不足。造成医药物流专业人才缺乏的主要原因有三个方面。第一，很多医药企业对物流的认识还只停留在浅层次的模糊概念上，不利于医药物流复合型人才、战略型人才培养。第二，物流人才管理存在种种疏漏，从而导致物流人才直接或间接流失，比如传统的医药物流薪酬激励作用不大，员工的培养计划根本没有，或者有但是不成熟等。第三，医药物流行业具有特殊性，除了需要具备物流专业性，还需要具备一定的医药知识，熟悉各种药物以及生物制品的特性及运输要求。单一学科的人才很难完全胜任，但目前国内院校并未设置专门的医药物流学科，这就导致企业要后期自己培养专业人才，这也是医药物流行业的一个痛点。

4. C 端“最后一公里”服务能力提出更高要求

实体医院、三方平台、厂家、电商 C 端送药需求快速爆发。在业务实际开展过程中，C 端配送仍有诸多问题存在。一是在院端、物流、患者之间发生药品物权转移过程中，各作业环节无统一规范标准；二是由于交接无标准，产生的医患纠纷无保障；三是 C 端配送是小批量多频次的物流模式，配送范围和配送成本是企业面临的巨大挑战；四是物流网络应满足站点下沉需求，应构建响应迅速、履约更快、覆盖更广、成本更低的运输服务网络。

二、“十四五”系列政策对医药物流行业的影响

1. “十四五”规划政策导向

2021 年 3 月，商务部、工业和信息化部等 8 单位布《商务部等 8 单位关于开展全国供应链创新与应用示范创建工作的通知》，提出用 5 年时间培育一批全国供应链创新与应用示范城市和示范企业，实现供应链优势培育取得新成效、供应链效率效益得到新提高、供应链安全稳定达到新水平、供应链治理效能得到新提升。

2021 年 10 月，商务部发布《商务部关于“十四五”时期促进药品流通行业高质量发展的指导意见》，描绘出“十四五”期间的总体发展目标，明确指出药品流通行业在“十四五”期间将着力破除药品流通体制机制障碍，提升药品供应保障服务能力、流通效率和质量安全，向数字化、智能化、集约化、国际化发展。“十四五”期间，农村药品流通网络建设、城市药品流通服务能力将进一步提升，行业布局逐步优化；第三方医药物流、药品冷链物流、中药材物流规范发展，打造绿色低碳供应链；“互联网 + 药品流通”、新零售等新模式新业态不断涌现；国际交流、中医药对外贸易将大力发展；同时对于标准化、人才、经营管理、统计服务等基础工作也会进一步增强。

2021 年 12 月，国务院办公厅出台了《“十四五”冷链物流发展规划》，明确了“十四五”医药冷链物流发展方向，对提高医药产品物流全过程品质管控能力以及构建新发展格局具有重要意义。医药产品冷链物流建设的四大重点包括完善医药产品冷链物流设施网络，医药冷链全程无缝衔接信息化管理，提高

医药冷链物流和使用环节的质量保障水平和完善医药应急冷链物流体系。

同时，在国家“十四五”规划中，双碳绿色、数字智慧等高频词格外亮眼，智慧物流、智慧医疗等热点重点领域将始终贯穿于“十四五”时期乃至2035年远景目标中。“十四五”层面重要政策如表3所示。

表3　“十四五”层面重要政策

政策	发布单位	发布时间	主要内容
《中华人民共和国国民经济和社会发展第十四个五年规划和2035年远景目标纲要》	国务院	2021年3月	全面推进“健康中国”建设；推动5G深度应用；制定2030年前碳排放达峰行动方案，努力争取2060年前实现碳中和等
《商务部等8单位关于开展全国供应链创新与应用示范创建工作的通知》	商务部、工业和信息化部等8单位	2021年3月	用5年时间培育一批全国供应链创新与应用示范城市和示范企业，实现供应链优势培育取得新成效、供应链效率效益得到新提高、供应链安全稳定达到新水平、供应链治理效能得到新提升
《商务部关于“十四五”时期促进药品流通行业高质量发展的指导意见》	商务部	2021年10月	完善城乡药品流通功能，发展现代医药物流，发展现代绿色智慧供应链，发展数字化药品流通，推进“互联网+药品流通”，优化流通行业结构，促进对外交流合作
《“十四五”冷链物流发展规划》	国务院办公厅	2021年12月	完善医药产品冷链物流设施网络；医药冷链全程无缝衔接信息化管理；提高医药冷链物流和使用环节的质量保障水平；完善医药应急冷链物流体系

2. 系列医改政策的影响

“4+7”药品带量采购、分级诊疗制度、新药品管理法、疫苗管理法等系列医改政策叠加，对行业产生一系列影响。例如，对医药生产企业的供应链管理能力、对流通环节成本进一步压缩提出更高要求；采购品类扩围，生物药、中成药采购来临；订单碎片化、智能拆零拣选功能将成为运营规划重点；取消GSP强制认证，实行全过程监督，加快药品追溯体系建设进程；对涉及疫苗安全的物流环节提出了更加严格的要求和规范等。医改系列重要政策的影响如表4所示。

表 4　　医改系列重要政策的影响

主要政策	影响
“4+7”药品带量采购	对医药生产企业的供应链管理能力、对流通环节成本进一步压缩提出更高要求；采购品类扩围，生物药、中成药采购来临，胰岛素集采落地；集采价格、品类制定更加科学理性
分级诊疗制度	订单碎片化、智能拆零拣选功能将成为运营规划重点
新药品管理法	取消 GSP 强制认证，实行全过程监督，加快药品追溯体系建设进程
疫苗管理法	对涉及疫苗安全的物流环节提出了更加严格的要求和规范
取消药品第三方物流审批	开放、共享、专业，引导行业外企业加快发展医药物流、医药冷链物流等高附加值业务

“互联网+医疗”、医保支付政策等提出将符合条件的“互联网+医疗”服务费用纳入医保支付范围，落实“长处方”的医保报销政策，探索医疗卫生机构处方信息与药品零售消费信息互联互通，实时共享促进药品网络销售和医药物流等规范发展，提出积极探索信息共享，实现处方流转、在线支付结算、送药一体化服务。医药电商重要利好政策的影响如表 5 所示。

表 5　　医药电商重要利好政策的影响

主要政策	影响
《“健康中国 2030”规划纲要》	规范医药电子商务，丰富药品流通渠道和发展模式
《国务院办公厅关于促进“互联网+医疗健康”发展的意见》	探索医疗卫生机构处方信息与药品零售消费信息互联互通，实时共享促进药品网络销售和医药物流等规范发展
《国家医疗保障局关于完善“互联网+”医疗服务价格和医保支付政策的指导意见》	允许互联网医疗接入医保并作为分级诊疗制度的一大重要组成部分
《国家医保局 国家卫生健康委关于推进新冠肺炎疫情防控期间开展“互联网+”医保服务的指导意见》	将符合条件的“互联网+医疗”服务费用纳入医保支付范围，落实“长处方”的医保报销政策
《国家医疗保障局关于积极推进“互联网+”医疗服务医保支付工作的指导意见》	参保人在本统筹地区“互联网+医疗”服务定点医疗机构复诊并开具处方发生的诊察费和药品费，可以按照统筹地区医保规定支付，支持“互联网+医疗”复诊处方流转
《国家医疗保障局关于优化医保领域便民服务的意见》	正式提出积极探索信息共享，实现处方流转、在线支付结算、送药一体化服务

受以上政策影响，“十四五”期间将逐渐形成扁平化、柔性化、集约化、国际化的以技术驱动的智慧型医药供应链。敏捷、柔性、韧性成为医药供应链

的新特征，对专业化的医药物流服务需求愈加迫切。未来，行业将涌现一批资源要素集聚、网络布局合理、辐射带动效应明显、多仓高效协同、可构成多层次物流网络的典型现代医药物流企业或联盟，提供差异化、定制化、一体化的医药供应链服务。

三、2022 年医药物流发展展望

医药物流将向数智化方向转型升级发展。科技赋能医药物流企业应对市场变化。以信息化推动标准化的运营与流程作业管理，以数字化支持准确的决策与主动预警防范，以智能化发挥物流的规模效益与提高作业效率。实现成本降低、风险可控、质量保证，使客户有良好的服务体验。

1. 物流集约化水平提升，行业结构优化升级

行业竞合进一步升级，跨区域、跨所有制的兼并重组节奏加快，医药供应链行业结构进一步优化。生产企业、流通企业、物流企业与医院、药房、连锁药店等终端机构之间建立经营战略联盟，进一步提升流通效率，降低医药企业物流成本，提高医药供应链集约化水平，实现面对市场变化的快速响应。医药物流企业高度集约物流资源，通过管控平台、仓储平台、运输平台、信息平台构建智慧医药物流信息平台，统一业务接入、统一任务调度、统一资源分配、统一监管稽核。实现全场景适配生产、流通、电商等不同业态，一体化满足物流作业模式，推动行业结构优化升级。

2. 物流新技术迭代升级，满足消费升级需求

服务模式多元化、企业类型多元化的医药供应链格局逐渐形成，满足终端用户持续多样化、个性化的消费需求。未来智能化、特色化、平台化的医药物流服务企业将成为行业的新生力量。医药冷链、温控新技术将不断研发，例如，绿色高效、深低温的温控系统，能够延长时效的包材系统；高精度、高速度、高安全性的温湿度传感系统等。

3. 物流设施设备创新发展，智慧医药物流体系逐渐形成

5G 网络、大数据等技术的广泛应用，驱动医药物流数字化改造与升级，促进行业企业“上线上云上平台”。药品流通传统模式逐渐优化，实现要素、结构、流程、服务的迭代式升级。

自动化仓储设施设备集成发展，各个流程环节集成对应智能设备，有效节省人工、降低劳动强度、提高工作效率与准确性；更加贴合医药市场特点的医药运输专用车辆投入使用，轻量化、大空间、高效能、高品质、高标准的组合优势将进一步提升医药运输专业化水平；医药专用制冷机组研发上市，具备双向通信、冷机管理系统、辅助加热系统、定制除霜系统等特点，实现精准

温控。

数智化将推动医药物流行业运营管理标准化、经营决策科学化、预警防范精确化，推动加快形成成本降低、风险可控、质量安全的智慧医药物流体系。

（作者：中国物流与采购联合会医药物流分会　秦玉鸣）

2021 年服装物流市场发展回顾与 2022 年展望

2021 年，在双循环新格局下、在国家促消费等良好政策的推动下，中国服装市场呈现出稳步复苏的发展态势，在“新国潮”“新国货”等多种因素加持下，国内市场消费升级特征凸显，服装行业迎来了新的发展机遇，不断发展的市场也为服装物流与供应链服务带来了全新的机遇与挑战。

一、2021 年服装物流市场发展回顾

（一）服装物流市场需求稳定

根据国家统计局数据显示，2021 年，我国服装行业规模以上企业工业增加值同比增长 8.5%，增速比上年同期提高 17.5 个百分点；规模以上企业完成服装产量 235.41 亿件，同比增长 8.38%；我国限额以上单位服装类商品零售额累计 9974.6 亿元，同比增长 14.2%，同期，穿着类商品网上零售额同比增长 8.3%；服装行业规模以上企业，实现营业收入 14823.4 亿元，同比增长 6.5%，利润总额 767.8 亿元，同比增长 14.4%。据中国海关统计，2021 年，我国服装（含衣着附件）出口 1758.3 亿美元，同比增长 24.4%，比 2019 年同期增长 16.2%。2021 年，受外需恢复和部分订单回流等利好因素影响，中国服装出口再次突破 1700 亿美元大关。总体来看，随着国内新冠肺炎疫情的有效控制，服装行业内需市场明显回暖，服装产品产量及消费稳步增加，由此可见，服装产品销售市场持续增长，服装物流市场需求稳定。

（二）服装物流行业的主要特点

1. 服装物流订单更加碎片化、波动性加大

受疫情影响，服装行业企业不断创新销售模式，通过电商平台、微信商城、社群营销、全员直播等多种方式，开展线上线下全网全渠道运营。随着销售渠道不断推陈出新、渠道结构不断变化，再加上频繁的大促活动，本身季节周期性强的服装订单波次越来越难预测、订单来源更加多元化，导致服装物流订单愈加碎片化，而且波动性再次提升，使得销售与仓库备货配比的难度增大。比如，3 月的“新疆棉事件”，激发了国货热情，安踏、李宁、森马、太平鸟、海澜之家等国货品牌的销量大涨。相反，阿迪达斯、耐克、H&M 等国

际品牌在中国的销量骤减。7 月，鸿星尔克因为“野性捐款”事件，两日内线上销售就破亿元，不到一周的时间，全国将近一半的门店所售产品直接售罄，一度造成系统崩溃，导致延迟发货甚至无货可发。但在度过了初期的订单暴增后，销量开始直线下降，周销售额同比滑落近 90%。企业面临产品过季的压力，这些库存都会变成物流成本。

2. 退货率高，企业越来越重视逆向物流

目前服装销售主要集中在两大类电商品牌，一类是淘宝、天猫、唯品会、拼多多等传统电商平台，另一类是抖音、快手等新兴直播带货平台，这两大类平台日均退货订单量合计已达到千万级别，尤其是在电商大促期间，部分电商平台的退货率高达 60%。且不同渠道退货又存在差异，比如电商的订单与直播订单退货有一些差异，直播订单 SKU 货品集中度比电商订单高很多，且 SKU 相对较少；不同品牌退货商品返仓路径不同、处理流程不同，这些或大或小的差异都使逆向物流变得更加复杂。逆向物流涵盖服装企业线上、线下逆向货品的回收、处理、再供应的整体流程，处理时间是正向物流的 3～5 倍，处理流程复杂，耗费着大量的时间成本和人力成本。所以，提高退换货逆向物流的管理水平，正成为众多服装品牌和电商平台物流系统建设的发力点。众多服装品牌越来越重视逆向物流的管理和运营效率，通过在外包装上贴箱码，应用分拣机器人小车、交叉带分拣系统等自动化设备，以最快的速度完成退货再上架流程。众多快递公司也将目光投放在电商平台的退货订单，与各电商平台签订逆向物流方向的战略合作。比如，顺丰与拼多多合作、京东物流与抖音合作。同时，平台自身也开始了物流服务的延伸，抖音、快手已经试点了多个城市，打造自营的直播基地仓库，日均物流订单量已达到 20 万单。

3. 服装行业企业越来越重视对物流技术与装备的投入与应用

疫情影响下，服装销售渠道激增，尤其是线上电商销售渠道更加多样化、订单更加碎片化，零散订单的激增使拆零拣选环节成为服装物流仓库的一大难点，而且多数企业出入库、退货、拣选环节等的订单处理还是以人工操作为主，人工操作成本高、效率低、空间利用率低。据统计，人工拣选工作时长占总工作时长的 35%～55%，而拣货过程中，工人行走时间又占拣货工作时长的 60% 以上。服装行业企业越来越重视对物流技术与装备的投入与应用，以提高物流效率，减少对人力的依赖。仓储系统的柔性化、智能化升级成为服装企业关注的重点，企业希望能找到一种既解决当下的痛点问题、又符合未来行业发展的技术路径。目前，已有很多的品牌采购自动化、智能化、智慧化设备，如采用智能搬运机器人、机械臂、自动化输送分拣等设备，进行局部或全面集成方案的改造，不仅提高了拣选效率和准确率、节省了大量人力、有效降低了劳动强度，也大大提升了上架和理货效率、提高了物流效率。比如，安踏与海柔创新合作，对原有的仓储中心进行升级革新，结合上下游设备，采用“定制版纸箱混拣机器人+装卸机+环形输送线”的方式，满足纸箱、料箱混合入库、拣选、出库，同时适配B2C和B2B两种完全不同的业务形态。数据显示，该项目入库产能达1000箱/小时、出库整体产能320000件/天，拆零出库20000件/小时，大大减少了货品在仓内周转的时间，再次提高了安踏物流的响应速度。乔丹与中国移动、海柔创新签约5G智慧物流项目，在“5G+智慧园区”“5G+智慧仓储”“5G+物流”“5G+工业互联网”等领域开展合作，解决其在生产场景和一线作业中的痛点问题。伊芙丽采用慧仓科技提供的“摩天轮+闪电播”的组合解决方案，采用摩天轮实现高密度储存及货到人拣选的作业方式，闪电播实现二次分拣及退货处理等应用，满箱重量为5~14kg，分拣效率为1500件/小时，分拣准确率达99.99%，允许分拣重量为0.03~5kg。

4. 拉闸限电对服装物流与供应链的影响

2021年10月，在能源短缺和能耗双控政策的影响下，浙江、江苏、广东、福建等多个省份接连发布限电通知，对服装物流行业造成了不利的影响。

能耗双控、拉闸限电主要影响纺织服装产业链上的化纤制造与印染环节，部分服装制造工厂受到一定影响，造成印染企业成本上涨、行业产能下降、交货不及时。整体来看，服装产业链上生产、品牌及消费端的变化会对物流企业业务量及利润带来一定影响。短期来看，化纤制造、印染厂的停产、减产，影响物流行业的整车类业务。从事外贸出口的中小型服装制造工厂受到较大影响，订单难以及时交付，影响跨境物流业务。从品牌方、销售企业来看，大型服装品牌企业2021年度秋冬服装已有存货，但仍有少部分需要工厂快反生产；小品牌及个体电商商家因规模小、存货有限，使得秋冬季订单交付时间延迟，对物流企业零担、快递订单产生一定影响。从消费端来讲，停产、减产在一定程度上影响消费能力及需求，需求量减少，会对快递、零担业务产生影响。长远来看，产能的变化对物流企业的资源配置及处理能力带来影响，造成短期成本上涨、利润下降；同时，上游生产环节造成的服装品牌企业的成本上涨，也会导致物流企业利润下降。

二、2022年服装物流市场展望

（一）服装物流市场将会继续扩大

在国内经济持续恢复、“冰雪经济”“国潮当道”、电商大促等多个因素的推动下，我国服装内需市场回暖态势明显，服装消费需求恢复的空间很大，服装企业转型升级的机遇增加。随着消费复苏加速，服装市场长期增长的趋势不会改变。且在新锐电商品牌、设计师品牌等快速崛起的因素影响下，物流外包服务需求增加，服装物流市场将会是多种力量的汇聚，服装物流的市场规模将会继续扩大。

（二）服装物流服务模式持续升级

当前，我国服装物流企业围绕服装品牌销售环节的物流服务链条已经相对成熟，下一阶段，服装物流行业将会不断创新物流服务模式，延伸以面辅料企业、生产代工企业为核心的服装制造端的服务链条，逐步从服装销售端供应服务延伸到服装生产端，形成服装物流全产业链生态圈，从单一环节、单一模式的服务上升到全流程的解决方案，打造全方位、多功能、高质量的供应链服务体系。

（三）新技术装备引领服装物流行业变革

长期来看，随着土地成本、人工成本等要素成本的增加，智能搬运、拣选设备及系统的广泛运用是大势所趋。尤其是在疫情之后，越来越多的服装企业意识到自动化、智能化、少人化的物流技术的重要性，越来越倾向于通过物流技术的升级来赋能物流服务、提高仓库运营效率。所以，未来服装企业及服装物流企业将更加积极探索物流技术，加大对物流技术与装备的投入与应用，以提高企业运营效率、提升客户服务体验。

（四）服装物流迎来国际化发展新机遇

近年来，我国本土服装品牌积极参与国际竞争，一方面，积极通过“线上+线下”的方式“出海”，进行国外市场布局；另一方面，本土品牌频频与国际品牌并购合作，向外输出供应链价值，为海外品牌赋能，不断提升本土品牌的市场占有率和竞争力。服装物流的国际化进程将不断加快，尤其是在“一带一路”倡议和“走出去”战略的支持下，越来越多的本土品牌将目光放到了国外，加快本土品牌企业的国际化发展进程，服装物流的国际化发展也将迎来重要的发展机遇。我国服装物流企业的国际化服务将会进一步升级，一方面，跟随本土品牌的海外布局脚步，在网络、人才、技术、业务等多方面提供优质的海外物流服务，打造全球化服务网络；另一方面，继续把握“一带一路”的发展机遇，加快推动中国服装物流产业走向世界、服务全球。

（作者：中国物流与采购联合会服装物流分会　左新宇　胡晶艳）

2021 年即时配送市场发展回顾与 2022 年展望

后疫情时代，即时配送行业所处的发展阶段和前几年相比已有较大差别。一方面，行业自身已进入成熟发展阶段，商业模式日趋稳定，从单一“送外卖”到“送万物”的发展方向已日渐清晰；另一方面，除商业价值外，即时配送行业的社会效益正逐步成为热议的话题，特别是在我国促进“共同富裕”、构建以消费为基础的“内循环为主、外循环为辅”经济发展模式，以及大力发展数字化经济和技术的背景下，即时配送行业正在这些国家发展战略中贡献自己的力量。

一、2020 年即时配送市场发展回顾

（一）消费者数量、订单量稳步增长，但整体趋势放缓

即时配送行业近年消费者规模增速稳定，已经从早期的快速增长模式逐步进入成熟发展阶段。即时配送行业的融资热潮主要集中在 2014—2016 年，其中 2014 年为即时配送行业爆发元年，即时配送订单量同比增速达到了 134.2%[①]（见图 1），即时配送行业交易额也随之突破百亿元。2014—2019 年是即时配送行业的快速成长期，餐饮外卖市场持续发力，本地配送需求场景不断丰富，同时，电商巨头也纷纷注入资金使得即时配送行业得以迅速壮大。2020 年，即时配送行业消费者规模和订单量增速均明显放缓，行业整体态势由早期的快速增长模式逐步进入成熟发展阶段。截至 2020 年，即时配送行业消费者规模达到 5.06 亿人，2014—2019 年平均增长率为 28%（见图 2）；即时配送行业年订单量超过 200 亿单（见图 1）。

（二）非餐品类与低线级地区逐步成为第二增长点

近年来即时配送品类里餐饮外卖虽然从 2018 年的 81% 降至 2019 年的 70%，但仍占主体，而非餐即时配送业务需求继续上升，尤其是生鲜和零售两大业务。2019—2020 年，受疫情影响，即时配送非餐消费者需求明显上升，该品类后续仍有较大增长潜力。同时，基于即时配送的品类多样性，未来可能会

① 《2019 年中国即时配送行业发展报告》。

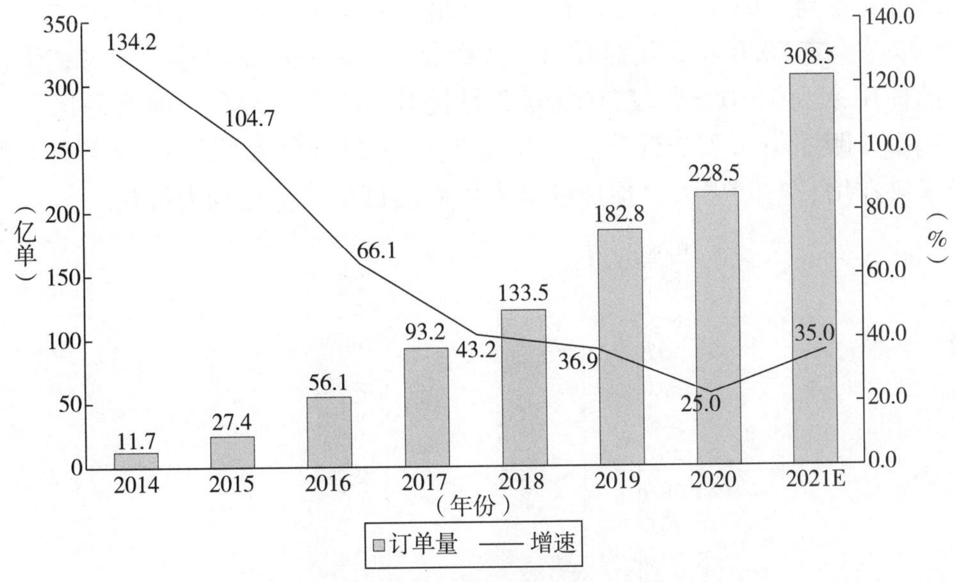

图 1　2014—2021 年我国即时配送订单量及增速

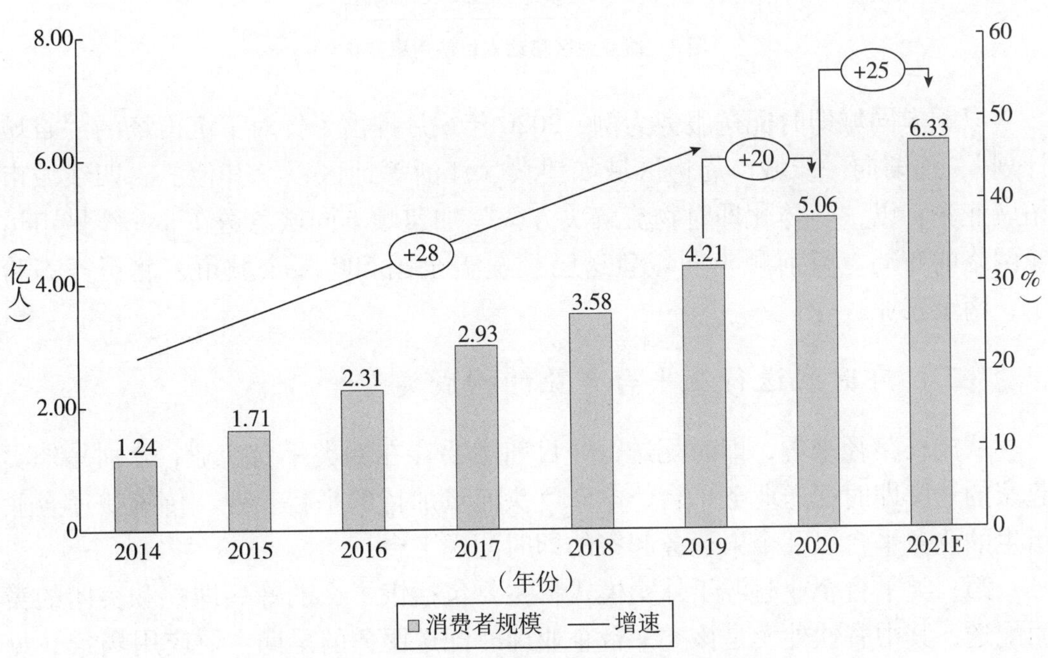

图 2　2014—2021 年我国即时配送消费者规模及增速

有更多非标准化需求的市场被不断挖掘，如代买代送等，而即时配送行业本身也将渗透到百姓生活的方方面面。

同时，即时配送行业订单量分布逐渐由一、二线城市向低线级地区迁移。由于我国物流行业的发展，以及农村等低线级地区互联网普及率的上升，使得即时配送业务在农村等低线级地区的发展日渐成熟。根据中国互联网络信息中心的统计，截至2020年12月，我国城镇地区移动支付在手机网民中的使用率为89.9%[①]，较2020年3月提升0.5个百分点；而农村地区移动支付在手机网民中的使用率为79.0%，较2020年3月提升4.2个百分点。城乡地区移动支付使用率差距缩小3.7个百分点（见图3），农村地区互联网普及率当下涨幅及未来潜在增长空间更大，预计可带来的后续订单体量也较为可观。

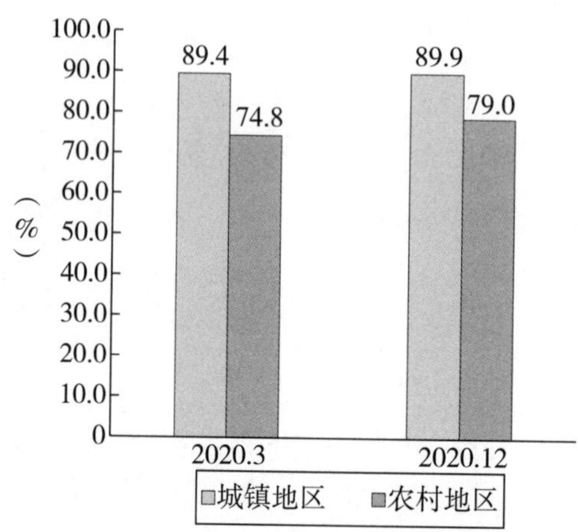

图3 城乡地区移动支付使用率变化

以顺丰同城即时配送服务为例，2020年6月推出了针对下沉市场的“百城计划”，逐渐向一线城市周边区域如津冀、江浙等地区以及其他三、四线城市拓展业务，以“一体化即时物流解决方案”加速顺丰同城急送在非一线城市运输网络的布局。目前顺丰同城急送已经覆盖全国500多个城市，北至齐齐哈尔，南至三亚。

（三）即时配送行业平台企业的构成类型

从成长路径来看，即时配送行业目前主要存在四类平台企业，分别是外卖起家的老牌即时配送业务平台、电商巨头流量加持的平台企业、传统快递企业衍生的业务平台以及个人业务起家的即时配送平台。

第一类平台企业起源于外卖模式，主要包括饿了么的蜂鸟即配和美团的美团配送，其中餐饮外卖是该类平台企业即时配送服务的早期主要应用场景（见图4）。

而随着“新零售”概念的兴起和发展，当前这类平台企业的即时配送服务的主要场景已经从餐饮外卖，拓展到了鲜花绿植、商超便利、生鲜果蔬、医疗健康等更广的配送需求场景中（见图5）。同时，由于这类平台企业入场较早，

① 中国互联网络信息中心第47次《中国互联网络发展状况统计报告》。

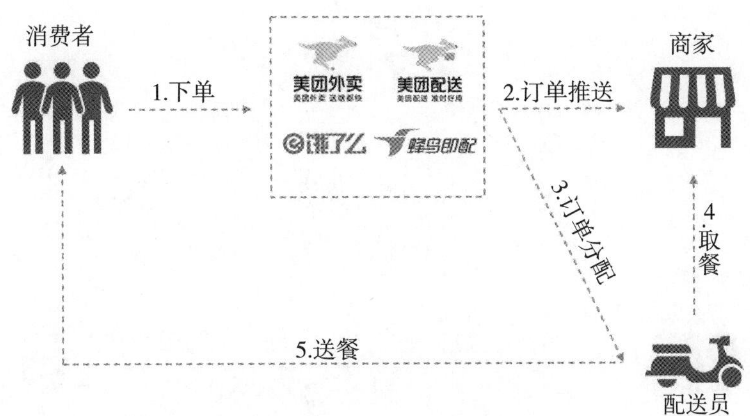

图4 餐饮外卖主要配送模式

图5 从餐饮外卖到“万物到家”

无论在渠道，还是物流网络，抑或是流量资源，都占据着先发优势。在下一阶段，预计这类平台企业将利用其先发优势继续发展，同时进一步推进各生态资源的整合，加强与第三方运力的信息共享合作模式，拓展更多品类商家，不断完善配送生态。

第二类则是借由电商巨头固有流量实现获客的即时配送平台，通过战略合作深度绑定大客户。例如，达达与京东到家并购后承包了京东到家平台上的配送环节（见图6），并基于京东原有商流，和沃尔玛、永辉超市、华润万家等大型商超达成战略合作关系。目前达达已针对商超客户推出定制化众包拣货管理数字解决方案，并承诺为此类大型商超客户在未来提供更多数字化定制服务，进一步推动即时配送向绿色化、智能化发展，全面提高商家运营效率、降低成本，助力行业实现节能减排的目标。

第三类是传统快递企业衍生的业务平台，提供的业务如顺丰同城急送等。此类平台企业开展即时配送业务有先天优势，该业务侧重于专心做好服务，作

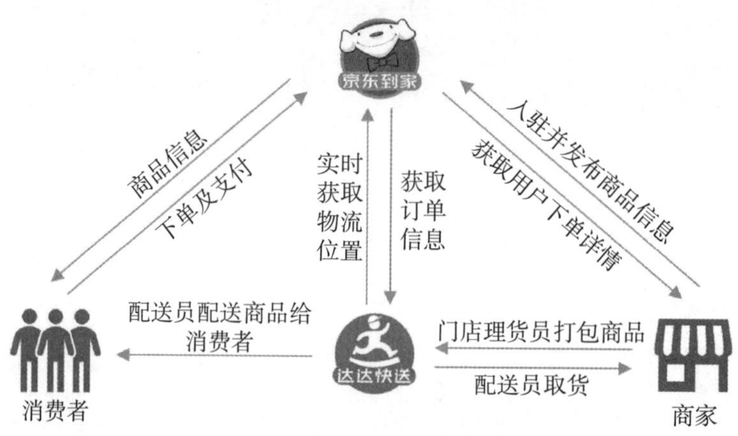

图6　达达和京东到家的即时配送业务运作模式

为自身产品服务体系的补充，同时正不断将业务沿着主营快递业务脉络向三、四线城市拓展。如顺丰同城急送在顺丰整体发展和转型过程中更多的是作为顺丰现有业务矩阵的补充，来满足客户全场景的需求。目前这类平台企业的即时配送模式主要有两种，一种是 O2O 模式，消费者通过线上 App 或小程序等渠道下单，商家接收到订单后，在 3～5 公里范围内，同城急送的网约配送员直接到店取货，完成一小时内快送；另一种则是前置仓配送，在消费者下完单后，商家依托快递网点快速进行分拣接驳，完成同城配送。

第四类平台企业是个人业务起家的即时配送平台，如以同城“一对一急送”模式发展起来的闪送。这类平台企业多为需求导向型，努力挖掘市场增量需求，满足同城即时配送市场上“效率优先”的消费者需求，专注于提升效率。服务模式主要为定制化服务，力图形成服务模式差异化优势。值得注意的是，目前这类平台企业，无论是闪送还是其他平台企业，都不约而同地侧重于 C 端消费者。例如，闪送的“一对一急送”模式践行“专门送您这一单”差异化路线，瞄准对高端品质服务较为敏感的个人消费者及高端商务客户，致力于提升消费者个性化细致体验（见图7）。

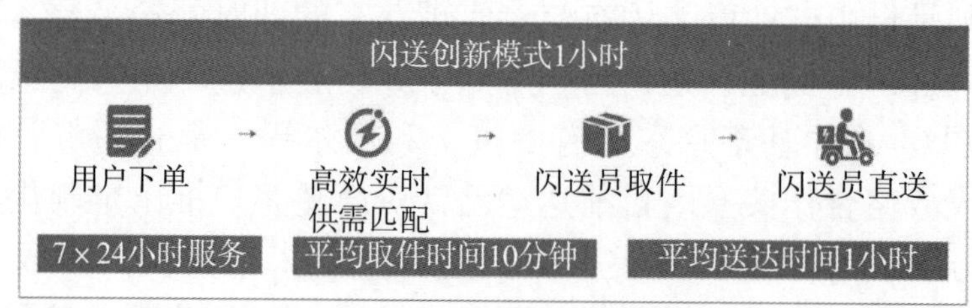

图7　闪送服务运作模式

关于这类平台企业，下一阶段主要需要思考的方向是如何实现客户价值的再造，尤其是在新零售发展下消费者的需求已从单纯配送物品转向更为多元化的本地生活服务场景，如代买代送等高阶需求。

目前，各大即时配送平台多采用“众包为主，代理为辅”的运力组织形式。其中，一部分外卖、生鲜零售商家为保证时效、服务质量、物流网络的自主可控性，多设有自建团队；而众包模式的便利性和包容性，能够有效应对订单波峰压力，作为各平台运力组织形式的有益补充。

二、2022 年即时配送发展展望

（一）核心挑战

1. 政策对合规要求的进一步加强

近年来，为推动有序化的市场竞争，政府对各行各业的合规要求不断提高。例如，在医药行业，加强对网售处方药的管控；对于教培市场，进一步规范在线教育的运作模式；在房地产领域，则是重点整治其开发、买卖、租赁与物业服务，稳定市场秩序。而即时配送行业，作为新业态发展的重要领域，也得到了较高的监管关注度。2016—2019 年，政府政策主要对即时配送行业的交通安全、食品安全等方面陆续提出了相应的规范要求，而近年来加入了对外卖送餐员①权益的保障。2021 年 7 月，《人力资源社会保障部 国家发展改革委 交通运输部 应急部 市场监管总局 国家医保局 最高人民法院 全国总工会关于维护新就业形态劳动者劳动保障权益的指导意见》出台。2021 年 7 月，市场监管总局等七部门联合印发了《关于落实网络餐饮平台责任 切实维护外卖送餐员权益的指导意见》，明确指出需要将更多关注点放在外卖送餐员权益方面，进一步落实对外卖送餐员劳动收入和安全的保障，不断优化其从业环境，加强如工会等组织的建设，完善对外卖送餐员的社会保障。

在劳动收入保障方面，要求即时配送平台建立与工作任务、劳动强度相匹配的收入分配机制，确保外卖送餐员正常劳动所得不低于当地最低工资标准。

对于劳动安全的保障，一方面要求即时配送平台进一步完善订单分派机制、优化配送路线、合理确定订单饱和度、降低劳动强度；另一方面敦促平台加强交通安全教育培训，引导督促外卖送餐员严格遵守交通法规。

同时，鼓励各即时配送平台不断优化从业环境，支持新业态的发展。例如，倡议设置外卖送餐员临时驻留点，推广铺设智能取餐柜，鼓励研发智能头盔等穿戴设备等，通过技术赋能和增设基础运维点来营造良好的从业环境，进

① 即网约配送员，后续称谓会根据语境使用不同描述。

一步发挥即时配送行业稳定和扩大就业的作用。

除此之外，要求各即时配送平台进一步加强组织建设，如推动建立适应新就业形态的工会组织，积极吸纳外卖送餐员入会，参与涉及劳动者权益的重要事项协商协调，完善支持保障体系，深入细致开展帮扶工作。

而针对涉及用工模式的社会保障方面，督促平台及第三方合作单位为建立劳动关系的外卖送餐员参加社会保险，支持其他外卖送餐员参加社会保险，按照国家规定参加平台灵活就业人员职业伤害保障试点。并且鼓励各即时配送平台探索提供多样化商业保险保障方案，提高多层次保障水平。

上述各项政策细则的出台，加强了对即时配送平台的合规约束，要求平台切实维护广大外卖送餐员的基本权益。而平台如何在日趋严格的政策约束指导下不断规范自身行为、落实对外卖送餐员权益的保护、促进即时配送行业的有序化竞争，将是其现阶段面临的一大挑战。

2. 人口结构变迁衍生用工矛盾

即时配送平台面临的第二大挑战源于我国社会人口结构变迁后即时配送行业所需劳动力年龄结构和数量与现状的不匹配。近年来我国人口老龄化程度进一步加深，劳动年龄人口已经从 2010 年的 74.5% 降至 2020 年的 68.6%[①]，未来随着第二次婴儿潮出生的人口逐渐步入老年时期，我国劳动年龄人口的占比将进一步下降。据联合国人口普查机构预测，我国 25 ~ 34 岁的主力劳动力人口比例将在 2030 年下降约 26%[②]，主力劳动力将迎来更大的缺口。

即时配送行业配送员主力人群主要集中在 20 ~ 40 岁[③]（见图 8），如美团配送、蜂鸟即配等大部分平台对配送员都设有相应的年龄限制，一般不超过 55 岁。年龄段的不匹配无疑会进一步凸显供需不平衡。

配送员劳动力的供需不平衡侧面加重了即时配送行业用工成本压力，因此即时配送平台需要加强维护骑手基本权益、稳定现有劳动力，同时善用智能配送技术来解决当下运力紧张的难题。

3. 国家促内需背景下更大的商品流通责任

此外，即时配送平台当下的第三大挑战来自国家推动内循环经济模式的商品流通诉求。现阶段世界经济正迎来近百年最严峻的考验，国际贸易保护抬头，逆全球化盛行，我国经济战略也随之从积极融入国际市场转变为“内外双循环”，且政府特别强调以国内大循环为主。消费作为我国经济内循环的关键，已连续六年成为我国经济增长第一拉动力。2019 年，消费对经济增长贡献率达

① 资料来源：国家统计局。

② 联合国《世界人口展望 2019 年》

③《新职业——网约配送员就业景气现状分析报告》。

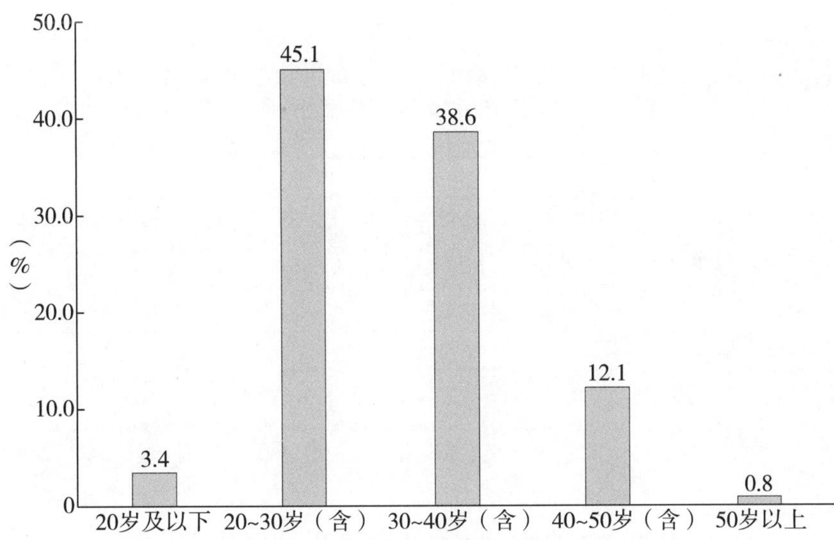

图8　网约配送员年龄结构分布

57.8%[①]。如习近平总书记所言：内需是中国经济发展的基本动力，也是满足人民日益增长的美好生活需要的必然要求。而如何进一步扩大内需、拉动消费，也成为我国经济发展需要深思的一大课题。其中，上下游产销对接堵点是直接阻碍产业消费双升级的核心痛点，而即时配送能够帮助商家完成货品在时间和空间上的匹配，疏通链路堵点、支撑消费升级与产业升级，从而推进经济内循环发展。因此，如何更好地发挥即时配送作为数字经济的重要支撑，加速内循环经济、熨平供需两侧的不匹配，是现阶段各即时配送平台面临的又一大挑战。

（二）未来发展方向

面对上述三大挑战，鉴于日趋加大的监管关注力度及为了维护长期的行业有序化竞争生态，即时配送行业自身需要在网约配送员权益保障、智能配送技术发展、高效商品流通等方面更为重视，并及时采取相关应对措施（见图9）。

1. 在国家的指导下，更好地保障网约配送员权益

随着即时配送行业的发展和网约配送员群体的不断壮大，网约配送员作为新业态劳动者，其个人权益也成为政府监管部门的关注重点。在这样的背景下，即时配送平台应加大对网约配送员权益的保护力度，从劳动收入、劳动安全、社会保障、就业环境以及矛盾处理机制等多个方面入手，自查平台所出现的问题并给予纠正，完善网约配送员劳动权益保障的相关制度。其中，保险保

① 《中华人民共和国2019年国民经济和社会发展统计公报》。

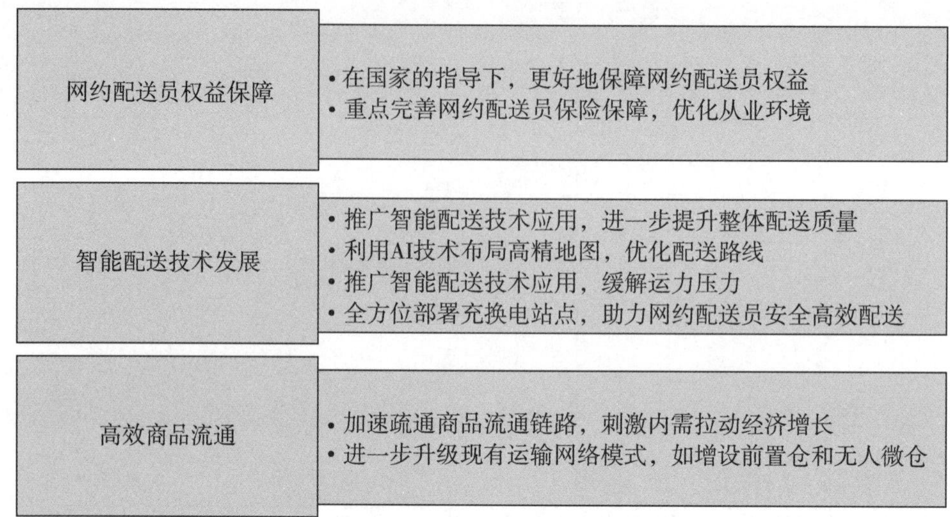

图 9　即时配送行业针对三大挑战的未来发展方向

障的完善以及从业环境的优化是下一阶段即时配送行业需要重点着力解决的问题。

网约配送员保险方面，目前多数即时配送平台已为网约配送员配备相应商业保险，但仍存在较多细节的落实问题，如保费承担保额过低、保障范围有限以及部分平台实缴保费与网约配送员信息存在出入等，有待平台深入完善商业保险保障方案。政府最新颁发的《关于落实网络餐饮平台责任 切实维护外卖送餐员权益的指导意见》中指出，在社会保障方面，督促平台及第三方合作单位为建立劳动关系的外卖送餐员参加社会保险，鼓励其他外卖送餐员参加社会保险，按照国家规定参加平台灵活就业人员职业伤害保障试点。而现阶段网约配送员权益保障还有待进一步加强，特别是优先做好参加平台灵活就业人员职业伤害保障试点工作、保障好网约配送员的基本权益，将是即时配送平台未来需要深思并采取积极行动的重要模块。

此外，平台应优化网约配送员从业环境，一方面应不断完善反馈体系，推进高效沟通，避免极端案例的发生；另一方面应进一步加强组织建设，如推动建立适应新就业形态的工会组织，积极吸纳网约配送员入会，帮助协商协调涉及网约配送员权益的重要事项，健全支持保障体系，更为深入细致地展开帮扶工作。

2. 推广智能配送技术应用，进一步提升整体配送质量

（1）利用 AI 技术布局高精地图，优化配送路线。即时配送行业，作为一个基于底层的地图数据开展业务、高度依赖位置的行业，无疑应长期布局高精地图，运用平台自身强大的 AI 技术和机器学习模型，帮助网约配送员优化配送路线。一方面，可以避免网约配送员绕路造成不必要的时间损耗，提升消费

者的购物体验；另一方面，网约配送员在知道能够有充足时间完成配送的前提下，会注意交通安全、遵守交通规则，从而降低出现交通事故的频率。同时，模型的优化也需要注意保护消费者数据隐私安全，避免给消费者带去个人信息外泄的困扰。

（2）推广智能配送技术应用，缓解运力压力。即时配送平台需要进一步提升智能配送技术应用的覆盖率，如无人配送。目前仅有部分平台使用无人配送技术，且应用场景也较为局限，多集中在商户端货物收集、消费者端分发、开放道路运输和园区配送此类场景，尚未将智能配送技术的效用最大化。单辆无人车日均配送量约 30 单[①]，而一位网约配送员每日能跑 30～40 单[②]，即时配送平台如果能在下一阶段大力推广此类智能配送技术的应用普及，将大幅降低行业的用人成本，并且有效缓解运力紧张的行业压力。

（3）全方位部署充换电站点，助力网约配送员安全高效配送。面对高频次配送，网约配送员电动车的电池续航一直是痛点问题，由此引发的各类居民楼电池充电事故也是城市火灾的严重隐患之一。增设智能换电柜能有效缓解这一痛点，因此即时配送平台需要在下一阶段根据网约配送员行为热力图全方位部署充换电站点，实现充电换电设施网格式覆盖，使网约配送员配送更为安全高效，同时也能推进绿色智慧城市的构建。

3. 加速疏通商品流通链路，刺激内需拉动经济增长

即时配送平台需要深入洞察消费者潜在需求及衍生的服务场景，助力商家识别消费者需求，推进全场景服务模式的覆盖。其中，即时配送平台需要进一步升级现有运输网络模式，如在社区周边增设更多前置仓和无人微仓，为商户与消费者实现货物到仓、到店、到家的服务。

图 10　前置仓配送模式

前置仓的增设有助于提高配送时效性（见图 10），同时提升了商户贩售品

① 基于京东物流招股书、美团年报等业界公开资料整理。

② 《“数字控制”下的劳动秩序——外卖骑手的劳动控制研究》。

类的自由度，拓宽了消费者服务享用半径，不断优化提升消费者体验，进一步刺激内需，推动经济“内循环”模式。而无人微仓，利用人工智能技术实现仓储调度和排面自动化，有助于实现在拣货履单上的降本增效，提升仓储空间利用率。

综合来看，即时配送行业需要以网约配送员权益保障、智能配送技术发展及高效商品流通为三大抓手，不断通过理念创新、制度创新、技术创新等方式加快且深入地探索行业发展新路径，切实落实发展举措，积极助力全行业和社会发展。

（供稿：中国物流与采购联合会同城即时物流分会）

2021 年粮食物流发展回顾与 2022 年展望

一、2021 年我国粮食物流发展回顾

（一）着眼于高质量发展的优质粮食物流工程得到有效落实

2021 年，优质粮食工程得到了中共中央、国务院的进一步重视。粮食物流作为优质粮食工程的重要组成部分，伴随产业链延伸、价值链提升、供应链打造和粮食市场流通发展等得到了稳步发展。新疆致力于发展智能化的优质粮食物流，推动了当地面粉、粮油品牌的创建和可追溯系统的建设，促进了粮食物流全产业链布局；辽宁省积极参与粮仓改造，扩大粮食物流交易中心、稻米恒温鲜储库项目，这一举动，不仅增加了优质粮食供给，还带动了当地经济的腾飞；四川省利用当地特色优势资源，深入推进优质粮食工程，打造了一条高原青稞“产购储加销”物流全产业链，推动菜籽油“菜花蜜油粕”向多业态方向融合发展。

对于优质粮食物流工程，我国在高度重视其生产与收储的基础上，还特别关注在疫情防控期间流通配送体系的运转。2021 年，粮食生产、储备、流通不断向科学化、智能化、绿色化转变，全国几大粮食产区（如河南粮产区）建构了一批集配送、加工、贸易、金融、信息化服务为一体的粮食物流园区，促进了粮食仓储物流集装单元化、集散分拨、公铁水联运等功能的提升，进一步保证了供应链上中下游衔接的高效率、供需匹配的精准率。例如，多式联运模式在山东省大力推进，带动了粮食物流运输工具、集装设备的高效匹配和共享使用，另外，散粮直达班列不仅在关键节点处设岗，还组织了粮食物流的一体化建设。

“手中有粮，遇事不慌”，2021 年我国更加重视自 2017 年以来建设的粮食产后服务中心。截至 2021 年年底，我国建立粮食产后服务中心 5400 多个，大约覆盖了 1000 个产粮区；全国粮食产后服务中心投资超过百亿元，形成了“五代”式系统服务，提供储粮场地、质检、保管、装卸、清理等条件；2021 年秋粮上市，山东省内 280 多家产后服务中心帮助当地农民清理烘干约 100 亿斤粮食，助农减损增收；新疆界内建成 80 多个产后服务中心，并配合建设 51 个粮油质量检查检测项目。依托日益健全的粮食产后服务体系，快捷地确保了

粮食安全、节粮减损和地区增产增收。企业也积极参与粮食产后服务中心的建设，比如，中化农业公司以农业技术服务中心为引领，为广大粮食收购网点提供“产前、产中、产后”一体化服务；中粮集团协同18家合作社组建了粮食产业联合体。

（二）应对新冠肺炎疫情等突发事件的粮食应急物流保障体系更加完善

我国自2020年新冠肺炎疫情蔓延以来，疫情防控工作已经进入常态化阶段，尤其是2021年突发事件频发。突发事件发生之后，原粮快速加工、成品粮迅速投放是保证供应的重点，因此粮食的应急保供与粮食流通问题再次成为全社会关注的焦点。对比2020年，我国现已形成了以加工、储备、配送、供应为重要节点的粮食应急物流保障体系，粮食的应急保供能力日益强大。2021年9月，国家粮食和物资储备局公布包括中粮集团在内的68家企业成为我国第一批国家级粮食应急保障企业。截至2021年年底，我国建立应急加工企业5500多家、粮食应急供应网点45000多个，应急加工企业日加工能力在141万吨左右。与此同时，我国也更加重视粮情监测预警系统和应急指挥的快捷响应，以保证“战时”供应的快捷和准确。

粮食应急物流保障体系的进一步落地与加强，促进了我国以“应急保供”为重要使命的粮食仓储设施建设、绿色生态运输和信息化技术的运用。粮食仓储设施作为粮食应急物流保障体系的初始节点，在整个粮食物流供应链中有着举足轻重的地位。2021年，全国各省区市纷纷出台粮食应急预案，加强粮食应急仓储设施建设。如四川省全力支持新仓型、新设备、新材料在应急储粮中的运用，将容量约6万吨的平房仓改造成了低温储粮仓，且低温储粮仓温度年均保持在18℃以下，在实践中发现，粮库水分大大降低，由以前的平均1.5%降低至0.5%，陆续建设了绿色低温粮库250多个。浙江省采用仓顶光伏建设，目的是利用太阳能发电，不仅在一定程度上减少了对屋面的太阳光辐射，而且为储粮库提供了生态电能，在仓内，使用了横向通风、基于山墙的设风网传热管道等新技术，使得粮堆消除了“热皮”。江西省进一步强化了“应急粮食仓储设施”在落实粮食安全省长责任制考核工作中的力度。对于农民而言，2021年，我国也为其提供了大约1000万套防虫防霉、性价比高的储粮装备，农民可自备粮应对突发事件，同时，降低了约6%的储粮损失。

在粮食应急保供技术的研发上，重点研发粮食物流领域的新技术成果。2021年12月7日至8日，国家粮食和物资储备局在北京举办了2021年“亚洲合作对话框架下绿色生态安全储粮技术”研修班，各个成员国可借助此平台交流生态储粮技术，可进一步达成合作并共同致力于粮食应急保供技术的研发和推广。海南省政府与中储粮管理集团签订战略合作协议，建设现代粮食储备物流生态产业园，开展集装箱和散杂货货运，设置进口结算中心等。在应急储粮和粮食应急物流环节，我国研发了“智氮”系统，并且开展了臭氧储粮技术试验。在粮食应急物流运输环节，全国各个地区借助铁水联运装卸技术、粮食专用车皮、散粮车和特殊装具，不仅提高了粮食应急物流效率，且损失对比传统高达5%来说大大降低。我国粮食应急物流不断向智能化发展，冷链物流、大件运输、无车承运得到了进一步推动与升级。中粮集团采用新型粮食应急运输方式，损耗更是控制在0.1%以下，此外，为做好应急保障工作，中粮集团构建了“三铁两海一江”的物流大通道，也进一步开拓了西南地区的粮食产业。总之，2021年以来，粮食应急保供技术产业加快升级、物流成本持续降低，有力地提高了应急物流的运输效率。

（三）基于物流产业链、价值链与供应链的粮食三链同构得以发展

以物流产业链、价值链、供应链为主的粮食三链同构工作得到重视与发展，首先表现在以“粮头食尾”和“农头工尾”为目标的全产业链的重视与应用上。基于“因地制宜”的原则，各地政府部门积极引导粮食企业创建品牌、提升品质，助力构建高效敏捷的粮食供应链网络，推动“三链同构”工作的开展。国粮办标〔2021〕370号文件指出，2021年需健全粮食全产业链标准体系，服务粮食产业高质量发展。2021年10月16日，在武汉举行的世界粮食日和全国粮食安全宣传周上，湖北省委副书记、省长王忠林提出持续供好粮，着力构建从原粮到成品、从田间到餐桌的大粮食、大产业、大流通的格局。

“三链同构”政策的制定与实施，促进了我国以“三链同构”为重要使命的粮食全产业链经营模式的诞生与发展。无论是山东滨州还是浙江湖州，都借助于当地特色粮食资源优势，着力打造特色优质、“明星效应”的粮食产业，并创建了以示范企业带动当地粮食产业形成集聚效应的模式。安徽阜南以“优质粮食工程”项目为依托大量种植优质小麦，2021年优质小麦种植面积扩大到35万亩，当地形成了一条“产购储加销”的粮食供应链。2021年河南省小麦整体质量较好，容重较高、水分较低，小麦容重均值792g/L，较2020年增加2g/L，正在逐步形成优质小麦供应链体系。中粮金科利用物联网、大数据、区块链等国际前沿技术，布局粮食供应链金融业务，深入挖掘粮食行业数据及价值，以技术驱动粮食金融业务创新，优化粮食产业链和供应链，打造了全新的农业及粮油食品生态圈。实施品牌战略是推进粮食供应链高质量发展的先导，内蒙古在品牌战略方面成效卓著，2021年共产生了27个示范旗县和66个示范企业，仅一年便完成投资10多亿元。

维护粮食安全，从长远来看，保证粮食供应链的可持续运转是关键点。中

粮集团近些年一直在增强农产品的可追溯性，以此来建立可持续的农产品供应链。与此同时，以“一带一路”政策为主导，中粮集团积极参与国际粮食扶持工作，因地制宜地对“一带一路”沿线国家进行技术指导，推动了沿线国家粮食大幅度增产；我国不仅进口泰国、缅甸等国家的优质大米，同时也对它们的农业技术指导进行反馈，在加工、运输方面给予金融和技术扶持，因此，这些国家粮食供应链水平不断提升，粮食安全的保障能力不断增强，同时也保证了我国国际粮食供应链的可持续发展。综合来看，2021 年，我国无论是在国内还是在国外都积极打造属于自己的粮食产业链和供应链，扩大了粮食“朋友圈”，促进粮食贸易健康可持续发展，并为维护世界粮食安全贡献了自己的一份力量。

（四）着眼于国内外双循环的“一带一路”粮食物流供应链柔性日益增强

首先，针对国际粮价频繁震荡，有效防止风险滋生是2021 年粮食物流供应链的一个突出特点，2021 年较好地促进了以国内大循环为主体，国内国际双循环相互促进、优势互补、互利双赢的新发展格局与粮食物流供应链柔性增强。我国在 2021 年年初，就着重完善粮食水路、铁路和公路等大宗运输物流条件，创建并完善粮食需求与运力供给的对接机制，较好地促进了粮食收购、进口与成本降低。12 月，中储粮集团公司认真履行社会责任，严格落实《小麦和稻谷最低收购价执行预案》（国粮发〔2018〕99 号）、《关于 2021 年稻谷最低收购价有关政策的通知》（国粮粮〔2021〕42 号）有关规定，确保做好政策性粮食收购工作，做到监管工作透明且公平，同时影响相关粮食企业配合有关部门做好粮食进口，以及国有粮食库存向社会粮库的逐步转移等工作，社会储粮结构更加合理，粮食物流高质量发展与抗风险能力不断加强。

其次，流通监管作为“一带一路”粮食物流供应链风险体系中重要的一环也得到日益完善和强化。国粮法〔2021〕205 号文件明确提出推行“互联网 + 监管”，鼓励各级各地运用大数据、人工智能等进行粮食物流监管，及其基础上的监管数据共享共担；国粮办执法〔2021〕266 号文件提出做好秋粮定点、收购特别是验收环节的监管，进一步加强对政策性粮食的收购监管；4 月，国家粮食和物资储备局进一步加强中央与地方政府部门的粮食储备协同监管；12 月，国家粮食和物资储备局会同相关部门单位研究并制定了“1 + N”粮食系列政策文件，创新性加强粮食物流监管、强化粮食依法治理、严格落实粮食监管主体责任等；截至 2021 年 12 月中旬，依法作出粮食监管警告以上行政处罚 220 多例，罚款超过 660 万元，有效震慑了粮食物流监管过程中的违法违规行为，有力地维护了粮食流通市场秩序，有效地防范了粮食物流供应链中的各种风险，切实增强了粮食供应链柔性。

最后，国际粮食物流供应链风险防范体系建设得到进一步重视与加强。2021 年 9 月 1 日，《上海市地方粮食储备安全管理办法》正式施行，着力鼓励拓宽粮食储备国际合作交流渠道，构建与国际接轨的粮食流通体系。2021 年 9 月 5 日，中国国际服务贸易交易会“粮食现代供应链投资与发展国际论坛”如期举办，国内各大粮食企业依托“国际粮食现代供应链联盟”开展国际粮食供应链合作，共同培育适应纷繁复杂环境需要的新发展模式，尤其是致力于通过进口粮食监管闭环系统，有效防范新冠肺炎疫情风险，有效促进了风险防范基础上的业务开发，如中粮集团已将粮食供应链辐射至全世界 100 多个国家，并且建立了稳定的贸易流通道路。

（五）物流信息化及其基础上的粮食智慧物流得到了相对较快的发展

针对粮食储备信息化共享不对称、粮库智能化管理不到位等问题，2021 年 7 月 20 日，国家发展改革委、国家粮食和物资储备局制定了《粮食储备管理问责办法（试行）》（国粮执法规〔2021〕141 号），明确指出需要加强全国各地粮食收储管理部门和相关服务企业的监督与检查，因地制宜开展从业人员培训工作，规范其行为，确保权责一致。我国的信息网络体系比较健全，因此粮食物流可以通过信息网络体系实现共享，并且建立了省市县粮食和物资储备信息化安全保障体系，实现了全国协同运转和高效迅速，在此基础上整体提升了粮食和物资储备监管法治化水平。全国各地物流仓储技术也向着标准化、信息化和智能化方向发展，2021 年以来推动了粮食收储管理体制的改革和增强了管理能力。广西积极向农业机械化靠近，集中力量研发“机械化换人、自动化减人”项目，湖北、辽宁省政府与企业合作，在收粮方面进行规模化机械作业。山东在粮食应急指挥平台和预警系统方面有所成效，内蒙古试点采取射频识别电子标签（RFID）技术，以物资收储全过程为主体构建了可追溯的粮食数字化信息链。按 2021 年发展来看，今后粮库行业更加注重安全防控和现代物流发展，会加快新技术的开发和应用、新设备的推广，进一步保证储粮的安全。其次，全国粮食仓储行业广泛应用机械通风、谷物冷却、环流熏蒸、粮情测控“四合一”储粮新技术，推进智能化粮储建设，应用物联网技术、气调储粮、低温和准低温储粮等技术，在粮食安全仓储、“不落地”储粮、质量安全等领域有不同程度的突破。北大荒集团数字农牧场构建基于 4G/5G 网络的大型农业机器人智能协同作业系统，可借助智能农机实验管理平台，无人收割机在出入库时可实现自动泊车、无人驾驶等功能，也可根据本身机器性能选择水、旱田地块作业，选择插秧、播种、植保、收割等作业类型，可进行粮食物流任务管理和已规划的粮食物流路径管理等，实现了粮食物流智能化管理。由杭州拼便宜网络科技有限公司设计开发的基于区块链技术的智能物流配送系统不仅为各个粮食物流环节中的客户和服务提供商提供详尽的咨询服务和信息，同时通过采集的信息根据实际需要增加粮食输送路线、路线经过的配送点信息以及对配送路线进行优化调整，从而实现粮食物流配送调度管理。

二、2022 年我国粮食物流发展展望

展望 2022 年，我国优质粮食物流、绿色物流、“双循环”体系、风险防范和供应链物流得到进一步发展。同时，优质粮食物流工程的社会化服务保障、可持续发展的绿色粮食物流、应急物流与“一带一路”粮食物流的供应链合作将更加得到重视、加强。

（一）着眼于优质粮食物流工程的社会化服务保障得到进一步发展

粮食是人类生存之本，是经济社会发展之基。在互联网、大数据等新技术不断发展过程中，高效快速、绿色智能的粮食物流社会化服务将成为必然趋势。健全粮食物流保障机制、加快发展粮食物流社会化服务，才能进一步推进优质粮食工程升级，特别是适应世纪大变局中多突发事件叠加下的粮食安全冲击。

粮食物流社会化服务，为粮食安全注入“强心剂”。现如今我国农业社会化服务水平比较成熟，粮食物流服务保障工作成效显著，尤其是在粮食产后服务、粮食物流信息采集追溯方面卓有成效，但在补贴政策、奖励制度、农企合作方面仍存在些许问题。针对粮食物流补贴政策存在漏洞、奖励制度不到位、农民与企业之间信息共享不充分等问题，2022 年中央一号文件提出稳定粮食物流补贴政策，加快发展农业社会化服务。为此，2022 年政府部门将积极探索粮食物流社会化服务新方式，进一步强化优质粮食物流监管工作，实现稻米、小麦、玉米物流完全成本保险和种植收入保险，打造优质粮食物流服务体系；加大产粮大县奖励力度，创新粮食物流产销区合作机制，合理保障农民种粮利益。总之，力争打造监管现代化、物流节点清晰、农企广泛合作、龙头粮食物流产业集聚的优质粮食工程，无论是监管还是保障服务，以及以社会化服务为特征的优质粮食物流建设势必得到进一步发展。

（二）专注于可持续发展的绿色与应急粮食物流继续成为发展重点

粮食与国计民生息息相关，粮食安全是国家安全的重要前提。当前，全球新冠肺炎疫情仍在蔓延，世界经济复苏脆弱，气候变化挑战突出，我国经济社会发展各项任务极为繁重艰巨。稳住可持续发展基本盘、保障粮食供应，持续全面推进乡村振兴，是当下发展的重点。因此，2022 年我国会继续遵循“绿色导向、标准引领和质量安全监管”部署，助力应急储粮、优粮优储和绿色粮食物流，以及快速、可持续发展的粮食流通监管体系建设；各地政府、部门将健全粮食物流全产业链监测预警体系，推动建立统一的粮食供需信息发布制度，分类分品种加强调控和应急保障；各地粮仓加强绿色智能粮库建设，促进人防技防相结合，强化粮食库存动态监管；同时，鼓励粮食企业深入推进产运储加消全链条节粮减损；呼吁全社会坚持节约优先、强化粮食安全教育、反对食物浪费等。

另外，面对世纪大变局、后疫情影响等复杂态势，各地各级政府势必继续重视粮食应急物流建设，动态完善各种层面的粮食供给应急预案和市（县）成品粮应急投放方案，争取形成以监测预警网络、粮食应急加工企业和应急物流投放网点为支撑，以政府粮食储备为基础的粮食应急保障体系，真正做到保障体系有支撑、市场波动有监测、应对变化有预案、保供稳市有责任的粮食应急保障体系。

（三）着眼于“一带一路”粮食物流的供应链合作得到进一步重视

中国 2001 年加入 WTO，自此粮食贸易规模日益扩大。自 2013 年“一带一路”倡议至今，我国与“一带一路”沿线国家粮食物流往来频繁。国际市场的不稳定性和贸易保护主义以及新冠肺炎疫情等国际重大突发性事件对我国的粮食物流进口等提出了挑战，极大地冲击了国内粮食安全预警和应急保障能力，因此进一步加强“一带一路”粮食供应链合作，刻不容缓。与此相适应，2022 年，为缓解粮食结构性短缺与供需波动，我国将进一步强化“藏粮于地”与“藏粮于技”战略的有效实现，同时将积极推动以增强国内高品质、稀缺品种开发生产能力与建立安全、高效、绿色的“一带一路”粮食物流产业链供应链，推进粮食进口市场主体多元化、分散化，通过系统考虑基础上的多种形式与沿线国家、地区建立长期稳定的“一带一路”粮食物流基础设施建设与业务合作；利用 2022 年 6 月国家发展改革委与江苏省人民政府召开中欧班列大会等有利机会，积极探索中欧班列返空运粮等与进口粮食海洋运输相互补的综合对策。

（作者：南京财经大学营销与物流管理学院　吴志华　苑浩妍）

参考资料：

［1］吴志华，周嘉豪．中国粮食物流2020年回顾与2021年展望［J］．粮食科技与经济，2021，46（2）：64－68.

［2］张务锋．为粮食安全筑牢协同保障的基石［N］．经济日报，2021－12－28（001）.

［3］吴志刚．一种基于区块链技术的智能物流配送系统：CN113962632A［P］．2022－01－21.

［4］冯莎，刘艺卓．“双循环”下我国粮食贸易促进策略［J］．中国外资，2021（17）：42－45.

［5］国家粮食和物资储备局将开展绿色储粮标准化试点工作［J］．粮油仓储科技通讯，2021，37（4）：41.

［6］北京市粮食局：发挥市场作用和坚持主动作为相结合 保障首都粮食供给［J］．中国粮食经济，2017（7）：24－25.

［7］李雪，吕新业．现阶段中国粮食安全形势的判断：数量和质量并重［J］．农业经济问题，2021（11）：31－44.

2021 年食材供应链市场发展回顾与 2022 年展望

近年来，中共中央、国务院高度重视我国农产品食材供应链体系建设。2017—2021 年，中央一号文件始终强调需要加强我国农产品现代流通体系，提升农产品流通效率，为我国进一步加强农产品食材供应链体系建设营造了良好的政策环境。2021 年 2 月 21 日，中央一号文件《中共中央 国务院关于全面推进乡村振兴加快农业农村现代化的意见》正式对外发布。“十四五”开局之年，针对全面推进乡村振兴、加快农业农村现代化，文件提出了诸多举措。强化食材供应链水平、加快食材流通效率、打通食材产销渠道、满足食材消费升级需求，对于促进农民增收和乡村振兴而言意义重大。

食材供应链是由农民（食材生产者）、食材交易商、食材采购加工企业、食材分销、零售商和物流配送者以及最终消费者等“从田间到餐桌”、上下游企业构成的供应链网络体系。完善食材供应链体系不仅可以降低农业生产和食材流通过程中的物流成本，加快食材流通速度，为经营主体提供真实、准确的有效信息，减少市场运营过程中的不确定性和盲目性，提高农民的组织化程度和食材的市场竞争力，使食材在流通过程中实现增值，而且可以提高食材的标准化和质量安全，减少食材在流通过程中的损耗，降低和杜绝食材公共安全事件的发生，有利于保障城乡居民的根本利益，稳定增加农民收入，推动农业的产业化、现代化进程，提高农业的整体效益。

一、2021 年食材供应链发展回顾

（一）食材供应链行业现状

1. 政策体系不断完善

我国食材供应链体系不断完善离不开政策体系的大力支持，从乡村振兴共同富裕的大愿景角度看，政府对食材产业链高度重视。据食材供应链分会不完全统计，2021 年我国出台农产品食材供应链相关重要国家政策高达 34 条。“十四五”开局之年，国家部委从农产品食材各领域维度，指导部署推动产业链行业健康发展，政策的不断完善也将进一步推动食材供应链的良性发展。

2. 食材市场规模稳步增长，消费规模不断扩大

据食材供应链分会统计，2021 年国内农牧渔生产总值突破 14 万亿元。全国粮食总产量再创新高，生猪产能快速释放，生猪生产恢复常年水平，牛羊禽生产保持稳定。据国家统计局数据显示，2021 年全国粮食总产量 68285 万吨，比上年增长 2.0%。全国猪牛羊禽肉产量 8887 万吨，比上年增长 16.3%。同时农业农村部农业贸易促进中心数据显示，2021 年，我国农产品进出口额 3041.7 亿美元，同比增长 23.2%。

随着居民收入水平稳定增长，食材消费不断升级丰富，消费规模不断扩大。据食材供应链分会统计测算，2021 年食材消费规模已达到 16 万亿元。疫情虽然阻碍了传统贸易流通，但同时也刺激市场不断迸发出新的业务模式，生鲜电商、社区团购、直播带货等新兴业态促使食材市场能够接触到更大规模的消费群体。

3. 食材加工市场规模持续增长

食材加工可以缩减食材的体积和重量，便于运输，可以使易腐的食材变得不易腐烂，保证食材品质，保证市场供应；食材加工一头连着农业、农村和农民，一头连着工业、城市和市民，沟通城乡、亦工亦农，具有延长农业产业链条、提升食材附加值和增加农民收入的作用，是国民经济的重要产业。近年来，我国加工行业高速发展，特别是在当前供需两端共同催化作用下，行业存在巨大增长空间。依据农业农村部数据，2020 年农业总产值 10.7 万亿元，农产品加工业营业收入 23.2 万亿元，其中食品加工业营业收入 12 万亿元，占比超过 50%。截至 2020 年年底，农产品加工业与农业总产值比达到 2.4∶1，主要农产品加工转化率达到 68%。农业的多种功能、多元价值的作用在日益凸显，农业及其相关联产值占比呈上升趋势，为乡村全面振兴筑就了坚实基础。

4. 食材流通市场范围更加广阔

受我国地域性“两超多强 + 东密西疏”的特点，根据食材供应链分会数据，当前我国有八成的食材从本省销往外省，同时消费者对食材消费更加注重品质，部分国际上的优质食材通过进口渠道进入我国，食材流通范围日趋扩大。由于城镇化带来的人口集中和消费集中，对鲜活食材的消费需求巨大。高速公路网的延伸和“绿色通道”政策的实施，使得食材全国大市场、大流通成为现实。目前，全国逐步打通了南蔬北运、北蔬南运、西果东运、南果北运等大型鲜活食材流通渠道。温控物流设施的逐渐普及和应用，使得肉类和水产品等远途运输规模逐渐扩大。食材面向全国市场进行生产和销售，更好地满足了消费者对优质食材的消费需求。

5. 食材消费终端呈多元化发展态势

（1）商超零售企业不断转型升级。伴随“新零售”模式的提出，各种零

售新业态层出不穷，新业态的推出让零售业再现生机。我国零售行业正在酝酿新一轮变革，互联网技术创新应用活跃，整合全渠道资源，提供线上线下一体化服务，实体门店数字化程度提高，支付方式更加多元高效，品牌连锁经营快速发展，零售商品结构不断升级。

（2）生鲜电商模式正逐渐被消费者认可。尽管生鲜电商模式上线以来屡遭质疑，但必须承认电子商务对于生鲜食材流通效率提升、交易成本优化、供应链品控管理优化等多个环节有着巨大的价值。生鲜食材不同于其他商品交易，安全品质的鉴别困难导致了生鲜食材的渠道优势在线下，而生鲜电商正在寻求电商模式背后的，包括供应链管理、标准化认证、交易金融及生鲜品牌建设等一系列延伸价值，通过重塑用户心中的生鲜信用标准来改变价值链。2021 年，每日优鲜、叮咚买菜先后上市，朴朴超市、菜划算等多家生鲜电商得到大额融资，也进一步体现了生鲜电商模式的火热。同时，互联网的持续渗透，让消费者线上消费习惯逐渐养成。

（3）餐饮业连锁化趋势向好。中国饮食口味多、制作环节多，容易造成单店天花板低、异地扩张难的困境。但近年来，在火锅、面食、烧烤串串、奶茶、烘焙等品类上，连锁化的速度明显提升，根据美团《中国餐饮大数据2021》显示，中国餐饮连锁化率已从 2018 年的 12.8% 提升到 2020 年年底的 15%，餐饮进入规模化、品牌化、标准化发展新节点，虽然相较发达市场仍有较大提升空间，但整体来看，疫情之后小店出清有所加快，行业向连锁化方向发展。

（4）团餐市场加速释放。随着大企业、机关单位、医院、学校等餐饮外包趋势日益扩大，团餐的市场规模逐渐扩大。根据中国饭店协会数据显示，目前我国团餐市场企业数量已经超过十万家，受众群体约 6.7 亿人，市场规模也已经超过 1.77 万亿元，并且占整体餐饮市场的比重不断提升，团餐成为餐饮市场的重要增长极，艾媒咨询数据分析，预计 2023 年团餐行业市场规模将达 2.25 万亿元。

6. 食材供应链相关技术水平日趋先进

伴随经济水平的不断提升，我国食材供应链过程中的各项技术水平也在逐渐提升。首先，互联网的普及让食材供求、价格信息更加透明。另外与互联网相衔接，更多的新式食材流通模式正逐渐得到普及，食材采购、销售、营销等依托于互联网平台都取得了比原本纸质平台更好的宣传效果。其次，先进物流技术的应用。如 HACCP 认证、GMP 认证等相关先进技术与管理手段被研发并应用到了食材加工、包装、储存、运输、保鲜、配送等物流环节中。最后，信息化建设的逐渐普及。当前我国食材流通体系在信息服务及信息化建设方面取得了显著进步，突出表现在硬件设施上，利用计算机及现代通信技术大大提高了食材流通信息化程度，电子化、微机化、网络化趋势明显。相关技术水平的不断提升，为提升我国食材流通效率提供了坚实的技术基础。

（二）食材供应链存在的问题

1. 生产加工端

（1）上游源头分散。农业标准化是促进农业结构调整和产业化发展的重要技术基础，是规范农业生产、保障消费安全、促进农业经济发展的有效措施，是现代化农业的重要标志。长期以来，我国农业标准化工作比较薄弱，缺乏统一的标准体系和建设规划，与国际标准存在较大差距。根据第三次全国农业普查的数据统计，我国的小农户约为2.3亿户，占农业经营主体总量的98%，户均经营规模为7.8亩，小农户经营耕地面积占全国的70%，主要特点是劳动投入以家庭劳动力为主，不雇用工人，自己经营，整体规范化程度低，导致生产出来的食材质量达不到相应的市场标准。再加上农村多分散在城市周围，零星围绕，缺乏来自城市的辐射效应，产地采摘、清洗、加工、包装、预冷等一系列环节专业化程度低、规模化效应差。

（2）精加工技术较弱。食材加工业是近年来发展较快的产业之一，在国家经济发展中占有重要的地位。近几年我国精加工食材质量越来越好，但产品粗加工多、精加工少；初级产品多、深加工产品少。对比国外发达国家来看还有巨大差距。我国许多食材加工企业的产品虽也销往日韩、欧美地区，但由于国内食材标准化程度不高，导致出口中低档产品多、高档产品少，而且食材的深加工技术和装备普遍落后，在国际市场中竞争力较差。

2. 流通端

（1）食材供应链核心组织能力较弱。食材供应链核心组织能力较弱的原因主要有以下三点。第一，目前我国虽有食材生产头部企业发展良好，但数量少，占据整体行业市场比例较小，大部分农业生产企业还相对滞后，标准化程度低、服务能力不足，无法起到核心带动作用。第二，我国不乏大型农贸市场和批发市场，但是大部分农批市场地域化属性强，经营品类单一，缺乏规范化管理。第三，在新冠肺炎疫情对经济的巨大冲击下，传统食材供应链行业重新洗牌，投资融资主要集中于食材供应链中的头部企业，大部分中小企业缺乏技术和资金，链路烦琐加上缺乏核心竞争力，供应链的协同作用无法发挥，食材供应链还面临着巨大挑战。

（2）食材流通损耗仍较为严重，流通成本居高不下。传统食材供应链普遍存在“四高一低”问题，即受到租金成本、人工费用成本、原料成本、能源成本持续走高的影响，实际利润却在不断降低。既要管控成本、减少支出，又要确保供应链体系高效、便捷，还要保证食材质量，一直都是传统食材供应链想要破解的共同难题。我国流通模式复杂多样，既有多级批发市场流通模式，也有农超对接直供模式，造成传统食材供应链流通环节过多且松散，供应链上各节点协作程度低、自身水平专业化程度不高，食材从农户经过多级分销转运到终端，加上流通过程中的产品损耗，成本大幅增加，最终会通过加价的模式转嫁给消费者。按照艾瑞咨询的数据，中国果蔬类食材的加价率在95%左右，海鲜的加价率为115%，牛羊肉的加价率为75%。

（3）农批市场亟待转型升级。由于地理、气候的复杂性，中国南北之间形成很强的互补性，在国内形成了小生产、大流通的格局，中国农批市场仍然是食材流通的主渠道，是牵动中国农业发展的牛鼻子。就目前而言，我国农批市场环节存在规划能力及监管力度不足的情况。传统农批市场及原有农批市场在食材供应链中的定位，都无法满足目前实际流通环节运作的需求，因此转型升级势在必行。同时，食材市场存在规划布局不合理、建设投入不足、基础设施不完善等问题，以及政府协同、产业对接、技术集成、标准融合难等问题，急需加强现代化、智慧化、标准化、数字化建设，加快转型升级。

3. 消费终端

（1）食材供应链信息不对称问题普遍存在。食材供应链的两端，是大小不一的农户，以及分散的百万家餐馆、商超、农贸市场等，供应链上存在多级经销商、批发商，但消息经过几次传播后，信息的失真度越来越高，供应链两端的信息匹配度极低，长尾效应十分明显。在食材生产方面，只有国家统计局、农业农村部、国家粮食和物资储备局等才开展大规模监测，小宗食材信息监测和共享水平依然偏低，农业数据开放不足，无论是食材生产商还是餐饮从业者，很容易处于信息孤岛。多层分销链路也大大削弱了食材供应链盈利能力和核心竞争力，限制了供应链上各企业的能力发挥。

（2）“短链”模式仍需进一步突破。阿里、拼多多、京东等互联网公司都在布局“最先一公里”，希望借助科技、人才、物流等优势资源帮助食材产区、中小农业企业解决食材品质及溢价难题。如今，在一些发达国家，以直销或只有一个中间商销售到达消费者手中的食材已经超过一半，但中国的食材流通仍以农贸市场为主体。谈及“最先一公里”，又不禁想起被互联网企业热炒的“最后一公里”，尤其是社区团购的诞生，“最后一公里”的难题似乎被破解，城市消费者购买食材之后，30分钟就可以直达餐桌。尽管如此，城市消费者与农业的问题依然存在，比如大幅加价、农残食材当作健康的食材被消费等。在强监管下，如何构建一个供应链流畅、消费者信赖、营销丰富的食材“短链”模式，仍将是突围点。

4. 服务端及其他

（1）温控物流专业化程度较低。温控物流是食材进城的“大动脉”。温控物流可以使食材在生产、运输、储存过程中保持合适的温度，以保持食材质量；与传统物流相比，温控物流在每一个环节对技术的要求更高、资金投入更大。据公开信息整理，以果蔬、畜产品、水产品为代表的温控物流，交易额每年增速达20%。然而，由于温控的保障不足，我国每年仅果蔬一项就损失上千亿元。同时，重投入、重营运、高技术要求是温控物流首要行业壁垒，目前我国食材流通方式还是以常温物流为主，很多食材产地缺乏预冷库、保鲜库、冷藏车、电子结算等基础设施，没有形成区域化、规模化、专业化的市场服务体系。尤其是贫困地区，农户的专业运作意识较低，田间地头的分级、分选、包装多由人工完成，农户生产出来的食材也不能及时保鲜储存或者及时运出，供应链中损耗非常大。温控物流能力的薄弱与市场不断增长的需求，成为制约消费增长的一大矛盾。因此，发展高质量食材温控物流已是当务之急。

（2）种苗技术等限制食材供应链发展。种业是农业的“芯片”，是确保“中国人的饭碗主要装中国粮”的基石，而我国在种植业种苗培育这一领域仍与发达国家有较大差距。我国是世界上最大的蔬菜生产国，据中国农业科学院数据显示，我国的蔬菜种子自主率仅有87%，虽然我国主要农作物中大部分种子为“自产”，但玉米、马铃薯等种子部分仍依赖进口，部分高端品种的蔬菜种子还是以进口为主。根据国家统计局的相关数据显示，甜菜类国外品种在我国农作物生产中占比达90%。胡萝卜品种中，国外品种占50%。番茄、萝卜、白菜、马铃薯、黄瓜、辣椒、菠菜等国外品种占比在10%～40%。长日照洋葱种源来自美国、白玉萝卜种源来自韩国，西蓝花种源来自日本。国内种资源大多是从早期可育品种中分离出来的，同质化现象严重，种业自主创新能力不足。

二、2022年食材供应链发展展望

2021年作为“十四五”的开局之年，国家多部委陆续发布“十四五”相关规划，提高食材流通水平、食材品牌化发展、农批市场转型升级、食材加工产业链、提高种源自主率、食材供应链等成为2021年度热词。在“乡村振兴、共同富裕”“双碳目标、绿色发展”以及“买全球、卖全球”食材供应链“三版赋”的大背景下，伴随着数字化、品类—品质—品牌化、融合化、标准化、低温保鲜化、定制化六大政策指引，食材行业趋势具体体现如下。

（一）生产加工端

1. 食材品牌建设是未来发展主旋律

随着经济全球化步伐的加快，食材不仅面临着国内市场的竞争，受疫情影响，国内食材出口受阻，国际市场竞争更加激烈，再加上目前食材从短缺转向充裕，卖方市场转为买方市场，出现季节性积压、品类结构性失衡、区域性过剩以及卖难问题。要抓紧建立并执行一整套规范性的产地标准、加工工艺标准、产品建议函等质量管理制度，严格执行产品质量认证制度，健全食材质量安全检测制度，确保品牌食材的质量，生产出更多有知名影响力的食材。

2. 食材定制化生产是趋势

农业供给侧结构性改革推动下，依托“互联网 +”数字农业为基础，个性化定制需求，生产方进行定制化的生产，消费端决定生产端订单，而后通过有目标、定制化方式生产，将消费者引入食材生产过程中，尝试差异化和定制化的食材服务，提高产品的可辨识度，结合“一二三产业融合”文化和产品特色，实现产品具有高价值和差异化特性，定制化生产将有效增强产品的知名度和竞争力，形成生产和销售的良性可持续发展。

3. 食材加工市场空间巨大

食材加工业是转化食材、大幅度增加食材附加值和提高科技含量的有效形式，在农业产业链可持续发展中占据重要地位。农业农村部印发《全国乡村产业发展规划（2020—2025 年）》，为“十四五”乡村产业发展指明方向。规划指出农产品加工业是提升农产品附加值的关键，也是构建农业产业链的核心。通过统筹发展农产品初加工、精深加工和综合利用加工，完善产业结构，推进农产品加工业增值。产业振兴是乡村振兴的重中之重，农产品加工业已成为国民经济的重要支柱，在促进乡村产业振兴、拓宽农民增收渠道、加快农业农村现代化等方面发挥了重要作用。据公开数据显示，我国的果品加工率只有 10%，低于世界 30% 的水平；我们的肉类加工率只有 17%，远低于发达国家 60% 的水平。同时，农业农村部在《农业农村部关于拓展农业多种功能 促进乡村产业高质量发展的指导意见》中指出 2025 年发展目标，农产品加工业与农业总产值的比例达到 2. 8 ∶ 1，加工转化率达到 80%。这恰恰是农产品食材加工业新的更大的市场空间，将进一步推进食材精深加工高质量发展，同时促进农业提质增效、农民就业增收和农村一二三产业融合发展。

（二）流通端

1. 食材供应链迎来新机遇

食材供应链的核心是供需的匹配。食材供应链主要包括采购、加工、流通等环节，通过资源的整合来帮助企业提供安全稳定的原材料，提升效率、降低成本。天风证券的餐饮行业专题报告显示，原料成本占据餐饮企业 40% 以上的比重，为 59% 餐饮企业的最大经营痛点。食材供应链是推动食材行业快速增长的基础支撑，下游需求升级倒逼上游服务转型升级，市场潜力巨大。食材供应链的发展能有效提高采购效率，降低食材采购成本及损耗成本，提高经营效率。

2. 流通体系和管理流程将进一步优化，流通标准将更加系统

首先，随着新零售模式在食材流通中扮演着更加重要的角色，信息技术在食材流通过程中的应用将会更加广泛，在流通全程信息化水平上升的情况下，考核食材生产、加工、包装、运输等环节是否符合食材流通的相关标准将更加容易，因此对于食材流通标准的监管将会更加严格；其次，随着食材流通过程中的环节不断减少，消费者使用食材质量可追溯体系保障自身权益的可能性就将越来越高，在消费者的监督下，食材流通过程中的相关标准将会制定得更加系统，执行也将更加严格；最后，随着食材流通主体的组织化、产业化水平不断上升，全流通环节的专业化水平也将进一步上升，更大规模的、品牌化运营的、具备现代市场经济意识的流通主体，必然也是更加符合食材各项流通标准的，因为食材品牌化运营的基石就是在一套标准之下生产、加工食材，这将从源头方便食材流通标准的制定及对其是否符合标准的监管。

3. 食材流通技术将更加先进

产业链上下游的深化发展，对于服务环节提出了更高的要求。全环节的技术赋能，如保鲜技术、互联网、人工智能、5G、大数据等技术手段将逐步运用到食材流通全供应链环节，培育食材智慧流通新生态，为全链发展创造更多可能性，同时也为全链运营提供更好的安全保障。

（三）消费终端

1. 食品安全仍是话题焦点

2021 年，菜品不洗、过期变质食材上桌、食物中毒等食品安全问题多次登上热搜，消费者越来越倾向于选择安全有保障的品牌、更加健康的食材和配料，也更有意愿和能力为更好的产品买单。食品安全问题是餐企的生命线，随着餐饮市场的逐渐规范化和居民健康意识的不断加强，公众对食品安全及品质健康的关注度也在不断提升，未来如果想要走得更长远，加强品质管理、严抓严防食品安全问题是不容忽视的一环。

2. 直播电商将为乡村振兴注入新动能

直播电商发挥兴趣电商特质，通过短视频和直播，让更多地方食材进入消费者的视野。其拥抱巨大的用户与流量，商品展现更直观，增加了购物趣味性，性价比更高，同时伴有平台的大力扶持。2021 年，商务部、农业农村部、国家乡村振兴局等出台了产销对接、人才培训等促进农村电商发展的政策。直播带货模式得到快速发展，在促进食材上行、带动农民增收等方面发挥着日趋重要的作用。农业农村部发布《农业农村部关于拓展农业多种功能 促进乡村

产业高质量发展的指导意见》，提出到 2025 年，农村电商业态类型不断丰富；农产品网络零售额达到 1 万亿元；新增乡村创业带头人 100 万人，带动一批农民直播销售员。商务部、中央网信办、国家发展改革委联合发布《“十四五”电子商务发展规划》，提出引导电子商务企业发展农村电商新基建；扩大农村电商覆盖面，推动直播电商、短视频电商等电子商务新模式向农村普及，支持农村居民开展多种形式的电子商务创业就业等。2022 年在农产品食材电商政策及食材电商的不断推进下，零售额将进一步实现突破，为乡村振兴注入新动能。

3. 食材产业将向多元化、高速化、标准化发展

在以国内大循环为主体、国内国际双循环相互促进的新发展格局下，食材消费将成为推动经济增长和升级转型的重要引擎。1995—2009 年出生的一代人逐渐成为消费主力，餐饮和零售业态纷纷主动出击、求新求变，向连锁化、品质安全、单品爆款、零售差异化、柔性供应链等方面演进，将进一步激发食材产业向多元化、高速化、标准化发展。

（四）服务端及其他

1. 温控物流将进一步加快建设

我国消费者已经从吃得好向吃得营养健康方向转变，满足消费者对美好生活的向往也是我国食材流通体系建设的出发点和落脚点。毫无疑问，在我国食材流通体系建设中，食材田间地头市场的仓储保鲜和温控物流设施是主要的短板，鲜活食材出村的“最先一公里”面临着巨大挑战，“十四五”期间国家将投入更大的资金全面建设我国食材温控物流体系，将撬动更多更大的社会资金投入该领域。预期到“十四五”末期，我国食材温控物流体系将大幅度完善，鲜活食材冷链覆盖率将大幅度提升，产后损失率将大幅度下降，食材流通效率将大幅度提高。

2. 技术深度赋能全产业链，加速数字化转型

现阶段，我国食材供应链关系复杂、冗长。要依托互联网、人工智能、5G、大数据等技术手段，培育食材智慧流通新生态。智慧化、数字化是农业发展的新业态，对供应链上游而言，要提高食材生产管理水平。对供应链中游而言，要提升食材加工能力。对供应链下游而言，要探索食材供应链商业新模式。在提高运营效率的同时，又能降低食材供应链整体成本，同时保证食材的标准化与规范化供应。

同时，在“双碳”背景下，服务环节将全面转向绿色低碳化发展，环境保护与经济建设的和谐共处是未来发展的必然趋势。要利用互联网、新材料等新技术，在追求企业运营效果和利益的同时，降低对环境的污染、减少资源消

耗，利用先进物流技术规划和实施运输、储存、包装、装卸、流通加工等物流活动。

3. RCEP 带来食材跨境新增长机会

2022 年 1 月 1 日 RCEP 正式生效，将释放区域内巨大的贸易增长潜力，促进区域经济一体化发展，推动全球贸易与投资自由化便利化。作为全球最大的自贸区，RCEP 的 15 个成员国的总人口、经济总量和贸易总额均占到全球总量的 30% 左右。随着 RCEP 区域内大幅降低关税，将增强成员国之间的贸易依存度，推动区域内产业链和供应链融合和重塑。

对我国农业来说，RCEP 的生效无疑将带来重大利好和发展机遇。RCEP 成员中，东盟 10 国、日本和澳大利亚都是重要的农业大国，中国与东盟 10 国、日本以及澳大利亚等农业经贸合作发展空间巨大。以农产品食材为例，日本是我国最大农产品出口国，其对农业实行高保护。RCEP 中，日方承诺对 63. 3% 的农产品给予我国零关税待遇，其中涵盖了大部分水产、果蔬、加工食品，这将为我国提供食材出口新机遇。

（作者：中国物流与采购联合会食材供应链分会　秦玉鸣）

2021 危化品物流市场发展回顾与 2022 年展望

2021 年，我国成功应对疫情、汛情等多重挑战，保持经济持续健康发展，综合国力稳步提高，实现了“十四五”良好开局。经济总量和人均水平实现新突破，新的经济形势与新的优势凸显，对于我国在“十四五”时期乃至更长发展阶段实现全面高质量发展具有重要意义。

一、2021 年我国危化品物流市场回顾

2021 年，我国石化行业运行总体平稳有序，主要经济指标实现较快增长，石油和化工行业规模以上企业 26947 家，全行业实现营业收入 14. 45 万亿元，同比增长 30%；实现利润总额 1. 16 万亿元，同比增长 126. 8%；进出口总额 8600. 8 亿美元，同比增长 38. 7%。随着“双碳”目标的深入，在一定阶段，“双碳”目标给世界各国及能源企业提出了巨大挑战。通过产业集群升级，激发创新动能，重构产业链、供应链，借力智能化、数字化转型，预计 2022 年石化行业将保持稳定发展态势。

（一）2021 年我国化工物流行业发展

2021 年，全国社会物流总额 335. 2 万亿元，按可比价格计算，同比增长 9. 2%，两年年均增长 6. 2%，增速恢复至正常年份平均水平，社会物流总费用与 GDP 的比率小幅回落。根据中国物流与采购联合会危化品物流分会（以下简称“分会”）资料显示，基于 2021 年上游石化行业发展实现了较快增长，2021 年年底危化品及危险货物物流行业市场规模超过了 2 万亿元。2015—2025 年我国危化品物流行业市场规模及预测如图 1 所示。

目前，我国危化品物流中道路运输仍占据主要地位，道路运输量占比为 70%，铁路运输量占比约为 4%，水路运输量占比为 22%。从石化产业需求与地区分布来看，华东地区和华南地区合计占据着全国 70% 以上的市场比例。危化品物流企业区域分布与服务主体分布趋势接近，东部沿海分布密集。

目前，我国危化品物流企业以中小型物流企业为主，全国危险货物道路运输企业达 1. 3 万户，车辆在 50 辆以下的企业占绝大多数，超过 60%；车辆在 50 ~ 99 辆的企业占比次之；100 辆及以上的企业占比 9%，其中车辆在 300 辆以上的企业有 35 家。从企业运营模式来看，企业自营物流模式占比约

为60%，第三方物流占比40%。2021年我国危化品物流企业运营模式如图2所示。

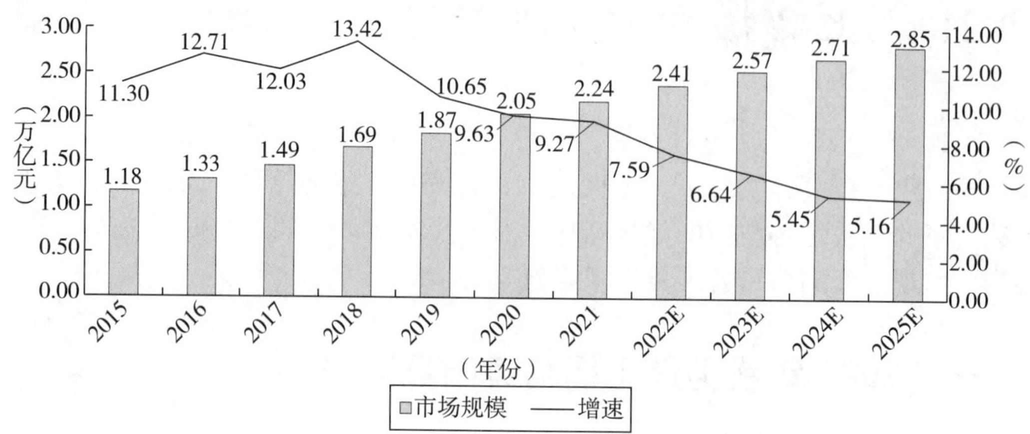

图1　2015—2025年我国危化品物流行业市场规模及预测

资料来源：中国物流与采购联合会危化品物流分会。

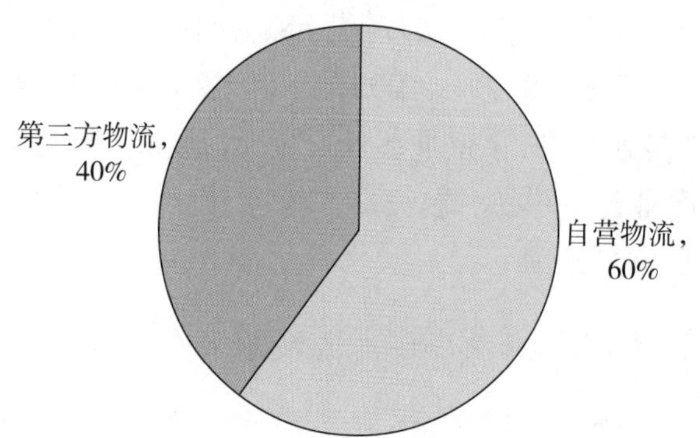

图2　2021年我国危化品物流企业运营模式

从目前我国危化品仓储需求与供给分析，石化仓储需求整体也保持较好的景气度。我国危化品仓库类型仍以平仓和储罐（库）为主，具体占比如图3所示。

目前，我国石化仓储仍然集中在华东、华南等沿海、沿江地区，占我国危化品仓储业的70%以上。从我国危化品仓储能力分布看，我国中西部地区不足30%。在仓储面积方面，我国建筑面积在1000平方米以下、储罐容量在10000立方米以下的小规模危险品仓库约占总量的40%。

（二）2021年危化品物流行业安全事故分析

由于危险化学品（即危化品）道路运输特殊性，安全事故层出不穷，不但给社会经济造成了巨大损失，更是给很多家庭造成了难以弥补的巨大损失和心

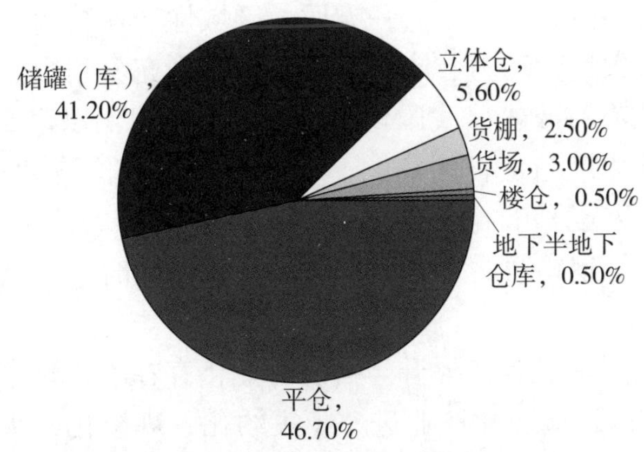

图 3　2021 年我国危化品仓库主要类型占比

资料来源：中国物流与采购联合会危化品物流分会。

灵创伤，也给生态环境带来了很大的负面影响。

据可知数据统计，2021 年我国危化品道路运输安全事故共 411 起。其中分为自燃、起火事故：71 起；车辆侧翻事故：109 起；车辆相撞、追尾事故：99 起；车辆运输过程中泄漏事故：85 起；车辆轮胎磨损事故：24 起；操作不当事故：18 起；其他问题（如避让躲避行人）：5 起。2021 年我国危化品道路运输安全事故统计如图 4 所示。

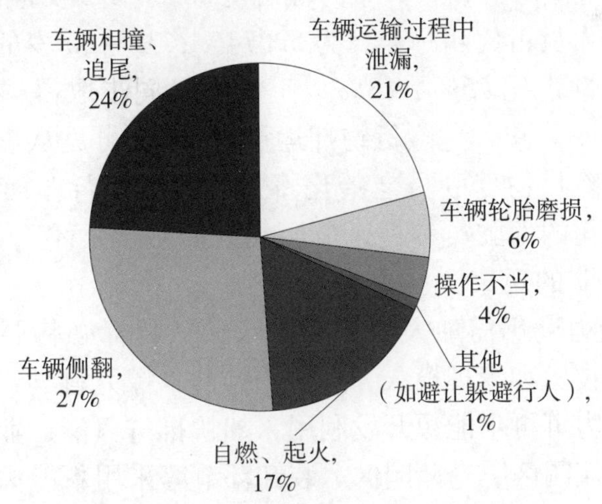

图 4　2021 年我国危化品道路运输安全事故统计

资料来源：中国物流与采购联合会危化品物流分会。

（三）危化品物流行业现存的问题

（1）资源与市场布局不平衡。我国石化产业资源与市场仍存在一些问题，一方面，石化产品消费市场相对偏重于华东和华南区域，而石化生产分布相对集中于华北、东北和西北地区；另一方面，区域性产业特色不突出，产业发展较为零散和薄弱，大量劳动力、能源等资源未得到充分利用。

（2）运输方式有待改进。我国化工物流运输方式仍以道路运输为主，多式联运推进放缓。石化产品运输距离长、产业分散、运价波动、货车匹配率低、信息不透明等多个因素影响行业发展，尤其行业限制条件越来越多，“限时、限路、限罐、限外”运输政策严重降低物流效率，同时，也从源头增添了企业运营成本与安全风险。

（3）集约化发展水平有待提升。目前行业仍存在大量规模小、技术参差不齐的落后产能，难以适应石化产业进一步集约化、规模化升级的发展要求。同时，高技术含量的化工新材料和高端专用化学品国内自给率偏低，精高端产品研制与专业化程度不足。

（4）数智化深入程度低。数字化、智能化等新技术新手段在石化物流行业应用程度有待加强，数据化程度较高但发展短板凸显，关键技术、核心生产装备存在薄弱环节。随着5G网络覆盖范围扩大，AI、大数据以及物联网等技术的快速进步和应用，必将促进包括危化品仓储在内各个环节的数字化水平提升，对化工物流全过程的跟踪、监控及预警能力将获得长足进步。

（5）人员缺口越来越大。2021年，分会针对危险货物驾驶员做了一次深入调研，共收集问卷3万余份，其中男性占比88.56%，女性占比11.44%：初中及以下文化驾驶人员占比超一半，为52.74%；35～50岁的驾驶员，高中及初中学历的已婚男性占比75%，83%以上的人员同步取得“道路危险货物运输驾驶员从业资格证”和“危险货物押运员证书”。可见从事危化品运输的年轻人很少，未来危险货物驾驶员老龄化将加剧；整个行业面临人员短缺的问题，不少危化品公司的驾驶员和押运员会成为稀缺“人才”，将来物流公司会出现“有车没人开”的现象。

（6）绿色低碳力度仍需加大。国家“双碳”目标必将要求全行业采用更加节能绿色环保的技术和管理模式，降低碳排放，探究科学、经济、可落地的应用解决方案，助力可再生能源开发利用，加快推进氢能产业化步伐，推动新旧动能转换，在物流园区、仓储园区、装卸环节等采用新能源装备设施，从而推动行业各类环保节能技术的应用，促进行业发展质量提升。

二、2022年我国危化品物流发展展望

2022年我国经济运行将更趋稳固均衡，海外主要经济体逐步复苏，全球经济重归增长轨道，带动化工品终端需求提升，供给端受到“碳中和”和能耗双控等政策影响，化工部分子行业新增产能受限，景气周期有望长期保持，但依

然充满不确定性，对下游化工物流行业的发展也将带来较大影响。

（一）积极响应低碳减排政策，强化绿色物流理念

绿色物流已成为未来物流行业发展的主基调，因此，危化品物流企业的管理者和运营者要积极响应国家及政府政策信号，依据当前企业自身发展和市场变化，抓住市场信号，抓住低碳经济发展阶段的重要战略，在发展过程中及时调整和完善公司自身的发展战略。另外，物流企业还需要将绿色发展融入物流企业自身的业务链当中，将低碳、绿色经济理念纳入企业对策管理流程，通过减少物流运输环节的能源损耗、降低排放量、提高物流运输能源使用率，有助于实现物流企业绿色发展。

（二）加快数字化转型，及时更新物流技术和设备

目前数字化转型已经成为国民经济社会各个领域共同探讨的话题，更是政府和企业必须面对的课题。同样，数字化技术的发展给化工物流行业带来了巨大的影响，化工物流企业应把握好这个机遇，迎接新的挑战，依托国家政策扶持，进一步利用现代化物流体系的优势，提高基础管理水平、推广智能硬件应用、配套先进信息技术、重视培养复合型人才，实现企业本质安全，企业越早在数字化发展的竞争当中抢占先机，就越具有竞争优势。

（三）行业集中进程加快，企业提升自身能力建设

随着安全环保监管要求的不断提升、下游化工企业“退城入园”工作的不断推进，化工企业对物流环节的专业化、安全性需求日益增加，越来越多的综合化工企业选择专业的第三方物流服务商。同时，行业中的小型、不规范的化工企业受监管及经营压力将被逐步淘汰，行业集中进程加快。

为此，物流企业要逐步提升自身能力，提升精细化、定制化服务水平；在不断夯实现有业务的基础上，积极拓展新业务，在安全质量方面，部署更多自动化设备和智能化发展，用于运营和安全探测；通过前沿的技防手段和数字决策更精准地做好安全防控和相关数据分析及提升。稳固安全高效的物流网络，坚持经济性和安全性相结合，补齐短板、锻造长板，同时做好前期发展战略设计和精准施策，形成具有更强创新力、更高附加值、更安全可靠的服务能力。

（四）加强危化品物流人才队伍建设

对于我国危化品物流技术的升级发展，人才是重要的瓶颈之一。针对人才短缺问题，应围绕新技术背景下，危化品物流企业对于人才的新需求、企业组织变革与流程再造、危化品物流企业岗位与人才需求匹配，以及危化品物流技

术应用人才培养、校企合作等话题进行深入研究，致力于为危化品物流发展提供与时俱进的人才支撑。

同时适当降低驾驶员和押运员等从业人员劳动强度，提高他们的薪资待遇，吸引有知识、有文化的专业人员加入危化品物流队伍，应用更多的技术手段替代人员操作，减少劳动负荷和人员精神压力。

（五）打造绿色供应链综合一体化企业

未来供应链技术和模式将不断创新供应链，不断吸取工业互联网、产业互联网先进模式，从过去资源整合、流程优化管理等为主的供应链模式，演进成产业链、产业和产业之间融合、协同的模式，通过供应链真正形成产业链，通过产业链形成价值链，形成数字化供应链。

目前，国家环境保护战略重点已经发生重大转变，对于危化品物流而言，在全面达标、提标加严、落责守法的背景下，环境成本投入增加将成为企业工作常态。同时，企业减排，主体责任得以落实，环境因素将成为我国石化行业绿色转型新的驱动力。行业洗牌的加快，将催化产业绿色发展转型。新能源车、无人机、自动化立体仓库等新技术的应用，将绿色即智能环保应用到现有设备和技术中将成为更多危化品物流行业的选择。区别于传统的3PL，新型的4PL，大部分危化品物流企业目前仅仅是供应链服务商而不是供应链运营商，寻求向供应链运营商的转变。整合危化行业上下游，协调上下游共同向综合目标前进成为更多危化品物流企业转型的新途径。同时结合多式联运，提升多方位运输服务能力，打造绿色供应链综合一体化企业将是未来行业整合的方向和目标。

（供稿：中国物流与采购联合会危化品物流分会）

2021 年医疗器械物流发展回顾与 2022 年展望

一、2021 年医疗器械物流发展回顾

（一）我国医疗器械供应链市场现状

1. 我国医疗器械市场规模持续保持高速增长

近年我国医疗器械市场保持 20% 左右的增速发展，经中国物流与采购联合会医疗器械供应链分会（以下简称“分会”）不完全统计，2020 年我国医疗器械市场规模为 7518 亿元，增速约为 20.5%，接近全球医疗器械行业增速的 4 倍。我国医疗器械与药品人均消费额的比例约为 0.35∶1，低于 0.7∶1 的全球平均水平，更低于欧美发达国家 0.98∶1 的水平。由于我国消费群体庞大、老龄化不断加剧、健康需求不断增加以及政府的积极支持，我国医疗器械市场发展空间极为广阔。2021 年，我国医疗器械市场规模约为 8500 亿元。2017—2021 年我国医疗器械市场规模如图 1 所示。2019—2020 年医疗器械细分市场规模如图 2 所示。

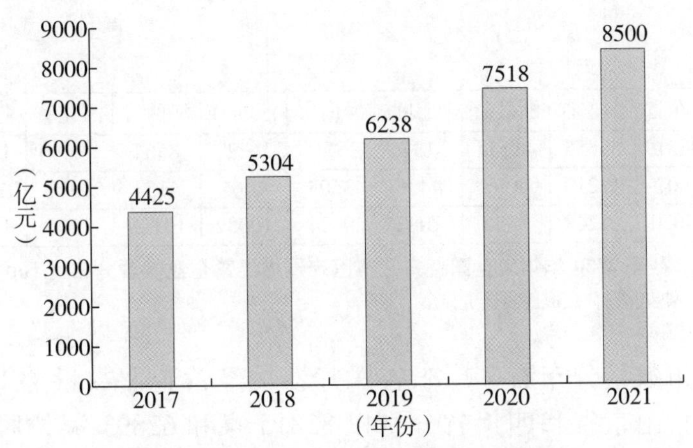

图 1　2017—2021 年我国医疗器械市场规模

2. 我国医疗器械经营企业数量不断增加

截至 2020 年年底，全国共有Ⅱ、Ⅲ类医疗器械经营企业 898591 家，同比

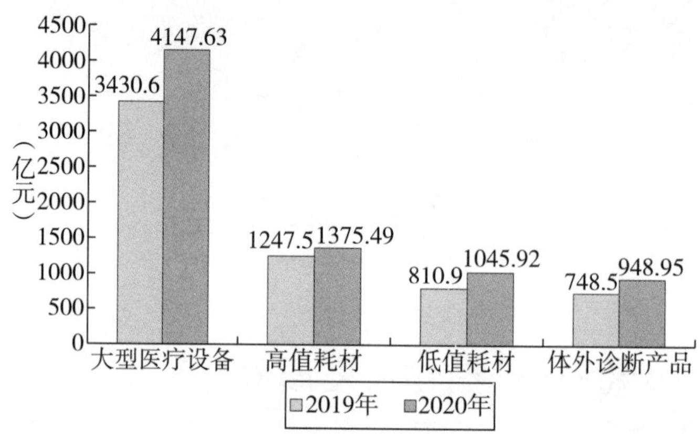

图 2　2019—2020 年医疗器械细分市场规模

增长 51.4%。其中，仅经营Ⅱ类医疗器械产品的企业 583198 家，仅经营Ⅲ类医疗器械产品的企业 77021 家，同时经营Ⅱ、Ⅲ类医疗器械产品的企业 238372 家。截至 2020 年年底我国市医疗器械经营企业分布数量分布（Top 10）如图 3 所示。

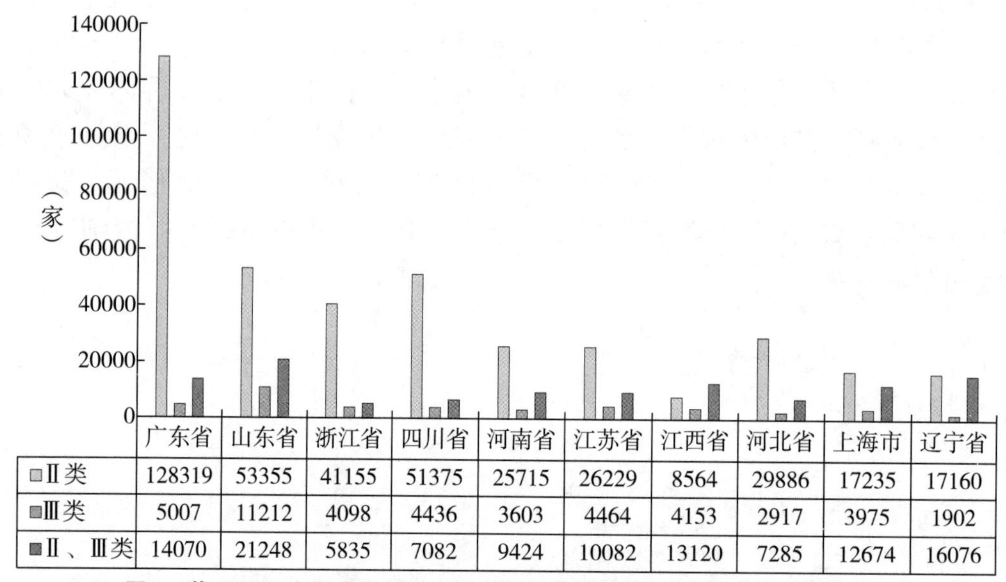

	广东省	山东省	浙江省	四川省	河南省	江苏省	江西省	河北省	上海市	辽宁省
Ⅱ类	128319	53355	41155	51375	25715	26229	8564	29886	17235	17160
Ⅲ类	5007	11212	4098	4436	3603	4464	4153	2917	3975	1902
Ⅱ、Ⅲ类	14070	21248	5835	7082	9424	10082	13120	7285	12674	16076

图 3　截至 2020 年年底全国各省区市医疗器械经营企业数量分布（Top 10）

资料来源：国家药监局，众成医械研究院。

从各省区市数量分布看，广东省医疗器械经营企业数量达 147396 家，领跑全国。其后，山东省和四川省分别以 85815 家和 62893 家位居第二和第三。截至 2020 年年底我国医疗器械经营企业分布情况如图 4 所示。

3. 我国医疗器械进出口规模再创新高

2020 年我国医疗器械对外贸易额达 1398.53 亿美元，同比增长 112.0%；其中，进口额为 383.53 亿美元，同比增长 5.2%；出口额为 1015 亿美元，同

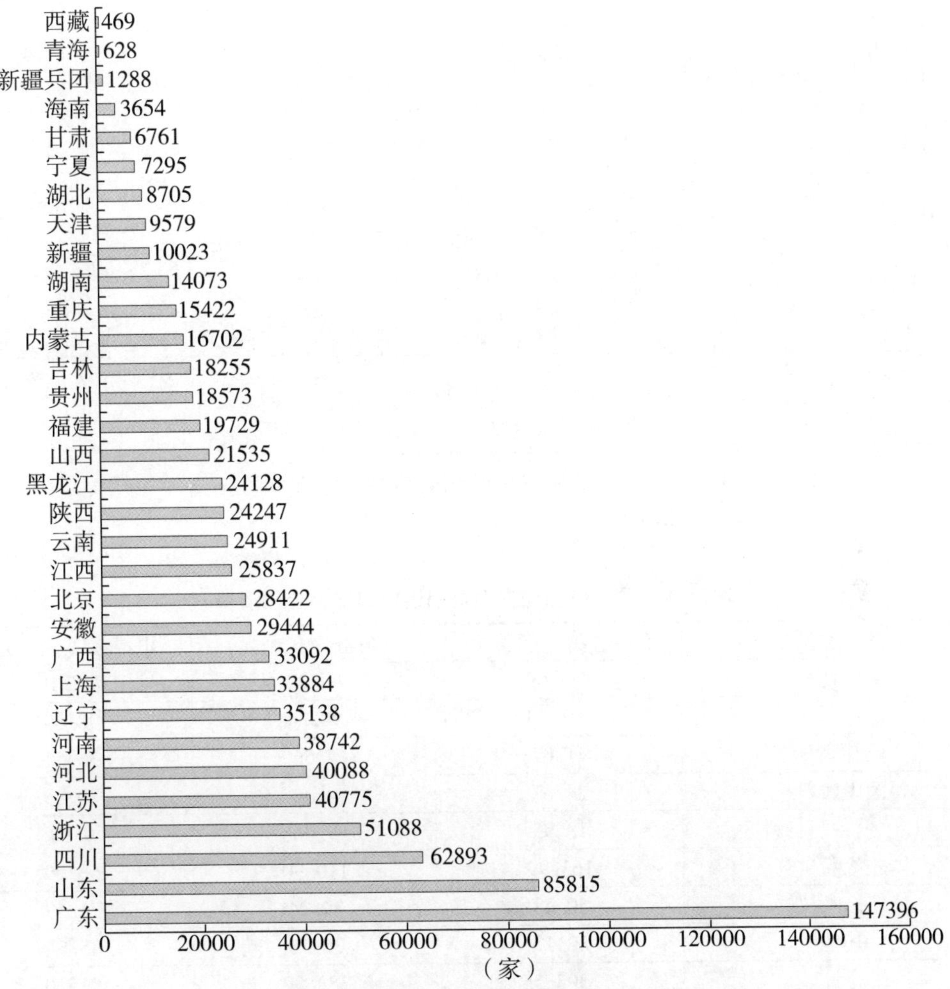

图4　截至2020年年底我国医疗器械经营企业分布情况

资料来源：国家药监局《2020年药品监督管理统计年度报告》。

比增长244.0%。根据海关总署公布的数据，2020年我国医疗器械出口额在5月达到峰值。2020年我国每月医疗器械对外贸易结构情况如图5所示。

2020年，我国医用耗材出口额达729.19亿美元，占总出口额的71.8%；其中，口罩与防护服类低值耗材商品出口额达645.0亿美元，占总出口额的63.5%。体外诊断试剂进口额达110.90亿美元，占总进口额的28.9%。2020年我国医疗器械主要商品进出口贸易金额清单如表1所示。

4. 我国医疗器械物流市场稳步提升

随着医改“组合拳”的推动，我国医疗器械流通行业集中度不断提升，企业日益重视供应链及物流成本，加快服务转型，积极与互联网深度融合，打造新型数字化流通模式，整体市场发展态势良好。

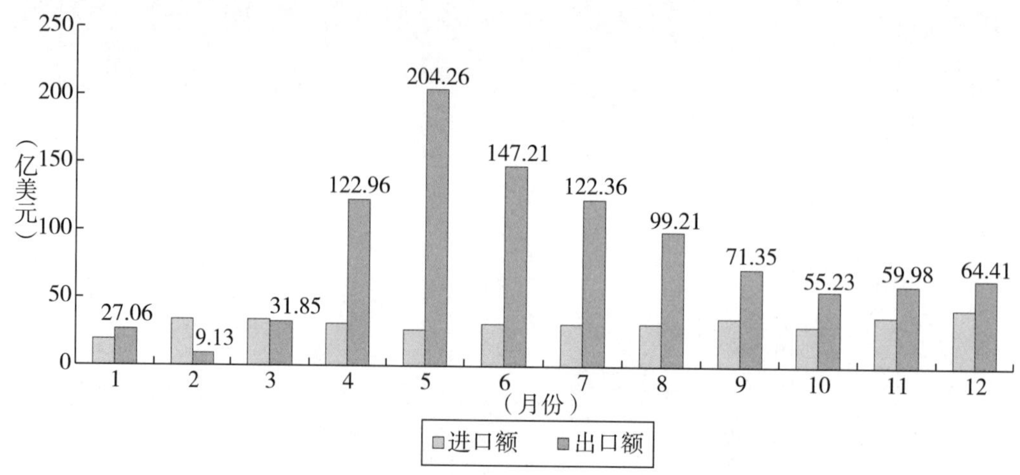

图 5　2020 年我国每月医疗器械对外贸易结构情况

资料来源：海关总署，众成医械研究院。

表 1　　2020 年我国医疗器械主要商品进出口贸易金额清单

商品类别	贸易总额（亿美元）	进口额（亿美元）	出口额（亿美元）
医用耗材	824. 09	94. 90	729. 19
诊疗设备	193. 23	94. 34	98. 89
保健康复	41. 07	4. 56	36. 51
医用敷料	24. 67	4. 34	20. 33
口腔设备与材料	18. 95	9. 06	9. 89
体外诊断试剂	163. 99	110. 90	53. 09
体外诊断仪器	50. 43	29. 24	21. 19
其他	82. 12	36. 18	45. 94
合计	1398. 55	383. 52	1015. 03

资料来源：海关总署，众成医械研究院。

注：数据存在四舍五入，未进行机械调整。

经分会不完全统计推算，2020 年我国医疗器械物流总费用约为 147. 06 亿元，同比增长 27. 92%。其中，大型医疗设备领域物流费用最高，达 58. 07 亿元，体外诊断领域物流费用次之，为 47. 45 亿元，高值耗材和低值耗材分别为 20. 63 亿元及 20. 91 亿元。未来，随着我国医疗器械市场的不断扩容，医疗器械物流市场规模也将保持增长态势。2017—2020 年我国医疗器械物流市场规模及增长率如图 6 所示。2019—2020 年我国医疗器械行业各细分领域物流市场规模如图 7 所示。

2020 年是不同寻常的一年，聚焦医疗器械物流行业，疫情防控常态化背景下，机遇与挑战并存。一方面，体外诊断产品市场、低值耗材等市场受需求扩张的影响，其物流市场也迎来了新的发展助力；另一方面，2020 年物流运输不畅、配送受阻等多重困难，也给我国医疗器械物流整体市场造成一定影响。综

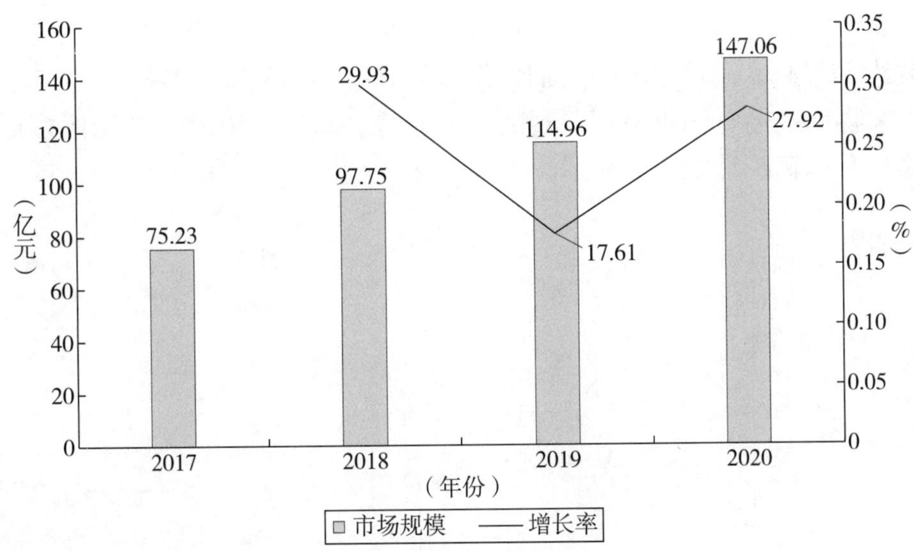

图6 2017—2020 年我国医疗器械物流市场规模及增长率

资料来源：中物联医疗器械供应链分会。

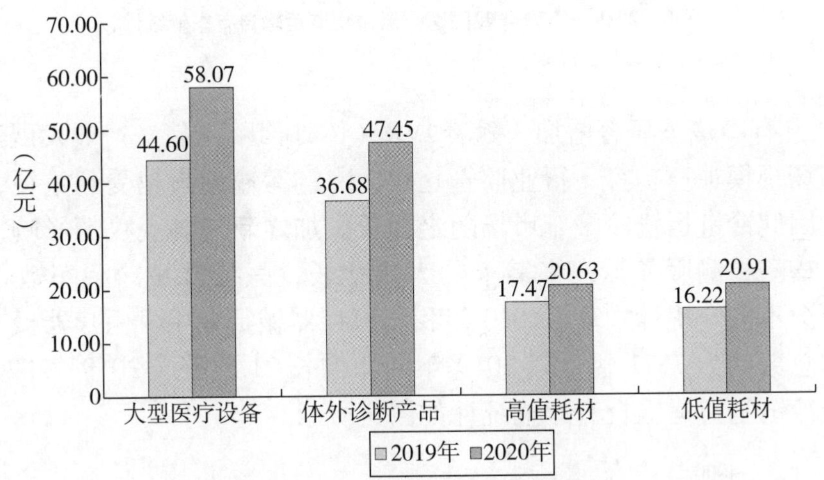

图7 2019—2020 年我国医疗器械行业各细分领域物流市场规模

资料来源：中物联医疗器械供应链分会。

合来看，2020 年我国医疗器械物流市场整体仍呈稳步增长态势。

5. 我国医疗器械物流基础设施进一步扩容

（1）物流运输自有车辆逐步增长。近几年，我国医疗器械市场得到快速发展，尤其是新冠肺炎疫情加速了医疗设备和防护用品等医疗器械物资产品需求的大幅度上升，进而极大地推进了我国医疗器械市场的发展。企业加速物流网络布局，提高配送服务能力，逐步增加运输车辆的合理投入。虽然目前市场上，企业出于业务量以及成本把控等因素考虑，通常选择增加外协车辆数量，但在 2020 年疫情防控常态化背景下，我国医疗器械物流运输自有车辆的补给仍有明显上升。据分会不完全统计推算，2020 年我国医疗器械物流运输自有车辆总数约 34551 辆，较 2019 年同比增长 9.1%。随着医疗器械行业市场的扩大，未来物流运输车辆仍呈现可观的上升态势。2019—2020 年我国医疗器械物流运输自有车辆统计如图 8 所示。

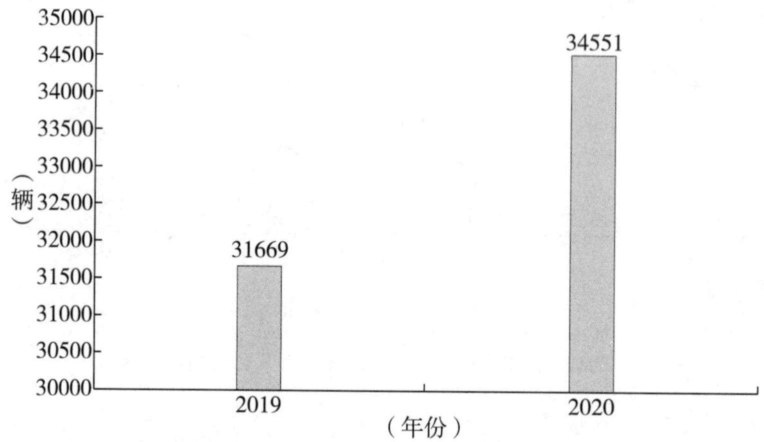

图 8　2019—2020 年我国医疗器械物流运输自有车辆统计

资料来源：中物联医疗器械供应链分会。

（2）自有冷藏车显著增加。随着 IVD（体外诊断产品）产业发展进入快车道，其市场规模加速扩容、行业监管趋严，冷链运输越来越受到重视，严把温控标准，因此冷链运输冷藏车市场随之增长。加之新冠肺炎疫情影响，体外诊断产品、核酸检测服务等迎来需求的大幅增长，医疗器械冷藏车数量显著提高。经分会不完全统计推算，2020 年我国医疗器械行业中，医疗器械专用的自有冷藏车总数约为 3571 辆，较 2019 年同比增长 21.96%。2019—2020 年我国医疗器械冷链物流运输自有车辆统计如图 9 所示。

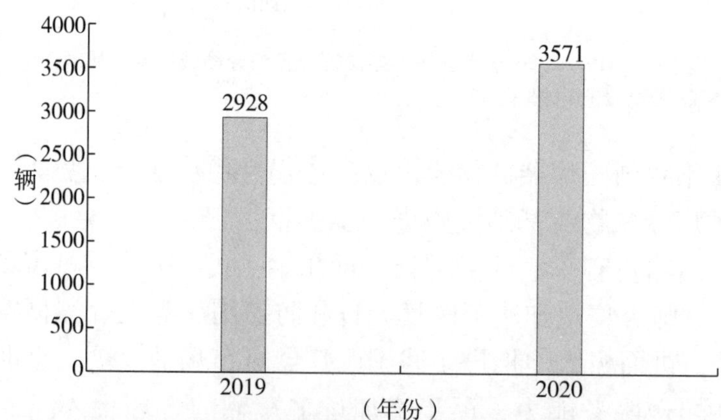

图 9　2019—2020 年我国医疗器械冷链物流运输自有车辆统计

资料来源：中物联医疗器械供应链分会。

（3）医疗器械物流仓储面积逐步增加。随着我国医疗器械行业进入黄金发展期，医疗器械企业规模也随之扩大，并通过兼并重组等方式整合资源，建仓设厂，拓展业务版图。据分会不完全统计推算，截至2020年年底，我国医疗器械物流仓储总面积约为2043.60万平方米，较2019年有5%左右的增幅。主要是由于仓库建设属于大型周期性项目，企业均根据自身战略进行合理性规划。即便疫情促使医疗器械行业整体规模的急速增长，但对于仓储的影响，更多的是提升了仓库的满仓率及周转率。

聚焦各仓库类型，由于医疗设备、高值医用耗材及低值医用耗材占据了医疗器械市场仓储资源的主要份额，IVD产业份额比重则相对较小。2020年我国医疗器械常温库占比仍最大，为69.62%。恒温库次之，占比为20.03%，冷藏库及冷冻库面积占比分别为6.63%和3.72%。2020年我国医疗器械物流仓储面积分类统计如图10所示。

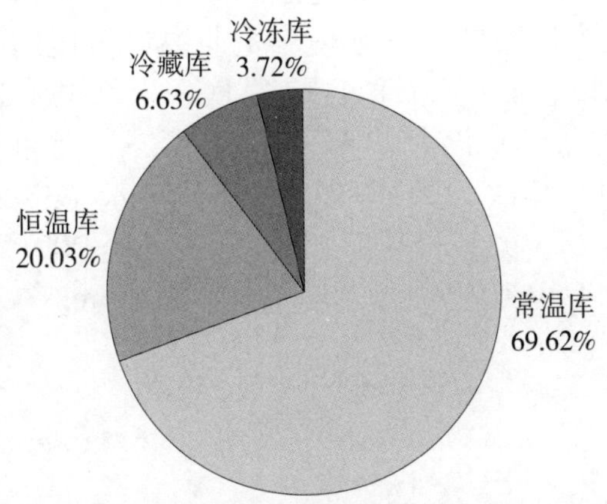

图10　2020年我国医疗器械物流仓储面积分类统计

资料来源：中物联医疗器械供应链分会。

6. 我国医疗器械第三方物流快速发展

近年来，我国医疗器械第三方物流发展迅速，为医疗器械专业物流行业带来了广阔的发展机遇。经分会不完全统计，截至2021年12月底，全国医疗器械第三方物流企业数量达440家，预计未来仍将保持高速增长态势。

纵观各省（区市）发展，医疗器械第三方物流企业数量大于40家的有4个省（区市），企业数量在20~40家的有5个省（区市），数量在0~20家的省（区市）最多，达22个。随着医疗器械市场的成熟化发展，我国医疗器械第三方物流仍有较为广阔的发展空间。截至2021年年底我国各省（区市）医疗器械第三方物流发展情况如图11所示。

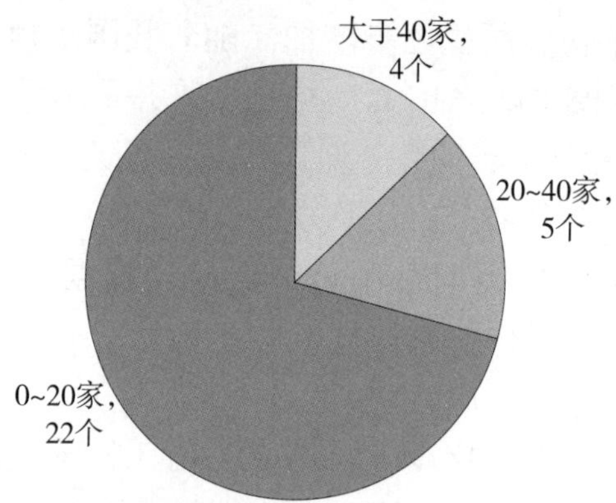

图 11　截至 2021 年年底我国各省（区市）医疗器械第三方物流发展情况

资料来源：中物联医疗器械供应链分会。

从企业的区域分布来看，我国医疗器械第三方物流企业主要分布在我国中东部，处于长三角地区的上海、中部地区的湖北、环渤海湾的北京以及珠三角地区的广东，这四地医疗器械第三方物流企业数量占比约为整个市场的50%。

据分会不完全统计，截至 2021 年 12 月底，上海共有医疗器械第三方物流企业 49 家，位居全国第一；湖北共 47 家排名第二；北京与广东分别以 44 家、43 家位列第三、第四；其次为天津（39 家）、江苏（33 家）、四川（29 家）、浙江（25 家）、湖南（23 家）、广西（16 家）。截至 2021 年年底我国医疗器械第三方物流企业数量 TOP 10 省（区市）如图 12 所示。

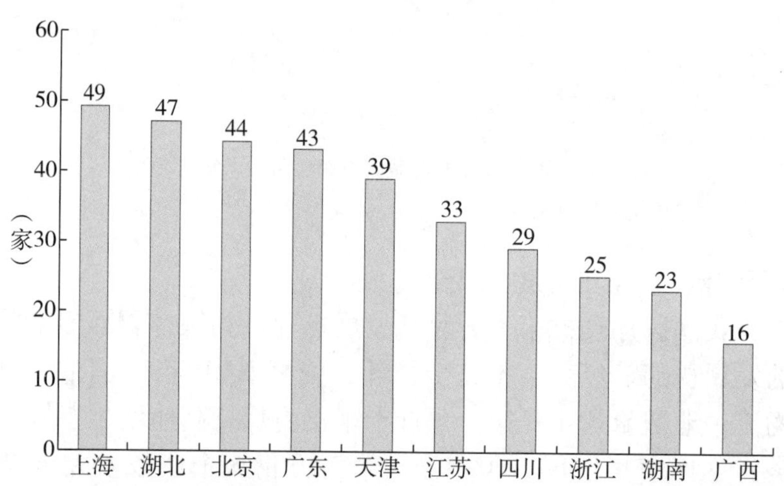

图 12　截至 2021 年年底我国医疗器械第三方物流企业数量 TOP 10 省（区市）

资料来源：中物联医疗器械供应链分会。

（二）政策环境

1.《医疗器械监督管理条例》引领行业监管新阶段

新版《医疗器械监督管理条例》（以下简称“新《条例》”）公布，并于

2021 年 6 月 1 日起施行。新《条例》突出强调了落实医疗器械审评审批制度改革要求，夯实企业主体责任；巩固“放管服”改革成果，优化审批备案程序，对创新医疗器械优先审批，释放市场创新活力；加强对医疗器械的全生命周期和全过程监管，提高监管效能；加大对违法行为的处罚力度，提高违法成本。本次修订将有力地促进医疗器械行业的科学监管，推动医疗器械产业发展。

新《条例》发布之后，《医疗器械注册与备案管理办法》《体外诊断试剂注册与备案管理办法》《医疗器械注册自检管理规定》《体外诊断试剂分类规则》等相关配套法规文件相继发布，《医疗器械经营质量管理规范》也正在修订。可见，医疗器械法规政策体系正在逐步完善，以更好地适应新时期医改要求以及行业快速发展的步伐。

2. 医疗器械集中带量采购快速扩围扩面

2021 年，医疗器械集中带量采购快速扩围扩面，各省（区市）医保部门都在紧锣密鼓地开展相关工作，据分会不完全统计，2021 年各省（区市）出台医疗器械集中带量采购（以下简称“集采”）政策文件近百项，可见医疗器械集采工作的推行力度之大前所未有。2021 年我国各省（区市）医疗器械集采政策数量情况如图 13 所示。2021 年各层级医用耗材带量采购项目与品种数量汇总如表 2 所示。

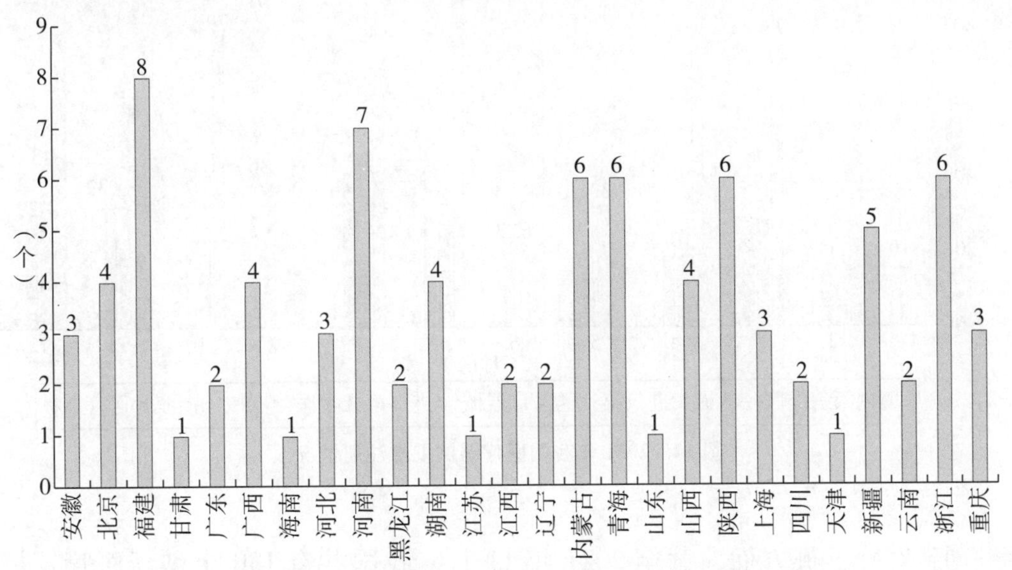

图 13　2021 年我国各省（区市）医疗器械集采政策数量情况

表 2　**2021 年各层级医用耗材带量采购项目与品种数量汇总**　（单位：个）

层级	国家级	省际联盟	省级	地市联盟	地市
项目数量	2	20	22	21	25
产品种类数量	3	14	24	29	47

3. 医疗器械审评审批制度改革继续深化

新《条例》总结吸收了近年来医疗器械审评审批制度改革成果，将创新产品注册程序、优先注册程序、应急注册程序等特殊注册程序纳入其中，为推动医疗器械高质量发展提供了有力支撑。据国家药监局公开数据显示，2021 年，我国医疗器械共批准注册 1710 个，分别为境内第三类医疗器械 1131 个、进口第三类医疗器械 283 个、进口第二类医疗器械 273 个，港澳台医疗器械 23 个。2021 年我国医疗器械批准注册情况如图 14 所示。

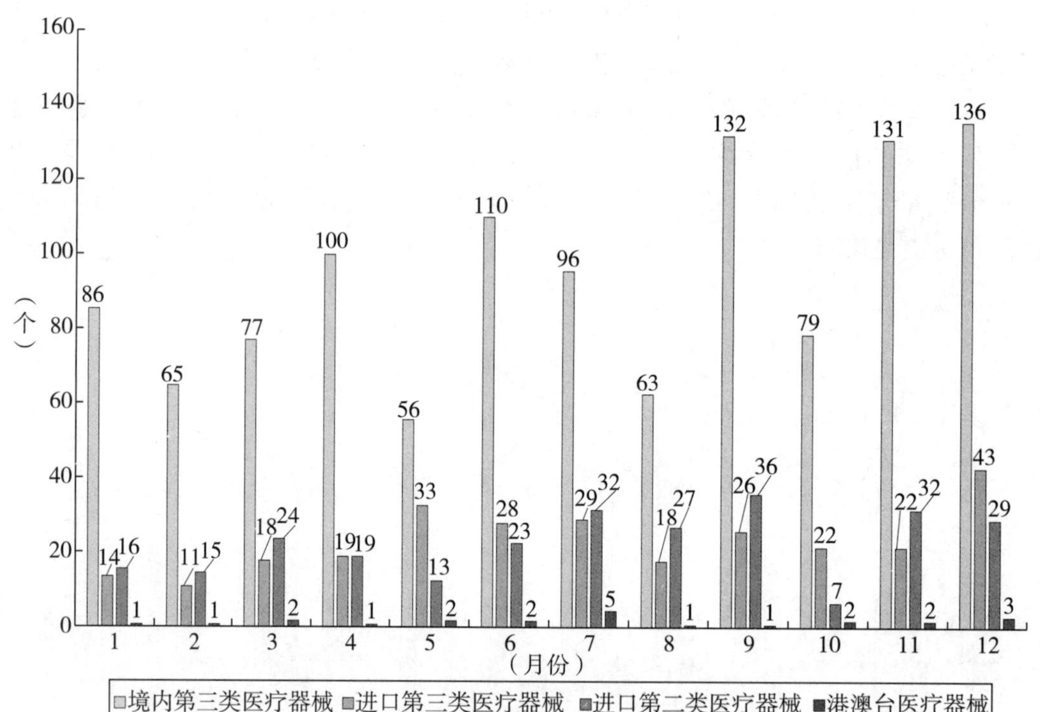

图 14　2021 年我国医疗器械批准注册情况

资料来源：国家药监局。

创新医疗器械方面，截至 2021 年 11 月，我国共有 130 个创新医疗器械，其中 2021 年批准 30 个，是自 2014 年设置“创新医疗器械特别审查通道”以来，创新医疗器械年度获批数量最多的一年。

4. 医疗器械唯一标识（以下简称“UDI”）稳步推进

我国医疗器械唯一标识的推进在 IMDRF（国际医疗器械监管者论坛）的

UDI 框架下不断地探索和尝试中前进。2019 年 7 月，国家药监局综合司、国家卫生健康委办公厅联合印发《医疗器械唯一标识系统试点工作方案》，这标志着我国 UDI 系统试点工作正式启动。全国 116 家医疗器械生产企业和经营企业及 108 家医疗机构参与试点，试点品种涉及植入介入类高风险医疗器械 65 个品种。

在《国家药监局 国家卫生健康委 国家医保局关于深入推进试点做好第一批实施医疗器械唯一标识工作的公告》（2020 年第 106 号）中指出第一批 UDI 实施时间为 2021 年 1 月 1 日，明确实施品种为试点品种的 9 大类、69 种医疗器械产品。2021 年 7 月，国家药监局综合司发布《关于做好第二批实施医疗器械唯一标识工作的公告（征求意见稿）》，初步确定 2022 年 3 月 1 日起对第三类医疗器械纳入实施 UDI 范围。

截至 2021 年 8 月，国家药监局联合国家卫生健康委、国家医保局已基本建立健全 UDI 法规标准体系，搭建 UDI 数据平台，实现 UDI 创建、赋予以及数据上传下载和共享功能；积极推动 UDI 系统试点的“三医联动”模式，截至 2020 年 12 月下旬，在国家 UDI 数据库中生产企业共享数据约 33 万条，涉及 21 大类医疗器械。从器械品种数据看，无源植入器械 2.5 万条，神经和心血管手术器械 3.2 万条，眼科器械 1.6 万条；从各省（市）提交的数据来看，上海、天津、山东、北京、江苏等地区企业提交的数据位居前列。2020 年 11 月，国家医保局组织集中采购的 10 个冠脉支架产品，均赋有 UDI 并上报数据库。

（三）面临的挑战

1. 研发投入不够，创新水平亟待提高

目前我国医疗器械企业产品研发仍以仿制和改进设计为主，如 IVD 等技术的原始创新能力严重不足，主要体现在缺乏原创性的新型诊断生物标记物。我国医疗器械企业规模偏小，企业研发投入金额不足。2020 年我国医疗器械全部上市公司的研发投入合计约为美国美敦力一家企业研发投入，导致科技成果转化能力薄弱。同时，我国医疗器械的研发还存在产、学、研结合不紧密，医学界与学术界不能真正满足企业的需求，研发与临床的结合不紧密等创新方面的问题。我国医疗器械行业的整体竞争力仍然有待提升。国产医疗器械尚未实现全品类的突破，导致国内市场部分高端设备仍以进口为主；国际市场中，国产设备仍是少数，国产品牌的综合竞争力有待提高。

2. 医疗器械产品同质化严重，竞争越来越激烈

我国医疗器械生产企业的产品同质化较严重，具备生产一类和二类器械产品资质的企业有近 3 万家，而能够生产三类产品的企业仅有 2400 家左右。生

产组装型企业占比在 90% 以上，独立研发型企业少，原创技术与原创产品较少。特别是医疗设备领域，企业主要集中在中低端市场，造成的产品同质化现象严重，以及高端市场竞争力不足等问题，严重制约着行业的发展。在医保控费背景下，同质化的产品及商业模式，将导致行业竞争愈加激烈，造成企业盈利能力不强。目前国内近 100 家上市医疗器械企业，有近 40 家企业净资产收益率 ROE 小于 10%，低端产品靠 OEM 模式赚取较低的利润。

3. 医疗器械供应链合作关系亟须破旧立新

在外部竞争环境和需求端发生显著变化的背景下，过去通过扩大生产产量、降低生产成本来增加利润的时代已经过去，高效的供应链管理是企业有序发展的基础。目前，医疗器械市场需求主要来自医院终端，少量来自零售药店和理疗体验店，由于医院购销需求主要通过公开招标采购满足，虽然需求明确，但全国医院数量众多、需求多样，医院终端对交货期、所需产品和服务的要求更高，将不断加大医疗器械企业经营的不确定性。如何借助企业之间的战略合作，最大限度地减少内部消耗，实现供应链上合作企业高度协同、供应链整体利润最大化，使得竞争优势更稳定是当务之急。

4. 专业人才的匮乏是医疗器械行业长期以来的顽疾

医疗器械设备的专业性、产品以及流通渠道的特殊性，要求医疗器械的仓储调度员需要有一定的医学背景，调度员接到订单的时候，可以根据病人病历决定配送什么样的器械或产品，从而大大降低物流配送产品与病人所需器械不匹配的概率。当前医疗器械物流从业者中，具有专业背景的人员较少，亟待多渠道培养。医疗器械物流企业的质量管理、验收、仓储、运输等岗位人员，除了接受上岗培训，掌握相应专业知识，符合岗位技能以外，医疗器械物流从业者还应加强医疗相关知识的教学培训。

二、2022 年医疗器械物流发展展望

（一）政策红利持续推进医疗器械供应链高质量发展

2021 年是“十四五”开局之年，新时期国家陆续发布的多项政策，都极大助推了医疗器械产业的发展。新修订的《医疗器械监督管理条例》作为我国医疗器械监督管理的“基本法”，提出创新医疗器械优先审批，加强医疗器械监管信息化建设，推进医疗器械全生命周期质量管理。未来行业监管的不断完善，将有力助推医疗器械产业结构调整及行业高质量发展。

（二）行业加速整合，重构医疗器械供应链

未来集中采购仍是医疗器械行业改革的主旋律，并将不断扩围扩面。以降价控费为目标，量价挂钩、招采合一、价格联动，继续进入新一轮政策调整期，流通领域集中度进一步大幅提高，配送商业将出现功能分化。经不完全统计，2021 年，国药、上药、华润、九州通四家全国医疗器械市场主要占有者的市场占有率不足 25%，行业集中度较低。未来，国内外医疗器械龙头企业也将持续积极地通过投资、并购等多样化方式加强上下游产业链整合，提升协同效率。随着行业集中度的进一步提升，行业竞争也将越发激烈。

（三）自主创新提质增效，国产化进程加快

创新力是医疗器械行业“十四五”时期甚至未来较长时期内的发展动力引擎。未来医疗器械市场的竞争重点必将集中在技术创新等核心能力，亟须聚力自主核心技术攻关，强化发展韧性，逐渐消除产品性能同质化等现象，进一步加速进口替代，向国家高端化市场发力。据数据显示，受防疫物资带动，2020 年我国医药出口额约 1238 亿美元，同比增长约 68%，其中医疗器械出口额 730 亿美元，同比增长 155%。免疫类诊断试剂的同比增幅甚至高达 1540%。未来将有更多具有实力的企业、产品走向国际市场，同时吸引更多跨国企业入驻中国市场，扎根本土。

（四）数智化不断赋能医疗器械生态圈

在两票制、零加成、集中采购等政策的逐步推行下，医疗器械行业已经转变过去传统、粗放式发展，通过信息智能化手段提高质量及效率，使用智能技术实现流程自动化及医疗器械供应链端到端的可视化。我国已迈进 5G 时代，数字化进程也处在世界领先水平，但大多数医疗器械企业有待进一步提升信息化应用。

未来随着数字化信息技术的不断发展，以及企业的升级运用，医疗器械供应链将逐步实现整体智能化的转型，形成医疗器械产品及物流设备智能化、远程问诊服务等，打造互联互通互享的医疗器械生态圈。

（五）加强供应链扁平化、柔性化应急管理

2021 年，耗材集中带量采购陆续落地，未来随着集采品类的逐步增加和相关政策的推行，医疗器械供应链势必会进一步扁平化发展，链条上下游的协同性将会更加紧密。同时，新冠肺炎疫情中暴露的供应链短板与不足，将是“十四五”时期国家及企业的重点推进工作，应加强供应链管理、体系建设及能力提升，优化供应链条，提高医疗器械供应链柔性管理及应急能力，加强医

疗智慧供应链建设。

（六）医疗器械第三方物流发展进入快车道

我国医疗器械第三方物流起步较晚，但随着医疗器械行业对物流无缝对接、可追溯性要求的提升，以及医疗器械第三方物流完善的物流网络和先进的软硬件设施，医疗器械第三方物流的专业性与规模优势进一步彰显，快速发展。近年来，我国出台耗材“两票制”等多部利好政策推动医疗器械第三方物流发展的同时，供应链流通环节的压缩、医疗器械市场规模的迅猛增长也是推动医疗器械第三方物流发展的重要原因。医疗器械第三方物流模式促进了医疗器械经营环节贮存运输的规范化、集约化管理，满足了行业发展需要，医疗器械第三方物流已进入黄金期。

（七）医疗器械电商化趋势明显

随着互联网、电子商务的高速发展，近年来，我国医药电商发展得如火如荼，逐渐进入成熟期，市场规模持续扩大。尤其在新冠肺炎疫情中，互联网电商涌现活力，足不出户、一键购物、“无接触”配送发展火热，发挥了不可替代的作用。

疫情防控期间，家用医疗器械产品的需求量不断激增，用户数量不断增长，带动了各类医药电商的业绩上浮。一方面，电商巨头瞄准医疗器械重点布局，运用互联网大数据监控耗材、医疗服务等过程。另一方面，随着消费需求的不断增长，渠道产品的迅速升级，专业能力的明显提升，家用医疗器械市场体量预计将持续增加，未来几年实现17%以上的年增长率。医疗器械行业逐步趋于成熟的同时，其电商化将是重要发展趋势。

（八）持续深化一体化服务

未来企业将加快整合转型，升级构建医疗器械供应链一体化服务。其中，医疗器械物流将提高服务能力，丰富服务形式，创新服务模式，流通质量将大幅提高，从物流模式延伸至末端服务。另外，我国医疗器械仍处于吸收创新阶段，进口医疗器械在我国市场占有重要份额，医疗器械出口模式也在转型调整当中，医疗器械“走出去”“走进来”的同时带来的是供应链一体化服务。特别是对于大型精密仪器来说，涉及报关、国际物流等多个环节，对整个供应链物流服务及安装调试等过程要求极为严格，需要专业的供应链解决方案团队。因此，医疗器械物流行业将持续深化一体化服务，打造完整精细的供应链环节。

（作者：中国物流与采购联合会医疗器械供应链分会　秦玉鸣）

第三章

技术与装备市场

2021 年物流技术与装备市场回顾与 2022 年展望

2021 年是“十四五”规划的开局之年，是全面建设社会主义现代化国家新征程开启之年，也是实现碳达峰、碳中和目标的启航之年。随着国内国际“双循环”的经济形势步入常态化，国内消费市场规模进一步扩大，智能制造与服务业深度融合，5G、物联网、人工智能、云计算、大数据等新一代信息技术在物流领域的不断应用，物流技术与装备市场规模迅速发展，培育壮大了一批物流技术与装备制造企业，市场集中度不断加大，推动物流技术产品呈现高端化、集成化、系统化、信息化、智能化的发展态势。

一、2021 年物流技术与装备市场回顾

（一）物流技术与装备市场发展快速

近年来，物流业面临高涨的劳动力成本、土地成本和仓储租金，机械化、自动化设备取代人工作业，提升土地利用率成为必然，我国物流技术与装备市场也得以快速发展。目前，我国叉车保有量已超过 150 万台，托盘保有量超过 9 亿片，工业货架年产量超过 60 万吨；以高架库、立体仓库、全自动化物流系统、物流配送中心、机械或自动化输送分拣系统为代表的物流系统机械化与自动化设备，连年保持近 30% 的增长。

（二）市场集中度不断提升

货运车辆、叉车、货架作为物流装备中运输、搬运和仓储的传统产品，市场集中度在不断提高，例如，东风、一汽、重汽、福田、陕汽五家商用车企业占整个重卡市场的80%以上；合力、杭叉、龙工、柳工等国内主流叉车企业市场占有率接近60%；南京音飞、江苏六维、南京华德、上海精星、东联仓储、厦门鹏远等几大货架企业市场占有率超过60%。市场集中度的提升是行业转型升级发展的关键，可以改变行业小散乱差的局面，有利于行业适度竞争和建立行业自律，对产业的未来长期健康发展具有积极意义。

（三）“双碳”目标引领装备绿色升级

在货运车辆领域，以LNG天然气车辆为例，我国同类产品行业接近国际先进水平，电动重卡销量同比增长394%，氢能重卡销量同比增长42倍，新能源物流轻卡销量同比增长109.9%。在叉车领域，我国电动式叉车占比已由36.7%上升到2020年的50.4%。在“双碳”目标的指引下，装备绿色化进程正在不断加快。

（四）装备集成发展趋势明显

将货架、自动化立体仓库、控制系统、输送分拣等有效整合，为客户提供一体化服务，已成为当前物流技术与装备市场发展的重要趋势。例如，目前我国自动化立体仓库建设增长速度较快，我国自动化立体仓库面积达到3.49亿平方米，较2018年增长了19.9%，自动化立体仓库的系统将越来越复杂，应用范围越来越广。另外，将运输和装卸作业一体化也是装备集成发展的一个方向。

（五）信息技术推动装备智能化

在“互联网+”的环境下，信息技术的发展推动了以“产业互联网”为特征的新工业革命，其主要体现是“智慧制造、智慧工厂的信息物流系统”，由此带来的物流技术创新主要体现在以物联网、云计算、大数据、移动互联网应用的物流信息系统创新和以自动化、智能化、绿色环保为方向的装备创新。

二、物流技术与装备市场概况

（一）仓储技术与装备市场

仓储是物流行业的主要组成部分，是第一、第二产业的配套服务产业，作为基础性、战略性产业的定位不断被认识和强化。随着国内物流行业整体的稳健增长，相应带动物流流程的主要环节——仓储市场需求的快速增长。根据中国物流与采购联合会数据显示，2021 年中国仓储指数平均水平为 52%，较 2020 年上升 2. 2 个百分点，显示仓储行业需求保持旺盛，行业运行稳定。2021 年中国仓储指数走势如图 1 所示。2021 年仓储业务量指数如图 2 所示。

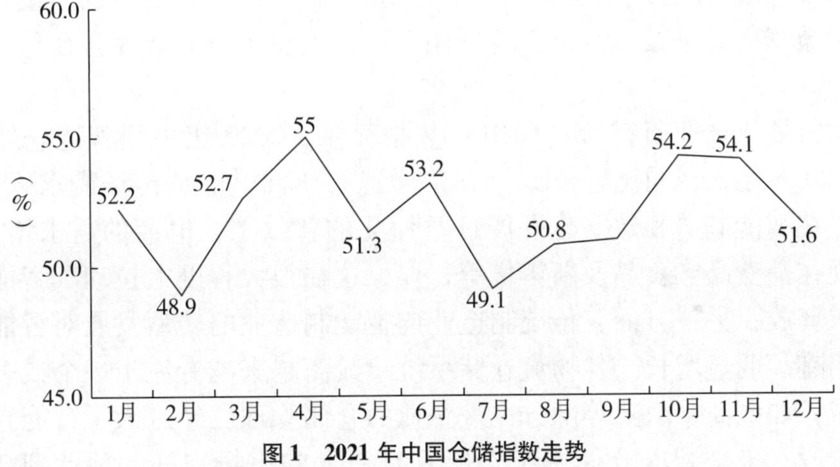

图 1 2021 年中国仓储指数走势

资料来源：中国物流与采购联合会。

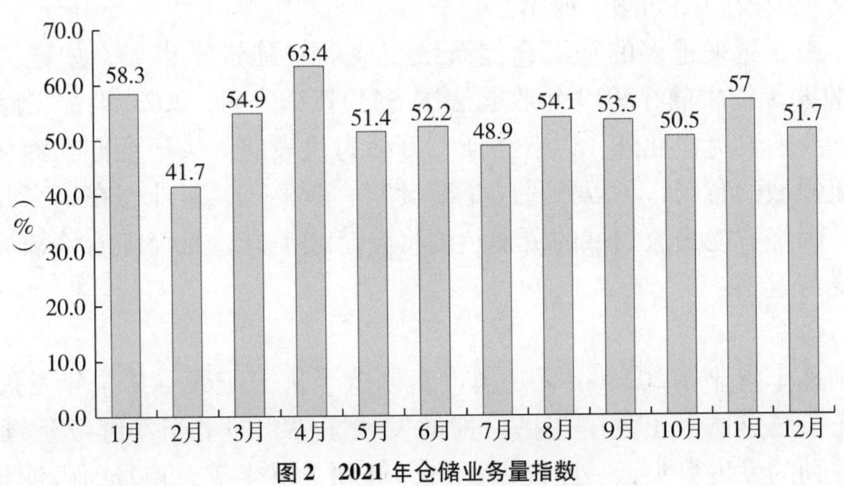

图 2 2021 年仓储业务量指数

资料来源：中国物流与采购联合会。

从发展阶段来看，我国仓储行业发展包括人工仓储、机械化仓储、自动化仓储、集成自动化仓储、智能自动化仓储五阶段。目前，我国仓储物流行业发展正处在自动化与集成自动化发展阶段，主要应用自动化立体仓库、AGV、AMR、自动货架系统、自动存取机器人、自动识别和自动分拣系统等先进物流技术与设备，并通过新一代信息技术实现实时控制和管理。未来随着信息技能的发展，仓储物流行业的发展将会联合工业互联网的技术不断向智能化升级。

1. 系统集成

2021 年我国仓储管理系统行业发展迅速，自动货架系统、输送系统、自动识别和自动分拣系统等先进物流自动化系统通过新一代信息技术进行实时控制和管理，实现柔性化发展；自动化立体仓库与企业生产系统一体化发展逐步成熟，形成了多系列、多品种、多档次、高性价比的产品线；自动化物流仓储系统软件 WMS（仓储管理系统）、WCS（仓库控制系统）不断创新研发，运用云计算和大数据等先进技术走向整合应用发展；物流中心向全面自动化、无人化方向发展。

高工机器人产业研究所（GGII）数据显示，2020 年中国智能仓储系统市场规模 980.6 亿元，同比增长 14.5%，增速有所回升。从市场需求方面来看，一方面，在智能制造和数字化发展日益深化的背景下，电商的需求增长明显，尤其体现在消费品、食品及新零售等行业，这在很大程度上拉动了智能物流仓储的需求释放；另一方面，传统制造业向智能制造业的转型发展对智能设备的导入应用有了明显增长。各物流仓储系统集成商越来越专注于一个或多个垂直细分领域，如电商、医药等部分先进企业的仓储管理已经进入了智能仓储的应用实施阶段。未来智能仓储系统发展具有更大的市场空间，预计到 2025 年，中国智能仓储系统市场规模有望达到 2500 亿元。2015—2025 年中国智能仓储系统市场规模及预测如图 3 所示。

近年来，越来越多的物流仓储系统集成商登陆资本市场，如诺力股份于 2016 年收购无锡中鼎，2019 年收购法国 SAVOYE 公司；2021 年音飞储存 4.65 亿元收购罗伯泰克；此外，以普洛斯、万纬为代表的巨头厂商亦在深化自身在智能物流领域的布局，可以预见的是新玩家、新模式、新业态在未来几年将持续涌现，围绕智能物流领域的资本热度将会持续提升，且伴随着该领域竞争格局的裂变与重塑。

2. 叉车

中国叉车行业在 2021 年又一次重新创造了历史纪录。从全年发展状况来看，叉车市场整体上出现了先扬后抑的发展态势，即上半年继续延续了 2020 年比较强劲的发展势头，一路高歌猛进，但到了下半年，市场行情明显开始出现了后劲不足的疲态之势，产销量与上半年相比有不同程度的下滑。从中国工程机

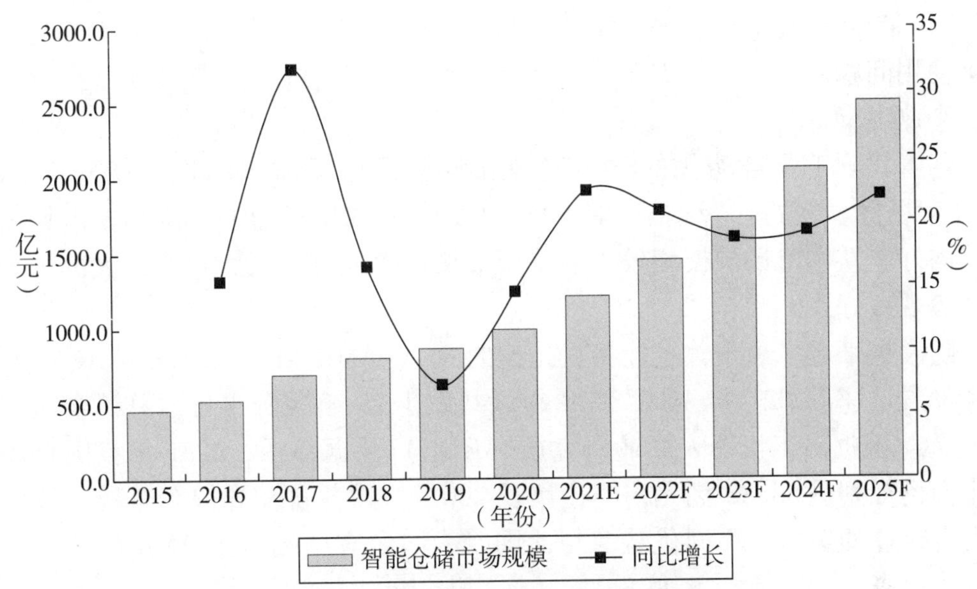

图 3　2015—2025 年中国智能仓储系统市场规模及预测

资料来源：高工机器人产业研究所（GGII）。

械工业协会工业车辆分会发布的叉车全年销售数据来看，在 2021 年度，中国叉车的全年总销售量高达 1099382 台，其中国内销售 783619 台，接近了 2020 年全行业的总销售量，继续成为全球排名第一的叉车超级生产大国和销售大国，国内销售量与出口均出现大幅度增长。

结合相关数据及叉车应用情况来看，2021 年叉车市场发展状况主要有以下几个特点。

一是电动类叉车正以一种加速发展的态势前行，成为整个行业成长的主要动力，市场发展广阔。2021 年电动类叉车的占比已经达到了 59. 83%，与 2020 年的 51. 27% 相比，提升了接近 9%，这些数据充分说明电动类叉车在中国的发展速度很快，中国叉车行业的多家主机厂在油改电方面的努力对于电动类叉车占比的提升是功不可没的。

二是产品智能化发展迅速，从叉车最新技术应用来看，无人叉车技术得到进一步发展。无人叉车融合了叉车技术和自动导向车技术，与普通自动导向车技术相比，它除了能完成点对点的物料搬运之外，更能实现多个生产环节对接的物流运输，不仅擅长高位仓库、库外收货区、产线转运三大场景，而且在重载、特殊搬运等场景也有着不可替代的作用。以未来机器人 VNL4 无人叉车为例，该无人叉车的额定载重从 3T 提升至 4. 5T，举升高度从 3 米提升到 4 米，满足重载需求企业从产线转运、线边转运到仓库存储的 75% 以上内部物流刚需场景。

三是新能源在叉车领域内的应用进一步推广。在“双碳”目标以及新能源快速发展驱动下，氢能源叉车快速发展，目前的应用场景多为各地的国家示范项目。而受制于经济性、加氢站的分布等，氢能源叉车的发展仍将面临更多的实际使用问题。

3. AGV/AMR

随着我国工业自动化的逐步发展和疫情后市场需求的逐步恢复，AGV/AMR 市场稳步发展。“增长”是 2021 年 AGV/AMR 行业的主旋律，市场需求持续向好，整体市场规模相较于上一年增长幅度也有了很大提升，大部分企业业绩表现良好。

随着越来越多独角兽企业将目光投向 AGV/AMR 领域，2021 年 AGV/AMR 市场发展迅速。2021 年 AGV/AMR 领域共发生 29 起融资事件，总计金额超过 40 亿元。根据高工机器人产业研究所（GGII）数据显示，2021 年我国自动导向车商场规划达 58.82 亿元，同比增长 200.7%。各自动导向车企业继续深化在现有行业的努力，巩固优势。与此同时，国内应用端对于 AMR 的认可度正在逐步提高。

2021 年，以宁德时代、国轩高科、中航锂电、蜂巢能源等为代表的动力电池企业纷纷投资扩产，由此带动了新能源行业对 AGV/AMR 的需求爆发，很多 AGV/AMR 及相关物流集成企业都拿到了大额的新能源行业订单。

随着 AGV（自动导引运输车）的不断发展以及各行业对自动化物料搬运系统的需求，AGV 向小型化、重载化发展。重载 AGV 及攀爬式 AGV 得到推广应用。2021 年 8 月，卫华集团旗下卫特机器人公司自主研发 100 吨重载 AGV 运输车 Z1－100T。Z1－100T 以大尺寸、高承载为特征，配合机器人调度系统可实现重载自动导向搬运工作的智能化与柔性化。井松智能攀爬式 AGV 是在堆垛机、多层穿梭车、设计、制造、应用需求基础上开发研制的，采用二维码、视觉导航定位、360°旋转技术，配置定制化伸缩货叉、链轮式攀爬轨道以及全新的取货方式和软件调度管理系统，实现货物存放位与货物操作工位直接搬运，以及多车协同存取、搬运、拣选作业，提升仓储柔性及效率。

AMR（自主移动机器人）凭借其高灵活性及自主导航技术，进一步优化了生产力。AMR 使用来自摄像头、内置传感器、激光扫描仪的数据以及复杂的软件，使其能够探测周围环境，并选择最有效的路径到达目标。极智嘉搬运产品线中最小巧的一款机器人 M200C 凭借高性能融合导航可实现高行走精度，小体积的 M200C 可通过狭小通道，加上其标配 360°激光导航及前后物理防撞条，支持低矮物体检测，人机混行场景运行更加安全可靠。

从 AGV 到 AMR 的发展趋势可以看出，这种物流搬运设备的“车辆”属性正在被弱化，机器人属性更加凸显。

4. 输送分拣设备

快递包裹井喷式发展是推动自动输送分拣设备市场需求快速增长的主要动

力。2021 年，全国快递行业业务收入累计完成 10332.3 亿元，同比增长 17.5%。快递电商的小批量、多批次、高频率特征，对物流仓配中心的装备运行效率、准确率、稳定性等方面提出了较高的要求，另外，随着劳动力成本的大幅上升，极大促进了自动输送分拣行业的快速发展。2020 年，我国的自动输送分拣设备市场规模约为 213.5 亿元，年度增长率约为 29%，2021 年继续保持着高速增长态势。

电商和快递的井喷式发展也促使物流业发生变革，对应用于大型分拨中心的自动输送分拣系统的运行效率、准确率、稳定性、柔性分拣等能力，提出了更高要求，自动输送分拣设备市场前景十分广阔。杭州德儿网络科技有限公司（以下简称“德儿公司”）为解决分拣效率低和分拣运作成本高等问题，引入了极立方智能分拣系统。极立方智能分拣系统具有快、易、准、柔四个特点。运用极立方智能分拣系统可使实际落地分拣效率提高；同时，可按需定制多面扫码系统，轻松对接各种 WMS、ERP 系统。为解决天津快运中转枢纽大小件的范围较大、分拣流量无法满足流通量需求等问题，锋馥公司制订了使用窄带分拣机代替滑块分拣机的解决方案。窄带分拣机的动态控制分拣多变性、运行稳定性和大小件分拣兼容能力可以解决货物流量要求高、类型较多、品类较杂、卸货效率波动较大、货物平均重量大、尺寸较大等大件包裹分拣问题。此外，机器人分拣技术凭借其系统可拓展性强、人工成本低、分拣差错小、系统可靠性高以及节能环保等特点得到了广泛发展，极智嘉推出的全新升级的 S100C 分拣机器人采用双皮带设计、业界首创的独立旋转底盘设计结构，实现了无缝对接自动化设备，更好地适应线上销量增加、亟须灵活处理多种商品的复杂物流场景，该分拣机器人已应用于中新友好图书馆等物流场景。

5. 拣选设备

拆零拣选一直是物流仓储作业的重要作业环节，疫情影响下，仓库的自动化、智能化、无人化需求进一步凸显，促使物流技术装备企业不断创新拣选解决方案。为了持续提高拣选的效率和准确率，拆零拣选技术经历了从全人工拣选到有自动化设备参与的半自动化拣选（包括“人到货”以及“货到人”拣选），再升级为引入机器人（机器手臂）的全自动拣选。在人工成本持续走高的背景下，如应用四向穿梭车技术的半自动化拣选方案和机器人拣选的全自动拣选技术愈加受到重视。

四向穿梭车系统的高灵活性、高安全性、高稳定性，低成本、节省能耗等特点使得其广泛应用。例如，苏州第二图书馆采用凯乐士四向穿梭车系统，该四向穿梭车系统可与仓储控制系统 WCS 进行完美融合，实现自动化识别、存取等功能。

“货到机器人”拣选系统通常由智能仓储系统、自动导向车或输送线等输送系统、机器人系统构成，解决自动化搬运和自动化拣选两大问题。与“货到人”拣选系统下的人工拣选方式相比较，“货到机器人”拣选系统下的拣选机器人不仅能够长时间重复拣选动作，节省人力，还可以大幅度提高拣选效率，保证准确率。因此，在人力成本越来越高的趋势下，“货到机器人”拣选系统无疑具有独特优势。

此外，灯光拣选系统、语音拣选系统、增强视觉拣选系统等多种智能拣选支撑技术快速发展。例如，增强视觉拣选系统使用终端设备，如智能手机、眼镜等设备，利用移动摄像头实现物流的可视化拣选，能有效提升仓储拣货作业效率。国际物流公司 Knapp（科纳普）联合软件开发公司 SAP 和增强现实穿戴设备公司 Ubimax 共同研发的视觉拣货系统可以实现实时室内导航、读取货物条码、对货物进行出入库的管理以及实时物体的识别。操作员可以在头戴显示器中看见拣货清单以及室内导航的最佳路线，通过规划路径节省时间以提高拣货的效率。

数字化转型发展在拣选设备上得到了进一步体现，菜鸟最新研发的 LEMO PDA 扫码枪进一步降低了物流作业的数字化转型门槛，该款 PDA 扫码枪可实现高速连续扫描、多通道反馈、超长待机、极简操作。工人进入仓库后，作业任务直接下发至 LEMO PDA，基于声光电技术以震动、灯光闪烁等形式引导仓内工人完成拣选、补货等任务。顺邦科技给 PDA 扫码枪新增设了虚拟垛标功能，虚拟垛标可把智能物流系统中的物流码关联在同一个虚拟垛标内（等同于在原来的物流码包装规格中新增一个最高的等级），关联后无须知道该虚拟垛标的流水号，只需扫描该虚拟垛标内关联过的其中一个物流码，即可实现整个虚拟垛标中包含的所有物流码一次性入库/出货/退货/调仓，大大提升工作效率。

（二）运输技术装备市场

2021 年 1 月 1 日起，我国禁止销售所有国五轻卡车型，传统燃油卡车加速被淘汰。2021 年 10 月 24 日，国务院印发的《国务院关于印发 2030 年前碳达峰行动方案的通知》中明确提出：推动运输工具装备低碳转型。积极扩大电力、氢能、天然气、先进生物液体燃料等新能源、清洁能源在交通运输领域应用。大力推广新能源汽车，逐步降低传统燃油汽车在新车产销和汽车保有量中的占比，推动城市公共服务车辆电动化替代，推广电力、氢燃料、液化天然气动力重型货运车辆。我国卡车市场在政策的推动下，呈现绿色化、多元化、智能化发展。

1. 电动重卡

2021 年电动重卡总产量达到 12599 辆，同比增长 394%（2020 年总产量

2551 辆）。其中，换电重卡销售 3228 辆，重卡换电站超过 100 座。

换电重卡模式能够有效解决充电慢、充电难、续航焦虑等充电重卡模式运营效率问题，得到了有关部门的支持和鼓励。2021 年 10 月 28 日，工业和信息化部办公厅印发的《关于启动新能源汽车换电模式应用试点工作的通知》中提出，在宜宾、唐山、包头这几座换电重卡特色类城市进行试点，首次将重卡特色类城市纳入试点范围。

相比于传统的充电模式，重卡选用换电模式有诸多益处，比如：换电重卡补能效率更高，换电时间仅需 3 ~ 5 分钟；换电站会储备多块动力电池，可以延长电池使用寿命；采用“车电分离”模式，降低客户购车成本压力；可有效解决封闭场景下续航里程问题，在港口、矿山、钢厂等场景中市场潜力巨大。公铁、公水多式联运两端的公路短驳运输，由于线路固定、距离适中，充换电基础设施可以得到保证，也是电动重卡较好的应用场景。

相比电动乘用车，换电重卡市场场景相对清晰、需求更为刚性，而宁德时代作为换电领域的后来者，首先从换电重卡市场切入，难度较乘用车更低。而换电重卡日后若产生规模效应，也将有助于宁德时代提升其磷酸铁锂电池的销量和市场份额。国家电投提出，到 2025 年，计划新增总投资规模 1150 亿元，推广重卡 20 万辆，其他类型车辆 37 万辆，新增投资持有换电站 4000 座，新增投资持有电池 22.8 万套。协鑫能科 2022 年 1 月 19 日发布公告称，将与百度投资的商用车自动驾驶公司深向科技合作，双方共同推动京沪线换电重卡运营的换电试运行工作，并在 2023 年年底前完成京沪高速先期 1000 辆换电重卡服务能力的换电网络布局。

2. 氢燃料电池重卡（氢能重卡）

2021 年氢能重卡销量 779 辆，同比增长 42 倍，占新能源重卡的份额从 2020 年的 0.7% 上升至 2021 年的 7.46%，成为新能源重卡领域的重要细分市场。

公开数据表明，到 2050 年，氢能源会承担起全球 18% 的能源总需求，创造出的市场价值将超过 2.5 万亿美元。基于上述情况，我国已经提前展开对整个产业链的布局。

氢能源整个产业链可以分为燃料电池端和氢能端，其中，燃料电池端主要对应的是燃料电池动力系统的配套和产业化应用；氢能端则对应的是制氢以及储氢这两个上游环节。在氢气的制备上，中泰股份和滨化股份两家公司，主要参与光伏制氢以及电解水制氢。在氢气的储备上，深冷股份、京城股份以及中材科技等分别从液氢装置、车载储氢瓶、高压储氢系统等方向着手准备。

现阶段，国内燃油重卡、新能源重卡（纯电动重卡、氢能重卡）、天然气重卡各具优势。从长远来看，燃油重卡势必被氢能重卡和纯电动重卡替代。其中，氢能重卡由于相较于纯电动重卡具有环保、续航里程长、载重效率高、补能时间短、抗低温性能好等优势。

从目前市场中氢能重卡的运营情况来看，其应用场景与纯电动重卡类似，都集中于相对封闭的场景，如矿山、煤炭、港口等固定运输专线、支线短驳等。

长城以北、西部和西北部基本上是冬季温度低、能源基地多，同时对于可再生能源的集中度高，具有氢能生产和利用的场景，非常适合氢能全产业链发展。

替代柴油重卡等柴油车型是氢燃料电池汽车应用的当务之急，因为柴油车的氮氧化物排放量占到了车辆排放总量的近七成。以产能近 400 万吨/年某焦炭项目为例进行计算，原材料与产品年综合运输需求约为 1000 万吨。为满足运输需求，如果组建 500 辆氢能重卡替换原有柴油重卡，每年可减排二氧化碳约 6 万吨，相当于 300 万棵树每年吸收的二氧化碳量。焦化副产的焦炉煤气经过变压吸附提纯还可满足氢能重卡的用氢需求，形成绿色物流闭环。

不过目前氢燃料电池的生产成本较高，尚未达到规模效应。同时，与充电桩的建设一样，加氢基础设施建设仍处于起步阶段。氢能重卡的未来发展要从动力性、低成本、轻量化、用户体验四大方面考虑。动力性方面，提升功率是必然趋势；低成本方面，包括较低的购置成本、运营成本以及人工成本；轻量化包括车载氢系统的轻量化、底盘轻量化及减小动力电池质量；用户体验包括便利性、安全性、动力性、外观等方面。

在碳达峰、碳中和的大背景下，新能源重卡（电动、氢燃料电池）有望从大型企业、港口、园区等特定场景开始逐步渗透。其中，2022 年燃料电池车企的扩张布局或更为积极，同时在“双碳”目标的激励下，地方政府和国企也有望积极推进氢能产业化发展和项目落地，2022 年氢能重卡销量有望达到 3500 辆。

3. 天然气重卡

2021 年，国内天然气重卡行业以 5 万辆收官，市场需求大跌 60.5%，创近 5 年来最高降幅。天然气重卡是重卡行业中跌幅最大的细分市场。

主要存在三方面原因。一是车用 LNG 价格大涨。自 2021 年 3 月以来，中国 LNG 出厂价格一路上涨，从 3000 元/吨冲高到近 8000 元/吨，高峰时价格是往年同期价格的两倍以上。山西等地区的车用 LNG 价格，从原先的 3 ~ 4 元/升涨至 7 ~ 8 元/升，天然气重卡丧失燃料经济性优势，难以拉动需求增长。二是柴油车国六升级，需求透支较大。同时，多数经销商下半年集中精力在推广国五柴油库存车。三是煤炭运输市场需求大降，这一区域恰好是天然气重卡主力市场，进一步削减了天然气重卡需求。

2022 年，假若车用 LNG 价格回落，天然气重卡市场有望回暖。否则，在政策春风转向纯电动及氢燃料电池两类新能源车后，这一市场或许更快萎缩。

4. 传统燃油重卡

2021 年，传统燃油重卡销量以 139.5 万辆收官，同比下降 14.1%，相较于 2020 年减少了 23 万辆。解放、东风、重汽、陕汽和福田前五名的重卡销量合计为 119.58 万辆，市场份额为 85.7%，5 家的市场份额之和比 2010 年增加了 1.8 个百分点，市场集中度进一步加强。

货运市场的低迷导致终端客户在买车需求上的欲望并不强烈，消化积压的国五车型需要时间，让市场接受高价格、高油品以及新技术的国六车型也需要时间，新能源重卡占比将持续增长，预计 2022 年燃油重卡销量在 100 万辆左右。

5. 蓝牌轻卡、黄牌中卡、小卡/新能源轻卡

2022 年 1 月 13 日，工业和信息化部、公安部联合发布《工业和信息化部 公安部关于进一步加强轻型货车、小微型载客汽车生产和登记管理工作的通知》（以下简称《通知》），对轻型货车、小微型载客汽车等车型的生产制造以及使用进行了规范。《通知》对轻型货车的技术参数做了明确要求，例如，发动机排量不大于 2.5L、轮胎名义断面宽度不超过 7.00 in（英制）、货厢内部宽度不大于 2100 mm 等，并对车辆公告、上牌、生产、监督等环节加大约束力度，力求从产品源头有效消除轻型货车“大吨小标”、超载运输隐患。从而引领轻卡行业向轻量化、合规有序发展，使得原先“乱象丛生”的蓝牌轻卡回归到国家赋予它的城配、“最后一公里”的使命上。

在蓝牌新规实行的大趋势下，轻卡结构将产生变化：首当其冲的是合规蓝牌轻卡的占比将有所下降。此前使用不合规蓝牌轻卡的用户则向黄牌中卡以及微卡、小卡市场转移。新能源轻卡将异军突起，在城配市场占比扩大。

据中汽协数据显示，2021 年黄牌中卡市场累计销量达到 17.88 万辆，同比 2020 年全年销量（15.91 万辆）增长 12%，净增长接近 2 万辆，成为 2021 年卡车市场中唯一实现增长的细分市场。其中，解放、福田、南骏、大运、江淮、庆铃、东风、飞碟、重汽、陕汽为行业前十。排名首位的福田汽车一家企业就独占了 2021 年中卡市场 42.45% 的份额。

蓝牌新规落地后，传统意义上的轻卡市场会有超过 10% 的份额转向小卡。小卡不仅在动力、承载性上可与一些蓝牌轻卡媲美，在运输场景上也多与一些轻卡有重合。同时，小卡的价格对于创业者更加友好，而且造型更加时尚、贴近乘用车，更加容易得到年轻用户认可。2021 年，不少轻卡企业纷纷进入小卡市场，推出小卡的产品，如福田时代领航 S1 小卡、奥铃 M 卡、江淮恺达 X6、重汽豪沃智相等。

2021 年新能源物流轻卡累计销量20121 辆，占据新能源卡车47.5%的市场份额，销量同比增长109.9%，跑赢2021 年的轻卡市场大盘（-4%），是拉动2021 年轻卡市场增长的主要力量。这得益于快递物流业务增长迅猛，带动了城配市场规模的扩大，以及交通运输部“城市绿色货运配送示范工程”的持续推动，极大地提升了新能源轻卡和微型货车的市场竞争力。加上全国多个城市对新能源物流轻卡的路权开放力度不断加大，有力促进了新能源物流轻卡市场的高速增长。2021 年，新能源轻卡市场前十在东风、远程汽车、五菱、福田智蓝、重庆瑞驰、华晨鑫源、陕汽轻卡、长安汽车、江铃汽车、上汽大通之中产生。

2022 年，新能源轻卡因路权较好，使用成本比燃油轻卡低，且在上牌、年审、上路等各方面比燃油轻卡顺畅，有望成为2022 年翻倍增长的细分市场。

6. 卡车后市场

截至2021 年年底，我国货运卡车保有量已达3353 万辆。卡车后市场服务已经成为卡车产业链中最稳定的利润来源，可细分为能源、维保、金融保险、平台等专业服务市场。商用车主机厂为扩大销量、满足客户需求，纷纷入局卡车后市场。

2021 年，卡车维保四家头部企业大成卡修、港华连锁、卡车人、站秒秒宣布合并，反映出在移动互联与业务模式调整的加持下，维保行业正在以强强联合来满足物流企业“即时修”甚至是“不能坏”的新需求，以扩大连锁服务地域来满足物流巨头的服务需求，为物流车队提高效率，降本增效。

卡车后市场平台化发展更加深入，逐步形成具备：对接车辆平台的信息化系统；统一品牌、标准、质管、结算的服务体系；快、准、全、优、廉的配件供应体系；全覆盖的及时救援服务；场地、技师、工具、技术解决方案下的车辆维修保养快速处置能力；车机连接、维保强连、配件直供的维保基础生态系统。

（三）物流包装

2021 年我国快递年业务量突破了1000 亿件，但物流行业的飞速发展也带来了大量纸类和塑料废弃物。在碳中和目标下，发展绿色包装和循环利用技术具有重要意义。

绿色包装。仅仅依靠物流企业，无法推动快递包装走向绿色时代。物流企业需要协同厂商、品牌以及相关的供应链合作伙伴，联手推进绿色包装治理。菜鸟在与雀巢的绿色协同中，在雀巢工厂对商品做定制化包装，来减少塑料材料的使用；在工厂里使用绿色智能周转箱，降低纸箱的消耗；通过算法为商品订单匹配合适箱型，减少包装物的浪费；推广原包装发货，减少二次包装带来的新材料使用；在菜鸟驿站进行包装物回收；通过菜鸟裹裹上门回收咖啡胶囊等特定包装材料。目前，菜鸟电子面单、智能装箱、循环中转袋、瘦身胶带、驿站绿色回收和寄件等技术和举措已得到全面推广。据菜鸟绿色物流方面的数据显示，2021 年“双十一”期间，菜鸟绿色物流全链路赋能的各类商家与消费者绿色行为给全社会减碳 5.3 万吨。不仅是菜鸟，国内各大快递公司在网点布置了快递包装物的回收箱，践行绿色回收。

智能包装。《中国制造 2025》提出，要着力发展智能设备和智能产品，推动智能包装往新的方向发展。在这个过程中，智能包装日益成为产品功能的延伸，并作为各种创新技术手段的载体，应用于包括电子产品、食品、饮料、医药、生活用品等众多领域。智库 2021 年数据显示，智能包装市场正在以近 8% 的年复合增长率增长，预计到 2023 年，全球智能包装行业市场规模有望突破 3000 亿美元，中国市场将突破 2000 亿元，各个终端领域包装的智能化正是大势所趋。

RFID 技术广泛在沃尔玛、乐购、麦德龙、迪卡侬、优衣库等快消零售企业应用。相比未使用 RFID 技术的商店，配备 RFID 技术的商店使其产品缺货率下降了 16%，由商店人工完成的订单量下降了 10%。物流行业由于作业环境的复杂性，射频识别的准确率一直在 80% 左右，无法应用到现实场景当中。2021 年，菜鸟物流通过优化芯片与识别算法，将 RFID 技术的准确率提高至 99.8%。这一关键技术的突破使 RFID 技术在物流领域的大规模商业应用成为可能，有望成为继条码、二维码之后的第三代识别技术，推动物流供应链数字化战略升级。目前，菜鸟在物流绿色循环箱和跨境包裹的追踪定位环节，已经广泛使用该技术。

借助 RFID 等创新技术打造的全新供应链管理方案，能实现物流信息的全程数字化，让人、货、场等要素的信息透明度得到加强。数字化转型是供应链的主要发展趋势，RFID 技术在物流和供应链领域的进一步普及必然会大大加快这一趋势的推进。

循环包装。交通运输部、国家发展改革委等八部门联合发布通知，决定在全国推广应用标准化物流周转箱，以加快推进物流包装绿色转型，着力构建现代物流体系。根据通知，标准化物流周转单元是指具有可折叠、可循环反复使用、技术性能好、质量高且符合国家标准的小型集装器，可广泛应用于农副产品、商超配送、邮政快递等领域。

共享快盆是一种智能可循环使用的快递包装箱，它可以完美解决当前快递“非接触取件”难题，快递在发货时使用共享快盆包装，将快递放置在快盆内，通过 App 统一管理。快递在配送过程中一直存放在箱体内，而不接触外界。到达收件地后，用户使用 App 扫一扫，开启快盆，取出里面的快递，这样就可以真正做到隔离快递，隔离人和人接触。

上海邮政率先和共享快盆展开深入合作，148 家邮政营业网点全部开启快盆租赁、寄件、配送、投递的全方位服务，全城 536 家邮政网点保障共享快盆 100% 回收，并在各网点配备标志清晰的环保包装展示区域。共享快盆获得上海政府大力支持，在上海政府办公楼建立共享快盆绿色包装试点，逐步替代纸箱包装，减少快递包装物产生的城市垃圾，并考虑出台相关政策引导和鼓励大家一起使用循环包装工具，从而推动城市快递行业的绿色发展。

三、2022 年物流技术与装备市场展望

一是物流技术与装备呈现出智能化的发展态势。

在仓储管理领域，基于自动导向车的货到人分拨系统、基于自动分拣线的分拨系统、高层立体货架系统、基于语音或增强现实技术（AR）的仓库作业导航系统、智能仓库信息管理系统、云平台和数据系统、无人机巡航盘点监测系统等逐渐得以应用。

在装卸搬运领域，遥控和自动感应的自动升降机系统、仓库内的无人叉车作业系统、人机协同的机器人外骨骼搬运系统、无人搬运机器人系统、单元化智慧物流箱系统等亦逐渐崭露头角。

在物流信息技术领域，新型处理算法、人机协同接口、高速宽带网络在构建信息交换通道时逐渐得到应用。另外，区块链加密技术在一些合同和支付领域中也逐渐得到应用。

二是物流技术与装备呈现出绿色化的发展态势。

在货运技术与装备方面，电动物流车辆、电动为主的混合动力物流车、氢能等新能源物流车正成为发展的主要方向。

在货运装备生产制造技术方面，汽车轻量化技术、降低空气阻力技术、节能轮胎技术、废气涡轮增压技术等是绿色物流技术的重要手段，优化发动机热管理系统、负载智能驱动系统等措施是节能降耗的重要途径。

三是物流技术与装备呈现出融合化的发展态势。

5G 传输技术与物流技术融合发展，使得在高速率、低延时、大容量的优势加持下，自动驾驶车辆的感知能力将得到极大提升，车路协同、车与人之间的信息交流也将更加通畅，同时无人机也可以获得更好的规模化控制效果。

（作者：中国物流与采购联合会物流装备专业委员会　李艳东　吉莹）

2021 年托盘市场发展回顾与 2022 年展望

2021 年，中国共产党迎来了成立 100 周年，是“十四五”规划开局之年，也是开启全面建设社会主义现代化国家新征程的第一年。虽然全球仍在受新冠肺炎疫情的影响，但在党中央坚强领导下，我国新冠肺炎疫情防控阻击战取得重大战略成果。2021 年，我国物流呈现坚实复苏态势，实体经济持续稳定恢复，拉动物流需求快速增长，托盘行业整体也同样保持高速增长，总体呈上升趋势，实现“十四五”规划良好开局。托盘年产量、保有量逐年提升；托盘循环共用、国际合作取得重大突破；聚焦“双碳”目标、积极推动托盘行业绿色可持续发展；新材料、新产品、新技术、新设备、新模式竞相涌现。托盘应用市场范围进一步扩大，贯穿于整个供应链中，加强了上下游企业的联动，有效地提升了供应链效率，托盘在整个供应链中的地位得到逐步提升。

一、2021 年我国托盘市场发展回顾

（一）托盘市场规模持续扩大

2021 年，我国托盘市场规模持续扩大，托盘年产量、保有量和循环共用托盘池规模均以较高速度增长。2021 年，我国托盘年产量约为 3.9 亿片，同比增长 14.7%；托盘保有量达到 16.6 亿片，同比增长 7.1%；托盘循环共用企业加速扩大各自托盘池规模，推广带托运输和供应链一体化发展，2021 年我国托盘池总规模超过 3400 万片，比 2020 年增加了 550 多万片，同比增长 19.3%，占托盘保有量的 2%。木托盘占有率逐年降低，塑料托盘占有率逐年提升，木托盘和塑料托盘总占有率在 80% 以上。2003—2021 年我国托盘保有量如图 1 所示。2017—2021 年我国循环共用托盘池规模及增长率如图 2 所示。

（二）行业政策和标准明确发展方向

交通运输部办公厅等八部门印发《交通运输部办公厅 国家发展改革委办公厅 工业和信息化部办公厅 农业农村部办公厅 商务部办公厅 市场监管总局办公厅 国家邮政局办公室 中华全国供销合作总社办公厅关于做好标准化物流周转箱推广应用有关工作的通知》（交办运〔2021〕30 号）。

商务部等 9 部门关于印发《商贸物流高质量发展专项行动计划（2021—

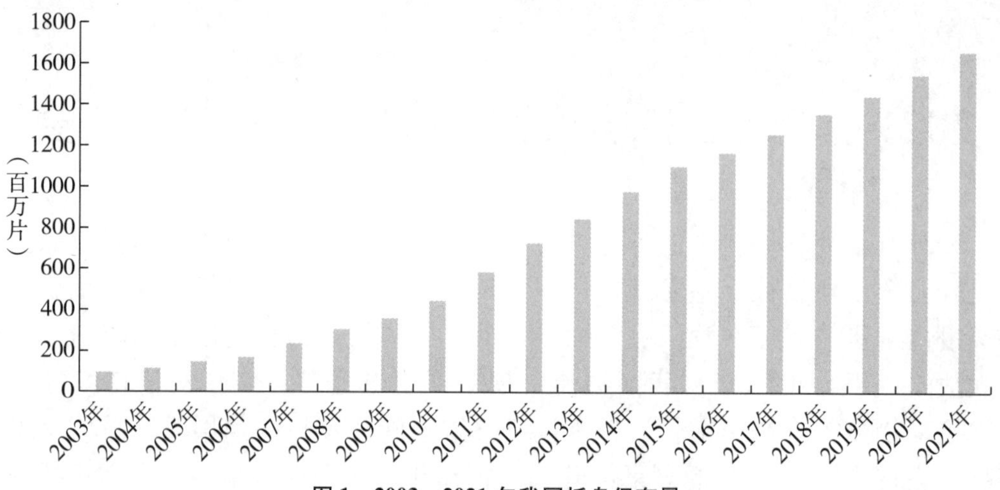

图1　2003—2021 年我国托盘保有量

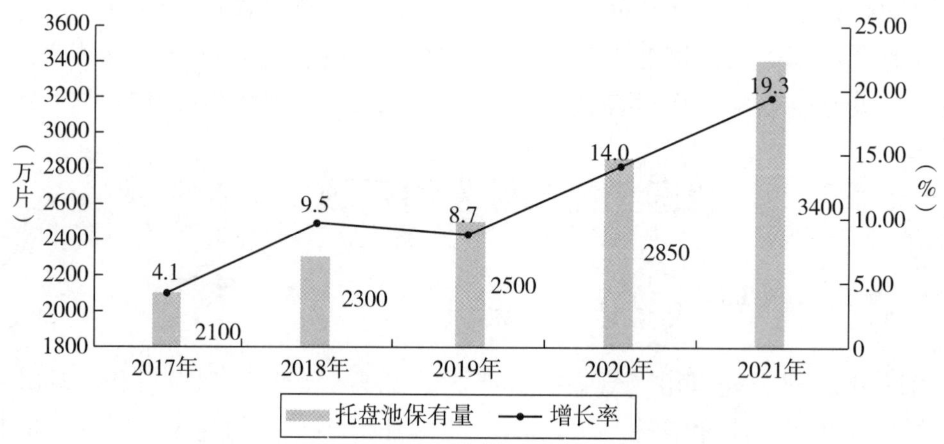

图2　2017—2021 年我国循环共用托盘池规模及增长率

2025 年)》的通知，提升商贸物流标准化水平。

2021 年，中共中央、国务院印发了《国家标准化发展纲要》，重点提到要加强现代物流等服务领域标准化。

6 月 10 日，国家标准化管理委员会正式批准中国物流与采购联合会承担 ISO/TC 51 国内技术对口单位，此项工作的开展正式全面实现了国内 TC 与国际 TC 的工作对接。

8 月 20 日，国家市场监督管理总局、国家标准化管理委员会发布公告(2021 年第 11 号)，批准发布由全国物流标准化技术委员会提出并归口的《通用半托盘尺寸及性能要求》（GB/T 40479—2021）和《联运通用滑板托盘尺寸及性能要求》（GB/T 40481—2021）两项托盘行业国家标准，并于 2022 年 3 月 1 日正式实施。

（三）托盘行业供应链建设日趋完善

“十四五”规划中提出，要提升产业链供应链现代化水平，推动全产业链优化升级，传统产业向高端化、智能化、绿色化方向发展，发展服务型制造新模式。2021 年 3 月，商务部等 8 单位公布了第一批全国供应链创新与应用示范城市和示范企业名单，在供应链创新与应用试点基础上，正式启动全国供应链创新与应用示范创建。在大环境驱动下，托盘行业也在加快推进供应链体系建设，并且随着“一带一路”共建的快速发展和“一带一路”托盘共享行动（BRAPS）的正式启动，进一步加速推进了托盘行业国际供应链的建设，积极发挥在国际物流供应链中的作用，助力物流国际化与供应链一体化发展。

在原材料方面，我国木材资源相对于欧洲、南美等地区比较匮乏，全国“一带一路”木质载具（包装）创新发展大会的成功举办，进一步将托盘行业服务网络向上游原材料端延伸，逐步完善了托盘行业供应链建设。

为推进物流业与制造业等产业深化融合，提升物流业制造业深度融合创新发展水平，深入推动物流业降本增效和制造业转型升级，促进供应链融合发展，2021 年，国家发展改革委公布了《物流业制造业深度融合创新发展典型案例名单》，路凯中国和集保两家企业的案例入选。企业以标准循环共用托盘为切入点，推动制造业在生产、运输、仓储等环节一系列设施设备标准化改造，打通资源壁垒，提升了供应链效率。

（四）托盘循环共用体系建设取得重大突破

“十四五”规划中提出，要加快构建以国内大循环为主体、国内国际双循环相互促进的新发展格局。党的十九届六中全会决议中指出，要把握新发展阶段，贯彻创新、协调、绿色、开放、共享的新发展理念，加快构建以国内大循环为主体、国内国际双循环相互促进的新发展格局，推动高质量发展。商务部等 9 部门印发的《商贸物流高质量发展专项行动计划（2021—2025 年）》中指出，要探索构建开放式标准托盘、周转箱（筐）循环共用体系，支持托盘、周转箱（筐）回收网点、清洗中心、维修中心等配套设施建设。特别是自“一带一路”倡议提出以来，中国与沿线国家贸易来往更加频繁，加强了中欧间经济和贸易发展的对接与融合，促进了经济合作和互动交流。托盘作为物流基础单元，是中欧班列等多种运输方式中的重要器具，在“一带一路”商贸流通、物流运输、加强中欧经贸合作中发挥着极其重要的作用。因此，要加速推进国内和国际间托盘循环共用体系建设，促进物流业高质量发展。托盘循环共用以带托运输为主要应用形式，通过带托运输，企业可以实现快装快卸，从而减少车辆等待装卸的时间，降低人工成本，提高车辆周转率，带来车辆节能减排等绿色效益。

2021 年 11 月 15 日，中国物流与采购联合会与欧洲托盘协会（EPAL）以视频会议形式召开了“‘一带一路’托盘共享行动（BRAPS）启动会”。本次会议的召开，标志着 BRAPS 工作的正式启动，是我国托盘行业在循环共用和国际合作发展的又一重要举措。BRAPS 不仅是全球化托盘共享的先行者，同样也是助力物流国际化与供应链一体化发展的重要手段和途径。BRAPS 的建立，促进了中欧间托盘的对接，加强了国际间的交流与合作，推动了托盘在“一带一路”沿线国家的循环共享，从而更好地加速物流与供应链全球化发展进程。

在 2021 年，以路凯中国、集保、京东云箱、普拉托、上海乐橘为代表的托盘运营企业，不断更新托盘池中的产品类型，以适应多行业协同发展；加速扩大各自托盘池规模和运营网络，提升服务能力；并纷纷推出具有特色的增值服务，推进托盘一贯化作业，提升效率，有效地促进供应链协同发展，加速托盘循环共用生态体系建设，为行业创造更多可持续发展价值。

国外的企业这些年也一直在中国开展相关业务，例如，韩国众力物流集团（LogisALL）是以统合物流为核心的国际化高端物流企业，其下属的韩国托盘共用公司 KPP 和韩国物流箱共用公司 KCP 以及韩国共同物流公司 KLP 构成了韩国唯一的物流共用化系统。LogisALL 拥有 2000 万片托盘，4000 万只包装容器，在全球拥有 21 个公司，90 余个仓储网点。2006 年，LogisALL 在上海投资成立了独资公司—众力物流设备租赁（上海）有限公司（以下简称“LAS”）。日本托盘租赁公司（JPR）是日本最大的托盘租赁供应商，在日本有 63 个营运中心，同样也在中国市场经营多年，与深圳市顺航通供应链物流有限公司保持着良好的合作关系。

（五）托盘用原材料价格持续上涨

由于受到全球新冠肺炎疫情的影响，供应链受阻以及物流运费价格上涨，2021 年托盘用进口原材料板材和原木价格仍处于上涨趋势，第二季度和第三季度价格上涨明显，第四季度价格略有下降。中物联托盘专业委员会从 1 月到 12 月统计数据（部分托盘用进口原材料）如图 3 至图 6 所示。

2021 年托盘行业国内锯材（托盘材料）价格整体也呈逐步上涨趋势。主要原因一是国家“十四五”规划环境治理的要求，大部分林区限制砍伐和禁止砍伐松树；二是受国外疫情影响，供应链不顺畅导致运量不足，运输成本上升，国外进口材料价格上涨。包装材料要求高，损耗较大，国内锯材加工量难以满足进口材料的缺口，使得国内材料近一年的涨幅也比较大。托盘行业国内锯材整体价格第二季度和第三季度价格上涨明显，第四季度价格趋于平稳。12 月较 1 月价格上涨 20. 90%，较 2020 年最低价格上涨约 38. 46%。中物联托盘

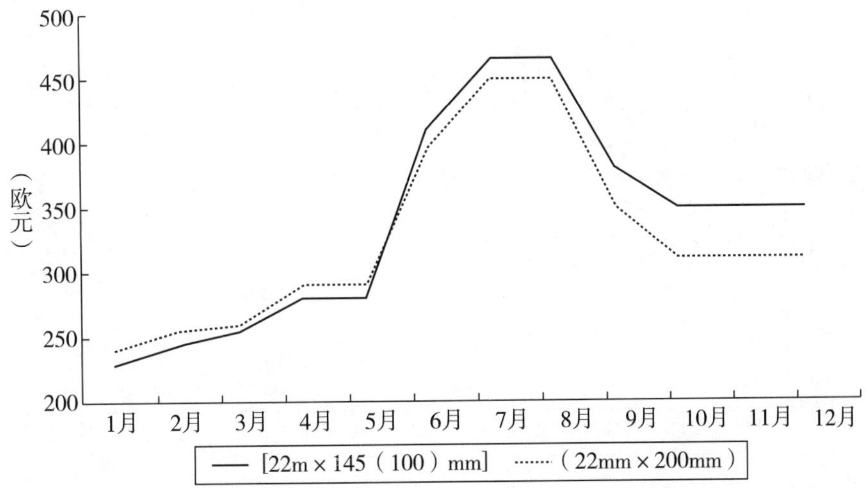

图3　2021年丹麦一级云杉［干材、22mm×145（100）mm、22mm×220mm］价格走势

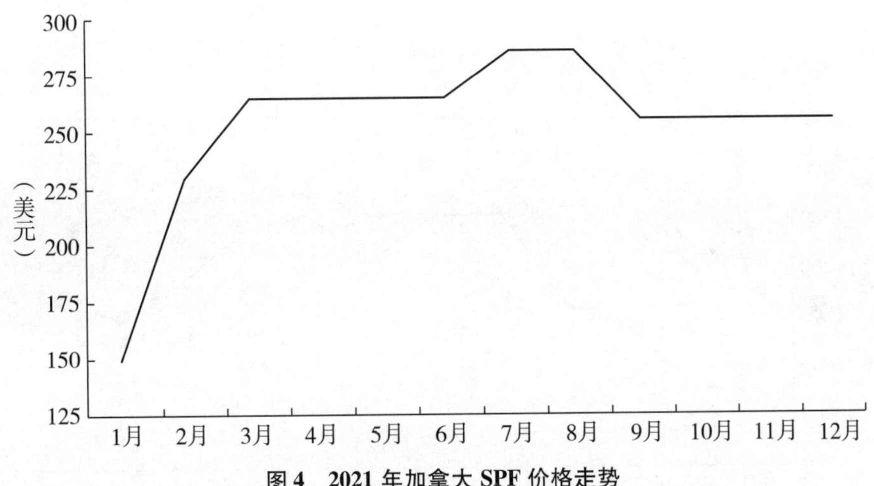

图4　2021年加拿大SPF价格走势

注：价格趋势数据是以国内木材的价格为基数换算所得，只显示价格曲线，不表示真实价格。

专业委员会从1月到12月统计数据如图7至图8所示。

（六）数字化为托盘行业发展注入新动能。

“十四五”规划中指出，要加快数字化发展。发展数字经济，推进数字产业化和产业数字化，推动数字经济和实体经济深度融合，打造具有国际竞争力的数字产业集群。随着全球数字化和信息化的加速发展，数字经济日益成为经济复苏和经济增长的新引擎。数字化供应链是经济社会发展到一定阶段的必然产物，是未来供应链创新的基本方向。数字化是当前供应链发展方向，加快数字化改造有利于推动传统产业的转型升级，托盘作为物流系统中重要的集装器具，行业进行数字化转型，这是必然的趋势。中国托盘产业目前已经向规模

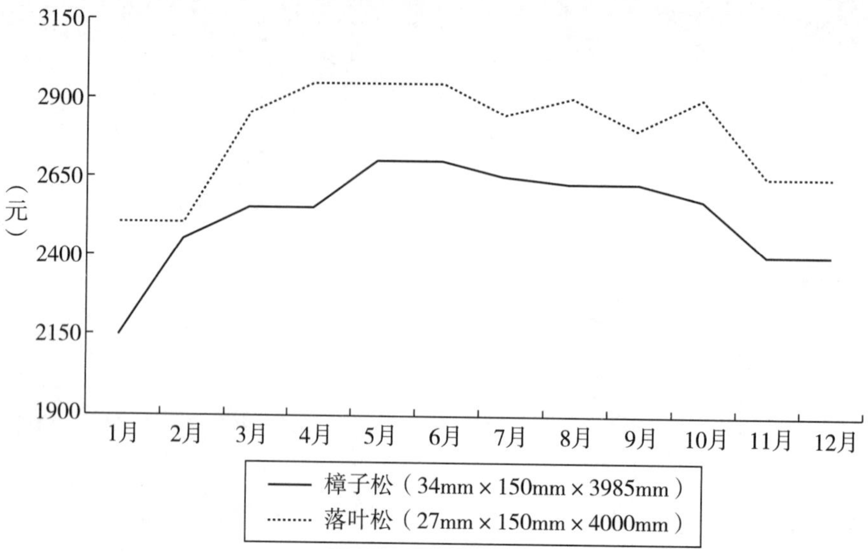

图5　2021 年进口樟子松、落叶松价格走势

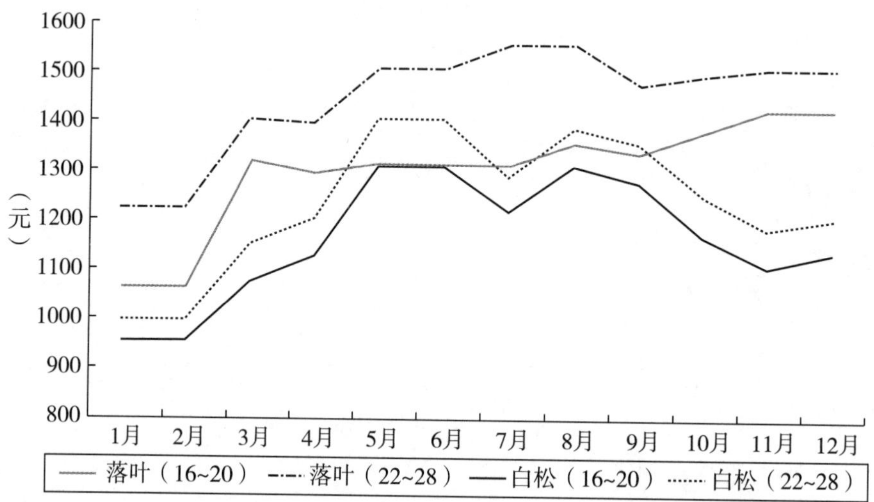

图6　2021 年进口原木（落叶松和白松）价格走势

化、集约化方向转变，基础能力在不断加强，随着物联网技术发展和应用的普及，条码、RFID、激光识别、5G 等技术的跨界参与，促使托盘行业的数字化得到了快速发展，提高了托盘在生产、使用中的便利性，托盘循环共用和智能化托盘得到快速发展，数字化为用户提供更高价值。

路凯中国推出智慧云平台，该平台是一套面向带板运输全场景的数字化综合解决方案，也是面向客户的综合业务服务平台。智慧云的上线，标志着路凯中国“业务数字化”战略的正式启动，为推动大规模带板运输起到关键支撑作用。京东云箱数智运力平台紧密贴合用户对物流运输的需求，将云箱客户与社会上运力资源进行整合，通过数智运力平台随时随地发布个性化的即时用车需

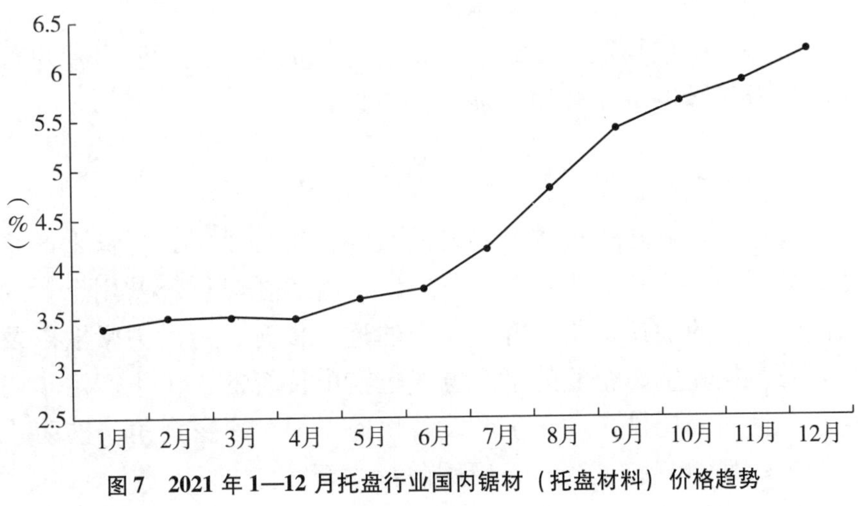

图 7 2021 年 1—12 月托盘行业国内锯材（托盘材料）价格趋势

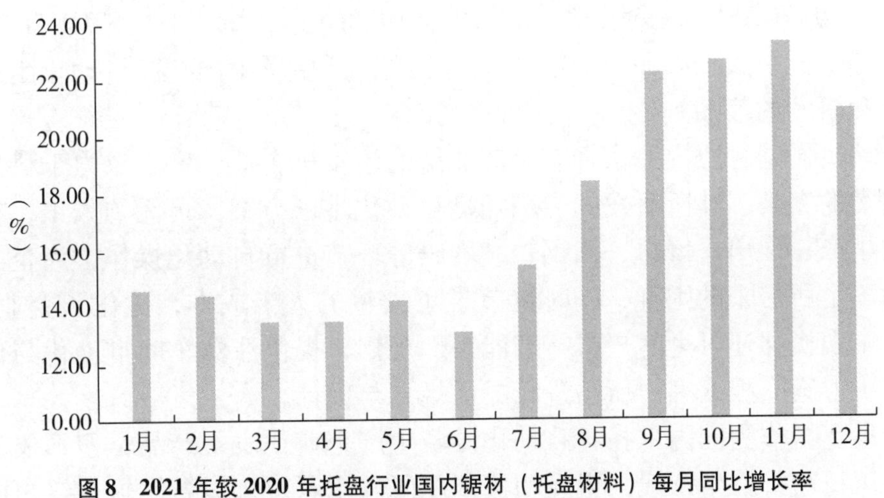

图 8 2021 年较 2020 年托盘行业国内锯材（托盘材料）每月同比增长率

求，并从客户的体验及感受出发，打造全流程订单的可视化，使用电子签单，整个过程实现闭环操作。京东云箱积极推动智慧物流快速发展，让更多的客户享受智慧物流变革带来的福利，不断给客户创造价值。上海乐橘在物联网领域持续加码，与南京电信签署战略合作协议，部署无人叉车与共享托盘的联合应用，双方将共同驱动供应链智能化与数字化转型，探索智慧托盘、物流与仓储等多种智慧供应链场景新生态。普拉托基于数字化理念，提出托盘循环共用体系，将“托盘共享”模式及“共享经济”模式进行创新，运用“互联网＋物流”的理念，与智能托盘相结合，依托自主研发普托 E 享数字化系统，通过“普托云厂、普托云仓、普托云签”三位一体网络全覆盖，结合线上线下，提高托盘的管理效率。箱箱共用智能托盘循环服务，依托 AIoT 云管理平台，可实现全链路数字化、托盘智能化、运营网格化等综合技术能力，为客户提供端到端智能托盘循环服务，共建零碳未来。

此外，集保、中包物联、小蚁托盘、众力物流等托盘运营企业也都不断提升各自在供应链领域的数字化服务能力。

（七）自动化及智能化生产设备加速创新

不仅托盘运营企业在积极提升各自的数字化管理水平，托盘生产企业也在对相关设备进行智能化和数字化改造与升级。随着托盘循环共用企业的快速发展、标准化托盘池的加速扩张，客户要求的逐步提升，劳动力紧缺以及人工成本的不断上涨，托盘生产企业的生产方式也在由传统的人工生产逐步向自动化生产转变，并且国内托盘自动化生产设备快速发展，崭露头角，推动“中国制造”走向世界。扬帆起航正当时，砥砺前行谱新篇。

国外的自动化托盘生产企业主要是以液压托盘生产线为主，代表企业有西班牙的卡贝（CAPE）、意大利的德尔塔（DELTA）和斯拓迪（STORTI）。2011年，天津新创引入了第一台液压托盘生产线，开启了中国托盘自动化生产设备的使用和研发的浪潮。

泰瑞机器是行业内一家拥有全产业链的注塑机企业，一直致力于科技的创新与研发的突破，其所研发的专用托盘自动化生产方案，可无须人工，在塑料托盘的生产、取出、修边、插钢管、堆码等环节进行自动化操作，为企业解决劳动力不足所带来的困扰，同时也节省了大量的人工成本，优化了企业管理。此外，泰瑞机器还可为客户进行智能工厂规划，提供注塑车间自动化与信息化整体解决方案，根据客户所需进行灵活规划与设计。

青岛赛帆作为国内木托盘自动化设备生产企业代表，产品类型不仅涵盖气动和液压托盘打钉生产线，也在积极创新研发木料整理设备、输送线、面板机等自动化加工设备。堆垛机适用范围广、运行效率高、操作简单、数控化运行、可设定堆垛数量及高度；输送线可根据客户需求量身定制，最大限度为客户减少人工，避免不必要的车间内部中转和搬运等，极大地提升了作业效率；面板机精度高、效率快、可随时切换不同规格，减少人工参与生产工序，解决了以往设备在加工工艺上的一些难点，为企业切实做到降本增效。

随着每年数以百万的循环共用托盘的诞生，循环共用托盘在完成一次使用后，可通过维修延长托盘的生命周期和使用年限，而不是用新的托盘替换。路凯中国第一个大型自动化循环载具营运中心——嘉兴超级营运中心具有集约化、规模化的托盘高效维修系统，开启了托盘自动化维修分拣的新篇章。

（八）绿色低碳增强行业可持续发展能力

近些年，环境问题已经成为全球普遍关注的重要话题，我国十分重视环境保护和节能减排。2020 年 9 月 22 日，习近平总书记在第七十五届联合国大会一般性辩论上的讲话中提出：“中国将提高国家自主贡献力度，采取更加有力的政策和措施，二氧化碳排放力争于 2030 年前达到峰值，努力争取 2060 年前实现碳中和。”“双碳”目标于 2021 年正式写入了政府工作报告。“双碳”目标对于我国各行各业来说既是机遇也是挑战，物流业作为复合型服务业，在有效促进国家经济增长的同时，也面临着大量的能源消耗和温室气体排放问题，物流业减少碳排放是实现“双碳”目标的一个重要组成部分。托盘是物流业重要的基础器具。广大企业也在深入践行绿色低碳理念，社会责任感不断增强，通过不同方式，对托盘全生命周期进行绿色管理，从而实现我国托盘行业可持续发展。

集保服务于世界上最复杂的供应链，生产托盘使用的木材 100% 获得可持续发展认证，通过单元化载具的循环共用方案助力客户实现“双碳”目标。在 2021 年，集保已经实现了碳中和。箱箱共用依托“1 + 2 + N”零碳战略，通过全球化技术的智能托盘循环共用解决方案，与自然共循环，共建零碳未来。路凯中国着力打造高效的托盘循环共用体系，以求最大化实现托盘循环共用的供应链优化效益与绿色效益，进一步实现节能减排，同时也通过文化建设实现循环共用理念的延伸。内蒙古佳运通以社会责任为发展战略，研发新型环保复合材料托盘，减少工业固废和废旧塑料的堆存量，减少木材自然资源的开采和新塑料原材料的使用量，缓解城市矿产资源降解难和固体废物大量堆存给环境带来的诸多问题，通过变废为宝减少了大量的碳排放。普拉托“托盘共享”体系立足全产业链及托盘生命周期，在原材料改性、托盘生产、托盘运营、配送回收、物联网及信息系统等层面与行业伙伴共建共享低碳物流之路。中和智能包装通过技术创新与不断优化生产模式，逐渐实现生产模式的自动化、智能化；将精益生产管理与智能生产模式相融合，长期致力于技术研发与产品创新。豪迈中国致力于引进及推荐世界先进的木材工业技术与装备，驱动产业链互联互通，为企业提供从单机设备到高度定制化生产，从销售端至售后服务完整的生产解决方案。西班牙 CAPE 一直致力于托盘生产线的自动化与数字化，帮助客户进一步实现工业 4.0 智能制造。芜湖亚太通用可为企业客户提供再生资源循环利用的新型木塑托盘，其包装产品均按国家标准循环使用，旨在推进废旧塑料、废旧农膜的循环再生利用，最大限度地保护自然环境、节约资源。同时也致力于推动标准化物流提升，实现“综合利用再生资源，提供循环可回收绿色包装”的企业愿景。上海乐橘与上游化工巨头企业深度合作，将企业废弃的一次性塑料包装进行回收、清洗，再生出零碳的乐橘共享包装。并进行材料研发，大幅度提升再生塑料的性能，为工业客户大量减少包装带来的碳排放，助力企业实现“双碳”目标。山东腾博以“碳中和”为目标，强化企业内部管理，倡导使用电动叉车，提倡员工绿色出行，增大厂区绿化面积。并且大部分产品都使用废料和可回收塑料制成，尝试加入适当比例的塑料增强剂，提高对废旧塑料的增值的循环利用。武汉新天地与客户合作构建局部、相对封闭的托盘共用微循环体系，极大提高了物流效率和企业物流自动化水平，实现了对社会资源的有效集成和持续节约，积极推动环保和绿色发展。小蚁托盘的新型托盘完全联合研发设计，推行更轻薄的复合材料托盘，节省运输空间，从而减少碳排放量。托盘搭载通信芯片，通过大数据平台促进托盘标准化管理。

（九）材料助力托盘产品进一步升级

传统的托盘以木托盘和塑料托盘为主，还有部分纸托盘、铝托盘、金属托盘等。随着木材价格的高涨，“双碳”目标的提出，以及人民对于低碳环保、节能减排、循环利用意识的不断加强，越来越多的企业关注到新材料托盘的研发，新材料在托盘行业的应用也得到了逐步提高，众多类型的新材料托盘面向市场。

内蒙古佳运通以工业固废为原料，不断进行原料和工艺的升级，目前已实现组装式、部分组装式和拼接式三种类型托盘产品的量产，有效减少了工业固废和旧塑料的堆存量、木材自然资源的开采量和新塑料的原材料使用量，相比于传统托盘，该产品自重可减轻20%左右，性能提升30%，并且可节约15%左右的成本。广东达中新材料使用改性材料作为原材料生产塑料托盘，可回收循环利用，顺应“碳中和”趋势。河北聚久采用新型复合材料生产的托盘质量轻、强度高；耐低温，适用范围广；防水、防虫蛀、防霉变；可加装芯片，作为智能托盘使用；可拆装、易清洗、可定制。芜湖亚太通用以废弃的农膜和城市垃圾分类中的废塑料作为原材料，开发了具有革命性替代趋势的新型节能环保产品——木塑模压托盘。河南明镁科技依托吉林大学材料科学与工程学院，成立研究中心和研发基地，解决了镁合金塑性差、耐蚀性差、疲劳性差等难题，为镁合金终端产品的应用提供了重要支撑。公司开发生产出的新型镁合金自拆卸物流托盘，设计独特、结构合理、装卸操作方便，有效减少物流所需人工，解决了现有的叉车装卸货物需要大量人工配合搬运的问题。

（十）资本市场助推托盘企业提升竞争力

近年来，托盘行业始终保持高速增长，企业的稳步发展离不开资金的支持。与此同时，部分融资租赁企业非常关注托盘行业的发展，希望能够为企业提供更多资金支持，通过资本市场驱动行业和企业创新发展。2020年年底至2021年，普拉托、上海乐橘先后宣布完成了A+轮和B轮融资，资金将主要用于企业新产品研发、扩大智能托盘运营规模、搭建物流体系、布局碳中和赛道、优化产业布局、提升数智化运营能力等，推动行业高质量发展。

（十一）传统托盘企业勇于创新与突破

随着托盘行业和企业的快速发展，传统企业所面临的用工老龄化、创新能力弱、专项人才缺乏等困境逐渐显露出来。因此，包装企业也在立足于传统的基础上，由粗放式管理向追求高品质、高效率、高效益的精益化管理转变，着力实现提质增效，勇于创新与自我突破。上海庙航联合业界 9 家企业共同成立了启航包装集团，希望能够提升多区域、多服务的能力，同时制定了属于本企业的轻量化、低成本的工具集，仔细分析客户企业需求，努力扩大服务场景和服务半径。江阴中和、昆山信得等企业近些年在快速发展的同时，也非常注重企业的精益化管理、文化建设和高质量人才的培养。很多托盘企业根据需要配备了 ERP、WMS 等软件系统，不断进行自我升级与优化，提高了企业的管理水平。在人才培养方面，由于客户逐渐关注重视包装企业所带来的产品设计、优化降本、智能制造、售后服务等一系列附加服务，企业不断引进高级专业人才，强化技术人才储备，建立完善考核机制，积极开展员工培训，着重培养创新型、复合型、应用型高端人才。

二、2022 年中国托盘市场发展展望

在新发展格局下，托盘全产业链的健康有序发展，对推动我国供应链体系现代化建设，商贸流通一体化融合，物流行业向安全、稳定、高效、绿色的高质量转型具有重大意义。

（一）使用场景趋于成熟，循环共用迈入新阶段

目前，托盘在仓储和运输环节都有了比较好的应用，但是全国性的循环共用还正在向高速发展阶段快速迈进。随着共建“一带一路”的深入推进和“一带一路”托盘共享行动（BRAPS）的正式启动，托盘循环共用在国际化方面也将会有新的展现。未来十年将是我国托盘循环共用发展的黄金十年，预计到 2035 年，全国有将近 2 亿片的托盘是通过共享方式循环的。因此，未来将进一步打通各物流枢纽节点之间的托盘循环共用，企业也将积极展现基于各种新技术的托盘共享模式。在“十四五”期间，国内外托盘领军企业都将会加大托盘循环共用业务的开发和投入力度，发挥“一带一路”托盘共享行动机制的作用探索构建“一带一路”供应链，必将掀起新一轮具有中国特色的托盘循环共用，以此更好地推动供应链的降本增效。

（二）行业社会多元驱动，带托运输迎来机遇

第一，随着我国对货运车辆超限超载治理力度加大，货运车型的标准化程度将会提高，物流企业的竞争将从单车运力转变为提高货物周转效率，而使用托盘是实现快速装卸搬运的最有效工具。第二，劳动力人口老龄化严重，重体力工作劳动力资源逐渐减少，迫切需要自动化和机械化替代人工劳动，托盘作为货物移动的基础单元不可或缺。第三，结合 AI、5G、互联网、物联网、区块链等技术，数字化和智能化将是物流业发展的必然方向，无人物流时代的到来必然要求货物单元化。我国已经处在带托运输大发展时代的前夕，托盘的应用将贯穿于整个供应链中，托盘入车、托盘入箱，沿着“一带一路”往西亚、往中亚、往欧盟、往南美等方向进行拓展，跨国家使用，以此来提升供应链效率，更好地展现托盘的集装化应用。

（三）数字托盘优化升级，智能服务全面渗透

托盘企业将继续提升各自在供应链领域的数字化服务能力，让托盘不仅作为用于承载货物的单元化物流器具，还将用于货物和托盘的管理与收发、货物的在途运输监测等。为降低人工生产中存在的不确定因素及用工难的问题，提高生产效率，提升产品品质，托盘生产企业将会加大自动化设备的投入，代替传统人工生产。相关设备生产企业也将结合人工智能、机器人、AI 视觉等技术，加大研发力度，让托盘生产维修设备不断创新，提升产品质量和性能，加大产品出口的力度，更好地服务于全球市场。

（四）“双碳”目标要求明确，绿色发展势在必行

绿色创新有利于节约资源和保护环境，同时也符合绿色发展的新要求。推动托盘行业绿色创新，大力发展绿色技术，提高资源和废料回收利用率，有效实现社会绿色可持续发展。绿色新材料托盘的应用，不仅扩大了托盘的使用场景和应用范围，同时也为环保作出贡献。因此，提高轻量化绿色新材料的研发能力，扩大轻量化绿色新材料的规模化生产和应用，是未来托盘行业的发展方向。

（作者：中国物流与采购联合会托盘专业委员会　孙熙军　王芮）

2021 年物流大数据发展回顾与 2022 年展望

在全面建成小康社会战略目标如期实现的基础上，我们开启了全面建设社会主义现代化强国的新征程。2021 年也是物流与供应链数字化转型的新起点。我们需要深刻洞悉物流大数据与供应链发展的新趋势，以新的奋进姿态迎接物流与供应链数字化时代的到来。在大数据背景下，物流行业及相关企业借助“大数据 +”构建物流大数据，从而及时响应市场，调整市场策略，发现潜在商机，优化仓储物流。物流带来的海量数据与数据信息技术相结合，带来了物流行业的数字化革命。

所谓物流大数据，即运输、仓储、搬运、装卸、包装及流通加工等物流环节中涉及的数据、信息等。通过大数据分析可以提高运输与配送效率、减少物流成本、更有效地满足客户服务要求。将所有货物流通的数据、物流快递公司、供求双方有效结合，形成一个巨大的即时信息平台，从而实现快速、高效、经济的物流。信息平台不是简单地为企业客户的物流活动提供管理服务，而是通过对企业客户所处供应链的整个系统或行业物流的整个系统进行详细分析后，提出具有指导意义的解决方案，许多专业从事物流数据信息平台的企业形成了物流大数据行业。

一、2021 年物流大数据回顾

2021 年是“十四五”规划开局之年，也是中国进入高质量发展的重要一年。一年来，国家加快推进以国内大循环为主体、国内国际双循环相互促进的新发展格局，全面推动现代流通体系建设，为中国物流大数据带来了巨大发展机遇。

（一）智慧物流市场规模壮大

随着互联网、区块链等先进技术的发展，我国智慧物流市场规模不断增长。2020 年中国智慧物流市场规模近 6000 亿元，2021 年中国智慧物流市场规模达 6477 亿元，同比增长 10.9%。

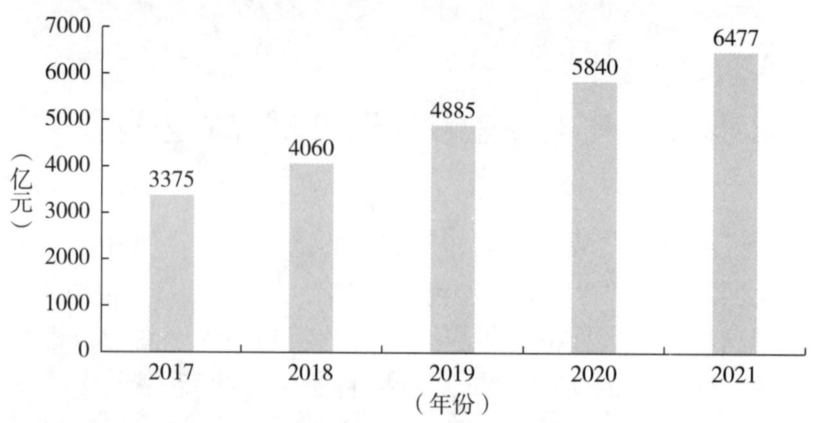

图 1　2017—2021 年中国智慧物流市场规模统计

资料来源：中商情报网。

AGV 具有连续作业时间长、精准度高、使用寿命长、信息化程度高等优势。得益于我国机器人市场规模不断增长，2020 年我国 AGV 市场规模达到 73. 5 亿元，同比增长 18. 9%。数据显示，2021 年我国 AGV 市场规模达到 87. 7 亿元，同比增长 19. 3%。随着 AGV 技术的发展与成熟，未来 AGV 市场仍有巨大的发展空间。2017—2021 年我国 AGV 市场规模统计如图 2 所示。

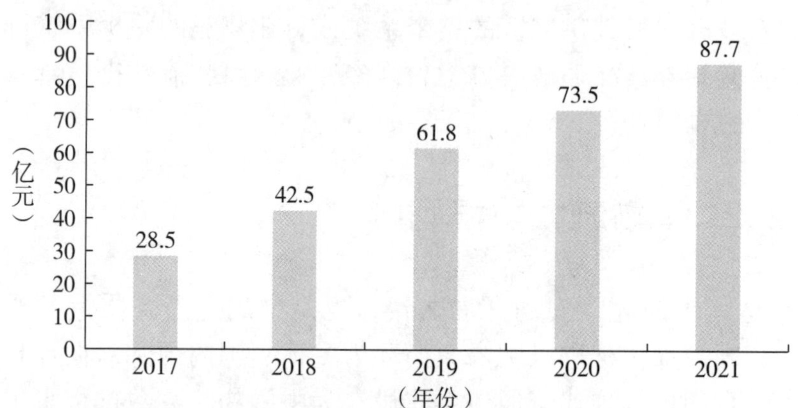

图 2　2017—2021 年我国 AGV 市场规模统计

资料来源：中商情报网。

（二）物流大数据相关政策及工作

2021 年以来，国家陆续颁布了《“十四五”冷链物流发展专项规划》《商贸物流高质量发展专项行动计划（2021—2025 年）》《“十四五”现代流通体系建设规划》等系列文件。在这些文件中，加快推动物流行业大数据发展都作为重点工程和重要内容。2021 年 10 月 14 日，国家主席习近平在第二届联合国全球可持续交通大会上发表主旨讲话强调，要大力发展智慧交通和物流大数据，推动大数据、互联网、人工智能、区块链等新技术与交通行业深度融合，使人享其行、物畅其流。

11 月 15 日，工业和信息化部印发《“十四五”大数据产业发展规划》，提到通过对交通物流等数据的共享与应用，推动铁路、公路、水利、航空等多方式联运发展。

4 月 20 日，中国物流与采购联合会大数据分会第一次会员代表大会暨成立仪式在北京举行。中物联大数据分会的成立适应了中国物流转型升级高质量发展的基本要求、适应物流行业内正在发生的一系列深刻变化。

（三）物流大数据逐步得到应用

随着移动互联网的快速发展，大量物流设施通过传感器接入互联网。目前，我国已经有超过几百万辆重载货车安装北斗定位装置，还有大量托盘、集装箱、仓库和货物接入互联网。物流连接呈快速增长趋势，以信息互联、设施互联带动物流互联，“物流在线化”奠定了物流大数据的前提条件。

物流在线化产生大量业务数据，使得物流大数据从理念变为现实，数据驱动的商业模式推动产业智能化变革，大幅度提高生产效率。通过对物流大数据进行处理与分析，挖掘对企业运营管理有价值的信息，从而科学合理地进行管理决策，是物流企业的普遍需求，其典型场景包括：数据共享、销售预测、网络规划、库存部署及行业洞察等。

依托大数据和云计算能力，通过物流云来高效地整合、管理和调度资源，并为各个参与方按需提供信息系统及算法应用服务，是物流大数据的核心需求。物流云服务应用，为物流大数据提供了重要保障，“业务数据化”正成为物流大数据的重要基础。

在大数据的支撑下，数字孪生在仓储管理、包装器具管理等五大物流分支建立了密切联系，能对实体产品和服务进行全生命周期追踪。同时，通过该技术能够提升物流效率、降低物流成本、基于数据进行智慧化管理和决策，进一步促进物流和供应链管理水平的快速发展。

（四）大数据的应用促进电子商务的发展

海量的数据随着移动应用的发展逐渐增长和累积，如交易数据、评价数据、用户行为数据等，数据库应运而生。大数据与云计算的结合对现代企业的管理运营、组织决策以及消费者行为分析产生了深远影响，使电子商务企业能准确有效地掌握和分析消费者的个人爱好和消费习惯，制订出适合自身的营销方案，提升电子商务管理以及服务质量，使消费者多样化需求得以满足。云计算自动管理和配置数据资源的能力，能有效降低设施运行管理的复杂程度，提高对大数据存储、计算、挖掘的效率。云计算省去了自动架设工厂基础设施费用，电商企业更青睐于利用云计算的硬件设施和软件服务以提高存储、计算、协调的效率，且大数据可用于分析产品价格指数、价格波动，厘清与预测上下游供应链的价格趋势，从而以较低的成本进行采购并提高交易效率。准确的数据分析管理所带来的高额利润，促进了电子商务企业的蓬勃发展。

物流在电子商务发展的过程中具有举足轻重的地位，是沟通资金流与信息流的桥梁环节。及时减少商品在运输途中的浪费，降低运输成本，提高配送效率等对于物流信息技术提出了较高要求。目前，大数据下可实现专业化云物流，即专业人员依靠云计算技术，进行科学决策、标准化作业，从而促成对物流信息的梳理和优化。云物流的应用能使顾客享受多样化、优质便捷的服务。且云物流与第三方物流模式的结合能有效推动订单、仓库货物储存、运输信息的管理模式化、专业化，大部分分散的物流公司、各大运营商以及提供服务的有关机构在云平台上集中重组，进行横向联合，实现资源的整合共享以减少社会资源的浪费，达到降低成本的目的。同时，企业内部之间各部门应协作规范、优化物流信息，建立高效、有序、智能的物流机制。

（五）大数据助力企业供应链物流服务升级

在大数据技术不断升级发展的当下，企业通过大数据技术，实现了供应链物流服务的转型和升级，推动了物流业的蓬勃和高效发展。《物流业发展中长期规划（2014—2020年）》强调，我国物流业要以质量和效益为中心，打造物流的升级版，以实现转型升级。而大数据、云计算等信息技术的应用，使物流业面临着新的挑战，通过利用大数据技术实现物流模式专业化、一体化创新，不断提高产业竞争力。现阶段，虽然我国物流业的发展势头良好，未来发展空间无限，但是供应链物流服务尚处在发展初期，一些增值服务有待完善。在服务至上的时代，增值服务成为未来发展的主流，将大数据技术融入其中，会带来新的增值点。大数据为服务升级带来了新方向。

目前，各大物流企业已经意识到大数据的重要性，在信息管理中已进入大数据大规模应用阶段。事实证明，我国绝大多数物流企业都在信息管理中实施了网络信息管理。对蜂巢等“最后100米”的设施设备的投资，也是物流企业抓取终端消费者数据的举措之一。从使用效果来看，大数据管理确实比手工管理效率高很多。企业信息管理的发展速度已经大大提高，大数据技术对传统企业信息管理模式的影响非常大，两者的结合为企业网络信息市场奠定了基础。企业可以将大数据技术与信息管理相结合，形成网上信息管理，然后开发相关的网络管理软件，实施及时有效的网上信息管理，从而推动企业网络信息管理模式的发展。具体实践中，在不断提升的成本压力和区块链等技术发展的双重作用下，物流企业已经开始利用大数据进行供应链生态价值再造和逆向整合供应链。针对客户端个性化增值服务日益多样化，物流企业向下整合供应链服务商，以提升运作效率；向上整合供应商，物流电商、仓储直播间等新业务模式不断涌现。

（六）大数据赋能冷链物流

对于冷链物流来说，有效的冷链保护和新鲜的生鲜是冷链物流的质量和长期发展的保证，在数字化时代，人工智能与大数据能够为冷链物流提供技术支持，解决冷链物流的冷链和生鲜难题。目前，大数据已经渗透进各行各业当中，一系列新兴技术的兴起带来了产业和行业下沉，冷链物流与大数据的融合，成为冷链物流行业发展的全新趋势。

在数字化时代，冷链物流的工作人员可以同时识别多个货物，了解物流日常仓储数量，在很大程度上提升出入库的效率，可以对需要的货物进行快速查找。此外，依托技术优势，货物的进出还可以实现自动感应，很少有遗漏，冷库的温度设定和运作也正在逐渐走向标准化和高效化。

大型冷库尤其需要大数据技术，相比于传统冷库的人工安排和管理而言，数字化管理系统能够自动记录冷库货物的进出，具有更好的记录精确度，还能够将仓位使用情况以数据形式报告给管理人员，增强了管理冷链仓库的效率。数字化的管理、空间闲置问题的反馈，都能够帮助冷链物流实现系统性跨越发展。大数据凭借着其真实、有效、精确度高的特点，已经成为冷链物流行业中的关键技术。

二、2022 年物流大数据展望

作为世界第二大数字经济国家，我国目前已进入了新的发展阶段。中国已经逐步建立起数字经济、数字社会和数字政府三元互动的数字生态。在新的历史征程上，我们必须居于世界数字经济发展的潮头，充分利用我国的数据规模优势，实现数据规模、质量和应用水平同步提升，发掘和释放数据资源的潜在价值，有利于更好发挥数据资源的战略作用，增强网络空间数据主权保护能力，维护国家安全，有效提升国家竞争力。

数字强国，物流先行。物流业规模大、链条长、范围广，是一种跨部门、跨区域、跨行业的产业活动，产业的组织集中度高。作为连接生产、流通、消费的融合性支柱产业，产值占 GDP 比重达 14.7%。高级化的物流组织方式要在规模化、高效化、协同一体化中体现价值。因此，物流业的创新活力非常强，每天产生大量数据，不断涌现新业态新模式，并形成了完整的物流数据链。我们充分利用大数据的数据结构化技术对物流业务进行专业描述，形成行业知识结构、知识图谱和数据结构，创造出更多的基于物流业务的大数据服务产品。日积月累，循序发展，随着服务链条的不断延伸和规模化的不断扩大，将给行业带来大数据运用的巨大发展空间。

（一）通过引进数据链，将进一步优化供应链

产业经营活动是所有业务数据的源头，需要流程节点间的协作和上下游信息的融通。就物流业务来讲，通过对流程节点的数据记录和传递，能产生海量的产业经营活动大数据。应用云计算充分汇集海量行业数据，打造物流云平台，并在数据汇总与分析的基础上挖掘数据的价值潜力。随着业务范围不断扩大，结合物流云平台在大数据挖掘分析方面的优势，可形成更多的物流大数据服务产品和平台。产业活动的业务链与大数据的结合将为我们物流产业高质量转型发展赋能。

（二）冷链物流大数据协同平台与标准体系建设将重点实施

坚持以平台功能健全、运营良好、与我国发达地区冷链物流信息共享、信息互联互通渠道通畅为目标，建设国家冷链物流大数据协同平台。冷链物流大数据协同平台遵循国家标准开发，坚持标准领先的理念，率先在国内形成自己的冷链物流系统统一编码标识标准、冷链物流技术规范标准、冷链物流大数据标准等。

通过统一的规范和标准，与冷链物流活动过程中息息相关的物品、设备、参与方、地点等一系列物联网标识相互映射，实现冷链物流行业内各主体间通信、互连、转换标准接口的可移植性和安全性，形成公共基准平台。消除由于应用范围、构建方式、系统结构、数据资源等方面所产生的各参与方系统间的差异，实现信息的高度共享，保证数据交换的透明、简便、可靠、安全。

冷链物流标准规范，对冷链物流行业是非常重要的。只有实现冷链物流标准规范，才能在国际经济一体化的条件下有效实施冷链物流系统的科学管理，加快冷链物流建设，促进冷链物流系统与国际系统或其他系统的衔接，有效降低成本，提高冷链物流的经济效益和社会效益。

（三）物流大数据发展赋能的关键领域

预计到 2022 年我国大数据产业规模超过万亿元。未来数字经济将释放出更大的溢出效应、叠加效应，机遇巨大、前景无限。把握好大数据发展的重大战略机遇期，主动适应制造业高质量发展的新要求，这是广大从事物联网、大数据、边缘计算、5G 等新兴技术的科技型企业以及物流大数据企业所面临的

重要客观条件。大数据在物流业的应用机遇在于，通过持续不断建设和数字化改造，中国的物流业不论是在总量、网络体系建设、竞争力，还是在效益上都显示出巨大活力和影响力，经过快速发展期，许多地区都有了百亿、千亿级别的物流企业。

基于物流特性展开以下几个物流与大数据的关键结合点。第一，聚焦产业融合。只有着眼于新技术、发展物流大数据，才能推动物流与产业融合创新发展。物流业作为生产服务业，发挥产业整合组织作用，服务一二三产业。大数据赋能物流服务实体经济，着力点就在于产业融合发展，去解决传统方式无法解决的复杂问题，实现更加高效便利的增长模式。第二，面向物流业的共性需求。物流与供应链产业要求高质量的整合、优化、协同，突出规模效应显现，关注生产、分配、流通、消费各环节合作协同。第三，发挥处理海量数据的能力。服务于物流配套支撑，即统计、指数、评价和信用等数据密集型服务。第四，围绕物流的一系列增值服务。以供应链管理服务为例，围绕物流的增值服务包括品控、监督、全周期管理、风险防控、效能管控等，这些服务的提供、统筹也为大数据技术提供了丰富的应用场景。

（四）将涌现以数字化能力为核心的物流科技企业

物流产业是规模化产业，其业务特征决定着它有海量的数据存储在业务中，物流数据是典型的分布式时序数据，比如车辆轨迹数据，传感器温度数据，这些数据有着数量大、相同维度重复取值的特点。在物联网时代，时序数据的数据量呈井喷式爆发，物流行业的数据规模对大数据的科技企业具有巨大的吸引力。

同时，物流行业不断创新的大数据应用场景也持续吸引科技企业。在传统方式难以解决的问题上，应发挥科技优势，赋能物流降本增效、精准管理、优化决策和服务提升。庞大的物联网和业务流程相配合产生海量数据，科技企业将为其中各个关键节点的数据生产、采集、存储、传输、加工、分析、服务提供技术支撑和一体化服务支撑。专门从事数据资源、大数据软硬件产品开发、销售、租赁等领域的企业都会针对物流领域形成专业化的服务团队和服务公司。

在大数据技术带动下，传统物流企业纷纷开展智能化、自动化、信息化改造升级，不断提升物流运作效率，并持续扩大业务领域。在技术应用中，投入大量资金和人力，形成大数据产品和服务模式，从而转型成为一批快速成长的物流科技企业，共同为物流大数据发展注入新的活力。

（五）数据将优先赋能中小型物流企业

大型企业正在引领行业发展方向、改善行业发展环境，中小企业正在广泛实践模式创新。大型企业利用自身的优势，投资于大数据技术的开发和运用，并将由此产生的信息和知识应用于实际的生产、管理、经营和研究中，从而对中小企业产生辐射带动效应。随着对大数据应用的逐渐深入，未来物流行业获取的数据已不只局限于行业内部，物流企业据此可以预测性地提供个性化、差异化的服务，赋能中小企业，让整个行业活力都能得到广泛提升。

大型企业在物流大数据产业的布局上已经跨越多个层次，从硬件设备到软件技术、应用方案等，拥有了数据资源、数据服务资源和整体化解决方案。在全国搭建网状的物理智能骨干体系，基于这个物理网络继续完善物流信息系统，并向所有的制造商、网商、快递公司、第三方物流公司完全开放，从而取得持续性效益。基于大数据和云计算技术等，建立服务于整个“生态系统”的供应链管理体系，整合商流、物流、信息流，以实现大物流发展战略，让参与服务链条的中小企业持续受益，形成大中小企业相互支撑、协同合作的大数据产业生态体系。

随着中小企业对大数据需求的增加，降低大数据使用成本，实现存算分离、按需所取将成为大数据技术和服务的主要发展方向。

（六）物流大数据时代即将来临

在进入新零售时代后，以大数据技术为核心的智能技术会驱动整个零售系统的资金、商品和信息流动不断优化。新一代物流来袭的背后，智慧化是大势所趋。从更长远的未来看，新一代物流最终将走向无界物流，依托大数据人工智能科技，通过打通供应渠道、物流平台、服务场景、消费需求等多维度的界限，进行深度融合。

从物流行业发展趋势看，随着持续地深化供给侧结构性改革，新一代物流能够降低全产业链的物流成本，提高物流供给质量。同时，其也能够提高全要素生产率，逐步释放行业发展的新动能。最终，展现出全新态势的物流行业将成为国内经济强劲的推动力。在大数据人工智能平台上，各种类型的全自动流水线、自动分拨、仓储和配送机器人已经大规模运用。大数据算法可以让每一个包裹都有最优路径，实现最短时间送达。甚至基于大数据的“未卜先知”，可以做到“单未下，货先行”，把商品提前分布到消费者身边。大数据和人工智能已经把物流业从肩扛手提的传统模式，带入了科技驱动的新物流时代。

（作者：中国物流与采购联合会大数据分会　闫丹　朱复深）

2021 年物联网技术应用发展回顾与 2022 年展望

2021 年是中国“十四五”规划开局的一年，数字经济是 2021 年的重要主题，数字经济已经成为继工业经济、农业经济之后全新的社会经济发展形态。在此背景下，以物联网为代表的数字化技术在物流业中的应用得到了蓬勃发展，物联网技术已经延伸到了仓储、配送、加工、流通、金融等物流领域的各个环节，极大地提升了整个物流体系运行的效率。以物联网为代表的数字化产业为促进我国物流行业向数字物流转型提供了支撑和动力。

（一）2021 年物联网技术应用发展回顾

1. 物联网产业规模

（1）物联网企业规模。

根据企查查平台数据显示，截至 2021 年年底，全国经营范围含物联网的企业达到 83 万余家，其中 2021 年新成立的涉及经营范围含物联网技术的企业达到 30 万家以上，较之 2020 年同比增长了近一倍。

从产业分布来看，截至 2021 年年底，新增与物流行业相关的物联网企业达到 8.3 万家，在新增物联网企业中占比近 28%。

（2）移动物联网规模。

从移动物联网营收方面来看，根据工业和信息化部发布的数据显示（见图 1），我国蜂窝物联网终端用户规模持续扩大。截至 2021 年 10 月末，三家基础电信企业发展蜂窝物联网终端用户近 14 亿户，比上年年末净增 2.5 亿户，其中，应用于智慧公共事业、智能制造和智慧交通的终端用户占比分别达 22.3%、17.2%、16.7%。随着技术的深入应用，新应用层出不穷，物联网市场被期待拥有更广阔的发展空间。

总体来看，我国物联网产业规模较之 2020 年趋于平稳增长的态势，在物流行业中的应用规模逐渐扩大，在降成本、提效率、促安全等方面有了显著提升。

2. 物联网在物流行业中的应用情况

（1）产业领域应用分布。

2021 年，中国物流与采购联合会物联网技术与应用专业委员会在全国 27

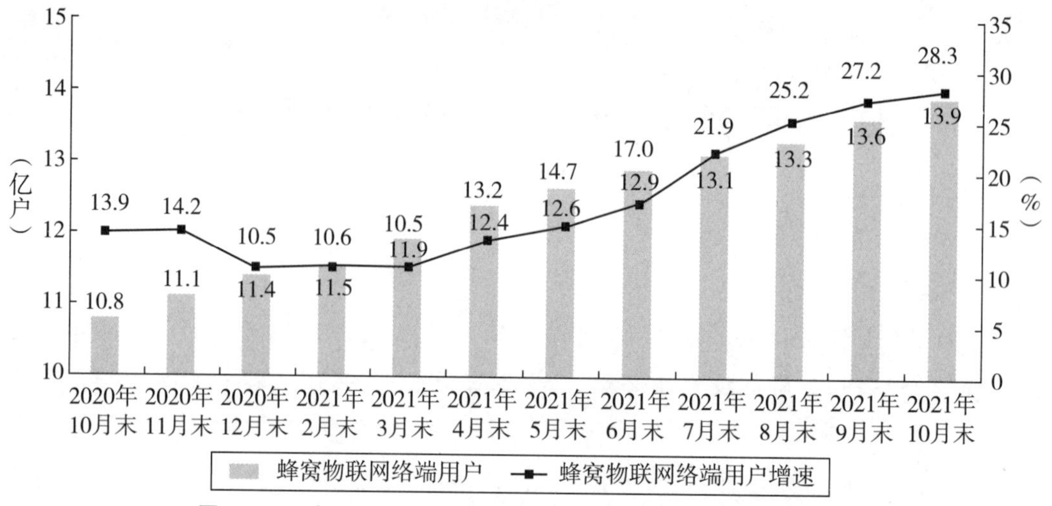

图1　2020年10月末—2021年10月末蜂窝物联网终端用户情况

资料来源：工业和信息化部。

个城市调研。2021年是物联网技术在物流行业中应用快速发展的一年。具体来看，大宗物流中粮食、液体化工及钢铁应用较为广泛，分别占比14%、18.3%、16.7%（见图2），较之2020年略有增长。在“双碳”目标的背景下，物联网技术在煤炭物流中的应用增长较快，较之2020年增长20个百分点。由于新冠肺炎疫情的影响还在持续，物联网技术在监测和跟踪食品、医药安全方面的作用日益凸显，物联网在冷链和医药物流中的应用较之2020年增长13个百分点。

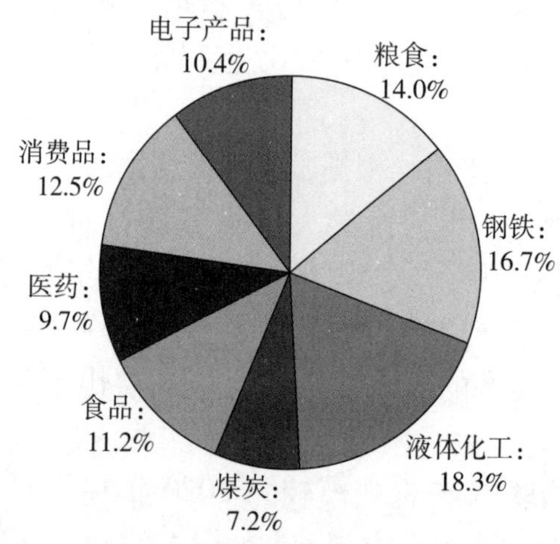

图2　2021年物联网技术在物流领域中的应用分布

资料来源：中国物流与采购联合会物联网技术与应用专业委员会。

（2）物联网技术应用情况。

中国物流与采购联合会物联网技术与应用专业委员会在调研和案例征集中

发现，当前物联网技术在物流行业中的应用主要体现在感知技术、网络通信技术和智能管理技术三个方面。在感知技术中，视频识别技术占比 15.94%，地理空间分析技术占比 18.49%，视频图像分析技术占比 16.39%，在食品药品安全政策的背景下，传感技术在食品、冷链、医药等物流领域的应用日益成熟，占比达到 13.66%（见图 3）。

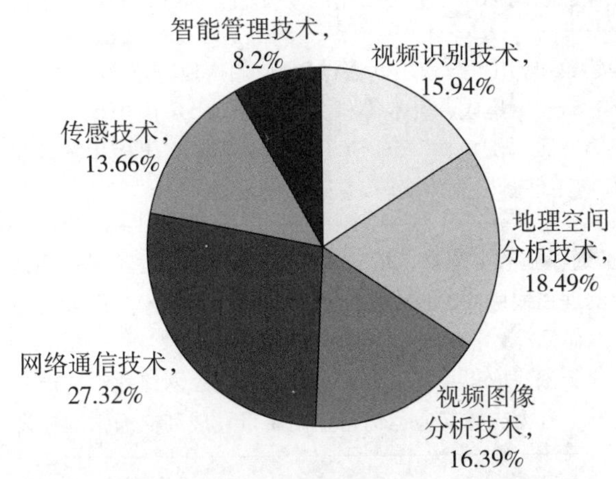

图 3　2021 年物联网技术在物流行业中的应用情况

资料来源：中国物流与采购联合会物联网技术与应用专业委员会整理。

3. 政策支持力度加大

自 2013 年《物联网发展专项行动计划（2013—2015 年）》印发以来，国家鼓励应用物联网技术来促进生产生活和社会管理方式向智能化、精细化、网络化方向转变。2021 年 11 月 16 日，工业和信息化部发布《“十四五”信息通信行业发展规划》，提出 5 项重点任务，包括全面部署 5G、千兆光纤网络、IPv6、移动物联网、卫星通信网络新一代通信网络基础设施。为了促进“新基建”的快速发展，国家颁布了一系列支持政策，中国物流与采购联合会物联网技术与应用专业委员会整理了 2020—2021 年物联网相关政策（见表 1）。

表 1　2020—2021 年物联网相关政策

政策	摘要内容	来源
工业和信息化部办公厅关于深入推进移动物联网全面发展的通知	到 2020 年年底，NB－IoT 网络实现县级以上城市主城区普遍覆盖，重点区域深度覆盖；移动物联网连接数达到 12 亿；推动 NB－IoT 模组价格与 2G 模组趋同，引导新增物联网终端向 NB－IoT 和 Cat1 迁移；打造一批 NB－IoT 应用标杆工程和 NB－IoT 百万级连接规模应用场景	工业和信息化部

续 表

政策	摘要内容	来源
工业和信息化部办公厅关于推动工业互联网加快发展的通知	加快推动主动标识应用和推广。基于手机卡、芯片、通信模组、物联网终端等主动标识载体的联网通信能力，突破传统打码采集的读写方式，通过主动标识实现标识对象与平台的快速自动连接，推动工业互联网标识产品和应用的规模化、标准化和低成本化	工业和信息化部
工业和信息化部办公厅关于推动5G加快发展的通知	构建5G应用生态系统。通过5G应用产业方阵等平台，汇聚应用需求、研发、集成、资本等相关方，畅通5G应用推广关键环节。组织第三届“绽放杯”5G应用征集大赛，突出应用落地实施，培育5G应用创新企业。推动5G物联网发展	工业和信息化部
数字交通“十四五”发展规划	“交通设施数字感知，信息网络广泛覆盖，运输服务便捷智能，行业治理在线协同，技术应用创新活跃，网络安全保障有力”的数字交通体系深入推进，“一脑、五网、两体系”的发展格局基本建成，交通新基建取得重要进展，行业数字化、网络化、智能化水平显著提升，有力支撑交通运输行业高质量发展和交通强国建设	交通运输部
物联网基础安全标准体系建设指南（2021版）	到2022年，初步建立物联网基础安全标准体系，研制重点行业标准10项以上，明确物联网终端、网关、平台等关键基础环节安全要求，满足物联网基础安全保障需要，促进物联网基础安全能力提升	工业和信息化部
“十四五”信息通信行业发展规划	该规划包括4大部分、26条发展重点、近3万字，描绘了信息通信行业的发展蓝图，是未来五年加快建设网络强国和数字中国、推进信息通信行业高质量发展、引导市场主体行为、配置政府公共资源的指导性文件	工业和信息化部

资料来源：国家部委文件，经中国物流与采购联合会物联网技术与应用专业委员会整理。

（二）物联网在物流行业中的应用分析

国家颁布了《中华人民共和国国民经济和社会发展第十四个五年规划和2035年远景目标纲要》（以下简称“‘十四五’规划”），2021年国家部委和地方均发布了各产业领域的“十四五”的规划措施。近几年以物联网为代表的数字化技术在我国物流业中应用广泛，并取得了显著成效，经中国物流与采购联合会物联网技术与应用专业委员会整理，2021年物联网等技术融合在物流领域的应用主要表现在以下几个方面。

1. 物联网技术在物流环节发展迅速

（1）仓储管理。

仓储承载着对货物的周转和保管，传统仓储业务中人工作业是主要方式，工作效率低下，同时，找货难、拣货难、盘点难等现象经常产生。将物联网技术应用于传统仓储中，形成数字化仓库，能提高货物进出效率、减少人工的劳动力强度。

以钢材仓库为例，钢材具有高价值、大批量、单体重量大的特点，传统的钢材仓库往往在入库、出库及保管作业方面需要投入大量的人力和物力。应用物联网等数字化集成技术的钢材仓库，可以成为数字化钢材仓库，可具备自动找货、实时称重、精准抓取和精准堆放等功能，极大提升了仓储的效率，仓储作业时间较之传统钢材仓库缩短了 5 倍以上。从降成本的角度来看，传统钢材仓库完成一次仓储作业需要 3 人协作，而数字化钢材仓库只需要 1 人即可完成，大量的工作可由设备和系统协同完成。同时，仓库配备了感知摄像头，最大限度地替代了仓库安保人员的工作，可实现实时监控、即时预警、自动报警等。随着物联网技术在钢材仓库中的广泛应用，仓储作业的大量数据可以通过设备来完成采集，极大避免了人工收集数据所产生的误差和干预，确保了货物与数据的一致性，促进了电子仓单、电子运单等无纸化数字单证在便捷提货、钢材电子商务、钢材金融质押等方面的深入发展。

物联网在消费仓库、冷链仓库、粮食仓库等均得到广泛应用，在降低仓储保管成本，提升仓储作业效率方面成效显著。同时，物联网与大数据、云计算等数字化技术在物流仓储中的融合应用，为仓库实现业务模式多元化发展提供了有力支撑。

（2）运输配送。

在运输方面，应用物联网技术对运输的货车以及货物进行实时监控，可完成车辆及货物的实时、定位跟踪，监测货物的状态及温湿度情况，同时监测运输车辆的速度、胎温胎压、油量油耗、车速等车辆行驶行为以及刹车次数等驾驶行为。

在配送方面，行业内认为 2021 年是无人配送发展的元年，各大物流企业依托于物联网、大数据、人工智能等技术的集成应用，已经在无人配送车辆、无人配送飞机等领域取得了初步成果，并在不同城市发展了末端无人配送的试点，由此呈现出无人港、无人码头、无人配送社区等现象。

2. 物联网技术在产业中的集成日趋成熟

（1）食品、医药物流。

食品、药品安全一直是国家重点监管、社会关注的热点问题，特别是在流通方面涉及生产运输、仓储保管、流通运输等多个复杂环节，每个环节的疏忽势必会造成安全隐患。比如在仓储保管中的食品、药品保质保量问题，确保温度、湿度、光照、受压的稳定性等，都需要花费大量的资源进行管控。同时，在流通运输中涉及串货、假货掺入等现象，单纯依靠人员投入、制度完善仍然无法实时掌握相关信息。这对于安全事故的事前评估、事中控制、事后处理等方面带来了较大的影响。

物联网技术在食品、医药物流方面的应用能有效解决上述难题，近两年相关应用更加成熟。例如，将 RFID 标签应用到每个物品单元上，能通过大范围、远距离、高精度的读取设备采集每个环节的物品的基本信息、位置信息，同时与相关软件系统关联，能采集到经办人员、周转仓库、运输工具数据等信息，极大提升了物品的溯源能力。同时，在仓库方面已经初步完成了数字化建设，能做到实施监测仓库的温度、湿度、光照、压力等数据，增强了仓储保管安全能力。在流通运输方面，物联网在仓储中的应用已经延伸到了运输环节，将运输工具打造成为移动的数字化仓库，配合 GPS、北斗定位技术等，能够全方位、全生命周期管控，不仅实现了降本增效，同时极大程度地提升了食品、医药物流的安全服务能力。

（2）煤炭物流。

煤炭是促进我国经济发展的重要能源之一，较之全球发达地区，我国在煤炭利用率方面还存在一定的差距。在煤炭物流中，煤炭保管质量、煤炭运输绿色化等方面与发达国家和地区差距较大。当前随着国家经济结构的调整，煤炭资源供应主要集中在电力、冶金、建材和化工四个领域。这四个领域在我国的产业分布不均，造成煤炭物流的运行压力持续增加。在数字经济背景下，煤炭产业链的相关企业相继向数字化方向转型。在煤炭物流方面，煤炭仓储企业引进激光盘煤设备与现有的信息化平台集成，实现了精确掌握煤炭储存的状态、规模，并通过改进装卸、输送设备，加入感知设备、传感设备、监控设备以及计量设备，在煤炭仓储作业中基本实现了煤炭装卸的精细化，设备工作运行的数据化，同时对煤炭仓库整体进行全封闭式改进，引入温度、湿度、烟雾等感知技术，在提升环境保护和煤炭储存质量等方面具备显著成效。在煤炭运输方面，除了定位技术，物联网技术的应用更为精细化。2019—2021 年，在煤炭运输领域，网络货运平台的领先企业率先开始针对煤炭运输过程中出现的漏煤、丢煤和煤粉污染等现象，应用数字化技术加以改进。

3. 物联网技术推动现代物流发展

物流领域是物联网相关数字化技术最具有现实意义的应用领域，物联网会进一步提升物流数字化、智能化、智慧化水平，推动物流功能整合，对物流服务各环节运作产生积极影响。同时，物联网会促进供应链物流、生产物流、销售物流融合，实现制造业与物流业快速融合发展。在生产环节，感知技术、可视化技术的深入应用将大幅提高生产效率；在运输环节，定位技术和传感技术将实现智能调度，提高运输效率；在仓储环节，感知技术和数字孪生技术的应用，将提高作业效率，降低作业成本，提高库存管理能力和空间利用率等；在配送环节，综合应用物联网技术可以大大缩短拣选时间，提高拣选效率，掌握预期的到达时间等；在销售物流环节，智能货架可自动识别并随时报警，通过网络实现敏捷反应。随着新的物联网技术的不断衍生和成熟，物联网在物流行业的应用前景广阔，为促进我国现代物流的发展提供动力支撑。

（三）2022 年物联网技术应用发展展望

回顾 2021 年，物流已经成为物联网的重要应用领域，各产业在数字经济背景下相继采用物联网、大数据、人工智能、区块链等数字化技术加快产业的数字化转型。然而，物联网等新型数字基础设施毕竟发展周期较短，技术成熟度还不够高，在物流行业中的应用仍然面临一些问题，主要表现在以下四个方面。

第一，物联网技术仍需进一步发展。物流业实现数字化离不开以下几个方面，分别为人员数字化、货物数字化、设备数字化、场所数字化、环境数字化。而物流业的产业领域分类众多，涉及的货物品种复杂，以货物数字化为例，当前物联网技术还无法覆盖大部分货物品类。

第二，数字化转型成本高。当前物流企业面临旧的信息系统的升级或替换，同时又需要引进新的数字化技术和设备来完成数字化转型，涉及软件设施和硬件设施的同步更新，势必会产生巨大的人力、财力的投入。不少物流企业在转型中陷入困境，因此需要物联网产业与相关数字基础设施产业协同发展，构建新的服务模式，降低物流企业初次转型投入的门槛，让物流企业享受数字化转型成果的同时，能持续地发展企业的数字化水平。

第三，物联网标准不统一。由于各设备生产商出厂的接口标准差异大，物流企业采购物联网设备时，存在重复采购现象，成本损耗过大。因此物联网行业在统一标准化上需要进一步提升。

第四，物联网安全问题凸显。物联网以互联网为基础，并具备控制和管理目标对象的能力。因此，亟须建立具备广泛公信力的物联网设施设备认证管理体系，将物联网设备连接注册、登记、运行周期纳入统一管理范围，提升物流行业的使用体验和应用安全。

展望 2022 年，物联网作为前沿代表的综合性数字化技术，在物流行业中的应用已经呈现出规模大、覆盖面广、专业性强、应用场景多的特征。2022 年是“十四五”的第二个发展年，物流行业将加速推进数字化转型进程。随着《“十四五”现代流通体系建设规划》正式发布，现代物流体系成为两大支撑之一，助力构建现代流通网络，更好地服务双循环新发展格局。在此背景下，对物联网应用的需求将更加精细化和定制化。特别是制造业物流和仓储物流等作业环境复杂领域，对数字孪生技术的应用需求量将持续增长，物联网、5G、人工智能、大数据的深度融合应用将成为新的应用场景。同时，物流行业应用物联网不仅限于对“物”的连接，对数据的采集，将更加注重物联网的主动“感知”特点，通过提前感知，有效评估风险、预防风险。总体来看，物联网作为实现数字物流、智慧物流、绿色物流的基础，2022 年必将迎来更大的发展，不断出现新的应用模式，并呈现新的特点，从而推动我国现代物流建设高质量发展。

（作者：中国物流与采购联合会物联网技术与应用专业委员会　沈启星　吕忠）

2021 年物流信息服务平台发展回顾与 2022 年展望

平台经济是以互联网平台为主要载体，以数据为关键生产要素，以新一代信息技术为核心驱动力、以网络信息基础设施为重要支撑的新型经济形态。2021 年 3 月 15 日，中央财经委员会第九次会议指出：近年来，我国平台经济快速发展，在经济社会发展全局中的地位和作用日益凸显。习近平总书记在会上发表重要讲话并强调，我国平台经济发展正处在关键时期，要着眼长远、兼顾当前，补齐短板、强化弱项，营造创新环境，解决突出矛盾和问题，推动平台经济规范健康持续发展。

本报告首先回顾了 2021 年中国物流信息服务平台的发展现状，然后对中国物流信息服务平台未来的发展趋势进行了预测和分析。

一、2021 年中国物流信息服务平台发展回顾

1. 平台发展规范化成为国家战略

2021 年 2 月，国务院反垄断委员会印发《国务院反垄断委员会关于平台经济领域的反垄断指南》（以下简称《指南》），立足我国平台经济领域发展现状和特点，深入总结《中华人民共和国反垄断法》（以下简称《反垄断法》）实施以来的执法经验，强调平台经济领域的垄断行为应当适用《反垄断法》及有关配套法规、规章、指南等。《指南》与《反垄断法》的结构高度契合，由总则、垄断协议、滥用市场支配地位、经营者集中、滥用行政权力排除限制竞争和附则六章组成。《指南》的发布，为加强平台经济领域反垄断监管提供了科学有效、针对性强的制度规则，有助于反垄断执法机构统一执法标准、提高执法透明度，有利于平台经营者、平台内经营者等各类市场主体深化对《反垄断法》的理解和认识，有效预防和降低法律风险，共同营造公平竞争的市场环境。

2021 年 6 月，《中华人民共和国数据安全法》于第十三届全国人民代表大会常务委员会第二十九次会议通过并发布实施。该法律明确了平台经营者应依法收集、存储、使用、加工、传输、提供、公开平台内相关数据，应当遵守法律、法规，尊重社会公德和伦理，遵守商业道德和职业道德，诚实守信，履行

数据安全保护义务，承担社会责任，不得危害国家安全、公共利益，不得损害个人、组织的合法权益。同时，平台经营者应具备保障持续安全状态的能力，通过采取必要措施，确保数据处于有效保护和合法利用的状态。

2021 年 12 月，国家发展改革委等部门印发《国家发展改革委等部门关于推动平台经济规范健康持续发展的若干意见》（以下简称《意见》）。《意见》从健全完善规则制度、提升监管能力和水平、优化发展环境、增强创新发展能力、赋能经济转型发展以及保障措施 6 个方面，提出了完善治理规则、完善竞争监管执法、降低平台经济参与者经营成本、支持平台加强技术创新、赋能制造业转型升级等 19 项推动平台经济规范健康持续发展的具体措施。

2. 平台型物流企业主要经营情况

据中国物流与采购联合会物流信息服务平台分会（以下简称“平台分会”）在全国范围内开展的调查统计，2021 年我国平台型物流企业主要经营情况如下所示。物流企业类型分布如图 1 所示。

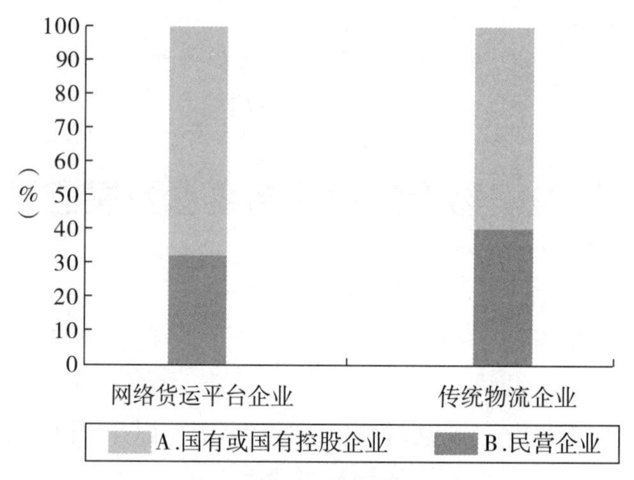

图 1　物流企业类型分布

从物流企业类型分布看，60% 以上的平台型物流企业（也称网络货运平台企业、平台企业）为民营企业（见图 1），该比例与 2020 年并无明显差异。说明民营企业在数字化转型方面较国有企业（即国有或国有控股企业）相比更为积极，而国有企业在突破壁垒、改革创新方面还有更长的路要走。

从运输货物品类看，76. 5% 的平台型物流企业涉及矿产、建材、煤炭等大宗商品运输业务（见图 2），其比例高于传统物流企业，说明平台型物流企业在大宗商品运输方面与传统物流企业相比具有较大优势。从事农产品运输的平台型物流企业与传统物流企业比例相当。与 2020 年相比，平台型物流企业从事快递电商产品、快消品运输业务的比例有所提高，但从事电子产品以及冷链运输业务的比例有所降低，说明运输高附加值产品、对时效性要求高的货主对于传统物流企业的信任度更高，因此平台型物流企业应在垂直领域向专业化、精细化发展，以提升服务水平。

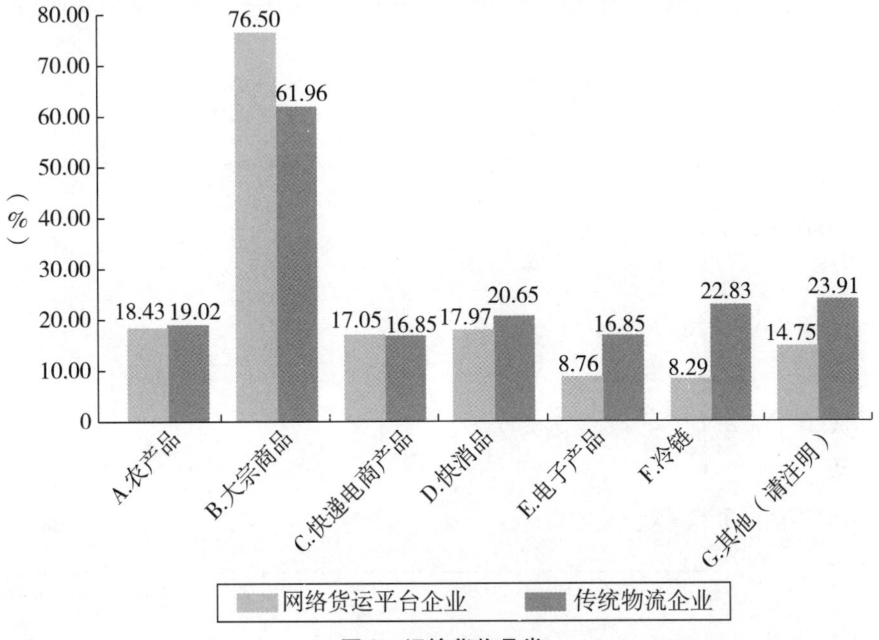

图 2　运输货物品类

注：由于《网络平台道路货物运输经营管理暂行办法》（以下简称《管理办法》）明确指出网络货运平台禁止承运危化品，因此暂未统计危化品承运情况。

从营业收入看，约半数平台型物流企业年营业收入在 10 亿元以上（见图 3），较 2020 年有明显提高（2020 年同比数据为 3 亿元），规模效应明显，产业集中度明显提高。部分小规模企业由于同质化竞争严重、资金周转困难，过度依赖财政返还，以及缺乏核心竞争力等原因，在发展过程中逐渐被头部企业收购。

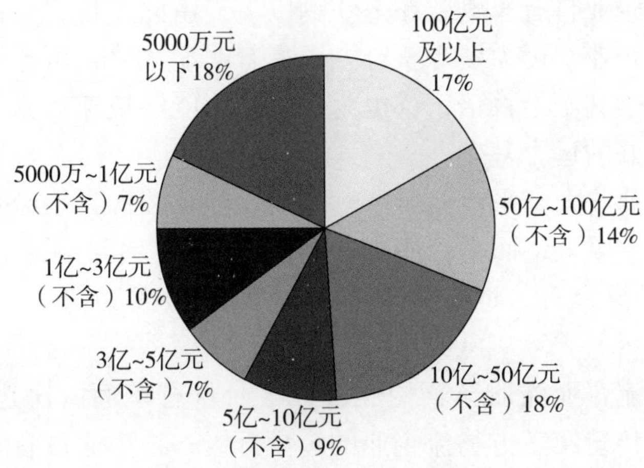

图 3　平台型物流企业年营业收入

与传统物流企业相比，平台型物流企业的业务发展受地域影响较小，易于在全国范围内进行业务拓展，其平均年营业收入是传统物流企业的 5 ~ 10 倍，说明平台化转型是传统物流企业扩展业务规模，利用社会资源实现降本增效的有效手段。

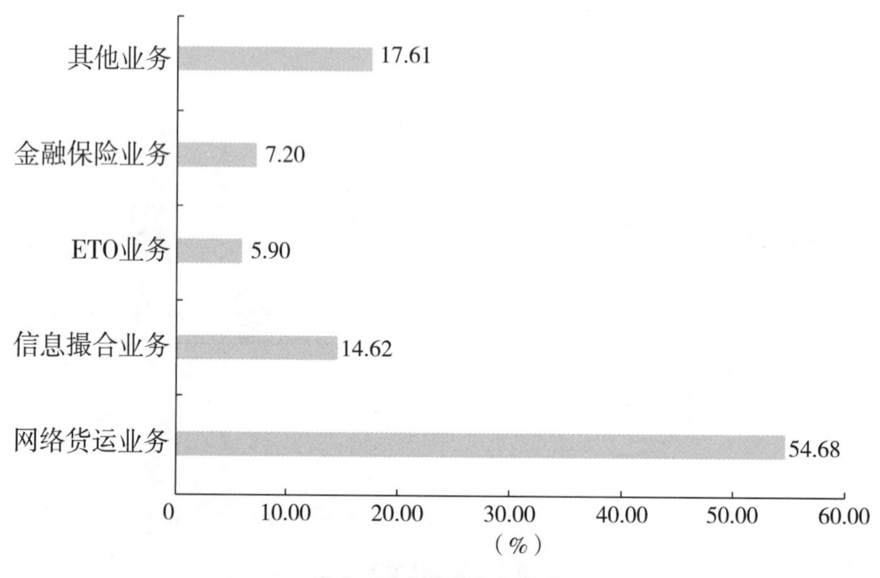

图 4　平台营业收入构成

从营业收入构成看，50% 以上的平台收入来源于网络货运业务（见图 4），信息撮合业务收入比例较 2020 年略有降低。占比较高的“其他业务”主要是为其他类型的服务平台提供的油、气等车后市场服务。为取得合规成品油、气发票作为进项抵扣，从事网络货运业务的企业对油、气业务需求有所提升。

从平台注册车辆数看，67% 的平台注册车辆数达到 1 万辆以上（见图 5），与 2020 年基本持平。仅有 15% 的传统物流企业自有车辆数能达到 1000 辆，绝大多数传统物流企业自有车辆数在 100 辆以下。由此可见，与传统物流企业相比，平台型物流企业在运力资源整合方面具有明显优势，可调配运力达到传统物流企业的几十倍甚至上百倍，这也为平台企业能够快速扩张业务规模、实现规模效应奠定良好的运力基础。

综合平台营业收入与平台注册车辆数两项经营数据，平台企业的营业收入较往年提升了 3 倍以上，而平台注册车辆数却基本持平，说明注册车辆在平台的活跃度有了明显提升，通过平台寻找货源逐步成为广大司机群体的第一选择。

从平台型物流企业注册车辆构成看，平台自有车辆占比达到 18%（见图 6），主要来源于传统第三方物流企业的转型升级，将企业自有车辆作为运力池的一部分。在无车承运人试点期间，特别强调运输工具的“非自有属性”，而

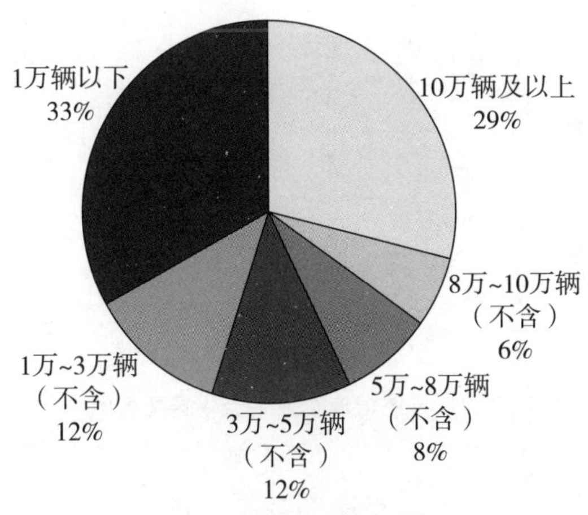

图5　平台注册车辆数

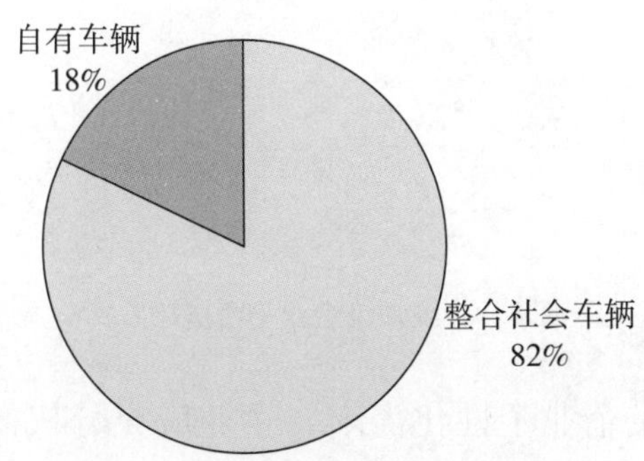

图6　平台型物流企业注册车辆构成

2019 年网络货运的法律地位明确之后，关注重点由“无车”转向“承运”，这也为传统物流企业转型升级提供了可能。此外，部分平台型物流企业为提升服务质量、丰富运输产品类型，也会通过少量购置自有车辆，采取差异化定价和服务模式，为部分价格敏感度低、追求服务质量的货主提供时效快、准点率高的高质量运输服务。

3. 传统物流企业平台化转型意愿依然明显

据平台分会调查统计，76% 的传统物流企业有意愿转型或拓展物流平台业务，特别是网络货运业务（见图 7）。该比例较 2020 年略有下降，原因是部分传统物流企业已经尝试平台化转型，但暂未在平台开展相关业务。

由图 8 可知，32% 的传统物流企业期望通过 SaaS 服务搭建服务平台。原因是传统物流企业虽然在货源、车源组织方面具有成熟的经验，但技术人才储备不足，在平台的搭建及运营方面缺乏经验，且成本预估不到位，前期建设一次性投入较大，后期运维及人力成本较高，企业难以负担。虽然通过 SaaS 服务搭建服务平台可缩短平台建设周期，降低一次性投入成本和后期运维成本，但

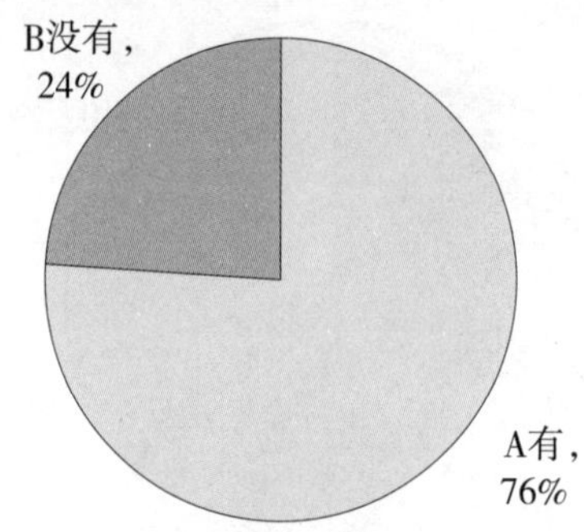

图7　传统物流企业平台化转型意愿

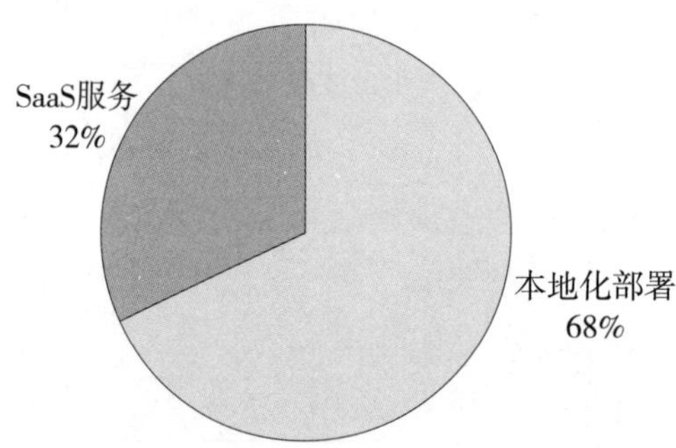

图8　传统物流企业平台搭建方式

SaaS 服务可能无法满足企业个性化需求，企业应充分权衡利弊，把握平台化转型的目的，并逐步构建企业核心竞争力。

物流服务平台特别是网络货运平台属于新业态。传统物流企业对新业态发展的了解依然不足，绝大多数传统物流企业在转型过程中期望得到平台搭建指导、相关政策咨询及资质申报流程咨询等服务（见图9）。

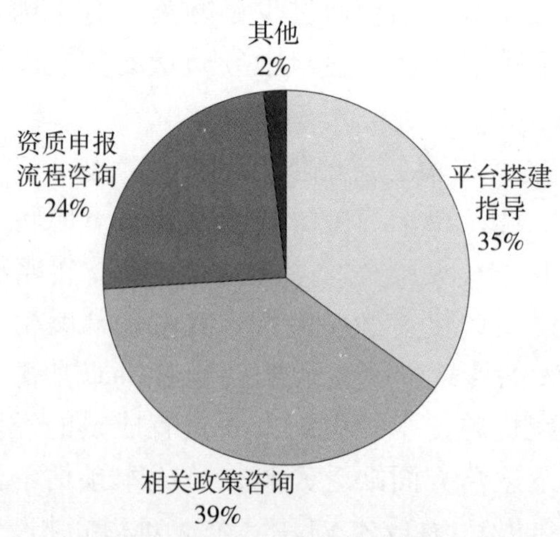

图9　传统物流企业转型过程中期望获得的服务

4. 平台型物流企业迎来上市机遇

根据罗戈研究收录的物流行业融资事件来看，2021 年度共融资 172 起，同比增长约 76%；公开部分累计融资金额约 1816 亿元，相较于 2020 年增长了近 44 倍。2017 年后物流行业热度出现下滑，但受到新冠肺炎疫情的影响，物流行业热度开始上升，融资次数及金额都具有明显的增幅，其中，基础设施和货运物流两个领域较 2020 年增幅最大。货运物流领域公开部分融资金额超过 10 亿元的融资事件有 13 起，超过 90 亿元的有 4 起，其中，平台型物流企业融资 2 起，分别是滴滴货运融资金额 97.27 亿元和货拉拉融资金额 97.25 亿元。

随着满帮集团的成功上市，以及行业“增效提速”发展需求，以“平台经济”为典型代表的物流业务智能平台赛道在近年来越发受到关注。受滴滴货运、货拉拉、运去哪等重要交易的推动，2021 年物流业务智能平台的交易金额同比增长 42% 至 212 亿元左右，是物流智能信息化领域里交易金额最大的细分赛道。随着众多领先企业的陆续申请上市，头部企业的优势进一步确立，未来这一赛道或将进入寡头竞争的新阶段。（来源：普华永道）

除公开的大额投融资外，平台型物流企业其他融资需求较 2020 年也有小幅提升。

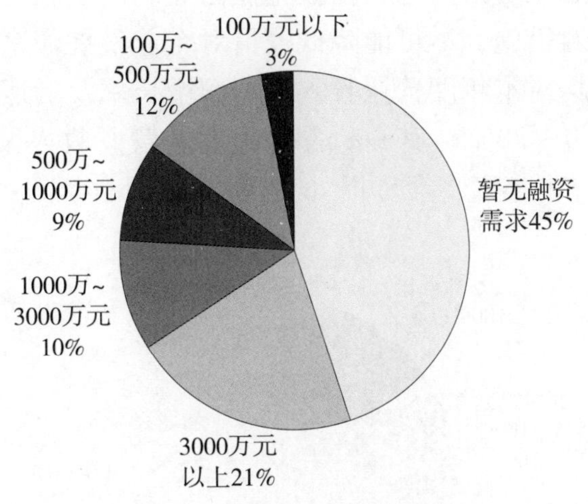

图 10　平台型物流企业融资需求

据调查显示，55% 的企业有融资需求，其中 21% 的企业有 3000 万元以上的大额融资需求（见图 10），也间接说明传统投融资模式对于平台型物流企业的适应性不强。

平台型物流企业融资用途如图 11 所示。

从平台型物流企业融资用途分析可知，由于物流企业普遍存在 1 ~ 3 个月的账期，而个体司机则大部分要求及时支付运费。因此，企业融资主要用于运费的预付和垫付，少部分用于支付人力及运营成本。传统金融模式下，银行或

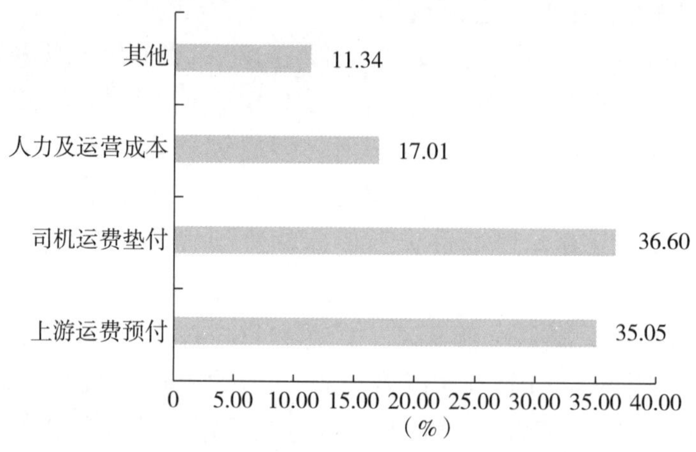

图 11　平台型物流企业融资用途

其他金融机构均以资产质押为授信依据，没有建立适应于平台企业的风控体系，需要依靠供应链金融解决长期以来平台企业贷款难的问题。

5. 疫情防控常态化趋势下平台企业发展预期

新冠肺炎疫情发生以来，对我国经济发展已经造成了极大影响。目前，疫情防控已经进入常态化阶段，绝大多数企业已经制定了较为完备的应对突发疫情的应急预案和应对措施，尽可能降低疫情对企业发展带来的影响。在此背景下，超过半数企业均对本年度营业收入、利润增长率及货运量有较为乐观的增长预期，增长率在 0 ~ 20%。有 9% 的企业预计营业收入及货运量能够翻倍。仅有 6% 的企业预计本年度将会亏损（见图 12 至图 14）。

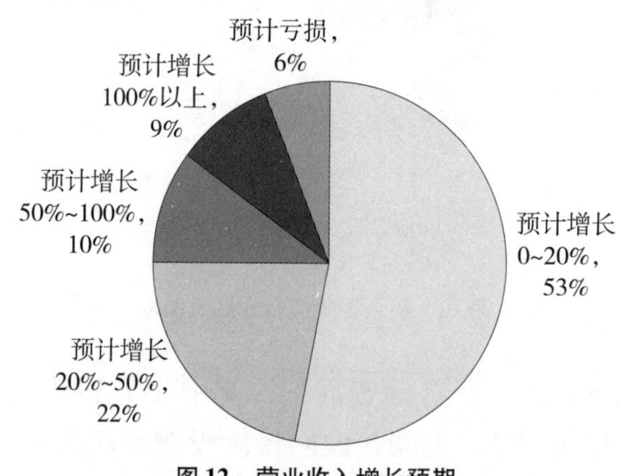

图 12　营业收入增长预期

6. 网络货运平台发展迅速

截至 2021 年 12 月 31 日，全国共有 1968 家网络货运企业（含分公司），整合社会零散运力 360 万辆、驾驶员 390 万人，全年完成运单量 6912 万单，是 2020 年的 3. 9 倍。

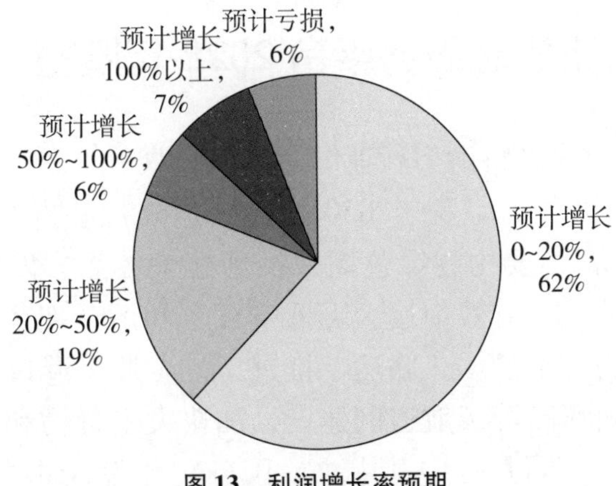

图 13　利润增长率预期

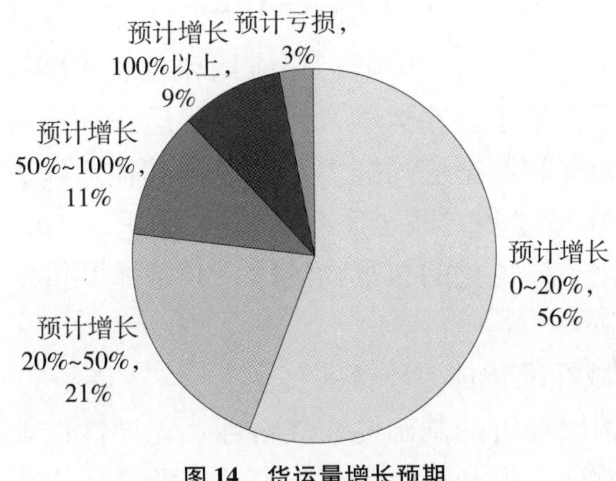

图 14　货运量增长预期

网络货运是平台经济在物流行业重要的表现形式。2021 年年底，交通运输部印发《网络平台道路货物运输经营管理暂行办法》有效期延长至 2023 年的通知，说明网络货运业态在发展中依然有亟待解决的问题，主要包括以下四点：网络货运平台在运营前期的研发投入，以及运营过程中为满足监管要求进行资质审核和购买定位数据使得企业运营成本居高不下；现行税制导致的网络货运进项抵扣还存在抵扣链条不完整、进项错配、进项不足问题，制约企业高质量发展；平台间同质化竞争严重，由于缺乏核心竞争力，导致盈利能力不足，依靠财政奖励的情况短时间内无法消除；平台数据应用能力不足，缺乏物流与大数据相关复合型人才对平台沉淀的业务数据进行深度挖掘和使用，同时在供应链金融落地应用方面缺乏专业化指导。

二、中国物流信息服务平台2022年展望

1. 多式联运平台建设将助力行业绿色高效发展

2021年10月，国务院印发《2030年前碳达峰行动方案》，明确提出“交通运输绿色低碳行动”，要构建绿色高效交通运输体系，发展智能交通，推动不同运输方式合理分工、有效衔接，降低空载率和不合理客货运周转量。大力发展以铁路、水路为骨干的多式联运，推进工矿企业、港口、物流园区等铁路专用线建设，加快内河高等级航道网建设，加快大宗货物和中长距离货物运输“公转铁”“公转水”。同月，中共中央、国务院印发《中共中央 国务院关于完整准确全面贯彻新发展理念做好碳达峰碳中和工作的意见》，指出要优化交通运输结构，加快建设综合立体交通网，大力发展多式联运，提高铁路、水路在综合运输中的承运比重，持续降低运输能耗和二氧化碳排放强度。从政策的定义来看，网络货运仅限于公路运输，但网络货运作为运输甚至供应链的一部分，依托其数字化程度和数据应用能力，打通与其他运输方式的数据接口，特别是在大宗运输领域通过多式联运实现“一次委托、一单到底、一票结算”，构建数字化、专业化、绿色化的智慧物流体系，是提升供应链整体效率，降低碳排放的有效手段。

2. 物流平台领域标准化体系将逐步完善

物流行业作为国民经济的基础性、战略性、先导性产业，行业内部的标准化建设是规范行业发展、提升行业效率、推动行业高质量发展的重要抓手。伴随着平台经济的蓬勃发展，物流平台等新兴业态亟须相关标准作为指引，目前仅有《物流公共信息平台服务质量要求与测评》（GB/T 37503—2019）一项国家标准与物流平台密切相关。平台分会在广泛调研的基础上，以上述国家标准为依托，牵头起草并发布了3项团体标准《网络货运平台服务能力评估指标》（T/CFLP 0024—2019）、《网络货运平台实际承运人信用评价体系》（T/CFLP 0032—2021）和《网络货运平台业务数据验证》（T/CFLP 0033—2021）。同时，依据团体标准开展了网络货运A级企业评估工作，为规范行业发展、树立典型标杆起到积极作用。除网络货运平台外，平台分会还与满帮集团联合牵头立项团体标准《互联网道路货运平台撮合交易服务要求》，旨在明确从事撮合交易的平台经营者责权利，维护行业健康、稳定、有序发展。该标准目前已进入征求意见阶段。未来，平台分会还将根据企业需求和行业发展规律，逐步完善物流平台领域标准化体系，推动新业态高质量发展。

3. 产融结合的产业新生态将逐步建立

上文提到搭建网络货运平台前期研发投入和后期升级维护的成本很高，中

小型第三方物流企业难以通过自建平台的方式实现企业数字化转型，而单纯购买 SaaS 服务又无法满足企业个性化需求，容易出现单纯以申请网络货运运营资质为目的的不良产业链，不利于行业高质量发展。目前，在行业中已经出现赋能中小企业的新经营理念，将自身的网络货运平台开放给经营同类业务的第三方物流企业使用，通过技术支持和深度运营，既解决中小企业没有充足的研发资金搭建平台的问题，又能保证平台功能满足企业实际业务需求，除了能实现运输环节的透明化管理外，还从供应链的角度切入，实现产融结合。未来，网络货运平台可能会从单个“企业的平台”逐渐发展为“产业的平台”。

4. 平台内经营者及从业人员合法权益将受到广泛关注

2021 年 11 月，交通运输部、中华全国总工会等八部门印发的《关于加强交通运输新业态从业人员权益保障工作的意见》中明确指出，要完善平台和从业人员利益分配机制、支持从业人员参加社会保险、保障从业人员合理劳动报酬、保障从业人员获得合理休息、改善从业环境和工作条件、加强对从业人员的人文关怀等 13 项具体措施，维护平台内从业人员合法权益。此外，明确指出要加强新就业形态劳动者权益保障，落实新就业形态劳动者权益保障相关政策措施，具体包括：完善新就业形态劳动者与平台企业、用工合作企业之间的劳动关系认定标准，探索明确不完全符合确立劳动关系情形的认定标准，合理确定企业与劳动者的权利义务；引导平台企业加强与新就业形态劳动者之间的协商，合理制定订单分配、计件单价、抽成比例等直接涉及劳动者权益的制度和算法规则，并公开发布，保证制度规则公开透明；健全最低工资和支付保障制度，保障新就业形态劳动者获得合理劳动报酬；开展平台灵活就业人员职业伤害保障试点，探索用工企业购买商业保险等机制；实施全民参保计划，促进新就业形态劳动者参加社会保险；加强对新就业形态劳动者的安全意识、法律意识培训。

（作者：中国物流与采购联合会物流信息服务平台分会　晏庆华　金妲颖）

2021 年区块链技术与应用发展回顾与 2022 年展望

2021 年 3 月，“十四五”规划正式发布，指出要以联盟链为重点发展区块链服务平台和金融科技、供应链管理、政务服务等领域应用方案。2021 年 6 月，工业和信息化部和中央网信办两部委联合发布了《工业和信息化部 中央网络安全和信息化委员会办公室关于加快推动区块链技术应用和产业发展的指导意见》，指出要在产品溯源、数据流通、供应链管理等领域培育一批知名产品，形成场景化示范应用。2021 年 10 月，中央网信办等部门和单位联合印发了《关于组织申报区块链创新应用试点的通知》，指出要聚焦数字经济与实体经济深度融合，探索供应链管理、工业互联网、能源管理等领域的区块链应用。

2021 年，在国家重要政策文件的加持之下，物流与供应链已成为区块链最重要的应用场景。这一年，区块链技术在物流与供应链领域的应用正从少数场景向多场景转变，应用深度及广度逐渐向好。但是，当前应用落地项目主要分布在经济发展状况较好的一线城市，随着国家区块链创新应用试点名单的公布，各地可积极学习试点地区、单位的创新应用方式，推动物流与供应链领域区块链深入应用。

一、2021 年区块链应用发展回顾

1. 政策支持

据中物联区块链应用分会不完全统计，2021 年从中央到地方的政策中，与区块链相关的有 147 条。其中，涉及物流与供应链领域的有 41 条，占比约为 28%（见图 1）。

在这 41 条政策中，国家级政策 19 条，区域性政策 22 条。由此可见，相较于 2020 年，国家层面引领区块链技术在物流与供应链领域创新应用的力度进一步加强。2021 年国家级物流与供应链区块链应用相关政策文件如表 1 所示。

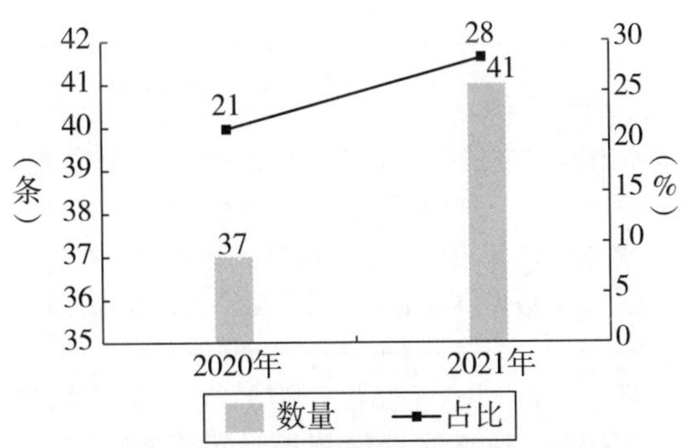

图 1　2021 年物流与供应链领域区块链政策数量和占比

资料来源：中国物流与采购联合会区块链应用分会统计。

表 1　2021 年国家级物流与供应链区块链应用相关政策文件

发布单位	政策文件主要内容
商务部办公厅	商务部办公厅发布《商务部办公厅关于加快数字商务建设 服务构建新发展格局的通知》，文件指出，着力推进商业科技发展，鼓励企业积极开展 5G、大数据、人工智能、物联网、区块链等先进信息技术在商务领域应用创新，拓展电子发票、电子合同、电子档案应用范围，提升无接触服务、云展会等新兴商业模式和场景应用水平，全面提升企业核心竞争力
中共中央办公厅、国务院办公厅	中共中央办公厅、国务院办公厅印发《建设高标准市场体系行动方案》。方案提出，在强化市场基础设施建设方面，加大新型基础设施投资力度，推动第五代移动通信、物联网、工业互联网等通信网络基础设施，人工智能、云计算、区块链等新技术基础设施，数据中心、智能计算中心等算力基础设施建设。结合京津冀、粤港澳大湾区、长三角及海南自由贸易港等区域市场发展需求，针对跨境电商、跨境寄递物流、跨境支付和供应链管理等典型场景，构建安全便利的国际互联网数据专用通道和国际化数据信息专用通道
国务院	国务院官网公布了《优化营商环境条例》实施情况第三方评估发现的部分创新举措，其中包括广州等地公共资源交易中心发起建设“公共资源交易区块链平台”
国家发展改革委等部门	3 月，国家发展改革委等部门发布《关于加快推动制造服务业高质量发展的意见》。该意见指出，利用 5G、大数据、云计算、人工智能、区块链等新一代信息技术，大力发展智能制造，实现供需精准高效匹配，促进制造业发展模式和企业形态根本性变革
商务部等 8 单位	3 月，商务部等 8 单位联合发布《商务部等 8 单位关于开展全国供应链创新与应用示范创建工作的通知》。其中提到，可信性加快物联网、大数据、边缘计算、区块链、5G、人工智能、增强现实/虚拟现实等供应链新技术集成应用，推进数字化供应链加速发展
中共中央办公厅、国务院办公厅	4 月，中共中央办公厅、国务院办公厅印发了《关于建立健全生态产品价值实现机制的意见》，并发出通知，要求各地区各部门结合实际认真贯彻落实。意见指出，要促进生态产品价值增值。建立生态产品质量追溯机制，健全生态产品交易流通全过程监督体系，推进区块链等新技术应用，实现生态产品信息可查询、质量可追溯、责任可追查

续 表

发布单位	政策文件主要内容
中国银保监会办公厅	4月，中国银保监会办公厅发布《中国银保监会办公厅关于2021年进一步推动小微企业金融服务高质量发展的通知》。文件特别提到，在依法合规、风险可控基础上，充分运用大数据、区块链、人工智能等金融科技，在农业、制造业、批发零售业、物流业等重点领域搭建供应链产业链金融平台，提供方便快捷的线上融资服务
商务部、国家发展改革委等7部门	5月，商务部、国家发展改革委等7部门联合印发《商品市场优化升级专项行动计划（2021—2025）》。商务部、国家发展改革委等部门表示：推动数字化转型。引导商品市场应用互联网、物联网、大数据、区块链和人工智能等现代信息技术，加快传统交易场景数字化重构。鼓励商品市场依托行业大数据平台，衔接匹配上游供应与下游需求，打通产业链各环节，打造适应数字经济发展的新型商品集散中心
商务部	5月，商务部官网公示了第一批全国供应链创新与应用示范城市和示范企业评审结果，含10个示范城市和100家示范企业
工业和信息化部、中央网信办	6月，工业和信息化部、中央网信办发布《工业和信息化部 中央网络安全和信息化委员会办公室关于加快推动区块链技术应用和产业发展的指导意见》。意见提出，到2025年，区块链产业综合实力达到世界先进水平，产业初具规模。培育3～5家具有国际竞争力的骨干企业和一批创新引领型企业，打造3～5个区块链产业发展集聚区。区块链标准体系初步建立。到2030年，区块链产业综合实力持续提升，产业规模进一步壮大。区块链成为建设制造强国和网络强国，发展数字经济，实现国家治理体系和治理能力现代化的重要支撑
商务部	6月，商务部发布《关于征集贸易数字化转型样本的公告》。该公告提到，大数据、区块链、物联网、云计算等现代信息技术迅猛发展，数字技术赋能贸易各环节，推动外贸企业转型，成为提高贸易便利化、促进贸易创新发展的重要力量。为贯彻落实《中共中央 国务院关于推进贸易高质量发展的指导意见》关于“提升贸易数字化水平”的要求，加快培育贸易数字化新业态新模式，建设贸易数字化服务体系，为助力内外贸一体化融合发展、构建新发展格局提供有力支撑，拟面向社会公开征集贸易数字化转型样本。转型样本申报材料于2021年8月31日截至提交
交通运输部办公厅	6月，交通运输部办公厅发布《交通运输部办公厅关于征求〈基于区块链的进口集装箱电子放货平台建设指南（征求意见稿）〉意见的函》。该指南聚焦于进口集装箱电子放货这一场景，涵盖了基于区块链技术的进口集装箱电子放货平台的建设要求、数据要求等，并对该场景下的集装箱单证上链交互格式进行定义。适用于基于区块链的进口集装箱电子放货平台规划、建设和管理以及与各参与方之间的数据交互
国务院办公厅	7月，国务院办公厅印发了《国务院办公厅关于加快发展外贸新业态新模式的意见》。该意见提到，支持外贸细分服务平台发展壮大，探索区块链技术在贸易细分领域中的应用；加大金融支持力度，加快贸易金融区块链平台建设

续　表

发布单位	政策文件主要内容
中共中央、国务院	7月，中共中央、国务院发布《中共中央 国务院关于支持浦东新区高水平改革开放打造社会主义现代化建设引领区的意见》。文件提到，完善金融基础设施和制度。构建贸易金融区块链标准体系，开展法定数字货币试点
商务部	8月，商务部发布《商务部关于加强"十四五"时期商务领域标准化建设的指导意见》。在重点领域部分，该意见提到，要完善商贸流通数字化标准，支撑商务高质量发展。加强商务领域数字技术应用标准体系建设，研究建立统一的大数据全流程管理标准，推动5G、人工智能、物联网、区块链等新技术标准化应用
国家发展改革委	9月，国家发展改革委印发《"十四五"推进西部陆海新通道高质量建设实施方案》。该方案指出，推进口岸功能升级。推广应用区块链等先进装备技术，建设智慧口岸
中央网信办等部门和单位	10月，中央网信办会同中央宣传部、国务院办公厅［电子政务办公室］、最高人民法院、最高人民检察院、教育部、工业和信息化部、民政部、司法部、人力资源社会保障部、国家卫生健康委、中国人民银行、国务院国资委、国家税务总局、中国银保监会、中国证监会、国家能源局、国家外汇管理局等部门和单位，组织开展国家区块链创新应用试点行动。其中，申报试点分为特色领域试点和综合性试点两类。中央网信办接收申报材料截止时间为2021年10月29日

资料来源：中国物流与采购联合会区块链应用分会整理。

2. 行业应用

据中国物流与采购联合会区块链应用分会不完全统计，2021年，区块链项目共计916个，从2018年到2021年，区块链的整体落地项目数每年仍处于高速增长的水平。其中，物流与供应链领域应用占比比较稳定，在30%～40%。2021年，我国物流与供应链领域产业区块链应用项目数达到了299个，占比为33%，较2020年略有上升（见图2）。整体来看，区块链技术在物流与供应链领域的融合应用程度有了进一步提升。

（1）按照地域分析。

从地域情况来看，在全国物流与供应链领域，区块链应用落地项目最多的省份是广东，约占全国总项目的四分之一。其次为北京（18%）、上海（11%）等地（见图3）。

可以看出，当前我国物流与供应链领域区块链应用落地项目主要分布在经济发展状况较好的一线城市。

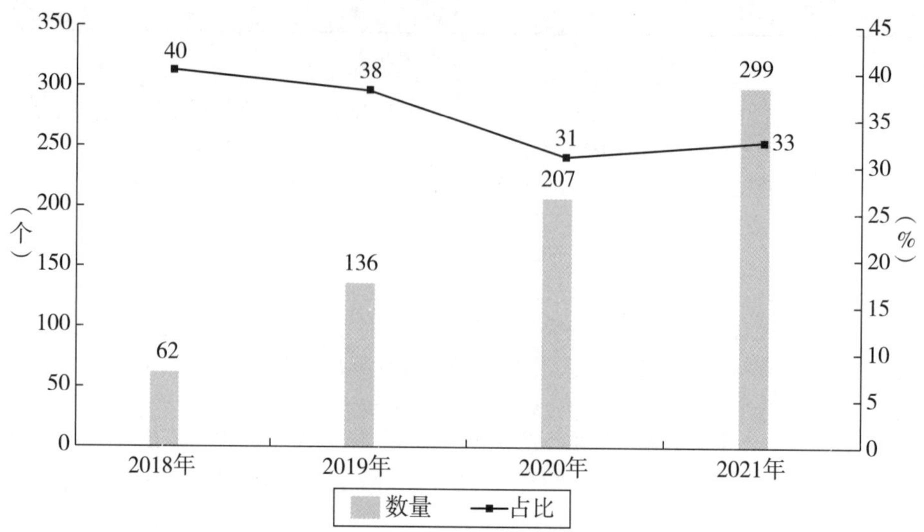

图 2　2021 年我国物流与供应链领域产业区块链应用项目数量和占比

资料来源：中国物流与采购联合会区块链应用分会统计。

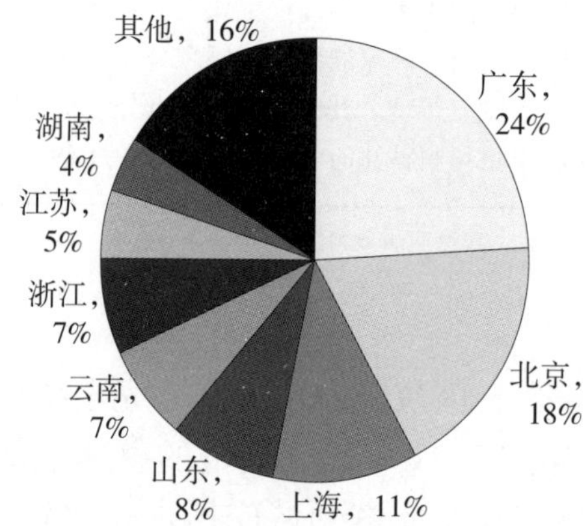

图 3　2021 年我国物流与供应链领域区块链应用地域占比

资料来源：中国物流与采购联合会区块链应用分会整理。

（2）按照场景分析。

2021 年，我国物流与供应链领域区块链应用场景最多的是金融，占比约为 38%。追溯（24%）和数据共享（12%）占比也有较大提升（见图 4），但其他场景的应用有待进一步提升。

近三年来，金融一直是占比最高的应用场景，但逐年呈下降趋势，从 2019 年的 42% 缓慢下降至 2021 年的 38%（见图 5）。而追溯场景的项目数量及占比有非常大的提升，从 2020 年的 12% 跃至 2021 年的 24%。

总体来看，物流与供应链领域区块链应用场景正从个别场景应用向多场景散发应用转变，应用深度及广度逐渐向好。

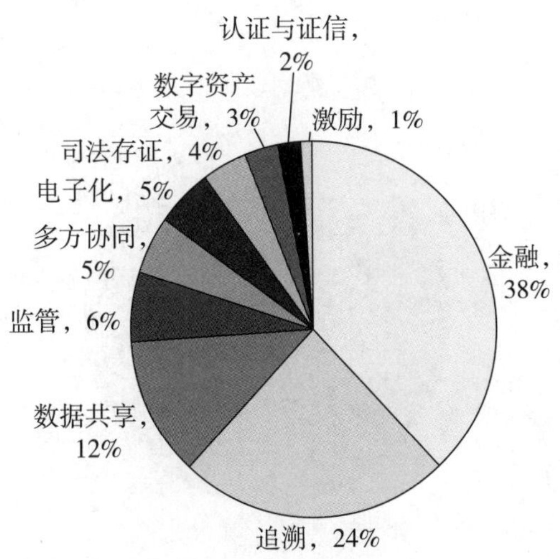

图 4　2021 年我国物流与供应链领域区块链应用场景占比

资料来源：中国物流与采购联合会区块链应用分会整理。

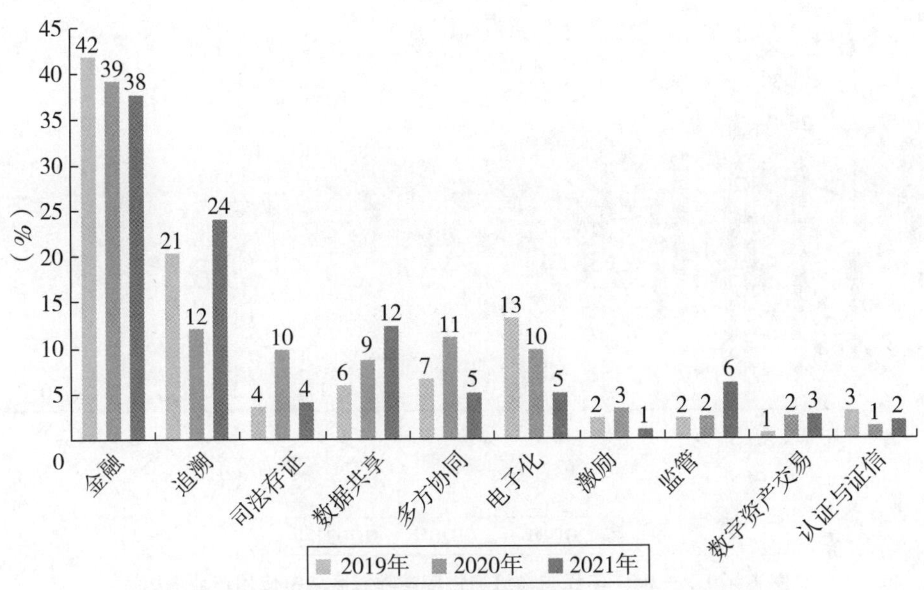

图 5　2019—2021 年我国物流与供应链领域区块链应用场景占比

资料来源：中国物流与采购联合会区块链应用分会整理。

（3）按照产业分析。

2021 年，我国物流与供应链领域区块链应用最多的产业是农业，占比约为 26%。其余通用类和物流产业占比也均达到 10% 以上（见图 6）。

农业产业占比从 2019 年的 11% 增加到 2021 年的 26%，增速是最快的（见图 7），主要原因有两个：一个是农业溯源的广泛应用，另一个是乡村振兴政策的不断深化。农业将成为区块链发展的一个重要赛道，从政府到企业都非常重视农业领域的区块链应用。

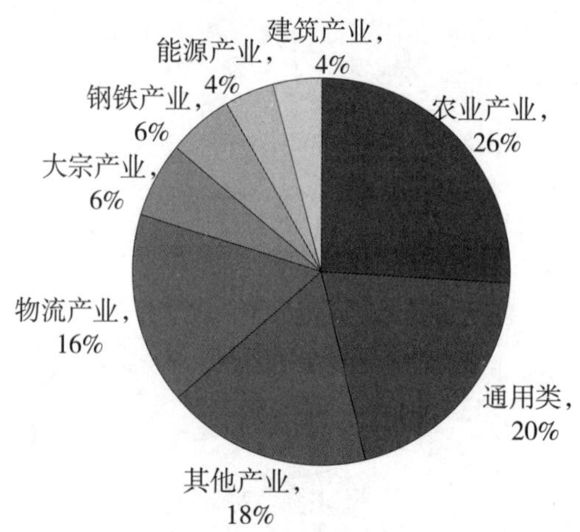

图 6　2021 年我国物流与供应链领域区块链应用产业占比

资料来源：中国物流与采购联合会区块链应用分会整理。

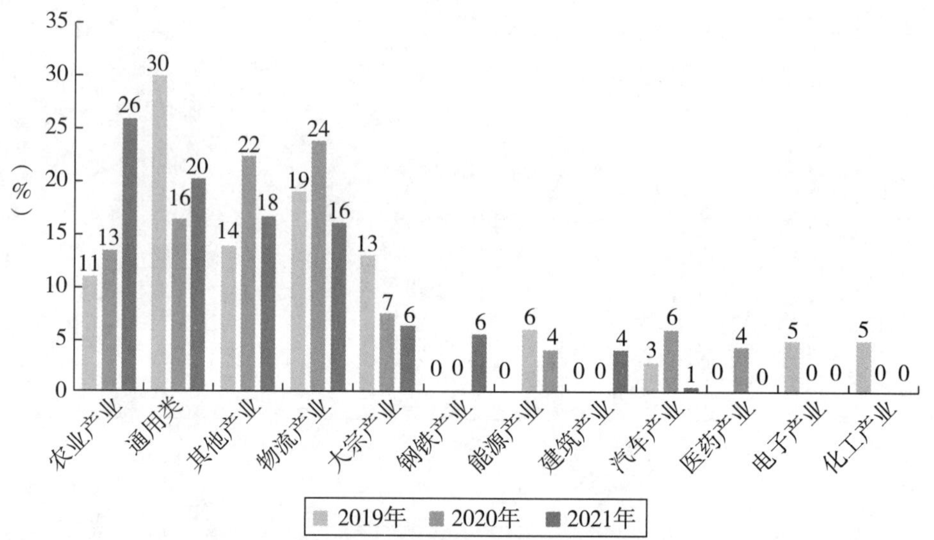

图 7　2019—2021 年我国物流与供应链领域区块链应用产业占比

资料来源：中国物流与采购联合会区块链应用分会整理。

二、2022 年区块链应用发展趋势

1. 区块链深度融入数字经济

过去的区块链项目主要是单纯以区块链的名义去开发或者推广。但是 2021 年以来，更多的项目是把区块链技术融入数字经济的范畴开展。未来的项目不再是一个简单的区块链项目，而是一个数字化的项目。

2. “小而美”的区块链服务平台取得突破

过去，很多的区块链企业为了生存，会开展一些区块链项目。但是如果仅仅开展区块链项目，与区块链平台的发展又是相悖的。所以，很多企业在开展区块链项目的同时，又会开发区块链服务平台，这两者实际上是存在一个平衡点的。基于这个平衡点，从2021年的情况来看，有很多“小而美”的区块链服务平台慢慢发展起来了。

3. 农业区块链应用将迎来爆发期

农业区块链的应用不仅是溯源这么简单。随着乡村振兴政策的不断深化，区块链在农村产权交易等场景的应用将越来越多，农业区块链应用将会迎来一个爆发期。

4. 区块链单据开启大规模应用

在物流与供应链领域会产生很多的单据，比如运单、仓单、提货单等。这些单据在过去是纸质化的，近两年有很多的企业已经开始使用电子单据。未来，电子单据会逐步变成区块链单据。区块链单据将与业务形成更紧密联动。

5. 区块链分布式数字身份崭露头角

在过去，区块链的应用打通了业务层、数据层、网络层，但是不同的主体之间要实现可信身份的互通是非常难的。区块链分布式数字身份给我们提供了一个价值网络的钥匙。未来，基于区块链服务平台的关键节点将建立区块链分布式数字身份，进一步为物流与供应链活动赋能。

（供稿：中国物流与采购联合会区块链应用分会）

第四章

物流行业基础工作

2021年物流标准化工作回顾与2022年展望

一、2021年国家标准化总体情况

2021年是“十四五”规划的开局之年，国家层面从扎实推进标准化战略实施，加快建设推动高质量发展的标准体系，持续深化标准化管理创新，推进标准制度型开放，提升标准化基础能力等方面提出了近90项工作任务，标准化重点从推动产业链供应链标准化、“碳达峰”标准化、乡村振兴标准化，以及加强社会建设标准化4个方面着力加强。全年共计发布国家标准4405项，备案行业标准4257项，备案地方标准7593项。截至2021年年底，我国现行有效国家标准累计达到40289项，累计发布行业标准97222项，累计发布地方标准73788项。2021年，共有5758家社会团体在全国团体标准信息平台注册，公布33403项团体标准。相关数据显示，2021年已有超过35万家的企业公开了215万多项企业标准，遴选出近千项企业标准“领跑者”。

这一年，中共中央、国务院印发了《国家标准化发展纲要》（以下简称《纲要》），《纲要》提出了2025年和2035年的发展目标，到2025年从标准供给、标准运用、标准化工作以及标准化发展实现四个转变，同时还要达到“四个目标”，一是全域标准化深度发展，二是标准化水平大幅提升，三是标准化开放程度显著增强，四是标准化发展基础更加牢固；到2035年，结构优化、先进合理、国际兼容的标准体系更加健全，具有中国特色的标准化管理体制更加完善，市场驱动、政府引导、企业为主、社会参与、开放融合的标准化工作

格局全面形成。《纲要》还部署了七大任务，包括在推动标准化与科技创新互动发展，提升产业标准化水平，完善绿色发展标准化保障，加快城乡建设和社会建设标准化进程，提升标准化对外开放水平，推动标准化改革创新，以及进一步夯实标准化发展基础等。《纲要》的发布确定了我国新时期标准化发展的宏伟蓝图，对我国标准化事业发展具有重要里程碑意义。

二、2021 年物流标准化工作

1. 物流标准化政策环境回顾

（1）推进国内国际双循环方面

2021 年年底，国务院办公厅印发《国务院办公厅关于促进内外贸一体化发展的意见》。文件指出“推进内外贸一体化有利于形成强大国内市场，有利于畅通国内国际双循环”，提出要促进标准认证衔接，包括要积极开展国内国际标准转化，补齐国内标准短板，提高标准技术水平，持续提升国内国际标准一致性，加强与全球产业链上下游企业协作，共同制定国际标准。提出要“引导外贸企业、跨境电商、物流企业加强业务协同和资源整合，加快布局海外仓、配送中心等物流基础设施网络，提高物流运作和资产利用效率”。在国务院办公厅印发的《国务院办公厅关于加快发展外贸新业态新模式的意见》中，也提出培育一批优秀海外仓企业，鼓励传统外贸企业、跨境电商和物流企业等参与海外仓建设，提高海外仓数字化、智能化水平，提出要“推进海外仓标准建设，到 2025 年，依托海外仓建立覆盖全球、协同发展的新型外贸物流网络，推出一批具有国际影响力的国家、行业等标准”。商务部发布的《“十四五”电子商务发展规划》中，也提出要“健全电子商务行业标准，重点开展海外仓等新业态标准研制”。

从国家和政府发布的文件来看，推进内外贸一体化、培育电子商务企业和物流企业走出国门，制定适用于国内和国际双循环发展的电子商务物流服务、管理标准，以及海外仓的建设和数字化发展标准，将有利于构建国内国际双循环，促进形成国内和国际双循环的新发展格局。

（2）物流业高质量发展方面

推动物流业高质量发展需要深入贯彻创新发展、协调发展、绿色发展、开放发展、共享发展五大发展理念，2021 年国家和政府在推动物流绿色发展、数字化智慧化发展方面提出了诸多要求。

2021 年，国务院印发《国务院关于加快建立健全绿色低碳循环发展经济体系的指导意见》。该意见中指出要“打造绿色物流”，提出要调整运输结构，推进多式联运，发展甩挂运输、共同配送等绿色物流组织模式，加大绿色车辆的配置，鼓励智慧仓储、智慧运输，推动建立标准化托盘循环共用制度，在逆向物流方面也提出要引导生产企业建立逆向物流回收体系等一系列措施。提出要完善绿色标准、绿色认证体系和统计监测制度。开展绿色标准体系顶层设计和系统规划，形成全面系统的绿色标准体系。各部门也积极制定落实绿色发展，研究制订绿色低碳转型实施方案。交通运输部发布的《绿色交通“十四五”发展规划》（以下简称《规划》）中提出，到2025年交通运输绿色发展的具体目标和主要任务，主旨是优化调整运输结构、推广低碳设施设备、丰富多式联运服务产品、创新运输组织管理模式、推广应用标准化运载单元和包装单元的应用等，提升综合运输效率，进而促进节能减排降碳。《规划》中提出要健全绿色交通标准规范体系，加强新技术、新设备、新材料、新工艺等方面标准的有效供给，加快推进多式联运枢纽设施、运输装备等的能耗限值和绿色运营等标准的制修订。商务部等9部门印发的《商贸物流高质量发展专项行动计划（2021—2025年）》中，也提出健全绿色物流体系，鼓励使用可循环利用环保包材，推广节能和清洁能源运输工具与物流装备，支持节能环保型仓储设施和绿色分拣中心建设，加快构建新型再生资源回收体系等。交通运输部还专门针对快递业中包装浪费及造成的污染制定发布了《邮件快件包装管理办法》（以下简称《办法》）（中华人民共和国交通运输部令2021年第1号）。该办法提出包装邮件快件应当坚持实用、安全、环保原则，符合寄递生产作业和保障安全的要求，节约使用资源，避免过度包装，防止污染环境。该办法规定了国内邮件快件包装物从包装的采购使用、包装操作等环节中寄递企业主体责任和法定义务，以及具体的要求。

2021年，习近平总书记在中共中央政治局第三十四次集体学习时强调要“把握数字经济发展趋势和规律，推动我国数字经济健康发展”，数字化发展也成为物流变革和升级的必然趋势。交通运输部等部门印发的《交通运输标准化“十四五”发展规划》中，分别从基础设施、交通装备、运输服务、智慧交通等方面提出了构建高质量发展的标准体系和重点任务，包括了开展智能高铁、自动驾驶、智能航运、北斗导航系统应用等标准体系研究，部署交通基础设施网、运输服务网、能源网、信息网融合发展标准研究，以数字化为主要特点的智能装备、载运工具的标准制修订，新型装备如无人车、智能仓储、自动驾驶营运车辆等技术标准的研制，电子货运、智能转运、物联网航空货物跟踪技术等服务标准的研制，以及交通运输信息资源融合等标准的制定。商务部印发的《商务部关于加强“十四五”时期商务领域标准化建设的指导意见》中，也提出要完善商贸流通数字化标准，一是体现在商务领域数字技术应用标准体系建设，研究建立统一的大数据全流程管理标准，二是推动5G、人工智能、物联网、区块链等新技术标准化的应用，三是加强服务载体、物流支付、监测分析等标准建设，四是提升公共服务平台、示范基地、产业园区的服务承载能力。

物流业高质量发展方面将是未来五年物流转型升级的主要任务，这也将是未来五年物流标准化工作的重点，包括将物流研究成果及时转化为物流技术标准，物流技术在物流领域的应用标准，以及体现数字物流、绿色物流、回收物流、双碳技术与管理标准等。

（3）冷链物流

冷链物流的特点一是跨专业领域，二是专业技术要求高。冷链物流涉及农产品、农副产品、食品、医药、化工等多个市场需求，近年来也都呈现了快速增长的态势，相较于政府管理的不断加强，仍面临不少突出瓶颈问题。2021 年国务院印发的《"十四五"冷链物流发展规划》中提出了到 2025 年的发展目标，确定了打造冷链物流运行体系，构建"四横四纵"冷链物流大通道体系，健全肉类、水果、蔬菜、水产品、乳品、速冻食品和疫苗等重点品类的冷链物流服务体系，加快完善冷链物流全链条监管体系，以及完善冷链物流支撑体系的五大体系建设。在冷链物流标准化方面，提出：一是加强冷链基础通用标准和冷链基础设施、技术装备、作业流程、信息追溯等重点环节，以及冷链物流绿色化、智慧化等重点领域标准制修订，加快填补标准空白，二是要制定冷链强制性国家标准，把好冷链产品安全底线，三是加强标准评估和执行力度，严格落实冷链物流强制性国家标准，加强冷链物流标准宣贯，提高推荐性标准采用水平，开展冷链物流标准监督检查和实施效果评价等。

2. 物流标准化工作回顾

（1）2021 年度发布的物流标准情况。

2021 年 1—12 月新发布物流国家标准 45 项（见表 1）；新备案的物流行业标准 43 项（见表 2），包括：国家发展改革委 14 项，交通运输部 9 项，工业和信息化部 9 项，中华全国供销合作总社 5 项，应急管理部、国家铁路局、国家邮政局、国家药监局、国家新闻出版署、农业农村部各发布 1 项。新发布的强制性国家标准主要为港口作业安全和海运危险货物的安全技术要求。推荐性标准包括了通用仓库规划与管理、物流枢纽建设、物流车辆、集装箱、货架、托盘、周转箱等通用设施设备标准，物流信息与管理标准，物流服务质量与绩效管理标准，多式联运接口标准，以及冷链物流、跨境物流、电商与快递物流、汽车物流、出版物流、应急物流等专业类物流标准。

表 1　　　　2021 年 1—12 月发布的物流国家标准汇总

序号	标准号	标准名称	实施日期
1	GB 16994. 1—2021	港口作业安全要求 第 1 部分：油气化工码头	2022/12/1
2	GB 16994. 2—2021	港口作业安全要求 第 2 部分：石油化工库区	2022/12/1

续 表

序号	标准号	标准名称	实施日期
3	GB 16994. 3—2021	港口作业安全要求 第 3 部分：危险货物集装箱	2022/12/1
4	GB 40163—2021	海运危险货物集装箱装箱安全技术要求	2021/11/1
5	GB 40558—2021	固体散装货物海运安全技术要求	2022/3/1
6	GB/T 4857. 23—2021	包装 运输包装件基本试验 第 23 部分：垂直随机振动试验方法	2022/5/1
7	GB/T 4892—2021	硬质直方体运输包装尺寸系列	2021/10/1
8	GB/T 18354—2021	物流术语	2021/12/1
9	GB/T 21071—2021	仓储服务质量要求	2022/7/1
10	GB/T 21072—2021	通用仓库等级	2022/6/1
11	GB/T 22430—2021	集装箱运输电子数据交换 集装箱进/出门报告报文	2022/5/1
12	GB/T 22431—2021	集装箱运输电子数据交换 船舶离港报文	2022/5/1
13	GB/T 22432—2021	集装箱运输电子数据交换 船舶挂靠信息报文	2022/5/1
14	GB/T 24359—2021	第三方物流服务质量及测评	2022/6/1
15	GB/T 28577—2021	冷链物流分类与基本要求	2022/6/1
16	GB/T 28581—2021	通用仓库及库区规划设计参数	2022/6/1
17	GB/T 28842—2021	药品冷链物流运作规范	2022/6/1
18	GB/T 30331—2021	仓储绩效指标体系	2022/7/1
19	GB/T 39652. 1—2021	危险货物运输应急救援指南 第 1 部分：一般规定	2021/11/1
20	GB/T 39652. 2—2021	危险货物运输应急救援指南 第 2 部分：应急指南	2021/11/1
21	GB/T 39652. 3—2021	危险货物运输应急救援指南 第 3 部分：救援距离	2021/11/1
22	GB/T 39652. 4—2021	危险货物运输应急救援指南 第 4 部分：遇水反应产生毒性气体的物质目录	2021/11/1
23	GB/T 39830—2021	立体仓库钢结构货架抗震设计规范	2021/10/1
24	GB/T 39907—2021	果蔬类周转箱尺寸系列及技术要求	2022/3/1
25	GB/T 40043—2021	快递服务与电子商务信息交换规范	2021/8/1
26	GB/T 40044—2021	快递服务制造业仓配信息交换规范	2021/8/1
27	GB/T 40065—2021	果蔬类周转箱循环共用管理规范	2022/3/1
28	GB/T 40202—2021	跨境电子商务物流信息交换要求	2022/3/1
29	GB/T 40208—2021	物流信息资源核心元数据	2021/12/1
30	GB/T 40292—2021	跨境电子商务 电子运单规范	2021/12/1
31	GB/T 40413—2021	应急物流公共标识代码编制规则	2022/3/1

续 表

序号	标准号	标准名称	实施日期
32	GB/T 40475—2021	冷藏保温车选型技术要求	2022/3/1
33	GB/T 40479—2021	通用半托盘尺寸及性能要求	2022/3/1
34	GB/T 40480—2021	物流追溯信息管理要求	2022/3/1
35	GB/T 40481—2021	联运通用滑板托盘尺寸及性能要求	2022/3/1
36	GB/T 40569—2021	物流周转箱标识与管理要求	2022/5/1
37	GB/T 40705—2021	集装箱运输电子数据交换 放箱单报文	2022/5/1
38	GB/T 40706—2021	集装箱运输电子数据交换 订舱确认报文	2022/5/1
39	GB/T 40707—2021	集装箱运输电子数据交换 船舶预报信息报文	2022/5/1
40	GB/T 40708—2021	集装箱运输电子数据交换 集装箱装卸（船）报告报文	2022/5/1
41	GB/T 40710—2021	基于 NFC 的集装箱电子箱封及系统	2022/5/1
42	GB/T 40712—2021	多用途货车通用技术条件	2022/5/1
43	GB/T 40811—2021	集装箱运输电子数据交换 订舱报文	2022/5/1
44	GB/T 40812—2021	集装箱运输电子数据交换 装箱单报文	2022/5/1
45	GB/T 40956—2021	食品冷链物流交接规范	2022/6/1

表 2　　2021 年 1—12 月备案的物流行业标准汇总

序号	标准编号	标准名称	实施日期	发布单位
1	WB/T 1043—2021	货架分类及代号	2021/7/1	国家发展改革委
2	WB/T 1042—2021	货架术语	2021/7/1	国家发展改革委
3	WB/T 1106—2021	大宗货物电子仓单	2021/7/1	国家发展改革委
4	WB/T 1107—2021	大宗货物电子运单	2021/7/1	国家发展改革委
5	WB/T 1108—2021	出版物物流 退货作业规范	2021/7/1	国家发展改革委
6	WB/T 1109—2021	出版物物流 接口作业规范	2021/7/1	国家发展改革委
7	WB/T 1110—2021	汽车成套零部件出口包装质量检测规范	2021/7/1	国家发展改革委
8	WB/T 1111—2021	汽车零部件托盘包装的打包要求	2021/7/1	国家发展改革委
9	WB/T 1112—2021	汽车制造零部件物流标签规范	2021/7/1	国家发展改革委
10	WB/T 1114—2021	应急物流数据交换格式	2021/7/1	国家发展改革委
11	WB/T 1115—2021	应急物流数据交换通用要求	2021/7/1	国家发展改革委
12	WB/T 1116—2021	体外诊断试剂温控物流服务规范	2021/7/1	国家发展改革委
13	WB/T 1117—2021	阁楼式货架	2021/7/1	国家发展改革委
14	WB/T 1118—2021	预应力混凝土管桩物流管理服务规范	2021/7/1	国家发展改革委

续 表

序号	标准编号	标准名称	实施日期	发布单位
15	JT/T 1347—2020	公铁联运货运枢纽功能区布设规范	2021/3/1	交通运输部
16	JT/T 1348—2020	冷链货物空陆联运通用要求	2021/3/1	交通运输部
17	JT/T 1349—2020	多功能钢质托盘技术要求	2021/3/1	交通运输部
18	JT/T 1350—2020	海铁联运 列车磅单报文	2021/3/1	交通运输部
19	JT/T 1351—2020	海铁联运 需求车提报报文	2021/3/1	交通运输部
20	JT/T 1352—2020	海铁联运 列车运行与货物追踪接口	2021/3/1	交通运输部
21	JT/T 1371—2021	电动营运货车选型技术要求	2021/5/1	交通运输部
22	JT/T 1387—2021	邮件快件铁路运输交接操作要求	2022/2/1	交通运输部
23	JT/T 1388—2021	滚装甩挂运输操作规程	2022/2/1	交通运输部
24	JB/T 14032—2021	钢制货架载荷试验方法	2021/10/1	工业和信息化部
25	JB/T 14033—2021	流利式货架	2021/10/1	工业和信息化部
26	JB/T 14034—2021	交叉带式分拣机	2021/10/1	工业和信息化部
27	JB/T 14035—2021	推块式分拣机	2021/10/1	工业和信息化部
28	JB/T 14036—2021	仓储塑料周转箱	2021/10/1	工业和信息化部
29	JB/T 14173—2021	单元托盘储存类穿梭车货架	2021/10/1	工业和信息化部
30	QC/T 1149—2021	大件运输专用车辆	2021/10/1	工业和信息化部
31	QB/T 5501. 3—2020	家用电器绿色供应链管理 第 3 部分：物流与仓储	2021/4/1	工业和信息化部
32	JB/T 14112—2020	顶升式仓储运载机器人	2021/7/1	工业和信息化部
33	GH/T 1191—2020	叶用莴苣（生菜）预冷与冷藏运输技术	2021/3/1	中华全国供销合作总社
34	GH/T 1311—2020	鲜（冻）食用农产品社区配送服务规范	2021/3/1	中华全国供销合作总社
35	GH/T 1317—2020	棉花仓储管理规程	2021/3/1	中华全国供销合作总社
36	GH/T 1320—2020	棉花仓库分布式光纤温度监测技术规范	2021/3/1	中华全国供销合作总社
37	GH/T 1336—2021	宽皮柑橘采后贮藏物流操作规程	2021/5/1	中华全国供销合作总社
38	XF 1131—2014	仓储场所消防安全管理通则	2014/11/13	应急管理部
39	CY/T 234—2020	出版物物联网物流包件编码	2021/2/1	国家新闻出版署
40	NY/T 1056—2006	绿色食品 贮藏运输准则	2006/4/1	农业农村部
41	TB/T 3562—2020	铁路保温车	2021/4/1	国家铁路局
42	YZ/T 0175—2020	鲜活水产品快递服务要求	2021/3/1	国家邮政局
43	YY/T 0086—2020	医用冷藏箱	2022/1/1	国家药监局

（2）重要标准制修订情况。

★《物流术语》基础类国家标准发布

国家标准《物流术语》（GB/T 18354—2021）经国家市场监管总局、国家标准化管理委员会批准，于2021年8月20日正式发布，2021年12月1日实施，新修订发布的国家标准中，按物流基础术语、物流作业术语、物流技术与设施设备术语、物流信息术语、物流管理术语、国际物流术语六大部分进行分类，共收纳定义术语250条，新增术语66条，修改完善术语及定义137条，标准的修订和发布将为我国的物流业及其相关领域的物流发展提供基础性支撑。

★通用设施、设备、包装标准发布

多年以来，物流设施设备、包装的标准衔接，尤其是实现相互间尺寸的匹配和衔接，以利于物流的一贯化作业一直是物流标准化的卡点问题。近几年来，多个全国标准化技术委员会致力于解决这一突出问题。2021年修订发布的《硬质直方体运输包装尺寸系列》（GB/T 4892—2021），在物流包装方面提出了运输包装的尺寸系列。为了与国际标准对标，该标准充分参考了国际标准和各国包装尺寸标准，特别是由单个运输包装件形成的包装单元货物尺寸标准，并基于托盘平面尺寸标准，与托盘平面尺寸标准相配套原则。

2021年新发布的《通用半托盘尺寸及性能要求》（GB/T 40479—2021）和《联运通用滑板托盘尺寸及性能要求》（GB/T 40481—2021）两项推荐性国家标准，给出了适用于我国的半托盘、滑板托盘的尺寸、结构，规定了其性能要求和试验方法。两项标准的发布进一步丰富了我国托盘的种类，半托盘标准可在解决物流配送“最后一公里”带板，提高配送的机械化作业，提升作业效率方面具有积极意义。滑板托盘标准可大大降低托盘成本，可为我国推动带板运输提供更多托盘选择。

2021年修订发布的《通用仓库及库区规划设计参数》（GB/T 28581—2021）国家标准，对我国通用仓库的规划布局、信息化、绿色发展提出了新的要求，标准在制定的过程中也充分考虑了物流包装模数、托盘的平面尺寸标准等，以此确定了仓储作业的基本货物单元尺寸，并在此基础上给出仓库柱距、站台宽度、库门尺寸、仓库净高等主要规划和设计参数，以确保货物在仓储环节的高效流通。该标准的制定和发布对我国通用仓库的新建、改建、扩建具有很好的指导意义。

★物流安全标准化

在物流行业，针对危险货物的运输和仓储一直是强监管范围，今年交通运输部针对不同品类的危险货物的运输制定发布了多项强制性国家标准。其中，由粉末、颗粒或较大块状等物质组成的固体散装货物，因在运输过程中不做中间包装而被直接装入船舶货舱中，在运输的过程中，这些货物具有了易爆、易燃、有毒、腐蚀、放射、污染等特性，容易造成人身伤害和财产损失或环境污染。由交通运输部制定发布的《固体散装货物海运安全技术要求》（GB 40558—2021）强制性国家标准，就对固体散装货物进行了分组和危险性分类，并规定了在海运过程中的安全技术基本要求和特殊要求，这项标准适用于我国管辖海域内的固体散装货物海路运输。另一项强制性国家标准《海运危险货物集装箱装箱安全技术要求》（GB 40163—2021），则对通过集装箱海运危险货物的作业提出了基本要求，另外，对装箱前准备、装箱和封箱，以及装箱后的作业都提出了要求，通过对作业全流程的规范，来确保使用集装箱载运危险货物的运输安全。

港口因涉及港区设施设备、货物和人员的作业安全，也是物流安全控制与管理的重点领域，不同功能的码头、库区或作业项目在场所、设备操作安全和作业安全要求方面都有较大差异。交通运输部为此按不同类型的港口作业场所和作业项目，制定了作业安全系列标准，制定并发布的《港口作业安全要求》强制性国家标准共分为7个部分。第1部分：油气化工码头。第2部分：石油化工库区。第3部分：危险货物集装箱。第4部分：普通货物集装箱。第5部分：件杂货物。第6部分：固体散装危险货物。第7部分：水泥。系列标准中规定了不同类型作业场所或作业项目的作业过程中一般要求、作业安全要求、特殊作业要求和应急管理要求，旨在通过标准有效提高港口作业安全水平，降低作业风险。2021年，发布了前3个部分标准，分别为：《港口作业安全要求 第1部分：油气化工码头》（GB 16994. 1—2021）、《港口作业安全要求 第2部分：石油化工库区》（GB 16994. 2—2021）、《港口作业安全要求 第3部分：危险货物集装箱》（GB 16994. 3—2021）。

另外，随着互联网的发展，通过网约形式快速发展起来的即时配送、同城网约货物配送等平台企业也开始重视作业安全和从业人员安全防护等。2021年，由中国物流与采购联合会牵头，联合滴滴、美团等多家平台企业开展的《网络即时配送食品安全操作规范》团体标准、《网约配送员骑行头盔智能技术应用要求》团体标准，《同城网约货车平台运营安全管理规范》团体标准，从多个方面进行规范，以提升安全管理水平，带动新兴领域健康发展。

★绿色发展标准化

在物流业构建绿色低碳循环体系是“十四五”时期的重点工程，这在多个部门的“十四五”发展规划中都提出了具体的要求。2021年，国务院印发的《2030年前碳达峰行动方案》中，将进一步指导物流业绿色低碳发展。推广标准化运载单元和包装单元的应用，推动标准化托盘及包装器具的循环使用，是提升综合运输效率、促进节能减排降碳的重要手段之一。2021年发布的《果蔬类周转箱尺寸系列及技术要求》（GB/T 39907—2021）和《果蔬类周转箱循环共用管理规范》（GB/T 40065—2021）两项推荐性国家标准，主要规定了果蔬类周转箱的尺寸系列、技术要求，以及在循环共用中的管理要求等，标准针对我国果蔬类产品流通过程中普遍采用一次性的纸箱、编织袋、网眼袋，或者非标准化的周转箱，存在着物流效率低、安全卫生无法保障和资源浪费等突出问题，在技术要求上给出了适用于单元化作业的系列尺寸，以及使用寿命等重要绿色指标，在循环共用管理标准中对周转箱循环共用过程中的参与方、作业管理、信息管理等都进行了规定，本标准适用于用塑料制成的果蔬类产品周转箱循环共用的管理，标准的制定可实现果蔬从采摘、物流、销售一贯化作业，可进一步提升物流的绿色发展水平。

另外，由国家发展改革委提出（正在制定）的《单位产品（服务）碳排放限额编制通则》国家标准，由生态环境部提出（正在修订）的《油品运输大气污染物排放标准》国家标准，由中国物流与采购联合会牵头（正在制定）的《企业绿色物流评估指标》《物流企业温室气体排放核算方法》，以及废旧动力电池回收系列标准等都将为物流业的绿色发展提供理论和技术支撑。

★数字物流标准化

2021 年，习近平总书记提出，数字经济正在成为重组全球要素资源、重塑全球经济结构、改变全球竞争格局的关键力量，发展数字经济是把握新一轮科技革命和产业变革新机遇的战略选择。2021 年，物流行业数字化转型开始提速，这一年，相继完成了《智慧物流服务指南》国家标准、《数字化仓库基本要求》行业标准的制定，但数字物流标准化总体框架的规则和设计尚属于起步阶段。

（3）物流标准实施进一步加强。

推进物流标准化建设，发挥标准在国民经济发展中的基础性、引领性作用，是列入国家标准化发展纲要的重要任务之一，各级政府部门通过标准的宣贯、标准试点等多样化的手段推广物流标准。2021 年商务部联合印发《关于开展国家级服务业标准化试点（商贸流通专项）的通知》，试点主要围绕内外贸一体化、商贸流通提质增效两个方向开展，聚焦商贸流通体系建设的重点方向和关键领域，通过开展试点工作，推动各地区、行业、各类市场主体在标准制定、实施、应用方面开拓创新。

中国物流与采购联合会也通过多种形式开展标准的宣传。截至 2021 年 12 月，依据国家标准《物流企业分类与评估指标》开展的物流企业评估，共评估 A 级物流企业 7745 家，其中，5A 级物流企业 405 家。该评估工作有力引导物流企业从传统物流向现代物流转型升级，走向规范、科学的发展之路。依据国家标准《物流企业冷链服务要求与能力评估指标》开展的冷链物流企业星级评估，共评出 106 家星级冷链物流企业，已有山东、广东、福建、江西、云南、辽宁、安徽、湖南、河南等15个地方政府出台星级补贴政策，推动冷链物流发展。依据国家标准《药品冷链物流运作规范》开展试点—达标—示范工作，参加试点企业达到448家，其中，达标企业119家，示范企业22家；依据国家标准《医药产品冷链物流温控设施设备验证 性能确认技术规范》开展设施设备符合性验证，多家生产、流通以及物流企业已将该标准作为设施设备符合性验证的重要依据之一；依据《体外诊断试剂温控物流服务规范》行业标准开展的试点，2021年有58家企业成为该标准的试点单位。通过试点、达标、评估等工作，推出了一批综合型和专业型的骨干企业，为政府、行业、企业遴选优质的物流企业提供了依据。

2021年，全国物流标准化技术委员会和分技术委员会通过线上、线下方式开展了多项国家标准、行业标准的解读培训，参加培训人次达到8000余人次，很好地带动了企业从业人员学标准、用标准。

（4）国际标准化需求增强。

随着企业国际物流业务的发展，物流企业对于国际标准化的需求从2020年开始有了明显增强。但在物流领域，国际标准化工作一直明显落后于国内标准化工作。依据中国物流与采购联合会的调查数据来看，目前，国际标准化组织（ISO）体系框架内还没有以“物流”为名称和工作范围的专业标准化技术委员会，与物流相关的标准化技术委员会主要还是以物流装备、包装、信息等为主，比如ISO/TC22道路车辆、ISO/TC51托盘、ISO/TC104集装箱、ISO/TC122包装、ISO/TC 204智能交通系统，而物流服务与管理的标准化技术委员会目前只有2019年成立的ISO/TC321电子商务交易保障技术委员会所涉及的“到最终消费者的配送服务”，ISO/TC27废物回收与运输技术委员会所涉及的“回收物流”以及2021年成立的ISO/TC315冷链物流技术委员会。

2021年，中国物流与采购合会相继承担了ISO/TC 51托盘、ISO/TC 297废物回收与运输、ISO/TC 315冷链物流这三个国际标准化技术委员会的国内对口工作，在对接国际标准化组织，开展国际标准化交流、推动企业参与国际标准化，推动国家标准走出去发挥积极作用。2021年提交了《无接触冷链配送服务规范》，在ISO/TC 315发起成立了AHG2任务组，承担冷链物流术语研究工作，积极开展《冷链物流术语》国际标准提案的前期准备工作。

总体来看，推动物流国际标准化工作任重道远，在这个领域中有国际标准化工作经验的专家还很少，缺少既熟悉物流发展又了解国际标准化规则，同时语言过关的复合型人才，加大人才培养和培育将是“十四五”物流标准化的一项重要任务。

三、2022 年物流标准化工作展望

2022 年，支撑物流业安全稳定、开放协调、绿色双碳、高质量发展的物流标准化仍是主要目标。2022 年物流标准化的工作重点将在以下几个方面开展。

一是《2022 年国家标准立项指南》中提出，将增加国家标准有效供给，加大服务业领域国家标准制定力度，更加重视基础通用、产业引领标准制定，更加注重发挥标准对畅通国民经济循环、激活发展动力、增强发展的平衡性、协调性的支撑作用。2022 年的物流标准制修订将在托盘和物流包装标准化及循环使用，综合交通运输，物流单证标准，商贸物流，冷链物流，医药物流，跨境电商物流，绿色物流，数字仓库，数字园区等方面重点开展。

二是将继续推动物流领域绿色发展标准化、数字物流标准化等技术与管理标准制定。

三是积极落实《国家标准化发展纲要》，在标准制修订方面进一步强化标准制修订管理机制，强化标准的前期预研和科学验证，提高标准的质量水平，缩短标准的制修订周期。

四是持续并创新开展标准宣贯和实施效果评价，在物流领域推动企业标准领跑者工作。

五是推动在国际标准化组织（ISO）成立“物流标准化技术委员会”，推动物流国际标准制定，积极开展国内国际标准转化，提升国内国际标准一致性。

（作者：中国物流与采购联合会标准化工作部　李红梅）

2021 年物流教育与培训回顾与 2022 年展望

2021 年是建党 100 周年，也是“十四五”规划开局之年，亦是物流行业开启新征程的关键之年。物流业作为国民经济发展的动脉和基础产业，以产业发展为导向的复合型高素质物流人才培养是提升物流软实力、实现高质量发展的关键所在。2021 年，行业物流教育与培训工作在政府有关部门的支持和领导下，依托广大企业、院校和培训机构，积极推进与产业前沿科技的深度结合，在服务国家战略、标准制定、人才需求调研、国际交流等方面全力推进物流教育改革发展，构建适应产业发展需求的人才输送渠道，服务产业升级发展。

一、2021 年物流教育与培训回顾

（一）全面强化政府服务，提升引领行业人才培养工作影响力

1. 代表行业发声，推进物流教育改革发展

党的十九大将培育和发展现代物流与供应链上升为国家战略，培养专业高素质技能型人才已成为当务之急。2021 年，中国物流与采购联合会副会长任豪祥在国家层面多次代表行业发声，既提升了物流人才培养的话语权，也充分说明政府部门对中物联推进行业人才培养工作的肯定。1 月 22 日，中央电视 2 台进行“开局‘十四五’”供应链专题采访，任豪祥副会长在采访中指出，目前我国供应链人才需求缺口较大，需要发挥社会方方面面的力量共同解决人才短缺的问题。4 月 12—13 日，任豪祥副会长作为仅有的四个行业代表参加了全国职业教育大会，本次会议是中华人民共和国成立以来首次以中共中央、国务院共同召开的全国职业教育大会。8 月 14 日，中央电视台《对话》栏目邀请任豪祥副会长围绕“聚焦高技术人才的职业教育”这一主题畅谈行业人才培养工作，任豪祥副会长介绍了我国物流产业的发展和行业人才需求情况，并再次呼吁希望越来越多的头部企业和标杆企业参与到物流职业教育中来。

2. 开展大典修订，服务行业发展

2021 年，人力资源和社会保障部（简称人社部）、市场监督管理总局、国家统计局共同启动国家职业分类大典修订工作，在中物联的努力下最终推进通过了物流工程技术人员和供应链管理师等数字职业；新增了冷链物流、危化品物流、医药物流和烟草物流四个工种；修订了物流服务师职业定义；修改了仓

储人员小类。通过对物流行业职业大典内容的修改和新增，更加突出了物流在国民经济中的战略性、基础性、先导性、保障性地位，凸显了智慧物流、智慧供应链的行业地位。

3. 持续援藏援疆扶贫，在履职尽责中展现使命担当

为响应党中央号召，努力承担社会责任，2021 年，中物联依托平台资源和专家团队，继续采取专业援建、送教上门的方式为新疆喀什、西藏日喀则、河北任丘等地开展专业建设对口支持和师资培训的工作。在扶贫工作推进中，与全国 14 个省区市达成共识，减免建档立卡贫困学生（含退伍军人）参与职业技能等级证书考核费用，截至目前，共计减免 363 名建档立卡贫困学生的物流管理职业技能等级证书考核费用，累计减免金额共计 13.794 万元。

4. 开展为军服务，深入推动军民融合

为深入贯彻军民融合国家战略，推动现役军人提升职业能力，服务退役军人就业创业，中物联于 2021 年 2 月、11 月分别与退役军人事务部、中国退役军人就业创业服务促进会签署战略合作协议并开展深入合作，积极推荐会员企业参与“退役军人事务部退役军人合作企业”项目、开发为军服务物流相关课程，以提高就业质量为导向，紧密围绕社会需求，为退役军人提供有特色、精细化、针对性强的培训服务。截至目前，已组织完成了军网智慧物流与信息化项目的资源开发工作，累计组织与自行开发视频资源 61 G，考试 + 练习题 300 道。

5. 深入开展学分银行试点，推进国家学分银行建设

为贯彻落实《国家职业教育改革实施方案》关于“加快推进职业教育国家‘学分银行’建设”的部署，深度融合 1 + X 证书制度试点工作，2021 年物流管理 1 + X 证书成功通过职业教育国家学分银行认定的学习成果，物流管理 1 + X 证书作为认定的学习成果直接存入国家学分银行。

（二）加强体系研究与数字化升级，推动物流教育教学研究

1. 开展教育教学研究，规范院校物流专业建设

在高等教育领域，2021 年中物联与物流教指委联合组织编写完成了《2020—2021 年中国物流高等教育年度报告》，承担了教育部物流专业新文科建设试点、教育部物流管理与工程类专业课程思政教学指南研制等工作。其中，为有序推进物流管理与工程类专业的新文科建设工作，积极开展理论研究与实践探索，组织举办了系列研讨会；组织开展了物流教指委新文科建设试点申报工作，确定了首批 49 个列入建设试点的专业点，并于 4 月开展了对全国 49 个首批新文科建设试点的第一次调研工作；组织编写并发布了《物流管理与工程类专业新文科建设行动纲领》，相关推进工作得到教育部的高度评价，

并被选为典型案例在教育部即将召开的新文科建设工作推进会上进行展示。

在职业教育领域，2021 年开展了职业教育物流类专业目录修订、职业教育物流类专业教学标准编制、本科层次职业教育试点研究等工作。本次专业目录修订工作，相比上一版共新增 2 个专业、更名 5 个专业、调整归属 3 个专业，调整后的职业教育物流类专业目录共设置 16 个专业，包括中职 4 个、高职 10 个、职业本科 2 个专业。此次目录调整工作，促使我国职业院校物流专业设置更加科学合理，院校物流技术技能人才培养更加符合行业发展需求。

以上教育教学研究工作的开展，对于规范院校物流专业建设，推动物流专业发展成为具有中国特色的国际领先专业，提升物流人才培养质量具有重要意义。

2. 发布中国首个本土化采购知识体系，助力采购人才培养

2021 年推出了中国首个本土化采购知识体系，新吸收了大量本土化采购案例及资源，构建了自有知识产权的海螺模式。根据新的体系完成了采购认证项目知识体系更新，出版了中级、高级和注册级三个级别共 10 个模块教材，相关师资培训、数字化资源开发、题库建设等工作均顺利完成。本次采购知识体系的推出，适应了数字经济下采购人才培养的新需要，对行业采购人才培养具有重要意义。

3. 开展两业融合教改课题研究，推进院校两业融合的紧缺物流人才培养

为适应物流业制造业深度融合、大力发展生产性服务业的需要，推动两业融合人才培养，中物联联合物流教指委、物流行指委、企业、院校成立“智慧物流与智能制造融合人才培养工作组”、开展物流业制造业融合教改教研课题申报、组织专项研讨会、开展企业院校调研和专业建设对接，组织编写两业融合人才培养报告、教学标准、实践标准，全方位推进两业融合人才培养工作。

4. 推动数字化转型升级，提升核心竞争力

随着技术迭代加速、行业变革加快，行业人才培养工作也亟须融入新的理念、技术和手段，才能快速匹配企业对物流人才的需求。为积极促进教育培训向数字化、网络化、智能化发展，增强竞争力、创新力、控制力、影响力、抗风险能力，2021 年大力投入推进数字化转型工作，主要从以下几个方面展开：线上培训走向专业化，建立了数字化直播技术平台，满足了高质量线上直播、录播需求；教学培训资源数字化，采用“数字化书橱”概念取代传统的培训文件分发，实现了对受众阅读行为的分析；培训过程通过数字化技术实现从培训前受众分析到培训后评价的闭环，培训开始前对培训受众情况进行大数据分析，掌握受众基本情况，在培训后将培训反馈进行了实时可视化采集，便于培训复盘和迭代提升；培训认证项目题库资源数字化，采用了全线上化资源库建设，实现了从出题、审题、组卷的全面线上协作；考试测评系统数字化，从传

统的线下考试转型为全面线上化考试，考核形式从传统的简单理论考试转型为理论考试+线上实操考试，进一步提升了考评的针对性、时效性特征。

（三）立足新常态，扎实推进各项工作新发展

1. 供应链人才培养工作有新进展

2021 年，《供应链管理师国家职业技能等级认定培训教材》（三级）正式出版，二级和一级进入出版流程。教材编写历时 9 个月，作为唯一一套国家职业技能等级认定培训教材，该教材是企业、院校、第三方社会培训评价组织开展职业技能等级培训、评价工作的重要依据。新教材的出版，将为培养供应链管理技术技能大军，为数字经济高质量发展和健康运行提供至关重要的支撑作用。此外，供应链运营 1 + X 证书作为新获批试点项目，北京中物联物流采购培训中心于 5 月组织召开了 2021 年供应链运营 1 + X 证书制度试点线上说明会，2021 年组织完成考核站点审批 12 家，师资培训百余名，全年共计 396 人参加了考试。

2. 培训认证工作有新提升

2021 年，顺利完成全年两次物流、采购从业人员考试及能力测评工作。在考试组织上，对中高风险地区及有隔离情况的考生采用远程线上监考方式，最大限度地减少人员流动风险，确保考生安全。此外，项目还进行了数字化升级改造，开发上线了考试配套使用的报名系统、考试系统、阅卷系统及电子证书查询系统，实现了考试认证从报名到证书查询全流程线上操作；以现有知识体系为基础，开发了线上学习课程 12 门，数字资源超过 200 G，服务社会学员 2.1 万人。

在推动国家 1 + X 证书制度试点方面，2021 年全年共完成物流管理、供应链运营 1 + X 证书共计 29661 人的考试组织工作，考试规模相比 2020 年增长 10.82%。其中，包括 700 余名来自全国各地 30 多家物流企业的在岗人员，这也充分显示物流管理职业技能等级证书在逐步全面走进企业、融入社会。此外，首次有台湾的学员参加培训考核，至此中物联 1 + X 证书已经涵盖包括全国所有省区市以及港澳台地区，物流管理 1 + X 证书的行业企业认可度、社会影响力进一步提升。

师资培训方面，2021 年共举办各类 1 + X 相关师资培训 21 期，培训人数 1396 人；全年分别以“双师型教师”“采购与供应链管理”“智能制造与物流两业融合”和“课程思政”等为主题开展多期师资培训，累计参培教师 700 余名。培训以聘请行业企业、院校专家现场授课及标杆企业实践相结合，对教师更新理念、知识、技能和提升教学能力起到重要作用。此外，还积极加强与政府部门开展培训合作，结合各地区特点定制适合当地物流发展的课程，协助做

好当地物流与供应链行业人才培养工作。

3. 赛事活动形成新体系

2021 年，中物联组织开展了第七届全国大学生物流设计大赛、第二届全国供应链大赛、人社部 2021 年全国行业职业技能竞赛——供应链管理师赛项、首届全国物流与供应链专业教师职业能力竞赛、“盛世华人杯”第二届全国大学生采购实践大赛、教育部 2021 年全国职业院校技能大赛现代物流综合作业和智慧物流作业方案设计与实施赛项等 7 项赛事。竞赛内容覆盖物流、采购、供应链专业，参赛人群不仅有院校学生，赛事还吸引了千余名行业企业在职人员参与。中国物流与采购联合会作为国内唯一一家物流与供应链领域全国性行业组织，充分发挥平台优势，通过构建全行业竞赛育人体系，推进行业高质量发展。

其中，全国大学生物流设计大赛作为物流类专业的品牌赛事活动，呈现出参与范围更广、高校支持力度加大、竞争更加激烈、评审过程更加严谨、组织管理更加规范等特点，在高校和社会中持续引起巨大反响；第二届全国供应链大赛历时三个月，共覆盖全国 29 个省份，1338 支队伍报名参赛，参赛规模再创历史新高，大赛首次增设职工组赛道，比赛具有代表性、规范性和科学性，为助力我国供应链人才培养提供了平台，对推动我国现代供应链发展有重要意义；人社部 2021 年全国行业职业技能竞赛——供应链管理师赛项共有来自全国各地的 1699 名职工组选手，最终来自阿里巴巴、厦门象屿、中国移动的三名企业职工获得全国技术能手称号，引起了良好的社会反响；首届全国物流与供应链专业教师职业能力竞赛共有来自全国 30 个省份的 391 所本科和高职院校的 600 余名教师参加了比赛，赛事为参赛教师搭建了交流互鉴的平台，推动了广大教师的专业化成长，为研究制定教师职业能力标准，搭建教师层级培养体系奠定了基础；“盛世华人杯”第二届全国大学生采购实践大赛搭建了检验学生跨学科实践能力的平台，对助力院校高水平采购人才的培养具有积极意义；为全面落实“岗课赛证融通”的要求，面向参加教育部 2021 年全国职业院校技能大赛现代物流综合作业和智慧物流作业方案设计与实施赛项的所有院校免费开放大赛 1 + X 模块练习平台和题库，为部分省赛提供全程免费技术支持，相关工作得到教育部门的高度评价和支持。

4. 评审表彰活动展现新气象

2021 年，中物联受教育部委托，组织开展了教育部新文科研究和改革实践项目的申报推荐工作；承担了 2020 年度物流管理与工程类专业国家级一流专业建设点的遴选推荐工作，按时保质保量完成，根据教育部公布的名单，最终共有 32 个物流类专业点被列入第二批国家级一流专业建设点，截至目前，全国物流类一流专业建设点共 60 个；组织开展了物流职业教育课程思政示范项目推荐工作，经专家评审，共选出拟推荐课程6项，递补备选课程1项报教育部；组织开展了第二批国家级职业教育教师教学创新团队遴选推荐工作，经过评审，共遴选出12个不同单位的教学团队报送至教育部；按照教育部指标要求，组织完成了“十四五”首批职业教育物流类国家规划教材遴选推荐工作。以上推荐评审工作严格按照相关工作要求和程序，认真组织专家评审，在保证公平公正的基础上高质量地完成了各项任务。

此外，还组织开展了物流教改教研课题立项、2020年物流教改教研课题结题、第二届“物流职业教育教学名师”评选；2019—2020年度物流管理职业技能等级证书先进单位及个人评选，以上工作的开展，对于推动院校教育教学改革，调动教师工作积极性具有重要意义。

5. 国际项目推出新成果

为更好地服务“一带一路”物流管理1+X证书的推广工作，2021年10月，《物流汉语》正式出版，相关配套资源也已开发完成，该项目得到教育部和国家汉办的高度重视。目前，物流管理1+X证书在东南亚地区的国家职业教育领域拥有一定的影响力，并取得初步成果，得到了东南亚等地区的广泛关注，助力中国物流职业教育与物流企业携手“走出去”，提升了国际影响力。

2021年，物流管理1+X证书通过了IFPSM全球标准认证（Global Standard）。根据IFPSM有关规定和互认协议，取得物流管理1+X证书的人员可申领由国际采购与供应管理联盟颁发的国际证书，该证书在全球范围内得到认可，并可以得到全球标准互认联盟内的国家和组织相关证书的互认以及院校相关课程学分的互认。此外，在国际认证项目中，积极推进与国际供应链与运营管理协会（ASCM，原APICS）关于“生产与库存管理（CPIM）第一部分中文版认证项目”的合作；推进完成ITC供应链管理国际认证项目的基础建设工作，为正式实施ITC供应链管理全新体系奠定基础。

（四）夯实自身建设，提高行业服务能力

1. 推选完成物流行指委换届工作

根据教育部工作部署，完成全国物流职业教育教学指导委员会（2021—2025年）换届推选工作，本届行指委委员来自行业、企业、职业院校、本科院校和科研机构共计60人。新一届物流行指委的成立，对于赋能行业深入参与物流职业教育人才培养工作具有重要意义。

2. 组织开展物流教指委工作组成员增补工作

为推进教育部关于一流专业、一流课程建设的工作要求，加快构建高质量高等教育体系，教指委2020年开创性地在物流管理、物流工程、供应链管理、采购管理、冷链物流、青年教师六个领域，重组成立六个工作组。2021年，物

流教指委开展完成六个工作组成员的调整增补工作，本次共增补成员128名，工作组各项工作有序开展。

二、2022年物流教育与培训展望

当前我国已经开启构建现代物流体系，迈向建设“物流强国”的新征程。物流人才培养是构建现代物流体系的重要支撑，更是国家经济高质量发展的重要抓手。2022年中物联将继续坚持以习近平新时代中国特色社会主义思想为指导，主动服务国家战略，联合行业企业、院校共同应对产业变革带来的人才挑战，努力打造物流教育培训国际化品牌，做好业务数字化转型和队伍建设，提高产品服务质量，加快推进构建现代物流教育体系。

1. 开展数字化物流与供应链人才培养

为适应数字经济与物流、供应链创新发展的需求，加快数字化人才培养、数字化理论体系建设，2022年将重点推动数字化物流与供应链人才培养，依托物流教指委、物流行指委、广大企业和院校开展数字化物流与供应链人才需求调研、知识与能力体系构建、行业标准建设、课程体系构建等工作，全面推动数字化人才培养。

2. 着力打造国际化品牌项目

积极服务国家“一带一路”倡议，推进落实国务院、教育部、国家汉办有关领导对“1+X”项目走出去的有关要求，做好《物流汉语》教材推广和资源开发工作，将1+X与“中文+职业技能”“中文工坊”等项目融合，助力“一带一路”沿线国家留学生和中资企业员工提升专业技能，服务中资企业“走出去”，提升中国物流影响力。开展专业国际认证，与国际采购与供应管理联盟、ITC开展合作，启动国内高校物流类专业的国际认证和课程认证工作，推动专业建设国际化。

3. 加强行业人才需求调查研究

当前全球数字经济飞速发展，物流与供应链领域数字化转型升级已成为提高全球竞争力的必然选择。这对行业企业提出了新的挑战，对岗位人才的胜任力提出了新的要求。2022年，将积极利用行业优势，汇聚和协同产教双方的智库资源，开展数字化物流与供应链人才需求调研工作，赋能院校人才培养质量持续提升，有效满足行业企业对技术技能人才的新要求。组织专家力量，加强1+X证书制度试点工作的相关研究，指导职业院校将职业技能等级标准有关内容有机融入专业人才培养方案。继续开展专业调研，组织编写物流职业教育年度报告，指导院校物流专业建设、引领物流人才培养方向。

4. 推动院校物流专业内涵建设

当前，我国高等院校、职业院校物流教育已经进入人才培养提质新时代，2022年将以推进一流物流专业建设、一流课程“双万计划”建设、“双高建设”、教学创新团队建设、课题研究、产教融合等工作为抓手，不断推进院校深化物流、供应链等专业内涵、优化人才培养结构，推动我国物流人才培养工作满足当前大数据、云计算、物联网、人工智能、智慧物流、供应链创新与应用大发展的时代要求。

5. 深入推进物流专业课程思政建设

习近平总书记指出，“思政课是落实立德树人根本任务的关键课程，思政课作用不可替代”，强调要“挖掘其他课程和教学方式中蕴含的思想政治教育资源，实现全员全程全方位育人”。2022年将全面推进物流职业教育课程思政建设，启动课程思政课题研究及案例库建设，开发物流专业课程思政系列课程，带动院校思政课程建设，通过丰富优质思政教育资源的供给，提升院校教师课程思政建设的意识和能力。

6. 扎实推进各项延续工作

积极发挥平台优势，稳步做好各项延续工作，积极推动大赛、会议、师资培训、课题、教材、数字化资源等工作的组织和开发，主动落实上级部门布置的相关工作，在原有工作的基础上推进改革创新。

（作者：中国物流与采购联合会教育培训部　上官士霞　郭肇明）

2021 年物流与供应链信息化发展回顾与 2022 年展望

2021 年，我国物流业总体实现稳步复苏，现代物流体系高质量发展取得新成效。实体经济持续稳定恢复，拉动物流需求快速增长，物流供给服务体系进一步完善，供应链韧性提升，有力地促进宏观经济提质增效降本，物流实现了“十四五”规划的良好开局，为畅通国内大循环、促进国内国际双循环提供了有力支撑。随着技术的更新迭代，物流与供应链信息化向数字化、智能化、绿色化方向转变。

本报告首先回顾了 2021 年我国物流与供应链信息化的发展现状，探讨了中国物流与供应链信息化现阶段发展过程中的特点和存在的问题，然后对我国物流与供应链信息化 2022 年的发展趋势进行了预测和分析。

一、2021 年物流与供应链信息化发展回顾

（一）国家对物流与供应链信息化工作高度重视

2021 年，国家针对物流与供应链信息化、智能化建设出台了众多纲领性文件，具体如下所示。

3 月，国家发展改革委等部门发布的《关于加快推动制造服务业高质量发展的意见》中指出，要深入开展信息技术、科创服务、金融服务、服务外包、售后服务、人力资源服务、现代物流、现代供应链、设施管理等服务领域标准化建设行动，推动制造服务业标准体系逐步完善。持续完善工业互联网标识解析体系、网络互联、边缘计算、数据规范体系和工业 App 等共性标准。

商务部等有关部门印发的《商务部办公厅 国家邮政局办公室关于印发电子商务与快递物流协同发展典型经验做法的通知》中，总结了 12 项工作任务的典型经验做法，供各地认真学习借鉴，分别是加强规划引领，保障电子商务快递物流基础设施用地；健全农村寄递物流体系；引导国家电子商务示范基地、电子商务产业园区与快递物流园区融合发展；推动配送车辆规范运营；便利配送车辆通行；推广智能投递设施；鼓励快递末端集约化服务；提高科技应用水平；鼓励信息互联互通；推动供应链协同；推进快递包装绿色治理；推广

使用新能源车辆。

4 月，交通运输部等 8 部门在《交通运输部办公厅 国家发展改革委办公厅 工业和信息化部办公厅 农业农村部办公厅 商务部办公厅 市场监管总局办公厅 国家邮政局办公室 中华全国供销合作总社办公厅关于做好标准化物流周转箱推广应用有关工作的通知》中指出，要加大信息技术应用和配套设施建设，积极引导物流周转箱生产流通企业搭建物流周转箱信息系统，加强对物流周转箱使用的动态监测与管理。鼓励物流周转箱采用物联网、5G、RFID 等先进技术，完善货物收发、运输等流通环节配套设施设备，实现果蔬等产品从生产到最终消费全链条的监控与可追溯，确保食品安全。逐步健全物流周转箱配套设施。各地在物流园区、货运场站、冷链设施、农产品产地仓储设施规划建设时，应统筹考虑标准化物流周转箱应用的需求，完善相关配套设施，拓展各类服务功能，满足物流周转箱仓储、装卸、维修、消毒以及预冷等各项服务需求，保障物流周转箱的清洁卫生，为标准化物流周转箱的推广应用提供有效支撑。

工业和信息化部在《工业和信息化部关于加强智能网联汽车生产企业及产品准入管理的意见》中指出，要夯实基础能力，进一步完善智能网联汽车标准体系建设，加快推动汽车数据安全、网络安全、在线升级、驾驶辅助、自动驾驶等标准规范制修订。鼓励第三方服务机构和企业加强相关测试验证和检验检测能力建设，不断提升智能网联汽车相关技术和网络安全、数据安全水平。

交通运输部印发的《交通运输领域新型基础设施建设行动方案（2021—2025 年）》中指出，要推进综合交通大数据中心体系建设，打造综合交通运输“数据大脑”；建强综合交通运输信息平台，增强综合交通运输运行动态掌控和突发事件应急指挥能力；鼓励和支持各地交通运输主管部门统筹开展综合交通运输信息平台建设，加强各级综合交通运输信息平台互联互通，助力通信信息基础设施建设；开展 5G 等技术在重要交通基础设施的融合应用研究，结合 5G 商用部署，协同推进对高速公路重点路段、重要综合客运枢纽、港口和物流园区的网络覆盖；推广车联网、船联网技术应用，推动建设泛在感知、港车协同的智慧互联港口等具体措施。

10 月 29 日，交通运输部印发的《绿色交通“十四五”发展规划》中强调，要坚持创新驱动，强化绿色交通科技支撑。推进绿色交通科技创新，构建市场导向的绿色技术创新体系，支持新能源运输装备和设施设备、氢燃料动力车辆及船舶、LNG 和生物质燃料船舶等应用研究；加快新能源汽车性能监控与保障技术、交通能源互联网技术、基础设施分布式光伏发电设备及并网技术研究。

（二）物流企业信息化向数字化、智能化、平台化发展

1. 智能化提高了车货匹配效率，订单组合的科学性

目前国内物流企业普遍存在订单小、配送点多，人工排布路线不能够精确计算配送成本，降本增效的效果不是很明显，订单信息和车辆资源信息不能完全共享，运输环节人工派车不能有效达到配载联运最优化；大数据分析能力弱，人工调度派车涉及的订单、车辆、路线、路况、时间、交接、货物类别等数据碎片化、分散化，无法进行精准汇总、分析、优化。漯河双汇物流投资有限公司研发的智能物流调度信息化系统，通过双汇物流 ERP、车货匹配平台进行订单导入、订单整合，结合百度货运地图，通过算法输出需求车辆和配送路线，并将配送路线信息下发车货匹配平台，实现在线竞价找车、在线派车、在线导航，实现订单组合的科学性，有效降低公司运营成本，提升物流服务水平。调度人员整体操作效率提升了 30% 以上，综合节约运输成本超过 5%。公司还将车辆违章数据智能化分析的结果与智能物流调度信息化系统打通，实现了在计划层面对路线选择的主动干预，有效规避了事故与违章的高发路段，更实现了对司机行车安全的人文关怀。信息化系统帮助企业在业务流程上实现了从人工调度到系统智慧调度，有效地提高了订单组合的科学性，实现公司效益的最大化。

成品酒运输大多为传统运输模式，在信息化方面比较落后，导致流程难以有效管控、管理成本高、沟通效率低、货值高等问题。中国物流亳州有限公司研发的 SO56 是集现代物流仓、干、配一体化业务的第三方物流企业的现代物流信息管理系统。该系统通过使用大数据分析技术、机器学习技术、模型预测技术、数据结果可视化呈现技术，结合自主开发的调度核心算法，对订单排线调度进行优化改进，实现自动匹配、自动派单、自动生成分拣单、自动生成派车单等方式，简化操作步骤，缩短调度派单时间。数据全程可视化，业务各环节操作可追溯，使发货人、承运人、配送员、收货人可随时了解业务订单的最新状态和配送进度。

2. 物流自主可控的物联网装备技术提升数字化水平

随着 5G、物联网、大数据等技术逐步在物流产业链中运用，创造性地实现了“智能路径规划”“智能跟踪”“智能单证”等智能化场景应用，实现传统的线下接触式服务转为线上非接触式的智能化自助服务。运易通科技有限公司研发了一款多用途货运追踪设备——定位宝，采用多重定位设计，集成 GPS/LBS 定位信息，可根据不同地区信号情况自动切换，主要用于对陆运货物的全程跟踪和数据分析，可与 ibeacon 标签、蓝牙温度探头等设备互联，能实现轨迹回放、实时告警、实时定位、电子围栏、到达预测。另外研发的安防宝

是专门针对内河水运大宗货物运输的一款多用途可拆卸安防云摄像产品。该设备采用独创技术，将多重定位（北斗/GPS/LBS）同时集成到设备中去，实现国内首创的“带定位功能的、可拆卸的、专用安防云摄像产品”。

3. 蓄冷式冷链装备智能化应用逐步落地

中车石家庄公司研发的蓄冷式冷藏集装箱产品，以标准集装箱为基本框架，以蓄冷技术实现对箱内温度的控制。蓄冷式冷链装备一次性充冷固定时间后，运用相变材料对运输环境进行持续性冷输出，维持较长时间内的恒温制冷，使用过程中无须能源、节电、节油。同时，蓄冷式冷链装备可以与运输设备（汽车、火车、轮船、拖车等）及设备电源脱离，可与普通集装箱一样运输。

蓄冷式冷链装备依托信息化系统，建立一种可信的全程冷链监控系统，可实时收集和展示装备位置、行驶路径、温湿度等信息，推进了铁路冷链业务的数字化产业布局。

4. 基于AI技术，快递业务末端智能化服务产品升级

快递企业末端派送的效率和服务质量在包裹全流程中占据重要位置，为了顺应快递小哥派送环节的多媒体化、智能化、客户化的要求，圆通公司研发推出基于AI技术的智能电话助手——智小递App，产品是由前端机器人+后端知识库管理平台+电话呼转服务融合而成。用户（快递小哥）通过开启呼转服务即可启用智能电话助手，并针对快递行业定制化专属问答知识库，与各相关业务系统对接，打破信息孤岛，支持用户高度自定义、开场白自定义和常见问题自定义，以实现高度个性化的电话助手。区别于市面上一般的电话助手，智小递可以针对快递业务的不同场景，让机器人根据客户不同需求给出专业回答，以此提高了电话助手对话成功率、提升来电者（快递客户）的使用体验。智小递有效助力快递业一线业务工作，实现提质增效，项目产出也将通过量化和潜在的用户信息价值体现，将更好地保障网络高效高质量运行。

（三）供应链信息化为制造及商贸企业提供数字基础，搭建数据交互平台

1. 促进传统产业链数字化升级

传统冻品行业流通方式存在很多弊端，如渠道层级多、流通效率低、产销不匹配、产能浪费多。冷链物流配送存在“小、散、乱”的问题，在冷链设施设备建设、温度控制和操作规范等方面缺少统一标准，运输设备能耗高，装卸环节自动化水平低。冻品在线率先在冷链食材行业发起“+互联网”的探索之路，通过在直营城市B2B中不断沉淀和优化，搭建了“产业B2B交易平台+SaaS服务+供应链金融+大数据服务”的综合性互联网平台。建立覆盖全球

的集采网络，打造可视化、数字化的行情监测系统，构建 B2B 三大开放体系——订单系统、物流系统、推广系统，组成全链路的生鲜冷链食材分销网络，建立“最后一公里”冷链物流基础设施，重视大数据运用场景，沉淀行业最全消费大数据，以更加规范化、更加透明的供应链平台替代原来粗放的线下批发市场。

2. 供应链管理更加透明化、标准化

湖北迈睿达供应链股份有限公司将 SaaS（软件即服务）、RaaS（机器人即服务）的模式应用于实际工作中。公司自主研发的“迈睿达智慧供应链管理系统”与智慧物流设备的系统对接包括数据采集、订单收发、物料分配等全链条覆盖，为承接智能制造企业的供应链管理服务打下了良好的基础。公司自主研发的设备调度系统在收到操作任务后，统筹协调设备平台上的 AMR、AGV、无人叉车、自动立体库等相关智能设备。SaaS 模式的应用，推动了供应链管理的透明化、数字化，为客户精益生产提供了数字基础，也为智能设备提供了数据交互的平台。RaaS 模式的应用为客户节约了时间和投入成本，降低了客户在专业问题上的风险，为公司的供应链管理服务降低了成本，也为公司承接智能制造企业的供应链管理服务打下了良好的基础。

3. 数字供应链管理平台为国家医疗保驾护航

新冠肺炎疫情暴发，对全球各地区供应链产生巨大的冲击。在此背景下，启润医疗科技（厦门）有限公司就当下业务开展医疗数字供应链管理平台建设的创新与应用，保障在特殊环境下医院的供应链稳定。公司根据当前国贸医疗的业务特征，从信息流、实物流、资金流、商流四个维度开展研究建设。在软件设计上，采用领域模型作为贯穿软件生命周期的通用设计表达语言，遵循面向对象的设计方法，遵守“高内聚、低耦合”的设计原则。通过 PC 端与移动 H5 的协同运作提供物流仓储管理服务平台，将烦琐的服务流程智能化，更通过 restful 微服务架构，将有效无缝对接上下游数据，实现有效协调物流仓储作业各环节的管理，使得运输管理更加有效率、有效益。在移动端上，采用 uni－App 框架开发，可以打包成 H5、App、各种主流小程序，解放生产力，降低开发及维护成本，为后期的发展奠定基础。国贸医疗数字供应链管理平台建设，使国贸医疗实现供需匹配、效率提升、医疗产品安全提升、客户服务供应端优化协同的效果。

4. “数值化”赋能供应链，实现从供应保障向价值运营转变

中国移动通信集团安徽有限公司通过全面实行标准化，展现各环节健康图谱，监控、共享、分析运营数据，实现全周期精益化管控；贯通内部、外部流程，推行三级联动、三级预警、三级稽核机制，实现端到端协同；创建大数据模型及算法，开展需求画像及健康度分析，实现数智化赋能，驱动运营；结合

5G、物联网等技术实现物资全生命周期的“四可”管控；构建“供应链大脑”，将自动预测、自动预警、智能调拨、路径智能规划等与供应链融合，推进物资供应模式向智慧供应链交付运营转变。主要依托构建“晴雨表”数字化管理体系、建立端到端全流程协同、建立全生命周期管理体系、创新物联网管理模式、构建“供应链大脑”智慧平台五个方面提高供应效能，促进公司形成敏捷、高效、智慧的供应链管理体系。

（四）物流平台数智化水平提升推动行业数字化变革

1. 数智化思维助力大宗商品供应链平台转型升级，构建产业链生态圈

传统的B2B跨境贸易业务环节中存在人工操作部分太多，差错率高、成本高；无法给客户提供统一的服务；业务模式单一，无品类运营，无法引导消费；采购议价能力差，导致利润率低；支付手段落后，交易风险高，用户体验差；业务量扩大后，资金面临风险等问题。FACTORYHOOD（寰宇优厂）中欧化工跨境产业互联网平台致力于实现中欧两地化工品供应体系的精准对接。基于此，深圳市敏思达信息技术有限公司以数智化思维从平台的框架层、组件层、应用层和解决方案层，为其定制开发大宗商品B2B供应链平台，实现其整体信息化建设。

平台在标准化、贸易、结算、物流管理、大数据五大基础上，形成智慧产业互联网，以智能产业互联网支持化工供应链的发展，实现服务智能化、管理智能化。

2. 网络货运平台数字化发展

网络货运平台目前在税务、政策、运营等方面仍然处于探索阶段，标准尚需完善，在实际操作中缺乏具体运行办法，更易受多方因素制约而出现偏差。总体来说，网络货运平台在技术应用、风控要求、监管力度、政策支持上还需有更大的突破，规范化和标准化整合的过程必是网络货运破局的关键。为此，江西约货科技有限公司依托“互联网 + 大数据 + AI”技术，贴合市场需求，实现数字化匹配与业务模式融合，致力于打造“高智慧化、高数字化、高效率化”的物流服务平台。

网络货运经营者需要对运营过程中出现的单据接入异常、车辆资质异常、运输轨迹异常、运单与资金流水单匹配等异常情况进行监测，做到快速反应，确保单据接入正常。大多数平台普遍存在单条数据人工校验项目多，异常识别耗时久，出错率高，识别过程缺乏弹性等问题。尤其是业务波动量较大时段，异常识别规则及阈值控制靠人工把关，信息化手段缺位，直观监控能力有限，异常信息反馈路径烦琐，不能实时预警并动态介入。百世优货科技（天津）有限公司通过大数据、互联网、人工智能等技术，搭建了基于场景的风控矩阵，

涵盖风控规则、参数与措施等，将主营业务的各网络货运单据异常实现 AI 智能识别与自动化反馈。项目将运单风控分散到创建运单、发车、到达、编辑、签收、支付等各业务环节，全程实时网络货运信息合规检查，问题早发现、早反馈、早处理，推动风控自动化、实时化、异常可视化。采用 AI 智能识别网络货运信息异常，提升了网络货运信息异常识别的准确度与效率。运单的每一个节点均触发平台规则校验，校验结果智能化反馈到货主。基于异常提示，货主可以进行调单或申诉，调单后会再次触发自动校验。

曹妃甸港物联科技有限公司依托大数据处理和智能物联等技术，租用阿里云服务器，采用北斗 GIS 地理位置信息服务、LBS 基站服务和 AI 智能服务，建设港车厂协同网络货运平台，整合港口资源，优化集疏港业务，将人、车、货、场、码头、内陆港等要素进行有效衔接和协同。通过信息共享和供应链协作，将货主、平台、运输公司、司机无缝互联，实现发货、中转、调度、在途、签收、结算等全过程的物流协作互通。有效整合上下游资源，实现高效率的协同物流，提升平台参与方的信息化和物流标准化程度，解决物流行业管理效率低、信息不对称、物流服务标准缺失、综合成本高的问题。项目应用后可减少物流中间环节，大幅降低集疏港物流成本，提高港口集疏运效率和服务质量，吸引更多的货主和运输车辆加入项目平台，并以示范模式快速扩大其在港口货运市场的辐射范围。

中储南京智慧物流科技有限公司研发的中储智运平台集多个系统于一身，拥有包括前台首页、手机安卓版、手机 iOS 版、微信服务号、后台管理操作系统、物流大数据分析及预测系统等多个产品。平台通过实名认证（证照、资格、人脸识别等）、过程控制（可视化在途跟踪、节点控制、智运罗盘等）、保证金、运输保险等多项机制确保每笔业务的真实性与安全性，同时，所有业务通过平台进行竞价交易和结算，可实现信息流、业务流、票据流、资金流、轨迹流的统一运作与管理。平台可实现管理流程及运输过程的全程可视化，提供物流大数据智慧分析、预测与决策，后台的综合运营管理系统是集 TMS（运输管理系统）、FMS（财务管理系统）、OA（综合办公系统）、CRM（客户关系管理系统）等多个系统于一身。

3. 构建全程智慧供应链信息服务生态圈

多式联运作为一种集高效、安全、经济、环保等众多优势于一身的综合性运输方式，能够通过不同运输方式的优势互补来减少货物中转环节，缩短运输时间，降低运输成本。目前，我国多式联运市场体系尚未健全，衔接水平和衔接效率仍然不高，信息互联互通水平不高、数据不联通、标准不统一，难以整合共享，全程数据跟踪服务缺失。上海文景信息科技有限公司研发的“智运网——多式联运供应链创新服务平台”，是基于大数据的平台结构，能够实现多维度精细化的统计分析、秒级数据处理速度以及实时采集建模，并支持私有化部署；利用区块链去中心化共享机制，采用分布式记账模式，同时在整个数据传输环节中采用非对称加密技术实现智能单证，可实现单证及时转移、立即签发；SaaS 云应用可支持车队、仓储、报关、货代等业务管理；基于微服务的 EDI/API 数据交换中心能够与交通运输部、国家铁路集团、国家物流信息平台、国家电子口岸，以及各大港口、铁路、公路和金融机构等类型系统的全面对接，形成多式联运全程物流跟踪数据库，实现多式联运平台内部之间以及与外部单位系统之间的无缝衔接与互联互通，为订单全程跟踪打下基础。另外，平台采用多式联运一单制模式，依据平台积累的大量真实的物流数据，通过大数据分析技术，构建风险管控体系，整合商业银行、保险、信托等金融机构资源，提单作为物权凭证，为中小企业进行供应链金融服务提供强大保障。

4. 物流服务平台向产业互联网平台转型升级

上海找油信息科技有限公司作为国家认定的高新技术企业、能源产业互联网的领头羊，通过移动互联、LBS 及大数据等新兴技术，重构能源消费行业的信息流、资金流和物流，以 SSSaaS（Software 软件 + Service 服务 + Supply Chain 供应链）构建新型能源交易平台。在能源需求层面，为物流车辆提供可定制的一站式能源数字化管理系统。在能源供给层面，为加油站提供软硬结合的一站式智慧加油和数字化供应链服务，并以在线经济平台模式将两者进行精准匹配。助力能源消费企业降本增效、赋能加油站智慧升级。SaaS 云系统是为物流企业搭建的可定制、可共享、智能化的全行业解决方案。它借助于智慧油卡打破主营、民营及合资加油站之间的壁垒，实现了物流客户、物流司机、加油站之间的互联互通。

（五）仓配管理系统智慧化、数字化发展

传统的仓储管理模式都是以纸质单据为凭证进行仓储作业的。为解决仓储作业效率低下、库存信息不准确、人工管理成本无法降低等问题，实现仓储精细化管理目标，湖南移动通信有限公司开发了基于 PDA 终端的智慧仓储平台，通过基于超高频 RFID 的物联网技术来提高仓储效率、空间利用率，实现物体的跟踪可追溯、业务操作智能化、库存透明化，从而提高库存管理效率和生产力水平。

近几年，以 B2C 电商快速发展为驱动，客户对电商物流服务要求越来越高，为了支持最终消费者订单快速满足的需求，门到门信息技术有限公司推出标准化物流设备数字仓库，并建立标准化仓库作业流程，把标准的物流设备进行数据采集，通过平台与货主对接，实现运力资源的优化配置，提升满足大型货主可视化、网络化、规模化、标准化服务的能力，提供运力一体化解决方

案。结合已有的线下配送体系提供最优运力的同时，通过线上的透明物流系统，为货主、收货人提供货物状态的实时查询，保障货物安全。对车辆所在位置推送货源信息，增进企业与车辆间的信息互通，让企业与仓库之间产生信息的直接交流，真正地提高企业货物调度效率，对货物与车辆实时监控，降低物流总成本，使企业利润提升；信息化技术实现了数字仓库的建设，降低节能减排，真正实现绿色物流。

目前，我国大宗物资物流园区的信息化水平有了明显提升，有先进的建设理念，物流信息化和基础设施同步建设，有室内仓储、保税库、期货交割库等现代仓储设施，有 PDA 手持终端、无人天车、机器人等现代化智能设备。但园区的仓配管理系统智能化仍处于起步阶段，大数据分析、智能决策支撑等软件系统缺失；园区内不同模块及不同园区之间信息互联互通性较差，信息孤岛仍然存在，难以形成完整、高效的信息供应链，制约了园区的发展。四川物通科技有限公司定制开发的“物通大宗物资数字化仓配管理系统”，运用智能设备可实现自动信息采集，以动态储位分配和智能调度决策模型与算法为核心，实现了大宗物资仓配管理全流程数字化，作业全过程控制智能化。系统应用后，园区吞吐量增长率超过 25%，仓库容积利用率提高 15%，现场总体作业效率提升 35%，园区交通阻塞率显著下降，车辆配送效率提高 20% 以上，终端客户平均等候时间减少 2 小时以上，准时送达率提高 35% 以上，收发差错率由 0.1% 下降为 0.01%。

（六）物流大数据、区块链等技术推动航运物流数字化进程，增强数字化管理能力

在信息化高度发展的今天，航运物流的信息化程度相对于其他行业较低。航运物流产业链较长，这些环节内部虽然各自有信息化系统，但产业链上下游之间没有连通。航运物流需高度依赖各环节之间的协同，传递大量单据和信息。亿海蓝（北京）数据技术股份公司基于互联网以船舶位置监控为核心搭建航运大数据信息平台，为大宗商品及集装箱产业运输链上的多种类型企业，提供实时的船舶物流跟踪服务。综合利用船舶信息、集装箱物流跟踪信息、提单信息和反洗钱黑名单制裁查验策略，建立以海运货物为主的贸易真实性核查系统。以数据和技术能力为基础，实现港航调度可视化。

纸质提单在航运物流中普遍存在传输效率低，在途时间长，在多个快递服务之间传递和交换，安全性弱，解决损坏、遗失甚至被盗提单的重新签发需要花费较多时间，并且签发和运输一张纸质提单的成本高昂等问题。区块链作为新一代信息技术正加速突破应用。区块链技术与电子提单的结合给纸质提单普遍存在的问题提供了一种技术可行性的解决方案。中国外运股份有限公司（简

称中国外运）利用区块链技术多中心、自动化、可信任等特性，提出NVOCC区块链电子提单项目，实现承运人和托运人双方安全透明，公平公正的交易成为可能，并为电子提单提供跨国贸易中的信用来源，使电子提单具备同纸质提单相类似的“可转让性”，为借助网络实现价值转移提供了技术支撑。NVOCC区块链电子提单应用不断深入，助力中国外运与客户、船公司和海外网络构建新型信任协同机制，增强与客户的数字化管理能力，并显著提升全链条业务处理能力和市场拓展能力，降低物流运营成本和安全风险。为打造“数字外运”，发展数字经济迈出坚实的一步。

二、2022 年物流与供应链信息化展望

1. 数字化、智能化是信息化发展趋势

《数字经济“十四五”发展规划》中明确提出，大力发展智慧物流，涉及物流新基建、新技术、新模式、新业态等。企业要在新时代下服务好客户，就需要充分利用好数字化发展趋势，以更开放的方式拥抱客户，以更创新的方式激发客户，以更个性化的方式服务客户，数字化、智能化的使命就是更好的服务和满足客户越发个性化的需求，它们是企业未来摆脱激进盲从，回归以客户为主导的本质，破解新变革难题的关键。

2. 规范化是物流平台发展的主要方向

2022 年 1 月 19 日，国家发展改革委等九部门发布的《国家发展改革委等部门关于推动平台经济规范健康持续发展的若干意见》中明确指出，坚持发展和规范并重，坚持“两个毫不动摇”，建立健全平台经济治理体系，构建有活力、有创新力的制度环境，促进平台经济规范健康持续发展。物流平台应以大数据、云计算、互联网、区块链等新技术为支撑，创造性地应用到物流平台信息数据统计、分析功能等各环节，加强规范性分析、合规性监控、潜在风险预测等方面的技术水平，为后续的用户画像、标签体系、大数据建模夯实基础，提升平台规范化、智能化运营的水平。

3. 科技进一步赋能多式联运平台，促进多式联运加速成长

在交通运输部关于印发《绿色交通“十四五”发展规划》的通知中，强调要提高运输组织效率，深入推进多式联运发展，推进综合货运枢纽建设，推动铁水、公铁、公水、空陆等联运发展。推进多式联运示范工程建设，加快培育一批具有全球影响力的多式联运龙头企业。

多式联运具有整合社会闲散运力、提升车辆运输双重率，降低社会整体物流运输成本等优点。随着国家公转铁、公转水政策改革，多式联运管理规范化要求，以提质增效为目的等多方面驱动下，多式联运将是中长期内我国长途运

输发展的重要方式，也是我国大宗物资的重要运输方式和切实保障。以中欧长途运输为例，公路运输与中欧铁路联运组合的稳定性在疫情防控期间得到了充分验证，预计这种联运模式在未来的一段时间里仍会保持稳健增长。另外，多式联运物流产业链上的实际交易情况，是企业进行综合评价的数据依据，可促进物流数据与商流、物流、信息流、资金流等关键要素的强融合，为企业拓宽融资渠道、提高授信使用率和资金周转率提供支撑。

4. 区块链技术在供应链领域、物流园区将有大作为

习近平总书记在中央政治局第十八次集体学习时强调，把区块链作为核心技术自主创新重要突破口，加快推动区块链技术和产业创新发展。区块链作为代表的新一代信息技术加速突破应用，已延伸到数字金融、物联网、智能制造、供应链管理、数字资产交易等多个领域。供应链往往涉及多个实体，包括物流、资金流、信息流等，这些实体之间存在复杂的沟通与协作。传统模式下，不同实体间供应链信息不互联互通，缺乏透明度，这在一定程度上造成了较高的时间成本和资金成本，而且出现问题难以追查和处理。通过区块链可获得一个透明可靠的统一信息平台，可以实时查看状态，降低物流成本，追溯物品的生产和运送整个过程，从而提高供应链管理的效率。当发生纠纷时，举证和追查也变得更加清晰和容易。

从物流园区信息化现状看，大部分的中小物流园区水平相对落后。数据显示，物流园区信息系统投资占园区投资总额的比重平均只有8.2%；其中51%的物流园区信息系统投资占园区投资总额的比重在5%以下。

目前的仓配管理系统中应用了区块链技术开发基于合作与信任机制的多场景业务，提高了数据传输的安全性，实现了数据实时校对核准和业务可追溯，但在链上链下数据协同方面仍有很大的发展空间。

5. 构建绿色供应链，践行绿色发展理念

2022年2月，《国务院关于加快建立健全绿色低碳循环发展经济体系的指导意见》中指出，要构建绿色供应链。鼓励企业开展绿色设计、选择绿色材料、实施绿色采购、打造绿色制造工艺、推行绿色包装、开展绿色运输、做好废弃产品回收处理，实现产品全周期的绿色环保。选择100家左右积极性高、社会影响大、带动作用强的企业开展绿色供应链试点，探索建立绿色供应链制度体系。鼓励行业协会通过制定规范、咨询服务、行业自律等方式提高行业供应链绿色化水平。

6. 物流绿色、低碳是“双碳”背景下的发展趋势

2021年10月，国务院印发了《2030年前碳达峰行动方案》，将碳达峰贯穿于经济社会发展的全过程和各方面。其中，在交通运输绿色低碳行动中指出要加快形成绿色低碳运输方式，确保交通运输领域碳排放增长保持在合理区

间。推动运输工具装备低碳转型；积极扩大电力、氢能、天然气、先进生物液体燃料等新能源、清洁能源在交通运输领域的应用。大力推广新能源汽车，逐步降低传统燃油汽车在新车产销和汽车保有量中的占比，推动城市公共服务车辆电动化替代，推广电力、氢燃料、液化天然气动力重型货运车辆。提升铁路系统电气化水平。加快老旧船舶更新改造，发展电动、液化天然气动力船舶，深入推进船舶靠港使用岸电，因地制宜开展沿海、内河绿色智能船舶示范应用。提升机场运行电动化智能化水平，发展新能源航空器。构建绿色高效交通运输体系；发展智能交通，推动不同运输方式合理分工、有效衔接，降低空载率和不合理客货运周转量。大力发展以铁路、水路为骨干的多式联运，推进工矿企业、港口、物流园区等铁路专用线建设，加快内河高等级航道网建设，加快大宗货物和中长距离货物运输“公转铁”“公转水”。加快先进适用技术应用，提升民航运行管理效率，引导航空企业加强智慧运行，实现系统化节能降碳。加快城乡物流配送体系建设，创新绿色低碳、集约高效的配送模式。打造高效衔接、快捷舒适的公共交通服务体系，积极引导公众选择绿色低碳交通方式。“十四五”期间，集装箱铁水联运量年均增长15%以上。到2030年，城区常住人口100万人以上的城市绿色出行比例不低于70%。加快绿色交通基础设施建设；将绿色低碳理念贯穿于交通基础设施规划、建设、运营和维护全过程，降低全生命周期能耗和碳排放。开展交通基础设施绿色化提升改造，统筹利用综合运输通道线位、土地、空域等资源，加大岸线、锚地等资源整合力度，提高利用效率。有序推进充电桩、配套电网、加注（气）站、加氢站等基础设施建设，提升城市公共交通基础设施水平。到2030年，民用运输机场场内车辆装备等力争全面实现电动化。

（作者：中国物流与采购联合会网络事业部　晏庆华　王盼盼）

2021 年物流与供应链投融资发展回顾与 2022 年展望

2021 年是“十四五”规划开局之年。物流与供应链行业总体运行平稳，相关物流规划政策陆续出炉，行业深入推进数字化转型，物流新业态新模式创新发展，相关物流与供应链资本信心提升。物流与供应链相关投融资市场恢复发展，物流行业整合兼并步伐加大，上市物流企业数量明显增多，行业相关投融资数量高于 2020 年。

2022 年是全面实施“十四五”规划的关键期，面对复杂的国际形势和经济高质量发展需求，发展现代物流体系，构建双循环新发展格局，建设全国统一大市场，需要物流与供应链高质量发展和持续投资。

一、2021 年物流与供应链投融资市场回顾

（一）2021 年政策与行业发展背景

1. 规划政策加持带来投资新环境

作为“十四五”开局之年，国务院、国家发展改革委、交通运输部、商务部等部门相继出台多份产业政策，涉及农村快递、冷链物流、碳达峰绿色发展、电子商务、制造服务业等相关领域。中共中央、国务院印发《国家综合立体交通网规划纲要》，提出培育壮大一批具有国际竞争力的现代物流企业，鼓励企业积极参与全球供应链重构与升级，依托综合交通枢纽城市建设全球供应链服务中心。国家发展改革委印发《国家骨干冷链物流基地建设实施方案》，提出到 2025 年，布局建设 100 个左右国家骨干冷链物流基地，推动建成三级冷链物流节点设施网络。政策涉及政府财政支持企业进行产业升级，建设物流相关基础设施等，对企业发展方向有了新的期望，积极参与国际市场竞争，打造世界领先企业，通过基础设施的升级来促进企业发展。

2. 物流基建完善有利于投资新布局

2021 年，交通运输经济运行总体平稳，投资规模持续高位运行，货运量、港口货物吞吐量实现较快增长。全国物流相关固定资产投资有望超过 3.5 万亿元，一批重大物流基础设施得到有力支持。物流基础设施持续获得投资建设，

国家发展改革委发布"十四五"首批25家国家物流枢纽建设名单，目前全国已经布局建设国家物流枢纽增至70个。建设方向重点在于整合优化存量物流设施，统筹补齐枢纽设施短板，加强工业园区、产业集群与枢纽布局衔接，让物流业与制造业离得更近，促进融合发展。物流业与制造业的深入合作，为物流企业带来新的需求，也带来新的挑战。

3. 智慧物流发展带来投资新风向

智慧物流装备获得政策支持，相关企业对自身物流业务提出智能化需求，物流企业寻求智慧物流装备以实现降本增效，该行业产品成为产业升级的关键装备。相关新兴企业数量增多，获得融资次数增多。

商务部等9部门发布的《商贸物流高质量发展专项行动计划（2021—2025年)》中提出，推动5G、大数据、物联网、人工智能等现代信息技术与商贸物流全场景融合应用，提升商贸物流全流程、全要素资源数字化水平。2021年，共有167次物流相关技术领域的公司获得融资。

4. 国际需求旺盛带动投资新空间

2021年，得益于国内疫情控制良好，制造企业有序复工生产，国际贸易恢复，出口量再创新高，跨境电商交易规模持续扩大。由于海运、空运等运力受阻，价格走高，以及外贸网站关闭国内跨境电商账户等因素，相关物流运输业务、海外仓等领域企业迎来发展机遇。2021年，全年完成港口货物吞吐量155.5亿吨，同比增长6.8%，完成集装箱吞吐量超过2.8亿标箱，同比增长7%。快递国际/港澳台业务量累计完成21.0亿件，同比增长14.6%。跨境电商进出口规模达到了1.98万亿元，增长15%，带动跨境物流运输、仓储、管理系统等企业的发展。

5. 整合上市带动投资新局面

物流与供应链企业迎来上市高峰。企业上市募资以提高竞争力、购买仓库、车辆等资产，或对同业公司进行并购等。同时，上市企业还会对业内其他附属企业投资，带动相关企业发展，并且具有示范作用，让投资机构投资业内其他公司。2021年，京东物流、东航物流、安能物流、满帮集团、中铁特货等多家行业领军公司上市，资本市场助力打造具有国际竞争力的现代物流企业。

6. "双碳"政策形成物流投资新潜力

绿色发展是未来的方向。以运输业务为主营的物流行业，面临的挑战越来越大，运输车辆碳排放问题是企业必须面临的挑战，低碳转型是行业必然经历的发展过程。2021年，中共中央、国务院发布的《中共中央 国务院关于完整准确全面贯彻新发展理念做好碳达峰碳中和工作的意见》，这是碳达峰碳中和"1+*N*"政策体系中的"1"，明确提出打造智能绿色物流。国务院发布的《2030年前碳达峰行动方案》，是"1+*N*"政策体系中"*N*"包含的首个政策文件，聚焦2030年前碳达峰目标，提出交通运输绿色低碳行动，推进绿色低碳物流发展。政策利好带动绿色物流相关投资，物流企业在绿色运输、绿色仓储投资方面加大。

（二）2021年物流与供应链行业投融资回顾

2021年，物流与供应链行业中的企业迎来上市潮，京东物流、东航物流等14家企业实现上市交易，以智慧物流设备、自动驾驶技术领域为代表的201家企业完成了融资，相较于2020年的144起，增加了57例。

1. 上市潮加速物流与供应链企业资本化

2021年，物流企业迎来上市潮，涉及陆运、空运、水运、快递、即时物流、智慧物流设备等细分领域。物流与供应链行业有14家企业正式实现上市交易（见表1）。京东物流、顺丰同城、东航物流等知名企业在2021年实现上市，让国内市场竞争变得更加激烈。智慧物流设备领域的企业上市，让这个备受投资机构关注的领域，也有了更大的吸引力。

表1　　2021年实现上市交易公司

上市时间	企业	上市地点
4月9日	联易融科技	香港
5月17日	顺丰房托	
5月28日	京东物流	
11月11日	安能物流	
12月14日	顺丰同城	
4月15日	图森未来	美国
6月22日	满帮	
5月13日	盛航海运	上海、深圳
5月26日	海程邦达	
6月9日	东航物流	
9月8日	中铁特货	
10月26日	中科微至	
11月30日	三羊马	
12月2日	喜悦智行	

从上市地点分布来看，共有2家企业选择赴美上市，5家企业选择在香港上市，选择在上海、深圳交易所上市企业共有7家。

细分领域走出的上市企业，将会为同行带来激励作用。例如，被称为“供应链金融科技 SaaS 第一股”的联易融科技在港交所上市；京东物流作为国内知名快递公司也终于实现了上市；网络货运平台满帮在美国上市，是该行业的第一股；在国内三大航货运业务改组后，东航物流第一个完成了上市。

此外，物流相关技术装备企业也完成了上市，成为行业瞩目的焦点。卡车自动驾驶技术公司图森未来成为该领域全球第一家上市企业。自动驾驶技术被认为是未来的发展方向，可以增加驾驶安全性，有效缓解驾驶员不足、人力成本增高的问题。但图森未来难以盈利是该行业需要面对的问题。

以井松智能、旷视科技、科捷智能为代表的智能物流设备制造商寻求科创板上市，证明了该行业的公司在收入、利润和未来发展方向方面上能满足上市要求。在该行业得到政策支持发展的行业背景下，相关企业将会有明确的发展前景。

2. 细分物流与供应链市场融资更加活跃

在一级市场，2021 年共有 201 家企业完成了融资，其中 81 次投融资事件公布了融资规模，未公布融资规模的有 44 次事件，其余投融资事件没有公布具体金额，只以模糊数字如数百万、数千万、过亿等词语表示。

投融资事件涉及多个领域，分别为零担快运、物流科技、跨境物流、即时物流、电商物流、供应链服务、冷链物流、同城货运、航空物流、危化品物流。其中，物流科技领域发生的投融资事件数量最多，达 179 次。根据公布的金额估算，物流领域投融资规模超过 800 亿元。

（1）快递领域投资，价格战变价值战。

2021 年，快递市场价格战因政府监管部门介入而终止，快递企业开始整合兼并，提升快递主业实力，并且收购其他物流公司以拓展非快递业务。针对农村地区物流体系薄弱的问题，政府出台相应政策，鼓励建设相应末端配送设施。

快递行业政策环境在 2021 年迎来重大转变。4 月，浙江发布《浙江省快递业促进条例（草案）》。作为监管政策转向的风向标，各家快递公司之间的价格战被叫停。7 月，交通运输部、国家邮政局等 7 个部门发布《关于做好快递员群体合法权益保障工作的意见》，提出快递公司需要保障快递员合理劳动报酬、提升快递员社会保障水平、优化快递员生产作业环境。快递内卷竞争和低价竞争被遏制。

8 月，国务院办公厅发布的《国务院办公厅关于加快农村寄递物流体系建设的意见》中指出，农村寄递物流体系仍存在末端服务能力不足、可持续性较差、基础设施薄弱等一些突出问题，部署分类推进“快递进村”工程、完善农产品上行发展机制、加快农村寄递物流基础设施补短板、继续深化寄递领域“放管服”改革等措施。

极兔速递相关的融资事件共三起，涉及金额达 45.5 亿美元。同时，极兔速递收购百世集团国内快递业务，成为国内一线快递公司。宅急送与丹鸟物流也完成了融资，顺丰完成了对于嘉里物流的收购。

（2）自动驾驶融资数量多。

2021 年，自动驾驶行业获得国家政策支持，货车产销数据下降，自动驾驶卡车行业企业融资数量增多。行业不再集中于公路无人驾驶细分领域，更加关注企业如何实现落地商业化运营。

交通运输部发布的《综合运输服务“十四五”发展规划》中提到，加快高级辅助驾驶技术、自动驾驶技术在营运车辆上推广使用，提升车辆主动安全性能。2020 年年底，交通运输部发布的《交通运输部关于促进道路交通自动驾驶技术发展和应用的指导意见》中提到，支持开展自动驾驶载货运输服务，鼓励在港口、机场、物流场站、交通运输基础设施建设工地等环境相对封闭的区域及邮政快递末端配送等场景，结合生产作业需求，开展自动驾驶载货示范应用。

据中汽协会数据消息，2021 年，全国商用车产销 467.4 万辆和 479.3 万辆，同比下降 10.7% 和 6.6%。与上年同期相比，货车产销量均呈下降。2021 年，国内共发生 42 起自动驾驶行业的企业融资事件，涉及的企业数量达 37 家。其中，宏景智驾、踏歌智行、希迪智驾、驭势科技等公司，完成了两次融资。赢彻科技、高仙机器人、驭势科技三家企业的融资规模高于 10 亿元，是融资规模大的企业。自动驾驶公司涉及的应用场景更加多元，包括公路、港口、矿山、园区以及相关零部件等使用场景。

自动驾驶卡车企业的商业路径告别了烧钱研发模式，纷纷与卡车、物流厂商展开合作。赢彻科技获得了京东物流、德邦快递的投资，部分产品已经应用于日常物流工作中。主线科技获得了北京首个高速公路自动驾驶测试牌照，已建立一支数十台规模的干线物流自动驾驶卡车车队，与京东物流、德邦快递、福佑卡车、申通快递等物流合作伙伴开展专线运输业务，累计运输里程已突破 120 万公里。

虽然政策的支持让自动驾驶行业迎来利好环境，但在商业落地实际运营方面依旧存在问题。2021 年，曾经是行业领军企业的小马智行被传出暂停卡车自动驾驶团队并入乘用车研发团队，其部分高层离职自立门户的新闻。个别企业的发展受挫，让人意识到这个行业的商业落地应用依旧存在挑战。

（3）智慧物流设备获政策、资本支持。

政策支持鼓励传统商贸物流企业进行智能化升级改造，4 家智慧物流设备企业寻求上市，多家企业获得融资。

《商贸物流高质量发展专项行动计划（2021—2025 年）》中表示，支持传统商贸物流设施数字化、智能化升级改造，推广智能标签、自动导引车（AGV）、自动码垛机、智能分拣、感应货架等系统和装备，加快高端标准仓库、智能立体仓库建设。完善末端智能配送设施，推进自助提货柜、智能生鲜柜、智能快件箱（信包箱）等配送设施进社区。

智慧物流设备企业获得来自快递、仓储、制造等行业企业的订单，升级其仓储设备，在物流设备升级的大背景下赢得发展机遇并获得巨额融资。代表性的融资案例包括智能快递柜企业丰巢科技融资4亿美元，投资方包括挚信资本、红杉中国基金等；物流机器人企业梅卡曼德机器人融资近10亿元，投资方包括美团、IDG资本；仓储智能化设备企业海柔创新融资超过2亿美元，投资方包括五源资本、源码资本等。

（4）冷链物流获重磅政策支持。

2021年，冷链行业首份五年规划发布，设施建设获得中央预算支持，支持建设农村冷链寄递体系。相较于2020年冷链行业投融资数量增多。

国务院发布的《“十四五”冷链物流发展规划》是国内首份针对冷链物流行业的五年规划，提到支持冷链物流企业做大做强，打造一批知名冷链物流服务品牌；国家发展改革委发布的《城乡冷链和国家物流枢纽建设中央预算内投资专项管理办法》中提到，对冷链物流设施等实行中央预算资金支持；交通运输部发布的《综合运输服务“十四五”发展规划》中提到，培育一批经营理念先进、创新能力强、运营管理规范的冷链物流龙头骨干企业，加快推动冷链物流高质量发展；国务院办公厅发布的《国务院办公厅关于加快农村寄递物流体系建设的意见》中提到，构建冷链寄递体系，支持邮政快递企业依托快递物流园区建设冷链仓储设施，增加冷链运输车辆，提升末端冷链配送能力。

8家冷链相关企业获得融资，其中，融资规模最大的是农产品物流企业望家欢，获得8亿元投资，投资方为CPE源峰、葆润控股集团等投资机构。另外，中健云康、墨谷、鲜生活、瑞云冷链、云链航空、三餐有料、快行天下等与冷链相关的企业也收获投资。

（5）跨境电商带火跨境物流。

近年来，跨境电商发展迅速，相应配套跨境物流服务越发受到重视，政府出台相应政策鼓励海外物流基础设施建设。商务部等3部门发布的《“十四五”电子商务发展规划》表示，加快在重点市场海外仓布局，完善全球服务网络，鼓励跨境物流企业建设更多的海外仓储资源，以支持跨境电商的发展，预计2025年我国跨境电子商务交易额达2.5万亿元。

2021年，跨境物流企业环世物流完成17亿元的融资，投资方包括菜鸟、远海基金等。CNE递一物流、泛鼎国际、满天星、环世物流、箱讯科技、新里物流6家跨境物流企业在2021年完成了融资。

（6）海运、陆运数字货运平台受青睐。

2021 年，海运价格暴涨，一箱难求，海运数字货运平台获得融资，网络货运平台继续受到政策鼓励，企业数量明显增多，但行业暴露出相关违规问题。

截至 2021 年 12 月 31 日，中国出口集装箱运价综合指数达到 3344. 24，海运价格一路飙升。海运数字货运平台提供线上订箱订船服务，将这一业务流程简化，方便企业应用。运去哪实现 1. 5 亿美元的融资，投资机构包括红杉中国基金等投资机构。箱盟集运和箱讯科技分别融资千万美元，投资方包括中联运通、中联航运、明裕创投等。

2021 年，全国共有 1968 家网络货运企业，整合社会零散运力 360 万辆，全年完成运单量近 7000 万单。网络货运平台云柚货运获腾讯、钟鼎资本数千万美元 B 轮融资，天地汇也获得了联通资本、中信证券、盈实基金等机构的 7 亿元的投资，快狗打车获得数码港投资创业基金、交银国际控股的近亿美元的投资。

（7）同城货运吸引投资，但价格竞争依旧。

2021 年，同城货运行业运营安全、保障司机权利方面成为监管部门重点关注方向。滴滴货运完成融资成为行业搅局者，货拉拉、滴滴货运、快狗打车等企业展开激烈竞争。各家企业难以形成足够的领先优势，运用价格战的手段依旧是抢占市场份额的首选方式。滴滴旗下同城货运企业滴滴货运完成 15 亿美元的融资，投资方包括淡马锡、中信产业基金、IDG 资本等知名投资机构。快狗打车、带车聘等企业也完成融资。

同城货运市场面临监管强度升级。货拉拉、滴滴货运、快狗打车等平台企业，多次被政府相关部门约谈，就数据安全和规范发展等提出了要求，各平台应对注册车辆一律采取线下实体验车验证、禁止提供危险物品运输撮合业务、及时提供注册和运营数据、设定专职安全应急联络员、对违法或事故及时报告。

（8）即时物流市场再获资本加持。

2021 年，即时配送与前置仓配送、门店配送、网订店取、自助提货等末端配送模式一同成为《商贸物流高质量发展专项行动计划（2021—2025 年）》中鼓励发展的商贸物流新业态新模式。根据艾瑞咨询的资料，中国第三方即时配送服务行业蓬勃发展，年度订单量预期由 2020 年的 30 亿笔增加至 2025 年的 163 亿笔，复合年增长率为 40. 1%。预计 2025 年中国即时配送服务年订单量将进一步增至 795 亿笔，2020—2025 年复合年增长率为 30. 5%。即时配送服务的外卖、近场电商、近场服务所在的本地生活领域市场规模巨大，让即时物流企业受到关注。

自 2018 年后，闪送完成 1. 25 亿美元 D2 轮融资，投资方包括顺为资本、五岳资本等。时隔3年，UU跑腿也完成了数亿元的融资，投资方包括58产业基金、优多资本。同时，即时物流领域的顺丰同城在香港完成上市。

（9）快运行业获得投资，存在上市机会。

受安能物流上市及零担货运市场规模庞大的影响，14家公路快运企业获得投资。

安能物流于11月在香港上市。据艾瑞咨询的报告，2020年零担货运市场规模为1.5万亿元。零担市场高度分散，存在市场整合重大机遇。中交兴路等发布数据显示，2020年年末，公路货运经营业户为323.87万户，个体运输业户为273.74万户。10辆以下的普通货运企业占企业总数的75.8%。电商商家蓬勃增长、制造商及时生产、全渠道零售及贸易分销扁平化、产地货物上行、B2C大件电商渗透等因素是零担市场主要增长驱动力。

公路货运企业聚盟完成1亿美元融资；壹米滴答被汇森速运收购；国美零售9亿元认购可转债支持安迅物流；中通快运获得超过3亿美元融资。

二、2022年物流与供应链投资市场展望

随着"十四五"相关规划政策陆续发布，2022年既是政策发布年，也是政策落地执行的第一年。相关行业迎来了新的发展机遇，政策层面的重视，也让这些领域的公司有了新的投资价值。

1. 冷链物流：政策支持，乡村振兴市场规模大

冷链行业获得政策支持，政府期望打造领先龙头企业。冷链设备、冷库、冷链运输车等企业需要的设备价格昂贵，企业需要大量资金运营。随着线上售卖农产品比例的增加，消费需求更加多样化与碎片化，对于大中小型冷链仓储设施及运输方式的需求将会增加。除了专营冷链物流企业，农产品公司附属的物流公司、快递公司、电商等跨界进入冷链行业的企业，对资金也有需求。

2. 零担快运：市场规模更大，存在上市机会

在公路货运行业中，零担快运行业的市场规模要比快递行业高。随着产业互联网的推进，碎片化需求的增加，制造企业正在向高频率、精确生产的模式转变。与之相配的零担快运行业也在面临相应转型，并且需要资金在全国布局运输网络与采购车辆。安能物流在2021年上市，随后中通快运、百世快运、安迅物流等公司也传出准备上市的消息，证明了其投资回报价值。

3. 跨境物流：跨境电商独立站运营，带来机会

国内跨境电商贸易发展迅速，因中美贸易摩擦及2021年亚马逊对中国跨境电商商家封号等问题，中国企业不断推进海外仓、海外运输等发展。2022年，跨境电商成为北京、天津、湖南等地稳外贸重点项目，各地政府推出包括

支持有能力的跨境电子商务平台加速全球布局，重点对独立站建设予以资金支持，推动优势产业“触网”，加强通关便利保障等系列举措。对于跨境仓储物流公司的投资，可以获得政府支持，获得较好的回报。2022 年，随着 RCEP 的正式生效，将推动跨境电子商务降低出口成本，跨境电商物流将获得更多资本关注。

4. 智能装备：政策鼓励，设备升级成企业需求

智能物流设备受到政府与市场的双重支持。2021 年，中国智能仓储市场规模约为 1126 亿元，同比增长 16.5%。随着人力成本增高，仓储工作人员减少，智能设备的需求也在逐步增高。智能物流设备种类多、应用广，不仅适用于物流业，电商、制造业等领域均有需求。未来，智能物流设备制造企业和相关零部件企业仍蕴藏投资机会。

5. 自动驾驶：零部件新需求，带来新市场

自动驾驶依旧是未来的发展方向，并且将会延伸到细分领域。不仅是自动驾驶系统，自动驾驶所需的零部件将会获得相应发展。并且，能够短期实现商业化的公司将更会受到投资方的欢迎。

6. 新能源设备：企业减排成刚需

在“双碳”目标的背景下，企业自身运营及供应链全面碳中和的挑战日益突出。作为排碳大户的物流行业，需要更新新能源物流运输载具。目前，新能源城市货运汽车正在逐步得到应用，新能源卡车领域存在新企业诞生的机会，仓储、物流园区等相关绿色低碳投资更受关注。

（供稿：中国物流与采购联合会投融资分会、掌链网）

第三篇

资 料 汇 编

2021年全国物流运行情况通报

国家发展改革委 中国物流与采购联合会

2021年，我国运行稳中有进，社会物流总额保持良好增势，社会物流总费用与GDP的比率稳中有降，“十四五”实现良好开局。

一、社会物流总额保持良好增势

2021年全国社会物流总额335.2万亿元，按可比价格计算，同比增长9.2%，两年年均增长6.2%，增速恢复至正常年份平均水平。

从构成看，工业品物流总额299.6万亿元，按可比价格计算，同比增长9.6%；农产品物流总额5.0万亿元，增长7.1%；再生资源物流总额2.5万亿元，增长40.2%；单位与居民物品物流总额10.8万亿元，增长10.2%；进口货物物流总额17.4万亿元，下降1.0%。

二、社会物流总费用与GDP的比率小幅回落

2021年社会物流总费用16.7万亿元，同比增长12.5%。社会物流总费用与GDP的比率为14.6%，比上年下降0.1个百分点。

从结构看，运输费用9.0万亿元，增长15.8%；保管费用5.6万亿元，增长8.8%；管理费用2.2万亿元，增长9.2%。

三、物流业总收入实现较快增长

2021年物流业总收入11.9万亿元，同比增长15.1%。

2021 年中国物流行业十件大事

中国物流与采购联合会

（2021 年 12 月 31 日）

1.《中华人民共和国国民经济和社会发展第十四个五年规划和 2035 年远景目标纲要》21 处部署建设现代物流体系，13 处强调提升产业链供应链现代化水平。

2. 习近平总书记提出要大力发展智慧交通和智慧物流，使人享其行、物畅其流，行业数字化转型提速。

3. 国务院印发《2030 年前碳达峰行动方案》，交通运输绿色低碳行动纳入“碳达峰十大行动”之一。

4. 国务院办公厅印发《“十四五”冷链物流发展规划》，要求加强顶层设计和工作指导，推动冷链物流高质量发展。

5. 国家发展改革委发布“十四五”首批国家物流枢纽建设名单，国家物流枢纽增至 70 家。

6. 商务部、中物联等 8 单位公布首批全国供应链创新与应用示范城市和示范企业，10 个城市和 94 家企业榜上有名。

7. 交通运输部等 16 部门印发《关于加强货车司机权益保障工作的意见》，货车司机生产经营环境和合法权益保障引起政府重视。

8. 经国务院批准，中国物流集团正式成立，央企物流“国家队”重组整合拉开序幕。

9. 我国快递年业务量首次突破千亿级别，已连续 8 年稳居世界第一。

10. 受世纪疫情影响，国际集装箱“一箱难求”，国际海运价格再创历史新高。

2021 年物流相关规划及政策文件要目

序号	发文单位	发文/政策题目	文号	发布时间
1	商务部办公厅	《商务部办公厅关于推动电子商务企业绿色发展工作的通知》	—	2021 年 1 月
2	国家发展改革委等十一部门	《关于做好 2021 年春运工作和加强春运疫情防控的意见》	发改运行〔2021〕35 号	2021 年 1 月
3	交通运输部等三部门	《交通运输部 公安部 国家邮政局关于科学精准做好河北、北京等地应急物资运输和交通保障工作的紧急通知》	交运明电〔2021〕14 号	2021 年 1 月
4	工业互联网专项工作组	《工业互联网创新发展行动计划（2021—2023 年）》	工信部信管〔2020〕197 号	2021 年 1 月
5	交通运输部	《关于转发河北省邯郸市和深州市应急物资中转调运站有关公告的通知》	—	2021 年 1 月
6	国务院应对新型冠状病毒感染肺炎疫情联防联控机制春运工作专班	《2021 年综合运输春运疫情防控总体工作方案》	交运明电〔2021〕26 号	2021 年 1 月
7	中共中央办公厅、国务院办公厅	《关于做好人民群众就地过年服务保障工作的通知》	—	2021 年 1 月
8	商务部办公厅	《商务部办公厅关于切实做好春节期间市场保供工作的通知》	—	2021 年 1 月
9	交通运输部等四部门	《新冠病毒疫苗货物道路运输技术指南》	交运明电〔2021〕29 号	2021 年 1 月
10	国家粮食和物资储备局	《国家粮食和物资储备局关于印发〈政府储备粮食仓储管理办法〉的通知》	国粮仓规〔2021〕18 号	2021 年 1 月

续 表

序号	发文单位	发文/政策题目	文号	发布时间
11	国务院办公厅	《国务院办公厅关于推动药品集中带量采购工作常态化制度化开展的意见》	国办发〔2021〕2号	2021年1月
12	交通运输部	《交通运输部关于做好2021年道路水路春运疫情防控工作的通知》	交运明电〔2021〕28号	2021年1月
13	商务部办公厅	《商务部办公厅关于加快数字商务建设 服务构建新发展格局的通知》	—	2021年1月
14	交通运输部	《交通运输部关于服务构建新发展格局的指导意见》	交规划发〔2021〕12号	2021年1月
15	中共中央办公厅、国务院办公厅	《建设高标准市场体系行动方案》	—	2021年1月
16	农业农村部	《农业农村部关于落实好党中央、国务院2021年农业农村重点工作部署的实施意见》	农发〔2021〕1号	2021年2月
17	交通运输部、公安部	《交通运输部 公安部关于进一步加强治理公路车辆超限超载联合执法常态化制度化工作的通知（征求意见稿）》	—	2021年2月
18	交通运输部办公厅	《交通运输部办公厅关于开展ETC智慧停车城市建设试点工作的通知》	交办公路函〔2020〕2057号	2021年2月
19	中共中央、国务院	《中共中央 国务院关于全面推进乡村振兴加快农业农村现代化的意见》	2021年中央一号文	2021年2月
20	国务院	《国务院关于加快建立健全绿色低碳循环发展经济体系的指导意见》	国发〔2021〕4号	2021年2月
21	中共中央、国务院	《国家综合立体交通网规划纲要》	—	2021年2月
22	交通运输部	《交通运输部关于印发〈加强和规范交通运输事中事后监管三年行动方案（2021—2023年）〉的通知》	交办法〔2021〕18号	2021年2月
23	交通运输部	《邮件快件包装管理办法》	中华人民共和国交通运输部令2021年第1号	2021年2月
24	国务院	《中华人民共和国国民经济和社会发展第十四个五年规划和2035年远景目标纲要》	—	2021年3月

续 表

序号	发文单位	发文/政策题目	文号	发布时间
25	商务部	《商务部 中国出口信用保险公司联合印发进一步发挥出口信用保险作用 加快商务高质量发展的通知》	商财函〔2021〕89号	2021年3月
26	农业农村部办公厅	《农业农村部办公厅关于印发〈农业生产“三品一标”提升行动实施方案〉的通知》	农办规〔2021〕1号	2021年3月
27	商务部等六部门	《商务部 发展改革委 财政部 海关总署 税务总局 市场监管总局关于扩大跨境电商零售进口试点、严格落实监管要求的通知》	商财发〔2021〕39号	2021年3月
28	中共中央、国务院	《中共中央 国务院关于实现巩固拓展脱贫攻坚成果同乡村振兴有效衔接的意见》	—	2021年3月
29	国家发展改革委等部门	《关于加快推动制造服务业高质量发展的意见》	发改产业〔2021〕372号	2021年3月
30	国家发展改革委	《国家发展改革委关于印发〈农村产业融合发展示范园建设中央预算内投资管理办法〉的通知》	发改农经规〔2021〕397号	2021年3月
31	中共中央办公厅、国务院办公厅	《中共中央办公厅 国务院办公厅印发〈关于进一步深化税收征管改革的意见〉的通知》	—	2021年3月
32	公安部	《〈道路交通安全法（修订建议稿）〉公开征求意见的公告》	—	2021年3月
33	国家发展改革委	《关于印发〈加快培育新型消费实施方案〉的通知》	发改就业〔2021〕396号	2021年3月
34	国务院	《国务院关于落实〈政府工作报告〉重点工作分工的意见》	国发〔2021〕9号	2021年3月
35	国务院办公厅	《国务院办公厅转发国家发展改革委等单位关于进一步做好铁路规划建设工作意见的通知》	国办函〔2021〕27号	2021年3月
36	商务部办公厅、国家邮政局办公室	《商务部办公厅 国家邮政局办公室关于印发电子商务与快递物流协同发展典型经验做法的通知》	—	2021年3月
37	商务部等8单位	《商务部等8单位关于开展全国供应链创新与应用示范创建工作的通知》	—	2021年3月

续 表

序号	发文单位	发文/政策题目	文号	发布时间
38	交通运输部办公厅	《交通运输部办公厅关于加快推广应用道路运输电子证照提升数字化服务与监管能力的通知》	交办运〔2021〕2538号	2021年3月
39	交通运输部	《交通运输部关于〈危险货物道路运输管理规定（修订征求意见稿）〉公开征求意见的通知》	—	2021年4月
40	应急管理部	《应急管理部办公厅关于印发〈“工业互联网+危化安全生产”试点建设方案〉的通知》	应急厅〔2021〕27号	2021年4月
41	农业农村部	《关于推动脱贫地区特色产业可持续发展的指导意见》	农规发〔2021〕3号	2021年4月
42	国务院	《粮食流通管理条例》	国令第740号	2021年4月
43	交通运输部等五部门	《交通运输部 公安部 国家卫生健康委 中国民用航空局国家药品监督管理局 中国国家铁路集团有限公司关于进一步做好新冠病毒疫苗货物运输组织和服务保障工作的通知》	交运明电〔2021〕77号	2021年4月
44	海关总署	《中华人民共和国进出口食品安全管理办法》	署令〔2020〕249号	2021年4月
45	国家发展改革委	《国家发展改革委关于印发〈2021年新型城镇化和城乡融合发展重点任务〉的通知》	发改规划〔2021〕493号	2021年4月
46	国家市场监管总局	《网络食品安全违法行为查处办法》（2016年7月13日国家食品药品监督管理总局令第27号公布，根据2021年4月2日《国家市场监督管理总局关于废止和修改部分规章的决定》修改）	—	2021年4月
47	交通运输部	加快推进道路货运行业转型升级 规范货运市场竞争秩序	—	2021年4月
48	交通运输部等八部门	《交通运输部办公厅 国家发展改革委办公厅 工业和信息化部办公厅 农业农村部办公厅 商务部办公厅 市场监管总局办公厅 国家邮政局办公室 中华全国供销合作总社办公厅关于做好标准化物流周转箱推广应用有关工作的通知》	交办运〔2021〕30号	2021年4月
49	中国银保监会办公厅	《中国银保监会办公厅关于2021年进一步推动小微企业金融服务高质量发展的通知》	银保监办发〔2021〕49号	2021年4月

续 表

序号	发文单位	发文/政策题目	文号	发布时间
50	全国人民代表大会	《中华人民共和国乡村振兴促进法》	—	2021年4月
51	交通运输部	《交通运输执法领域突出问题专项整治行动方案》	—	2021年4月
52	农业农村部、财政部	《农业农村部办公厅 财政部办公厅关于全面推进农产品产地冷藏保鲜设施建设的通知》	农办市〔2021〕7号	2021年4月
53	交通运输部等四部门	《交通运输部 工业和信息化部 公安部 市场监管总局关于印发常压液体危险货物罐车治理工作方案的通知》	交运发〔2021〕35号	2021年5月
54	国务院办公厅	《国务院办公厅转发国家发展改革委等部门关于推动城市停车设施发展意见的通知》	国办函〔2021〕46号	2021年5月
55	财政部等四部门	《关于印发〈关于深入开展政府采购脱贫地区农副产品工作推进乡村产业振兴的实施意见〉的通知》	财库〔2021〕20号	2021年5月
56	国家发展改革委等四部门	《关于做好2021年降成本重点工作的通知》	发改运行〔2021〕602号	2021年5月
57	公安部	推出公安交管12项便民利民措施	—	2021年5月
58	财政部、农业农村部、国家乡村振兴局	《关于运用政府采购政策支持乡村产业振兴的通知》	财库〔2021〕19号	2021年5月
59	国家发展改革委、粮食和储备局	《国家发展改革委 粮食和储备局关于印发〈粮食等重要农产品仓储设施中央预算内投资专项管理办法〉的通知》	发改经贸规〔2021〕568号	2021年5月
60	国务院办公厅	《国务院办公厅关于印发强化危险废物监管和利用处置能力改革实施方案的通知》	国办函〔2021〕47号	2021年5月
61	国家能源局	《国家能源局关于2021年风电、光伏发电开发建设有关事项的通知》	国能发新能〔2021〕25号	2021年5月
62	商务部等七部门	《商品市场优化升级专项行动计划（2021—2025）》	商流通函〔2021〕159号	2021年5月
63	应急管理部	《应急管理部关于推进应急管理信息化建设的意见》	应急〔2021〕31号	2021年5月
64	农业农村部、财政部	《农业农村部 财政部关于做好2021年农业生产发展等项目实施工作的通知》	农计财发〔2021〕8号	2021年5月

续 表

序号	发文单位	发文/政策题目	文号	发布时间
65	交通运输部等四部门	《交通运输部 财政部 农业农村部 国家乡村振兴局关于深化“四好农村路”示范创建工作的意见》	交公路发〔2021〕48号	2021年5月
66	财政部办公厅等四部门	《关于开展2021年电子商务进农村综合示范工作的通知》	财办建〔2021〕38号	2021年5月
67	财政部办公厅、商务部办公厅	《关于进一步加强农产品供应链体系建设的通知》	财办建〔2021〕37号	2021年5月
68	交通运输部等四部门	《交通运输部 公安部 生态环境部 住房城乡建设部关于深入开展坚决整治违规设置妨碍货车通行的道路限高限宽设施和检查卡点工作的通知》	交公路函〔2021〕224号	2021年5月
69	农业农村部	《农业农村部关于加快农业全产业链培育发展的指导意见》	农产发〔2021〕2号	2021年5月
70	商务部等十二部门	《商务部等12部门关于推进城市一刻钟便民生活圈建设的意见》	商流通函〔2021年〕176号	2021年5月
71	商务部办公厅	《商务部办公厅关于围绕构建新发展格局做好边境经济合作区、跨境经济合作区工作的通知》	商办资函〔2021〕163号	2021年6月
72	交通运输部	《交通运输部关于严格规范公正文明执法的意见》	交法发〔2021〕53号	2021年6月
73	交通运输部	《交通运输部关于巩固拓展交通运输脱贫攻坚成果全面推进乡村振兴的实施意见》	交规划发〔2021〕51号	2021年6月
74	工业和信息化部、中央网信办	《工业和信息化部 中央网络安全和信息化委员会办公室关于加快推动区块链技术应用和产业发展的指导意见》	工信部联信发〔2021〕62号	2021年6月
75	全国人大常委会	《中华人民共和国数据安全法》	—	2021年6月
76	全国人大常委会	《中华人民共和国海南自由贸易港法》	—	2021年6月
77	国家发展改革委	《国家发展改革委关于2021年新能源上网电价政策有关事项的通知》	发改价格〔2021〕833号	2021年6月
78	交通运输部	《交通运输部关于贯彻实施〈中华人民共和国长江保护法〉的意见》	交水发〔2021〕54号	2021年6月

续　表

序号	发文单位	发文/政策题目	文号	发布时间
79	商务部等17部门	《商务部等17部门关于加强县域商业体系建设 促进农村消费的意见》	商流通发〔2021〕99号	2021年6月
80	交通运输部、国家发展改革委、财政部	《交通运输部 国家发展改革委 财政部关于印发〈全面推广高速公路差异化收费实施方案〉的通知》	交公路函〔2021〕228号	2021年6月
81	国家发展改革委	《国家发展改革委关于印发〈城乡冷链和国家物流枢纽建设中央预算内投资专项管理办法〉的通知》	发改经贸规〔2021〕817号	2021年6月
82	国家发展改革委	《重要商品和服务价格指数行为管理办法（试行）》	发展改革委令2021年第43号	2021年6月
83	国家移民管理局	《国家移民管理局出台促进服务航运企业发展十六项新举措》	—	2021年6月
84	海关总署	《关于在全国海关复制推广跨境电子商务企业对企业出口监管试点的公告》	海关总署公告2021年第47号	2021年6月
85	农业农村部、财政部	《2021年农产品产地冷藏保鲜整县推进试点名单公示公告》	—	2021年6月
86	财政部、粮食和物资储备局	《关于深入推进优质粮食工程的意见》	财建〔2021〕177号	2021年6月
87	交通运输部办公厅	《交通运输部办公厅关于进一步规范医用核磁共振检测仪及限量瓶装氟利昂类制冷气体道路运输管理有关事项的通知》	交办运〔2021〕42号	2021年6月
88	国家发展改革委	《国家发展改革委关于印发"十四五"循环经济发展规划》	发改环资〔2021〕969号	2021年7月
89	交通运输部	《交通运输部关于公布第33批道路运输车辆达标车型的公告》	—	2021年7月
90	工业和信息化部等六部门	《关于加快培育发展制造业优质企业的指导意见》	工信部联政法〔2021〕70号	2021年7月
91	交通运输部等七部门	《七部门联合印发关于做好快递员群体合法权益保障工作的意见》	—	2021年7月
92	国务院办公厅	《国务院办公厅关于加快发展外贸新业态新模式的意见》	国办发〔2021〕24号	2021年7月
93	国家发展改革委	《国家物流枢纽网络建设实施方案（2021—2025年）》	发改经贸〔2021〕956号	2021年7月

续　表

序号	发文单位	发文/政策题目	文号	发布时间
94	商务部等八单位	《商务部等8单位关于公布第一批全国供应链创新与应用示范城市和示范企业名单的通知》	—	2021年7月
95	中国银保监会	《中国银保监会关于深化“证照分离”改革进一步激发市场主体发展活力工作实施方案》	银保监发〔2021〕25号	2021年7月
96	中共中央、国务院	《中共中央 国务院关于支持浦东新区高水平改革开放打造社会主义现代化建设引领区的意见》	—	2021年7月
97	人力资源社会保障部等八部门	《人力资源社会保障部 国家发展改革委 交通运输部 应急部 市场监管总局 国家医保局 最高人民法院 全国总工会关于维护新就业形态劳动者劳动保障权益的指导意见》	人社部发〔2021〕56号	2021年7月
98	国务院办公厅	《国务院办公厅关于印发全国深化“放管服”改革着力培育和激发市场主体活力电视电话会议重点任务分工方案的通知》	国办发〔2021〕25号	2021年7月
99	国务院办公厅	《国务院办公厅关于加快发展外贸新业态新模式的意见》	国办发〔2021〕24号	2021年7月
100	中共中央、国务院	《中共中央 国务院关于新时代推动中部地区高质量发展的意见》	—	2021年7月
101	商务部等三部门	《商务部 中央网信办 工业和信息化部关于印发〈数字经济对外投资合作工作指引〉的通知》	商合函〔2021〕355号	2021年7月
102	商务部	《海南自由贸易港跨境服务贸易特别管理措施（负面清单）（2021年版）》	商务部令2021年第3号	2021年7月
103	交通运输部	《交通运输部关于命名北京怀柔区等41个县（区、市）城乡交通运输一体化示范县的通知》	交运发〔2021〕68号	2021年7月
104	交通运输部等四部门	《交通运输部 国家发展改革委 国家能源局 国家电网有限公司关于进一步推进长江经济带船舶靠港使用岸电的通知》	交水发〔2021〕63号	2021年7月
105	国家发展改革委等三部门	《关于鼓励家电生产企业开展回收目标责任制行动的通知》	发改产业〔2021〕1102号	2021年7月
106	商务部、市场监管总局	《关于国家级服务业标准化试点（商贸流通专项）评审结果的公示》	—	2021年7月

续 表

序号	发文单位	发文/政策题目	文号	发布时间
107	工业和信息化部等三部门	《工业和信息化部 公安部 交通运输部智能网联汽车道路测试与示范应用管理规范（试行）》	工信部联通装〔2021〕97号	2021年7月
108	工业和信息化部、公安部	《关于进一步加强轻型货车、小微型载客汽车生产和登记管理工作的通知》（征求意见稿）	—	2021年8月
109	交通运输部	《交通运输部关于印发〈道路货运车辆、从业人员及场站新冠肺炎疫情防控工作指南（第二版）〉的通知》	交运明电〔2021〕196号	2021年8月
110	商务部等九部门	《商务部等9部门关于印发〈商贸物流高质量发展专项行动计划（2021—2025年）〉的通知》	—	2021年8月
111	交通运输部、公安部、商务部	《交通运输部 公安部 商务部关于命名天津市等16个城市“绿色货运配送示范城市”的通报》	交运发〔2021〕72号	2021年8月
112	交通运输部等八部门	《交通运输部 公安部 财政部 自然资源部 农业农村部 文化和旅游部 国家乡村振兴局 国家邮政局 中华全国供销合作总社关于推动农村客运高质量发展的指导意见》	交运发〔2021〕73号	2021年8月
113	国家发展改革委等六部门	《关于加强投资数据资源共享持续深化投资审批“一网通办”的指导意见》	发改投资〔2021〕1119号	2021年8月
114	交通运输部	《关于拟公布农村物流服务品牌（第二批）名单的公示的通知》	—	2021年8月
115	交通运输部办公厅	《交通运输部办公厅关于印发〈互联网道路运输便民政务服务系统业务办理工作指南〉〈互联网道路运输便民政务服务系统建设应用技术要求〉的通知》	交办运〔2021〕46号	2021年8月
116	国家发展改革委	《国家发展改革委关于印发〈“十四五”推进西部陆海新通道高质量建设实施方案〉的通知》	发改基础〔2021〕1197号	2021年8月
117	国务院办公厅	《国务院办公厅关于加快农村寄递物流体系建设的意见》	国办发〔2021〕29号	2021年8月
118	商务部	《商务部关于加强“十四五”时期商务领域标准化建设的指导意见》	—	2021年8月

续 表

序号	发文单位	发文/政策题目	文号	发布时间
119	交通运输部、农业农村部	《交通运输部 农业农村部关于全力做好农业生产物资运输服务保障工作的通知》	交运明电〔2021〕209号	2021年8月
120	交通运输部、科学技术部	《交通运输部 科学技术部关于科技创新驱动加快建设交通强国的意见》	交科技发〔2021〕80号	2021年8月
121	交通运输部办公厅	《交通运输部办公厅关于转发具备常压液体危险货物罐车罐体检验资质的检验机构名单的通知》	交办运函〔2021〕1379号	2021年8月
122	交通运输部	《交通运输部关于印发深化交通运输“证照分离”改革进一步激发市场主体活力实施方案的通知》	交法发〔2021〕78号	2021年8月
123	商务部、市场监管总局	《商务部 市场监管总局关于公布国家级服务业标准化试点（商贸流通专项）名单的通知》	—	2021年9月
124	交通运输部	《交通运输部关于公布第35批道路运输车辆达标车型的公告》	—	2021年9月
125	国务院	《国务院关于推进自由贸易试验区贸易投资便利化改革创新若干措施的通知》	国发〔2021〕12号	2021年9月
126	商务部	《商务部关于2021年增补国家电子商务示范基地的通知》	—	2021年9月
127	海关总署	《关于全面推广跨境电子商务零售进口退货中心仓模式的公告》	公告〔2021〕70号	2021年9月
128	工业和信息化部等8部门	《关于印发〈物联网新型基础设施建设三年行动计划（2021—2023年）〉的通知》	工信部联科〔2021〕130号	2021年9月
129	工业和信息化部	《工业和信息化部关于加强车联网网络安全和数据安全工作的通知》	工信部网安〔2021〕134号	2021年9月
130	商务部	《商务部关于进一步做好当前商务领域促消费重点工作的通知》	商消费函〔2021〕491号	2021年9月
131	交通运输部办公厅	《交通运输部办公厅关于印发〈基于区块链的进口集装箱电子放货平台建设指南〉的通知》	交办水函〔2021〕1525号	2021年9月
132	国家发展改革委办公厅	《国家发展改革委办公厅关于开展引航费定价成本监审的通知》	发改办价格〔2021〕727号	2021年9月
133	海关总署	《海关总署关于公布〈中华人民共和国海关进出口货物商品归类管理规定〉的令》	署令〔2021〕252号	2021年9月

续 表

序号	发文单位	发文/政策题目	文号	发布时间
134	国家发展改革委办公厅	《关于推广支持农民工等人员返乡创业试点经验的通知》	发改办就业〔2021〕721 号	2021 年 9 月
135	国家税务总局、工业和信息化部	《国家税务总局 工业和信息化部关于发布〈免征车辆购置税的设有固定装置的非运输专用作业车辆目录〉(第三批)的公告》	国家税务总局工业和信息化部公告 2021 年第 29 号	2021 年 9 月
136	交通运输部	《交通运输部关于印发〈交通运输领域新型基础设施建设行动方案(2021—2025 年)〉的通知》	交规划发〔2021〕82 号	2021 年 9 月
137	民航局	《运输航空公司、机场疫情防控技术指南(第八版)》	—	2021 年 9 月
138	农业农村部办公厅	《农业农村部办公厅关于做好跨省份道路运输动物指定通道有关工作的通知》	农办牧〔2021〕38 号	2021 年 9 月
139	工业和信息化部	《工业和信息化部关于加强车联网卡实名登记管理的通知》	工信部网安函〔2021〕246 号	2021 年 9 月
140	交通运输部办公厅、国家发展改革委办公厅	《交通运输部办公厅 国家发展改革委办公厅关于组织开展第四批多式联运示范工程申报工作的通知》	交办运〔2021〕58 号	2021 年 9 月
141	中共中央、国务院	《黄河流域生态保护和高质量发展规划纲要》	—	2021 年 10 月
142	交通运输部办公厅	《交通运输部办公厅关于印发〈危险货物港口企业储罐安全风险辨识评估管控指南〉的通知》	—	2021 年 10 月
143	中共中央、国务院	《国家标准化发展纲要》	—	2021 年 10 月
144	商务部、中央网信办、国家发展改革委	《商务部 中央网信办 发展改革委关于印发〈"十四五"电子商务发展规划〉的通知》	—	2021 年 10 月
145	商务部等 24 部门	《商务部等 24 部门关于印发〈"十四五"服务贸易发展规划〉的通知》	—	2021 年 10 月
146	国务院办公厅	《国务院办公厅关于同意建立推动道路货运行业高质量发展部际联席会议制度的函》	国办函〔2021〕94 号	2021 年 10 月

续 表

序号	发文单位	发文/政策题目	文号	发布时间
147	交通运输部办公厅	《交通运输部办公厅关于进一步加强公路服务区货车停放服务工作的通知》	交办公路函〔2021〕1578号	2021年10月
148	交通运输部办公厅、中华全国总工会办公厅	《交通运输部办公厅 中华全国总工会办公厅关于深入推进“司机之家”建设提升运营服务质量的通知》	交办运函〔2021〕1627号	2021年10月
149	财政部	《关于在政府采购活动中落实平等对待内外资企业有关政策的通知》	财库〔2021〕35号	2021年10月
150	商务部	《商务部关于“十四五”时期促进药品流通行业高质量发展的指导意见》	—	2021年10月
151	国务院	《国务院关于印发2030年前碳达峰行动方案的通知》	国发〔2021〕23号	2021年10月
152	中共中央、国务院	《中共中央 国务院关于完整准确全面贯彻新发展理念做好碳达峰碳中和工作的意见》	—	2021年10月
153	交通运输部	《交通运输部关于黑龙江开展跨境物流体系建设等交通强国建设试点工作的意见》	交规划函〔2021〕450号	2021年10月
154	交通运输部	《交通运输部关于印发〈公路服务区和收费站新冠肺炎疫情防控工作指南〉（第三版）的通知》	交公路明电〔2021〕273号	2021年10月
155	交通运输部	《2020年全国收费公路统计公报》	—	2021年10月
156	国务院联防联控机制综合组	《国务院联防联控机制综合组交通管控与运输保障专班关于进一步做好煤炭、天然气等能源物资运输保障工作的通知》	交运明电〔2021〕274号	2021年10月
157	国家市场监督管理总局	《互联网平台落实主体责任指南（征求意见稿）》	—	2021年10月
158	交通运输部	《关于拟公布第二批多式联运示范工程通过验收项目名单的公示》	—	2021年11月
159	商务部	《关于做好今冬明春蔬菜等生活必需品市场保供稳价工作的通知》	—	2021年11月
160	交通运输部办公厅	《交通运输部办公厅关于进一步做好交通强国建设试点工作的通知》	交办规划〔2021〕48号	2021年10月
161	交通运输部	《交通运输部关于印发〈综合运输服务“十四五”发展规划〉的通知》	交运发〔2021〕111号	2021年11月

续　表

序号	发文单位	发文/政策题目	文号	发布时间
162	交通运输部	《交通运输部关于印发〈港口及其一线人员新冠肺炎疫情防控工作指南（第八版）〉的通知》	—	2021年11月
163	交通运输部等16部门	《关于加强货车司机权益保障工作的意见》	—	2021年11月
164	中共中央、国务院	《中共中央 国务院关于深入打好污染防治攻坚战的意见》	—	2021年11月
165	交通运输部办公厅	《交通运输部办公厅关于组织开展自动驾驶和智能航运先导应用试点的通知》	交办科技函〔2021〕1749号	2021年11月
166	国务院办公厅	《国务院办公厅关于进一步加大对中小企业纾困帮扶力度的通知》	国办发〔2021〕45号	2021年11月
167	交通运输部办公厅	《交通运输部办公厅关于印发〈交通运输"十四五"立法规划〉的通知》	交办法〔2021〕69号	2021年11月
168	交通运输部办公厅等三部门	《交通运输部办公厅 中国人民银行办公厅 中国银行保险监督管理委员会办公厅关于进一步做好货车ETC发行服务有关工作的通知》	交办公路〔2021〕72号	2021年11月
169	交通运输部等五部门	《交通运输部 国家标准化管理委员会 国家铁路局 中国民用航空局 国家邮政局关于印发〈交通运输标准化"十四五"发展规划〉的通知》	交科技发〔2021〕106号	2021年11月
170	交通运输部	《关于建立交通运输行政执法规范化长效机制的意见》	交法发〔2021〕115号	2021年11月
171	交通运输部等八部门	《交通运输部 中央宣传部 中央网信办 国家发展改革委 公安部 人力资源社会保障部 国家市场监督管理总局 中华全国总工会关于加强交通运输新业态从业人员权益保障工作的意见》	交运发〔2021〕122号	2021年11月
172	交通运输部	《交通运输部关于印发〈公路、水路进口冷链食品物流新冠病毒防控和消毒技术指南（第三版）〉的通知》	交运明电〔2021〕296号	2021年11月
173	商务部	《商务部关于印发〈"十四五"对外贸易高质量发展规划〉的通知》	—	2021年11月
174	农业农村部办公厅	《农业农村部办公厅关于公布全国农业全产业链重点链和典型县建设名单的通知》	农办产〔2021〕21号	2021年11月

续 表

序号	发文单位	发文/政策题目	文号	发布时间
175	国务院	《国务院关于开展营商环境创新试点工作的意见》	国发〔2021〕24号	2021年11月
176	交通运输部	《交通运输部关于印发〈道路货运车辆、从业人员及场站新冠肺炎疫情防控工作指南（第三版）〉的通知》	交运明电〔2021〕306号	2021年11月
177	交通运输部	《交通运输部关于进一步做好新冠肺炎疫情地区民生物资运输服务保障工作的通知》	交运明电〔2021〕307号	2021年11月
178	国家发展改革委	《关于做好“十四五”首批国家物流枢纽建设工作的通知》	发改经贸〔2021〕1697号	2021年11月
179	交通运输部办公厅	《交通运输部办公厅关于进一步加强电煤运输公路通行服务保障工作的通知》	交公路明电〔2021〕248号	2021年12月
180	国家发展改革委办公厅等三部门	《国家发展改革委办公厅 商务部办公厅 国家邮政局办公室关于组织开展可循环快递包装规模化应用试点的通知》	发改办环资〔2021〕963号	2021年12月
181	工业和信息化部	《工业和信息化部关于公布2021年度国家小型微型企业创业创新示范基地名单的通告》	工信部企业函〔2021〕336号	2021年12月
182	商务部、市场监管总局	《国家级服务业标准化试点（商贸流通专项）工作指南》	—	2021年12月
183	交通运输部、生态环境部	《交通运输部 生态环境部关于进一步明确港口总体规划调整适用情形和相应环境影响评价工作要求的通知》	交规划发〔2021〕129号	2021年12月
184	国务院	《国务院应对新型冠状病毒感染肺炎疫情联防联控机制关于加强口岸城市新冠肺炎疫情防控工作的通知》	国办发明电〔2021〕14号	2021年12月
185	国务院办公厅	《国务院办公厅关于印发“十四五”冷链物流发展规划的通知》	国办发〔2021〕46号	2021年12月
186	民航局	《民航局关于促进公共航空危险品运输高质量发展的指导意见》	民航发〔2021〕53号	2021年12月
187	国家发展改革委、工业和信息化部	《发展改革委 工业和信息化部关于振作工业经济运行 推动工业高质量发展的实施方案的通知》	发改产业〔2021〕1780号	2021年12月

续　表

序号	发文单位	发文/政策题目	文号	发布时间
188	中国民用航空局、国家发展改革委、交通运输部	《中国民用航空局 国家发展和改革委员会 交通运输部关于印发〈“十四五”民用航空发展规划〉的通知》	民航发〔2021〕56 号	2021 年 12 月
189	人力资源社会保障部等四部委	《人力资源社会保障部等四部委关于印发“十四五”职业技能培训规划的通知》	人社部发〔2021〕102 号	2021 年 12 月
190	工业和信息化部等十九部门	《关于印发“十四五”促进中小企业发展规划的通知》	工信部联规〔2021〕200 号	2021 年 12 月
191	交通运输部	《交通运输部关于印发〈数字交通“十四五”发展规划〉的通知》	交规划发〔2021〕102 号	2021 年 12 月
192	国务院办公厅	《国务院办公厅关于印发推进多式联运发展优化调整运输结构工作方案（2021—2025 年）的通知》	国办发〔2021〕54 号	2021 年 12 月
193	公安部	《机动车登记规定》	公安部令第 164 号	2021 年 12 月
194	公安部	《道路交通安全违法行为记分管理办法》	公安部令第 163 号	2021 年 12 月
195	公安部	《机动车驾驶证申领和使用规定》	公安部令第 162 号	2021 年 12 月
196	工业和信息化部等十五部门	《十五部门关于印发〈“十四五”机器人产业发展规划〉的通知》	工信部联规〔2021〕206 号	2021 年 12 月
197	工业和信息化部等八部门	《八部门关于印发〈“十四五”智能制造发展规划〉的通知》	工信部联规〔2021〕207 号	2021 年 12 月
198	国务院办公厅	《国务院办公厅关于印发加强信用信息共享应用促进中小微企业融资实施方案的通知》	国办发〔2021〕52 号	2021 年 12 月
199	工业和信息化部	《关于印发〈保障中小企业款项支付投诉处理暂行办法〉的通知》	工信部企业〔2021〕224 号	2021 年 12 月
200	国务院	《国务院关于“十四五”现代流通体系建设规划的批复》	国函〔2021〕138 号	2021 年 12 月
201	交通运输部	《关于切实做好西安等重点地区应对新冠肺炎疫情交通管控与运输保障工作的通知》	—	2021 年 12 月

续　表

序号	发文单位	发文/政策题目	文号	发布时间
202	财政部、工业和信息化部、科技部、国家发展改革委	《关于2022年新能源汽车推广应用财政补贴政策的通知》	财建〔2021〕466号	2021年12月
203	交通运输部、国家税务总局	《交通运输部 国家税务总局关于延长〈网络平台道路货物运输经营管理暂行办法〉有效期的公告》	交运规〔2021〕7号	2021年12月